Competitive Intelligence

Rainer Michaeli

Competitive Intelligence

Strategische Wettbewerbsvorteile
erzielen durch systematische Konkurrenz-,
Markt- und Technologieanalysen

Mit 150 Abbildungen und 57 Tabellen

 Springer

Rainer Michaeli, Dipl.-Ing., MBA
Korngasse 9
35510 Butzbach
michaeli@denkfabrik.de

ISBN-10   3-540-03081-6 Springer Berlin Heidelberg New York
ISBN-13   978-3-540-03081-2 Springer Berlin Heidelberg New York

Bibliografische Information Der Deutschen Bibliothek
Die Deutsche Bibliothek verzeichnet diese Publikation in der Deutschen Nationalbibliografie; detaillierte bibliografische Daten sind im Internet über <http://dnb.ddb.de> abrufbar.

Springer ist ein Unternehmen von Springer Science+Business Media

springer.de

© Springer-Verlag Berlin Heidelberg 2006
Printed in Germany

Umschlaggestaltung: Erich Kirchner, Heidelberg

SPIN 10926949   42/3153-5 4 3 2 1 0 – Gedruckt auf säurefreiem Papier

für meine Eltern

Geleitwort

Ich bin sehr erfreut, dass Rainer Michaeli dieses Buch geschrieben hat. Er verkörpert den geschulten und leidenschaftlichen Competitive Intelligence Professional und hat stark zur Entwicklung von CI in Deutschland beigetragen.

In den letzten Jahren hatte ich das Vergnügen, mit zahlreichen Mitgliedern der deutschen CI-Community zusammenzuarbeiten. So nahm ich an SCIPs (Society of Competitive Intelligence Professionals) europäischer Jahreskonferenz 2001 in München sowie an verschiedenen Arbeitsgruppentreffen des Frankfurter Chapters teil, dem Rainer Michaeli vorsteht. Im Februar 2003 besuchte ich in Frankfurt die Präsentation der Ergebnisse einer empirischen Erhebung (vgl. Abschnitt 1.4.4), die SCIP sowohl gesponsert als auch und fachlich betreut hatte. Was mich hier am meisten beeindruckte, war die Tatsache, dass eindeutige Indikatoren die relative Überlegenheit der CI ausführenden Unternehmen bestätigen konnten.

Inzwischen finden sich immer mehr Europäer unter den Mitgliedern der SCIP, wobei die stärkste Konzentration in Kontinental-Europa in Deutschland liegt. CI wird sich hier auch weiterentwickeln und in ihrer Bedeutung für Unternehmen wachsen. Mit Rainer Michaeli wurde, wie bereits vor ihm mit Anja Kober von der Deutschen Telekom AG, wieder ein Deutscher in den Vorstand der SCIP gewählt.

Eines der Hauptziele der SCIP ist die Steigerung des Bekanntheitsgrades und der Wertschätzung von CI. Ein kritischer Erfolgsfaktor hierfür besteht darin, Freiwillige innerhalb der CI-Gemeinschaft zu finden, die bereit sind, sich ehrenamtlich für die Entwicklung des CI-Gedankens einzusetzen. In diesem Sinne muss ich mich darüber hinaus bei deutschen Vertretern wie Kai Goerlich (SAP SI AG), Jörg Praetorious (CI Assistance und Koordinator des Münchner Chapters), Dr. Wolfgang Finkler (Deutsche Börse Systems AG) und vielen anderen bedanken, die mithelfen, CI in Deutschland und weltweit voranzubringen. Dieser Enthusiasmus, CI erfolgreich zu gestalten, manifestiert sich auch in den interessanten Beiträgen in diesem Buch.

Bill Weber
CEO der SCIP, 2000-2004

Vorwort

Competitive Intelligence – schon wieder ein neuer Management-Trend? Oder gar nur alter Wein in neue Schläuche gegossen?

Die Idee zu diesem Buch entstammt den zahlreichen Diskussionen, die ich mit gleich gesinnten CI-Praktikern der SCIP über Jahre hinweg führ(t)e. Wie kann das Faszinierende dieser Tätigkeit Dritten vermittelt werden, ohne reißerische Fallstudien oder trockenes Allerlei zu servieren?

Mein Training von CI-Einsteigern und CI-Professionals in Intensivworkshops sowie meine CI- und Strategievorlesungen haben über die Jahre einen Fundus an Lehrmaterialien, Übungen und Fallstudien entstehen lassen. Diese Unterlagen basieren auf meiner langjährigen Beratungspraxis und eigener Berufserfahrung. Das vorliegende Buch ist eine Zusammenfassung der wichtigsten CI-Grundlagen. Es hat den Anspruch, als Nachschlagewerk dem Einsteiger über die ersten Hürden hinwegzuhelfen und dem Fortgeschrittenen Ideen und Inspiration für seine tägliche Arbeit zu geben.

Geheimrezepte, ultimative Quellen oder allumfassende Checklisten wird der Leser vergeblich in diesem Buch suchen. Stattdessen erwarten ihn Grundlagen, Praxistipps und Hinweise auf weiterführende Literatur sowie zahlreiche Beiträge von Praktikern und Akademikern. Auf diesen Grundlagen aufbauend, muss der CI-Anwender sein eigenes Repertoire an Tools und Techniken, Checklisten, Verfahrensregeln und Fallstudien erstellen und umzusetzen lernen.

CI-Professionals sind Generalisten mit Spezialausbildung. Neben einer fundierten Kenntnis der CI-Grundlagen, insbesondere Datenerhebung und -analyse, sind branchenspezifischer Sachverstand und kritisches Querdenken notwendige Voraussetzung. Dies sind sicherlich keine Qualitäten, die man in einer trockenen Ausbildung lernt oder in Büchern nachlesen kann. Wissensdurst und Neugierde sind daher die besten Gefährten bei der Vervollständigung einer CI-Expertise. Der Besuch anwendungsorientierter CI-Workshops, wie sie das von mir geleitete Institut für Competitive Intelligence (ICI), Butzbach, anbietet, und immer wieder das Lernen aus der eigenen praktischen Tätigkeit sind die weiteren Schritte auf dem Weg zur CI-Meisterschaft.

Dankbar bin ich für die große Resonanz, die ich bei Freunden und Bekannten auf meine Bitte erhalten habe, einen Beitrag zu diesem Buch bei-
zusteuern. Individualisten und Innovatoren befinden sich unter ihnen ebenso wie Einsteiger, alte Hasen und Ikonen der Zunft. So ergibt sich eine
bunte Mischung, die die Vielscitigkcit und den Variantenreichtum von CI
reflektiert. Vergeblich wird der Leser hingegen Fallstudien von CI-Projekten meines Unternehmens, der DENKFABRIK GmbH, suchen – Vertraulichkeit ist schließlich oberste Prämisse in einer an sich verschwiegenen
Zunft.

Besonderer Dank gebührt meinen fleißigen Helfern von der DENKFA-
BRIK, Anne Kampschulte und Thorsten Bill, die mir mit Rat und Tat zur
Seite standen. Meine Lektorin Ruth Harmening hat durch ihr unermüdli-
ches Wirken dieses Buch erst ermöglicht – ihr sei besonders gedankt!

Abschließend sei noch auf das deutschsprachige CI-Portal www.compe-
titive-intelligence.com verwiesen. Dort befinden sich zum Thema CI Veranstaltungshinweise, Buchtipps, Links, Artikel, Hinweise auf Diplom- und
Studienarbeiten sowie ein Forum zum Austausch zwischen CI-Interessier-
ten – alles Dinge, die zeitgemäßer online als in einem Buch untergebracht
sind.

Für Kommentare und Ergänzungen zu diesem Buch bin ich dankbar,
Fehler werden gerne in der nächsten Auflage korrigiert. Am einfachsten zu
erreichen bin ich unter Michaeli@DENKFABRIK.de.

Rainer Michaeli

Geschäftsführender Gesellschafter DIE DENKFABRIK
Gesellschaft für Technologie- und Wirtschaftsberatung mbH

Direktor des Instituts für Competitive Intelligence (ICI)

Vorstandsmitglied der SCIP
(Society of Competitive Intelligence Professionals)

Inhaltsverzeichnis

Abkürzungsverzeichnis

Abb.	Abbildung
ABC	Activity Based Costing
ACH	Analysis of Competing Hypothesis, vgl. AKH
AKH	Analyse konkurrierender Hypothesen, vgl. ACH
API	Application Programing Interface
BI	Business Intelligence
BPM	Business Performance Management
BSC	Balanced Scorecard
bzgl.	bezüglich
bzw.	beziehungsweise
ca.	circa
CEO	Chief Executive Officer (Geschäftsführer)
CI	Competitive Intelligence (auch als Abkürzung für Corporate Identity verwendet)
CIA	Central Intelligence Agency
CIC	Competitive Intelligence Center
COP	Community of Practice
C/R	Chancen/Risiken
CRM	Customer Relationship Management
CTI	Competitive Technical Intelligence
DB	Datenbank
DCF	Discounted Cash Flow
DDE	Dynamic Data Exchange
d.h.	das heißt
DSS	Decision Support System
EIS	Executive Information System
etc.	et cetera (und so weiter)
EUS	Entscheidungsunterstützungssystem
evtl.	eventuell
FDA	Federal Drug Administration (Medikamenten-Zulassungsbehörde der USA)
F&E	Forschung und Entwicklung
FH	Fachhochschule

GfK	Gesellschaft für Konsumforschung
ggf.	gegebenenfalls
GUI	Graphisches User Interface
GuV	Gewinn- und Verlustrechnung
HK	Herstellkosten
HR	Human Resource Department (Personalabteilung)
HUMINT	Human Intelligence
i.Allg.	im Allgemeinen
IAS	International Accounting Standard
i.d.R.	in der Regel
IHK	Industrie- und Handelskammer
IT	Information Technology
JCIM	Journal of Competitive Intelligence and Management
JV	Joint Venture
Kap.	Kapitel
KEF	Kritische Erfolgsfaktoren
KIQ	Key Intelligence Questions
KIT	Key Intelligence Topics
KK	Kernkompetenzen
KMU	kleine und mittlere Unternehmen
KW	Kalenderwoche
M&A	Mergers & Acquisitions
MBA	Master of Business Administration
MBTI	Meyers-Briggs-Typen-Indikator
MIS	Management Information System
NPV	Net present value (Netto-Barwert)
NSA	National Security Agency
OEM	Original Equipment Manufacturer
OLAP	Online Analytical Processing (Analyse in Echtzeit)
OR	Operations Research
PEST	Political-Economic-Social-Technological
PLZ	Produktlebenszyklus
POS	Point of Sales
PR	Public Relation
R&D	Research & Development (Forschung & Entwicklung)
RM	Risiko-Management
ROCI	Return on CI
ROI	Return on Investment oder Return on Intelligence
RONA	Return on Net Asset
s.	siehe
SCIP	Society of Competitive Intelligence Professionals
sog.	so genannt

s.u.	siehe unten
SWOT	Strength, Weaknesses, Opportunities, Threats (Stärken, Schwächen, Chancen, Bedrohungen)
Tab.	Tabelle
TQM	Total Quality Management
u.	und
u.a.	unter anderem
u.Ä.	und Ähnliche(s)
URL	Uniform Resource Locator
u.U.	unter Umständen
v.a.	vor allem
VAR	Value at Risk
vgl.	vergleiche
VIP	Very Important Person
vs.	versus
z.B.	zum Beispiel
z.T.	zum Teil

1 Einführung

Why I still like my CI job?
Every morning when I arrive at
my office, the telephone rings
and the next adventure begins.

Cliff Kalb, Merck & Co. (USA)
Ehemaliger Bereichsleiter CI

„Competitive Intelligence" (CI) ist eine fachübergreifende Disziplin moderner Unternehmensführung und -entwicklung. CI hat das Ziel, Wettbewerbsvorteile durch gezielte Erhebung und Analyse fragmentierter Informationen von Markt und Wettbewerb zu erringen. Gerade in einer Zeit zunehmenden Wettbewerbdrucks und einem komplexen, schnelllebigen Wettbewerbsumfeld ist es wichtig, der Konkurrenz einen Schritt voraus zu sein. Unternehmen müssen bei ihrer strategischen Ausrichtung die Aktivitäten ihrer Wettbewerber antizipieren.

Um eine erfolgreiche Unternehmensstrategie zu entwickeln, vorausschauend zu planen und letztendlich einen messbaren Wettbewerbsvorteil zu gewinnen, ist strategische Wettbewerbsanalyse unerlässlich. Hieran orientiert sich der Ansatz der Competitive Intelligence. Erst ein systematisches Analysesystem verschafft den entscheidenden Vorsprung.

Das vorliegende Buch ist eine praxisorientierte Einführung in Konzepte, Techniken und Anwendung der CI. Durch 24 Fallstudien und Fachbeiträge, u.a. von Unternehmen wie BMW AG, E.ON Sales & Trading GmbH, DaimlerChrysler Off-Highway, Siemens Medical Solutions, ZF Trading GmbH, Centerpulse Orthopedics Ltd., ENTRAS – Energy Trading Services, Evotec OAI AG, Deutsche Börse Systems AG, SAP SI AG, T-Mobile Deutschland GmbH, werden theoretische Grundlagen an Praxisbeispielen erläutert und unter verschiedenen Perspektiven beleuchtet.

Das Buch vermittelt Lösungsansätze, Ideen und Techniken, um effektive Recherchen zu führen, die Informationsflut zu beherrschen, Analysetechniken effizient zu nutzen, CI erfolgreich als Prozess in einem Unternehmen zu implementieren und strategische Entscheidungen mit größerer Sicherheit zu treffen.

Erläuterungen zum Aufbau des Buches

Die Gliederung des Buches wurde für ein schnelles Navigieren und Nachschlagen konzipiert. Der umfangreiche Index und das ausführliche Glossar sind jedem Leser empfohlen, der gezielt einzelnen Sachverhalten, Methoden oder Begrifflichkeiten nachgehen möchte. Personen-, Unternehmens- und Checklistenverzeichnisse sind im Anhang ebenfalls zu finden.

Die Kapitel sind modular aufgebaut, sodass sie als Schnelleinstieg direkt gelesen werden können. Allen Benutzern wird empfohlen, die Kapitel *„Einführung"* und *„Der Competitive-Intelligence-Zyklus"* zu lesen.

Im Einführungskapitel werden die Grundlagen behandelt und wesentliche CI-Begriffe definiert, Angaben zu Ursprüngen und Verbreitung der CI getroffen und eine Abgrenzung zu Marktforschung und Wirtschaftsspionage durchgeführt.

Im zweiten Kapitel erfolgt eine Einführung in die *Psychologie der Intelligence-Analyse* – deren Kenntnis ist eine wesentliche Grundlage, um Fehler bei der Intelligence-Generierung zu vermeiden.

Im 3. Kapitel *„Der Competitive-Intelligence-Zyklus"* werden die Phasen der CI-Durchführung beschrieben und die grundlegenden Verfahren und Methoden erläutert.

Eine notwendige Voraussetzung für eine effiziente Datenerhebung ist die Kenntnis von Informationsquellen und deren effiziente Nutzung. Im vierten Kapitel werden daher die omnipräsenten *elektronischen Medien* Internet und Online-Datenbanken als Datenquellen für CI-Recherchen betrachtet. Ebenso wird auf die so genannte *Human Intelligence* (HUMINT) eingegangen, der Nutzung von Menschen als Informationsquellen.

Im fünften Kapitel werden grundlegende und im sechsten Kapitel fortgeschrittene *CI-Analyseverfahren* vorgestellt.

Das siebte Kapitel *„Das Competitive-Intelligence-Center (CIC)"* ist dem Aufbau und der Organisation von unternehmensinternen CI-Centern gewidmet. Hier wird die Implementierung der im dritten Kapitel angeführten Konzepte in Unternehmen beschrieben.

Im achten Kapitel werden schließlich *Sonderthemen der CI* behandelt. Hierzu gehören die Entwicklung *Dynamischer Wettbewerbsstrategien*, eine Einführung in die *Technologische Intelligence* (Patentanalysen, Technologiebewertungen) und schließlich die *Counter Intelligence*, d.h. die Abwehr legaler wie illegaler Aktivitäten gegen das eigene Unternehmen.

Im neunten Kapitel befinden sich Checklisten zur Wettbewerbsanalyse, ein Softwareüberblick und ein Glossar.

Praxisbeiträge von CI-Professionals, die anschauliche Beispiele beinhalten oder Themen des Buches vertiefen, befinden sich jeweils am Ende der Kapitel 1 bis 8.

1.1 Was ist Competitive Intelligence (CI)?

> Mit dem Worte *Nachrichten* bezeichnen wir die ganze Kenntnis,
> welche man von dem Feind und seinem Lande hat, also die Grundlage
> aller eigenen Ideen und Handlungen. Man betrachtet einmal
> die Natur dieser Grundlagen, ihre Unzuverlässigkeit und Wandelbarkeit,
> und man wird bald das Gefühl haben, wie gefährlich das Gebäude
> des Krieges ist, wie leicht es zusammenstürzen und uns unter
> seinen Trümmern begraben kann. Denn dass man nur sicheren Nachrichten
> trauen sollte, dass man das Misstrauen nie von sich lassen müsse,
> steht wohl in allen Büchern, ist aber ein elender Büchertrost und gehört
> zu der Weisheit, zu welcher System- und Kompendienschreiber
> in Ermangelung von etwas Besserem ihre Zuflucht nehmen.
>
> Carl von Clausewitz („Nachrichten im Kriege" aus: „Vom Krieg")
> Preußischer General und Militärschriftsteller (1780-1831)

Der Begriff „Intelligence" stammt ursprünglich aus dem militärischen Sprachschatz. In der militärischen Diktion wird Intelligence am treffendsten mit (Früh- bzw. Feind-)„Aufklärung" übersetzt. Ohne „Aufklärung" des Feindes kann kein Feldherr seine Truppen in die richtige Ausgangsposition manövrieren bzw. durch einen Überraschungsangriff für die eigenen Truppen Vorteile erringen.

In Analogie zu den militärischen Anforderungen benötigt auch ein Unternehmen Informationen über heutige und zukünftige Märkte, Wettbewerber, Kunden, Technologien etc., um sich optimal zu positionieren, die „richtigen" Entscheidungen zu treffen und selbige schließlich zum optimalen Zeitpunkt umzusetzen – kurz, um durch geeignete Wettbewerbsstrategien erfolgreich agieren zu können. „Competitive" bezeichnet die wettbewerbsorientierte Ausrichtung einer Tätigkeit.

Als „Competitive Intelligence" (CI) wird somit der systematische Prozess der Informationserhebung und -analyse bezeichnet, durch den aus fragmentierten (Roh-)Informationen über Märkte, Wettbewerber und Technologien den Entscheidern ein plastisches Verständnis für ihr Unternehmensumfeld und damit eine Entscheidungsgrundlage geliefert wird[1] (Tyson 1986; vgl. Abbildung 1.1). Insbesondere werden Aussagen über die erwarteten Auswirkungen für das eigene Unternehmen und darauf basierende Handlungsempfehlungen getroffen.

Unternehmen und Märkte sind stärker denn je einem schnellen Wechsel von Produkten und Mitbewerbern unterzogen. Dies trifft insbesondere in Branchen zu, die einem permanenten Wandel unterzogen sind (z.B. durch

---

[1] Als „Intelligence" wird auch das Endresultat dieses Prozesses bezeichnet: das Wissen über Markt und Wettbewerb, um die richtigen Entscheidungen treffen zu können.

kurze Produktlebenszyklen oder fortschreitende Globalisierung). Die Fähigkeit eines Unternehmens, Wettbewerbsvorteile durch eigene Competitive Intelligence zu erringen, ist hierbei zur Überlebensvoraussetzung geworden, da jede Managemententscheidung nur so gut sein kann wie die Informationen, auf denen sie basiert.

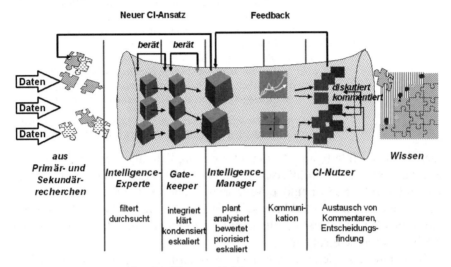

Abb. 1.1 Der Competitive-Intelligence-Zyklus

In diesem Buch werden folgende, im deutschsprachigen Raum häufig verwendeten Begrifflichkeiten unter dem Terminus Competitive Intelligence subsumiert:

- Konkurrenzanalyse bzw. -forschung
- Wettbewerbsanalyse bzw. -forschung
- Wettbewerberanalyse bzw. -forschung
- Frühaufklärung.

Konkurrenten, Wettbewerber sowie Mitbewerber werden in diesem Buch unter dem Begriff „Wettbewerber" zusammengefasst, wobei dies nicht mit „Gegner/Feind" gleichbedeutend sein muss. Sehr oft sind Wettbewerber (bewusst oder unbewusst) hilfreich bei der Entwicklung von Märkten und der Kooperation bei Distribution bzw. F&E. Dynamische Wettbewerbsstrategien (vgl. Abschnitt 8.1) bedingen geradezu die flexible Gestaltung von Allianzen und Kooperationen mit Wettbewerbern und anderen Marktteilnehmern.

Die Hauptnutznießer der CI (Intelligence-Kunden[2]) sind:

- Geschäftsführung/Topmanagement
- Leiter der Bereiche F&E, Produktentwicklung, Produktmanagement, Marketing, Unternehmensentwicklung, Marktforschung
- Produkt- oder Projektmanager, Key Account Manager, Mitarbeiter aus F&E, Controller, Mitarbeiter von Unternehmensentwicklung und -strategie.

Competitive Intelligence liefert keine Kochrezepte für Unternehmenserfolg. Sie ist eine notwendige, aber nicht hinreichende Voraussetzung für ein erfolgreiches Agieren am Markt. Erst durch die Kreativität eines Produktmanagers oder durch die Umsetzungsentschlossenheit eines Managers wird aus Intelligence Erfolg generiert. Entsprechend realistisch sollte die Erwartungshaltung eines Unternehmens sein, das sich mit dem Thema Competitive Intelligence erstmals befasst.

1.1.1 CI-Evolution in Unternehmen

> It is not the strongest of the species
> that survives, nor the most intelligent,
> it is the one that is most adaptable to change.
>
> Charles Darwin
> Britischer Naturforscher (1809-1882)

Es können vier CI-Entwicklungsphasen in Unternehmen unterschieden werden (vgl. Tabelle 1.1 und Abbildung 1.2). Diese Phasen stellen den Weg eines Unternehmens beim Aufbau einer CI-Struktur samt Organisation, Kultur (Mitarbeitereinbindung, Akzeptanz) und Know-how (CI-Tools und -Techniken) dar. Nicht zwangsläufig wird die höchste Stufe erreicht (bzw. angestrebt), meist wird sich die optimale Phase für ein gegebenes Wettbewerbsumfeld und für eine gegebene Organisationsstruktur herauskristallisieren[3]. Je weiter ein Unternehmen in seiner CI-Entwicklung fortgeschritten ist, desto umfangreicher, aber auch nutzbringender werden die CI-Abläufe sein, folglich sollte sich der ROI durch CI erhöhen.

---

[2] Vgl. auch Tabelle 7.6 für eine Übersicht von Informationsbedürfnissen pro organisatorischen Bereich.

[3] Diese These wurde in empirischen Einzelstudien wie von Glasbrenner (Glasbrenner 2003) oder Langowski (Langowski 2004) bestätigt. Auf der SCIP-Jahrestagung 2004 (Michaeli u. Praetorius 2004) wurde diese These von fünf Präsentierenden zumindest inhaltlich nicht widerlegt, auch wenn die Selbsteinschätzung der Referenten für die erreichte CI-Evolutionsstufe hiervon abwich.

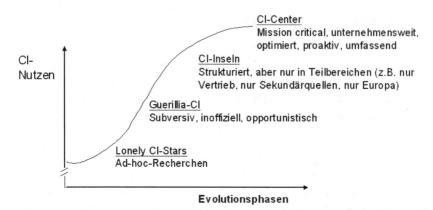

Abb. 1.2 Marginaler Nutzen der CI-Evolutionsstufen

Die einzelnen Evolutionsphasen lassen sich folgendermaßen charakterisieren:

1. **Lonely CI-Stars**: In dieser Phase werden einzelne Mitarbeiter mit CI-Aufgaben betraut, ohne dass Ressourcen, interne Kooperationsbereitschaft oder klare Ziele (KITs) vorhanden wären. Entsprechend gering ist der absolute Nutzen und damit auch die Akzeptanz im Unternehmen.

2. **Guerilla-CI**: Auf dieser Evolutionsstufe entstehen erste Netzwerke in einem Unternehmen, die Ad-hoc-Wettbewerbsrecherchen durchführen (meist per „kleinen Dienstweg") und sich im Rahmen von anderen Projekten austauschen. Diese Aktivitäten sind unstrukturiert und, da meist gegen etablierte Abteilungen (wie Marktforschung, Vorentwicklung) gerichtet, auch subversiv[4]. Der marginale Nutzenzuwachs (vgl. Abbildung 1.2) im Vergleich zur vorherigen Stufe ist sehr hoch, da naturgemäß „quick wins" realisiert werden können.

3. **CI-Inseln**: Mit der Etablierung der Guerilla-Strukturen für bestimmte Teilbereiche entstehen schließlich CI-Inseln. Teilbereiche können organisatorische Einheiten (z.B. F&E, Vertrieb) sein, Produktgruppen oder Regionen. Da nunmehr offizielle Prozesse eingeführt werden können und auch die Bekanntheit der CI im Unternehmen drastisch ansteigt (womit der Zugriff auf Wissensträger ermöglicht wird), nimmt wiederum der Nutzen stark zu.

4. **CI-Center**: Auf dieser Stufe ist CI als gleichwertige Funktion wie z.B. Marketing oder Marktforschung akzeptiert und fest institutionalisiert. Entsprechend erweitern sich die Aufgabenbereiche, aber auch der admi-

---

[4]   Weil der Nutzen der vorhandenen Abteilungen als nicht ausreichend angesehen wird, entstehen neue Strukturen.

nistrative Aufwand. Der Nutzen steigt weiter an, jedoch nicht mehr so drastisch wie bei den vorherigen Evolutionsstufen.

Tabelle 1.1 CI-Evolutionsphasen in Unternehmen

Merkmale	Ausprägung	Phase I Lonley CI-Stars	Phase II Guerilla-CI	Phase III CI-Inseln	Phase IV CI-Center
Quellen/ Schwerpunkt der CI-Datenerhebung	Sekundär-Informations-Erhebung	nur ad hoc	nur ad hoc	kontinu-ierlich	kontinu-ierlich
	Primär-Informations-Erhebung			nur ad hoc	kontinu-ierlich
	Marktforschung	unkoordi-niert	unkoor-diniert	synerge-tisch	synerge-tisch
Analyse-Methoden	Traditionelle Verfahren[5]	X	X	X	X
	CI-spezifische Verfahren[6]			X	X
Reporting	Ad hoc (pull)	X	X	X	X
	Kontinuierlich (push)			X	X
Interaktion mit Ent-scheidern/ CI-Kunden	Ad hoc, vergangen-heitsorientiert	X			
	Kontinuierlich			X	X
	Reaktiv (pull)	X	X	X	X
	Aktiv (push)				X
CI-Mitarbeiter	Mitarbeiter für Ad-hoc-CI-Support			Teilzeit	Vollzeit
	CI-Team mit CI-Spezialisten	Lonely CI-Stars in Teilzeit	Teilzeit-spezia-listen	CI-Stars/ Spezia-listen	CI-Team

[5] Datenaufbereitung und einfache Analyseverfahren (z.B. SWOT-Analyse, Benchmarking, Wettbewerberprofile)

[6] Entscheidungsunterstützung (z.B. Textmining, War Gaming, AKH)

Tabelle 1.1 CI-Evolutionsphasen in Unternehmen (Fortsetzung)

		Phase I	Phase II	Phase III	Phase IV
		Lonley CI-Stars	Guerilla-CI	CI-Inseln	CI-Center
Merkmale	**Ausprägung**				
Organisatorische Einbindung	Dedizierte CI-Funktionen innerhalb einer Stabsstelle		X	X	
	Eigenständige CI-Stabsstelle			X	X
	Eigenständige Stabsstelle mit dezentralen Zuarbeitern				X
CI-Netzwerke	Passive interne HUMINT-Netzwerke		X		
	Aktive interne HUMINT-Netzwerke			X	X
	Passive externe HUMINT-Netzwerke		X	X	
	Aktive externe HUMINT-Netzwerke			X	X
CI-Management	CI-Workshops[7]			X	X
	Regelmäßige Audits			nur lokal	X
	CI-Handbuch (vgl. Abschnitt 7.2.3)				X
	Aktive Counter Intelligence			nur lokal	X
	CI ist „mission critical"			nur lokal	X

---

[7] Prozesse, Nachwuchsschulung

Bei Unternehmen, die sich am Anfang der CI-Evolution befinden, sind häufig die folgenden Symptome zu beobachten[8]:

- Die vorliegende „Intelligence" ist vergangenheitsorientiert und reaktiv.
- Es besteht kein systematischer CI-Zyklus, es werden lediglich Ad-hoc- sowie Quick-and-dirty-Recherchen durchgeführt. Opportunistische Erhebungen, in denen nur recherchiert wird, was einfach und nahe liegend ist, kommen kaum über Suchbegriff-Internetrecherchen und die Lektüre branchenspezifischer Marktforschungsberichte hinaus. Eine Weitergabe oder gar themenbezogene Aufbereitung erfolgt nicht.
- Unmengen an Informationen und wertvolle interne Quellen liegen über das ganze Unternehmen verstreut vor. Eine Konsolidierung der Informationen ist nicht möglich bzw. wird nicht gewünscht. Eine zielgerichtete Analyse der Informationen erfolgt somit nicht.
- Es werden, wenn überhaupt, nur wenige Informationen durch menschliche Netzwerke erhoben. Der Schwerpunkt der Datenquellen liegt bei Marktforschungsberichten[9] und Fachzeitschriften.
- Selten wird „Intelligence" als Entscheidungsgrundlage berücksichtigt. Entsprechende Erkenntnisse werden als spekulativ und unglaubwürdig abgetan. Im Extremfall werden die Mitglieder des CI-Teams als „paranoid" und „ewige Pessimisten" diffamiert, da sie häufig auf potenzielle Gefahren und Probleme hinweisen. Eine Kultur zum Umgang mit Bedrohungen und Intelligence-Fehlern ist nicht gegeben.
- Eskalations- und Priorisierungsprozeduren fehlen. Dadurch sind Intelligence-Nutzer unsicher, wie Intelligence-Berichte zu verstehen und welche Maßnahmen zu ergreifen sind.
- Abgeschlossene CI-Projekte werden nicht im Nachhinein ausgewertet, eine Bestimmung des Nutzens der Intelligence für die Entscheidungsfindung wird nicht durchgeführt. Eine Bewertung der Effizienz von CI-Projekten findet nicht statt, eine Prozessoptimierung ist nicht durchführbar.
- Es findet keine kontinuierliche Datenerhebung statt. Damit fehlen eine vergleichende Bewertung von Daten und die Extrapolation von Trends. Daten werden in aufeinander folgenden Recherchen zudem wiederholt erfasst. Eine erneute Verwendung von Rechercheergebnissen ist kaum möglich.
- Typische Intelligence-Analysen fehlen oder werden nur opportunistisch durchgeführt, d.h. wenn ausreichend Daten vorhanden sind. Berichte

---

[8] Vgl. hierzu auch die empirischen Ergebnisse in Abschnitt 1.4.
[9] Häufig werden sogar kostspielige Marktforschungsberichte mehrfach innerhalb eines Unternehmens bezogen.

(meist Newsletters) werden ohne Bewertung von Glaubwürdigkeit und Unsicherheit der verwendeten Informationsbasis verfasst. Eine gezielte Datenerhebung zum Auffüllen von Informationsdefiziten erfolgt nicht.

Als Konsequenz aus diesen Missständen werden fehlerhafte Entscheidungen getroffen.

1.1.2 Verbreitung der Competitive Intelligence in Deutschland

Nichts schockiert mich – ich bin Wissenschaftler.

Indiana Jones
im gleichnamigen Spielfilm von Steven Spielberg, 1987

In den folgenden Abschnitten werden Erkenntnisse zur Relevanz und Verbreitung von Competitive Intelligence in Deutschland zusammengefasst.

Nach einer von Brockhoff im Jahre 1991 durchgeführten Studie setzte etwa die Hälfte der befragten 80 deutschen Großunternehmen ein institutionalisiertes Verfahren zur Konkurrenzanalyse ein (Brockhoff 1991). Eine Befragung unter den Top-100-DAX-Unternehmen (Nicnerski 2001) ergab, dass lediglich 9% keine Konkurrenzanalyse durchführten[10]. Erhebungen von Kunze (Kunze 2000) sowie Altensen (Altensen 2003; vgl. Abschnitt 1.4.4) belegen ebenso, dass Competitive Intelligence keineswegs eine Domäne der anglophonen Länder ist, wie beispielsweise von Stippl (Stippl 2002) behauptet wird. Competitive Intelligence hat viele Namen und Ausprägungen im deutschsprachigen Raum, allerdings wird häufig ein Mantel des Schweigens über diese Aktivitäten ausgebreitet[11], gilt es doch als unschicklich, diese Tätigkeit offen zuzugeben.

Ein Vergleich der Verbreitung und Bedeutung von Competitive Intelligence in unterschiedlichen Ländern ist aufgrund der geringen Fallzahlen nur schwer durchzuführen (vgl. Tabelle 1.2). Empirische Studien (insbesondere von Altensen 2003 und von Badr u. Wright 2004) sowie Paneldis-

---

[10] Immerhin 71% der befragten Unternehmen führten ihre Konkurrenzanalysen permanent durch (Nicnerski 2001).

[11] Gerade diese Tatsache macht es bei Fragebogenerhebungen nicht einfach, zu den CI-Akteuren in den Unternehmen vorzudringen. Selbst innerhalb eines Unternehmens ist nicht unbedingt bekannt, wer für CI zuständig ist. So verweigerten einige der angefragten Unternehmen die Teilnahme an der von Altensen (2002) durchgeführten Fragebogenaktion mit der Begründung, dass CI im Unternehmen nicht angewandt werde. Darunter waren auch Unternehmen, deren Mitarbeiter auf CI-Konferenzen Beiträge zu diesem Thema gehalten hatten.

kussionen[12] zeigen kaum einen Unterschied in der inhaltlichen Ausgestaltung von Competitive Intelligence in den betrachteten Ländern auf (wohl aber in der Abgrenzung der CI zu Marktforschung bzw. Marketing und damit auch in der Zielsetzung und Ressourcenausstattung). Eine „Unterlegenheit" der deutschen Wirtschaft durch fehlende CI (wie z.B. von Gersemann u. Wettach 2004 beschrieben) ist durch diese Studien sicher nicht belegbar.

Tabelle 1.2 Auswahl empirischer Studien zum Thema Competitive Intelligence in Deutschland

Autor	Brockhoff	Kunze	Nicnerski	Altensen
Jahr	1991	1999	2001	2003
Fokus	Dt. Top-100-Industrie-unternehmen	Dt. SCIP-Mitglieds-unterneh-men	Dt. Groß-unterneh-men (DAX 100)	Dt. Großunter-nehmen, KMUs, SCIP-Mitglieds-unternehmen
Fallzahl	40	17	46	130

Es gibt insbesondere in anglophonen Ländern zahlreiche weitere CI-Studien zu dieser Thematik, die z.B. in der Zeitschrift JCIM (Journal of Competitive Intelligence and Management) bzw. deren Vorgänger CIR (Competitive Intelligence Review) veröffentlicht wurden.

Auswahl englischsprachiger empirischer CI-Studien:

- Badr u. Wright (2004) CI and Marketing Strategy; Leicester Business School, De Montford University, UK; pan-europäische Fragebogenerhebung mit 259 Antworten auf umfangreichen Fragebogen zu CI-Praxis und -Einbindung in Marketingstrategieentwicklung.
- The Pine Ridge Group, Inc. und der T.W. Powell Company (1999) Umfrage bei SCIP-Mitgliedern, veröffentlicht auf der SCIP-Webpage (www.scip.org).
- Ashton (2003) New Sources and Methods for Competitive Intelligence; Auswertung von 174 Antworten eines Onlinefragebogens.

Zusammenfassung der Ergebnisse empirischer Studien zu Stellenwert und Verbreitung von Competitive Intelligence in Deutschland

Die umfangreichste Studie zu diesem Thema wurde in 2002 in einer von SCIP gesponserten und vom Autor dieses Buches fachlich betreuten empi-

---

[12] Vgl. SCIP Europäische Jahreskonferenz 25.-27.10.2004, Mailand: CI in Deutschland, England, Finnland, Schweden, Israel und Spanien.

rischen Studie[13] im Rahmen von zwei Diplomarbeiten (Altensen 2003, Glasbrenner 2003) an der Fachhochschule Gießen-Friedberg, Fachbereich Wirtschaft, durchgeführt (vgl. Abschnitt 1.4.4).

Verbreitung und Begrifflichkeiten

Obwohl der Begriff „Competitive Intelligence" etwa 60% der Befragten bekannt war[14], wurden nur 17% der Befragten als CI-Profis eingestuft (vgl. Abbildung 1.24). Die Definition eines „CI-Profis" erfolgte gemäß der in Tabelle 1.1 angegebenen CI-Evolutionsphasen durch Interpretation der Fragebogenantworten.

- Am häufigsten wurden die Begriffe Marktforschung (29%), Wettbewerbs- bzw. Konkurrenzbeobachtung (24%), Competitive Intelligence (21%) oder Wettbewerbs- bzw. Konkurrenzanalyse (21%) für „Aktivitäten des Sammelns, Analysierens und Aufbereitens von Informationen über den Markt und Ihre Mitbewerber/Konkurrenten" in Unternehmen verwendet[15] (vgl. Abbildung 1.11).
- Von den Befragten gab gut ein Drittel an, CI schon seit mehr als 12 Jahren zu praktizieren, knapp 22% waren Novizen (bis zu 2 Jahre Erfahrung). Dieser Sachverhalt bestätigt, dass die CI-Erfahrung mit der CI-Evolutionsphase (vgl. Tabelle 1.1) nicht unbedingt korrelieren muss.

---

[13] Die Studie wurde an einen CI-Fragebogen der University de Montfort, Leicester (Badr u. Wright 2004) angelehnt, um eine Vergleichbarkeit der Ergebnisse sicherzustellen.

[14] Berücksichtigt man die in den Antworten enthaltenen SCIP-Mitglieder (40%, die den Begriff natürlich kennen), so wird deutlich, dass in Deutschland außerhalb der SCIP-Welt der CI-Begriff weitgehend unbekannt ist (wobei nicht alle Antwortenden unter diesem Begriff den in diesem Buch vermittelten Inhalt verstanden).

[15] Insgesamt wurden 15 Bezeichnungen angeführt.

Organisatorische Einbindung

- CI-Aktivitäten wurden in unterschiedlichsten Abteilungen durchgeführt (nur knapp 5% verwendeten den Begriff „Competitive Intelligence" explizit als Organisationsabteilung; vgl. Tabelle 1.3)[16].
- In 49% der Unternehmen wurden CI-Aktivitäten nur zentral, in 11% nur dezentral und in 37% zentral und dezentral organisiert. Für nationale CI-Aufgaben beschäftigte die Mehrheit der kleinen Unternehmen (57%) 1-5 Vollzeitbeschäftigte[17], immerhin 10% der großen Unternehmen beschäftigten mehr als 25 Mitarbeiter mit CI. Internationale CI-Aufgaben wurden von 39% der Unternehmen gar nicht wahrgenommen, bei 37% der Unternehmen waren 1-5 Mitarbeiter mit dieser Aufgabe betraut. In immerhin 13% der Unternehmen waren mehr als 25 Mitarbeiter mit internationaler CI beauftragt[18]. Offensichtlich werden CI-Aktivitäten nur von wenigen Angestellten durchgeführt.[19]
- Die an dem CI-Prozess beteiligten internen Abteilungen waren Marktforschung (65%), Marketing (65%), Vertrieb (60%), Strategie/Planung (52%), Management/Führung (49%), F&E (34%). Die weiteren Abteilungen (Einkauf, Finanzen, IT, PR, HR etc.) waren nur selten integriert. Da für effiziente CI-Prozesse eine möglichst hohe interne Integration anzustreben ist (vgl. Kapitel 7), ist bei vielen Unternehmen ein großes Verbesserungspotenzial gegeben. In Abbildung 1.16 sind die organisatorischen Einbindungen der CI-Abteilung für SCIP- und Nicht-SCIP-Mitglieder dargestellt.
- Nur 30% der Antwortenden bewerteten die CI-Akzeptanz im eigenen Unternehmen mit stark bzw. sehr stark. 53% gaben eine mittlere Akzeptanz an, immerhin 16% fanden nur eine schwache bzw. sehr schwache Akzeptanz ihrer CI-Arbeit vor. In Abbildung 1.13 ist die Akzeptanz der CI bei SCIP- und Nicht-SCIP-Mitgliedern ausgewertet.

---

[16] In der DAX-100-Erhebung von Nicnerski (Nicnerski 2001) gaben 35% der antwortenden Unternehmen eine Zuordnung zu „Strategische Planung/Unternehmensentwicklung", 29% zu „Marketing", 14% zum Controlling, 11% zu „Vorstandsassistenz" und 11% zu weiteren Bereichen.

[17] bzw. entsprechend viele Teilzeitbeschäftigte

[18] Insbesondere bei den KMUs sind offensichtlich zahlreiche Unternehmen mit nur nationaler Geschäftsausrichtung vertreten.

[19] In der DAX-100-Erhebung von Nicnerski (Nicnerski 2001) gaben 24% der Unternehmen an, keinen Mitarbeiter zu haben, der sich ausschließlich mit Konkurrenzanalyse beschäftigt, 60% gaben 1-5 Mitarbeiter an, 7% 6-10 Mitarbeiter, 2% 16-20 Mitarbeiter, 7% gaben mehr als 20 Mitarbeiter an.

Tabelle 1.3 Organisatorische Einbindung von CI in Unternehmen

Relative Nennung	Abteilung
17,7 %	Marketing
15,9 %	Marktforschung
15,9 %	Management/Geschäftsführung
12,4 %	Unternehmensentwicklung
9,7 %	Vertrieb
9,7 %	Strategie und Planung
4,6 %	CI-Abteilung
4,6 %	Keine Abteilung
7,9 %	Sonstige (z.B. Business Intelligence, Information Professional Community, Kommunikation)

Quelle: Altensen 2003

CI-Praxis

- Hauptmotivation, CI zu betreiben, war die Notwendigkeit, Kenntnisse über Wettbewerber zu erhalten (vgl. Tabelle 1.4). In Abbildung 1.14 sind die Motive für SCIP- und Nicht-SCIP-Mitglieder dargestellt.
- Die Untersuchungsziele der CI-Aktivitäten wurden entsprechend sehr stark an Wettbewerberthemen (Stärken und Schwächen, Produkte und Dienstleistungen sowie Wettbewerberstrategie) festgemacht (vgl. Tabelle 1.5). Auffallend ist das geringe Interesse an Wettbewerberreaktionsprofilen, die für eine verbreitete strategische Wettbewerberanalyse benötigt werden. Vermutlich sind die geringe Erfahrung mit diesem Konzept und die nicht allein durch Sekundärrecherchen erhebbaren Informationen Ursache für die geringe Verwendung dieses Ansatzes. In Abbildung 1.19 ist dieser Sachverhalt für SCIP- und Nicht-SCIP-Mitglieder aufgezeigt.
- 55% der Befragten gaben an, dass ihr Unternehmen seine CI-Aktivitäten verstärken wird (bedingt durch steigenden Wettbewerbsdruck und die Notwendigkeit, vorhandene Aktivitäten auszubauen); 40% wollten die CI-Aktivitäten auf gleichem Niveau beibehalten (ausreichendes Aktivitätsniveau erreicht); nur 4% planten, ihre CI-Aktivitäten zurückzufahren (Einsparungen, fehlender Bedarf).

Tabelle 1.4 Motivation zum Betreiben von CI[20]

Relative Nennung	Motivation
75%	Kenntnisse über Wettbewerber
72%	Ableitung strategischer Wettbewerbsvorteile
70%	Entwicklung von Strategien
57%	Frühwarnung
54%	Benchmarking
30%	Produktneuentwicklungen/-optimierungen
29%	Identifikation neuer Kundenwünsche
21%	Erhöhung der Verkaufszahlen

Quelle: Altensen 2003; Mehrfachnennungen möglich

Tabelle 1.5 CI-Untersuchungsziele[21]

Relative Nennung	Untersuchungsziele
76%	Stärken/Schwächen eines Wettbewerbers
73%	Produkte/Dienstleistungen der Wettbewerber
70%	Wettbewerberstrategien
64%	Kennzahlen
57%	Preise
50%	Innovationen/Technologien
46%	Marktauftritt
44%	Wettbewerberziele
32%	Finanzstärke
22%	Verhaltens-/Reaktionsmuster
18%	Patente

Quelle: Altensen 2003; Mehrfachnennungen möglich

Nutzen von CI

Fast 70% der Antwortenden bewerteten den Stellenwert von CI für die Strategieentwicklung als hoch bzw. sehr hoch, 25% der Teilnehmer als

---

[20] In der DAX-100-Erhebung von Nicnerski (Nicnerski 2001) gaben ca. 45% M&A-Aktivitäten/Übernahmen/Joint Ventures, 5% Kooperationen als Anlass für Konkurrenzanalysen an. Lediglich wenige Antwortenden verwiesen auf Produkt- bzw. Prozessneuentwicklungen, Neupositionierungen, Umstrukturierungen bzw. Reorganisationen.

[21] In der DAX-100-Erhebung von Nicnerski (Nicnerski 2001) gaben 83% Umsatzentwicklung, 80% Erfolgsentwicklung, 78% Diversifikation, 70% Akquisitionsverhalten, 65% Internationalisierung und 54% Kapitalmarktperformance als Untersuchungsgegenstände der strategischen Konkurrenzanalyse an.

„mittel". Dies unterstreicht deutlich den Nutzen von CI für die Strategie-entwicklung der Unternehmen.

Praxis der Informationserhebung

- 82% der Antwortenden gaben an, Printmedien, Internet oder Online-Datenbanken für ihre CI-Recherchen zu nutzen. Erstaunlich selten wurden Online-Datenbanken genannt (43%), während das Internet (72%) das meist genutzte Medium war. Ursache hierfür könnte ein opportunistisches Rechercheverhalten sein (vgl. Tabelle 1.6 und Abbildung 1.20).
- Nur 53% der Befragten gaben an, Primärquellen zu nutzen. Die Art der verwendeten Quellen und die relativen Nutzungshäufigkeiten sind in Tabelle 1.7 und Abbildung 1.21 wiedergegeben.

Auffallend ist (neben der niedrigen Anzahl von Antwortenden, die überhaupt Primärrecherchen durchführen) die geringe Verwendung von Observationen (z.B. Vor-Ort-Begehungen) und direkten Wettbewerberkontakten. Mithin wurde neben den üblichen Messe-, Ausstellungs-, Tradeshow-Besuchen lediglich auf interne Quellen (Vertrieb, Reengineering, Angebotsanalyse) zurückgegriffen.

Tabelle 1.6 Absolute und relative Nutzung von Sekundärquellen[22]

Absolut	in %	Quellen
76	72	Internet
67	63	Zeitungen und Zeitschriften
46	43	Online-Datenbanken
44	42	Drucksachen der Wettbewerber (Geschäftsberichte, Prospekte)
36	34	Marktforschungsinstitute/eigene Marktforschung
31	29	Publikationen von Wettbewerbern über Wettbewerber
10	9	Verbände, Behörden, Organisationen
5	5	Bücher
4	4	Patentdatenbanken
3	3	Adressverlage
2	2	Werbeagenturen u.Ä.

Quelle: Altensen 2003; Mehrfachnennungen möglich; 106 Antwortende

---

[22] In der DAX-100-Befragung von Nicnerski (Nicnerski 2001) gaben 91% der Antwortenden Geschäftsberichte, 74% Studien von Marktforschungsinstituten, 67% Studien von Banken, 63% Datenbanken und 36% Unternehmensberatungen als sekundäre Informationsquellen für die strategische Konkurrenzanalyse an.

Diese Recherchepraxis ging stark in die Bewertung der Evolutionsphase ein. Daraus resultierte die noch geringe Akzeptanz von CI in Unternehmen – CI wird eben noch nicht überall professionell durchgeführt.

Tabelle 1.7 Absolute und relative Nutzung von Primärquellen[23]

Absolut	in %	Quellen
30	43	Messen/Ausstellungen
25	36	Kunden
24	34	Vertrieb
22	31	Produktanalysen (Reengineering)
20	29	Kontakte zu Branchenkennern (z.B. Berater, Banker, Redakteure)
16	23	Angebotsvergleiche
12	17	Direkte Wettbewerberkontakte
11	16	Trade-Shows
7	10	Distribution/Handel
7	10	Eigene Mitarbeiter (ehemalige Mitarbeiter der Wettbewerber)
6	9	Vor-Ort-Begehung
5	7	Lieferanten
4	6	Hochschulen

Quelle: Altensen 2003; Mehrfachnennungen möglich; 70 Antwortende

Analysetools und -techniken

Tabelle 1.8 zeigt die Nutzungshäufigkeit, Bekanntheit und Effektivität der verwendeten CI-Analyseverfahren auf. Abbildung 1.3 stellt diesen Sachverhalt graphisch dar.

Offensichtlich wurden einfache Verfahren häufig angewandt. Weiterhin deutet sich tendenziell ein entsprechender Zusammenhang zwischen der Anwendungshäufigkeit und der Effizienz der Analyse an (d.h. Verfahren, die einfach anzuwenden waren, wurden als effizient bewertet, da der CI-Analyst sie oft genug durchgeführt hatte, um eine gewisse Routine zu entwickeln).

Die Aussagekraft der Ergebnisse des jeweiligen Verfahrens bleibt in dieser Darstellung jedoch unberücksichtigt. Richtig angewandt, sollten gerade die seltener genutzten, aufwendigeren Verfahren auch detaillierte und fundierte Ergebnisse generieren.

Es kommt unweigerlich der Verdacht auf, dass die Anwendungshäufigkeit und die daraus resultierende Effizienz auch mit der gegenwärtigen CI-Evolutionsphase (vgl. Tabelle 1.1) in Zusammenhang stehen. Bei einer ge-

---

[23] In der Studie von Nicnerski (Nicnerski 2001) gaben 78% der Befragten an, Informationen aus dem eigenen Unternehmen zu erheben (Vertrieb, Einkauf) – weitere Erhebungsmöglichkeiten waren nicht in dem Fragebogen vorgegeben!

ringen CI-Erfahrung werden von dem CI-Analysten auch nur rudimentäre Analysen gefordert. Aufwendigere Analysen werden in diesem Unternehmen u.U. nur in anderen Bereichen – und zwar ohne Beteiligung der CI-Abteilung – oder gar nicht durchgeführt.

Tabelle 1.8 Nutzungsintensität, Effektivität und Bekanntheit von CI-Analyseverfahren[24]

Analyseverfahren	Nutzungs-intensität	Effektivi-tät	Bekannt-heit in %	Verfahrensni-veau
SWOT-Analyse	2,20	1,69	76,20	Basis
Wettbewerber-profilierung	2,21	1,84	77,00	Basis
Finanzanalysen	2,76	2,16	70,10	Basis
War Gaming	3,79	2,57	13,00	Fortgeschritten
Win/Loss-Analyse	2,76	2,00	51,20	Basis
Benchmarking	2,17	1,76	81,90	Basis
Szenarios	3,09	2,31	42,70	Fortgeschritten
Simulation	3,72	2,74	22,60	Fortgeschritten
Conjoint-Analyse	3,50	2,29	24,40	Basis
KIT	2,48	1,98	46,40	Basis
Technologieanalysen	2,53	1,91	47,20	Fortgeschritten
Risiko-/Entschei-dungsanalyse	3,09	2,18	33,30	Fortgeschritten
5-Kräfte-Industrie-strukturanalyse	2,50	2,11	16,50	Basis
Trendworkshops	3,65	2,11	34,40	Basis

Quelle: nach Altensen 2003; Mehrfachnennungen möglich; angegeben sind die Mittelwerte der skalierten Bewertungen: Nutzungsintensität von 1 (sehr oft) bis 5 (nie); Effektivität von 1 (sehr effektiv) bis 4 (ineffektiv); Verfahrenseinordnung bezieht sich auf die in diesem Buch verwendete Klassifizierung der Analyseverfahren (Kapitel 5 bzw. 6).

CI-Abteilungen werden oft nur als Katalysator für externe Marktforschungsergebnisse gesehen. Erst wenn die CI-Abteilung in Entscheidungsprozesse eingebunden wird, sind aufwendigere und bereichsübergreifende Analyseverfahren effizient durchführbar.

---

[24] In der DAX-100-Studie von Nicnerski (Nicnerski 2001) gaben 96% an, SWOT-Analysen durchzuführen, 72% benutzten Strategieanalysen der Wettbewerber, 70% Portfolioanalysen und 22% Szenarioanalysen – weitere Analyseverfahren waren nicht im Fragebogen vorgegeben und wurden auch nicht genannt.

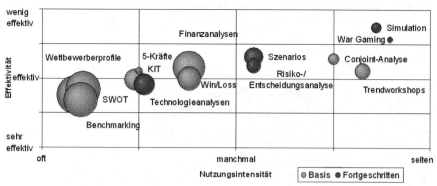

Abb. 1.3 CI-Analyseverfahren: Bekanntheit, Nutzungsintensität und Effektivität (nach Ergebnissen von Altensen 2003)

Softwareunterstützung für CI-Aktivitäten

- Eine Softwareunterstützung für CI-Aktivitäten ist nahe liegend: Informationsvolumen, Analyseverfahren und Archivierung von Informationen erfordern zeitaufwendige, aber automatisierbare Aktivitäten. In Tabelle 1.9 ist die Softwarenutzung zur Unterstützung des CI-Zyklus angegeben.

- Nur erstaunlich wenig Befragte (14%) wurden durch spezielle CI-Software (Knowledge Management[25]) unterstützt. Effizienzsteigernde Tools für die Informationsaufbereitung und -analyse (Datamining und Textmining) waren die Ausnahme.

- Selbst traditionelle MIS (Managementinformationssysteme) und Datawarehouse-Applikationen waren bei CI-Anwendern nur schwach vertreten.

- Lediglich Präsentationssoftware (Reporting) und E-Mail (Kommunikation) scheinen weit verbreitet zu sein (78% bzw. 70%).

- Selbst eine einfache Datenbank wurde nur von 59% der Antwortenden eingesetzt – man kann nur mutmaßen, wie die verbleibenden 41% ein Informationsmanagement effizient durchführen.

- Auch anhand dieser Antworten zeigt sich eine geringe Evolution der CI in deutschen Unternehmen, da kein professioneller CI-Analyst oder Manager ohne eine eigene (Wettbewerber-)Datenbank effizient arbeiten kann.

---

[25] Eine CI-Software-Kategorie stand den Antwortenden nicht zur Auswahl.

Tabelle 1.9 Verwendete Software für CI-Aufgaben[26]

Relative Häufigkeit	Software
78%	Präsentationssoftware
70%	Fax und E-Mail
59%	Elektronische Datenbanken
28%	Informationsmanagementsysteme
15%	Data Warehouse
14%	Knowledge-Management-Systeme
14%	Datamining
9%	Textmining
5%	Business-Simulatoren
7%	Keine elektronische Unterstützung

Quelle: Altensen 2003; Mehrfachnennungen möglich, vorgegebene Rubriken; 128 Antwortende

Reporting

- Immerhin 84% der Befragten gaben an, regelmäßig CI-Berichte zu erstellen. Dabei verfassten nur 26% wöchentliche Berichte, 28% berichteten monatlich. Bei 60% der Antwortenden erfolgte das Reporting nach Bedarf.

- Erstaunlich ist, dass gut 85% der Befragten angaben, ihrem Topmanagement zu berichten.

- Die häufigsten Berichtsmedien waren mündliche Präsentationen (Ad-hoc-Reporting) und strategische Bewertungen für das Topmanagement. Newsletters, News Alerts und kontinuierlich gepflegte Intranetsites waren weitere Berichtstypen.

Counter Intelligence

Nur 13% der Befragten gaben an, selbst noch nie Ziel von CI-Aktivitäten oder Wirtschaftsspionage gewesen zu sein. 49% berichteten, selbst schon CI-Aktivitäten ausgesetzt gewesen zu sein, 11% waren schon das Opfer illegaler Aktivitäten. 67% der Antwortenden waren keine gegen ihr Unternehmen gerichteten Aktivitäten bekannt (sie konnten aber auch nicht ausgeschlossen werden).

---

[26]   In der DAX-100-Studie von Nicnerski (Nicnerski 2001) gaben 48% der Unternehmen an, bereits eine Konkurrenzdatenbank auf „EDV-/Intranet-Basis" zu nutzen, weitere 20% planten, eine solche aufzubauen.

1.1.3 Wozu wird Competitive Intelligence verwendet?

Selbst wenn ein Unternehmen „perfekt ablaufende" CI-Prozesse implementiert hätte, wäre es noch nicht zwangsläufig erfolgreich, denn Intelligence muss in die Strategieentwicklung eingespeist werden. Anschließend müssen diese Strategien erfolgreich umgesetzt werden. Dieser kontinuierliche, iterative Prozess der „Anpassung" eines Unternehmens an ein sich änderndes Wettbewerbsumfeld kann durch einen dreistufigen Zyklus beschrieben werden:

1. Handlungsorientierte Analyse des Wettbewerbsumfeldes (Competitive Intelligence)
2. Explizite Formulierung von (dynamischen) Wettbewerbsstrategien
   (Die hierfür benötigte quantitative Strategieformulierung setzt genau diese Informationen aus Markt und Wettbewerb voraus (vgl. Abschnitt 8.1).)
3. Erfolgreiche Strategieumsetzung, z.B. mittels einer Balanced Scorecard.

Die Fähigkeiten eines Unternehmens, in einer sich wandelnden Umwelt dauerhaft Erfolg zu haben, wird als „Corporate Intelligence" bezeichnet.

Dieser Aspekt kann von Bedeutung sein, wenn man sich die Analogie zu Darwins biologischer Evolution vor Augen hält: Nicht das größte und scheinbar stärkste Unternehmen überlebt, sondern das anpassungsfähigste Unternehmen!

Wie aus der Definition (vgl. Abschnitt 1.1) unmittelbar ersichtlich ist, kann CI für vielfältige Aufgabenstellungen und Unternehmensbereiche verwendet werden. Offensichtlich ist CI gerade für die Strategieentwicklung bzw. Unternehmensentwicklung von zentraler Bedeutung, wie in vielen empirischen Studien belegt wurde (z.B. Glasbrenner 2003; Nicnerski 2001). In zahlreichen weiteren Unternehmensbereichen können CI-Erkenntnisse ebenso zur Unterstützung von taktischen Entscheidungen eingesetzt werden. Die folgende Auflistung zeigt Hauptapplikationen auf:

- Ermittlung der eigenen Wettbewerbsposition
- Wettbewerberprofilierung (Fakten, Intentionen, Reaktionsprofile, Bedrohungsanalyse)
- (Strategische) Frühwarnung/-aufklärung
- Benchmarking (Unternehmensprozesse, Technologien, Produkte, Unternehmensperformance)
- Technologiebewertungen (vorhandene und zukünftige Technologien)
- Chancen-/Risikoanalyse für neue Angebote/Absatzregionen
- Due Diligence bei Unternehmenskauf

- Umfeld-Scanning (neue Anbieter, Produkte, Dienstleistungen, Technologien, Fördermittel, Allianzen, Markteintrittsbarrieren etc.)
- Issues Monitoring (für das eigene Unternehmen relevante Themen)
- Satisfaction Surveys (eigene und Wettbewerberkunden bzw. -zulieferer)
- Bewertung von Zulieferern (Loyalität, Preisgestaltung, Überlebensfähigkeit)
- Überprüfung der eigenen Positionierung am Markt (Abgleich der eigenen Wahrnehmung mit Wettbewerbern und Kunden, Abdeckung von Kundenbedürfnissen, Optimierung der eigenen Angebots- und Absatzpolitik).

Eine ähnliche Ausrichtung ergab sich bei der Umfrage von Ashton (Ashton 2003; vgl. Abbildung 1.4).

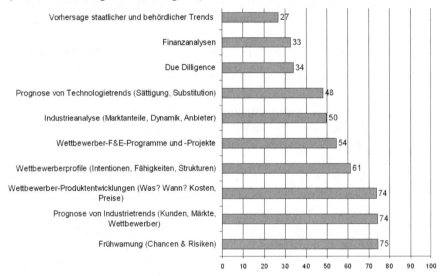

Abb. 1.4 Nennung „sehr wichtiger" CI-Analysemethoden (nach Ashton 2003)

1.1.4 Der Nutzen von Competitive Intelligence

Es ist sehr schwierig, eine direkte CI-Nutzenfunktion zu bestimmen, die eine quantifizierte Abschätzung des „Return on CI" zulässt. In verschiedenen Aufsätzen (z.B. Davison 2001; Langabeer 1999; Kilmetz u. Bridge 1999) wird ein pragmatischer Weg aufgezeigt, der diese Quantifizierung durch CI bedingte Umsätze (abgeschätzt durch den CI-Nutzer) und durch CI-Aufwendungen (abgeschätzt durch die CI-Ausführenden) berücksichtigt.

Qualitative Aussagen in empirischen Studien (vgl. Tabelle 1.2) lassen auf eine deutlich erhöhte Wettbewerbsfähigkeit bei Unternehmen schließen, die CI professionell betreiben. Zahlreiche Vorträge auf CI-Konferenzen befassen sich mit der „Return on CI"-Bestimmung (ROCI). Meist werden jedoch keine quantitativen Beispiele aufgezeigt, sondern lediglich qualitative Vorteile dargestellt.

Ein Grund für die problematische Nutzenbestimmung besteht darin, dass CI häufig indirekt wirkt. Das heißt, Nutzen (z.B. ein neuer Auftrag) und CI-Maßnahme (vorherige Wettbewerberanalyse und Identifikation einer unbesetzten Marktnische) müssen in keinem direkten Zusammenhang stehen (als Grund für einen gewonnenen Auftrag kann z.B. die technische Kompetenz der angeboterstellenden Abteilung genannt worden sein und nicht die Unterstützung der CI-Abteilung).

Weiterhin sind zahlreiche CI-Vorteile präventiver Natur. Sinnlose Aufwendungen können damit ebenso eingespart werden, wie aussichtslose Aktivitäten verhindert werden. Eine Quantifizierung des Nutzens ist hierfür nur schwer möglich.

Beispiele für präventiven CI-Nutzen:

- Aufgrund rechtzeitig gewonnener Erkenntnisse über das geplante Markteintrittsbegehren eines Wettbewerbers konnte präventiv eine Repositionierung der eigenen Produkte vorgenommen werden. Dadurch wurde der Markteintritt des Wettbewerbers verhindert. Hierdurch wiederum wurden Preisreduktionen und ein Wegbrechen der Distributionskanäle abgewendet.
- Aufgrund der Analyse der Produktentwicklungsstrategie eines Wettbewerbers wurden eigene Produktentwicklungen eingestellt und andere forciert. So konnte präziser auf sich ändernde Kundenbedürfnisse reagiert werden. Es wurde ebenso F&E-Aufwand eingespart; ein gestiegenes Innovatorimage konnte aufgebaut werden.

Anmerkungen

- Im Rahmen eines CI-Audits (vgl. Abschnitt 7.2.2) hat es sich bewährt, Unternehmen auf die in der Vergangenheit getroffenen „suboptimalen" Entscheidungen zu analysieren: Wie hoch war der Schaden bei „unternehmerischen Blindflügen" (erfolglose Produkte/Dienstleistungsneueinführungen, ungenutzte Produktionskapazitäten, an Wettbewerber verloren gegangene Kunden etc.)? Ausgehend von dieser Aufstellung können die Situationen identifiziert werden, in denen bessere „Entscheidungsgrundlagen" auch bessere Entscheidungen herbeigeführt hätten. Extrapoliert man diese Situationen in die Zukunft, kann zumindest abgeschätzt werden, mit welchem Aufwand welcher Schaden zu verhindern ist.

- Um den CI-Nutzen zumindest im Nachhinein zu bestimmen, ist es unumgänglich, ein kontinuierliches Controlling der CI-Effizienz vorzunehmen (vgl. Abschnitt 7.3.8). Liegen diese Performanceparameter vor, so kann über der Zeit zumindest ein Vergleich der marginalen Auswirkungen erstellt werden.
- Langfristig sollte sich der Nutzen einer CI-Abteilung in einer Steigerung der unternehmensweiten Kennzahlen wie „Eigenkapitalrendite", „Umsatzrentabilität", „Marktwert" etc. zeigen, auch wenn eine direkte Korrelation der CI-Aktivitäten mit diesen Kennzahlen nur schwer nachzuweisen ist.
- Für konkrete Entscheidungssituationen kann relativ einfach der „Wert der zusätzlichen Intelligence" erhoben werden, d.h. der Nutzen für den Entscheider in dieser spezifischen Situation (vgl. Abschnitt 6.1.5). Diese Vorgehensweise hat sich insbesondere für konkrete CI-Projektangebote bewährt.

1.1.5 Ist Competitive Intelligence ethisch und legal?

Competitive Intelligence ist weder unethisch noch kriminell. Die einem CI-Analysten zur Verfügung stehenden Daten stammen überwiegend aus öffentlich zugänglichen Quellen, weitere Informationen werden durch Kontakt zu menschlichen Quellen generiert. Insbesondere für diese Recherchen gelten die ethischen Verhaltensweisen der SCIP (vgl. Abschnitt 9.3.1)[27].

Wirtschaftsspionage und -kriminalität basieren hingegen auf illegal erworbenen Informationen. Dabei kann es sich beispielsweise um bei einem Einbruch entwendete Dokumente handeln, um durch Bestechung eines Mitarbeiters erworbene vertrauliche Informationen oder um einen mit falscher Identität erworbenen Zutritt zu einer Produktionsanlage eines Wettbewerbers.

Da sich Wirtschaftskriminalität, insbesondere im Zusammenhang mit Geheimdiensten, gut journalistisch aufbereiten lässt, gibt es leider immer wieder unsinnige Publikationen über Competitive Intelligence und den Verband SCIP.

Der Journalist Ulfkotte z.B. beschreibt in seinem reißerischen Enthüllungsbuch „Marktplatz der Diebe" (Ulfkotte 1999) SCIP als „Vereinigung

---

[27] Natürlich kann dies nicht ausschließen, dass es, wie in jedem Berufsstand, „schwarze Schafe" in Unternehmen oder bei Dienstleistern gibt.

derjenigen, die sich gewerbsmäßig für das Ausspähen von Konkurrenten interessiert", und unterstellt ihr eine starke Nähe zur CIA[28]. Er mokiert sich mit Bezug auf ein anstehendes SCIP-Regionalgruppentreffen *„Informationen sammeln wie ein Journalist"* über die aggressive Vorgehensweise der SCIP[29]. Hätte Ulfkotte auch nur an einem der (für Gäste offenen) SCIP-Regionaltreffen teilgenommen, hätte er sicherlich die Analogie einer journalistischen Recherche zu der Arbeit eines CI-Rechercheurs feststellen können („Investigativer Jounalismus", z.B. Ludwig 2002).

Reißerisch ist auch die Titelstory „Competitive Intelligence – Fast wie beim CIA" der Absatzwirtschaft (Stippl 2002), in der Competitive Intelligence als nachrichtendienstlicher 007-Abklatsch dargestellt wird, der sich vornehmlich mit dem Durchwühlen von Mülltonnen und dem illegalen Ausspionieren von Mitarbeitern beschäftigt.

Im Beitrag der Wirtschaftswoche *„Wir Waisenkinder"* (Gersemann u. Wettach 2004) wird mit Blick auf die französische „Ecole de Guerre[30]" der deutschen Wirtschaft durch fehlenden Einsatz von Competitive Intelligence ein Armutszeugnis ausgestellt und eine düstere Zukunft vorausgesagt.

Mit dieser Art von Publikationen wird der CI-Gedanke in Verruf gebracht oder zumindest mit einem negativen Beigeschmack versehen.

1.1.6 CI-Ausbildung in Deutschland

In Deutschland existiert im Gegensatz zu Ländern wie Frankreich, Schweden oder den USA kein eigenständiger CI-Ausbildungsgang an Hochschulen. Lediglich zwei Vorlesungen mit dem Titel „Competitive Intelligence" sind ausfindig zu machen[31], zwei weitere Fachhochschulen geben an, Competitive-Intelligence-Kurse anzubieten (Lyncker 2004).

---

[28] Begründet wird diese „Nähe" zur CIA u.a. mit der räumlichen Nähe der SCIP-Büroräume (in Alexandria, Virginia) zum US-amerikanischen Verteidigungsministerium, dem „Pentagon" (Washington DC), und dem CI-Hauptquartier in Virginia. Dass sich ca. 2000 weitere amerikanische Verbands- und Lobbygeschäftsstellen in unmittelbarer Umgebung des SCIP-Büros in diesem Außenbezirk der amerikanischen Hauptstadt Washington befinden, bleibt unerwähnt.

[29] Das Regionalgruppentreffen fand mangels Nachfrage nicht statt.

[30] Die private Pariser „Ecole de Guerre" spezialisiert sich auf den „Wirtschaftskrieg" mittels Informationen. Competitive Intelligence, wie in diesem Buch definiert, wird in dieser Einrichtung nur am Rande behandelt.

[31] FH Koblenz, Rhein/Ahr Campus (R. Michaeli, seit 2002), FH Darmstadt/Dieburg Campus seit 2005; Dr. Simon TU Dresden seit 2005.

Darüber hinaus gibt es sicherlich in anderen Marktforschungs- oder Marketingvorlesungen inhaltliche Fragmente zum Thema CI.

An weiteren Hochschulen wird eine Ausbildung zum „Informationsmanager" angeboten – dies scheint zumindest eine Weiterentwicklung der traditionellen Bibliothekar- oder Archivarausbildungsgänge in Richtung Competitive Intelligence zu sein[32].

Da Competitive Intelligence neben dem Branchenwissen auch eine breite betriebswirtschaftliche und fachliche Qualifikation als Grundlage benötigt, ist es nicht verwunderlich, dass die meisten CI-Manager quasi Seiteneinsteiger in die CI-Tätigkeit sind: Nach einem Erststudium und beruflicher Praxis erfolgt der Wechsel in das Intelligence-Fach. So erklärt sich, dass die eigentliche CI-Erstausbildung „on the job" oder durch entsprechende Workshopangebote stattfindet (vgl. Tabelle 1.10)[33].

Tabelle 1.10 CI-Erstausbildung für CI-Professionals

CI-Erstausbildung	
SCIP	17,2 %
Bücher und Zeitschriftenartikel	7,5 %
CI-Anbieter oder Berater	10,9 %
Universitätskurse	10,9 %
„On the job"	46,6 %
Sonstige	6,9 %

SCIP-Online-Umfrage unter CI-Professionals (175 Teilnehmer; nach Ashton u. Herring 2003)

---

[32] Vgl. www.competitive-intelligence.com für eine Liste deutscher FHs/Unis.

[33] Um diese berufsbegleitende Ausbildung zu ermöglichen, wurde im Mai 2004 vom Buchautor das Institut für Competitive Intelligence (ICI; s. www.competitive-intelligence.com) gegründet, welches eine zertifizierte, modular aufgebaute CI-Ausbildung bietet. Neben dem Besuch von Intensivworkshops sind das Anfertigen einer praktischen Arbeit und eine Abschlussprüfung Teil der zweijährigen Ausbildung. Durch das selbständige Bearbeiten von Fallstudien werden die Teilnehmer unmittelbar mit praxisrelevanten Inhalten konfrontiert.

1.2 Besonderheiten der Competitive Intelligence

> If you want to make sure you hit the target,
> start shooting and whatever you hit call it the target.
>
> Lt. Col Vanderpool

1.2.1 Information, Daten, Signal, Hypothese und Intelligence

Das Wesen der Competitive Intelligence ist die Gewinnung von Intelligence aus Daten, Indikatoren und Signalen. Wie gewinnt man entscheidungsrelevante Informationen aus einer Vielzahl von Fakten, Nachrichten, Gerüchten und subjektiven Eindrücken? Um den CI-Prozess strukturiert und verständlich zu beschreiben, muss zunächst eine einheitliche Begriffsbildung als Fundament gelegt werden.

- Der *Gegenstand einer CI-Recherche* (auch als Recherchegegenstand bezeichnet) kann sowohl ein Unternehmen, ein Produkt, eine Person oder ein Sachverhalt (z.B. eine Merger-Intention) sein.
- *(Roh-)Daten* bilden die Grundlage für Informationen. Sie werden durch Recherchen bzgl. des Recherchegegenstandes gewonnen (z.B. Adresse der Vertriebsniederlassung eines Wettbewerbers) oder liegen beispielsweise in Form von Finanzdaten in einem Geschäftsbericht vor.
- *Informationen* sind aufbereitete, evaluierte, integrierte und interpretierte Rohdaten, die individuelle Entscheidungen beeinflussen können (Winkler 2003). Beispiele für Informationen sind „Wettbewerber ALPHA stellt 50 neue Mitarbeiter im Bereich F&E bis Ende des Jahres ein" oder „Das Wettbewerberprodukt wird mit dem besten Preis-Leistungs-Verhältnis in seinem Marktsegment positioniert". In Abschnitt 1.2.2 wird ein Beispiel für CI-Informationen ausführlich dargestellt.
- *Indikatoren* sind Daten- oder Informationsfragmente, die einen bestimmten Sachverhalt ankündigen. Indikatoren können z.B. beobachtete Ereignisse („Baugenehmigung für eine neue Fertigungshalle wurde beantragt") oder das Nichteintreten eines Sachverhaltes sein („In der letzten Pressekonferenz wurde nicht das neue JV in China angesprochen – obwohl es an der Zeit wäre")[34].
- *Signale* sind die (subjektive) Interpretation eines oder mehrerer Indikatoren (zwei Analysten können aus denselben Indikatoren grundver-

---

[34]   Die Bewertung von Indikatoren für die Berechnung der Eintrittswahrscheinlichkeit eines Ereignisses ist in Abschnitt 6.2.4 beschrieben. Frühwarnsysteme oder Monitoring-Projekte basieren auf der Identifikation und Aufbereitung dieser (zeitlich vorlaufenden) Indikatoren.

schiedene Signale interpretieren). Nicht alle Indikatoren generieren Signale. Häufig führt erst das scheinbar willkürliche Zusammenfügen einzelner Indikatoren zu einem Signal (vgl. Abschnitt 3.2.11). Sind die Signale nicht stark ausgeprägt (d.h. nicht einfach zu orten und zu interpretieren), so spricht man von so genannten „Schwachen Signalen" (Ansoff 1966). Bei der Signalinterpretation ist zu berücksichtigen, welche Intentionen und Motivation ein Wettbewerber hat, dieses Signal zu senden.

• *(Competitive) Intelligence* bzw. (Wettbewerbs-)Wissen ist die aufbereitete, in einen Entscheidungskontext gebrachte Information. Ein Beispiel für Intelligence ist „Wettbewerber ALPHA wird bis Ende des Jahres ein neues Produkt zur Serienreife entwickeln. Mit einem potenziellen Markteintritt ist nicht vor Mitte nächsten Jahres zu rechnen, da keine Fertigungskapazitäten für den Serienanlauf bereitgestellt werden können. Eine Gefährdung der eigenen Produkteinführung zum Jahresende ist damit nicht gegeben (80% Wahrscheinlichkeit)."

• *Hypothesen* oder Theorien werden fast zwangsläufig entwickelt, sobald ein Analyst beginnt, sich mit Wettbewerberfragen auseinander zu setzen und Informationen zu analysieren. Hypothesen beziehen sich z.B. auf Wettbewerber und deren Intentionen, Potenziale und Motivationen. Hypothesen sind Schlussfolgerungen oder Erklärungen, die durch *Evidenz* (Beweise) bestätigt werden. Diese Beweise können wiederum auf *Indizien* oder *Fakten* (bestätigte Informationen) basieren. Die Analyse konkurrierender Hypothesen (AKH; vgl. Abschnitt 6.2.3) wird zur Hypothesenvalidierung verwendet.

1.2.2 Ein Beispiel für unterschiedliche Informationsarten

Anhand eines Beispiels soll ein für CI-Analysen typischer Mix von Informationsarten erläutert werden:

Ein Analyst muss für eine SWOT-Analyse (vgl. Abschnitt 6.1.6) die Umsatzhöhe eines Wettbewerbers (KMU) in 2003 abschätzen. Offizielle Umsatzzahlen werden von diesem Unternehmen jedoch nicht publiziert bzw. stehen ihm nicht zur Verfügung.

Aus den Angaben der Wettbewerber-Webpage („...mit unseren fast 1000 Beschäftigten...") erstellt der Analyst die Hypothese, dass der Wettbewerber einen Umsatz von 100 Mio. Euro im abgelaufenen Geschäftsjahr (2003) hatte[35].

---

[35]   durchschnittlicher Branchenumsatz von 100.000 Euro/Mitarbeiter und Jahr

Zur Absicherung seiner Umsatzhypothese erhält der Analyst von Branchenkennern die folgenden Informationen:

- Kontakt A bestätigt, dass das Unternehmen „eher klein" ist.
- Kontakt B vermutet, das hinterfragte Unternehmen aus seiner früheren Tätigkeit zu kennen. Er weiß, dass dieses Unternehmen in 2003 86,35 Mio. Euro Umsatz erzielt hat.
- Kontakt C kann bestätigen, dass das betrachtete Unternehmen in 2003 das zweitbeste Umsatzergebnis der letzten fünf Jahre erzielt hat.
- Kontakt D hat über das betrachtete Unternehmen gehört, dass es seit Jahren zu den Top 10 der umsatzstärksten Industrieunternehmen der Region gehört. In der Vergangenheit entsprach dies einer Umsatzbandbreite von etwa 80 bis 140 Mio. Euro.
- Kontakt E bestätigt, dass das betrachtete Unternehmen einen bisherigen Umsatzrekord von 90 Mio. Euro in 2001 erzielt hatte. Seitdem sind einige Märkte weggebrochen.

Die von Kontakt A bereitgestellte Information ist recht vage: „Eher klein" ist eine relative Einschätzung, die maßgeblich auf dem Erfahrungsschatz des Kontaktes im Umgang mit Unternehmen aufbaut. Ist er gewohnt, internationale Konzerne mit mehreren 100 Mrd. Euro Jahresumsatz als „groß" zu bezeichnen, so ist schon ein Unternehmen mit unter 1 Mrd. Jahresumsatz „eher klein". Ist Kontakt A hingegen der Meinung, dass Unternehmen mit 1 Mrd. Jahresumsatz „groß" sind, so könnte er mit der Umschreibung „eher klein" ein Unternehmen mit 1-10 Mio. Euro Jahresumsatz bezeichnen. So vage die Information von Kontakt A auch sein mag, ist es sicherlich nicht sinnvoll, sie vollends zu ignorieren, da sie eine grobe Einschätzung der Umsatzhöhe ermöglicht.

Kontakt B kann eine sehr genaue (und auch belegbare) Aussage zu der Umsatzgröße des Unternehmens treffen. Die Information ist allerdings wertlos, falls der Kontakt sich in dem Unternehmen per se geirrt und ein anderes Unternehmen als das hinterfragte beschrieben hat.

Kontakte C und E wiederum nennen keine absoluten Umsatzzahlen, sondern geben nur eine Relation der gesuchten Umsatzzahl zu historischen Zahlen an. Sind die historischen Zahlen bekannt, so ist zumindest eine Obergrenze (90 Mio. Euro) der gesuchten Umsatzzahl zu folgern. Jede Information für sich genommen ist jedoch wertlos.

Kontakt D liefert eine brauchbare Information (Umsatzbandbreite), die jedoch auf Vergangenheitsdaten bezogen ist, folglich nicht unbedingt für die gesuchte aktuelle Umsatzhöhe relevant ist.

In diesem Beispiel kann der Analyst letztlich durch die zusätzlichen Informationen seine Anfangshypothese (etwa 100 Mio. Euro) nach unten korrigieren (Bandbreite von 80-90 Mio. Euro)[36].

Die Informationsbeispiele stehen stellvertretend für fragmentierte Informationen, die mittels klassischen Wahrscheinlichkeitskalküls (vgl. Abschnitt 6.1.5) nicht behandelt werden können. Erst durch das Zusammenpuzzeln der einzelnen Fragmente entsteht ein aussagekräftiges Gesamtbild. Ein CI-Analyst muss akzeptieren, dass er permanent mit dieser Art von unvollständiger Information umgeht. Immer wieder werden Informationen erst sinnvoll auswertbar sein, wenn sie im Zusammenhang mit weiteren Informationen gesehen werden. Wichtig ist, sich schon vor der Datenerhebung über die benötigte Informationsverwendung (Analyse) klar zu werden. Für eine grobe SWOT-Analyse mag die Umsatzangabe „um die 100 Mio. Euro" ausreichend sein. Für eine Berechnung des eigenen Anteils an einem Markt, der insgesamt nur 200 Mio. Euro umfasst, könnte diese Angabe jedoch zu ungenau sein.

1.2.3 Wahrscheinlichkeit, Glaubwürdigkeit und Plausibilität

> Eigentlich weiß man nur, wenn man wenig weiß;
> mit dem Wissen wächst der Zweifel.
>
> Johann Wolfgang von Goethe
> Deutscher Dichter (1749-1832)

Eine der Hauptherausforderungen eines Intelligence-Analysten ist die Bewertung von „Informationen" und den daraus abgeleiteten Hypothesen.

Informationen sind in der Regel mit Unsicherheit behaftet, mit deren Natur der Analyst sich zwangsläufig beschäftigen muss, bevor er eine Information weiterverwenden kann, etwa um eine Schlussfolgerung aus ihr abzuleiten.

Im Wesentlichen beschäftigt sich der Analyst mit der Frage, wie *wahrscheinlich*, wie *glaubwürdig* und wie *plausibel* eine Information oder eine Hypothese ist.

> Die CI-Kunst liegt im plausiblen und gleichzeitig wahrscheinlichen Schließen (vgl. Abschnitt 3.2.11).

Die klassische Wahrscheinlichkeitstheorie kennt jedoch Begriffe wie Glaubwürdigkeit oder Plausibilität nicht. Aus diesem Grund wird hier kurz

---

[36]   unter der Annahme, dass alle Kontakte glaubwürdige Quellen sind

ein Beispiel nach Basieux (Basieux 1995) skizziert, das diese Begriffe recht anschaulich einführt:

Aufgrund einer vorliegenden Information A (*Absatzprobleme eines Wettbewerbers*) wurde die Hypothese H (*Wettbewerber wird eine Preissenkung durchführen*) aufgestellt. (Es gilt als sicher, dass der Wettbewerber bei Absatzproblemen seine Preise senkt, eine Preissenkung könnte aber auch z.B. auf einer veränderten Vertriebsstrategie beruhen.)

Mathematisch ausgedrückt, folgt H aus A: Der Wettbewerber hat Absatzprobleme, daher senkt er die Preise. Was lässt sich über die *Glaubwürdigkeit* der Folgerung H aussagen?

H ist mit der Wahrscheinlichkeit p(A), mit der das Ereignis A eintritt, gültig. p(a) kann als Maß für die Zuverlässigkeit angesehen werden, mit der H aus der vorliegenden Information gefolgert werden kann. Je größer diese Zuverlässigkeit, desto glaubwürdiger wird H (Basieux 1995). Der Grad der Glaubwürdigkeit, der angibt, inwieweit die Hypothese H durch die vorhandene Information A gestützt wird, wird demzufolge definiert als (sp = support):

$$sp(H) = p(A),$$

wobei p(A) die Wahrscheinlichkeit angibt, mit der das Ereignis A eintritt.

Allerdings darf nicht geschlossen werden, dass – in Analogie zur Wahrscheinlichkeitsrechnung – die Gegenhypothese von H (¬H: keine Preissenkung) den Grad der Glaubwürdigkeit 1-sp(H) habe, denn eine Preissenkung kann auch durch andere Faktoren verursacht werden als durch Absatzprobleme. Wenn jedoch allein aufgrund der vorliegenden Information A keine Aussage über ¬H getroffen werden kann, erhält sie den Grad der Glaubwürdigkeit Null (was jedoch nicht ausschließt, dass ¬H zutrifft, denn hierfür kann es zahlreiche Gründe geben).

Wesentlich für die Theorie des Schließens unter Unsicherheit ist, dass sich mit jeder neuen Information der Grad der Glaubwürdigkeit ändern kann, denn eine neue Information bedeutet u.U. neue Argumente für oder gegen die aufgestellte Hypothese. Aus diesen – eventuell auch widersprüchlichen – Informationen gilt es, eine saubere, logisch korrekte Hypothese aufzustellen.

Die Überlegungen zum Grad der Glaubwürdigkeit basieren auf der Frage, inwieweit die Hypothese H aus einer vorhandenen Information A gefolgert werden kann. Betrachtet man nun von allen Informationen, die die Hypothese H *nicht* widerlegen, vor allem die Informationen, die zwar H nicht unterstützen, aber auch nicht ihr Gegenteil ¬H, gelangt man zum Begriff der Plausibilität: Je wahrscheinlicher oder zuverlässiger solche Informationen sind, umso weniger spricht *gegen* die Hypothese H, d.h. umso plausibler ist sie. Der Grad der Plausibilität einer Hypothese pl(H) wird daher folgendermaßen definiert:

pl(H) = 1 – sp(¬H).

Können im Beispiel keine Informationen gefunden werden, die das Gegenteil der Preissenkung (also konstante oder steigende Preise) belegen[37], so wird intuitiv eine Preissenkung des Wettbewerbers *plausibler*.

Je kleiner der Plausibilitätsgrad pl(H) ist, desto weniger ist die Hypothese H mit einer Information verträglich und desto mehr Zweifel an ihr sind aufgrund der vorliegenden Information angebracht. Je näher der Plausibilitätsgrad einer Hypothese bei „1" liegt, desto verträglicher ist eine Hypothese mit der vorliegenden Information. Für den Fall, dass nichts für und nichts gegen eine Hypothese spricht, erhält sie den Plausibilitätsgrad „1" und den Grad der Glaubwürdigkeit „0". Dadurch wird deutlich, dass eine vorliegende Information keinerlei Aussagekraft für die aufgestellte Hypothese besitzt.

Der CI-Analyst verwendet analoge Überlegungen bei der Entwicklung von Szenarios (vgl. Abschnitt 6.1.1) und bei der Analyse konkurrierender Hypothesen (AKH; vgl. Abschnitt 6.2.3). Bei der Beurteilung vorhandener Informationen (vgl. Abschnitt 3.2.12) wird ebenfalls eine formale Bewertung von Glaubwürdigkeit, Plausibilität und Zuverlässigkeit einer Information bzw. Quelle durchgeführt. Eine formale Analyse der Informationen mindert das Risiko, dass ein Analyst nur Informationen verwendet, die seine Hypothesen unterstützen und somit scheinbar die Plausibilität seiner favorisierten Hypothese erhöhen.

1.3 Ursprünge der Competitive Intelligence

> Bankraub ist eine Unternehmung von Dilettanten.
> Wahre Profis gründen eine Bank.
>
> Bertolt Brecht
> Deutscher Dramatiker (1898-1956)

„Business Intelligence[38]" bzw. Competitive Intelligence" als eigenständige Disziplin gibt es spätestens seit Gründung des Verbandes der Competitive

---

[37] Diese Information wäre zum Beispiel durch eine entsprechende Zusage an Distributoren gegeben.

[38] Der Begriff „Business Intelligence" wird heutzutage meist im Kontext von unternehmensinternen, numerischen Daten verwendet. Diese in einem Data Warehouse abgelegten Informationen gilt es zu analysieren und aufzubereiten (vgl. Abschnitt 5.2.8).

Intelligence Professionals „SCIP" im Jahre 1985. Die Wurzeln der CI, wie in diesem Buch beschrieben, reichen jedoch deutlich tiefer. Sie basieren auf drei Bereichen:

- den staatlichen Nachrichten(Intelligence)-Diensten
- den Management-Wissenschaften (wie besonders durch M. Porter entwickelt)
- der traditionellen Marktforschung.

Jeder dieser Bereiche verfügt über eigene Tools, Verfahren und Vorgehensweisen, die zu einer Disziplin verschmolzen sind und zu unterschiedlichsten Ausprägungen geführt haben.

1.3.1 Wurzeln der CI

Nationale Nachrichtendienste (Intelligence Services)

Die US-amerikanische Intelligence-Bewegung wurde stark von „ehemaligen" Angehörigen der US-amerikanischen Intelligence-Dienste (insbesondere CIA und NSA) geprägt. SCIP wurde gerade u.a. auch deshalb von einigen dieser Ehemaligen gegründet, um eine unbedenkliche Vorgehensweise bei der Durchführung von CI sicherzustellen. Vordenker und Wegbereiter dieser Strömung sind beispielsweise Jan Herring (s. Beitrag in Abschnitt 1.4.2) und John Nolan III (s. Beitrag in Abschnitt 8.3.4).

Sicherlich verdankt CI diesen Wurzeln eine selbstbewusste Positionierung (Bedeutung von CI und Anbindung an das Topmanagement) in Unternehmen[39]. Nachteilig hat sich hingegen die durch diese Wurzeln übernommene, stark militärisch angehauchte Diktion bei den CI-Terminologien ausgewirkt: Schließlich ist es nicht unbedingt förderlich, in weitgehend unverständlichen Abkürzungen zu kommunizieren, nur weil diese anderweitig verwendet werden.

Ebenso sind klassische nachrichtendienstliche Aufgabenstellungen wie die Vorhersage einer kriegerischen Auseinandersetzung (z.B. The Sino-Soviet Border Disput in Westerfield 1995) oder die Ableitung von Angriffstaktiken kaum direkt auf das kommerzielle Unternehmensumfeld übertragbar. Andere Aufgabenstellungen wie der Vergleich der Leistungsfähigkeit von in einem Konflikt beteiligten Jagdflugzeugen („technisches Benchmarking") sind wiederum ohne weiteres auch in einer industriellen Umge-

---

[39] In Analogie zu der Bedeutung und Einbindung der Dienste in die nationalen politischen Entscheidungsstrukturen wird die CI-Funktionalität als Unterstützung der Unternehmensführung betrachtet.

bung anzutreffen (vgl. Abschnitt 5.2.12). Die grundsätzlichen Vorgehensweisen, die Analysekonzepte und das Berichtswesen sind nur teilweise
übertragbar: Identifikation der Wettbewerber, Datenerhebung, Nutzen von
menschlichen Quellen, gefolgt von technischem Benchmarking, Ableitung
einer Vertriebsstrategie (Alleinstellungsmerkmale, Stärken/Schwächen,
Argumentation für das eigene Vertriebsteam etc.).

Während etliche Erhebungsmethoden der staatlichen Dienste nicht auf
Competitive Intelligence angewandt werden können (z.B. das Abhören
von Telefonaten oder die gezielte Anwerbung von Agenten aus Zielunter-
nehmen), bieten die Erfahrungen aus Intelligence-Organisationen wertvolle Ansatzpunkte für einen CI-Manager (vgl. z.B. Heuer „Psychology of
CI Analysis" oder freigegebene Artikel der CIA, vgl. z.B. Westerfield
1995).

Auch innerhalb der SCIP ist der Einfluss der „Ehemaligen" auf die zukünftige Ausrichtung des Verbandes nicht unumstritten: Mehrere Publikationen
und Beiträge im Rahmen von Konferenzen ranken sich um dieses Thema.
Tendenziell zeichnet sich ein klares Bekennen zu den Intelligence-Wur-
zeln ab[40], während sich die eigentlichen CI-Inhalte immer stärker an Themen wie „Unternehmensstrategien", „Wissensmanagement", „Risikomanagement" oder „Entscheidungsunterstützung" orientieren.

Auch die „lessons learned" in der Erhebung und Ausbreitung der Intelligence sind ohne weiteres auf kommerzielle Projekte übertragbar[41] (vgl.
z.B. Military Intelligence Blunders; Hughes-Wilson 1999).

Management-Wissenschaften

Um Informationen in anwendbares Wissen zu transformieren, werden Modelle der Unternehmensplanung und -analyse auch für die CI-Analyse verwendet. Zahlreiche Autoren der modernen Managementlehre, allen voran
M. Porter, haben eine theoretische Grundlage zur Analyse von Wettbewerbssituationen geschaffen. M. Porter hat auf die Notwendigkeit der
wettbewerbsorientierten Informationserhebung im Rahmen der strategischen Positionierung eines Unternehmens hingewiesen (er verwendet hierfür in seinen Werken die Bezeichnung „Competitor Intelligence"). Zu
Recht gilt er als geistiger Vater der modernen Competitive Intelligence.
Seine Werke „*Competitive Advantage*" und „*Competitive Strategy*" (Porter

---

[40] Vgl. Herring, 2002: The Word is Intelligence! Let's not shy away from the „I"
     word.
[41] Interessierten sei als Einstieg in diese Thematik der Bericht „Intelligence Es-
     sentials for Everyone" (Krizan 1999) empfohlen.

1985; 1998) sollten dementsprechend vertraute Klassiker für jeden CI-Manager sein.

Das Buch „*Strategic and Competitive Analysis: Methods and Techniques for Analyzing Business Competition*" (Fleisher u. Bensoussan 2002) zeigt zahlreiche weitere CI-und Strategieanalysekonzepte auf: Portfolioansätze, Produktlebenszyklusanalysen, Marktsegmentierungen und Kernkompetenzanalysen sind nur einige Verfahren, die zu dem Handwerkszeug eines Unternehmensstrategen ebenso gehören wie zu dem eines CI-Analysten.

Verschiedene weitere Themen der Management-Wissenschaften wie Knowledge Management, Strategieumsetzung mittels einer Balanced Scorecard oder strategische Frühwarnung haben ebenfalls ihren Eingang in das Repertoire eines CI-Managers gefunden.

Marktforschung

Zwischen der „klassischen" Marktforschung und CI bestehen Überlappungen bzgl. Zielsetzung, Verfahren und Rechercheobjekten. So liegt z.B. traditionell eine der Hauptaufgaben der Marktforschung darin, Erkenntnisse über die Nachfragepräferenzen von Kunden zu gewinnen, um das eigene Angebot optimal zu entwickeln bzw. zu positionieren. Die entsprechend weiterführende Aufgabe einer CI-Recherche wäre es, zusätzlich die Marketingstrategie und die Ressourcen der Wettbewerber zu analysieren, um bei der eigenen Positionierung die potenziellen Strategien der Wettbewerber berücksichtigen zu können.

Zahlreiche Analyseverfahren (z.B. Deskriptive Statistik, Marktsegmentierungen, Absatzprognosen) werden von beiden Disziplinen verwendet. Insbesondere im Rahmen der industriellen Marktforschung, bei der nur wenig konsumentenbasierte Daten vorliegen, muss Marktforschung zwangsläufig stark auf direkte Wettbewerber ausgelegt sein.

In 16% der deutschen Unternehmen (vgl. Abschnitt 1.1.2) waren Competitive Intelligence und Marktforschung dementsprechend in einer gemeinsamen Organisationseinheit angesiedelt.

CI und Marktforschung sind keine konkurrierenden Disziplinen, sondern vielmehr komplementär anwendbar. Häufig beginnt CI dort, wo die „klassische" Marktforschung endet, d.h. wo Zeit, Ressourcen, Fragestellungen und potenzielle Vorgehensweisen keine Marktforschung zulassen bzw. keine aussagekräftigen Ergebnisse von ihr zu erwarten sind.

1.3.2 Unterschiede zwischen Marktforschung und Competitive Intelligence

- *Unvollständige Datenbasis:* Naturgemäß können CI-Analysen auch auf unvollständigen, widersprüchlichen Informationen beruhen. Zahlreiche Informationen machen erst „Sinn", wenn sie außerhalb der ursprünglichen Datenerhebungsziele in einen neuen Zusammenhang gesetzt werden. Es obliegt dem Analysten, durch seinen Spürsinn diese Bezüge zu erahnen, entsprechende weiterführende Erhebungen zu initiieren und schließlich seine Hypothesen zu verifizieren. Marktforschung ist hingegen kaum darauf aus, diese Out-of-the-box-Denkhaltung zu unterstützen – insbesondere, wenn die Datenlage hierfür keine klaren Signale zulässt, sondern eher auf eine unvollständige Datengrundlage schließen lässt: Marktforschung stützt sich meist auf vollständig erhobene Daten.

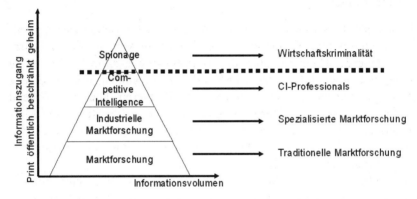

Abb. 1.5 Abgrenzung Marktforschung, Competitive Intelligence und Wirtschaftskriminalität

- *Erhebung durch Elicitation-Techniken:* Häufig werden während CI-Recherchen Informationen durch Elicitation-Techniken erhoben (vgl. Abschnitt 4.2). Auf menschliche Quellen kann jedoch nicht beliebig und ebenso wenig mehrfach zugegriffen werden. Eine repräsentative Stichprobe ist somit im Rahmen einer Erhebung genauso selten zu erreichen wie deren Reproduzierbarkeit. Für Marktforscher, die jedoch genau diesen Anspruch der Objektivität an ihre Erhebungen stellen, ist somit eine durch Elicitation-Techniken gewonnene Informationsgrundlage eher fraglich.
- *Subjektivität:* CI basiert häufig auf subjektiven, intuitiven Beurteilungen eines CI-Analysten. Zwei Analysten, die über dieselben Daten verfügen, werden zwar ähnliche, aber selten identische Ergebnisse erzielen. Diese

Resultate sind somit „unwissenschaftlich", da mitunter keine eindeutige Begründung für eine Aussage vorliegt (vgl. Abschnitt 3.2.11). Marktforschung hingegen basiert auf objektiven, reproduzierbaren Auswertungen.

- *Qualitative Daten und Analysen:* CI ist häufig qualitativ ausgerichtet (Informationen basieren auf Gerüchten, Analysen auf intuitiven Kombinationen). Marktforschung dagegen ist meist quantitativer Natur. Qualitative CI ist besonders geeignet, wenn
    - nur wenig Zeit zur Verfügung steht,
    - die untersuchten Sachverhalte zu komplex für quantitative Verfahren sind,
    - die Erhebungsmethoden den Erhebungsinhalt verfälschen,
    - Intuition und Beurteilung wesentlich für die Analyse sind (Walle 2001).

- *Proprietäre Analysemethoden:* CI nutzt Researchgegenstände wie die Analyse von Persönlichkeitsstrukturen von Topentscheidern oder die Untersuchung der strategischen Intention eines Wettbewerbers, welche nicht von der klassischen Marktforschung verwendet werden. Weitere spezifische CI-Verfahren sind z.B. Win/Loss-Analysen, Patentrecherchen, Produkt-Reengineering, AKH-Analysen, Wettbewerberprofilierung, Benchmarking, War Gaming, Patternanalyse, Szenarioplanung und indizienbasierte Kombinatorik. Entsprechend werden typische Marktforschungsmethoden wie Fokusgruppen-Erhebungen oder POS-Befragungen nicht bei CI-Recherchen angewandt.

- *Blindspots:* CI-Betrachtungen werden häufig initiiert, um althergebrachte Erkenntnisse (z.B. aus Marktforschungsberichten) in Frage zu stellen und Blindspots zu überwinden. Ein Beispiel könnte die Überprüfung der Profitabilität eines Wettbewerbers in einem bestimmten Segment sein: Ist das Unternehmen wirklich so profitabel, wie der Wettbewerber immer wieder verlauten lässt? Marktforscher sind kaum mit diesen Aufgabenstellungen beauftragt.

- *Strategische Entscheidungsunterstützung:* CI ist u.a. fokussiert auf die Analyse strategischer Intentionen spezifischer Wettbewerber und die daraus ableitbaren Implikationen für das eigene Unternehmen. Neben einer Betrachtung der Wettbewerberressourcen (z.B. der Fähigkeit zur erfolgreichen Umsetzung einer Strategie) ist für CI-Analysen immer auch die Intentionsbetrachtung wesentlich (vgl. Abschnitt 5.3.6). Erst wenn Intention und Potenzial gleichzeitig auftreten, kann der CI-Analyst seine Wettbewerberbewertung durchführen. Die Ableitung einer Intention aus Marktforschungsansätzen ist hingegen kaum möglich. Ebenso ist eine handlungsorientierte Empfehlung nicht unbedingt Teil eines Marktforschungsberichtes, weil hier keine Entscheidungsgrundlagen bereitgestellt werden. CI hingegen ist besonders effizient, wenn genau diese Handlungsorientierung gewünscht und praktikabel ist.

1.4 Praxisbeiträge

1.4.1 Institut für Managementinformationssysteme Ludwigshafen (IMIS) e.V.: Competitive Intelligence als Teil des Business Performance Managements

von Prof. Dr. Uwe Hannig

Business Performance Management (BPM) stellt die nächste Evolutionsstufe von Managementinformationssystemen dar. Der Begriff passt deutlich besser in die Welt von Topmanagern als der eher technisch orientierte Terminus Business Intelligence. Ein Business Performance Managementsystem ist ein formalisiertes, auf Prozessinformationen aufbauendes IT-System, das Ziele, Strategien und Ergebnisse verknüpft. Es transformiert unternehmensinterne und -externe Daten in handlungsrelevante Informationen und verteilt diese zur richtigen Zeit an den jeweils richtigen Personenkreis. Dazu benötigt ein BPM-System Competitive Intelligence.

Schon kurz nach der Nutzung von Datenbanken in den Unternehmen entstand der Wunsch nach Software, die dem Management die für dessen Analyse- und Planungstätigkeiten benötigten Informationen zur richtigen Zeit am richtigen Ort zur Verfügung stellt. Die Versuche zur Entwicklung von Managementinformationssystemen (MIS) in den sechziger und siebziger Jahren scheiterten jedoch schon im Ansatz aus technischen Gründen. Dasselbe traf auf die im Rahmen des Durchbruchs des Operation Research in den siebziger Jahren entwickelten Decision Support Systeme (DSS) bzw. Entscheidungsunterstützungssysteme (EUS) zu.

Als in den achtziger Jahren der zweite Anlauf zur Implementierung von MIS gestartet wurde, bevorzugten die Anbieter die Bezeichnungen Führungsinformationssystem oder Executive Information System (EIS). Adressaten waren nun das Topmanagement und die Controller. Doch erst die Konjunkturschwäche zu Beginn der neunziger Jahre und eine zunehmend dynamischere Unternehmensumwelt sensibilisierten die Entscheider für die Notwendigkeit, aus der Fülle der zur Verfügung stehenden Daten automatisch die richtigen zu extrahieren.

Entscheidungen müssen heute vor Ort und nicht Tausende von Kilometern entfernt in der Zentrale getroffen werden. Gleichzeitig sind die Aktivitäten der Teileinheiten zu konsolidieren. Das Topmanagement benötigt unternehmensweite Daten in aggregierter Form mit der Möglichkeit eines problemlosen Zugriffs auf Details.

Die Erkenntnis, dass ein MIS einzig dann sinnvolle und zuverlässige Ergebnisse liefert, wenn eine vollständige und konsistente Datenbasis vorhanden ist, führte zum Data Warehouse/Mart, dem für Analysezwecke nutzbaren Datenlager. Etwa zur gleichen Zeit verbreitete sich der 1993 von der Gartner Group geprägte Begriff Business Intelligence (BI), der oftmals synonym zu MIS verwendet wird. Unter Business Intelligence versteht man die Analyse bzw. Nutzung der in einem Data Warehouse oder Mart gespeicherten Daten durch die Anwender. Es handelt sich also um alle informationstechnischen Instrumente, die das Auswerten von unternehmensweit verfügbaren Daten erleichtern. Die Sichtweise ist dabei ex post auf interne Prozesse konzentriert.

Im Nachhinein betrachtet, war die Branche schlecht beraten, den Terminus Managementinformationssysteme einfach durch Business Intelligence zu ersetzen. Durch das Hervorheben technischer Spezifika, wie z.B. OLAP, hat man sich zu weit weg von den Topentscheidern bewegt. BI ist aus deren Sicht etwas für Controller und die DV/Organisations-Abteilungen.

Zehn Jahre später gibt es ein neues Schlagwort: Business Performance Management. Synonym verwendet werden Corporate Performance Management und Enterprise Performance Management. Aufgrund der universellen Einsetzbarkeit bietet es sich an, Business Performance Management als Oberbegriff zu verwenden. Die gleich zu Beginn entstandene Sprachverwirrung führte natürlich wie üblich bei Innovationen im IT-Sektor zur Frage, ob es sich nicht um alten Wein in neuen Schläuchen handelt.

Das ist nicht der Fall. Denn beim Business Performance Management geht es um mehr als die Datenanalyse. Im Mittelpunkt aller Anstrengungen steht beim BPM die laufende Überprüfung der Ergebniswirkung sämtlicher Unternehmensaktivitäten und deren zielgerichtete Beeinflussung. Benötigt werden deshalb IT-Systeme, mit deren Unterstützung sich die Leistung einer Geschäftseinheit steuern lässt. Dabei ist der gesamte Managementprozess abzudecken.

Dem Business Performance Management fällt weiter die Aufgabe zu, alle internen und externen Abläufe zu formalisieren und die an den Prozessen beteiligten Personen zu koordinieren. Dazu benötigt man Wissen und ein neues Paradigma: weg von der Ad-hoc-Analyse historischer interner Daten hin zur mittelfristigen Planung unter Einbeziehung unternehmensexterner, unstrukturierter Daten und von unscharfer Logik.

Ziel ist letztendlich die Automatisierung von Geschäftsprozessen. Business Performance Management ist damit die konsequente anwendungsgetriebene Weiterentwicklung von Business Intelligence in Richtung Decision Intelligence (vgl. Abbildung 1.6).

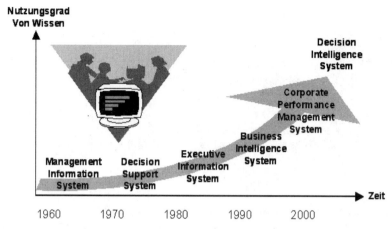

Abb. 1.6 Vom Management Information System zum Decision Intelligence System

Der Fokus beim Business Performance Management ist also ex ante auf die frühzeitige Antizipation externer Entwicklungen gerichtet. In diesem Sinne ist die Balanced Scorecard mit ihren Dimensionen Kunde, Finanzen, interne Prozesse und Lernen ein Instrument des Business Performance Management. Denn ein effektives Performance Management erfasst schließlich nicht nur die gesamte Wertschöpfungskette eines Unternehmens, sondern integriert in letzter Konsequenz die vor- und nachgelagerten Prozessstufen von Lieferanten und Kunden. Nur so lässt sich beispielsweise die Kundenzufriedenheit als wichtige Kenngröße maximieren.

Zur aussagekräftigen Messung der eigenen Leistungsfähigkeit und kurzfristigen Reaktion auf Veränderungen am Markt ist es zwingend notwendig, sich laufend mit dessen Entwicklung zu beschäftigen. Man benötigt Competitive Intelligence zur frühzeitigen Erkennung von Trends und Wissen, um bestmöglich auf diese zu reagieren. Die drei wesentlichen Bestandteile von Business Performance Management sind daher Business Intelligence, Competitive Intelligence und Knowledge Management (vgl. Abbildung 1.7).

Competitive Intelligence umfasst die systematische Erfassung, Speicherung, Analyse und Verteilung von wettbewerbsrelevanten Informationen. Die wichtigste Quelle hierzu stellt heute das Internet dar. Ziel aller Aktivitäten der Competitive Intelligence ist die schnelle Adaption wesentlicher Entwicklungen am Markt zur Erlangung von Wettbewerbsvorteilen.

Analytische Applikationen, die auf Basis der dispositiven Datenbestände beispielsweise eines Data Warehouses arbeiten, analysieren beim Business Performance Management unter der Verwendung von BI-Komponenten, wie z.B. Datamining, die Leistung eines Unternehmens.

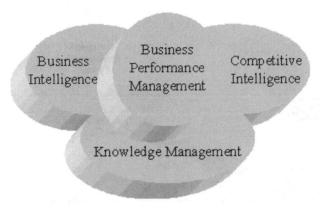

Abb. 1.7 Bestandteile des Business Performance Management

Dies ist der Input für einen Planungsregelkreis mit permanentem Ist-Abgleich. So wird beim Bertelsmann Buchclub eine Planungsanwendung aufgebaut, die täglich überwacht, ob die aktuellen Werbekampagnen erfolgreich sind oder geändert werden müssen.

Damit kompetitive Vorteile erlangt werden können, bedarf es aber mehr als nur Informationen. Zur durchgängigen Steuerung der Leistung einer Geschäftseinheit muss auf eine Wissensbasis zurückgegriffen werden können. Daher kommt dem Wissensmanagement, definiert als System von Aktivitäten zur Nutzung des einer Organisation zugänglichen Wissens durch deren Mitglieder, die Funktion der Plattform für das Business Performance Management zu. Nur so können die aus der Analyse von unternehmensinternen und -externen Daten gewonnenen Informationen in handlungsgerichtetes Wissen zur Fundierung von Managemententscheidungen umgewandelt werden. Denn in Zukunft reicht es nicht mehr aus, eine Entscheidungsgrundlage allgemeiner Form zu bieten. Benötigt werden ganz konkrete Handlungsempfehlungen mit einer Abschätzung ihrer Erfolgswahrscheinlichkeiten.

1.4.2 Jan Herring & Associates: Die Zukunft von CI-basiertem Wettbewerb[42]

von Jan Herring

Das Informationszeitalter, die Wissensgesellschaft, die postindustrielle Wirtschaft – wie auch immer das zukünftige Wirtschaftsumfeld heißen mag – es hat bereits begonnen.

Überall in der Welt konkurrieren Firmen auf der Basis dessen, was sie wissen, wie schnell sie lernen und wie gut sie das Gelernte anwenden. Es findet wissensbasierter Wettbewerb statt.

In diesem wissensintensiven Umfeld ist verbesserte CI notwendig, um Wettbewerbsvorteile zu erzielen.

Ein Musterbeispiel für ein wissensintensives Unternehmensfeld ist etwa die pharmazeutische Industrie. Hier ist bereits zu beobachten, dass die erfolgreichsten Firmen hoch entwickelte CI-Strukturen nutzen. Aber leider verfügen nicht alle wissensintensiven Industriezweige über übergeordnete CI-Organisationen. Im Zuge der wachsenden globalen Konkurrenz im kommenden Jahrzehnt wird jedoch eine starke Weiterentwicklung von CI in Industriezweigen wie Kommunikations-, Gesundheits- und Finanzwesen stattfinden.

Wenn diese wissensintensiven Unternehmensbereiche sich weltweit ausbreiten, wächst ihr Bedürfnis nach CI immens. CI-Organisationen müssen dann eine entsprechende globale Reichweite entwickeln und über bessere Sprachkenntnisse sowie analytisches Verständnis für die Unterschiede zwischen konkurrierenden Kulturen verfügen.

„Enter the Knowledge Technologist"

Peter Drucker hat diese neue Unternehmenswelt als Wissensgesellschaft bezeichnet, in der Wissen die wichtigste Ressource darstellt und Knowledge Workers die entscheidende Funktion in der Belegschaft haben (Drucker 2001). In diese Kategorie fallen Personen mit beachtlichem Fachwissen wie Ärzte, Anwälte, Buchhalter und Wissenschaftler. Drucker ist jedoch der Meinung, dass der größte Zuwachs an Kompetenz in dem neuen Berufsbild der so genannten Knowledge Technologists zu beobachten sein wird. Es handelt sich dabei um Angestellte, die ihr professionelles Wissen mit Computer-Fertigkeiten kombinieren, wie es beispielsweise Computer-

---

[42] Die Erstveröffentlichung dieses Beitrags in Englisch erfolgte im SCIP Competitive Intelligence Magazine 6(2) March-April 2003: 6-13.

techniker, Software-Designer, Labortechniker, Anwaltsassistenten und
verschiedenste Informationslieferanten tun. Sie arbeiten gleichermaßen
praktisch wie auch theoretisch, wobei auch ihre praktische Arbeit auf einem beachtlichen theoretischen Wissen basiert.

Strategiegetriebene Organisationen

Drucker beschreibt zudem das Unternehmen der Zukunft als stark auf strategische Gesichtspunkte ausgerichtet. Dies steht im Gegensatz zum derzeitigen Stand, nach dem weltweit operierende Firmen gemäß ihrer Produkte
oder Serviceleistungen organisiert sind und durch ihre Eigentümer zusam-
mengehalten werden. Eine Handelsgesellschaft nach Druckers Vorstellung
sieht ganz anders aus. Zwar gibt es zu einem gewissen Grad weiterhin Eigentümer, doch in den Unternehmensallianzen der Zukunft gewinnen Joint
Ventures, Minderheitsbeteiligungen und Know-how-Abkommen immer
mehr an Bedeutung. Derartige strategieausgerichtete Organisationen werden eine neue Art des Managements benötigen und diese strategiebasierte
Führung wiederum braucht entsprechende CI-Programme, um ständig auf
dem neuesten Stand zu bleiben.

Eine CI-Technologie-Partnerschaft

Je mehr zukünftige Strategien und Wettbewerbe davon abhängen, wie gut
das Management über die globale Marktlage unterrichtet ist, desto wichtiger wird CI als Teil des wissensintensiven Unternehmens. Im Gegenzug
werden neue Informationstechnologien eine zunehmend wichtigere Rolle
für CI spielen. Daraus folgt, dass CI-Experten die Hilfe von Peter Druckers
Knowledge Technologist benötigen, um die CI zur Verfügung stellen zu
können, die für den Erfolg des Unternehmens wichtig ist.

Von professioneller Internetrecherche bis hin zu globalen Informationsquellen (wie Satellitenaufnahmen, die die globale Aktivität der Konkurrenz überwachen) müssen CI-Experten IT-Tools und -methoden häufiger
nutzen. Dies ist notwendig, um Intelligence in Echtzeit zu beschaffen, von
der der zukünftige Erfolg einer Firma abhängt.

Zusätzlich wird das Management nach interaktiven graphischen Dis-
play-Systemen verlangen, um auf dem gleichen Stand mit seinen globalen
Konkurrenten zu bleiben und um die Ergebnisse seiner Wettbewerbsanalysen und -vorhersagen vollständig sehen und nutzen zu können. Sowohl CI-
Experten als auch Unternehmensführer müssen dann neue Informationstechnologien anwenden, um bessere wirtschaftliche Erfolge zu erzielen.

Gestiegener Anspruch des Managements

Die Welt der CI wird außerdem durch die sich verändernden Bedürfnisse und Anforderungen zukünftiger Intelligence-Nutzer definiert werden. Wer werden sie sein? Welche neuen Bedürfnisse werden sie haben?

Die Mitarbeiter, die heute auf der mittleren Führungsebene tätig sind, sind die Topmanager der Zukunft und deshalb die zukünftigen Nutzer von CI. Sie haben im Rahmen ihrer Ausbildung und ihres Jobs bereits Erfahrung mit CI gesammelt. Die meisten von ihnen sind mit M. Porters 5-Kräfte-Industriestrukturanalyse und Wettbewerbsstrategien vertraut. Zudem kennen viele von ihnen Liam Faheys Wettbewerbsanalyse und Richard D'Avenis Konzept des Hyperwettbewerbs.

In ihrem Tagesgeschäft verlangen diese Manager nach besserer Intelligence über ihre Konkurrenten und die konkurrierenden Märkte. Viele von ihnen wollen ihre eigenen Unternehmens- und Wettbewerbsanalysen durchführen. Aber nach Professor D'Aveni sind sie nicht in der Lage, die Zeit und den Aufwand zu investieren, um selbst die CI-Informationen zu sammeln, die für die Analysen notwendig sind. Diese Manager erwarten, dass ein anderer ihnen diese voranalysierte Intelligence liefert, sodass sie selbst weitere Analysen durchführen können, die sie für ihre Unternehmensplanung brauchen. Voranalysierte Intelligence ist ein Ausdruck, den ich benutze, um Intelligence-Produkte wie traditionelle Wettbewerberprofile und Industriebewertungen zu beschreiben, deren Erstellung einige Zeit und Aufwand erfordert, die aber an sich gewöhnlich nicht handlungsorientiert sind. Einmal erstellt, kann dasselbe Intelligence-Produkt – vor allem in elektronischem Format – in einer Vielfalt von Verwendungszwecken wie Strategieentwicklung, Marketingplanung und War Gaming Sessions zum Einsatz kommen.

Vordenker wie D'Aveni oder Drucker erstellen neue Unternehmenskonzepte, die Echtzeitstrategien und graphische Präsentation von wettbewerbsbezogenen Zukunftsszenarios beinhalten. Diese Prozesse erfordern nicht nur mehr Intelligence, sondern auch hoch entwickelte CI-Analyseinstrumente und IT-Systeme, die diese ausführen können. Dies ist gegenwärtig nur wenigen Firmen und CI-Anbietern möglich.

Zukünftige CI-Nutzer und -Anwendungen

Auf die Frage hin, was die CI-Nutzer der Zukunft von CI erwarten könnten, das sie momentan noch nicht bietet, bemerkte mein früherer Chef Bob Galvin (CEO von Motorola), die Grundlagen würden von CI-Experten und SCIP auf bemerkenswerte Art und Weise bereitgestellt, die Herausforderung der Zukunft für CI sei jedoch die Darstellung von Intelligence auf eine Weise, die den Nutzern neue Erkenntnisse über die jeweiligen Themen gewährt, also unkonventionelle Lösungen und Handlungsmaßnahmen herauskristallisiert.

Für Führungskräfte wie Bob Galvin ist dies kein unerwarteter Anspruch. Er hat schon immer gefordert, dass Intelligence ihm nicht nur hilft, in den gegenwärtigen Wettbewerbsarenen erfolgreich zu konkurrieren, sondern auch, die zukünftige Wettbewerbsposition für sein Unternehmen zu planen.

Die zukünftigen CI-Anwendungen sind weitgehend dieselben wie die heutigen: Unterstützung von Entscheidungsfindungen und strategischer Planung sowie Entwicklung und Anwendung von Wettbewerbsstrategien. Manche dieser Anwendungen werden jedoch eine neue Ausrichtung erhalten. Zum Beispiel werden Nutzer zur kontinuierlichen Strategieplanung eine permanente CI-Unterstützung brauchen, während gegenwärtig eher eine jährliche Planung üblich ist. Zudem werden viele von ihnen von elektronischen Konkurrenzprofilen abhängig sein, die automatisch aktualisiert werden und global verfügbar sind.

Es wird einige komplett neue CI-Anwendungen geben. Zum Beispiel wird CI die Durchführung von Peter Druckers neuen Konzernstrategien unterstützen, die Entwicklung neuer E-commerce-Geschäftsmodelle erleichtern und D'Avenis neue Unternehmensstrategien im Hyperwettbewerb ermöglichen.

Außerdem muss sich CI im Bereich der Counter Intelligence verbessern, indem sie die kritischen Ressourcen des Unternehmens vor den CI-Operationen der Konkurrenz schützt. Höchstwahrscheinlich wird CI auch enger mit den Sicherheitsabteilungen zusammenarbeiten, um ein Unternehmen vor Terroristen zu schützen.

Zukünftige Bedürfnisse der CI-Nutzer und die neue Art, wie sie CI verwenden, werden das professionelle Niveau von CI deutlich anheben. Gleichzeitig erweitern sich dann die Bereiche, in denen CI gebraucht wird. Diese Bedürfnisse der Nutzer werden einen großen Einfluss auf CI haben, aber sie werden nicht die einzigen Einflussfaktoren sein.

Haupteinflussfaktoren der Veränderung

Als Zeitrahmen für diese Prognose wählte ich das Jahr 2012. Die meisten von uns können sich leicht an 1992 erinnern und manche von uns waren zu dieser Zeit bereits in CI und SCIP aktiv. Rückblickend habe ich versucht, die Faktoren und Kräfte zu identifizieren, die den größten Einfluss auf das heutige CI gehabt haben. Derer gab es einige, von SCIP selbst bis hin zu der weit verbreiteten Unkenntnis bzgl. Intelligence und der Rolle des Managements bei Generierung und Anwendung von Intelligence.

Nach einigem Nachsinnen, Diskussionen mit alten und jungen CI-Experten und Korrespondenz mit Unternehmensleitern (u.a. Peter Drucker und Bob Galvin) identifizierte ich zehn Haupteinflussfaktoren, von denen ich glaube, dass sie eine wichtige Rolle in der Zukunftswelt von CI spielen werden:

Hauptantriebskräfte für die CI-Entwicklung in der Wissensgesellschaft

1) In den Bereichen Güter, Dienstleistungen und Personal wächst der globale Wettbewerb.

2) Erfahrenere CI-Nutzer verlangen global orientierte CI in Echtzeit.

3) Markterfolg hängt von wissensbasierten Vorteilen ab (generiert aus mehr Informationen aus unterschiedlichen Quellen); globale Informationsanbieter sind die entscheidenden Zulieferer.

4) Die Effizienz von CI hängt von der Unterstützung durch Knowledge Technologists ab, die CI-Produzenten und -Nutzern helfen, mit fortschrittlicher Informationstechnologie umzugehen.

5) Die Informationstechnologie nimmt Einfluss auf Unternehmen und Intelligence, indem sie verstärkt Informationsverarbeitung und -verteilung ermöglicht.

6) Regierungs- und Unternehmensinteressen vermischen sich in der globalen Wirtschaft sowie in Intelligence-Prozessen und -Technologie.

7) Der Einfluss der Gesetzgebung auf Unternehmens-CI nimmt zu, wodurch die Unternehmen legalen Gefährdungen ausgesetzt sind und die regionalen Unterschiede in Ethik und Wertesystemen hervorgehoben werden.

8) Die Unternehmenssicherheit erfordert mehr Intelligence, um das geistige und materielle Eigentum des Unternehmens vor Terrorismus zu schützen.

9) CI-Schulung verbessert sich nicht in gleichem Maße wie die neuen CI-Anforderungen der CI-Nutzer und -Anbieter steigen, während Knowledge Technologists sich weiterentwickeln und zu CI-Schlüsselfiguren werden.

10) CI-Experten werden Topmanager, weil mehr Nutzer ihre Analysen selbst durchführen und die auf Primärquellen basierende Intelligence zunimmt.

Wie bei allen Zukunftsprognosen ging ich von einigen Grundannahmen aus. Die recht pessimistischen Vorhersagen bzgl. des demographischen Wachstums in Europa, die ein älteres und möglicherweise konservativeres Management in den meisten Ländern und ihren Unternehmen betonen würden, habe ich nicht ausdrücklich miteinbezogen. Genauso wenig berücksichtigte ich das dynamische Bevölkerungswachstum in Asien und seinen kulturellen Einfluss auf zukünftige wissensintensive Industrien.

Andererseits habe ich angenommen, dass die Unternehmenswelt, in der wir arbeiten werden, sich weiterentwickeln wird, indem führende Unternehmen wissensintensiver und globaler werden. Das Wettbewerbstempo wird sich beschleunigen. Außerdem wird der Markt der Zukunft hauptsächlich durch Marktkräfte geformt, nicht durch Krieg und Terrorismus, obwohl beide mit Sicherheit präsent sein werden.

Anforderungen des Nutzers

Die ersten beiden Veränderungskräfte (zunehmender globaler Wettbewerb und anspruchsvollere Nutzer und Anwendungen) werden zu Nachfrage nach mehr und besserer CI führen. Dadurch steigt der Druck, der durch weniger Zeit, die für die Entscheidungsträger zum Denken und Handeln zur Verfügung steht, aufgebaut wird. Es wird sich zeigen, ob CI diesen Anforderungen genügen kann.

Die zukünftige Geschäftswelt mit ihren wissensintensiven Unternehmen wird mit einer wachsenden Informationsflut konfrontiert. Diejenigen, die diese Informationen erfolgreich nutzen, werden den Marktwettbewerb gewinnen und Erfolg haben. Voraussetzung hierfür ist jedoch eine intensivere Nutzung von Informationstechnologie und ihr Einsatz für CI.

Obwohl die neue Generation der CI-Praktiker viel IT-erfahrener ist als die jetzige, ist es nicht sicher, ob eine Konzernführung bereit ist, das Geld und die Zeit zu investieren, die erforderlich wären, um die nötigen Informationstechnologien einzuführen und für CI-Zwecke zu nutzen. Die nächste Generation von Führungskräften, die vertrauter mit IT-Lösungen ist, könnte solche Barrieren überwinden und die nötigen Vorkehrungen treffen.

Einfluss der Gesetzgebung

Im positiven wie im negativen Sinne wächst wahrscheinlich der Einfluss der Gesetzgebung. Eine Regierung kann nur an dem Wohl der Unternehmen ihres Landes in der globalen Wirtschaft interessiert sein. In manchen Fällen wird sie ihre nationalen Intelligence-Dienste nutzen, um sicherzustellen, dass diese Firmen auf ausländischen Märkten, die sie für renitent oder unfair halten, eine faire Chance erhalten. Abgesehen davon, werden ehemalige nationale Sicherheitsdienste sowie von der Regierung gesponserte Intelligence-IT weiterhin in den privaten Sektor vordringen, hauptsächlich, um die Gesamtleistung der Intelligence-Operationen der Unternehmen zu vergrößern. Dies wird aber nicht möglich sein, ohne den Zorn einiger CI-Experten zu provozieren, deren ethische Einstellung und deren Hang, den Status quo zu erhalten, mit den Zukunftstrends in Konflikt stehen. Diese Kräfte, welche die Privatisierung von Intelligence genannt werden, werden weiterhin wachsen. Wie wir mit ihnen umgehen, wird den Charakter unseres zukünftigen Metiers und sein Wertesystem beeinflussen.

Intellektuelle Aktiva

Existierende Firmen und wissensintensive Unternehmen haben ein wachsendes Interesse daran, ihre intellektuellen Aktiva zu schützen. In der Zukunft, wenn Wissen unsere wichtigste Ressource sein wird, müssen wir dies besser gewährleisten als jetzt.

CI-Ausbildung

Dieses Problem hat zwei Seiten: die Ausbildung der Nutzer und der CI-Experten. Das Wissen und die Erfahrung der CI-Nutzer werden weiter wachsen, angetrieben von den neuen Ideen und Unternehmenskonzepten aus den weltweit führenden Business Schools und deren Beratern. Ihre Bedürfnisse werden weiter wachsen, sowohl in Ausmaß als auch Komplexität.

Was die CI-Ausbildung angeht, bin ich nicht sehr optimistisch. Universitäten und professionelle Ausbilder sind weder große CI-Anhänger gewesen, noch haben ihre Institutionen viel getan, um CI-Praktiker auf unsere zukünftige Tätigkeit vorzubereiten. Es hat sowohl in Europa als auch in Nordamerika Fortschritte auf diesem Gebiet gegeben, aber hinsichtlich professioneller und technologischer Ausbildung haben keine so tief greifenden Veränderungen stattgefunden, wie nötig wären, um die CI-Experten auf das Jahr 2012 vorzubereiten.

In Bezug auf Druckers Knowledge Workers bin ich optimistischer. Er erzählte mir, dass diese zunehmend ausgebildet würden, und, wie er vorausgesagt hatte, werden sie ihren Platz in den Unternehmensbereichen einnehmen, in denen der Bedarf am größten ist. Ich glaube, dass CI einer dieser Bereiche ist, aber wir werden gemeinsame Anstrengungen aufbringen müssen, um solche neuen Talente anzuwerben und auszubilden.

CI-Berufsbild

Die Veränderungen im CI-Berufsbild selbst werden sich fortsetzen und größere Intelligence-Fertigkeiten und -Kompetenzen von CI-Experten erfordern. CI wird in den wissensintensiven Unternehmen der Zukunft wichtiger werden. Diejenigen, die CI-Abteilungen leiten, werden Schlüsselfiguren im Entscheidungsprozess der Firma sein, hauptsächlich aufgrund des begrenzten Zeitrahmens, der für wichtige Entscheidungen zur Verfügung steht.

Ein Großteil der CI-Erhebung und sogar -Analyse wird wahrscheinlich von Dritten durchgeführt werden, u.a. von den Nutzern selbst. CI-Erhebung, insbesondere Echtzeit-Erhebung, wird eher von externen Anbietern oder anderen Firmenmitgliedern im Rahmen ihrer täglichen Routinearbeit durchgeführt werden. Als Folge davon spielen zukünftig andere Berufsbilder und neue Akteure, wie die Knowledge Technologists, eine wichtigere Rolle im Bereich der CI.

Hauptantriebskräfte der Veränderung

Die Auswirkung der zehn wichtigsten Faktoren auf CI wird am besten vorstellbar, wenn man beschreibt, wie sie den traditionellen Intelligence-Zyklus beeinflussen. Diese Kräfte nehmen direkten Einfluss darauf, was wir tun, wie wir es tun und sogar, wer es wahrscheinlich tun wird. Dies bedeutet größere Veränderungen für jeden, der mit CI zu tun hat, vom Manager zum Forscher bis hin zu den Nutzern.

Zukünftiges CI-Umfeld: Was wir wie machen werden

Informationsdienste und -anbieter
- Zugriff auf globale Datenbanken unter Verwendung von Übersetzungsprogrammen
- Entwicklung zu IT-Experten und z.T. Knowledge Technologists
- Produktion vorgefertigter Intelligence-Analysen mit Echtzeit-Updates

Erhebung und Berichtswesen
- Verwendung von Informationen aus multiplen Quellen durch globale Erhebung in Echtzeit
- CI-Dienstleister als Schlüsselfiguren von Echtzeit-Erhebungsnetzwerken
- Befähigte CI-Nutzer, die CI-Erhebungen direkt verwenden
- Erschließung essentieller technischer und menschlicher Informationsquellen, um Echtzeit-Beobachtung auf globaler Basis durchzuführen

Informationstechnologie
- ermöglicht Echtzeit-Zugriff auf globale Informationsquellen
- erleichtert Zugriff auf und Konsolidierung von Intelligence aus unterschiedlichen Quellen
- bietet interaktive, graphische und Multimediadarstellung von CI-Produkten
- ermöglicht bessere Nutzung menschlicher Quellen durch CI-Anbieter und -Kunden
- bietet virtuelle CI-Systeme (von Einzelnutzern und dem Topmanagement verwendet), die sicherstellen, dass CI innerhalb des Unternehmens verbreitet wird

CI-Analyse und -Erstellung
- Verwendung virtueller Teams, um multidisziplinäre CI zu erstellen
- Entwicklung aufbereiteter Intelligence als Standard-CI-Produkt
- Bereitstellung handlungsorientierter CI in interaktiver, graphischer Form
- Bereitstellung von CI, die aktiv strategische Entscheidungsfindung, Planung, Vertrieb und Produktion unterstützt
- Erstellung von Frühwarn-Intelligence für wirtschaftliche Chancen und Risiken

CI-Verbreitung und -Anwendung
- bleiben am effektivsten, wenn Intelligence direkt kommuniziert wird
- erfordern interaktive, gemeinsame Displays für virtuelle Führungsteams
- basieren auf voranalysierter CI für verschiedene Zwecke und für unterschiedliche Nutzer
- erfüllen die Forderungen von CI-Nutzern nach unkonventionellen Resultaten durch Nutzung multimedialer und graphischer Verbreitungssysteme

CI-Management und -Planung
- Teilnahme des CI-Direktors an der Unternehmensführung
- Kontrolle des virtuellen, weltweiten CI-Systems
- Datenerhebung aus multiplen Quellen, Organisation und Überwachung der Analyse
- Leitung des CI-Systems im Unternehmen

CI-Organisation der Zukunft
- wird ein Netzwerk von nutzerorientierten CI-Operationen
- agiert als Informationsknoten multipler Quellen
- generiert Echtzeit- und voranalysierte CI
- verbreitet CI durch ein multimediales, interaktives IT-System, in welchem die Nutzer die Möglichkeit haben, ihre eigenen Berichte und Darstellungen zu generieren

Informationsdienste

Die größten Veränderungen werden wahrscheinlich darauf basieren, wie wir auf die riesige Informationsmenge, die global verfügbar ist, zugreifen und sie nutzen. An dieser Stelle wird der Knowledge Technologist eine entscheidende Rolle spielen. IT kann viel von dieser Arbeit erledigen, wenn wir gewitzt genug sind, dies zuzulassen.

Intelligence-Erhebung

Sowohl sekundäre als auch HUMINT-Quellen werden stärker von Informationstechnologien abhängig sein. Diese Technologien sind schon heute durch Zulieferer der US-amerikanischen Regierung und Behörden verfügbar. Steigende Nachfrage nach Echtzeit-Intelligence bezüglich Monitoring und Analyse wird bessere Informationstechnologien und Fähigkeiten erfordern, um diese anzuwenden. Der Erwerb von Informationen aus multiplen Quellen wird im Gegenzug zum Aufbau von Advanced Information Centers führen, die in der Lage sind, solche Informationen zu einem einzigen, oft graphischen CI-Produkt zusammenzuführen, das von Analysten und CI-Nutzern vielfältig anwendbar ist.

Analyse

Durch die Tatsache, dass mehr CI-Aggregation und -Synthese hinter den Kulissen stattfinden wird, wird die Analyse anspruchsvoller, aber weniger transparent sein. Viele CI-Nutzer werden ihre eigenen Analysen durchführen können und wollen, dies setzt jedoch ein gewisses Maß an Aufbereitung der Rohinformationen aus multiplen Quellen voraus. Das zukünftige Bedürfnis nach Echtzeit-CI-Analysen und komplizierteren Unternehmensanalysen (benötigt für D'Avenische Hyperwettbewerbsstrategien) erfordert sowohl hoch entwickelte IT-Tools als auch Experten, die damit umgehen können.

Dissemination, der wahrscheinlich am häufigsten missverstandene Schritt des Intelligence-Zyklus, ist nicht nur das bloße Aushändigen eines Intelligence-Berichts, sondern das Kommunizieren dieser Intelligence auf eine Art und Weise, die den Nutzern Verständnis und Einsicht ermöglicht. Es ist noch viel Arbeit erforderlich, um sowohl die ungewöhnlichen Erkenntnisse als auch die interaktiven graphischen Ergebnisse einer Echtzeit-Erhebung professionell zu kommunizieren.

CI-Management und -Organisation

Wenn man die CI-Organisation selbst und diejenigen, die sie führen, betrachtet, fallen dramatische Veränderungen auf. Ein zukünftiger CI-Direktor (D/CI) wird wahrscheinlich ein Mitglied des Management-Teams seines Unternehmens sein. Dies ist notwendig, da die Zeit, wichtige Entscheidungen für das Unternehmen zu bedenken und zu treffen, stets begrenzt ist. Diese D/CIs werden in der Hinsicht echte CI-Experten sein, dass sie sowohl CI-Operationen leiten als auch den nötigen Unternehmenskontext herstellen können, um die Intelligence zu nutzen. Sie werden wegen ihres Geschäftssinnes respektiert werden müssen, denn ihre CI-Fähigkeiten und die CI, die sie bereitstellen, werden sonst nicht akzeptiert. Diese zukünftigen D/CIs werden ein virtuelles, unternehmensweites CI-System führen. Das System wird sich aus kleinen, lokalen CI-Netzwerken und individuellen CI-Nutzern zusammensetzen, die unterschiedliche Unternehmensaktivitäten, von Ein- und Verkauf bis hin zu Human Resources, unterstützen. Alle CI-Manager und -Abteilungen, die an dem virtuellen System teilnehmen, werden leicht auf solche virtuellen CI-Systeme zugreifen und sie neu konfigurieren können. Bei der Abschlussanalyse wird der Intelligence-Prozess sich nicht verändern, wohl aber die Art, wie wir ihn organisieren und nutzen. Er wird flexibler, aber auch fachlich und technologisch anspruchsvoller werden. Wir werden uns anpassen müssen.

Die neue Zukunft von CI

Sich vorzustellen, wie die Haupteinflussfaktoren der Veränderung wahrscheinlich unsere Zukunft formen werden, ist schwierig. Mehrere Personen, die dasselbe Kräftesystem betrachten, können zu vollständig unterschiedlichen Schlussfolgerungen gelangen. Als ich begann, den Einfluss der Kräfte auf CI Im Jahr 2012 zu betrachten, zeichneten sich mindestens zwei Möglichkeiten für die Zukunft ab.

Die erste und wünschenswerte ist diejenige, in der CI-Experten die Gelegenheiten ergreifen, die die Wissensgesellschaft der Zukunft sowie die wachsende Nachfrage der Nutzer für Intelligence des globalen Marktes bieten. Diese zukünftigen Bedürfnisse setzen die oberen Grenzen für unser Bestreben und bieten einige sehr interessante Möglichkeiten. Um diese zukünftigen Ziele erreichen zu können, wird sich CI einigen wichtigen Herausforderungen stellen müssen:

- Handhabung und kompetente Verarbeitung der wachsenden Masse von Informationen, die benötigt wird, um auf dem Markt der Zukunft erfolgreich zu sein, sowie Entwicklung von IT-Systemen und -Fähigkeiten, die dies unterstützen
- Etablierung einer Intelligence-Erhebung, die global und in Echtzeit stattfindet sowie einen integrierenden Teil des nutzerbestimmten CI-Systems der Zukunft darstellt
- Entwerfen von interaktiven Analyse-Prozessen, die es dem Nutzer nicht nur erlauben, die Ergebnisse seines kompetitiven Denkens zu sehen, sondern auch die nicht offensichtlichen Erkenntnisse produzieren, die nach Bob Galvin wichtig sind
- Entwicklung von CI-Systemen, die dem individuellen Nutzer sowie dem oberen Management dienen und sicherstellen, dass die Informationen im ganzen Unternehmen zugänglich sind, wo immer sie gebraucht werden.

Diesen Bedürfnissen und Herausforderungen gerecht zu werden stellt eine sehr interessante und spannende Zukunft für CI dar.

Aber wir müssen auch andere Kräfte in Betracht ziehen, die die Zukunft formen:

- die Kosten, die ein Unternehmen für die neuen Informationstechnologien und den Erwerb externer globaler Informationsdienste auf sich nehmen muss
- das starre und sich nur langsam verändernde gegenwärtige Bildungssystem
- den Mangel an Führung und Kohäsion unter CI-Experten.

Wenn ich diese Kräfte in Betracht ziehe, sehe ich eine zweite mögliche Zukunft, die sich von der Gegenwart nicht sehr unterscheidet: vereinzelte verbesserte CI-Kompetenz mit fähigen Nutzern und erfolgreichen Firmen. Das ist nicht die Zukunft, die ich mir für Competitive Intelligence wünsche.

Die CI-Zukunft schaffen, die wir uns wünschen

Welche der beiden Möglichkeiten in der Zukunft für CI Realität wird, hängt weitgehend von uns ab, den momentanen CI-Experten. Wenn wir danach streben, diesen zukünftigen Bedürfnissen – angetrieben durch den globalen Wettbewerb und durch eine neue Generation anspruchsvollerer Nutzer – zu entsprechen, müssen wir all diesen Anforderungen sowie einigen weiteren, die ich nicht erwähnt habe, genügen. Als Fachleute, ob alt oder jung, werden wir zusammen planen, arbeiten und lernen müssen. Wir werden neue IT-Konzepte und -Tools annehmen müssen – etwas, wobei wir in der Vergangenheit gezögert haben.

Es ist nicht sicher, ob unser Metier diesen Herausforderungen gewachsen ist. Ich glaube, dass wir imstande sind, uns ihnen zu stellen. Aber als globale Gemeinschaft müssen wir die Bedürfnisse der Zukunft erkennen und anfangen, Fähigkeiten zu entwickeln, die diese spannende, neue Zukunft für CI ermöglichen können.

1.4.3 ENTRAS – Energy Trading Services:
Ressourcenorientierte Competitive Intelligence

von Dr. Christian Kunze

Für die Vervielfältigung der Menge des weltweit verfügbaren Informations- und Wissensbestands im 20. Jahrhundert wird der Faktor 150 zu Grunde gelegt (Winkler 1995). Bereits vor Jahren enthielt eine Wochentagsausgabe der New York Times mehr Informationen, als ein Mensch während seines gesamten Lebens im England des 17. Jahrhunderts verarbeiten musste (Wurman 1989).

In der Zukunft werden diejenigen Unternehmen im Wettbewerb gewinnen und wachsen, die dazu in der Lage sind, die skizzierte „Datenexplosion" zu managen. Da Daten und Informationen das „Rohmaterial" des Intelligence-Prozesses darstellen, scheinen Unternehmen mit bestehenden CI-Einheiten auf den ersten Blick gut auf die Zukunft vorbereitet zu sein. Deren CI-Professionalisten produzieren durch Anwendung des „intelligence cycle" aus dem Rohmaterial informationsbasierte „intelligence", also anwendungsorientiertes Wissen. Auf dessen Basis sollen qualitativ hochwertige Entscheidungen getroffen und innovative Schlüsse gezogen werden, die zum Steuern von Unternehmen in stürmischen Zeiten notwendig sind.

Leider erschöpft sich die Anpassung der CI-Funktion an ein zunehmendes Datenvolumen vielfach jedoch darin, den Mitarbeitern Seminare zu Internet- und Datenbankrecherche anzubieten. Aber wird ein Unternehmen den Wettlauf um die Zukunft dadurch gewinnen, dass es nur mit von oder über Konkurrenten veröffentlichten Informationen versorgt wird? Sicherlich nicht. Mehr denn je muss der Konkurrenz das Renntempo diktiert werden, statt deren Tempo zu folgen; „Benchbreaking" muss „Benchmarking" ersetzen. Dies verlangt ein erweitertes CI-Verständnis. Zum Beispiel muss auch die Rolle von Filtern und Vorurteilen hinterfragt werden, die benutzt werden, wenn wir Informationen interpretieren und zu „intelligence" weiterverarbeiten.

Ressourcenorientierte Competitive Intelligence

Einen viel versprechenden Rahmen für die Erweiterung des CI-Verständnisses bieten ressourcenorientierte Managementansätze. Sie gehen davon aus, dass Wettbewerbsvorteile von Unternehmen im Ergebnis auf einzigartigen Positionen im Markt basieren, die durch strategisch relevante Ressourcen abgesichert werden und der Bedrohung durch Imitation und Substitution standhalten müssen. Es wird nicht mehr das bisher dominante Denken in Produkt-Markt-Kombinationen propagiert, sondern eine Fokussierung auf die Ressourcen, Fähigkeiten und Kompetenzen von Unternehmen.

Welche Implikationen birgt die ressourcenorientierte Perspektive für CI-Aktivitäten in sich?

Zum einen werden Versuche unternommen, das „intellektuelle Kapital" von Konkurrenten und dessen Veränderung im Zeitverlauf zu messen. Wachstum oder Abnahme intellektuellen Kapitals werden dann als Frühwarnsignale einer späteren, gleichgerichteten Entwicklung finanzieller Kenngrößen interpretiert.

Zum anderen ist die Frage zu beantworten, welche Kompetenzen notwendig sind, um die CI-Funktion selber zu einer einzigartigen Unternehmensressource auszubauen. Mit dieser Fragestellung beschäftigen sich die nachfolgenden Ausführungen.

Die Entwicklung organisationaler Interpretationsfähigkeit

Meiner Erfahrung nach lässt sich CI durch die Gestaltung von drei „Bausteinen" zu einer einzigartigen Unternehmensressource ausbauen und die Fähigkeit von Organisationen zur Antizipation und Interpretation von Umweltveränderungen erhöhen.

Gestaltung relationaler Kompetenz

Zunächst ist es notwendig, relationale Kompetenz aufzubauen. Zwischen dem Unternehmen und seiner Umwelt werden Kanäle eröffnet, durch die Informationen und Wissen in das Unternehmen importiert werden können. So genannte „Gatekeeper" oder „Boundary Spanners" analysieren die Unternehmensumwelt und leiten Informationen gezielt an einzelne Bereiche der Organisation weiter. Die „Gatekeeper" müssen daher genauestes Wissen darüber besitzen, wer was weiß, wer bei der Lösung welchen Problems helfen kann und wer neue Informationen ausnutzen kann (Cohen u. Levinthal 1990). Eine Hilfe zur Bewältigung dieser Aufgabe ist sicherlich die Entwicklung eines „Wissensverteilers" – ähnlich einem Zeitschriftenverteiler –, der unter Einbeziehung der Mitarbeiter mit Hilfe von Schlagwortverzeichnissen elektronischer Datenbanken erstellt werden kann.

Achten Sie im Rahmen des Aufbaus relationaler Kompetenz auf die folgenden Punkte:

- Stellen Sie Mitarbeiter mit technischem und betriebswirtschaftlichem Hintergrund als Gatekeeper ein, um die Integration beider Wissensarten zu forcieren.
- Stellen Sie kommunikative Mitarbeiter ein – viele wichtige Informationen sind nicht in Internet und Datenbanken abgelegt, sondern „schlummern" im eigenen Unternehmen und müssen durch persönliche Kommunikation aktiviert werden.
- Schaffen Sie informatorische Redundanz, um möglichst vielen Mitarbeitern Wissen zugänglich zu machen. Wissen ist die einzige Ressource, deren Wert durch Teilen wachsen kann!
- Werben Sie auf Aus- und Weiterbildungsveranstaltungen für Ihren Wissensservice. In vielen Fällen waren es Auszubildende, die den Service hausintern in jeder neuen Ausbildungsabteilung propagierten.

Gestaltung integrativer Kompetenz

Integrative Kompetenz sorgt dafür, dass individuelles Wissen von Mitarbeitern mit ehemals unternehmensexternem Wissen, das von den „Gatekeepern" importiert worden ist, kombiniert und zielgerichtet in Entscheidungsprozessen eingesetzt wird. Um diesem Anspruch gerecht zu werden, hat sich in Unternehmen, für die ich tätig war, die Einrichtung von CI-Zirkeln bewährt.

Entsprechend dem bei Qualitätszirkeln bewährten Vorgehen setzen sich die CI-Zirkel aus sechs bis zehn freiwillig mitwirkenden Mitarbeitern unterschiedlicher Funktionsbereiche zusammen, die innerhalb ihrer Stammabteilungen einen eigenen Verantwortungsbereich besitzen (Pawlowsky 1998). Hiermit sind mindestens zwei wichtige Vorteile verbunden:

- Schaffung eines Forums zur Vorstellung und Diskussion von neuen Ideen, das gezielt auf eine Perspektivenvielfalt ausgelegt ist.
- Erweiterung der unternehmensinternen Akzeptanz von Competitive Intelligence durch die bereichsübergreifende Verankerung des Gremiums.

Die Mitglieder der CI-Zirkel trafen sich zu Anfang ein- bis zweimal monatlich für einen Zeitraum von zwei bis drei Stunden, um relevante CI-Projekte zu definieren und erwartete bzw. eingetretene Veränderungen im Unternehmensumfeld zu diskutieren. Im Zeitverlauf haben die Zirkel eine immense Eigendynamik entwickelt. Derzeitige Aktivitäten reichen vom gezielten „Rastern" der Unternehmensumwelt nach Schwachen Signalen zukünftiger Veränderungen über die Entwicklung von kollektiv getragenen Vorschlägen zur Gestaltung der künftigen Unternehmensstrategien bis zur Entwicklung von Maßnahmen eines konzernweiten Wissensmanagements. Allen CI-Zirkeln ist gemeinsam, dass die intensiven Diskussionen unter den Teilnehmern ein gemeinsames Diagnose- und Ursachenverständnis für Veränderungen der Unternehmensumwelt hervorrufen und dadurch vielfältige Lernprozesse initiiert werden.

Gestaltung epistemischer und heuristischer Kompetenz

Während die Gestaltung relationaler und integrativer Kompetenz an den CI-Professionalisten relativ „bekannte" Anforderungen stellt, wird im Rahmen der Gestaltung epistemischer Kompetenz das „gewohnte" Terrain verlassen.

Epistemische Kompetenz beschreibt das „Wissen von" und das „Wissen über" Sachverhalte. Ein „Wissensvorrat" stellt bewährte, für sicher gehaltene „Rezepte" bereit, um typische Zwecke durch typische Mittel zu erreichen. Diese Rezepte basieren auf Bekanntheits- und Vertrautheitswissen aufgrund in der Vergangenheit beim Umgang mit gleichartigen Situationen gemachter Erfahrungen (Stäudel 1986). Dies verleiht einerseits Sicherheit, andererseits besteht die Gefahr, dass einst wichtige Regeln zu sinnlosen mentalen Festlegungen und „ewigen Weisheiten" werden. Die ressourcenorientierte Betriebswirtschafslehre nennt hierbei unzählige Beispiele dieses Auftretens von „Wahrnehmungsfiltern", „Informationspathologien" oder „blinkered perceptions" (Stäudel 1986).

Als Teilnehmer eines CI-Zirkels werden Sie dem Auftreten von „Wahrnehmungsfallen" durch das Beachten der folgenden Imperative entgegentreten:

- *Hören Sie auf Widersprüche!* Widersprüchliche Umweltinterpretationen von Kollegen oder Beratern können die Identifikation alternativer Interpretationsschemata erst ermöglichen und damit zum Stimulus einer Perspektivenveränderung werden.
- *Denken Sie in Alternativen!* Durch ein bewusst herbeigeführtes Denken in Alternativen können neue Lernsituationen provoziert werden, kann ein höheres Lern- und Interpretationsniveau erreicht werden.
- *Experimentieren Sie!* Stellen Sie spielerisch die Grundprinzipien Ihres Unternehmens in Frage und beurteilen Sie dessen Handeln aus dieser neuen Perspektive. Auch dadurch wird es gelingen, Orientierungsveränderungen Ihres Denkens und Lernens herbeizuführen.

Daneben beeinflusst heuristische Kompetenz die Entwicklungsfähigkeit von CI-Systemen. Sie beschreibt das Vorhandensein allgemeinen, bereichsübergreifenden Metawissens, das auf Erfahrungen beruht, die in der Vergangenheit mit Problemen und deren Lösung gemacht worden sind. Zukunftsgerichtete CI wird sich deshalb auch dem Aufgabenfeld stellen müssen, die Ausbildung "neuer" Heurismen, das „Lernen-zu-lernen", zu forcieren. Ein geeignetes Instrument zur Stimulierung sog. Deutero-Lern-prozesse stellt der Einsatz der Dialog-Methode dar. Von Sony und Microsoft werden Lern-Netzwerke unterhalten, um günstige Rahmenbedingungen für Prozesse dieses Lernens höchsten Niveaus zu schaffen (Pawlowsky 1998).

Fazit

Obgleich zuvor die aktive Gestaltung verschiedener Kompetenzbereiche lediglich skizziert worden ist, sollte deutlich geworden sein, dass Erkenntnisse aus den Bereichen „Wissensmanagement" und „Organisationales Lernen" enge Beziehungen zu CI-Programmen aufweisen. Hierdurch wird der zukunftsorientierte CI-Praktiker vor die Herausforderung gestellt, in seinem Unternehmen auch organisationsentwickelnd tätig zu werden. Daneben wird CI durch die Betonung einer ressourcenorientierten Sichtweise vom impliziten Gleichsetzen mit „Market Research" befreit. Und dies nicht zum Selbstzweck, sondern um auf Basis von CI-Programmen vorausschauende, multiperspektivistische, fundiert begründete Ergebnisse zu liefern.

1.4.4 Fachhochschule Gießen-Friedberg: Ergebnisse einer bundesweiten Studie zur Competitive Intelligence

von Astrid Altensen und Dietmar Pfaff

Überblick

Ziel der Studie war die Untersuchung des Stellenwertes und der Verbreitung von Competitive Intelligence (CI) in Deutschland und im deutschsprachigen Raum. In der Tat besitzt CI in den USA einen höheren Stellenwert als in Deutschland, weil dem Intelligence-Prozess durch das ausgeprägte Sicherheitsbewusstsein der Amerikaner mehr Aufmerksamkeit geschenkt wird. Doch insbesondere in großen Unternehmen und Konzernen etabliert sich CI zunehmend als erfolgskritisches Managementtool. Im deutschen Mittelstand hingegen ist CI, trotz ihrer hohen Relevanz, relativ wenig verbreitet.

Competitive Intelligence ist ein Instrument zur strategischen Frühaufklärung und Strategieentwicklung. Ziel ist die Schaffung strategischer Wettbewerbsvorteile und damit die Sicherung des langfristigen Unternehmenserfolges, der notwendig ist, um zu überleben (Pfaff 2003).

Grundlagen

Marktdynamik und Wettbewerbsdruck werden in den meisten Branchen weiter wachsen. Die steigende Anzahl von Einflüssen, wie etwa durch Globalisierung oder technologischen Fortschritt hervorgerufen, beschleunigt diese Entwicklung. Im Kampf um die beste Position werden dann nicht mehr die Kleinen von den Großen gefressen, sondern die Langsamen von den Schnellen (Klopp u. Hartmann 1999). Da traditionelle Instrumente der Unternehmensführung diesen neuen Anforderungen nicht mehr gewachsen sind, entsteht eine Diskrepanz zwischen steigender Umfeldkomplexität und sinkender Methodenkompetenz (Grothe u. Gentsch 2000). Dies führt häufig zu einer Schwächung der Marktposition (Change Management 2002).

Auch der deutsche Mittelstand bleibt von der steigenden Marktdynamik und Wettbewerbsintensität nicht verschont (Anderegg u. Travella 1999). Die BRD, als eine der größten Exportnationen weltweit, erwirtschaftet über ein Drittel ihres Bruttonationaleinkommens durch den Export von Waren und Dienstleistungen, während die Binnennachfrage bereits seit Jahren stagniert. Dies bedeutet gleichzeitig eine immense Abhängigkeit der deutschen Wirtschaft von ausländischen Abnehmern (Baßeler et al. 1995). Vor dem Hintergrund einer wachsenden Globalisierung wird die strategische Ausrichtung und Positionierung deutscher Unternehmen gegenüber ihren Mitbewerbern immer wichtiger, um sich international behaupten zu können. Dies setzt wiederum ausgiebige Kenntnisse über Markt und Wettbewerber voraus.

Unternehmen passen sich den neuen Umständen an, indem sie sich durch strategische Flexibilität einem stetigen Evolutionsprozess unterziehen. Dazu bedarf es erstens verkürzter Analyse- und Entscheidungsprozesse (Grothe u. Gentsch 2000), die gleichzeitig vernetztes sowie zukunftsoffenes Denken und Handeln gewährleisten (Klopp u. Hartmann 1999). Zweitens ist die Fähigkeit zur umfassenden Frühaufklärung erforderlich, um die Verarbeitung relevanter Informationen sicherzustellen. Da die Analyse selber noch mehr Informationen erzeugt, drohen Informationsüberflutung und Orientierungslosigkeit, die zu einem weiteren Auseinanderlaufen von verfügbarer und notwendiger Analysezeit führen (Grothe u. Gentsch 2000). Die Frühaufklärung übernimmt hierbei die wichtige Funktion der Verlängerung des Entscheidungszeitraums: Umfeldentwicklungen gehen meistens „Schwache Signale" (Ansoff 1984) voraus. Diese werden für die traditionelle strategische Planung jedoch erst dann relevant, wenn sie sich bereits zu konkreten Informationen verdichtet haben. Zu diesem Zeitpunkt sind die Eingriffsmöglichkeiten seitens des Unternehmens nur noch begrenzt (Grothe u. Gentsch 2000). Abbildung 1.8. veranschaulicht die geschilderte Problematik.

Ohne Frühaufklärung ist der Entscheidungszeitraum sehr kurz ($t_3 - t_2$). Ist jedoch ein solches System vorhanden, können die relevanten Informationen bereits als Schwache Signale wahrgenommen werden (t_1). Der Entscheidungszeitraum verlängert sich um t_2 minus t_1. Dies stellt heute einen wichtigen Wettbewerbsvorteil dar[43]. Das Frühaufklärungssystem treibt damit den Evolutionsprozess eines Unternehmens wesentlich voran. Das ursprünglich US-amerikanische Managementinstrument Competitive Intelligence (CI) stellt eine Lösung für die beschriebene Problematik dar. CI hilft Unternehmen, wettbewerbsfähig zu bleiben, denn der Einsatz von Intelligence-Methoden verbessert die Entscheidungsbasis von Unternehmen.

Ziel von CI ist die Schaffung strategischer Wettbewerbsvorteile und damit die Sicherung des langfristigen Unternehmenserfolges, der notwendig ist, um zu überleben (Gilad 1996; Pfaff 2001; Fink et al. 2001[44]).

---

[43] Während das eigene Unternehmen schon alle relevanten Maßnahmen eingeleitet hat, nehmen die Wettbewerber die Informationen möglicherweise erst wahr. Es handelt sich also um einen meist kritischen Zeitvorsprung.

[44] Zitat: „Ganzheitliches Denken geht von größeren Zusammenhängen aus und berücksichtigt viele Einflussfaktoren aus verschiedenen Disziplinen. Dabei werden grundsätzlich offene Systeme betrachtet. Dies bewirkt, dass vielfältige

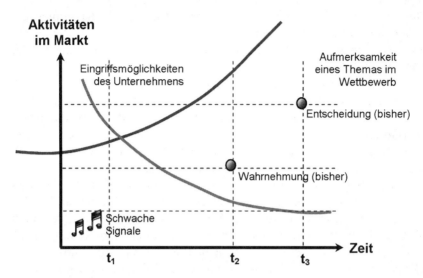

Abb. 1.8 Verarbeitung Schwacher Signale mit und ohne Frühaufklärung

Dabei geht CI über die übliche Ex-post-Darstellung von Informationen, wie es etwa in Statistiken der Fall ist, hinaus. Im Vordergrund steht vielmehr eine Ex-ante-Betrachtung. Durch das Erkennen Schwacher Signale im Unternehmensumfeld versucht man, Risiken vorzubeugen und Chancen frühzeitig zu nutzen. Eine (Re-)Aktion auf bestimmte strukturelle Änderungen im Umfeld eines Unternehmens bzw. einer strategischen Geschäftseinheit erfolgt also idealerweise, bevor sich diese Änderungen vollzogen haben. CI ist ein Instrument zur strategischen Frühaufklärung und Strategieentwicklung. Es beinhaltet einen analytischen Prozess, der bruchstückhafte Informationen in Wissen transformiert. Kontinuierlich werden hierbei Daten über bestimmte Sektoren des Unternehmensumfeldes gezielt und systematisch gesammelt, aufbereitet, analysiert und an die Entscheidungsträger kommuniziert. Das produzierte Wissen – die Intelligence – unterstützt die Unternehmensführung so bei der strategischen Entscheidungsfindung. CI wird somit, angesichts turbulenter Entwicklungen, zum kritischen Erfolgsfaktor.

Methodisches Forschungsdesign

Ziel der Studie war die Untersuchung des Stellenwertes und der Verbreitung von CI in Deutschland und im deutschsprachigen Raum. Dabei sollte

Wechselwirkungen nicht nur zwischen den Elementen des Systems bestehen, sondern auch zwischen dem System und seiner Umwelt."

die Frage nach dem aktuellen CI-Entwicklungsstatus in Deutschland beantwortet werden. Es gilt: Je weiter die CI-Evolution in den Unternehmen fortgeschritten ist, desto umfangreicher und gleichzeitig effizienter sollten die CI-Aktivitäten ablaufen. Hierbei spielen eine primär strategische Ausrichtung, die Nutzung umfangreicher Netzwerke (HUMINT), der professionelle Gebrauch von Internet und Online-Datenbanken sowie die Informationsanalyse mit Hilfe „multioptionaler Verfahren" eine wichtige Rolle.

Die Methodik der Untersuchung bestand aus einer schriftlichen Befragung mit standardisiertem Fragebogen. Die Frageform war überwiegend geschlossen. Es wurden zusätzlich sieben offene Fragen gestellt. Das Erhebungs- und Fragebogendesign wurde auf die Thematik abgestimmt. Der Fragebogen bestand aus acht verschiedenen Untersuchungsbereichen:

- CI-Begriff
- Wettbewerbsintensität
- CI-Status
- CI-Organisation
- CI-Durchführung
- CI-Budget
- CI und Strategieentwicklung
- Strukturvariablen.

Der Erhebungszeitraum erstreckte sich von Ende November 2002 bis Mitte Februar 2003 (ca. 12 Wochen). Vor der eigentlichen Erhebung wurde der Fragebogen einem Pretest unterzogen und auf Logik, Verständlichkeit sowie voraussichtlich benötigte Beantwortungszeit geprüft. Unter den Teilnehmern des Pretests befanden sich sowohl Studenten als auch CI-Professionals, die sich in die späteren Untersuchungsgruppen Nicht-SCIP- und SCIP-Mitglieder hineinversetzen sollten. Nach der schriftlichen Befragung wurden mit Probanden vertiefende Interviews geführt. Sie hatten den Zweck, die Antworten zu hinterfragen, um Zusammenhänge zu erkennen, die im standardisierten Fragebogen nicht ersichtlich waren.

Die Grundgesamtheit bildeten mittelständische und große Unternehmen aus Deutschland und dem deutschsprachigen Raum (Österreich und Schweiz). Als Stichprobe standen nach einer Qualifizierungsphase schließlich 499 Unternehmen zur Verfügung, darunter 413 deutsche, 78 schweizerische und acht österreichische Firmen. Zielgruppe waren Personen, die sich hauptberuflich mit den Inhalten von CI auseinander setzen und eine leitende Funktion im Unternehmen ausüben, wie z.B. Leiter der Marktforschung, Unternehmensentwicklung oder CI-Abteilung.

Die Stichprobe setzte sich aus 202 SCIP- und 297 Nicht-SCIP-Mitgliedern zusammen. Unter den Nicht-SCIP-lern befanden sich 110 überwiegend mittelständische Unternehmen und 187 Großunternehmen, die zu den 350 größten Firmen Deutschlands zählten. Damit die beiden Gruppen der Grundgesamtheit in etwa gleich viele potenzielle Probanden enthielten, entschlossen wir uns, neben den deutschen SCIP-lern (116 an der Zahl) auch Unternehmen aus der Schweiz und Österreich (insgesamt 86) in die Untersuchung mit aufzunehmen. Die SCIP-Mitglieder fungierten während der Auswertung als Benchmark, da sie aufgrund ihrer Mitgliedschaft durch Vorträge, Workshops und Zeitschriften im Thema besser geschult sein müssten als Nichtmitglieder. Es wurde davon ausgegangen, dass die SCIP-ler das Erlernte in ihren Unternehmen auch umsetzen.

Es wurden Unternehmen unterschiedlicher Branchen angeschrieben. Dem Versand der Fragebögen folgte eine telefonische Nachfassaktion.

130 Bögen wurden ausgefüllt zurückgesandt und ergaben somit eine Response-Rate von 26%. Der Rücklauf ließ sich in 38 Bögen von SCIP-Mitgliedern und 84 Bögen von Nichtmitgliedern unterteilen, acht Fragebögen wurden anonym beantwortet. Gliedert man den Rücklauf nach Nationalitäten, so erhält man folgendes Ergebnis: Es antworteten 116 deutsche und 13 schweizerische Unternehmen. Das Herkunftsland eines Bogens war nicht erkennbar. Die ausgewerteten Bögen stammten überwiegend von großen und sehr großen Unternehmen. So beschäftigten vier Fünftel der Probanden mehr als 500 Mitarbeiter; 55% gaben an, einen Nettojahresumsatz von über 1 Mrd. Euro zu erwirtschaften.

Ergebnisse der Untersuchung (Pfaff u. Altensen 2003)

(1) Wettbewerbsintensität

Wie bereits beschrieben, werden Wettbewerbsintensität und Dynamik in den meisten Märkten noch weiter ansteigen. Das bestätigen auch folgende Umfrageergebnisse: Auf die Frage nach der heutigen und künftigen Wettbewerbsintensität der jeweiligen Branche war man sich einig: Die Wettbewerbsintensität ist hoch und wird weiter ansteigen. Dies veranschaulicht das Säulendiagramm in Abbildung 1.9.

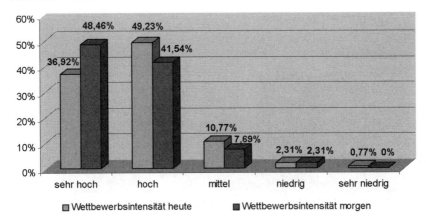

Abb. 1.9 Wettbewerbsintensität heute und morgen

Als besonders wettbewerbsintensiv wurden die Branchen Pharma, Automobile und IT genannt. Zudem wurden die Länder Japan, China und insbesondere die USA als stark wettbewerbsintensiv bewertet.

Da CI der Frühwarnung vor möglichen Konkurrenzangriffen dient, wurde auch die Frage gestellt, ob das Unternehmen in der Vergangenheit bereits Ziel von legalen CI-Aktivitäten oder illegalen Wirtschafts-/Industriespionage-Aktivitäten geworden sei. 38% der Teilnehmer antworteten, wissentlich Ziel von CI-Aktivitäten seitens der Mitbewerber geworden zu sein. 9% hatten sogar Kenntnis von illegalen Spionageaktivitäten im Unternehmen. Im Gegensatz zu 2% der Nichtmitglieder wurden ganze 21% der SCIP-Mitglieder bereits Opfer illegaler Industrie- und Wirtschaftsspionage. Auf die Unterfrage, wie hoch der Schaden in etwa gewesen sei, antworteten die meisten, dass dieser nicht abschätzbar sei. Falls doch Angaben gemacht wurden, so beliefen sich diese zwischen 10 und 100 Mio. Euro.

(2) Bekanntheit

In Deutschland ist die Bekanntheit von CI immer noch geringer als in den USA. Die Studie zeigt aber auf, dass 61% der befragten Unternehmen meinen, den Begriff „CI" zu kennen. Von allen Antworten war jedoch nur bei 32% der Begriff korrekt definiert[45], d.h. sie verfügten im Sinne der Untersuchungsdefinition über das zweckmäßige Verständnis von CI.

---

[45] Hierbei beziehen wir uns auf folgende Definition: „CI ist das systematische Sammeln und Aufbereiten, Analysieren sowie Reporten von Wissen über das Unternehmensumfeld zur Unterstützung der strategischen Entscheidungsfindung."

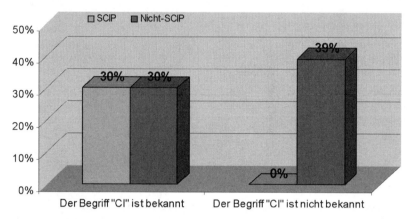

Abb. 1.10 CI-Bekanntheit in Deutschland

Von den 32% stammten 26% aus der Gruppe von Probanden, die angaben, CI zu kennen, und 6% aus derjenigen, die angaben, CI nicht zu kennen. Die anderen aufgeführten Begriffsbestimmungen berücksichtigten meist nur Teilaspekte wie z.B. „Sammlung von Markt- und Wettbewerbsdaten und deren Analyse".

Von denen, die angaben, CI zu kennen, handelte es sich bei 48% um SCIP-Mitglieder. Ausnahmslos allen SCIP-lern, die ein Drittel des gesamten Rücklaufs ausmachten, war CI demnach bekannt, wovon auszugehen war. Trotzdem beschrieben nur 55% den Begriff korrekt im Sinne der Untersuchung. Das waren 54% aller, die CI richtig definierten.

Ausgenommen der SCIP-Mitglieder, war CI nur jedem dritten Probanden bekannt. Eine Untergruppe von 46% definierte den Begriff richtig und es ist davon auszugehen, dass wiederum nur ein Teil CI auch professionell anwendete. Eine Aussage darüber, um wie viele Unternehmen es sich hierbei handelte, wird am Ende dieses Kapitels getroffen.

Auf die Frage „Wie bezeichnen Sie die Aktivitäten des Sammelns, Analysierens und Aufbereitens von Informationen über den Markt und Ihre Mitbewerber/Konkurrenten? Kreuzen Sie bitte den Begriff an, der Ihnen am zutreffendsten erscheint. (Mehrfachnennungen möglich)" antworteten 29% der Unternehmen, dass sie ihre CI-Aktivitäten als Marktforschung bezeichnen. Wettbewerbs- und Konkurrenzbeobachtung erreichte mit 23% Platz zwei im Ranking, gefolgt von Competitive Intelligence mit 22%. Dieser relativ hohe Anteil lässt sich auf die SCIP-Mitglieder zurückführen. Nachstehende Grafik zeigt die Bezeichnung der CI-Aktivitäten im Unternehmen nach SCIP-Mitgliedschaft.

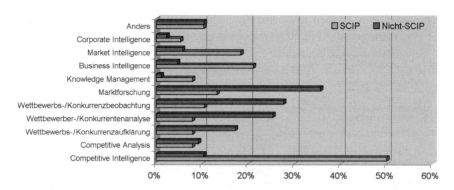

Abb. 1.11 Bezeichnung der CI-Aktivitäten nach SCIP-Mitgliedschaft

Sie illustriert, dass vor allem SCIP-Mitglieder die Bezeichnung CI im Unternehmen verwendeten. Bei Nicht-SCIP-Mitgliedern wurden bekanntere Begriffe wie Marktforschung, Wettbewerbs- und Konkurrenzbeobachtung sowie Wettbewerber- und Konkurrentenanalyse am häufigsten benutzt.

(3) Status

Da eine positive oder negative Einstellung der Zielgruppe zu der Methode CI wesentlich für deren Erfolg in Deutschland ist, wurde auch die Einstellung der Probanden zum Thema CI über Statements gemessen (eindimensionale Messung). Unter einem Statement versteht man eine wertende Aussage über ein Objekt, in der eine bestimmte positive oder negative Einstellung zum Ausdruck kommt. Es wird dann abgefragt, in welchem Ausmaß der Befragte mit dem Statement übereinstimmt oder nicht. Zugrunde lag eine vierstufige Ratingskala („trifft voll zu" bis „trifft nicht zu").

Die Frage lautete: „Inwiefern treffen Ihrer Meinung nach folgende Aussagen zu? Bitte entsprechend durch ein Kreuz markieren!" Das Ergebnis kann nachfolgender Abbildung entnommen werden.

Der Mittelwertsvergleich zeigt, dass die SCIP-Mitglieder relativ klar den CI-befürwortenden Statements zustimmten, was auf eine positive Einstellung zum Thema schließen lässt. Die Nicht-SCIP-ler hielten sich mit extrem zustimmenden oder ablehnenden Bewertungen hingegen zurück. Die Ausschläge gingen immerhin in dieselbe Richtung, schlugen aber nicht so weit aus. Signifikante Unterschiede zwischen SCIP- und Nicht-SCIP-Mitgliedern bestanden bezüglich der Aussagen eins, neun (auf 1% signifikant), drei, sechs und acht (auf 5% signifikant). Im Gegensatz zu den SCIP-lern bewerteten die Nichtmitglieder die Statements eins, drei und acht als eher zutreffend. Bei den Aussagen sechs und neun war es umgekehrt. Eine grundsätzlich ablehnende Haltung der Nichtmitglieder gegenüber CI war jedoch nicht auszumachen. Wäre dies der Fall, so müssten die Bewertungen der Nichtmitglieder invers ausschlagen.

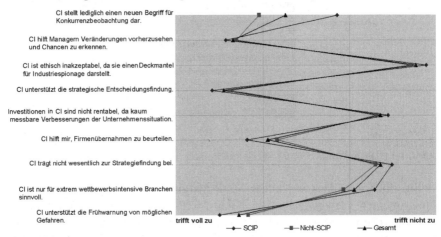

Abb. 1.12 Mittelwertsvergleiche der Einstellungen zu den Statements

Eine Korrelationsanalyse zeigte einen Zusammenhang zwischen Nettojahresumsatz der Probanden und der Einstellung zu CI: je höher demnach der Nettojahresumsatz, desto weniger negativ die Einstellung zu CI.

Auch die Frage nach der Akzeptanz der Mitarbeiter[46] bezüglich CI fiel positiv aus.

Abbildung 1.13 veranschaulicht, dass es vor allem die Mitarbeiter der Nicht-SCIP-Mitglieder waren, welche den CI-Aktivitäten eine ausgesprochen hohe Akzeptanz entgegenbrachten (91%). Bei den Mitarbeitern der SCIP-ler waren es immerhin noch 73%[47]. Ursächlich für die starke Akzeptanz bei den Mitarbeitern der Nichtmitglieder könnte die über viele Jahre gewachsene Vertrautheit mit Begriff und Tätigkeiten der Marktforschung bzw. des Marketing sein. Wie beschrieben, rechnen die meisten Unternehmen die CI-Arbeit den Abteilungen Marktforschung und Marketing zu. Im Gegensatz zu diesen Begriffen ist der Ausdruck „Competitive Intelligence" neu und benötigt entsprechend Zeit, um sich in den Unternehmen durchzusetzen. Auf die Frage nach den Gründen bzw. Motiven für die Nutzung von CI gaben 72% der Befragten die Ableitung strategischer

---

[46]   Gemeint waren Mitarbeiter, die mit CI in irgendeiner Weise in Berührung kommen, wie z.B. die Mitarbeiter der Marktforschung, des Vertriebs oder der Finanzabteilung.

[47]   Die Bewertung schloss alle Antworten zwischen „sehr hohe Akzeptanz" bis „Akzeptanz vorhanden" ein.

Wettbewerbsvorteile, 70% die Entwicklung von Strategien und 57% die Frühwarnung vor potenziellen Risiken an.

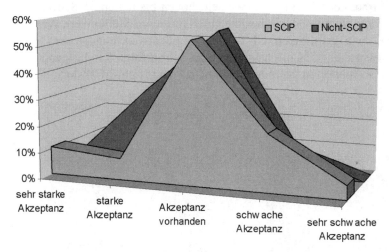

Abb. 1.13 Akzeptanz der Mitarbeiter

Weitere Ergebnisse können nachfolgender Abbildung entnommen werden.

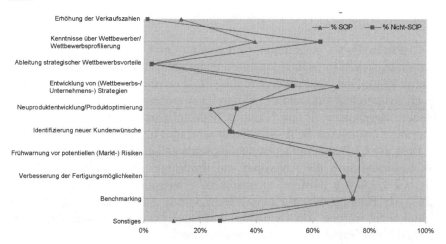

Abb. 1.14 Gründe der CI-Nutzung

Dieses Resultat zeigt, dass CI als ein Frühwarnsystem und als ein Instrument zur Strategieentwicklung sowohl wahrgenommen als auch genutzt wurde. Gestützt wird diese Aussage durch die Antworten auf die Fragen „Welchen Stellenwert hat die Strategieentwicklung per se in Ihrem Unternehmen?" und „Für wie erfolgreich/nützlich schätzen Sie CI generell im Bereich der Strategieentwicklung ein?". 70% der Probanden gaben an, dass die Strategieentwicklung einen sehr hohen bis hohen Stellenwert einnehme. 25% antworteten, sie besitze einen mittleren Stellenwert. Auch auf die Frage, wie erfolgreich CI den Strategieentwicklungsprozess unterstütze, antworteten 85% mit erfolgreich bis sehr erfolgreich. Folgende Grafik zeigt die Antworten gesplittet nach SCIP- und Nicht-SCIP-Mitgliedern:

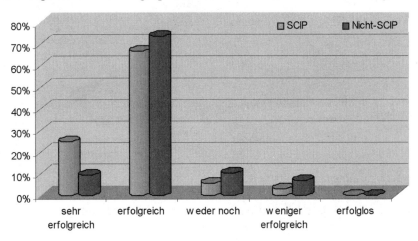

Abb. 1.15 Erfolg von CI bei der Strategieentwicklung nach SCIP- Mitgliedschaft

CI-Professionals bewerteten die Leistung der CI bei der Unterstützung der strategischen Entscheidungsfindung besser als Nichtmitglieder, wie die Grafik zeigt. Dies lässt die Vermutung zu, dass die SCIP-ler stärker strategisch ausgerichtet sind und CI erfolgreicher umsetzen. Deshalb erzielen sie bessere Ergebnisse als die Nicht-SCIP-Mitglieder. Eine genaue Aussage über die Leistung der SCIP-Mitglieder wird im Folgenden noch getroffen.

Dass der CI-Status in Deutschland grundsätzlich als positiv zu bewerten ist, bewiesen auch die Antworten auf die Frage „Wünschen oder planen Sie, CI zukünftig häufiger einzusetzen?". Hierauf antworteten 55% mit „Ja". Als Hauptgründe für eine Intensivierung oder Ausweitung der CI-Tätigkeiten wurden die steigende Wettbewerbsintensität und die schon aufgeführten Gründe der CI-Nutzung genannt.

(4) Organisation und Durchführung

Untersucht wurden weiter die Einhaltung des Zyklus bei der CI-Durchführung sowie deren strategische Ausrichtung. Die Frage „Welche Unternehmensbereiche/organisatorische Einheiten sind in Ihrem Unternehmen generell in den CI-Prozess involviert?" verdeutlicht noch einmal die relativ geringe Anzahl von CI-Abteilungen bei Nicht-SCIP-Mitgliedern. Hier gaben nur 9% an, eine eigene CI-Abteilung zu besitzen, insgesamt waren es 19%. Unter den SCIP-Mitgliedern fanden sich immerhin 42%, in deren Unternehmen eine selbständige CI-Abteilung existierte. In den CI-Prozess involviert waren in Deutschland vor allem die Abteilungen Marktforschung (65%) und Marketing (64%). Während bei den SCIP-lern die Marktforschung häufiger in den CI-Prozess involviert war, war es bei den Nichtmitgliedern das Marketing, wie folgende Grafik zeigt.

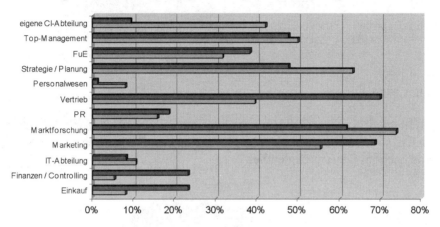

Abb. 1.16 CI-involvierte Abteilungen nach SCIP-Mitgliedschaft

Deutliche Unterschiede bestanden hinsichtlich der Einbindung von Vertrieb, Einkauf und Finanzen/Controlling. Die Nicht-SCIP-Mitglieder nutzten diese Abteilungen sehr viel stärker für die CI-Aktivitäten als die SCIP-ler. Federführend verantwortlich waren ebenfalls Marketing (18%) und Marktforschung (16%), aber auch das Topmanagement (16%).

Durchschnittlich waren 1-5 Mitarbeiter mit CI beschäftigt. Bezüglich der Budgetierung im Bereich CI gaben 29% der Befragten an, ein festes CI-Budget zu besitzen. Dieses belief sich bei 24% im vergangenen Jahr auf mehr als 500.000 Euro. Dagegen antworteten 18%, dass sie weniger als 20.000 Euro erhalten haben. Eine Unterscheidung zwischen SCIP- und Nicht-SCIP-Mitgliedern zeigt, dass beide Gruppen ähnlich antworteten. Die SCIP-ler bekamen am häufigsten weniger als 20.000 Euro und mehr als 500.000 Euro; zusätzlich existierte noch ein Spitzenwert in Höhe von 100.001 bis 200.000 Euro. Die Verteilung der Antworten nach SCIP-Mitgliedschaft kann nachstehender Grafik entnommen werden. Auf der x-Achse befinden sich die Budgetbereiche in Euro, auf der y-Achse die prozentualen Anteile der Antworten.

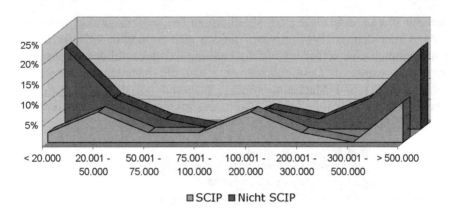

▢ SCIP ▪ Nicht SCIP

Abb. 1.17 Budgetverteilung nach SCIP-Mitgliedschaft

Unterzieht man die Budgetverteilung einem Vergleich nach Umsatz-klassen, so wird abermals die Vorreiterstellung großer und sehr großer Un-ternehmen im Bereich CI deutlich.

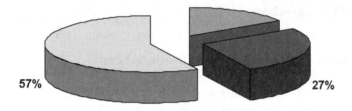

▢ < 100 Mio. Euro ▪ 100 Mio. - 1 Mrd. Euro ▢ > 1 Mrd. Euro

Abb. 1.18 Budgetverteilung nach Nettojahresumsatzklassen

Der Eindruck, dass große Unternehmen eine positivere Haltung gegen-über CI haben, wurde hier abermals bestätigt. Unternehmen mit mehr als einer Mrd. Euro Nettoumsatz pro Jahr stellten für CI im Durchschnitt ein Budget von 300.000 Euro bereit.

Auf die Frage „Definieren Sie für Ihre CI-Aktivitäten im Vorhinein meist genau festgelegte Untersuchungsziele, und wenn ja, welche? (Mehr-fachnennungen möglich)" gaben 71% der Befragten an, Ziele im Vorhin-ein zu definieren. Die nachfolgende Abbildung zeigt, welche Ziele von SCIP- bzw. Nicht-SCIP-Mitgliedern untersucht wurden.

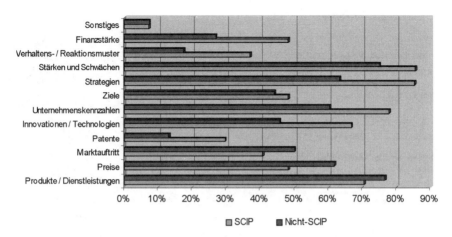

Abb. 1.19 Untersuchungsziele nach SCIP-Mitgliedschaft

Auffallend ist, dass SCIP-Mitglieder häufiger auch interpretationsbe-dürftige Untersuchungen durchführten (z.B. Finanzstärke zur Untersu-chung des Bedrohungspotenzials, Verhaltensmuster zur Identifikation von Antriebskräften), während sich Nicht-SCIP-ler gerade auf die unmittelba-ren Wettbewerbermerkmale wie Preis, Produktsortiment, Marktauftritt etc. konzentrierten. Dies könnte darauf schließen lassen, dass SCIP-Mitglieder komplexere Analysen (z.B. Intention vs. Potenzial eines Wettbewerbers, die eigene Position zu bedrohen) durchführen. Es ist aus diesen Antworten nicht eindeutig zu entnehmen, ob die gefundenen Erkenntnisse eher zur strategischen oder operativen Entscheidungsunterstützung eingesetzt wur-den. Offensichtlich waren jedoch Strategien, Innovationen/Technologien, Patente und Verhaltensmuster typische Aspekte einer strategischen Wett-bewerberprofilierung.

Auf die Frage, welche Sekundärquellen wie häufig zur Recherche ge-nutzt werden, antworteten die Probanden wie folgt:

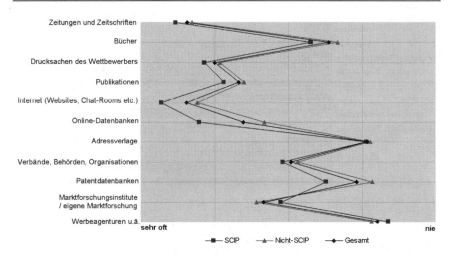

Abb. 1.20 Nutzungshäufigkeit von Sekundärquellen durch SCIP- bzw. Nicht-SCIP-Mitglieder

Es lagen signifikante Unterschiede hinsichtlich der Nutzungshäufigkeit einzelner Quellen vor. Im Besonderen betraf dies Online-Datenbanken, Internet und Patentdatenbanken; hier bestanden deutliche Unterschiede im Nutzungsverhalten. Die genannten Quellen wurden von SCIP-lern viel häufiger verwendet. Patentrecherchen beispielsweise erfordern viel Interpretations-Know-how und Erfahrung. Ein möglicher Grund könnte deshalb der im Rahmen der Mitgliedschaft gezielt geschulte Umgang der SCIP-ler mit Internet und Online-Datenbanken sein, sodass diese Quellen effizientere Ergebnisse liefern.

Auch bei Primärquellen machte sich die bessere Nutzung bei den SCIP-lern unter CI-Gesichtspunkten bemerkbar. Es scheint, als bevorzugten die Nichtmitglieder Primärquellen aus dem näheren Unternehmensumfeld, oder anders ausgedrückt: SCIP-Mitglieder pflegen eine breitere Netzwerknutzung, die gezielter und systematischer für die Zwecke der Datensammlung genutzt werden kann (Networking; vgl. Abbildung 1.21).

Um die Analysekompetenz der Probanden zu bestimmen, wurde eine Reihe von Analysemethoden nach Bekanntheit und deren Nutzungshäufigkeit für CI-Zwecke erfragt. Mit Ausnahme der Conjoint-Analyse und des Benchmarking waren die aufgeführten Instrumente den SCIP-lern besser bekannt als den Nicht-SCIP-lern.

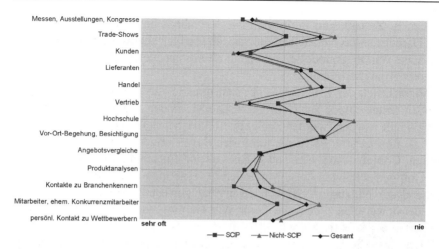

Abb. 1.21 Nutzungshäufigkeit von Primärquellen durch SCIP- bzw. Nicht-SCIP-Mitglieder

Die folgende Grafik zeigt das Nutzungsverhalten hinsichtlich verschiedener Analysemethoden von SCIP- und Nicht-SCIP-Mitgliedern sowie insgesamt.

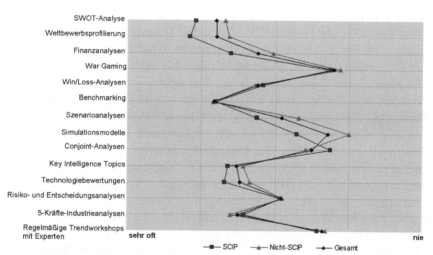

Abb. 1.22 Nutzungsintensität von Analysemethoden durch SCIP- bzw. Nicht-SCIP-Mitglieder

Es ist erkennbar, dass SCIP-Mitglieder häufiger komplexe multioptionale Verfahren zur Analyse von Informationen heranzogen, als dies Nichtmitglieder taten. Der Grund ist wohl, dass Nicht-SCIP-lern diese Verfahren weniger bekannt sind und sie sich daher eher traditioneller Methoden bedienen. Zudem sind multioptionale Verfahren hinsichtlich der benötigten Datengrundlage oder Ressourcen schwieriger anzuwenden als einfache Ursache-Wirkungsmodelle. Sie bieten allerdings auch tiefer gehende, komplexere Analyseergebnisse.

Hinsichtlich der Effektivität der Instrumente gab es grundsätzlich keine großen Unterschiede zur Häufigkeit. Die Methoden, welche am häufigsten angewandt wurden, wurden auch als effektiv beurteilt und vice versa. Auffälligkeiten existierten hinsichtlich der Bewertungen von Simulationsmodellen, Conjoint-Analysen sowie Risiko- und Entscheidungsanalysen. Beide Gruppen schätzten diese Methoden als erheblich effektiver ein, als dies anhand der Nutzungshäufigkeit erkennbar gewesen wäre. Die SCIP-Mitglieder bewerteten zudem die Tools War Gaming und Trendworkshops mit Experten als effektiv bis sehr effektiv. Dies lässt sich wohl darauf zurückführen, dass die Durchführung von Expertenworkshops und Simulationen (zu denen auch War Gamings zählen) recht zeit- und kostenintensiv sind. Die starke strategische Ausrichtung dieser Tools erklärt eine vergleichsweise seltene Anwendung, stellt aber deren hohe Effektivität dennoch nicht in Frage.

Im Rahmen des Reporting wurde nach Regelmäßigkeit der Berichterstattung gefragt. An die Entscheidungsträger ihres Unternehmens reporteten 84% der Probanden regelmäßig. Darunter befanden sich 90% der SCIP- und 83% der Nicht-SCIP-Mitglieder. Grundsätzliche Unterschiede zwischen SCIP- und Nicht-SCIP-Mitgliedern existierten zum einen in Sachen Reportfrequenz: SCIP-ler berichteten häufiger. 68% der SCIP-Mitglieder gaben an, Berichte mit hoher Dringlichkeit sofort weiterzuleiten, ansonsten wöchentlich oder monatlich zu reporten (je 38%). Bei den Nichtmitgliedern antworteten 43%, dass sie lediglich einmal pro Jahr an die Entscheider berichten, respektive quartalsweise (39%). Bei Nichtmitgliedern ist also vor allem die strategische Jahresplanung „Hauptreportevent". Dies ist jedoch nicht im Sinne der CI, die einen ständigen Informationsaustausch mit Top- und mittlerem Management propagiert, um möglichst schnell auf strukturelle Änderungen im Umfeld reagieren zu können. Dies ist bei einer jährlichen Berichterstattung nicht gewährleistet.

Zum anderen spiegelt das Reportverhalten bezüglich der Art der Anlaufstelle Differenzen wider. Ähnlich wie bei der Wahl der Untersuchungsziele berichteten SCIP-Mitglieder eher an strategische Einheiten, wohingegen die Nichtmitglieder tendenziell mehr operative Abteilungen als Anlaufstelle bevorzugten: 85% gaben an, dem Topmanagement zu berichten, gefolgt von Marketingmanagement (37%) und Vertriebsleitung (34%), ähnlich den Berichtstellen in US-amerikanischen Firmen (Stippel 2002). Die CI-Abteilung fand sich mit 30% der Antworten auf Platz fünf des Rankings wieder, wobei beinahe doppelt so viele SCIP-ler (44%) wie Nicht-

SCIP-ler diese Antwort gaben. Damit war die CI-Abteilung unter den SCIP-Mitgliedern zweithäufigste Zielberichtstelle vor der Unternehmensentwicklung (41%). Anders bei den Nichtmitgliedern; hier teilten sich Marketingmanagement und Vertriebsleitung Platz zwei mit je 37%, während die Berichterstattung an Abteilungsleiter bzw. das mittlere Management generell Platz drei besetzte (31%).

Dass auch der Inhalt der Reports bei SCIP-Mitgliedern eher strategischer Natur ist als bei Nichtmitgliedern, zeigt folgender Mittelwertsvergleich der Reportarten.

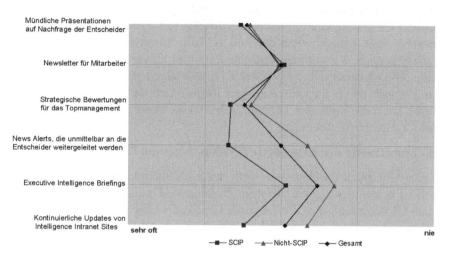

Abb. 1.23 Nutzung verschiedener Reportarten durch SCIP- bzw. Nicht-SCIP-Mitglieder

Die obige Grafik zeigt signifikante Reportunterschiede. Insbesondere bei News Alerts fand sich eine starke Polarisierung der beiden Gruppen SCIP-Mitglieder und Nichtmitglieder. Es fand seitens der SCIP-ler eine ebenfalls häufigere Durchführung von Executive Intelligence Briefings und strategischen Bewertungen statt. Dies stellt ein Indiz für die stärkere Nähe und den häufigeren Kontakt der SCIP-ler zu den Entscheidungsträgern dar. Die CI der SCIP-Mitglieder war somit stärker strategisch ausgerichtet als die der Nicht-SCIP-Mitglieder, was die bessere Bewertung des CI-Erfolges im Rahmen der Strategieentwicklung erklärt.

Mögliche Ursache für das Vorherrschen der taktischen Ausrichtung bei Nichtmitgliedern könnte die unzureichende Einbindung der Bedürfnisse des Topmanagements und dessen Angelegenheiten in den CI-Prozess sein. Der Frage nach der Unterstützung der CI von Seiten der Unternehmensführung wird im Folgenden nachgegangen.

Das Topmanagement war, wie bereits dargestellt, sowohl bei SCIP-Mitgliedern als auch bei Nichtmitgliedern in den Prozess involviert. Gleichwohl war das Ausmaß der Integration vergleichsweise gering, da es sich auf das Reporting beschränkte. Auffällig war auch die relativ geringe Nutzung von Executive Intelligence Briefings („ab und zu" bis „selten") mit der Unternehmensführung. Während eine strategische Bewertung lediglich einen Output darstellt, den das Management regelmäßig erhält oder auch präsentiert bekommt (ohne Nachfrage), basiert ein Briefing auf einer stärkeren beidseitigen Kommunikation. Solche Briefings können im Rahmen der Planung stattfinden, aber auch im Laufe des Prozesses, beispielsweise zwecks Einholung eines Zwischenfeedbacks. Ein direkter Informationsaustausch schien jedoch selten der Fall zu sein. Somit fand auch keine enge Zusammenarbeit zwischen Entscheidern und führenden CI-Mitarbeitern satt, obwohl diese den Erfolg der CI begünstigen würde. Diese Feststellung wurde durch Expertenaussagen im Rahmen der Interviews gestützt. Somit kann die Rolle des Topmanagements als treibende Kraft im Rahmen der CI angezweifelt werden.

(5) Einordnung der Ergebnisse (Pfaff u. Altensen 2003)

Einen Überblick darüber, wie viele der 130 Unternehmen nun professionell CI betreiben und wie viele der Probanden, die angeben, CI zu kennen, auch CI betreiben, gibt die folgende Grafik. Die Matrix ordnet die Unternehmen nach Bekanntheit der CI sowie deren CI-Entwicklungsstatus in vier Felder ein.

Die Matrix zeigt, dass nicht alle Unternehmen, die angaben, CI zu kennen, auch CI betrieben, und dass einige Unternehmen CI betrieben, auch wenn sie hierfür eine andere Bezeichnung verwendeten.

17% der Unternehmen waren hinsichtlich ihrer CI-Entwicklung sehr weit vorangeschritten (Unternehmen der beiden oberen Quadranten): CI wird hier stetig, strukturiert und mit einer strategischen Ausrichtung betrieben. Die Datensammlung erfolgt verstärkt über HUMINT sowie Internet und Online-Datenbanken. Es werden neben anderen effektiven Methoden, wie der strategischen Wettbewerbsprofilierung, auch multioptionale Verfahren zur Analyse von Informationen angewandt. Die CI-Profis stammten insbesondere aus den Branchen Automobile (beinhaltet Hersteller und Zulieferer), Handel, Banken und Versicherungen, Pharmazie wie auch IT. 41% dieser 22 Unternehmen, die CI professionell anwendeten, waren SCIP-Mitglieder. Es wird deutlich, dass die Mehrzahl der „Meister" (Michaeli 2002) auch die Bezeichnung „CI" kannte. Elf dieser 22 Unternehmen definierten den Begriff korrekt, sechs gaben keine eigene Definition an. Lediglich fünf Probanden umschrieben CI unvollständig[48], wobei nur eine Antwort verlauten ließ, den Begriff „CI" nicht zu kennen. Bekanntheit und Entwicklungsstatus stehen demnach in Beziehung.

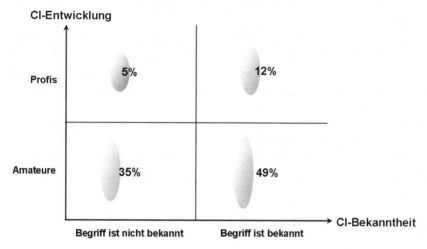

Abb. 1.24 CI-Matrix Bekanntheit/Entwicklung

In Anbetracht der zukünftigen Entwicklungen hinsichtlich Wettbewerbsdruck, Marktdynamik und Konjunkturschwächen sowie der Einführung von CI in die Lehrpläne einiger Hochschulen verdeutlicht dieses Ergebnis noch einmal, dass sich CI in Deutschland in einer Wachstumsphase befindet.

(6) Ergebnisse

1. „Competitive Intelligence" (CI) ist in Deutschland noch nicht sehr bekannt, wird jedoch zunehmend als feststehender Begriff insbesondere in Großunternehmen eingeführt.
2. Je größer und internationaler ein Unternehmen, desto aufgeschlossener verhält es sich gegenüber CI.
3. Die Einstellung gegenüber CI ist grundsätzlich positiv, Zweifel bestehen hinsichtlich der Durchführbarkeit.
4. Es sind vor allem Großunternehmen, die einen CI-Etat bereitstellen. Die Untersuchung zeigt, dass es sich hierbei um Budgets in Höhe von 300.000 Euro und mehr handelt.

---

[48] Die Definitionen konzentrierten sich vor allem auf die Sammlung und Analyse von Markt- und Wettbewerbsdaten. Dies ist jedoch unvollständig.

5. Die fünf Phasen des CI-Zyklus (Planung, Datensammlung und Aufbereitung, Analyse, Reporting und Entscheidung) werden von den meisten Unternehmen eingehalten.

6. Die CI-Aktivitäten finden sich häufig in der Marktforschung oder im Marketing wieder.

7. CI ist in Deutschland nicht primär strategisch ausgerichtet, sondern findet in operativen Bereichen gleichermaßen Anwendung.[49]

8. Die Nutzung multioptionaler Analyseverfahren ist noch nicht weit verbreitet; sie müssen traditionellen Ursache-Wirkungsmodellen immer noch den Vortritt lassen.

9. Von Seiten der Unternehmensführung erfährt CI noch zu wenig Aufmerksamkeit und Unterstützung.

10. Insbesondere der steigende Wettbewerbsdruck, eine schwache Konjunktur und die wachsende Marktdynamik verhelfen CI in Deutschland zu einer noch stärkeren Verbreitung[50].

Einordnung der Ergebnisse

Es existieren eine ganze Reihe möglicher Gründe dafür, dass CI in seiner US-amerikanischen Form als Instrument zur strategischen Frühaufklärung und Entwicklung von Strategien in Deutschland einen weniger hohen Stellenwert besitzt als in den USA. Die im Folgenden genannten Gründe gingen aus den vertiefenden Interviews im Anschluss an die schriftliche Befragung hervor.

Ein nicht zu unterschätzendes Motiv für die etwas verhaltene Resonanz auf CI könnte demnach der englische Begriff sein. Laut der Aussagen einiger Interviewpartner sei vor allem der deutsche Mittelstand der ständig neu aufkommenden Anglizismen in Verbindung mit immer neuen Managementpraktiken, wie z.B. CRM oder TQM, einfach müde.

Als weitere Ursache kommt die immer noch verbreitete Assoziation des Begriffs CI mit Industriespionage in Betracht. Dies liegt auch an der militärisch geprägten Vergangenheit. US-Unternehmen entdeckten CI gegen Ende des Kalten Krieges als praktikables Instrument zur Markt- und Konkurrenzaufklärung. Mit dem Fall des Eisernen Vorhangs waren viele (Ex-) Geheimdienstagenten gezwungen, sich nach neuen Aufgaben umzusehen.

---

[49] Es stellt sich die Frage, inwieweit aufgrund der steigenden Geschwindigkeit der Umfeldveränderungen strategisches, also langfristiges Planen überhaupt noch möglich ist, da die Interviews eine Annäherung von Strategie und Taktik ergaben.

[50] Diese Aussage wurde auch im Rahmen eines CI-Workshops der IHK-Gießen am 10.06.03 in Gießen diskutiert und für zutreffend befunden (vgl. Altensen u. Pfaff 2003).

Da amerikanische Unternehmen im Rahmen der Globalisierung zunehmend unter Druck gerieten, bot sich die private Wirtschaft als neues Tätig-
keitsgebiet geradezu an (Barry u. Penenberg 2000). Die Schlagzeilen lie-
ßen nicht lange auf sich warten. In den Augen vieler CI-Wissenschaftler
tragen die sensationssuchenden Medien eine große Mitschuld am Spiona-
geimage der CI (Gilad 1996).

Ferner wird CI nicht selten für das neue Branding der altbekannten
Marktforschung gehalten. Während CI pragmatisch arbeitet, ist die Marktforschung eher wissenschaftlich geprägt. Hypothesen und Theorien dienen
dazu, die Realität zu erklären (Begründungszusammenhang). Diese müssen stets empirisch verankert sein (Kroeber-Riel u. Weinberg 1999). Die
Marktforschung beruft sich bei ihren Untersuchungen auf wissenschaftlich
fundierte Ansätze (Kroeber-Riel u. Weinberg 1999). Ihre Aufgabe ist es,
die Wirkung marketingpolitischer Maßnahmen zu prognostizieren und zu
kontrollieren. Marktforschung unterstützt den Marketingprozess und bewegt sich damit primär auf der operativen Ebene (Graumann u. Weissman
1998). CI hingegen ist stark strategisch ausgerichtet und stellt sich somit
Fragen der langfristigen Sicherung des Unternehmenserfolges und der -e-
xistenz. Hierbei tragen insbesondere formelle und informelle Informationsnetzwerke (HUMINT) zur Etablierung neuen Expertenwissens innerhalb
des Unternehmens bei. Deren Output muss nicht empirisch verankert sein.
Ziel der CI ist es, dem Unternehmen die Intelligence zu liefern, die es benötigt, um sich einem stetigen Evolutionsprozess zu unterziehen (Michaeli
2002).

Ein weiterer Grund für die zögerliche Annahme von CI könnte die lang-
wierige Aufbauphase eines gut funktionierenden CI-Systems (CIS) sein.
Die Entstehung eines CIS ist mit einem Evolutionsprozess vergleichbar,
der sich nach Fuld (Fuld 1995) über fünf Jahre erstrecken kann. Die Leistung eines Managers von heute wird jedoch an Wachstum und Effizienz
gemessen, sodass eine Investition, die mit Personal, Ausstattung und Budget verbunden ist, nicht selten kurzfristigen Optimierungen weicht (Bernhardt 1993; Hanser 1999).

Trotz der hohen Relevanz von CI ist das Instrument insbesondere im
deutschen Mittelstand relativ wenig verbreitet. Die Tatsache, dass Frühaufklärung in den meisten Unternehmen erst mit Eintritt von Krisensituatio-
nen einsetzt (Klopp u. Hartmann 1999) zeigt, dass immer noch Hinder-
nisse in Form von „Informationspathologien" den Weg zu einer vernetzten
und zukunftsoffenen Denkweise blockieren[51].

---

[51] Beispiele für Informationspathologien sind u.a.: Betriebsblindheit, Experten-
gläubigkeit, übertriebenes Konsistenzstreben, Überbetonung von Fakten,

Unterschiede bei der Ausübung von CI sind aber auch Ausdruck kultureller Unterschiede (Cook u. Cook 2000). In den USA hat CI einen höheren Stellenwert als in Deutschland, weil dem Intelligence-Prozess durch das ausgeprägte Sicherheitsbewusstsein (Ulfkotte 1999) der Amerikaner mehr Aufmerksamkeit geschenkt wird. Man gibt sich auch offener bezüglich neuer, unkonventioneller Methoden. Deutschen Unternehmen ist die hohe Relevanz von CI weniger bewusst. Topmanager scheuen sich davor, Kenntnisse zu teilen oder Wissenslücken offen zu legen. Die meisten sind der festen Überzeugung, bereits alles Notwendige zu wissen (Hall 2001). Wissen bedeutet immer noch Macht. Hinzu kommt das vergleichsweise schwach ausgeprägte Sicherheitsbewusstsein. All dies hat jedoch weniger etwas mit schlechter Unternehmensführung zu tun als mit Mentalitätsunterschieden. Deutschland ist nicht umsonst die zweitgrößte Exportnation der Welt.

Neben natürlichen kulturellen Differenzen wurden auch die politischen und rechtlichen Rahmenbedingungen als Grund dafür genannt, dass CI im Bewusstsein der deutschen Unternehmen wenig präsent ist. Es mangelt beispielsweise an CI in deutschen Lehrplänen, anders als in US-amerikanischen, französischen, schweizerischen, kanadischen oder schwedischen Hochschulen.

Die Liste ließe sich sicherlich noch fortsetzen. Fest steht jedoch, dass vor allem international agierende Unternehmen an einem Instrument wie Competitive Intelligence nicht mehr vorbeikommen. CI wird für solche Branchen relevant, deren Wettbewerbsstrukturen starke Veränderungen durchlaufen, in denen sich Umfeldentwicklungen beschleunigen, in denen sich durch die frühe Kenntnis um Veränderungen Wettbewerbsvorteile erringen lassen und in denen traditionelle Geschäftsmodelle zunehmend von neuen verdrängt werden (Fink et al. 2001).

Ausblick

Der CI-Gedanke und einige Elemente des Zyklus werden sich – auch nach Einschätzung der Interviewkandidaten – noch stärker verbreiten. Die hohe Komplexität des Instruments, kulturelle Unterschiede, politische Rahmenbedingungen sowie die beschriebenen Schwächen sozialer Gefüge könnten sich jedoch für manche Unternehmen als unüberwindbar erweisen. Competitive Intelligence wird sich hierzulande als Erfolgsfaktor positionieren. Unternehmen, die CI betreiben, werden einen strategischen Wettbewerbsvorteil besitzen, der ihnen langfristigen Erfolg und Überleben garantiert.

---

macht- und hierarchiebedingte Verzerrungen oder auch Unverständnis zwischen den Spezialisten (Klopp u. Hartmann 1999).

2 Psychologie der Intelligence-Analyse

> Die Schwierigkeit, richtig zu sehen, welche eine der allergrößten Friktionen
> im Kriege ausmacht, lässt die Dinge ganz anders erscheinen, als man sie
> gedacht hat. Der Eindruck der Sinne ist stärker als die Vorstellungen
> des überdachten Kalküls, und dies geht so weit, dass wohl noch nie
> eine einigermaßen wichtige Unternehmung ausgeführt worden ist,
> wo der Befehlshaber nicht in den ersten Momenten der Ausführung
> neue Zweifel bei sich zu besiegen gehabt hätte.
>
> Carl von Clausewitz (aus: „Vom Krieg")
> Preußischer General und Militärschriftsteller (1780-1831)

Literatur:

- Dörner D (1995) Die Logik des Misslingens – Strategisches Denken in komplexen Situationen. Rowohlt Taschenbuch Verlag, Hamburg
- Eisenführ F, Weber M (2003) Rationales Entscheiden. 4. Aufl., Springer, Berlin Heidelberg New York
- Heuer JJr (1999) Psychology of Intelligence Analysis. Center for the Study of Intelligence, CIA, Washington
- Makridakis SG (1990) Forecasting, Planning, and Strategy for the 21st Century. The Free Press, New York

2.1 Einführung

Das menschliche Gehirn besitzt erstaunliche Fähigkeiten, Unmengen an Informationen aus unterschiedlichsten Quellen aufzunehmen, zu verarbeiten, zu bewerten und schließlich notwendige Maßnahmen abzuleiten.

Um dem permanenten information overload unserer Umwelt gewachsen zu sein, kann unser Gehirn (mit entsprechender Erfahrung) recht zielsicher relevante Informationen selektieren (filtern), Kausalzusammenhänge simplifizieren und bereits bestehende Denkschablonen zu Hilfe nehmen, um eine für den Augenblick richtige Entscheidung zu treffen. Beständig wiederkehrende Vorgänge können zudem im Unterbewusstsein abgearbeitet werden, ohne unsere Wahrnehmungsfähigkeiten zu stark einzuschränken (z.B. erfolgt das Kuppeln und Schalten beim Autofahren, ohne die Aufmerksamkeit im Straßenverkehr zu reduzieren). Mögen diese Fähigkeiten sinnvoll und effizient für das Überleben in alltäglichen Situationen sein, so stellt die CI-Umgebung andere Herausforderungen an den CI-Analysten.

Hier stammen Informationen aus multiplen Quellen, die in unterschiedlichstem Bezug, unterschiedlichster medialer Form, Nähe und Vertrautheit zu dem Analysten stehen (Heuer 1999). Glaubwürdigkeit, zeitliche Reihenfolge und Relevanz der Informationen bzgl. der Key Intelligence Topics (KITs) sind nur schwer direkt ermittelbar und ändern sich zudem während des Rechercheverlaufs. Trotzdem müssen diese Faktoren bei Aufbereitung und Interpretation der Informationen berücksichtigt werden. Widersprüchliche Informationen gehören ebenso wie Fehlinformationen (bewusst gestreut oder basierend auf Wissenslücken) zum täglichen Brot des Analysten.

Zusätzlich tritt eine Einfärbung der Information durch die Übermittler auf (vgl. Abbildung 3.13). Ein CI-Analyst hat zudem selten den Luxus „vollständiger" Information. Auftraggeber und CI-Nutzer drängen ihn geradezu, (vor-)schnelle Ergebnisse und Beurteilungen zu erstellen, gilt es doch, die eigene Entscheidungssituation möglichst bald zu meistern.

Schließlich ist der Prozess der Intelligence-Generierung per se schwierig zu bewältigen: Treffen jeden Tag neue Informationshäppchen ein, so kann die Halbwertszeit der aufgestellten (Analyse-)Hypothesen im Extremfall bei wenigen Stunden liegen. Was gestern als überflüssige Information galt, kann schon heute im Kontext einer neuen Information wesentlich werden. Umgekehrt können neue Erkenntnisse, die eben noch als Durchbruch gefeiert wurden, sich nach wenigen Tagen schon als unnützes Rauschen im Blätterwald entpuppen.

Während dieser kontinuierlichen Informationsverarbeitung ist die Zuordnung von Informationen zu übergeordneten Themen und Fragestellungen nur schwierig zu erkennen („Betriebsblindheit", „den Wald vor lauter Bäumen nicht sehen"). Es droht das Versinken im Urschlamm einer opportunistischen Informationserhebung: Nur was einfach, unmittelbar und zeitnah zum Analysten vordringt, wird in den Status einer „wertvollen" Information erhoben, der unverständliche, unbequeme Rest wird ignoriert.

Häufig kann dann selbst eine sorgfältig erstellte Analyse, an die mit frischen Überlegungen herangegangen wurde, kritisch hinterfragt werden, sodass Schwachstellen aufgedeckt werden. Lücken in der Bewertung werden gnadenlos offen gelegt und fehlende Schlussfolgerungen gezogen, die das CI-Team bis dahin übersehen hatte. Ist auch nur ein Schwachpunkt der Ergebnisse erkannt, so werden vorschnell auch die weiteren Ergebnisse in Frage gestellt.

Das Umfeld des CI-Analysten ist somit denkbar schlecht geeignet für Ad-hoc-Analysen und intuitive Entscheidungen. Um die skizzierten Fehler und Fallen zu vermeiden, muss sich der CI-Analyst folglich seiner kognitiven Wahrnehmungs- und Verarbeitungsfehler bewusst sein. Nur so kann er gezielt Gegenmaßnahmen ergreifen. In Analogie zu einem Sehfehler (wie der Kurzsichtigkeit) können die kognitiven Wahrnehmungsfehler zwar nicht behoben, aber kompensiert werden.

Es existiert umfangreiche Literatur, die zahlreiche empirische Untersuchungen über den Umgang des Menschen „mit" Information und den dabei auftretenden Fehlern dokumentiert. So wird z.B. in Heuer (1999), Eisenführ (2003), Dörner (1995), Makridakis (1990) sowie Beck-Bornholdt und Dubben (2001) auf Phänomene hingewiesen, die im vorliegenden Kapitel aus CI-Sicht beschrieben werden: Aufbereitung, Darstellung und Organisation von Informationen und Intelligence sollten immer unter Berücksichtigung dieser Wahrnehmungsfehler erfolgen!

Der CI-Zyklus (vgl. Kapitel 3) wurde u.a. entwickelt, um möglichst im Vorfeld einer Analyse Wahrnehmungsfehler zu umgehen. Ebenso müssen die in Kapitel 5 und 6 beschriebenen Analyseverfahren mit Bedacht angewandt werden. *„Garbage in – Garbage out"* gilt auch für CI-Analysen.

In Abbildung 2.1 ist die Kapitelstruktur dargestellt. Die meisten beschriebenen Fehler und Biases treten in Kombination auf, d.h. die Ursachen sind in mehreren Auswirkungen zu spüren: Ein Analyst durchläuft die Wahrnehmungsfehler in Abschnitt 2.2 und muss mit den Biases wie in Abschnitt 2.3 beschrieben umgehen können. Die in Abschnitt 2.5 angeführten Ursachen für Fehlentscheidungen sind z.T. auf diese Wahrnehmungsfehler und Biases zurückzuführen. Der Vollständigkeit halber werden diese Ursachen in Abschnitt 2.5 zusammenfassend aufgeführt.

Abb. 2.1 Gliederung von Kapitel 2

2.2 Wahrnehmungsfehler bei der Informationsaufbereitung und -analyse

> Immer wenn man die Meinung der Mehrheit teilt,
> ist es Zeit, sich zu besinnen.
>
> Mark Twain
> Amerikanischer Schriftsteller (1835-1910)

Menschen nehmen ihr Umfeld durch eine individuelle, subjektive „Brille" wahr. Diese Brille entsteht durch unsere Erfahrung, Ausbildung, Kultur und unsere Sinne. Je nachdem, wie unsere „Wahrnehmungsbrille" ausgeprägt ist, reagieren wir auf Informationen und beeinflussen deren weitere Verarbeitung und Interpretation. Diese subjektive Wahrnehmung führt zwangsläufig auch zu einer Beeinflussung unserer CI-Analysen.

2.2.1 Erwartungshaltung versus Wunschdenken

> Menschen neigen dazu, das wahrzunehmen, was sie wahrzunehmen *erwarten*. Dies entspricht nicht zwangsläufig dem, was sie wahrnehmen *wollen*.

Als Konsequenz hieraus benötigen wir mehr (eindeutige) Informationen, um einen Sachverhalt aus Informationen zu generieren, den wir nicht erwartet haben, als für einen Sachverhalt, den wir bereits vorab erwarteten.

Diese „Wahrnehmungs-Erwartung" wird hauptsächlich durch unsere Erfahrung geprägt.

Beispiele:

- Durch die Erfahrung mit ähnlichen Sachverhalten führt ein CI-Analyst Analogieschlüsse bei seiner aktuellen CI-Analyse durch. Schließlich ist diese Analyseform bei den CI-Nutzern akzeptiert. Sie erwarten bei Ergebnispräsentationen geradezu diese Ableitungen.
- Aggressive M&A-Aktivitäten, die die Insolvenz des früheren Arbeitgebers eines CI-Analysten zur Folge hatten, führen nun zu einer (Über-) Reaktion bei ersten Anzeichen von vermeintlich ähnlichen Aktivitäten des neuen Arbeitgebers. Folglich warnt er in seinen Empfehlungen vor entsprechenden M&A-Maßnahmen.
- Nach einer Spezialausbildung für die Analyse von Wettbewerberstrategien an einer renommierten Akademie neigt ein Analyst dazu, vorschnelle Bewertungen erster Wettbewerberindikatoren vorzunehmen. Er will, dass sein Spezial-Know-how anwendbar wird, da er glaubt, seine Ausbildung rechtfertigen zu müssen.

Durch diese Erwartungshaltungen baut sich unbewusst ein Wahrnehmungsmechanismus auf, der uns vorgibt, auf was geachtet werden muss, was wichtig ist und wie die Interpretation der Wahrnehmungen erfolgen soll. Auch wenn sich der Analyst seiner subjektiven Wahrnehmung bewusst ist, kann er seine individuelle Wahrnehmungsbrille nicht ablegen. Es ist daher fatal anzunehmen, dass – wie häufig von „erfahrenen" Analysten angegeben – eine rein faktische Analyse möglich sei. Abhilfe kann nur durch eine möglichst explizite Auflistung der eigenen Annahmen und Folgerungen erreicht werden. Erst dann können Dritte die Analyseergebnisse überprüfen und durch die eigene Wahrnehmungsbrille verifizieren (vgl. z.B. Abschnitte 5.3.2, 6.1.1 und 6.2.3).

Beispiel:
Ein Analyst wird mit der Wettbewerberbewertung beauftragt. Da bereits eine vorgefertigte Analyse vorliegt, in der ein Bedrohungspotenzial unterstellt wird, werden alle neuen Informationen unter diesem Aspekt bewertet. Die Ankündigung des Wettbewerbers, einen gemeinsamen Zulieferer zu übernehmen, wird als Beginn einer neuen strategischen Bedrohung bewertet, entsprechende Gegenmaßnahmen werden geplant. In Wirklichkeit hatte sich der Wettbewerber jedoch nur in seinem Produktionsfokus umorientiert und der Zukauf des Zulieferers beruhte lediglich auf einer geänderten Fertigungstiefe. Durch den neuen Fokus reduzierte sich der Produktüberlappungsgrad, das Bedrohungspotenzial nahm sogar ab!

2.2.2 Dominanz von Mindsets

> Mentale Modelle (Mindsets) sind schnell aufgebaut, aber einmal vorhanden, nur schwer wieder zu ändern.

Mentale Modelle lassen sich als Relikt aus den menschlichen Urtagen im täglichen Überlebenskampf erklären. Unsere Vorfahren mussten lernen, schnell komplexe Situationen in mentale Modelle (Regeln) einzubringen, um sie handhabbar zu machen („Rote Beeren sind giftig, daher nicht verspeisen!"). Um dem voreiligen Austauschen einer bestehenden Regel aufgrund von „zufälligen" Ausnahmen vorzubeugen („Diese roten Beeren waren schmackhaft, also sind alle roten Beeren schmackhaft!"), werden erst zahlreiche Gegenbeweise benötigt, um eine Änderung der Regel durchzuführen. Ein CI-Analyst sieht sich häufig mit diesem Dilemma konfrontiert. Sowohl seine eigenen mentalen Modelle als auch die seiner Kollegen sind nur schwer durch neu eingehende Fakten zu beeinflussen.

Beispiel:
Ein Analyst hat Wettbewerber, deren Jahresumsatz unter 50 Mio. Euro liegt, in der Vergangenheit als „unkritisch" erkannt und dies auch rückblickend bestätigen können. Ein neuer Anbieter mit 3 Mio. Euro Jahresumsatz wurde folglich, trotz deutlich wahrgenommener Intentionen und leistungsfähiger Produkte, nicht als ernsthafter Wettbewerber für den eigenen Hauptmarkt eingestuft. Erst als massive Marktanteilsverluste eingetreten waren, erfolgte eine genauere Analyse des Wettbewerbers und dessen Erfolgsstrategie. Von nun an wurden auch „kleinere" Anbieter kontinuierlich überprüft und ihr Bedrohungspotenzial ermittelt.

2.2.3 Dynamik der Informationswahrnehmung

> Neue Informationen werden so verändert, dass sie in vorhandene Wahrnehmungen (Images) passen.

Häufig treten „schleichende" Veränderungen in Märkten von Analysten unbemerkt auf, obwohl eine vollständige „Informationsbasis" vorliegt. Grund für dieses Übersehen ist die Eigenart eines Analysten, graduell eintreffende Informationen zuerst einmal in das vorhandene Weltbild einzuordnen, bevor es verworfen und ein neues erstellt wird.

Beispiel:
Ein Anbieter von Kfz-Zubehör erfreute sich über Jahre eines konstant wachsenden Marktanteils in dem ihm vertrauten heimischen Markt. Das Aufkommen neuer Wartungs- und Reparaturkonzepte (auf wenige Standardreparaturen beschränkte, markenübergreifende, schnelle und günstige Reparaturen; lokale Läden mit umfangreichem Zubehör), die in Konkurrenz zu den klassischen Kfz-Vertragswerkstätten traten, erfolgte über einen langen Zeitraum hinweg. Jahr für Jahr wurden diese Anbieter jedoch ignoriert und immer wieder als kurzfristiges Phänomen abgetan. Erst als ein Marktanteil von 30% im traditionellen VAR-Distributionskanal durch diese Franchisewerkstätten erreicht wurde und ein stagnierender Gesamtmarkt zu Umsatzeinbußen geführt hatte, wurden diese Werkstätten ernst genommen.

Der Analyst kann hier durch ein konsequentes, indikatorgestütztes Frühwarndenken Abhilfe schaffen. Liegt ein Indikator oberhalb eines gesetzten Schwellenwertes (im Beispiel 10% Marktanteil durch die Werkstattketten), so muss von einer sich nachhaltig ändernden Distributionsstruktur ausgegangen werden.

Erstmalig mit einer Analyse befasste Teammitglieder können meist schnell auf sich aufbauende Trends verweisen, da ihnen die „einlullende" Vorkenntnis des vermeintlich stabilen historischen Geschäftsverlaufes fehlt.

Der richtige CI-Team-Mix aus alten Hasen und kritisch überprüfenden Einsteigern ist häufiger Erfolgsfaktor zur Abwehr des beschriebenen Fehlers.

2.2.4 Glaubwürdigkeitshysterese

Liegen anfänglich bei einer Analyse nur unscharfe oder mehrdeutige Informationen vor, so ist auch die zugehörige Analyse unscharf. Dem lässt sich auch bei zwischenzeitlich vorliegenden besseren Informationen nur langsam entgegenwirken („Glaubwürdigkeitshysterese").

Auch bei initial unbefriedigender Informationsbasis werden (unbewusst) erste Interpretationen durchgeführt. So befangen, kann erst bei Vorliegen umfassender Informationen die ursprüngliche Hypothese gekippt werden. Das Analysten-Gehirn weigert sich nämlich, einen anfänglich nur auf zweifelhaften Informationen beruhenden Sachverhalt, auch beim Vorliegen von inzwischen einwandfreien Informationen, als glaubwürdig zu akzeptieren. Wie empirische Studien zeigen, tritt dieses Phänomen auch auf, wenn schon wenige gute Informationen die Hypothesenbildung beschleunigen können. Durch die Erblast schlechter Ausgangsinformationen tritt jedoch eine Verzögerung ein, bis die erste Interpretation kompensiert und ein neuer Eindruck etabliert werden kann.

Daher ist es sinnvoll, eine Hypothesenbildung so lange wie möglich hinauszuzögern (bis fundierte Informationen vorliegen). Wenn dies nicht möglich ist, sollten immer wieder neue Hypothesen – mit einer unvoreingenommenen Ausgangsbasis – gebildet und der Sachverhalt neu durchdacht werden.

2.3 Kognitive Biases bei der Datenauswertung

> Es ist manchmal besser, überhaupt nicht zu denken,
> als intensiv und falsch zu denken.
>
> George Bernhard Shaw
> Irischer Schriftsteller (1856-1950)

Bei der Beurteilung komplexer Datenbestände und Sachverhalte werden unbewusst Vereinfachungsstrategien vom menschlichen Gehirn angewandt, um trotz der Flut an Informationen noch handlungs- und entscheidungsfähig zu bleiben. Die hieraus entstehenden kognitiven Fehler sind nicht auf intellektuelle Schwächen, Erwartungshaltungen oder Wahrnehmungsfehler (vgl. Abschnitt 2.2) zurückzuführen, sie entstehen vielmehr durch Vereinfachungsprozesse bei der Datenbearbeitung. In ihrer Auswirkung sind sie vorhersehbar, aber kaum korrigierbar. Bei jedem Analysten treten die Fehler mehr oder minder stark auf – in Analogie zu einem Sehfehler sind die Fehler eines Analysten jeweils konsistent. Auch wenn sich der Analyst dieser Fehlerquellen bewusst wird, kann er sie nicht kompensieren (Heuer 1999).

2.3.1 Fehler bei der Beurteilung von Evidenz

Dominanz „lebendiger" Information gegenüber abstrakter Information

> Erhält ein CI-Analyst Informationen durch eigene Anschauung („lebendige Information", z.B. Besuch eines Wettbewerberwerkes, Gespräch mit Experten) oder hört er indirekt von einer Begebenheit („Bei meinem letzten Vertriebsbesuch erwähnte der Produktionsleiter..."), so neigt er dazu, die so erhaltenen Informationen als relevanter und glaubwürdiger einzuschätzen als Informationen, die „abstrakt" erhoben wurden (z.B. aus einer publizierten Verkaufsstatistik stammen).

Ein solches persönliches Erlebnis des CI-Analysten führt dazu, dass „gute", fachlich korrekte Information in den Hintergrund tritt, insbesondere, wenn der Analyst „aus dem Gedächtnis heraus" arbeitet: Die Erinnerung an die selbst erfahrene Information haftet deutlich länger und ist stärker! Dieser Effekt verstärkt sich noch, wenn die Situation, unter der die Information erhoben wurde, besonders einprägsam war („Der laue Sommerabend im Biergarten, an dem das Wettbewerber-Ingenieurteam die letzten Entwicklungsprojekte am Nachbartisch diskutierte, ...").

Den größten Schaden richtet diese Dominanz an, wenn „gute" abstrakte Information weniger Berücksichtigung findet als transparente „schlechte" Information.

Abhilfe:

- Sorgfältige Selbstkontrolle des Analysten, inwieweit persönliche Betroffenheit oder Vertrautheit ausschlaggebend für eine Einschätzung ist
- Vermeidung von Verallgemeinerungen herausragender Informationsfragmente (Signifikanzcheck)
- Quercheck mit anderen Analysten, inwieweit die eigene Einschätzung nachvollziehbar ist

Unterbewertung fehlender Indikatoren/Beweise

Es liegt in der Natur jeder CI-Analyse, dass nicht alle benötigten Informationen zur Verfügung stehen. Analysten können zwar versuchen, diese Lücken zu stopfen (vgl. Abschnitt 3.2.11), es ist jedoch unrealistisch, anzunehmen, dass stets eine ausreichende Datenbasis vorhanden sein kann. Liegt keine vollständige Datenbasis vor, sollte ein CI-Analyst die Auswirkung der fehlenden Informationen auf seine Erkenntnisse berücksichtigen, indem er beispielsweise die Konfidenz seiner Erkenntnisse herunterstuft.

> Analysten neigen dazu, fehlende Angaben unter „Sonstiges" zu subsumieren und sie somit in Auswirkung und Bedeutung zu unterschätzen.

Abhilfe:
Plausibilitäts- und Konsistenzcheck (z.B. Abgleich aggregierter Umsätze mit bekannten Gesamtumsätzen)

Beispiel[1]:
Bei der Beurteilung des Potenzials eines japanischen Wettbewerbers, die eigene Marktposition anzugreifen, liegen keine Informationen über Wettbewerberprodukte im High-end-Bereich vor. Anstatt ein generisches Bild des Wettbewerbers mit Platzhaltern für die nicht bekannten Produkte zu erstellen, generiert der Analyst ein Wettbewerberprofil, basierend allein auf den gegebenen, reichhaltigen Informationen über Produkte im Low-end-Bereich. Zwangsläufig wird diese Potenzialabschätzung ein massiv verzerrtes Wettbewerberbild zeichnen.

---

[1] Dies ist ein scheinbar einfacher Fehler, der aber in der Praxis erschreckend häufig anzutreffen ist.

„Nicht vor Augen, entspricht aus dem Sinn" ist das abgewandelte Sprichwort, das dieses Informationskonsumverhalten anschaulich beschreibt.

Abhilfe:

- Explizite Auflistung fehlender Daten (nicht nur Aufsummieren unter „Sonstiges"), damit die Hypothesenbildung nicht unter Vernachlässigung leidet
- Systemdynamische Betrachtung und generische Bildung von Annahmen, die fehlende Daten ersetzen (vgl. Abschnitt 6.1.2)

Übertriebene Suche nach Konsistenz in Daten

Bei der Interpretation großer Datenmengen strebt jeder Analyst eine interne Konsistenz („Ordnung") seiner Daten an. Sie sollen „Sinn" machen und in das Erwartungsbild des Analysten passen (vgl. Abschnitt 1.2.3 und 3.2.12). Erst dann werden Daten als „aussagekräftig" und „glaubwürdig" eingeschätzt. Per se ist diese Vorgehensweise auch anzustreben (vgl. z.B. Abschnitt 6.2.3 oder Abschnitt 5.2.1), gilt es doch, gerade durch diese Analyse fehlende Daten zu identifizieren und weiterführende Schlussfolgerungen zu ziehen.

> Das Streben nach „Konsistenz" in Daten kann kontraproduktiv sein oder zu fehlerhaften Analysen führen. Zwangsläufig konzentriert sich ein Analyst auf der Suche nach Konsistenz auf Informationen mit ähnlichen (redundanten) Inhalten (z.B. Zeitungsartikel zum gleichen Thema).

Durch diese unbewusste Filterung der Informationen verkleinert sich das Blickfeld eines Analysten ungewollt. Er empfindet seine Auswertung als gelungen, da sich genügend „unterstützende" Quellen gefunden haben. Zudem verliert er auf der Suche nach Datenkonsistenz Zeit für die eigentlich durchzuführenden Aufgaben.

Heuer (Heuer 1999) verweist für dieses Phänomen auf das „Law of small numbers" (Gesetz der kleinen Zahlen) – eine ironische Anspielung auf das „Law of big numbers" (Grenzwerttheorem), welches besagt, dass sich eine Stichprobe mit wachsender Größe immer mehr den Eigenschaften der Grundgesamtheit anpasst.

Im CI-Kontext bedeutet das „Gesetz der kleinen Zahlen", dass ein Analyst mit sinkender Informationsvielfalt seine Analyse (unbegründet) als immer glaubwürdiger empfindet.

Empirische Untersuchungen mit geschulten Analysten haben ergeben, dass selbst bei gezielter Fehlervermeidung die notwendige kritische Masse

an Information kaum richtig abschätzbar ist. Dieser potenziellen Fehleinschätzung (konsistente Daten sind repräsentativ für ein Problem) kann nur
durch ein „Vier-Augen-Prinzip" (Quercheck durch Kollegen) und möglichst umfassende Datenerhebung entgegengewirkt werden.

Beibehaltung von einmal gewonnenen Erkenntnissen auch bei nachgewiesener unbrauchbarer Informationsgrundlage

> Wie in zahlreichen Experimenten belegt werden kann, bleiben ein-
> mal gewonnene Erkenntnisse bei einem Analysten haften, auch
> wenn die zugrunde liegenden Indikatoren und Beweise zwischen-
> zeitlich als falsch erkannt wurden.

Ein einmal als „feindlich" eingestufter Wettbewerber bleibt somit entsprechend kategorisiert, auch wenn die hierzu gefundenen Informationen als
nicht richtig bewertet werden müssen. Entsprechend schwierig ist es für
einen Analysten, sich von diesem „Feindbild" zu lösen und unbefangen
korrekte Informationen zu verarbeiten. Vermutlich führt das menschliche
Gehirn unbewusst eine Analyse von Ursache und Wirkung durch und setzt
Indikatoren und Schlussfolgerungen in einen Zusammenhang („Wettbewerber senkt Preise, da er uns schaden will. Er ist damit feindlich.").

Auch wenn sich die Preissenkungsinformation im Nachhinein als unrichtig herausstellen sollte, bleibt erst einmal der negative Gesinnungsein-
druck zurück.

Bedenkt man, wie häufig gerade bei Entscheidern, die nur punktuell
über CI-Erkenntnisse unterrichtet werden, alte „Sachstände" haften bleiben, so ist klar, dass bei Intelligence-Berichten und -Präsentationen sehr
stark auf eine „Bereinigung" der Vergangenheit zu achten ist. In diesem
Sinne muss nicht nur eine Korrektur der nunmehr „unrichtigen" Information erfolgen, sondern auch die hierauf aufbauenden Schlussfolgerungen
müssen aktualisiert werden.

Durch dieses Bereinigen wird die Glaubwürdigkeit der weiteren berichteten Intelligence sichergestellt.

Fehler beim Umgang mit unsicheren Informationen

CI-Analysen bauen naturgemäß auf Informationen unbekannter Glaubwürdigkeit auf. Quellen der Unsicherheit entstehen durch den Übertragungs-
weg, Missverständnisse in der Beschreibung von Wahrscheinlichkeiten
oder durch einen Bias des Informationsursprungs. Zwangsläufig stellt sich
daher dem Analysten die Frage, wie er mit diesen mit Unsicherheiten be-
hafteten Informationen umgehen soll.

Beispiel:
Eine Quelle gibt die Wahrscheinlichkeit, dass ein Wettbewerber ein neues Produkt auf den Markt bringen wird, mit 80% an.

> Menschen sind äußerst schlechte Schätzer von Wahrscheinlichkeiten, sie verwenden hierfür häufig eine wenig geeignete Best-guess-(Rate)-Strategie.

In unserem Beispiel tendieren viele Analysten dazu, unabhängig von der Glaubwürdigkeit der Quelle die Information voll zu akzeptieren (somit 100% wahr, d.h. der Markteintritt kommt sicher) oder vollständig zu verwerfen (0% wahr, d.h. kein Markteintritt des Wettbewerbers). Folglich würde eine auf dieser Information basierende Entscheidung deutlich überbewertet oder deutlich unterbewertet, sicherlich jedoch verfälscht weiterverwendet werden[2].

Zu leicht verbesserten Ergebnissen gelangt der CI-Analyst, wenn er die Wahrscheinlichkeit, mit der das Ereignis eintritt (hier 80% Markteintritt) mit der Glaubwürdigkeit der Quelle(n) multipliziert. Gemäß der multiplikativen Wahrscheinlichkeitsregel zweier Ereignisse ist das Produkt der Einzelwahrscheinlichkeiten zu verwenden, um die gleichzeitige Eintrittswahrscheinlichkeit beider Ereignisse zu berechnen.

Würde die Wahrscheinlichkeit, dass die Quelle die Wahrheit berichtet hat, mit 70% eingestuft, reduziert sich die Eintrittswahrscheinlichkeit des Markteintritts auf 56% (0,7x0,8), die Wahrscheinlichkeit, dass kein Markteintritt stattfindet, entsprechend auf 14% (0,7x0,2). Diese Ergebnisse sind immer noch grobe Abschätzungen.

Realistischer, aber auch komplexer ist die Modellierung der Unsicherheit nach dem klassischen Entscheidungsanalyseansatz: Einzelne Ereignisse werden mit alternativen Endzuständen und zugehörigen Eintrittswahrscheinlichkeiten sowie konditionalen Abhängigkeiten untereinander modelliert (vgl. Abschnitt 6.1.5). So kann zwar eine exakte Eintrittswahrscheinlichkeit unter Unsicherheit bestimmt werden, doch liegt die Schwäche in der Verfügbarkeit von Abschätzungen konditionaler Eintrittswahrscheinlichkeiten der einzelnen Ereignisalternativen. Durch Befragung von Experten sind diese Angaben zwar erhebbar, jedoch sicherlich nicht beliebig genau oder gar exakt, sondern wiederum nur mit Unsicherheit behaftet (vgl. z.B. Ayyuh 2001 und Abschnitt 2.3.3). Folglich gibt es eine Grenze der sinnvollen Modellierbarkeit von Ereignissen, die meist schon schnell durch die Nichtverfügbarkeit quantitativer Angaben erreicht wird.

---

[2]   Schnell werden Fakten oder gute Informationen ignoriert, da der Umgang mit unsicherheitsbehafteter Information nicht bekannt ist.

Letztlich hilft dem Analysten nur seine Erfahrung bei der Wahl einer sinnvollen Vorgehensweise.

2.3.2 Fehler bei der Wahrnehmung von Ursache und Wirkung

> Je populärer eine Idee, desto weniger denkt man über sie nach, und desto wichtiger wird es also, ihre Grenzen zu untersuchen.
>
> Paul Feyerabend
> Österreichischer Philosoph (1924-1994)

Bevorzugung von kausalen Zusammenhängen

Bei dem Zusammenpuzzeln fragmentierter Informationen erfährt ein CI-Analyst zwangsläufig die Notwendigkeit, Zusammenhänge zu „erahnen" und verschiedenste Markt- und Wettbewerbsereignisse in eine konsistente, plausible Story zu verpacken. Anders könnte er seine Schlussfolgerungen kaum treffen bzw. seine Erkenntnisse nicht effizient kommunizieren.

> Häufig wird eine besonders „schlüssige" Story mit sehr „glaubwürdig" gleichgesetzt. Dies muss jedoch keineswegs der Fall sein. Trotzdem unterliegt der CI-Analyst der Versuchung, in seinen Daten Kausalzusammenhänge zu identifizieren, um möglichst „glaubwürdige" Ergebnisse zu produzieren.

Ebenso läuft er Gefahr, dass er so lange nach auswertbaren Kausalzusammenhängen sucht, bis er eine „saubere" Story auftischen kann. Nichtvorhandene Kausalitäten werden gleichgesetzt mit lückenhaften Informationen oder Unverständnis für Markt und Wettbewerb.

So wird z.B. die Tatsache, dass auch ein vermeintlich erfolgreicher Wettbewerber Entscheidungen trifft, die nicht konsistent mit seiner Strategie sind oder auf Fehlinterpretationen des Marktes beruhen, bestenfalls als letzte Option in Erwägung gezogen. Selbst wenn ein Wettbewerber letztlich mit seinen Aktionen (z.B. Marketingkampagnen) einem bestimmten Masterplan folgt, kann die eigentliche Umsetzung zu einem quasi zufallsbedingten Aktivismus mutieren: Interpretationen lassen sich hierauf nicht aufbauen. Der Analyst (und sein CI-Kunde) muss akzeptieren lernen, dass nicht immer zwangsläufig ein Kausalgefüge vorliegt oder ersichtlich wird. Diese Erkenntnis kann dazu verhelfen, sich stundenlange Interpretationsversuche zu ersparen. Die allumfassende Wettbewerberweltformel finden zu wollen wäre sicherlich ein fatales Intelligence-Ziel.

In Konsequenz bedeutet dies auch, dass bestimmte Wettbewerberaktionen in der Tat nicht vorhersehbar sind. Das Unternehmen mag z.B. in chaotischer Unordnung durch Ad-hoc-Entscheidungen geführt werden und folglich kaum nachvollziehbare (und damit extrapolierbare) Entscheidungen treffen.

Abhilfe:
Eine Analyse des Entscheidungsverhaltens des Topmanagements (vgl. Abschnitt 5.2.11) und des bisherigen Wettbewerberverhaltens kann im Einzelfall Aufschluss geben und zumindest einen Anfangsverdacht liefern.

Scheinkorrelation durch Annahme einer identischen Ausprägung von Ursache und Wirkung

> Vor die Entscheidung gestellt, zwischen alternativen Optionen von Kausalzusammenhängen zu wählen, richten sich die meisten Analysten nach einer einfachen, aber unter Umständen fehlerhaften Faustregel: Ursache und Wirkung müssen in ihren Ausprägungen kohärent sein.

Beispiel:
Die wichtige strategische Neuausrichtung (verbunden mit einer neuen Produktpalette) eines Wettbewerbers kann nach Meinung des Analysten nur durch die dramatisch schlechte Gewinnsituation im letzten Jahr bedingt sein. Der Analyst vermutet ein letztes Aufbäumen des Wettbewerbers, der damit auch nur kurzzeitig gefährlich ist. Die unbedeutende Neueinstellung des Leiters für F&E vor zwei Jahren hingegen, so interpretiert es der Analyst, war keineswegs die Ursache für die erfolgreichen Produktrelaunches des Wettbewerbers.

Abhilfe:
Durch fundierte Analysen der Datenlage kann dieser Tendenz zu Fehlinterpretationen vorgebeugt werden. Historische Analogien sind zu vermeiden („Hat der Wettbewerber auch schon in den letzten Jahren so gemacht...").

Überschätzung der eigenen Bedeutung

CI-Analysten, ähnlich wie auch externe Berater, sind häufig in der beneidenswerten Situation, die internen Entscheidungsprozesse und das externe Wettbewerbsumfeld aus der Vogelperspektive betrachten und teils auch mitgestalten zu können. So stellt sich schnell ein Gefühl der Dominanz gegenüber externen Ereignissen ein. Insbesondere besteht die Tendenz, Wettbewerberaktionen als Reaktion auf die eigenen Aktionen zu verstehen („Weil wir die Preise angehoben haben, beginnt der Wettbewerber, Mitarbeiter zu entlassen" oder „Weil wir die besseren Produkte in der Pipeline haben, ging der Wettbewerber seine Forschungsallianz ein").

> Kausalbeziehungen sind teilweise reine Spekulation. Es wird einfach vorausgesetzt, dass der Wettbewerber eine klare Wahrnehmung des eigenen Unternehmens hat, ihm eine entsprechende Bedeutung beimisst und eine adäquate Aktivität einleitet.

Abhilfe:
CI-Recherchen sollten immer auch versuchen, das „Weltbild" der Wettbewerber vom eigenen Unternehmen (und weiteren Anbietern) zu erfassen und entsprechende Handlungsintentionen rechtzeitig zu erkennen.

Ebenso sollte durch regelmäßige Audits der Realitätssinn für die Bedeutung des eigenen Unternehmens innerhalb der Branche überprüft werden. Mit Hilfe von Wettbewerberprofilen (vgl. 5.2.10) lässt sich gut dokumentieren und verfolgen, wie Wettbewerber das eigene Unternehmen wahrnehmen.

Scheinkorrelationen als Kausalitäten interpretieren

Eine Korrelation zwischen zwei Ereignissen heißt noch lange nicht, dass eine Ursächlichkeit (Kausalität) zwischen diesen Ereignissen besteht. Das häufig verwendete Beispiel des Vorkommens von Klapperstörchen in ländlichen Regionen und die dort gleichzeitig auftretende höhere Geburtenrate lässt bekanntlich nicht auf die Ursächlichkeit von Klapperstörchen und Nachwuchs schließen[3]. In diesem Fall wird von einer „Scheinkorrelation" gesprochen, die unter Umständen Ausgangspunkt für abstruse Kausalitäten sein kann.

> Ein CI-Analyst neigt dazu, eine Korrelation zwischen Ereignissen mit deren Kausalität gleichzusetzen.

---

[3]   Im vorliegenden Beispiel wirkt sich der Einfluss der Industrialisierung sowohl auf die Brutstätten der Störche als auch auf den Kinderwunsch aus.

Abhilfe:

- Möglichst solide Daten- und Informationsbasis
- Explizite Modellierung von Kausalzusammenhängen (z.B. Methode des Vernetzten Denkens; vgl. 6.1.2)
- Realitätschecks mit unbeteiligten Analysten

Ein Analyst muss letztlich mit gesundem Menschenverstand und ggf. zusätzlichen Informationen entscheiden, ob eine identifizierte Korrelation tatsächlich auf einer Ursächlichkeit basiert.

2.3.3 Fehler bei der Abschätzung von Wahrscheinlichkeiten

> Wenn du keine Fehler machst, versuchst du es nicht wirklich.
>
> Coleman Hawkins
> Amerikanischer Jazzmusiker (1904-1969)

Häufig muss ein CI-Analyst seine Empfehlung auf die Eintrittswahrscheinlichkeit einer Wettbewerberaktivität oder eines Ereignisses stützen. Entscheidungsanalysen, das Bayes'sche Theorem, Portfoliocharts, Szenarios und selbst Prioritätsrankings – sie alle benötigen verlässliche Angaben.

Woher stammen diese Abschätzungen bzw. wie können Experten Fehler bei der Erhebung und Analyse verhindern oder im Nachgang zumindest kompensieren? Im Umgang mit Gatekeepern, Entscheidern, menschlichen Quellen und dem eigenen CI-Team stellt der Aspekt der Quantifizierbarkeit einen Erfolgsfaktor für professionelle CI-Ergebnisse dar. Die Kunst des CI-Analysten und CI-Rechercheurs besteht gerade hierbei in einer möglichst aussagekräftigen Handhabung der „Wahrscheinlichkeiten, Plausibilitäten und Korrelationen" von Informationen (vgl. Abschnitt 1.2.3).

Fehler durch Verwendung der beobachteten Häufigkeit

Intuitiv schätzen Experten die Eintrittswahrscheinlichkeit eines Ereignisses ab, indem sie aus dem historischen Auftreten des Ereignisses auf seine zukünftige Eintrittswahrscheinlichkeit schließen. Je häufiger ein Ereignis zu beobachten war, desto wahrscheinlicher sein zukünftiges Eintreten (Ausgangsrate; vgl. Abschnitt 6.2.4).

So sinnvoll diese Vorgehensweise auf den ersten Blick erscheint, so leicht können die daraus abgeleiteten Wahrscheinlichkeiten stark fehlerhaft sein:

- Ereignisse, die in jüngster Zeit aufgetreten sind, werden stärker gewichtet als Ereignisse, die länger zurückliegen, da sie präsenter sind.

- Persönliche Betroffenheit durch ein Ereignis lässt es stärker in das Gewicht des Schätzers fallen.
- Ereignisse können durch andere Faktoren als in der Vergangenheit hervorgerufen werden und folglich eine andere Eintrittswahrscheinlichkeit haben (z.b. geänderte Spielregeln im Markt, seit eine neue Distributionskette verfügbar ist).

Abhilfe:
Nur wenn sich ein Experte oder Analyst von der Reproduzierbarkeit der Vergangenheit überzeugt hat (vgl. z.B. Abschnitt 5.2.1), sollte er sich auf diese Art der Abschätzung verlassen.

Fehler durch unzureichende Stichproben

Vielfach liegen keine vergleichbaren historischen Ereignisse vor, durch die eine Abschätzung von Zukünftigem möglich wäre (neue Märkte, neue Produkte etc.). In diesem Fall neigen (unerfahrene) Schätzer dazu, die Plausibilität eines Ereignisses („Es macht Sinn für den Wettbewerber, ein Produkt zu entwickeln, das eine bestimmte Nische abdeckt") mit der Wahrscheinlichkeit des Ereignisses gleichzusetzen („Weil es für den Wettbewerber Sinn macht, ist es auch sehr wahrscheinlich, dass das Nischenprodukt entwickelt wird").

Dies ist jedoch ein unsinniger Ansatz, da meist nur eine beschränkte Anzahl von Entwicklungen betrachtet wird (nämlich die offensichtlichen: „Wir würden die Nische gerne abdecken, folglich muss unser Wettbewerber auch daran Interesse haben") und Plausibilität und Eintrittswahrscheinlichkeit nicht zwingend korrelieren müssen. Zudem treten die im Abschnitt 2.2 geschilderten Wahrnehmungsprobleme auf, die eine strukturierte Wettbewerberwahrnehmungsanalyse meist stark erschweren.

Abhilfe:
Berücksichtigung von mehreren Parametern, um die Eintrittswahrscheinlichkeit zu bestimmen (vgl. Abschnitte 6.1.1, 6.1.2 etc.)

Fehler durch Verankerung und Anpassung

Ein verbreiteter Fehler bei der Abschätzung von Wahrscheinlichkeiten (wie auch anderer numerischer Angaben oder qualitativer Sachverhalte) erfolgt durch die Fixierung des Schätzers auf willkürlich vorgegebene Daten (z.B. Erkenntnisse eines Kollegen oder Zahlen, die in einer früheren Präsentation in den Raum gestellt wurden).

Wie aus zahlreichen Experimenten klar hervorgeht (Makridakis 1990), ist dieser Fixierungsfehler nur schwer zu überwinden, selbst wenn der Schätzer über ihn informiert ist.

Beispiel:
Ein CI-Analyst soll den Marktanteil eines Wettbewerbers abschätzen. Bei einem ersten Briefing erhält er die Information, dass der Marketingleiter bisher von 15% Marktanteil ausging. Unwillkürlich wird diese Angabe der Ausgangspunkt für seine weiteren Annahmen sein (unabhängig von der Qualität des 15%-Fixpunkts).

Abhilfe:
- Konsequentes Neu-Durchdenken eines Sachverhaltes
- Explizite Berechnung des Einflusses neuer Informationen auf die „fixierte" erste Schätzung durch die Bayes'sche statistische Analyse (vgl. Abschnitt 6.2.4)
- Realitätschecks, in denen unvoreingenommene Kollegen die Rolle des Advocatus Diaboli übernehmen

Fehler durch ungenaue Bezeichnungen von Unsicherheiten

Eine weitere Fehlerquelle, der sich ein CI-Analyst bewusst sein muss, ist die sprachliche Umsetzung von Angaben wie „wahrscheinlich", „könnte", „sicherlich", „höchstwahrscheinlich", „vermutlich" etc. Für sich genommen haben diese Angaben keine direkte quantitative Bedeutung. Erst die Interpretation des Analysten (Zusammenhang der Angaben, Assoziationen) verwandelt sie in eine quantitative Bewertung. Wesentliche Einflussfaktoren sind hier zum einen das „Sprachverständnis", das recht unterschiedlich ausgeprägt sein kann (regionale Unterschiede, Prägung durch berufsspezifische Terminologien, Gewohnheit innerhalb einer Fachdisziplin), zum anderen die subjektive Interpretation des Analysten, der „seine" Wahrnehmung des Sachverhaltes durch die Angaben erfüllt sehen will.

Als Konsequenz macht es also wenig Sinn, in Intelligence-Berichten verbale Unsicherheitsangaben zu machen. Im Umgang mit menschlichen Quellen sollte tunlichst auf quantitative Angaben bei der Beschreibung von Unsicherheiten geachtet werden (sofern dies in der jeweiligen Gesprächssituation möglich ist). Analysten sollten zudem bemüht sein, zumindest Bereiche mit quantitativen Einschätzungen anzugeben (z.B. „eine 5-15%ige Wahrscheinlichkeit, dass in diesem Jahr noch...").

Die folgende Tabelle zeigt eine Abschätzung der assoziierten Bereiche für eine Auswahl von typischen Beschreibungen von Unsicherheiten. Offensichtlich variiert die Bandbreite der Bereiche sehr stark durch subjektives Sprachgefühl und Vertrautheit mit einer Sprache.

Tabelle 2.1 Wahrscheinlichkeitseinschätzungen, basierend auf verbalen Äußerungen

Aussage		Assoziierte Wahrscheinlichkeit
Almost certainly	Äußerst wahrscheinlich	> 90%
Highly likely	Sehr wahrscheinlich	> 90%
Very good chance	Sehr gute Chancen	> 90%
Probable	Vermutlich	70-90%
We believe	Wir gehen davon aus	70-90%
Better than even	Besser als durchschnittlich	50-60%
About even	Durchschnittlich	40-60%
We doubt	Wir bezweifeln	20-40%
Improbable	Vermutlich nicht	20-40%
Unlikely	Unwahrscheinlich	20-40%
Probably not	Wahrscheinlich nicht	10-30%
Little chance	Geringe Chancen	< 10%
Almost no chance	Fast keine Chancen	< 10%
Highly unlikely	Äußerst unwahrscheinlich	< 10%
Chances are slight	So gut wie keine Chancen	gegen 0%

Die Wahrscheinlichkeitszuordnung beruht auf der subjektiven Einschätzung des Verfassers.

In Abbildung 2.2 sind die Ergebnisse einer empirischen Fragebogenumfrage aufgeführt, bei der Personen die in Tabelle 2.1 angegebenen deutschen Wahrscheinlichkeitsbegriffe quantifizieren sollten. In der Abbildung 2.2 sind jeweils der minimale und der maximale genannte Wert sowie der Median angegeben. Ebenso sind in Boxen die mittleren 50% aller Angaben eingetragen. Wie aus der Abbildung ersichtlich ist, schwankt die Quantifizierung der Extremnennungen sehr stark (ca. 60%), wobei zumindest die mittleren 50% noch akzeptable Bereiche aufweisen (mit Ausnahme des Begriffs „vermutlich" liegt die Schwankung bei 15-20%).

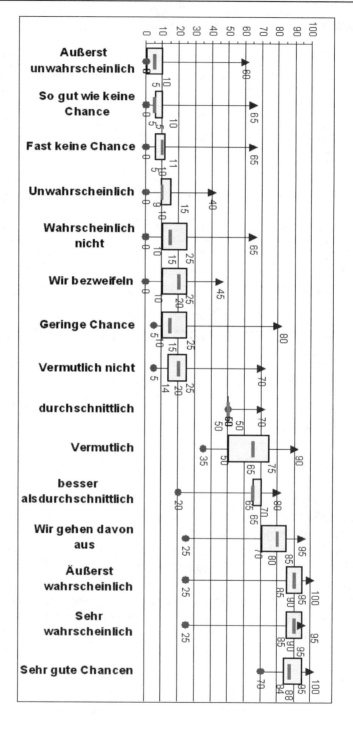

Abb. 2.2 Varianzen bei der verbalen Kommunikation von Wahrscheinlichkeitsbezeichnungen (Fragebogenerhebung mit 75 Teilnehmern)

Fehler bei der Schätzung der Eintrittswahrscheinlichkeit eines Szenarios

Szenarios sind, wie in Abschnitt 6.1.1 erläutert, potenzielle Entwicklungen in der Zukunft. Soll eine Quantifizierung der Eintrittswahrscheinlichkeit genau eines Szenarios (= Bündelung von Parametersätzen) erstellt werden, so müssen konkret die Eintrittswahrscheinlichkeiten aller Ereignisausprägungen, die zu dem Szenario gehören, miteinander multipliziert werden. Das heißt, jedes weitere Einzelereignis reduziert die absolute Eintrittswahrscheinlichkeit des Szenarios.

Experimente zeigen jedoch, dass nur wenige Analysten und Schätzer (Experten) dies bei ihrer Bestimmung der Eintrittswahrscheinlichkeiten auch berücksichtigen: Eine typische (fehlerhafte) Schätzstrategie ist die Annahme, dass die durchschnittliche Eintrittswahrscheinlichkeit aller Ausprägungen der Eintrittswahrscheinlichkeit des Szenarios entspricht. Folglich liegen diese Abschätzungen tendenziell deutlich zu hoch.

Abhilfe:
In Abschnitt 6.1.1 wird die Berechnung der A-priori- und A-posteriori-Wahrscheinlichkeiten für Szenarios erläutert (basierend auf konditionalen Abhängigkeiten). Diese Methode sollte angewandt werden.

2.4 Fehler beim Intelligence-Reporting

> Wenn man nicht gegen den Verstand verstößt,
> kann man zu nichts kommen.
>
> Albert Einstein
> Deutscher Physiker (1879-1955)

Für die CI-Performance-Messung (vgl. Abschnitt 7.3.8) ist es notwendig, im Nachhinein eine Analyse der erreichten Intelligence-Qualität durchzuführen. Nur so können Abläufe, Methoden und letztlich die Glaubwürdigkeit der CI-Aktivisten optimiert werden.

Wenn irgend möglich, sollte ein Intelligence-Analyst überprüfen, wie hoch seine Trefferquote[4] ist. Empfänger von Intelligence-Berichten sollten im Nachgang zu einem Projekt nochmals die Informationsbasis und die daraus abgeleiteten Schlüsse betrachten, um aus Fehlern (voreilige Schlüsse, unnötige Verzögerung der Entscheidungsfindung, Ignorieren vorhandener Intelligence) zu lernen.

---

[4]   definiert z.B. als „richtig vorhergesagte Wettbewerberaktivitäten in Relation zu der Gesamtheit aller Vorhersagen"

Heuer (Heuer 1999) beschreibt Erkenntnisse über CIA-Analysten. Tendenziell sind diese Ergebnisse auch auf die Welt des CI-Analysten übertragbar und sollten ihm vor allem helfen, die CIC-Prozesse (vgl. 7.2.3) besser zu konzipieren und das Tagesgeschäft zu optimieren:

- Analysten überschätzen tendenziell die Genauigkeit ihrer Vorhersagen.
- Intelligence-Empfänger unterschätzen tendenziell den Nutzen der erhaltenen Intelligence.
- CI-Manager, die den gesamten CI-Zyklus zu verantworten haben, beurteilen die Vorhersehbarkeit der relevanten Ereignisse im Nachhinein als einfacher, als sie es tatsächlich war.

Als Konsequenzen hieraus ergeben sich die folgenden Tipps für eine Verbesserung der Intelligence:

- Intelligence-Berichte müssen „angreifbar" sein, indem verwendete Annahmen und Randbedingungen sowie Quellen und deren Glaubwürdigkeit offen gelegt werden.
- Intelligence-Teams müssen immer wieder auch fest eingeprägte Standards in Frage stellen können und eine unvoreingenommene Auswertung erstellen.
- Auch alternative, unkonventionelle Folgerungen und Hypothesen müssen in Intelligence-Berichten in Erwägung gezogen werden.
- Entscheider müssen über die Grenzen und Schwerpunkte von CI-Projekten informiert werden (realistischer Erwartungshorizont) und in der Beurteilung der Aussagekraft einer Analyse geschult sein. Insbesondere mit Verfahren wie AKH (vgl. Abschnitt 6.2.3) oder Szenariotechniken (vgl. Abschnitt 6.1.1) sind Entscheider in der Regel nicht vertraut.

2.5 Fehler bei der Entscheidungsfindung und deren Vermeidung durch CI

> Mit dem Geist ist es wie mit dem Magen:
> Man kann ihm nur Dinge zumuten, die er verdauen kann.
>
> Winston Spencer Churchill
> Britischer Politiker (1874-1965)

Entscheidungen, egal ob von einem Manager, der Intelligence als Entscheidungssupport verwendet, oder von einem Intelligence-Analysten, der Intelligence-Berichte erstellt, können durch Fehler bei der Entscheidungsfindung beeinflusst werden.

Diese Fehlerquellen werden im Folgenden aus CI-Sicht beschrieben (vgl. Eisenführ 2003 und Makridakis 1990).

2.5.1 Typische Fehler und Irrtümer bei der Entscheidungsfindung

Ambiguitätseinstellung

Entscheider sind normalerweise ambiguitätsscheu, d.h. stehen Alternativen zur Entscheidung an, so ist ein Entscheider geneigt, die Alternative zu präferieren, von der er denkt, sie sei mit der geringsten Unsicherheit behaftet. Entsprechend subjektiv erfolgt die Auswahl von Alternativen.

Ausgangsratenvernachlässigung

Immer wieder wird bei der Intelligence-Generierung von A-priori-Informationen (Ausgangsraten) durch Hinzufügen von weiteren Informationen auf die A-posteriori-Informationen gefolgert (vgl. Abschnitt 6.2.4). Studien belegen, dass Entscheider (und Analysten) häufig jedoch die A-priori-Erkenntnisse vernachlässigen und damit den (marginalen) zusätzlichen Informationen zu viel Gewicht zukommen lassen. Stark verzerrte Wahrscheinlichkeitsabschätzungen sind dann u.U. die Folgen.

Besitztumseffekt

Werden im Rahmen eines Reviews vorhandene mit fehlenden Informationen verglichen, so neigen Entscheider dazu, bereits vorhandene Informationen als deutlich wertvoller einzuschätzen als noch benötigte Informationen. Dieses Phänomen der verzerrten Wertschätzung führt häufig zu einem vorzeitigen Abbruch weiterer Recherchen und folglich zu verfrühten (potenziell falschen) Entscheidungen.

Sinnvoller ist es, Informationen nach ihrer Aussagekraft, dem Erkenntnisgewinn (vgl. Abschnitt 6.2.4), der Plausibilität (vgl. Abschnitt 1.2.3) und ihrem zusätzlichen Wert für den Entscheider in einer anstehenden Entscheidungssituation zu bewerten – unabhängig davon, ob sie bereits vorhanden sind oder nicht.

Enttäuschungseffekt

Vor mehrere Handlungsalternativen gestellt, wählen Manager häufig die Variante, bei der die potenzielle Enttäuschung über einen möglicherweise entgangenen Gewinn am niedrigsten ist. Richtig wäre es natürlich, die Alternative zu wählen, die für die eigenen Ziele am vorteilhaftesten ist.

Unsinnigerweise erfolgt die Bewertung der Alternativen nicht voneinander unabhängig, sondern es wird eine Verknüpfung vorgenommen. Insbesondere im Zusammenhang mit dem Framing-Effekt (s.u.) lassen sich damit Entscheidungen einfach manipulieren bzw. werden Informationen verzerrt verwendet.

Framing-Effekte

Eine Entscheidung hängt stark davon ab, in welchem Zusammenhang oder Rahmen (engl. frame) sie steht bzw. präsentiert wird. Ein potenzieller Gewinn von 500 Mio. Euro mag verlockend klingen, wenn er als ultimativer, unerwarteter Coup der Unternehmensführung positioniert wird. Werden 500 Mio. Euro hingegen als Trostpflaster für einen entgangenen, sicheren Ertrag von 2000 Mio. Euro positioniert, so wird dieses Vorhaben kaum für Begeisterung sorgen.

Repräsentativitätsheuristik

Glaubt ein Entscheider, ein bestimmtes, ihm bekanntes Schema (Zeitreihe, Pattern) vor sich zu haben, so neigt er dazu, eine Prognose über die weitere Entwicklung auf der Basis dieses Schemas durchzuführen. Wurden in der Vergangenheit zum Beispiel immer Wettbewerberpromotions in bestimmten Zyklen gefahren, so wird hieraus abgeleitet, dass auch die nächste Promotion diesem Zyklus unterliegen wird. Neue Erkenntnisse über Wettbewerberaktivitäten, die dieses Timing unwahrscheinlich machen, werden geflissentlich ignoriert.

Illusion von Kontrolle

Entscheider neigen dazu, sich selbst mehr Kontrolle über zufällige Ereignisse zuzuschreiben, als sie realistischerweise haben. So wird das Wettbewerberverhalten, sobald es analysiert ist, auch explizit als kontrollierbar angenommen, da der Wettbewerber vermeintlich durch das eigene Unternehmen beeinflusst wird. Die Eintrittswahrscheinlichkeit von Wettbewerberaktivitäten wird so massiv unter- oder überschätzt. Stehen Alternativen zur Wahl, so wird ein Entscheider potenziell diejenige Alternative bevorzugen, die die größte Kontrollausübung *suggeriert*.

Mentales Kategorisieren

Entscheider neigen zu einem Vorselektieren von Informationen in Schubladen (mentale Kategorien). Stehen Entscheidungen an, so werden häufig nur Hintergrundinformationen innerhalb der (willkürlich) gewählten Schublade herangezogen, anstatt alle verfügbaren Ziele, Informationen und Restriktionen zu berücksichtigen. Wettbewerber werden damit häufig entweder als „feindlich" oder „freundlich" einsortiert. Die Aktionen eines „feindlichen" Wettbewerbers werden folglich nur unter Berücksichtigung des entsprechenden Umfeldes gesehen, ohne die gesamte Wettbewerbsarena zu betrachten.

Abwarte-Bias

„Wer entscheidet, macht Fehler, wer nicht entscheidet, bleibt fehlerfrei." Aus dieser Denkhaltung heraus ist beobachtbar, dass Entscheider dazu neigen, abwartenden (Nichtstun-)Alternativen gegenüber Handlungsalternativen zu bevorzugen (unabhängig davon, ob z.B. das Nichtstun mit Risiken (z.B. drohende Insolvenz) behaftet ist). Führt die Nichtstun-Alternative zu einer Beibehaltung des Status quo, so wird diese sogar noch stärker präferiert.

Leider ist durch den Abwarte-Bias eine Abneigung gegenüber präventiven Handlungen die Folge (z.B. Aufnahme von Verhandlungen mit potenziellen Partnern).

Diese Aktivitätsunlust wird häufig mit einer angeblichen Unsicherheit begründet („Wir brauchen noch mehr Informationen, bis wir eine ausreichende Entscheidungsgrundlage haben").

Es obliegt dem CI-Manager, in seinen Berichten deutlich auf die Informationslage hinzuweisen und den Wert von zusätzlicher Information abzuschätzen (vgl. Abschnitt 6.1.5). Die Konsequenzen aus der Wahl der Nichtstun-Option müssen dabei aufgezeigt werden (meist die Opportunitätskosten durch entgangene Chancen).

Selbstüberschätzungs-Bias (Overconfidence Bias)

Führungskräfte neigen dazu, ihre (CI-)Fähigkeiten und ihren Wissensstand deutlich zu überschätzen. Insbesondere im Intelligence-Umfeld werden beispielsweise die eigenen Fähigkeiten, Wettbewerberaktivitäten zu antizipieren, mitunter so weit überbewertet, dass vorhandene Intelligence als unrichtig oder nicht wesentlich bewertet wird, da sie der eigenen Wahrnehmung bzw. dem eigenen Weltbild widersprechen. Besonders häufig wird damit argumentiert, dass in der Vergangenheit bereits richtige Vorhersagen getroffen wurden. Diese Begründung muss allerdings nicht zwingend von Bedeutung sein: Vergangene Prognosetreffer korrelieren nicht mit zukünftigen. Zudem wird im Weltbild eines pathologischen Selbstüberschätzers die vergangene Leistung stark geschönt verinnerlicht.

Abhilfe:
- Sachliche Diskussion mit Verweis auf in der Vergangenheit vorgekommene Fehleinschätzungen (sofern dies das Ego des Entscheiders zulässt)
- Vier-Augen-Prinzip für die Bewertung von Sachverhalten und für die Ratio einer Begründung (Gatekeeper, Teammitglieder)

Unbehagen vor andauernder Unsicherheit

Bei riskanten Entscheidungen neigen Manager dazu, die Option zu wählen, die möglichst frühzeitig eine Reduktion der Unsicherheit nach sich zieht (dies muss bei weitem nicht die optimale Entscheidung sein!).

Somit werden mittel- und langfristige Maßnahmen häufig gegenüber kurzfristigen „Da-weiß-man-wenigstens-was-man-hat"-Aktionen vernachlässigt. Entsprechend profan können Unternehmensentwicklung und -strategien ausprägt sein.

Sunk Costs

Das Sunk-Cost-Prinzip besagt, dass bereits getätigte Aufwendungen (Ressourcen, Investments) dazu führen, dass Entscheider Alternativen bevorzugen, die diese Investitionen weiterverwenden. Eine Alternative, die trotz einer Neuinvestition (und Aufgabe einer bereits getätigten Investition) wirtschaftlich sinnvoller wäre, wird nicht durchgeführt.

Dies ist betriebswirtschaftlicher Unsinn und führt häufig dazu, dass Wettbewerber schnell diese Strategie ihrer Konkurrenten erkennen können.

Abhilfe:

- Bewusstmachung des Sunk-Cost-Prinzips und Wahl objektiver Entscheidungskriterien
- Explizite Darstellung möglicher Konsequenzen, etwa bei Fortführung eines begonnenen Projektes

Verlustaversion

Steht ein Entscheider vor der Option, durch sein Handeln u.U. einen Verlust zu erleiden, so wird diese Verlust-Aussicht deutlich stärker gewichtet[5] als eine gleichzeitig auftretende Gewinn-Aussicht. Folglich ist diese Verlustaversion beispielsweise Ursache für konservative Strategieentscheidungen, die kaum Aussicht auf Wettbewerbsvorteile haben.

2.5.2 CI-Unterstützung bei der Entscheidungsfindung

Entscheidungsunterstützung ist eine der wichtigsten Aufgaben der CI. Die folgende Tabelle fasst Aufgaben der CI zusammen, um Fehler in der Entscheidungsfindung vermeiden zu helfen.

---

[5]   Ein risikoneutraler Entscheider sollte die Option wählen, bei der seine Zielfunktion (z.B. Gewinnoptimierung) mit höchster Wahrscheinlichkeit erfüllt wird, unabhängig davon, ob es ein Verlustrisiko gibt. Potenzielle Gewinn- und Verlustbeträge werden hierzu mit ihrer Eintrittswahrscheinlichkeit gewichtet und damit der Erwartungswert einer Handlungsalternative berechnet (vgl. vertikale Linien der Risikoprofile in Abbildung 6.11).

Tabelle 2.2 Aufgaben der CI bei Entscheidungsunterstützung zur Vermeidung von Fehlern

Konventionelle Ansicht	Empirische Untersuchungsergebnisse	Intelligence Support
Je mehr Informationen man hat, desto besser die Entscheidung.	Mehr Informationen erhöhen nicht die Entscheidungsqualität, sondern unser Vertrauen, eine korrekte Entscheidung getroffen zu haben.	Informationen sind auf ein sinnvolles Maß zu reduzieren (kritische Masse an Informationen; KITs).
Entscheider können zwischen nützlichen und irrelevanten Informationen unterscheiden.	Nein. Irrelevante Informationen können die Qualität einer Entscheidung verringern („Den Wald vor lauter Bäumen nicht sehen").	Der Nutzen einer Information ist berechenbar (vgl. Abschnitt 6.1.5).
Je mehr wir überzeugt sind, eine korrekte Entscheidung getroffen zu haben, desto besser ist die Entscheidung.	Es gibt keine Beziehung zwischen dem Vertrauen in die Korrektheit einer Entscheidung und deren Qualität.	Subjektive Empfindungen und Wahrnehmungsfehler werden unterdrückt durch ein „Sich-Bewusst-Machen" und entsprechende Vorgehensweisen.
Entscheider können den Zeitpunkt des Scheiterns eines Vorhabens erkennen.	Statt Abbruch wird Weiterführung durch bereits geleisteten Aufwand gerechtfertigt („Sunk-Cost-Prinzip").	Definition neutraler Abbruchkriterien und gezielte Reviews.
Entscheider können Chancen für Erfolg/Scheitern ausreichend genau einschätzen.	Entscheider sind zu optimistisch und tendieren dazu, Schwierigkeiten zu vernachlässigen.	Versachlichung des „Risikos".
Ein Entscheider weiß genau, was er will, und hat gleich bleibende Präferenzen.	Präferenzen sind von geringfügigen Situationsänderungen abhängig.	Definition und Dokumentation „stabiler" Kriterien. Bewusstes Einordnen von Intelligence in situative Sachverhalte und übergeordnete Themen.
Erfahrung verbessert die Entscheidungsqualität.	Bei vielen Routine-Entscheidungen führt Erfahrung zu qualitativ besseren Entscheidungen.	Repetitive Entscheidungen können gleich bleibend gut getroffen werden, so sie immer wieder professionell vorbereitet werden.

Entwickelt nach Makridakis (Makriakis 1990); „Entscheider" bezieht sich hierbei sowohl auf den CI-Manager als auch auf den CI-Nutzer.

2.6 Die Bedeutung kultureller Aspekte für CI[6]

von Erin Egan

Die hier beschriebenen kulturellen Aspekte umfassen sowohl den Bereich der Unternehmenskultur als auch Kultur im wörtlichen Sinne der Unterschiede zwischen verschiedenen Ländern. Im Rahmen der CI-Literatur wurden kulturelle Aspekte bislang nur selten behandelt.

Der initiale Prozess zum Aufbau von CI-Fertigkeiten teilt sich in zwei Phasen (s. Abbildung 2.3). Die erste Phase umfasst das Sammeln und Analysieren von Information, wobei Kultur von entscheidender Bedeutung ist. Der folgende Artikel bietet einen für den CI-Novizen verständlichen Überblick über die Rolle des Umgangs mit Kultur im Entwicklungsprozess von CI-Netzwerken und -Fertigkeiten innerhalb eines Unternehmens.

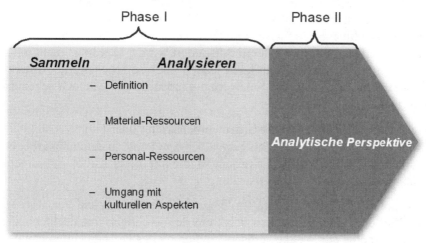

Abb. 2.3 Phasen des Aufbaus von CI-Fertigkeiten

---

[6] Die Erstveröffentlichung dieses Beitrags im englischen Original erfolgte im SCIP Competitive Intelligence Magazine 7(2) March-April 2004: 60-62.

Die Bedeutung des Verständnisses kultureller Aspekte

Zu Beginn meiner CI-Tätigkeit beklagte ich mich bei meinen Kollegen darüber, dass ich mehr über die Wettbewerber wisse als über mein eigenes Unternehmen. Dies ist eine für CI-Professionals typische Falle. Und es ist genau diese Falle, mit der ich mich in meinen Ausführungen über Kulturaspekte befassen möchte.

Meine Erfahrungen sammelte ich während meiner Tätigkeit für zwei Unternehmen, eines in den USA und das andere in Deutschland. An beiden Orten entscheidend für meinen Erfolg als CI-Praktiker war, richtig mit der jeweiligen Kultur umzugehen.

Analyse des eigenen Unternehmens

Ein großer Teil der Informationen, die man über das Wettbewerbsumfeld benötigt, existiert bereits innerhalb des eigenen Unternehmens. Dieses interne Wissen kann durch ein internes Netzwerk effektiv genutzt werden. Die Entwicklung eines internen Netzwerkes ist ein Schlüsselprozess der CI, der vielfach in der CI-Literatur diskutiert wurde, allerdings nicht unter dem kulturellen Aspekt. Man kann jedoch noch so lobenswerte Anstrengungen aufbieten, solch ein Netzwerk aufzubauen, und dennoch scheitern aufgrund

- einer Fehlinterpretation der Unternehmenskultur oder
- eines Mangels an Sensibilität gegenüber dem Land, in dem man arbeitet, und den Traditionen und Erwartungen, die mit dieser Kultur zusammenhängen.

Allerdings kommt es in großen Organisationen eher selten vor, dass jemand an die Hand genommen wird, um den wichtigen Entscheidern, die ihr Verständnis der Wettbewerbspositionierung des eigenen Unternehmens vermitteln könnten, vorgestellt zu werden.

Zunächst sollten CI-Analysten anstreben, das eigene Unternehmen genauso zu verstehen, wie sie ihre Wettbewerber verstehen.

- Zuerst untersucht man die Unternehmensstruktur und identifiziert die Schlüsselfiguren unter den Entscheidern.
- Anschließend versucht man, die Lieblingsprojekte dieser Entscheider herauszufinden. Typischerweise gehören diese zu den strategischen Zielen, die in internen Publikationen behandelt werden.
- Zuletzt identifiziert man den *Puls* des Unternehmens: Was sind die Kerngeschäfte und welche Abteilungen erwirtschaften kontinuierlich Gewinne?

Sobald die Schlüsselfiguren des Unternehmens ermittelt sind, ist man bereit für den nächsten Schritt: den Aufbau eines internen Netzwerks. An diesem Punkt ist die Feinfühligkeit für den Umgang mit Kultur von entscheidender Bedeutung. Kultur lässt sich dabei in zwei Hauptkategorien unterteilen: Unternehmenskultur und Traditionsunterschiede verschiedener Länder.

Unternehmenskulturelle Aspekte

Unternehmen lassen sich in ihren Grundzügen in drei verschiedene Organisationsstruktur-Typen einteilen: zentralisiert, dezentralisiert und hybrid (Miller 2002). Es liegt bei einem selbst zu erkennen, welcher Typ das eigene Unternehmen am besten umschreibt. Eine zentralisierte Organisation legt viel Wert auf strategische Initiativen. Sie verfügt über eine starke Stabsstelle und teilt den einzelnen Unternehmenseinheiten relativ wenig Entscheidungsmacht zu.

Bei der dezentralisierten Organisation handelt es sich im Grunde um das Gegenteil der zentralisierten Organisation. Der Unternehmensfokus ist stark taktisch mit einem signifikanten Ausmaß an Autonomie der einzelnen Unternehmenseinheiten ausgerichtet. Diese Einheiten sind im Allgemeinen berechtigt, Entscheidungen zu treffen, ohne diese von höherer Instanz absegnen lassen zu müssen.

Das hybride Modell stellt eine Mischung der ersten beiden dar. Das Unternehmen konzentriert sich sowohl auf strategische als auch auf taktische Entscheidungsfindung. Es besteht eine bemerkenswerte Machtbalance zwischen Stabs- und operativen Stellen. Entscheidungen werden eher durch Konsensbildung getroffen als an der Unternehmensspitze oder konzentriert innerhalb der Einheiten.

Man sollte versuchen, herauszufinden, welchem Modell der Entscheidungsfindung das eigene Unternehmen anhängt. Noch wichtiger ist es allerdings, die eigene Position innerhalb dieser Organisationsstruktur zu erkennen. Ist eine Einheit beispielsweise Teil der Stabsstelle und das Unternehmen ist dezentralisiert, so besteht die Aufgabe der CI-Analysten höchstwahrscheinlich darin, ein umfassendes Bild des Wettbewerbsumfelds für jede Unternehmenseinheit zu zeichnen. Ist ein CI-Analyst dagegen innerhalb einer der Unternehmenseinheiten tätig, so wird es seine Aufgabe sein, das Unternehmen mit taktischer Wettbewerbsinformation zu versorgen.

Über diese Aspekte hinaus beeinflusst die Unternehmenskultur stark die Erwartungen darüber, auf welche Art und Weise ein CI-Praktiker seinen Beitrag im Unternehmen leisten soll.

Kulturelle Unterschiede in verschiedenen Ländern

Die zweite Facette kultureller Aspekte bezieht sich auf die wörtlichen kulturellen Unterschiede zwischen verschiedenen Ländern. Jede Organisation besteht aus individuellen Persönlichkeiten, welche durch die kulturelle Umgebung geformt sind. Um ein effektives Netzwerk zu entwickeln, muss der CI-Analyst zuerst den Rhythmus dieser Kultur verstehen, genauso wie die Traditionen, den Humor sowie den generellen *Puls* der kulturellen Umwelt.

Einer der wichtigsten Punkte zum erfolgreichen Umgang mit kulturellen Unterschieden ist schlicht das Zuhören und Beobachten. Es ist ein riesiger Fehler, in eine neue Organisation zu kommen und sofort Ideen umsetzen zu wollen, ohne zuvor die kulturellen und organisationseigenen Traditionen zu beobachten. Man muss eine kulturelle Umgebung erst verstehen und dann ihre Regeln einhalten. Dies wird dabei helfen, in der Organisation den Respekt zu gewinnen, der zum Aufbau eines effektiven internen Netzwerks notwendig ist. Meine Erfahrungen in den USA und Deutschland veranschaulichen diesen Aspekt.

US-amerikanische kulturelle Umwelt

In den Vereinigten Staaten sind Eigeninitiative und Selbständigkeit hoch geschätzte Eigenschaften in Unternehmen. Während meiner Arbeit für US-Firmen wurde von mir erwartet, die Initiative zum Aufbau eines internen Netzwerks zu übernehmen und es zum Funktionieren zu bringen.

Die Kommunikation erfolgte hauptsächlich mittels E-Mail, es gab wenige hierarchische Restriktionen, das Arbeitstempo war hoch, und – offen gestanden – es wurde wenig Rücksicht auf ein Privatleben genommen. Wenn ich Informationen benötigte oder Informationen an jemanden weiterleiten wollte, sprach ich die entsprechende Person einfach an, ungeachtet ihrer Position in der Organisation.

Deutsche kulturelle Umwelt

In Deutschland besteht offensichtlich großer Respekt vor Erfahrung und vor hohen Positionen innerhalb eines Unternehmens. Ich stellte fest, dass es nicht angemessen war, allein die Initiative zu ergreifen, ohne jede Management-Etage komplett darüber zu informieren, was ich tat. Hätte ich es verpasst, meinen Chef über meine Meetings und Methoden zur internen Netzwerkentwicklung zu informieren, wäre das als respektloses Verhalten interpretiert worden.

Häufig wurden Meetings abgehalten, um den Sinn der Kontaktaufnahme mit bestimmten Personen zu diskutieren und um zu erörtern, ob dies der beste Ansatz sei. Große Anerkennung fand harte Arbeit, die mit einem gesunden Privatleben in Einklang steht. In Deutschland besteht sicherlich ein größeres Verständnis für das Individuum als Mensch, im Gegensatz zu den USA, wo Individuen oft als Arbeitsmaschinen angesehen werden.

Ich erinnere mich, in Deutschland an einem Sonntag zur Arbeit gegangen zu sein, einfach weil ich noch einiges fertig zu stellen hatte und für die Montags-Meetings vorbereitet sein wollte. In den USA war es nichts Ungewöhnliches, samstags oder sonntags arbeiten zu gehen. Daher ging ich (kulturelle Unterschiede ignorierend) davon aus, dass dies in Deutschland genauso sein würde.

Als mein Chef am Montagmorgen zur Arbeit kam und meine von Sonntag datierte E-Mail las, fragte er mich sofort, warum um Himmels willen ich am Sonntag zur Arbeit gegangen sei. Er erklärte mir, dass dies von den Gewerkschaften streng verboten sei und dass niemand ohne eine spezielle Erlaubnis sonntags arbeiten dürfe.

Hätte ich weiterhin angenommen, dass die Unternehmenskultur einer US-Firma exakt die gleiche ist wie die eines deutschen Unternehmens, wäre mein Aufbau des internen Netzwerks kläglich gescheitert. Kurz gesagt, ich hätte dann übersehen, dass verschiedene Länder ganz selbstverständlich über verschiedene *Traditionen* verfügen und daher auch andere Erwartungen haben. Diese wiederum manifestieren sich auch im unternehmerischen Umfeld.

Die in der amerikanischen und der deutschen Kultur impliziten Erwartungen an ihre Angestellten sind für sich weder gut noch schlecht. Sie sind schlichtweg verschieden. Diese Unterschiede zu erkennen und zu akzeptieren ist ein wesentlicher Schritt zum erfolgreichen Umgang mit Unternehmens- und Landeskultur.

CI-Analysten sollten die Umgebung, in der sie arbeiten, gründlich beobachten und herausfinden, welches Verhalten als angemessen oder unangemessen angesehen wird. Schließlich sollte man entscheiden, wie das Ziel am besten erreicht werden kann, akkurate, aktuelle und relevante Wettbewerbsanalysen bereitzustellen, wobei kulturelle Grenzen berücksichtigt werden sollten. Sowohl die Unternehmens- als auch die soziale Kultur nehmen starken Einfluss darauf, welche Erwartungen bzgl. seines Beitrages zum Unternehmen an den CI-Analysten gestellt werden.

Eine subjektive Wissenschaft

Wenn kulturelle Aspekte also eine so wichtige Rolle spielen, warum werden sie dann so häufig von CI-Praktikern und auch der CI-Literatur übersehen? Einfach gesagt, handelt es sich um eine subjektive Wissenschaft. Es ist extrem schwierig, die Effekte des Eingehens auf kulturelle Unterschiede bzw. ihres Ignorierens auf systematische und wissenschaftliche Weise zu quantifizieren.

Scheitert der Aufbau eines effektiven internen Netzwerks, so wird dies oft durch externe Faktoren begründet, beispielsweise durch einen Mangel an Kooperation durch die Angestellten, das Fehlen von Unterstützung durch das Management oder andere Aspekte. Tatsächlich folgt dieses Scheitern jedoch höchstwahrscheinlich aus der Unfähigkeit des CI-Praktikers, die Unternehmenskultur und die Erwartungen an ihn, die sich aus dieser Kultur ergeben, wirklich zu verstehen.

Bewusstsein schaffen

Wie kann also gegen diesen Mangel an kulturpolitischem Bewusstsein vorgegangen werden? Der erste Schritt besteht darin, sowohl im Unternehmensmanagement als auch beim CI-Analysten ein Bewusstsein dafür zu wecken, dass das Arbeiten mit CI alles andere als ein Job ist, den man alleine in einer abgeschlossen Kabine durchführen kann. Eine CI-Analyse beginnt zwar häufig mit der Recherche in Datenbanken, Zeitungen, Industriejournalen und anderen Quellen. Doch dies ist lediglich ein Mittel zum Zweck, nicht aber ein Zweck in sich selbst.

CI-Professionals müssen über ein hohes Maß an sozialer Kompetenz verfügen. Sie müssen in der Lage sein, den Lebensrhythmus, den Humor und den Puls der Kultur, in der sie arbeiten, genauso zu erkennen wie die unternehmenseigene Kultur. Durch das Beachten von kulturellen Aspekten lassen sich die ultimativen Richtlinien entdecken, um erfolgreich angemessene Intelligence zu entwickeln.

Wenn das Management sich darüber bewusst wird, dass es in seinem eigenen Interesse ist, zur Arbeit in internen Netzwerken zu ermutigen, wird sich die Aufnahme der subjektiven Wissenschaft von kulturellen Aspekten in unseren Berufsalltag beschleunigen. Häufig entscheidet dieser zu wenig beachtete Aspekt beim Aufbau von Netzwerken über unseren Erfolg als CI-Professionals.

3 Der Competitive-Intelligence-Zyklus

Solange man selbst den Krieg nicht kennt, begreift man nicht,
wo die Schwierigkeiten der Sache liegen, von denen immer die Rede ist,
und was eigentlich das Genie und die außerordentlichen Geisteskräfte
zu tun haben, die vom Feldherrn gefordert werden.
Alles erscheint so einfach, alle erforderlichen Kenntnisse erscheinen so flach,
alle Kombinationen so unbedeutend, dass in Vergleichung damit
uns die einfachste Aufgabe der höheren Mathematik mit einer gewissen
wissenschaftlichen Würde imponiert. Wenn man den Krieg gesehen hat,
wird alles begreiflich, und doch ist es äußerst schwer,
das denjenigen zu beschreiben, was die Veränderung hervorbringt,
diesen unsichtbaren und überall wirksamen Faktor zu nennen.

Carl von Clausewitz (aus: „Vom Krieg")
Preußischer General und Militärschriftsteller (1780-1831)

3.1 Einführung

In diesem Kapitel werden die Grundlagen der eigentlichen CI-Operationen
vorgestellt. Für die einzelnen Phasen (vgl. Abbildung 3.1), bestehend aus
Bedarfsbestimmung, Planung, Datenerhebung[1], Datenaufbereitung, Analyse[2] und Berichterstellung, werden die grundlegenden Verfahren und Tätigkeiten erläutert. Auf die Etablierung des CI-Zyklus in einem CI-Center
wird in Kapitel 7 eingegangen.

Als Faustformel für den zeitlichen Bedarf der einzelnen Schritte des CI-
Zyklus gilt:

- 10% für Planung
- 40% für Datenerhebung
- 30% für Aufbereitung und Analyse
- 20% für Berichterstellung, Kommunikation und Dokumentation.

---

[1] Eine vertiefende Betrachtung der Informationserhebung (HUMINT, Internet
und Online-Datenbanken) befindet sich im Kapitel 4.

[2] Die eigentlichen Analysemethoden werden in den Kapiteln 5 und 6 beschrieben.

Grundsätzlich werden drei Durchführungsformen von CI-Aktivitäten unterschieden (vgl. Abbildung 3.1): Projekte, Scanning und Monitoring.

- Unter *CI-(Recherche-)Projekten* versteht man zeitlich befristete Recherchen mit definierten Zielen, Budgets und Vorgehensweisen. Der hierbei übliche Ablauf wird in diesem Kapitel beschrieben.
- Die Schwerpunkte beim *CI-Scanning* (auch als Scouting bezeichnet, vgl. Abschnitt 8.2) liegen auf der Identifikation von kontinuierlichen und diskontinuierlichen Veränderungen des Unternehmensumfelds (insbesondere der Wettbewerber), die *potenzielle* Chancen oder Gefahren für das eigene Unternehmen oder seine Strategien darstellen[3]. Die Vorgehensweise ist die gleiche wie bei einem unfokussierten CI-Rechercheprojekt. Sind interessante Themen identifiziert, erfolgt anschließend deren detaillierte Untersuchung in CI-Projekten.
- Unter *Monitoring* wird das kontinuierliche Beobachten von bereits bekannten Recherchegegenständen (Wettbewerber-Websites, Frühwarnindikatoren, Patentdatenbanken etc.) verstanden. Die Vorgehensweise zur Identifikation der Indikatoren ist in Abschnitt 5.3.2 beschrieben. Monitoring-Objekte werden in Kapitel 4 behandelt.

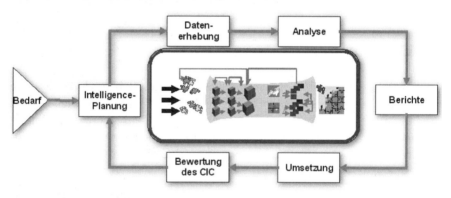

Abb. 3.1 Der CI-Zyklus (nach Ashton u. Klavans 1997)

---

[3] Häufig werden Scanning-Aktivitäten zur (strategischen) Frühwarnung durchgeführt.

3.2 Phasen des CI-Zyklus

3.2.1 CI-Zyklus, Schritt 1: CI-Bedarfsbestimmung

> Jede Schlacht ist schon gewonnen,
> bevor sie begonnen hat.
>
> Sun Zu
> Chinesischer Militärautor (ca. 300 Jahre v. Chr.)

CI-Projekte werden für konkrete Aufgabenstellungen zur Entscheidungsunterstützung durchgeführt. Die hierfür benötigte Intelligence wird vorab in einer Bedarfsbestimmung erhoben. Hierbei werden die KITs (Key Intelligence Topics – Intelligence-Schlüsselthemen) identifiziert und daraus die zu recherchierenden KIQs (Key Intelligence Questions – Schlüsselfragen) abgeleitet. Es hat sich bewährt, diese Erhebung durch Interviews mit den CI-Nutzern durchzuführen.

Die KITs sollten vor folgendem Hintergrund formuliert werden (vgl. Abschnitt 7.2.2):

1. Welche Entscheidung steht an? (Beispiel: Entscheidung für oder gegen einen neuen Produktionsstandort in China)
2. Vor welchem Hintergrund ist diese Entscheidung zu treffen? (Im Beispiel: strategische Partnerschaft mit chinesischen Unternehmen angestrebt; Nutzung der Distributionskanäle des Partners für einen effizienten Marktzugang)
3. Warum soll diese Entscheidung getroffen werden (Handlungsbedarf, präventive oder reaktive Handlungsoptionen)? (Im Beispiel: Ausnutzung der überlegenen Produkttechnologie im asiatischen Raum; Besetzen einer Marktnische, bevor ein Wettbewerber dies versuchen wird)
4. Bis wann muss diese Entscheidung getroffen werden? (Im Beispiel: in den nächsten sechs Monaten)
5. Welche Rolle spielt die zu beschaffende Intelligence in dieser Entscheidungssituation? (Im Beispiel: Benötigt werden weitere Erkenntnisse über den lokalen strategischen Partner. Ebenso sind entsprechende Erwägungen der Wettbewerber zu hinterfragen: Lägen dort ähnliche Pläne vor, würde ein neuer Produktionsstandort u.U. nur wenig Sinn machen.)

Abgeleitete KITs und KIQs des Beispiels:

- KIT: Nutzen der angestrebten strategischen Partnerschaft
- KIQ: Wie geeignet sind die Distributionskanäle des Partners?
- KIQ: Plant der Partner weitere JVs mit Wettbewerbern?
- KIQ: Planen Wettbewerber strategische Partnerschaften in der Region?

- KIQ: Ist der angestrebte Produkteinführungstermin unter den lokalen Randbedingungen realistisch?

Die folgenden Randbedingungen sollten bei einer Intelligence-Bedarfserhebung dokumentiert werden:

- Benötigter Reporttyp, Berichtsformat und Stil (vgl. Abschnitt 3.2.14)
- Mindestzuverlässigkeit der gefundenen Erkenntnisse (z.B. Konfidenzintervalle für numerische Angaben)
- Durchzuführende Analysen und Umfang der Analysen (z.B. Strategische Marktsegmentierung mit Beschränkung auf die Top drei der Wettbewerber)
- Ressourceneinsatz und Kosten (interne/externe Budgets)
- Zeitpunkt, bis zu dem die Ergebnisse vorliegen müssen.

Gerade diese Randbedingungen sind es, die neben dem eigentlichen Recherchegegenstand die weitere Vorgehensweise bestimmen (Art, Umfang, Ressourcen bei Datenerhebung und -analyse). Die Bedarfsermittlung sollte deshalb so realistisch und konkret wie möglich sein. Beispielsweise kann erst durch konkrete Anforderungen die Notwendigkeit eines frühzeitigen Projektabbruchs erkannt werden. [4]

Die Hauptgefahr für den CI-Einsteiger besteht darin, zu hohe Erwartungshaltungen bei den CI-Nutzern zu wecken, indem zu viele KITs erhoben werden und deren Bearbeitung angekündigt wird. Besser ist es, eine klar fokussierte kleine Agenda zu erstellen und diese kontinuierlich zu erweitern. Ein generisches Wettbewerberprofil, aus dem sich typische Fragestellungen ableiten lassen, ist im Anhang 9.1 aufgeführt.

Checkliste: Aufgaben des CI-Teams während der CI-Bedarfsermittlung

- Erhebung der Intelligence-Bedürfnisse (und damit der KITs) der CI-Nutzer (Inhalt, Format, Berichtsform)
- Dokumentation der Recherche-Randbedingungen.

---

[4]   In diesem Fall lassen sich die Ressourcen schonen und die Glaubwürdigkeit der CI-Abteilung aufrechterhalten. Ein rechtzeitiger Rechercheabbruch ist sinnvoller als ein misslungenes „Endlosprojekt".

3.2.2 CI-Zyklus, Schritt 2: Planung, Organisation und Controlling des CI-Zyklus

> Plans are nothing,
> planning is everything.
>
> Dwight D. Eisenhower
> 34. Präsident der USA (1890-1969)

Der Erhebungsplan bestimmt die eigentliche Vorgehensweise der CI-Recherche (Ziele, Quellen, zeitlicher Ablauf der Erhebung[5], beteiligte Personen, Meilensteine etc.). In ihm werden operative Details festgelegt, wie z.B. die Umsetzung der KIQs in recherchierbare Indikatoren[6].

Die Herausforderung bei dieser Planung ist es, ein „kritisches Informationsvolumen" sicherzustellen – bei gegebenem Budget und Berichtstermin. Nur wenn dieses „kritische Volumen" an Informationen erreicht wird, kann später eine sinnvolle Analyse durchgeführt werden. Um diese Masse an Informationen zu gewinnen, sind einerseits multiple Informationsquellen[7] einzuplanen (die über voneinander unabhängiges Wissen verfügen), zum anderen ist ein ausgewogener Quellenmix anzustreben[8].

Durch die „kritische Masse" an Informationen sollen so genannte Fehler „erster Ordnung" vermieden werden (vgl. Tab. 3.1): Obwohl die Recherchehypothese sich als richtig herauskristallisiert, werden keine Indikatoren bzw. Evidenz gefunden.

Zur „Absicherung" von Erkenntnissen gehört auch die gezielte negative Recherche, d.h. der Nachweis, dass das Nicht-vorhanden-Sein eines Recherchegegenstandes durch das Nichtauffinden der zugehörigen Indikatoren (bzw. Evidenz) belegbar ist (vgl. Abschnitt 6.2.3). Durch diesen Nachweis erhöht sich die Plausibilität der Erkenntnisse (vgl. Abschnitt 1.2.3), während gleichzeitig ein Fehler „zweiter Ordnung" vermieden werden soll. Mit einem Fehler zweiter Ordnung wird das irrtümliche Auffinden von Evidenz bezeichnet, obwohl die Recherchehypothese nicht zutreffend ist (vgl. Tabelle 3.1).

Ebenso ist in dieser Phase zu planen, welcher Rechercheur welche Quellen bearbeitet. Gerade wenn mit externen Netzwerken und Unterauftrag-

---

[5]   Vgl. Exkurs 3.2.4.
[6]   Vgl. Exkurs 3.2.3.
[7]   Vgl. Abschnitt 1.2.3.
[8]   Durch unterschiedlichen Bezug zum Recherchethema ist eine breite Informationsbasis (z.B. über Länder oder Industrien) zu erreichen.

nehmern[9] gearbeitet wird, ist eine strikte Planung der Kontaktsequenzen und der Reporting-Zyklen zur Synchronisation des Projektes notwendig.

Tabelle 3.1 Beispiel für Fehler erster und zweiter Ordnung bei einer Recherche

Wird ein Wettbewerber einen Merger eingehen?	Auf Merger hinweisende Indikatoren beobachtet	Auf Merger hinweisende Indikatoren nicht beobachtet
Tatsächlicher Merger	Intelligence o.k.	Intelligence unvollständig (Fehler 1. Ordnung)
Kein Merger	Missinterpretierte oder fehlerhafte Intelligence (Fehler 2. Ordnung)	Intelligence o.k.

Während der Projektumsetzung ist eine hohe Flexibilität erforderlich: Erste Rechercheerkenntnisse verändern die KITs, als sicher angenommene Randbedingungen werden schnell von der Realität überholt. Aussichtsreiche Quellen erweisen sich als wertlos, anfänglich unbekannte Quellen entwickeln sich hingegen zu wahren Goldgruben.

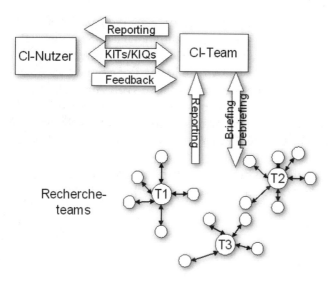

Abb. 3.2 Zusammenspiel von CI-Team, CI-Nutzer und Rechercheteams

---

[9]   Die eigentlichen Rechercheure und Kontaktpersonen werden auch als (Recherche-)Teams bezeichnet.

Es bleibt ein kontinuierliches Anpassen der Planung an eine sich verändernde Aufgabenstellung. Die Abwicklung umfangreicher CI-Projekte erfolgt daher mit einer strikten Projektmanagement-Vorgehensweise (Fortschrittskontrollen, Termine, Aktivitätsplanung mit Gant-Diagrammen, Arbeitspakete mit Verantwortlichen, Meilensteine, Berichte; vgl. z.B. Madauss 1990).

Performance Reviews

Nach Abschluss einer CI-Recherche erfolgt eine Bewertung der Durchführungseffizienz und rückblickend ein Vergleich der berichteten Intelligence und der tatsächlich eingetretenen Ereignisse (Performance Monitoring der CI-Abteilung)[10]. Informationsquellen (primär und sekundär) werden hierbei nach ihrer Zuverlässigkeit beurteilt und diese Bewertung wird für spätere Projekte dokumentiert (z.B. in einer Quellendatenbank).

Beispiele für Fragen in einem Performance Review:
* Warum traten vorhergesagte Entwicklungen nicht ein?
* Fehlten wesentliche Informationen? Hätten diese fehlenden Informationen vorliegen können?
* Waren sich ändernde Randbedingungen ausschlaggebend? Wurden diese Änderungen vorhergesehen?
* Wurden Fehlinterpretationen vorliegender Informationen vorgenommen?
* Wurde das „Herausfiltern" wesentlicher Informationen fehlerhaft durchgeführt?
* Wurde das „Nicht-wahrhaben-Wollen" von eigentlich nahe liegenden Intentionen von Wettbewerbern den Analysten zum Verhängnis (vgl. Abschnitt 2.2)?
* Fehlte das Interesse der Entscheider, die Intelligence-Berichte bei ihrer Entscheidungsfindung zu berücksichtigen?

Performance Reviews sind extrem wichtig für den Erfahrungsaufbau der beteiligten Analysten und Nutzer, werden aber häufig nicht durchgeführt! Es liegt in der menschlichen Natur (vgl. Abschnitt 2.4), besonders stark die Fehlschläge, so auch die einer CI-Abteilung, zu verinnerlichen, während erfolgreiche Projekte nur zu gerne als selbstverständlich hingenommen und nicht weiter beachtet werden. Eine objektive Statistik kann hier nur hilfreich sein, um einer Legendenbildung entgegenzuwirken (vgl. Abschnitt 7.3.8).

---

[10]   Bei Scanning-Aktivitäten erfolgt entsprechend ein periodischer Performance Review.

Checkliste: Aufgaben des CI-Teams während der Planungsphase

- Planung der Datenerhebung und -analyse
  - Umsetzung der Aufgabenstellung (KIQs) in „Recherchegegenstände" (z.B. Indikatoren, die auf einen Sachverhalt hinweisen)
  - Abschätzung von Schwierigkeit, Komplexität, Kosten, Dauer der Erhebung und Auswertung der Recherche
  - Identifikation und Mapping potenzieller Quellen (primär und sekundär)
  - Festlegung der Verantwortlichen für Abwicklung und Berichterstattung
  - Vorauswahl potenzieller Analysekonzepte und damit der hierfür benötigten Datenbasis (Qualität, Umfang, Formate)
- Auswahl der Recherchestrategien und -ziele
  - Sequenzielle oder parallele Vorgehensweise bei der Bearbeitung der Recherchegegenstände (vgl. Abschnitte 3.2.4 und 3.2.6) unter Berücksichtigung von Kosten und Erfolgsaussichten
  - Auswahl und Einweisung der Rechercheteams (Briefing auf Need-to-know-Basis)[11]
- Dokumentation des Projektverlaufs
- Dokumentation der CI-Performance (Qualität und Quantität der gewonnenen Intelligence)

3.2.3 Exkurs: Organisation der CI-Recherche (Erhebungsplanung)

Kernstück der Erhebungsplanung ist die Quellen/KIQ-Matrix. Diese Übersicht ordnet den Ausgangsfragen (Themenbereichen, KIQs) potenzielle Quellen zu. Ein schematisches Beispiel ist in Tabelle 3.2 aufgeführt. Die Quellen/KIQ-Matrix ermöglicht eine Priorisierung und Aufwandsschätzung der einzelnen Rechercheziele.

---

[11] Insbesondere bei „externen" Rechercheuren wird nur so viel an Hintergrundinformationen weitergegeben, wie unbedingt für die Ausführung der Recherchen notwendig ist. Einerseits soll so eine Beeinflussung der Rechercheure verhindert werden (Voreingenommenheit, Erwartungsdruck, bestimmte Ergebnisse liefern zu müssen), andererseits muss verhindert werden, dass sich im Falle eines Bekanntwerdens der Rechercheinhalte Rückschlüsse auf die Intentionen des eigenen Unternehmens ziehen lassen (vgl. Beitrag 8.3.4).

Tabelle 3.2 Beispiel für einen Datenerhebungsplan

Report-datum:	Erhebungs-planung	Projekt: ALPHA		
Lfd. Nr.	Genereller Informationsbedarf	Spezifischer Informationsbedarf	Indikatoren Key Intelligence Questions (KIQs)	Potenzielle Quellen
1.Business-Daten	Tatsächliche u. geplante Business-Daten Pro Geschäftsfeld	Auftragseingang Lagerbestand	Sind neue Aufträge absehbar (in Verhandlung)? Wie wird die Zukunft der Industrie eingeschätzt? Trends? Hire or Fire? (siehe Outsourcing) "Kritische Masse" für reibungslosen Ablauf? ...	... .
		Umsatz	...	....
		Gewinn	...	....
2.Business-Struktur	Wie ist ALPHA organisiert? Zukünftige Trends?	Organisationscharts pro Lokation	Name, Funktion und Lokation der Mitarbeiter (Manager) Mitarbeiterzahl pro Abteilung	....

Tabelle 3.3 ermöglicht neben der Erhebungsplanung auch eine schnelle Übersicht über tatsächlich erhobene Sachverhalte während der Projektabwicklung (vgl. Abschnitt 6.2.3 für eine Auswertung der Indikatoren pro Ausgangsfrage). Ebenso kann der Informationsbedarf direkt den Quellen und deren Aussagen gegenübergestellt werden.

Tabelle 3.3 Planungsbeispiel: Informationsbedarf und zugehörige Quellen

KIQ: Wird die ALPHA AG ein neues Produkt einführen?					
	Quellen				Prio- rität
Informationsbedarf (KIQs)	Zuliefe- rer Y	Distributor Z	Messe- team	...	
Wurden neue Materialzulieferer kontaktiert?	X	–	–		A
Wurde eine Marketingagentur engagiert?	–	–	O		A
Wurde der Distri- butor in Land X gewechselt?	X	X	O		B
...					
Legende: X: Indikator liegt vor O: laufende Recherchen –: Kein Indikator gefunden					

3.2.4 Exkurs: Phasen eines CI-Projektes

Es empfiehlt sich, ein CI-Projekt nach vorab definierten Phasen abzuarbeiten (vgl. Abbildung 3.3).

Projektphasen:

1. Warming-up
   Einarbeitung in die Ablaufplanung, die Projektrandbedingungen, die Erwartungshaltung der Entscheider und der beteiligten Akteure (CI-Team, Entscheider, Gatekeeper etc.)
2. Evaluations-Phase
   Sichten der vorhandenen Informationen, erste Sekundärrecherchen und explorative Primärkontakte (Verfügbarkeit, Realitycheck der Erhebungsstrategie)
3. Erste Hauptphase
   Sekundärrecherchen und Auswertung, gezielte Primärkontakte (vgl. Abschnitt 3.2.6)
4. Zweite Hauptphase
   Weitere Primärkontakte zum Schließen von Informationslücken und zur Absicherung von Ergebnissen, Sekundärrecherchen zur Plausibilitätskontrolle, Analyse und Reporting (Abschlussbericht)
5. Q&A (Questions & Answers)
   Klärung von Zusatzfragen und Randbedingungen der Erhebung, Bewertung des Projekterfolges

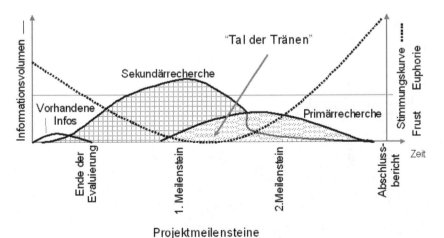

Abb. 3.3 Volumen der Sekundär- und Primärerhebung eines CI-Projektes

Am Ende jeder Phase steht ein „go/no-go"-Meilenstein: Liegen die erreichten Projektfortschritte weit hinter dem Plan, so kann zu diesen Zeitpunkten ein Abbruch erfolgen, da ein Erfolg innerhalb der gegebenen Zeit-Budget-Restriktionen immer unwahrscheinlicher wird. Entsprechend realistisch müssen die zu erreichenden Projektfortschritte definiert und quantifiziert werden (vgl. Aufgaben in der Planungsphase, Abschnitt 3.2.2).

Fortschrittsparameter sind z.B. Anteile der beantworteten KIQs, erfolgreich durchgeführte Interviews, benötigtes Budget bis zum Projektende etc. Abbildung 3.4 zeigt einen typischen Mittelabfluss (Projektaufwand) und die Zielerreichung über den jeweiligen Projektphasen auf.

Ebenfalls bei der Planung zu berücksichtigen ist die Projektfrustkurve (s. Abbildung 3.3). Sie beschreibt das Wechselbad der Gefühle eines CI-Teams während des Projektverlaufs: Anfänglich schwelgt der Manager in Euphorie, gilt es doch, erste Erhebungen zu planen und operative Maßnahmen einzuleiten. Alles erscheint möglich. Die Erwartungshaltung der CI-Nutzer motiviert zu Spitzenleistung. Sobald sich jedoch eine steigende Flut an Informationen aus Sekundärrecherchen einstellt, nimmt auch der Frust rapide zu. Schließlich versinkt das Projekt in unergiebigem Informationshandling, das Projektziel scheint in weite Ferne zu rücken. Erste Nachfragen der Intelligence-Nutzer nach konkreten Erkenntnissen fördern die Stimmung nicht sonderlich. Gerade Anfänger brechen Projekte zu diesem Zeitpunkt mit der Begründung ab, dass kaum Erfolgsaussichten bestehen.

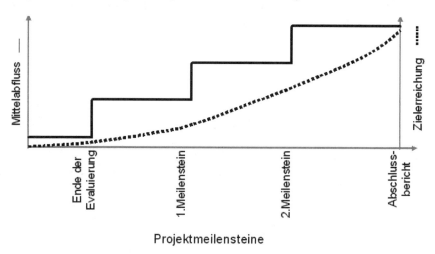

Projektmeilensteine

Abb. 3.4 Mittelabfluss und Zielerreichung eines CI-Projektes

Erst wenn sich die Analysten durch den Informationsberg gewühlt haben, eine strukturierte Datengrundlage erstellt wurde und gezielt fehlende Informationen recherchiert werden konnten, ist der Tiefpunkt überwunden. Die

Arbeitsinhalte verlagern sich immer mehr von der Projektorganisation zur Intelligence-Generierung. Erste Puzzlesteine passen zueinander, die Konsistenz der Daten und eine steigende Aufgabenabdeckung in Zusammenhang mit einem positiven Feedback der Intelligence-Nutzer führen schließlich zu einem steigenden Zufriedenheitsgrad des CI-Teams.

3.2.5 Exkurs: Quellenidentifikation und -verwaltung

Identifikation von Recherchequellen

Voraussetzung für eine erfolgreiche Recherche ist die Identifikation aussagekräftiger Quellen – sicherlich eine der Kernkompetenzen eines CI-Professionals. „Gute" Quellen sind nicht ad hoc generierbar, wenn sie benötigt werden, sondern sie bedürfen einer langfristigen Erschließung und anschließenden Pflege. Dies gilt insbesondere für menschliche Informationsquellen (vgl. Abschnitte 4.2 und 7.3.1)!

Zur Identifikation von Informationsquellen hat sich die folgende Vorgehensweise, die am Beispiel eines neu entwickelten Pharmamedikaments aufgezeigt wird, bewährt:

1. Materialfluss:
   Wer ist an der Produktion des Medikaments beteiligt? Zu erstellen ist ein Materialfluss-Diagramm von Rohstoffen über Zwischenprodukte und schließlich zum Endprodukt. Ebenso werden Verpackung, Muster und Promotionaktivitäten untersucht. In den klinischen Testphasen werden Vorproduktion und beteiligte Kliniken bzw. medizinische Einrichtungen betrachtet.
2. Informationsfluss:
   Wer ist über das Forschungsprojekt, später die Produkte, informiert? Wer ist als Meinungsbildner, Kooperationspartner, Distributor etc. frühzeitig involviert? Welche Behörden, Gremien, Lobbygruppen sind in welcher Phase beteiligt oder informiert?
3. Geldfluss:
   Woher stammt das Eigen- und/oder Fremdkapital? Wer ist finanziell an einem Erfolg oder Misserfolg des neuen Medikaments interessiert? Welche Wettbewerber werden nach der Produkteinführung Auswirkungen auf das eigene Produktportfolio spüren oder befürchten?
4. Kontrollfluss:
   Wer kontrolliert den Prozess der Produktentwicklung, der Vermarktung und der eigentlichen Anwendung? Wer sind die Einfluss nehmenden Parteien? Wer gewinnt oder verliert an Einfluss und/oder Kontrolle?

Quellenverwaltung

Für häufig wiederkehrende Recherchen (Themen, Unternehmen, Recherchegegenstände) lohnt sich der Aufbau einer strukturierten Quellendatenbank[12]. Dieses Quellenmapping kann dann für neue Aufgabenstellungen immer wieder verwendet und an spezifische Zwecke angepasst werden.

Oft wird eine Kategorisierung nach Porters 5-Kräfte-Modell vorgenommen (vgl. Abschnitt 5.3.11). Ebenso können Quellen nach ihrem Zugang oder ihrer Herkunft kategorisiert werden (vgl. Abbildung 3.5).

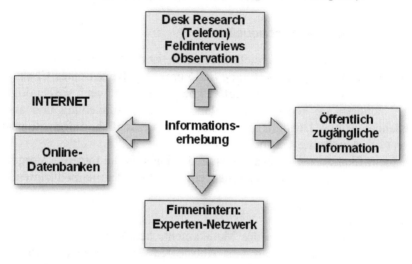

Abb. 3.5 Mögliche Kategorisierung von Informationsquellen

Kategorisierungsbeispiel für „Öffentlich zugängliche Informationen":

- Printmedien (Bücher, Zeitschriften, Zeitungen, Studien- und Diplomarbeiten, sonstige Publikationen)
- Verbände
- Staatliche Stellen und Behörden, Projektdatenbanken der EU
- Forschungseinrichtungen, Publikationen von Universitäten
- Clearinghouses (z.B. für Benchmarkingdaten)
- Spezielle Offline-Datenbanken
- Firmen- und Vereinsregister
- Amtsgerichte
- Patentämter
- Kongress- und Konferenzdokumentationen

---

[12]   Eine einfache Auflistung in einer Textverarbeitungssoftware birgt die Gefahr der Unübersichtlichkeit und damit einer wenig effizienten Nutzung und Pflege.

Geeignete Quellenverwaltungssoftware ermöglicht einerseits ein schnelles themen- oder medienbezogenes Suchen und Finden der Quellen, andererseits kann unmittelbar ein Bezug zu den Rechercheobjekten hergestellt werden (Zuordnung der Quellen zu KITs). Da letztlich eine solche Datenbank nur genutzt (und gepflegt) wird, wenn sie eine einfache Bedienoberfläche hat und intuitiv anwendbar ist, sollte eine verwendete Software entsprechende Visualisierungsmöglichkeiten besitzen.

Ein Beispiel für eine Softwarelösung, die sich für diese Zwecke einsetzen lässt, ist das Mindmapping-Tool der Firma Mindjet LLC. Hier sind einfache Strukturen visualisierbar (s. Abbildung 3.6). Quellen können z.B. nach der 5-Kräfte-Struktur abgelegt werden (erweitert um allgemeine Quellen). Durch das Ein- und Ausblenden der Äste lässt sich die angezeigte Informationsmenge steuern. Ein Ranking bzw. der Bearbeitungsstatus der Quellen ist durch Bildsymbole realisierbar. Hyperlinks zu Quellen sind direkt hinterlegbar, ebenso wie eine Aufgabenverwaltung (Action Item List), aus der der Bearbeitungsstatus der Quellen ersichtlich ist. In Freitextfeldern ist eine Quellenbeschreibung (Inhalt, Glaubwürdigkeit, Zuverlässigkeit, Kontakthistorie) möglich. Durch Querlinks zwischen einzelnen Ästen können Beziehungen und Empfehlungen visualisiert werden, zudem können Dokumente (z.B. Besuchsberichte) den einzelnen Objekten angehängt werden.

Eine weitere Software für Quellenmapping ist die in Abbildung 3.12 dargestellte CRM-Software „Vineyard", mit der ein besonders mächtiges Kontaktmanagement (Sequenzen, Zugehörigkeiten, Informationen) durchgeführt werden kann. Umfangreiche Suchfunktionen erlauben das Herausfiltern von Teilmengen der Gesamtstruktur (z.B. alle Kontakte, die im letzten Monat aktualisiert wurden), um so übersichtliche Einblicke in die Reherchesituation und Aufgabenabdeckung zu erhalten. Originaldokumente werden in eigene Verzeichnisse abgelegt, die wiederum mit den weiteren Objekten verknüpft sind (z.B. Quellen, Reports, Bearbeiter, KIQs, KITs).

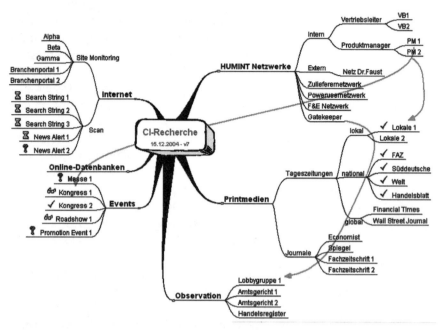

Abb. 3.6 Ausschnitt aus einem Quellenmapping mit einem Mindmapping-Tool (Software „Mindmanager")

3.2.6 Exkurs: Das Zwiebelprinzip

Eine der grundlegenden Vorgehensweisen bei der Durchführung einer Recherche ist das „Zwiebelprinzip". Folglich muss es bei der Planung einer Recherche bereits berücksichtigt werden. Am Beispiel einer Wettbewerberprofilierung soll das Prinzip näher erläutert werden:

Das Umfeld eines Unternehmens kann man sich wie die Schalen einer Zwiebel vorstellen (vgl. Abbildung 3.7). Jede „Schale" verfügt über exklusive und redundante Informationsquellen.

In der innersten Schale befindet sich das Unternehmen selbst. Hierzu gehören folglich alle „lokalen" Mitarbeiter, Unterauftragnehmer vor Ort, Unternehmenspublikationen (Mitarbeiterzeitschriften, Pressemitteilungen, Marketingmaterialien, Vertriebsmaterialien) sowie Artikel und Anzeigen des Unternehmens in lokalen Zeitungen (z.B. Stellenausschreibungen).

Die zweite Schale wird von dem lokalen Umfeld gebildet (normalerweise die Heimatstadt oder der Stadtteil des Unternehmenssitzes), hierzu
gehören:

- lokale Zeitungen
- Behörden (Arbeitsamt, Gerichte, Stadtverwaltung, Finanzämter)
- (lokale) Zulieferer
- (lokale) Kunden
- (lokale) Lobbygruppen
- Repräsentanten
- weitere Unterauftragnehmer (wie Sicherheitsdienste, Reinigungsfirmen,
  Kantinenbetreiber, Leiharbeitsfirmen, EDV-Dienstleister, Fortbildungs-
  einrichtungen)
- Rechtsanwälte
- Autovermietungen
- Marketingagenturen
- Speditionen
- Berater
- Personalvermittlungsagenturen
- Headhunter
- Finanzdienstleister (Banken, Venture Capital und Beteiligungsgesell-
  schaften)
- ggf. weitere Wettbewerber.

Kaum eine der lokalen Printpublikationen wird in elektronischen Medien wie Internet oder Online-Datenbanken erfasst. Daher bietet gerade die
„lokale" Zeitung exklusive Informationen über heimische Unternehmen
(Meldungen über neue Projekte, Stellenabbau, Betriebsveränderungen,
Sponsoring, Leserbriefe von Mitarbeitern, Mietraumgesuche für Angestellte etc.).

Die dritte Schale bildet das nationale Umfeld des Unternehmens. In
Analogie zu der zweiten Schale befinden sich hierin nunmehr die nationalen Marktteilnehmer, Behörden, Zulieferer, Unterauftragnehmer und Wettbewerber, ebenso akademische Einrichtungen (Universitäten, Fachhochschulen, Akademien etc.), Medien (regionale und nationale Presse) sowie
Fachverbände, staatliche Forschungsverbände bzw. Allianzen.

Die vierte Schale stellt das internationale Umfeld dar. Eine fünfte
Schale kann als Umfeld der zukünftigen Entwicklungen und Trends (Technologien, Gesetzgebung) betrachtet werden.

Wie Abbildung 3.3 zeigt, wird zunächst mit Sekundärrecherchen begonnen. Bei Sekundärrecherchen wird von den inneren Schalen zu den äußeren Schalen gearbeitet. Möglichst schnell sollen brauchbare Ergebnisse

generiert werden. Der information overload ist so zumindest teilweise vermeidbar, da wesentliche Informationen rechtzeitig zur Verfügung stehen und nur noch Lücken gezielt aufgefüllt werden müssen. Sekundärrecherchen dienen ebenso der Vorbereitung von Primärkontakten (Briefings, Kompetenzcheck, Verifikation von vorliegenden Erkenntnissen etc.).

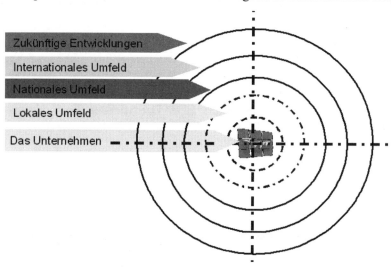

Abb. 3.7 Das Zwiebelprinzip für Recherchen

Im Verlauf der Recherche werden Informationslücken gezielt durch Primärrecherchen geschlossen. Bei diesen Recherchen werden Quellen von „außen nach innen" bearbeitet, um Aufwand und Überlappungen gering zu halten. Wie in Abschnitt 4.2 beschrieben, sind die Kosten für Primärrecherchen erheblich höher als für Sekundärrecherchen, zudem ist die Verfügbarkeit der Primärquellen meist eingeschränkt. Durch die aufgezeigte Vorgehensweise werden bereits sekundär recherchierte Informationen nicht noch einmal primär hinterfragt.

Innerhalb einer KIQ-Liste werden zudem zuerst die einfachen Fragen bearbeitet, da die Möglichkeit besteht, schon bei diesen Recherchen auf relevante Informationen zur Beantwortung der schwierigeren Fragestellungen zu stoßen.

3.2.7 CI-Zyklus, Schritt 3: Datenerhebung

> The most valuable commodity I know of is information.
>
> Gordon Gekko
> im Film „Wallstreet" von Oliver Stone, 1987

In diesem Schritt erfolgt die eigentliche Datenrecherche gemäß Erhebungsplan (vgl. Zyklusschritt 2). Die Abschnitte 4.2 und 4.1 bzw. 4.3 befassen sich ausführlich mit den Besonderheiten der HUMINT (Elicitation-Techniken) bzw. der Sekundärerhebung (Internet, Datenbanken und Observation).

Eingehende Informationen werden im Recherchekontext auf Glaubwürdigkeit und Plausibilität geprüft. Neuigkeiten und Ungereimtheiten müssen thematisiert und in laufende Recherchen eingespeist werden (z.B. über Gatekeeper). Sobald diese Überprüfung abgeschlossen ist, erfolgt eine qualifizierende Archivierung relevanter Informationen. Dadurch wird zum einen das Wiederfinden und Reporting vereinfacht (vgl. Abschnitt 3.2.14), zum anderen können Querbeziehungen zwischen Informationen, Personen, Produkten und Unternehmen eingetragen werden.

Während der Erhebung erfolgt ein kontinuierlicher Check der erreichten KIT-Abdeckung. Ist eine ausreichende Informationsbasis vorhanden[13], so ist die nächste Projektphase einzuleiten. Lässt sich innerhalb der verplanten Ressourcen (Budget, Zeit) kein zufrieden stellendes Ergebnis generieren, so ist die Aufgabenstellung anzupassen. Ist dies nicht möglich, so ist das Vorhaben abzubrechen.

Zur Verfolgung des Erhebungsprozesses hat es sich bewährt, ein Logbuch zu führen, in dem eingehende und ausgehende Informationen, der Recherchefortschritt, interne Entscheidungen (z.B. bzgl. der Recherchestrategie) und Mitteilungen (Kommunikation mit den CI-Nutzern) erfasst werden[14]. Softwaretechnische Realisierungsmöglichkeiten sind z.B. durch ein E-Mail-System oder eine Datenbank gegeben.

Wesentliche Informationen, die eine hohe Dringlichkeit besitzen, müssen als solche erkannt und unmittelbar an die zuständigen Nutzer weitergeleitet werden (Ad-hoc-Reporting), eine nicht einfache Aufgabe, da die Brisanz einer Information für den Entscheider dem CI-Team nicht immer bekannt ist. Abhilfe kann hier nur ein kontinuierlicher Austausch von CI-

---

[13] Dieser Zeitpunk ist keineswegs einfach zu erkennen. Heuer (in Westerfield 1995) beschreibt in seinem Aufsatz „Do You Really Need More Information?" eindrucksvoll, wie schwierig es für einen Intelligence-Analysten ist, den „richtigen" Zeitpunkt des Endes der Erhebungsphase zu bestimmen.

[14] Neben den eigentlichen Informationshighlights werden Zeitstempel, Dringlichkeit, ggf. Eskalationsbedarf sowie Bearbeitungsstatus erfasst.

Bedürfnissen (vgl. Abschnitt 7.2.2) und Feedback zu gelieferter (und nicht gelieferter) Information (vgl. Abschnitt 2.4) bringen. Meist erhält eine CI-Abteilung aufgrund der versandten Informationen unmittelbar äußerst wertvolle Kommentare und Bewertungen[15].

Besonderes Fingerspitzengefühl und Know-how sind für das Briefing und Debriefing der eigentlichen Rechercheure erforderlich. Wie in Abschnitt 3.2.12 und 4.2 beschrieben, erfordert die Auswertung von Informationen, die auf HUMINT-Quellen basieren, eine außerordentliche Sorgfalt und großes Know-how. Häufig wird erst in diesen persönlichen Kontakten die ganze Fülle der recherchierten Informationen auch transferiert. Durch „Probing" und Cross-Checks kann der CI-Manager bzw. -Analyst seinen Wissensstand hinterfragen und mit Hilfe der Rechercheure neue Ideen generieren.

Checkliste: Aufgaben des CI-Teams während der Datenerhebung

- Führen eines „Logbuchs" (Projektfortschritt), dabei Eskalation bei eingehenden kritischen Informationen (vgl. Eskalationsprozeduren in Abschnitt 7.3.6)
- Kontinuierliche Bewertung eingehender Informationen
  - Realitiätscheck der Informationen
  - Cross-Check der Informationen durch Weiterleiten an andere Teams oder Experten („Spinning" von Informationen), um die Plausibilität sicherzustellen
  - KIT-Abdeckung
- Debriefing der Rechercheteams, dabei
  - Ermittlung der Glaubwürdigkeit und Zuverlässigkeit von Informationen und Informationsübermittlern (vgl. Abschnitt 3.2.12)
  - „Probing" der Rechercheure (Teams): Konfrontation mit von ihnen erhobenen widersprüchlichen oder unvollständigen Informationen (im Vergleich zu aus weiteren Quellen bekannten Informationen)
  - Ermittlung kollateraler Intelligence
- Archivierung eingehender Informationen

---

[15] Durch dieses Ad-hoc-Reporting erhält die CI-Abteilung teils sogar mehr Aufmerksamkeit als durch zeitaufwendige Analysen, eine Tatsache, der sich das CI-Team bei seiner unternehmensinternen Vermarktung bewusst sein sollte.

3.2.8 Exkurs: Informationsbeschaffung nach dem Schneeballprinzip

Vor einem Rechercheprojekt sind keineswegs alle potenziellen Primärkontakte bekannt. Zum einen werden während der vorbereitenden Sekundärrecherchen Kontakte identifiziert, zum anderen werden bei den ersten Primärkontakten schnell weitere Kontakte von Gesprächspartnern benannt, die u.U. Antworten auf die Fragen geben könnten. Durch diese Leads wird zudem die Kontaktaufnahme erleichtert, wenn man sich auf den Ausgangskontakt berufen kann.

Die Wirksamkeit dieses Schneeballprinzips wird häufig massiv unterschätzt, folglich fällt in der Planungsphase die Ressourcenallokation für die Primärinterviews zu hoch aus. Mit etwas Erfahrung wird ein Rechercheur zuerst „explorative" Kontakte angehen, um ein Gefühl für die Verfügbarkeit und Ergiebigkeit eines Suchansatzes zu erhalten[16]. Kann jede Informationsquelle auf durchschnittlich zwei weitere Kontakte hinweisen (ein nicht unrealistischer Wert), so ergeben sich bereits in der dritten Generation sieben, in der vierten Generation 15 Kontakte. Recherchetiefen von fünf Generationen sind keine Seltenheit, wobei sich bei den meisten Spezialthemen bereits zu diesem Zeitpunkt redundante Kontakte ergeben.

---

[16]   Zudem kann mit diesen Vorkontakten ein Realitätscheck der gewählten Vorgehensweise durchgeführt werden.

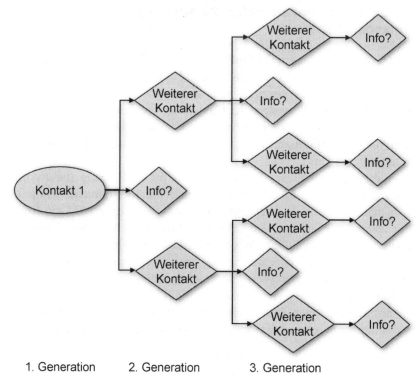

1. Generation   2. Generation   3. Generation

Abb. 3.8 Das Schneeballprinzip bei der Datenerhebung

3.2.9 Exkurs: Wertigkeit von primär und sekundär recherchierten Informationen

Ein Schwerpunkt der CI-Datenerhebung liegt auf den „menschlichen" (hier primären) Informationsquellen. Nur ein Bruchteil aller Informationen wird schließlich jemals publiziert, d.h. zum Beispiel als Artikel gedruckt oder auf Konferenzen präsentiert. Nur diese publizierten Informationen sind jedoch, wenn überhaupt, in Online-Datenbanken oder im Internet verfügbar oder befinden sich als Printmedien in recherchierbaren Archiven. Kategorisiert man Informationen nach ihrem Wert für eine CI-Analyse und nach dem Volumen (vgl. Abbildung 3.9), so ist zu beachten, dass Informationen, die auf Sekundärquellen basieren, zwar 80% des Volumens ausmachen, jedoch nur 20% des Wertes. Informationen, die auf Primärquellen basieren, nehmen hingegen nur 20% des Volumens, jedoch 80% des Wertes ein, ein Umstand, der schnell in Vergessenheit gerät, wenn der information overload den Analysten über Gebühr beschäftigt oder wenn keine soliden Primärrecherchen durchgeführt werden.

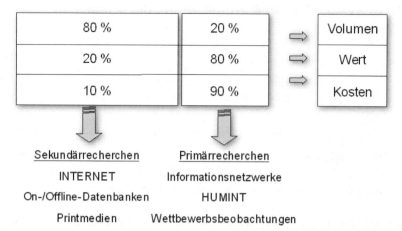

Abb. 3.9 Herkunft der Informationen für einen CI-Bericht

Es ist die Herausforderung eines CI-Managers, durch unternehmensinterne und -externe Netzwerke diese exklusiven Informationen zu finden (vgl. Abschnitt 7.3.1). Natürlich sind gerade Informationen aus menschlichen Quellen von ungewisser Glaubwürdigkeit: Zuverlässigkeit der Informationsquelle und Intention der Quelle sind bei der Informationsauswertung immer gewissenhaft zu überprüfen (vgl. Abschnitt 3.2.12).

Obwohl der Wert der durch Sekundärrecherche gewonnenen Informationen gering ist, sind sie für den CI-Manager dennoch unverzichtbar für:

• Identifikation von Primärkontakten (Autoren von Publikationen, Konferenzteilnehmer, Manager, Ex-Beschäftigte von Wettbewerbern etc.)
• Identifikation von Wahrnehmungslücken („Blindspots") in der eigenen Sicht des Wettbewerbsumfeldes
• Aufbau von Fachwissen (Grundlagen und Expertentum), Industrie-Know-how, Marktstudien, Identifikation und Bewertung von Marktteilnehmern
• Verifikation von Resultaten der Primärrecherchen, Cross-Checking der Ergebnisse („Absichern" von Aussagen unbekannter Zuverlässigkeit), Plausibilitätschecks, „Probing" für das Debriefing von Rechercheuren (vgl. Abschnitt 3.2.7).

3.2.10 CI-Zyklus, Schritt 4: Aufbereitung der erhobenen Informationen

> In der Kunst der Ermittlung ist es von größter Bedeutung,
> aus einer Anzahl Tatsachen die nebensächlichen von den
> wichtigen unterscheiden zu können. Andernfalls werden Tatkraft
> und Aufmerksamkeit zwangsläufig vergeudet statt konzentriert.
>
> Sherlock Holmes
> Romanfigur des engl. Schriftstellers A.C. Doyle (1859-1930)

Die „Daten- und Informationsaufbereitung" beschreibt die Transformation fragmentierter, unvollständiger und unbearbeiteter Daten und Informationen unterschiedlichster Formate in einen einheitlichen, auswertbaren Zustand.

Ziel der Datenaufbereitung ist es, aus den Rohinformationen eine möglichst umfassende Datenbasis für die anschließende Analyse zu erhalten. Dazu muss sichergestellt sein, dass die vorhandenen Informationen vollständig ausgewertet werden. Besonders bei größeren Unternehmen mit zahlreichen Lokationen, EDV-Systemen und dezentralen Intelligence-Abteilungen ist dies eine Aufgabe, die kaum ohne eine entsprechende Softwareunterstützung zu bewerkstelligen ist (vgl. Abschnitt 7.3.10).

Zur Informationsaufbereitung gehören eine Bewertung der Glaubwürdigkeit und eine Kommentierung der Zuverlässigkeit von Quellen und Übermittlern (vgl. Abschnitt 3.2.12).

Offensichtliche Fehlinformationen (und Wahrnehmungsfehler) werden als solche gekennzeichnet und von der Analyse ausgeschlossen, die verbleibenden Informationen in einer (aufgabenspezifischen) Struktur aufbereitet. Im einfachsten Fall erfolgt eine direkte Zuordnung der Information zu den KIQs.

Da die Anzahl der zu berücksichtigenden Informationselemente[17] schnell ein Volumen erreicht, das in die Zehntausende geht, ist eine starke Filterung dieser Informationen notwendig, um einen information overload zu verhindern. Tritt er dennoch ein, kann die Informationsauswertung aus Kapazitätsgründen nicht mehr systematisch erfolgen, sodass sich schnell ein „opportunistisches" Informationsmanagement einstellt[18].

---

[17] Ein Artikel oder eine Analyse kann mehrere Informationen enthalten.

[18] Die Informationen, die zum Beispiel in einfach zu handhabender Dateiformation vorliegen (wie eine PPT-Präsentation), werden mit höherer Priorität verarbeitet als ein im Internet gefundenes Bild im gif-Format, welches nicht automatisch indiziert und von einer Textmining-Software durchsucht werden kann. Dabei könnte die PPT-Präsentation beispielsweise ein geschöntes Selbstbildnis des Wettbewerbers enthalten, während das gif-Bild eine wesentlich bessere Information beisteuern könnte.

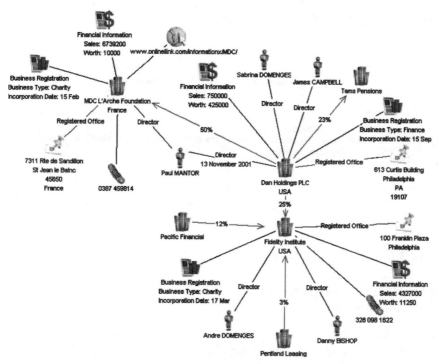

Abb. 3.10 Beispiel für eine visuelle Aufbereitung fragmentierter Informationen (Software „Anacubis")

> Einige der in Kapitel 2 beschriebenen Wahrnehmungsfehler können durch eine professionell durchgeführte Datenaufbereitung verhindert oder zumindest kompensiert werden. Entsprechend sorgfältig und ergebnisorientiert sollte die Datenaufbereitung erfolgen.

Zur Optimierung des Datenaufbereitungsprozesses hat sich das folgende zweistufige Informationshandling bewährt:

- Die erste Stufe beinhaltet das Sichten verfügbarer Informationen. Bei diesem Schritt erfolgt (möglichst automatisiert) eine erste Grobbewertung der Rohinformationen nach Relevanz und/oder Inhalt (z.B. vorhandene Schlüsselwörter). Um diese erste Veredelungsstufe durchführen zu können, muss eine Durchsuchbarkeit der Rohinformationen gegeben sein (vgl. Abschnitt 5.2.9).

- Auf der zweiten Stufe werden nur die für relevant befundenen Informationen kommentiert und gespeichert. In der Regel sind dies auch die einzigen Informationen, die lokal gespeichert, d.h. zum Beispiel in einer Wettbewerberdatenbank abgelegt werden (vgl. Abschnitt 7.3.10).

Die „Datenanalyse" (vgl. Abbildung 3.11) besteht in der anschließenden Interpretation der aufbereiteten Informationen mit Blick auf die Aufgabenstellung.

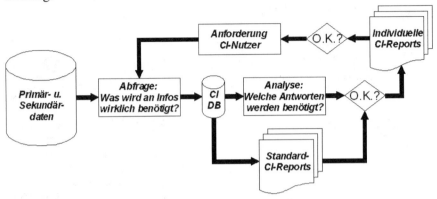

Abb. 3.11 Zweistufiges Informationsmanagement

Checkliste: Die Aufgaben des CI-Teams während der Datenaufbereitung

- Clearinghouse für *alle* erhobenen Daten und Informationen, dabei
  - Kontrolle und Konsolidierung aller verfügbaren harten (Fakten) und weichen (Gerüchte, Indikatoren) Informationen, insbesondere Herausfiltern redundanter und offensichtlich falscher Informationen
  - Weitergabe der Informationen innerhalb und außerhalb des CI-Teams gemäß Autorisierung und vereinbarter Prozeduren (Frühwarnung, Gatekeeper etc.) zur weiteren Aufbereitung und Bewertung

- Synthese der Informationen und Daten, dabei
  - Schließen von Informationslücken (vgl. Abschnitt 3.2.11)
  - Zusammenfügen einzelner Informationsteile zu einem plausiblen Gesamtbild, z.B. durch Visualisierung von Strukturen („Mapping")
  - Cross-Checking von Informationen mit Drittquellen, um Unsicherheiten in der Aussagekraft zu reduzieren („Absichern")
  - Gezielter Einsatz von Backup-Quellen, um Wissenslücken zu beseitigen („Ausputzen")

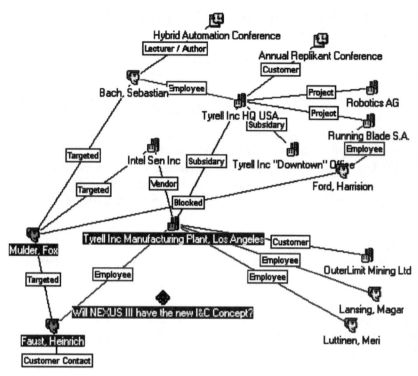

Abb. 3.12 Beziehungen und Strukturen aufzeigen durch die CRM-Software „Vineyard" (fiktives Beispiel)

3.2.11 Exkurs: Aufbereitungs- und Interpretationsmethoden für lückenhafte Informationen

> Meine Ergebnisse habe ich schon, ich weiß nur nicht,
> auf welchem Weg ich zu ihnen gelange.
>
> Carl Friedrich Gauß
> Deutscher Mathematiker, Astronom und Physiker (1777-1855)

Die Aufbereitung von Informationen setzt neben der gewissenhaften Prüfung von Relevanz, Glaubwürdigkeit und Aktualität auch die Erschließung fehlender Informationen ein. Welches Verfahren auch immer hierfür verwendet wird, letztlich wird eine Hypothese (Annahme) für die fehlenden Sachverhalte gebildet. Für die Aufbereitung stehen folgende Möglichkeiten zur Verfügung:

- Extrapolation
  Erweiterung von Informationen oder Daten über ihren Ursprungsbereich hinaus

  Anmerkung:
  Extrapolation ist nur bei einfachen, sich wiederholenden Prozessen ausreichend genau. Die Methode versagt hingegen z.B. bei neu auftretenden Entwicklungen.

  Beispiel:
  Prognose der aktuellen Produktionszahlen eines Wettbewerbers, basierend auf historischen Daten

- Interpolation
  Ergänzung fehlender Werte innerhalb einer Reihe

  Beispiel:
  Ein unbekannter chemischer Prozessschritt eines Wettbewerbers wird aus der Kenntnis der Eingangsprodukte und des Endproduktes gefolgert.

- Deduktion (Ableitung)
  Gewinnung einer besonderen Erkenntnis aus einer allgemeinen

  Anmerkung:
  Für den CI-Analysten ist diese herleitende Folgerung mit Vorsicht zu verwenden: Selten sind die Fakten so glasklar, dass die Ableitungen fehlerfrei sind.

  Beispiel:
  Prognose der Wettbewerberpreise, basierend auf der allgemeinen Wettbewerberpositionierung (d.h. als Kostenführer wird der Wettbewerber

eine Niedrigpreispolitik verfolgen, seine Preise werden niedriger als das eigene Preisniveau angenommen)

- Analogieschluss
Folgerung, die aus analogen Fällen (Erfahrungsschatz) auf die gesuchte Information schließt

Beispiel:
Übertragung des Produktlebenszyklus von Pkws auf PCs. Bei der Betrachtung der erwarteten Wettbewerberrivalität bei PC-Herstellern in der anstehenden „Sättigungsphase" wird von einem ähnlichen Verhalten wie bei Pkw-Produzenten in den 80er Jahren ausgegangen. Es wird daher eine ähnliche Wettbewerbsdynamik der Branche angenommen.

- Induktion
Logischer Schluss vom Besonderen (Observation, Indikatoren) auf das Allgemeine

Beispiel:
Aus dem beobachteten Aufbau einer Vertriebsniederlassung und der Einstellung neuer Mitarbeiter wird auf eine Produkteinführung bei einem Wettbewerber geschlossen.

Anmerkung:
Induktive Schlüsse sind *die* typische Vorgehensweise eines CI-Analysten: Aus einer „Indizienkette" wird auf den Gesamtsachverhalt geschlossen. Der induktive Schluss wird in der AKH (vgl. Abschnitt 6.2.3) und dem Bayes'schen Theorem (vgl. Abschnitt 6.2.4) angewandt. Die verwendete Logik ist dabei keineswegs eindeutig, weil das Erkennen vermeintlich logischer Zusammenhänge stark von der Erfahrung des CI-Analysten abhängt. Deshalb sind die einer Folgerung zugrunde liegenden Indikatoren zu dokumentieren und bezüglich ihrer Aussagekraft zu erläutern. Erfolgt dies nicht, riskiert der CI-Analyst, dass seine Aussagen schnell als nicht nachvollziehbar oder als „Kaffeesatzlesen" abgetan werden (vgl. Wahrnehmungsfehler in Kapitel 2).

3.2.12 Exkurs: Bewertung der Aussagekraft einer Information und der Zuverlässigkeit der Quellen

Ein großer Teil der Nachrichten, die man im Kriege bekommt, ist widersprechend, ein noch größerer ist falsch und bei weitem der größte einer ziemlichen Ungewissheit unterworfen. Was man hier vom Offizier fordern kann, ist ein gewisses Unterscheiden, was nur Sach- und Menschenkenntnis und Urteil geben können. Das Gesetz der Wahrscheinlichkeit muss ihn leiten. Diese Schwierigkeit ist nicht unbedeutend bei den ersten Entwürfen, die auf dem Zimmer und noch außer der eigentlichen Kriegssphäre gemacht werden, aber unendlich größer ist sie da, wo im Getümmel des Krieges selbst eine Nachricht die andere drängt; ein Glück noch, wenn sie, einander widersprechend, ein gewisses Gleichgewicht erzeugen und die Kritik selbst herausfordern. Viel schlimmer für den Nichtgeprüften, wenn ihm der Zufall diesen Dienst nicht erweist, sondern eine Nachricht die andere unterstützt, bestätigt, vergrößert, das Bild mit immer neuen ausmalt, bis die Notwendigkeit uns in fliegender Eile den Entschluss abgedrängt hat, der – bald als Torheit erkannt wird, so wie alle jenen Nachrichten als Lügen, Übertreibungen, Irrtümer usw. Mit kurzen Worten: die meisten Nachrichten sind falsch, und die Furchtsamkeit der Menschen wird zur neuen Kraft der Lüge und Unwahrheit. In der Regel ist jeder geneigt, das Schlimme etwas zu vergrößern, und die Gefährlichkeiten, welche auf diese Weise berichtet werden, ob sie gleich wie die Wellen des Meeres in sich selbst zusammensinken, kehren doch wie jene ohne sichtbare Veranlassung immer von neuem zurück.

Carl von Clausewitz (aus: „Vom Krieg")
Preußischer General und Militärschriftsteller (1780-1831)

Neben der Dokumentation und Interpretation der eigentlichen Informationsinhalte müssen auch Glaubwürdigkeit der Quelle und Zuverlässigkeit der Nachrichtenübermittler (vgl. Abbildung 3.13) dokumentiert und bewertet werden. Nur wenn sowohl Glaubwürdigkeit als auch Zuverlässigkeit gegeben sind, kann ohne Bedenken eine Information weiterverarbeitet werden. Die vorzunehmende Mindestbewertung des Gesprächsumstandes ist eine Einschätzung des Informationsübermittlers, ob die Quelle kooperativ oder unkooperativ war. Die Bewertung des Gesprächsumstandes kann per standardisierten Kontaktbericht erfolgen oder, wie besonders in kritischen Fällen ratsam, in Debriefings zwischen Analyst und Übermittler (vgl. Abschnitt 3.2.7).

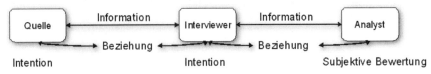

Abb. 3.13 Übermittlung von Informationen

Bewertung der Glaubwürdigkeit einer Information[19]

Die Bewertung der Glaubwürdigkeit einer Information kann nach dem in Tabelle 3.4 aufgeführten Schema erfolgen. Wird der Wahrheitsgehalt einer Information über alle Zweifel hinweg als glaubwürdig eingestuft, da sie z.B. durch weitere, unabhängige Quellen bestätigt werden kann, so erhält die Aussage die Bewertung 1 („bestätigt"). Ist der Wahrheitsgehalt weniger zuverlässig, so erfolgt eine Abstufung bis hin auf 4 („unwahrscheinlich").

Tabelle 3.4 Glaubwürdigkeitsranking einer Information

1 – Bestätigt durch weitere Quellen
2 – Vermutlich wahr
3 – Zweifelhaft
4 – Unwahrscheinlich
5 – Glaubwürdigkeit nicht bekannt

Es ist offensichtlich, dass Informationen, die als „zweifelhaft" oder „unwahrscheinlich" eingestuft werden, anders behandelt werden müssen als „bestätigte" oder „vermutlich wahre" Informationen. Sofern die Informationsinhalte, die als „zweifelhaft" oder „unwahrscheinlich" angesehen werden, wesentlich für die angestrebte Analyse sind, muss die Glaubwürdigkeit der Information durch weitere Informationen abgesichert werden. Entsprechend sind neue CI-Recherchen durchzuführen. Ist eine direkte Bestätigung einer Aussage nicht möglich, so kann es sinnvoll sein zu versuchen, komplementäre Aussagen zu widerlegen (um dadurch indirekt die ursprüngliche Aussage zu bestätigen; vgl. Abschnitt 1.2.3).

Bei einigen „proprietären" Informationen wird dies nicht möglich sein, da per definitionem nur wenige Personen über die Informationen verfügen. In diesem Fall steht der CI-Manager vor der kritischen Frage, inwieweit eine Information, die nicht bestätigt werden kann, trotzdem in der weiteren Analyse verwendet werden soll. Letztlich helfen hier nur Sach- und Menschenkenntnis sowie die richtige Urteilskraft (vgl. von Clausewitz, Eingangszitat Abschnitt 3.2.12). Dabei können Überlegungen bzgl. der Plausibilität von Aussagen und der Quellenzuverlässigkeit förderlich sein: Erweist sich eine Aussage als nicht plausibel und/oder stellt sich eine Quelle als unzuverlässig heraus, muss von einer geringen Glaubwürdigkeit der Aussage ausgegangen werden. Erweist sich eine Aussage als plausibel und wird die Quelle der Information als zuverlässig eingeschätzt, sind zwar notwendige, aber keine hinreichenden Bedingungen für die Gültigkeit der

---

[19]   Sinngemäß gelten die hier getätigten Aussagen auch für allgemeine Quellen (Printmedien, Internet, Marktforschungsberichte etc).

Aussage erfüllt, d.h. auch in diesem Fall kann die Glaubwürdigkeit der Information nicht mit absoluter Sicherheit vorausgesetzt werden.

1. Plausibilität der Aussagen

Ist die Plausibilität des geschilderten Sachverhaltes gegeben? Sie ist nicht zu verwechseln mit der Wahrscheinlichkeit, dass ein Sachverhalt richtig ist. Auch ein als „äußerst unwahrscheinlich" bewerteter Sachverhalt kann ohne weiteres plausibel sein. Plausibilität beschreibt, ob die Möglichkeit besteht, dass die getätigte Aussage richtig ist. Diese Überlegung wird z.B. bei der AKH (vgl. Abschnitt 6.2.3) durchgeführt. Der Plausibilitätscheck kann nur mit Hilfe weiterer Informationen, über die der Analyst verfügt, durchgeführt werden.

2. Quellenzuverlässigkeit

Um die Quellenzuverlässigkeit zu überprüfen, kann der CI-Analyst ein Quellenprofil erstellen (vgl. Abschnitt 5.2.11). Hierbei sollte er folgende Fragen klären:

- Wer ist der Kontakt (Funktion, bisheriger Werdegang)? Welche Folgerungen lassen sich hieraus ziehen?
- Wie ist er in den hinterfragten Recherchegegenstand involviert?
- Wie groß sind Sachverstand und Erfahrung?
- Welche Intentionen und Interessen hat er, die Information weiterzugeben?
- Welchen Zugang hat er zu Experten, die ggf. der Ursprung seines Wissens sein können?
- Welches Interesse hätte der Kontakt, bewusst Falschinformationen zu verbreiten?
- Wie wurde die Glaubwürdigkeit der Quelle in der Vergangenheit eingestuft?

Handelt es sich bei dem Kontakt um Personen des öffentlichen Lebens, so kann mit relativ geringen (Sekundär-)Recherchen ein Profil (vgl. Abschnitt 5.2.11) erstellt werden, um diese Fragen zu klären. Bei weniger bekannten Personen (und bei Zeitmangel) ist der CI-Manager auf sein Fingerspitzengefühl und die Menschenkenntnis des Informationsübermittlers angewiesen, der eine Beurteilung der Quellenglaubwürdigkeit durchführt.

Normalerweise wird eine Quelle nur dann als glaubwürdig eingeschätzt, wenn sie kompetent und motiviert ist (Intention und Interessenlage), korrekte Angaben zu machen. In Ausnahmefällen kann eine Quelle eine Information auch aufgeschnappt und weitergetragen haben, ohne die eigentlichen Sachverhalte selbst beurteilen zu können. Durch eine Analyse der Gesprächssituation, bei der die Aussagen getroffen wurden, erfolgt eine Einschätzung, ob eine Fehlinformation (bewusst oder unbewusst) vorliegen kann.

Selbst wenn die Quelle über die notwendige Kompetenz und das erforderliche Know-how verfügt, ist nicht sichergestellt, dass ihr Wissen auch richtig weitergegeben wird. Aus verschiedenen Gründen könnte die Quelle falsche Sachverhalte von sich geben (z.B. Verkürzung der Konversation, Eingehen auf das Wunschdenken des Gesprächspartners, Verwechslung von Begriffen und/oder Zahlen, Irrtum bei Wiedergabe eines Sachverhaltes, Zeitmangel, Gesprächstaktik etc.). Weiterhin könnten Missverständnisse zwischen Quelle und Informationsübermittler bestehen.

Beispiel

Abbildung 3.14 zeigt eine Erfassungsmaske für Informationen, die gleichzeitig auch eine Bewertung der Glaubwürdigkeit einer Information zulässt (im Beispiel eine fiktive HUMINT-Quelle).

Da auch Informationen über die Kontaktperson vorliegen (hier der für das Unternehmen ALPHA zuständige Gatekeeper Dr. Hummerl), kann eine Dokumentation der Zuverlässigkeit dieser Kontaktperson vorgenommen werden. Die eigentliche Information ist als Volltext (vgl. Abbildung 3.14) unter dem angegebenen Pfad abgelegt (und kann ggf. durchsucht werden). Hintergrundinformationen über die eigentliche Quelle der Mitteilung sind in diese Maske aus Vertraulichkeitserwägungen nicht aufgenommen, müssten also erst über die genannte Kontaktperson erfragt werden.

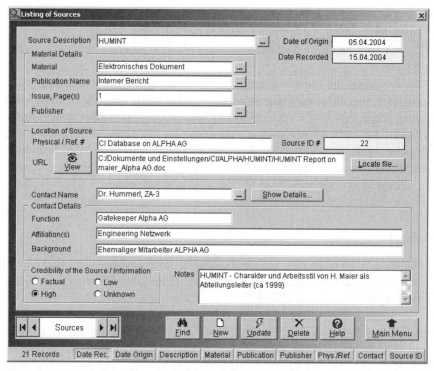

Abb. 3.14 Beispiel für eine HUMINT-Erfassungsmaske mit Bewertung der Glaubwürdigkeit (Software „Strategy!")

Analyse der Zuverlässigkeit des Informationsübermittlers

Neben einer Beurteilung der Glaubwürdigkeit von Quellen ist auch eine Beurteilung der Zuverlässigkeit der Person, die die Nachricht übermittelt, notwendig. In Analogie zu Tabelle 3.4 kann eine Bewertung gemäß folgender Tabelle durchgeführt werden:

Tabelle 3.5 Beurteilung der Zuverlässigkeit eines Informationsübermittlers

A – Absolut zuverlässig
B – Bedingt zuverlässig
C – Zuverlässigkeit schwankt
D – Unzuverlässig
E – Zuverlässigkeit unbekannt

Eine hohe Zuverlässigkeit des Übermittlers ist eine notwendige, aber nicht hinreichende Voraussetzung dafür, dass die übermittelten Informationen weiterverwendet werden können. (Möglichkeiten, Unsicherheiten zu quantifizieren, werden in Abschnitt 2.3.3 diskutiert.) Nach Projektabschluss bzw. bei den begleitenden Projektreviews sollten die folgenden Aspekte berücksichtigt werden:

- Als wie zuverlässig haben sich Übermittler und Quellen letztlich erwiesen? Eine CI-Quellendatenbank lebt insbesondere bei menschlichen Quellen von historischen Rankings, wobei die historische Zuverlässigkeit eines Übermittlers bzw. einer Quelle nicht zwangsläufig mit der zukünftigen korreliert, aber es wächst zumindest das Vertrauen. Andererseits können kontinuierlich unglaubwürdig berichtende Informationsübermittler bei zukünftigen CI-Erhebungen vernachlässigt werden.
- Bei kontinuierlichen Kontakten (z.B. aus unternehmensinternen Netzwerken) kann im Nachhinein eine Bewertung des Informationsübermittlers stattfinden, indem überprüft wird, ob die berichteten Sachverhalte auch tatsächlich eintraten. So kann über einen längeren Zeitraum hinweg die Zuverlässigkeit erfasst und als Auswahlkriterium für zukünftige Recherchen verwendet werden. Neue Informationen, die durch den Übermittler gemeldet werden, können somit entsprechend (vor-)qualifiziert werden.

Es ist jedoch zu beachten, dass auch ein in der Vergangenheit stets zuverlässiger Informationsübermittler Gerüchten erliegen oder gezielt mit Falschinformationen versorgt werden kann. Ebenso könnte ein sonst eher zweifelhafter Übermittler zufällig an eine glaubwürdige Information geraten. Es obliegt daher der Erfahrung und dem Fingerspitzengefühl des zuständigen CI-Analysten, die Zuverlässigkeit des Übermittlers realistisch zu bewerten.

Diese Zuverlässigkeitsbeurteilung des Übermittlers wird zweckmäßigerweise in das Datenblatt der (Netzwerk-)Kontakte eingetragen.

Anmerkungen:
- Im Allgemeinen korreliert die Überzeugung eines Informationsübermittlers, eine glaubwürdige Nachricht übermittelt zu haben, *nicht* mit der Glaubwürdigkeit der Information (vgl. Tabelle 2.2)! Die Bewertung der Informationsglaubwürdigkeit sollte daher *nie allein* durch den Übermittler der Information erfolgen, sondern immer auch durch mindestens einen neutralen, unbeteiligten Analysten.
- Zuverlässigkeit und Glaubwürdigkeit, wie in diesem Kapitel behandelt, sind nicht mit der Unsicherheit einer Aussage zu verwechseln (vgl. Abschnitt 2.3.3). Auch eine seriöse Quelle wird mutmaßen oder spekulieren, wenn quantitative Angaben gemacht werden sollen („Mind Games"). Sie sollten entsprechend verbal oder mittels Angabe einer Aussagewahrscheinlichkeit gekennzeichnet werden (vgl. Tabelle 2.1). Beispiele für das Reporting von Aussagen sind in Tabelle 3.6 aufgeführt.

Beispiel:

Die Information „Wettbewerber X plant den Abbau von 30 Arbeitsplätzen" kann als „A1" (vgl. Tabellen 3.4 und 3.5) bewertet werden, wenn sowohl der Inhalt durch weitere Quellen bestätigt wurde als auch der Übermittler als glaubwürdig eingestuft werden kann. Diese Information mit „D2" oder „A4" bewertet, würde zu einer eingeschränkten weiteren Verwendung führen. Sie könnte z.B. eine interne Politik unterstützen oder tatsächlich geplant, später aber wieder fallen gelassen worden sein.

3.2.13 CI-Zyklus, Schritt 5: Analyse und Interpretation

> Es ist im Grunde nicht schwierig, eine Reihe von Schlüssen zu ziehen,
> deren jeder sich vom vorhergehenden ableitet und an sich unkompliziert ist.
> Wenn man nach diesem Vorgehen nun einfach alle Zwischenschritte
> überspringt und seinen Zuhörern nur den Ausgangspunkt und
> die Lösung präsentiert, lässt sich eine verblüffende Wirkung erzielen,
> die allerdings nach Effekthascherei aussehen mag.
>
> Sherlock Holmes
> Romanfigur des engl. Schriftstellers A.C. Doyle (1859-1930)

Die CI-Analyse beinhaltet die Interpretation der aufbereiteten Informationen (vgl. Abschnitt 3.2.11) mit Blick auf die Aufgabenstellung. Ziel der Analyse ist es, eine Antwort auf die Fragen (KIQ) der Intelligence-Nutzer zu finden. Hierbei ist eine verteidigbare Position für die Entscheider aufzubauen (Schlussfolgerungen aus Hypothesen, Empfehlungen, Prognosen). Darin liegt häufig sicherlich der komplizierteste und herausforderndste Schritt des CI-Zyklus. Die „Analyse-Handschrift" ist die Visitenkarte des CI-Analysten: Professionalität und Integrität werden spätestens bei diesem Schritt ersichtlich!

Grundsätzliche Vorgehensweise bei allen Analyseverfahren ist die Verwendung eines analytischen „Frames" (Analysekonzepte, vgl. Tabelle 5.1.). Dieser ermöglicht es, die Daten strukturiert und aussagekräftig zu modellieren und damit im Sinne der Aufgabenstellung zu interpretieren. Erst durch diesen Arbeitsschritt entstehen die benötigte Intelligence und damit der von Entscheidern benötigte Mehrwert der CI. Da CI-Aufgaben selten repetitiv sind, ergibt sich die Notwendigkeit, verwendete Analysekonzepte immer wieder auf ihre Effizienz hin zu überprüfen und ggf. neue Verfahren zu verwenden. Mag auch die Anwendung eines Konzeptes „nur" ein bestimmtes Methoden-Know-how voraussetzen, so ist die Wahl des „richtigen" Ansatzes meist schon ausschlaggebend für den späteren Analysenutzen. (In Kapitel 5 werden grundlegende und in Kapitel 6 fortgeschrittene Analysekonzepte vorgestellt.)

Das Ergebnis einer Analyse ist in verständlicher Form zu präsentieren (vgl. Abschnitt 3.2.14), kein einfaches Unterfangen, bedenkt man die kurzen Präsentationszeiten und (teils) geringen Kenntnisse der Entscheider von Analyseverfahren und zugrunde liegenden Informationen.

Checkliste: Die Hauptaufgaben des CI-Teams während Analyse und Interpretation

- Erstellen der benötigten Analysen zur Beantwortung der KIQs
- Identifikation von neuen Themen (Querdenken, vorhandene Denkmuster und mentale Modelle in Frage stellen)
- Interpretation der Analysen mit Blick auf die Ausgangssituation und die anstehenden Entscheidungen
- Dokumentation der zugrunde liegenden Annahmen und der verwendeten Analyseverfahren
- Dokumentation der durchgeführten Analysen, inkl. Herleitung der Schlussfolgerungen
- Rückblickende Dokumentation der Erfahrungen beim Einsatz der verwendeten Analyseverfahren (Nutzen, Effizienz, Verständlichkeit für Nutzer, vorhandene Informationsbasis bei Analyseerstellung)

3.2.14 CI-Zyklus, Schritt 6: Berichterstellung und Reporting

„You need to understand that I don't have enough time to do my job. I don't have time for academic stuff. Combine my lack of time and a feeling that I know it all and you have a tough sales call to make. So, how do I like to get intelligence? I like to get it fast and like to understand the facts. Facts can be a lot of things. They can be analytic evaluation of cost structure, market research, or what the salesperson tells you. Every time I am listening to someone, I have one question going through my mind – so what? When you call on me, within one minute I am starting to form conclusions about whether I want to keep talking to you or not.
So **I want it fast, I want it factual, I want it integrated**.
Please don't come out of a wheelbarrow and say, "Hey look what I got! I got all these jigsaw puzzles parts", and dump them down on my carpet and sit there and try to guess with me what sort of picture it makes. Please put the puzzle together before you see me. I want it actionable, too. That's interesting, so what? You don't need to make cosmic predictions. You've gone out, you've collected information, you've reflected, and your view is that we are 95% right in what we are doing. But there's a little course correction we could make."

Kevin Sharer
Executive Vice President, MCI Communications Corporation
(zitiert aus Bernhardt 1994)

Der letzte Schritt im Intelligence-Zyklus besteht in der Berichterstellung und Präsentation für die CI-Nutzer. Die Bedeutung dieses so genannten „Reporting" wird häufig falsch eingeschätzt. Gute Intelligence wird z.B. nur dürftig präsentiert, womit die Wertschätzung und Glaubwürdigkeit der Intelligence bei den Empfängern leidet. Im anderen Extrem wird Reporting stark überbewertet: Aufwendige, meist mit reichhaltigem Layout erstellte Placebo-Berichte werden an möglichst viele „Leser" weitergereicht – ohne den individuellen Intelligence-Bedürfnissen Rechnung zu tragen und eine Informationsbasis und eine Analysetiefe vorzuweisen, die über vorhandenes Wissen der Empfänger hinausgeht. Im günstigsten Fall werden diese Berichte einfach ignoriert, im ungünstigsten Fall wird der CI-Gedanke in Misskredit gebracht und damit eine erfolgreiche CI-Implementierung im Unternehmen in Frage gestellt.

„Reporting" kann in zahlreichen Formaten, Stilen und Medien erfolgen[20]. Sinnvollerweise sollte sich der CI-Manager anhand einer Berichtspyramide (vgl. Abbildung 3.15) ein Konzept für sein Reporting erstellen[21]: Wer braucht wie oft welche Intelligence(-Reports)?

---

[20] Jedes Unternehmen hat seine eigenen Standards des internen Berichtswesens. Die CI-Reports sollten sich so weit wie möglich an diese bewährten Formate anlehnen.

[21] Bei Verwendung eines Standard-CI-Softwaretools lassen sich zahlreiche Berichtsvorlagen finden. In diesem Buch werden exemplarisch einige der 150

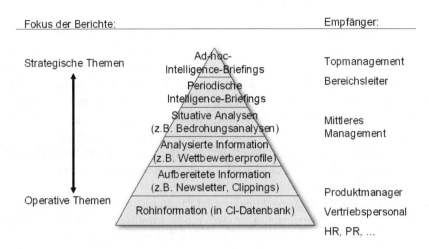

Abb. 3.15 Berichtspyramide (entwickelt aus Bernhardt 1994)

> Der eingangs zitierte, fordernde „I want it fast and factual"-Entscheider ist der Schlüssel zum Erfolg. Nur wenn der CI-Manager es schafft, einen solchen Kunden zufrieden zu stellen, wird CI in einem Unternehmen akzeptiert.

Empfehlenswert ist, mit wenigen Routineberichten zu beginnen, und sobald diese etabliert sind, mit wachsender Nachfrage sukzessive das Reporting-Angebot zu steigern. Reports müssen keineswegs nur schriftlich vermittelt werden: Direkte Präsentationen ermöglichen meistens einen intensiven Gedankenaustausch und erleichtern den unmittelbaren Bezug zu einer Entscheidungssituation. Eventuelle Bedenken können sofort geäußert und Feedback kann eingeholt werden.

Checkliste: Die Hauptaufgaben des CI-Teams während des Reportings

- Umsetzung von Analyseergebnissen in einen an den Bedürfnissen der Empfänger ausgerichteten Report
- Verteilung/Präsentation der Berichte
- Einholen von Feedback und Klärung von Fragen
- Dokumentation und Archivierung der Reports

Standardberichte der CI-Software „Strategy!" verwendet (vgl. Abschnitt 9.4.1).

Richtlinien für das CI-Reporting

- Jeder *Intelligence-Bericht* ist eine Visitenkarte der CI-Abteilung: Form und Inhalt sollten im Einklang mit der Bedeutung der CI für das Unternehmen stehen. Faustregel für die Aufwandsabschätzung: Für jede Stunde Analysetätigkeit ist eine weitere Stunde Reporterstellung notwendig.
- Jeder Bericht muss mit Vermerken über *Bearbeitungsstatus* (Entwurf, Vorlage etc.), Erstelldatum, Autor, Anlass, Dokumentenname und Verteiler versehen sein. Vertrauliche Berichte, die vom Empfänger nicht weitergereicht und/oder kopiert werden dürfen, sind pro Exemplar mit eindeutigem Wasserzeichen (z.B. durchlaufende Drucknummer) zu versehen und zu verteilen[22].
- *Berichtsinhalt, Stil, Sprachniveau* und *Empfehlungen* richten sich immer an den Empfängern aus. Der *Stil* eines Intelligence-Berichtes sollte sachlich und direkt sein. Ein technischer Detailbericht, der Vorzüge eines Wettbewerberproduktes aufzählt, mag für den Leiter der Entwicklung verdaubar sein, ist aber vermutlich für den Leiter des Controllings nur unverständliches Kauderwelsch. Für Letzteren sind lediglich die Schlussfolgerungen interessant.
- Das *Berichtsformat* muss zweckdienlich sein, d.h. der Leser sollte auf den ersten Blick erkennen, welchen Reporttyp er zu welchem Anlass vor sich hat[23].
- Die *Berichtsgliederung* sollte einen schnellen Einstieg und ein einfaches Navigieren im Bericht erlauben. In Analogie zu gut recherchierten Zeitungsartikeln[24] ist es sinnvoll, zuerst eine treffende Überschrift, anschließend eine zusammenfassende Analyse (was kann der Leser von dem Be-

---

[22] Die Weiterleitungsfunktion in einer E-Mail-Software ermöglicht es, in Bruchteilen einer Sekunde Dokumente an einen umfangreichen Verteiler zu übermitteln. Entsprechend vorsichtig und restriktiv sollten vertrauliche Berichte auf elektronischem Weg versandt werden: Je weiter die Dokumente verteilt werden, umso größer die Wahrscheinlichkeit einer ungewollten oder irrtümlichen Weitergabe! Ebenso sind elektronische Dokumente auf PCs durch Hackerangriffe gefährdet (vgl. Abschnitt 8.3). Eine starke Distribution führt zu einer hohen Gefährdung durch PC-Angriffe. Papier hat als Medium für CI-Berichte allein aufgrund dieser Problematik noch nicht ausgedient.

[23] Leider hat sich die Unsitte von Powerpoint-Reports in vielen Unternehmen ausgebreitet. So geeignet diese Reports als zusammenfassende Kurzpräsentationen sein mögen, so ungeeignet sind sie für eine substantielle, dokumentierende Berichterstattung.

[24] Vgl. Hintergrundberichte aus dem Economist (www.economist.com) der FAZ (www.FAZ.net) oder strategische Analysen (Intelligence-Brief) wie z.B. von Stratfor (www.stratfor.com).

richt erwarten?), dann erst den eigentlichen Hauptteil und schließlich Anhänge vorzustellen. So kann der Empfänger gleich zu Beginn erkennen, ob sich die weitere Lektüre lohnt bzw. für wen in seinem Umfeld der Bericht interessant sein könnte.

- Insbesondere bei *komplexen Zusammenhängen* (d.h. zahlreichen Themen/Perspektiven/Spekulationen) sollte der Bericht durch ein plausibles, in sich konsistentes Gedankengebäude darüber Aufschluss geben, wie der Analyst zu seinen Folgerungen gekommen ist.

- Wird *unsichere Information/Intelligence* berichtet, so ist möglichst eine Unsicherheitsquantifizierung vorzunehmen und Konfidenzintervalle sind anzugeben. Statt „das Marktwachstum wird im nächsten Jahr vermutlich nicht mehr als 1,5% betragen", ist die Angabe „erwartetes Marktwachstum: 1,5% +/- 0,5%" aussagekräftiger.

- Die *Quellen*, auf denen der Bericht basiert, sind zu beschreiben (Typ, Glaubwürdigkeit, Bezug zum Thema, Art der Kontakte) und zu bewerten (vgl. Abschnitt 3.2.12), um dem Leser ein Gefühl für Brisanz und Relevanz der berichteten Informationen zu vermitteln. Bei vertraulichen Quellen ist eine Verschlüsselung der Quellenbezeichnung vorzunehmen.

- Eine gute *Visualisierung* hilft, komplexe Sachverhalte einprägsam zu vermitteln. „Ein Bild sagt mehr als tausend Worte" gilt besonders für kurz und bündig abzufassende Berichte. Ist ein Empfänger erst einmal mit einer bestimmten graphischen Darstellungsmöglichkeit vertraut, kann hierauf aufbauend eine konkrete Interpretation der Erkenntnisse erfolgen. Bei jedem Report-Update kann so z.B. eine konsistente Markt- und Wettbewerbsdarstellung vorgenommen werden (vgl. Visualisierungsbeispiele in Kapitel 5 und 6). Zudem sollten Graphiken und Bilder eine Bezeichnung erhalten, die prägnant die zu vermittelnde Aussage zusammenfasst.

- Eigene *Schlussfolgerungen/Empfehlungen* sind deutlich von Aussagen Dritter zu trennen. Der Leser kann so einzelne Folgerungen direkt ablehnen/kommentieren, ohne den gesamten Bericht abzulehnen.

- Beschränken Sie den *Empfängerkreis* so weit wie möglich. Meist liegen jedem Entscheider schon ohne Intelligence-Berichte Unmengen an (Roh-) Informationen zur Bearbeitung vor. Für spezifische Intelligence-Berichte ist es sinnvoll, „minimale" Verteiler zu erstellen: Wer braucht wirklich diese Art von Intelligence? Holen Sie sich regelmäßig das Feedback der Leser mit Vorschlägen für weitere Empfänger der Berichte und Themen ein, damit sich Intelligence-Angebot und -Nachfrage einpendeln können.

- Intelligence-Berichte sind keine „*Denksportaufgaben*". Nur weil der Analyst einer verzwickten Sache auf die Spur gekommen ist, muss ein

Empfänger noch kein Verständnis für eine detaillierte Beschreibung der einzelnen Irrungen und Wirrungen bei Datenerhebung und Analyse aufbringen. Ein Entscheider braucht Hilfe bei der Lösung seiner Aufgaben – nicht zusätzliche Problemstellungen. Die Akzeptanz eines Berichtes steigt mit dem Nutzen für den Entscheider. Dieser Nutzen muss regelmäßig hinterfragt werden.

- *Handlungsempfehlungen*, die auf einem logischen, nachvollziehbaren Konstrukt basieren, sind der Schlüssel zum CI-Erfolg!
- Auch wenn die Versuchung, Rohinformationen weiterzureichen, groß ist – außer Bibliothekaren werden sich kaum dankbare Abnehmer finden. Sollten Rückfragen zu „Originaldokumenten" kommen, so können diese immer noch mit vertretbarem Aufwand nachgereicht werden.
- Es empfiehlt sich, strikt zwischen „*Push*"- und „*Pull*"-Berichten zu unterscheiden: Push-Reports gehen an einen Verteiler, der informiert werden muss (d.h. es steht eine Entscheidung an oder es sind Maßnahmen zur Abwehr von Gefahren/Risiken zu treffen). Sie sollen helfen, „Blindspots" zu verhindern, d.h. einer selektiven Informationsauswahl der Empfänger entgegenwirken. Pull-Berichte dagegen werden von den CI-Nutzern verlangt und sind somit individuell auf die Belange des Anfordernden auszurichten.
- *Eskalationsprozeduren* müssen vor Berichterstellung definiert und dokumentiert werden (vgl. Abschnitt 7.3.6). Was muss beim Eintreten vorab definierter Situationen geschehen? Wer ist zu benachrichtigen, wenn ein Entscheider nicht erreichbar ist? Bis wann muss wer informiert sein?
- Eine *Archivierung* der Berichte ist eine notwendige Pflichtübung! Auch wenn die Halbwertszeit der Dokumente teils nur bei wenigen Wochen liegen mag, lohnt es sich, Intelligence auch später noch im Zugriff zu haben. Zudem werden Grundlagen für die Performance-Messung der CI-Abteilung benötigt (vgl. Abschnitt 7.3.8).
- Es hat sich bewährt, als Vorbereitung einer CI-Präsentation oder eines CI-Berichts den „*So what*"-Test[25] durchzuführen: Innerhalb der CI-Gruppe findet ein Trockenlauf der Präsentation statt oder ein Entwurf des CI-Berichtes wird diskutiert. Bei diesem Treffen sollten nach Möglichkeit Vertreter der Intelligence-Empfänger (z.B. Assistenten) teilnehmen und die Erkenntnisse bewerten und kritisch hinterfragen. Jedes „So what" ist ein Indikator für eine unspezifische, nicht relevante oder nicht aktuelle Information, die ggf. nicht verwendet oder in einem anderen Kontext präsentiert werden sollte.

---

[25]   Vgl. Eingangszitat zu Abschnitt 3.2.14: „So I want it fast, I want it factual ...".

Gliederung eines CI-Berichtes

Zusammenfassung:
Welche Schlussfolgerungen und daraus abgeleiteten Handlungsempfehlungen für das eigene Unternehmen ergeben sich?
Ausgangssituation („Lage"), insbesondere Relevanz, d.h. Anlass und Bedeutung des Berichtes für das eigene Unternehmen. Was gibt es zu berichten? Warum sollte ein Empfänger diesen Bericht lesen?

Analyse:
Welche Erkenntnisse resultieren aus den durchgeführten Analysen? Welche Ziele bzw. strategischen Initiativen des eigenen Unternehmens lassen sich in dieser Sache ableiten (z.B. Marktanteil pro Marktsegment, Applikation, Region, Technologie)? Was wurde (bisher) unternommen, z.B. um Informationen zu erheben?

Handlungsempfehlungen:
Wie kann das eigene Unternehmen seine Ziele unter den analysierten Randbedingungen (derzeit und zukünftig) erreichen? Welche Wettbewerberaktionen und -reaktionen sind zu erwarten? Welche technologischen Entwicklungen sind berücksichtigt?

Anhang:
Worauf basieren die beschriebenen Einschätzungen von Markt und Wettbewerb? Hier können Einzelheiten der Datenlage, der Analysemethoden und der Hypothesenvalidierung (z.B. AKH) beschrieben werden.

Beispiele für CI-Berichte

> Offenbar gibt es auch in der Kommunikation eine Art Unschärferelation: Übersichtlichkeit und Genauigkeit schließen einander aus. These: Das Produkt aus Exaktheit und Verständlichkeit einer Arbeit ergibt eine Konstante.
>
> Hans-Peter Beck-Bornholdt und Hans-Hermann Dubben
> Deutsche Radiologen und Buchautoren

Je nach Dringlichkeit, Intention und Inhalt werden unterschiedliche Berichte (die so genannten Intelligence-Produkte) angefertigt (vgl. Abbildung 3.15). Zu den Standardberichten sollten aktuelle Wettbewerberprofile (Push und Pull) sowie ein Chancen/Risiken-Bericht (vgl. Abschnitt 6.1.7) gehören. Wird vertriebsunterstützende Intelligence von der CI-Abteilung bereitgestellt, so sollten Produktbenchmarks, Win/Loss- und SWOT-Analysen zum Reportumfang gehören.

Je nach durchgeführter CI-Analyse (vgl. Kapitel 5 und 6) ergeben sich spezifische Berichte. Diese Beispielsberichte sind in den angegebenen Kapiteln aufgeführt.

Newsbulletin/Newsletter

Zu den Klassikern der CI-Berichte zählt die elektronische Version der Clippings (Ausschnitte)[26]. Der Mehrwert dieser Newsbulletins liegt

- im Vorselektieren und Zusammenfassen aktueller Nachrichten und Erkenntnisse,
- in der Kategorisierung der Nachrichten in bestimmte Rubriken (z.B. Regionen, Produkte, Industrien),
- in der kommentierenden Analyse (Was bedeutet diese Nachricht für das eigene Unternehmen? In welchem Bezug steht eine Nachricht zu früheren Nachrichten und Erkenntnissen? Warum ist die Nachricht z.B. relevant für laufende strategische Initiativen des eigenen Unternehmens?).

Zeitgemäß werden Newsbulletins per E-Mail verschickt und auf Intranetseiten archiviert (z.B. im Rahmen eines CI-Portals; vgl. Abbildung 3.16 als Beispiel für ein einfaches Nachrichtenportal und Abbildung 7.20 als Beispiel für ein kommentiertes Nachrichtenportal).

Um das Lesen der Bulletins zu erleichtern, empfiehlt sich, nur die Zusammenfassungen und Kommentare in das Hauptdokument aufzunehmen, während Volltexte per Hyperlink dem interessierten Leser zur Verfügung gestellt werden. Es sind etliche News Alerts[27] und Monitoring-Softwareprodukte verfügbar, durch die die Erstellung der internetbasierten Clippings automatisiert werden kann.

Durch Integration von Response-Elementen in den Newsletter soll der Leser animiert werden, eigene Kommentare zu den Meldungen zu schreiben oder Fragen zu stellen. Mit der Möglichkeit, Zugriffsstatistiken in einem Intranetportal zu erheben, kann eine CI-Abteilung sehr genau messen, welche Meldungen z.B. im Volltext angesehen werden, folglich eine hohe Relevanz besitzen oder zumindest neugierig machen[28].

---

[26] Bedauerlicherweise endet hiermit auch schon das Berichtswesen etlicher CI-Abteilungen (vgl. Umfrageergebnisse in Abschnitt 1.1.2).

[27] Vgl. Listing unter www.competitive-intelligence.com.

[28] Im Rahmen des Newsletters kann eine CI-Abteilung auch auf interne Veranstaltungen (z.B. anstehende CI-Schulungen) und abgeschlossene Studien/Projekte hinweisen.

Abb. 3.16 Fiktives Beispiel für ein CI-Intranet-Portal mit Alerts und Archiv (Software „IntoAction!")

Intelligence-Update-Bericht

Der Intelligence-Update-Bericht wird bei längeren CI-Initiativen und -Projekten verwendet, um Beteiligten den aktuellen Sachstand des Projektes zu präsentieren. Er wird meist periodisch oder zu Meilensteinterminen erstellt.

Inhalt:

- Zweck des Berichtes
- Fortschritt (Abdeckung der Aufgabenstellung derzeit und vermutete Abdeckung bei Projektende)
- Ressourcensituation (Personal, Budget)
- Highlights der neuen Erkenntnisse, insbesondere falls die ursprüngliche Zielsetzung des Vorhabens beeinflusst wurde
- Besondere Probleme/Hindernisse, die aufgetreten sind und die weiteren Recherchen beeinträchtigt haben
- Empfehlungen für die weitere Vorgehensweise

Situationsanalyse/Briefing

Dieser Bericht gibt eine Übersicht über den aktuellen Kenntnisstand zu einem spezifischen Thema.

Typische Inhalte einer Situationsanalyse:

- Was ist über die neue Produktentwicklung eines Wettbewerbers bekannt? Welche Chancen haben wir in der aktuellen Ausschreibung?
- Welche Auswirkungen hat der kürzlich angekündigte Merger zweier Wettbewerber auf das eigene Unternehmen?

Der Bericht wird bei Bedarf oder periodisch an die Beteiligten bzw. Betroffenen verteilt.

Inhalt:

- Zweck des Berichtes
- Ausgangspunkt der Analyse (Was wurde hinterfragt?)
- Aktueller Informationsstand (Quellen, Inhalte, Materialien, Abschätzung der Glaubwürdigkeit)
- Analyse der Informationen und deren Auswirkung auf die Fragestellung (meist AKH-Analyse)
- Besondere Probleme/Hindernisse, die eine weitere Datenerhebung beeinträchtigen könnten
- Empfehlungen für die weitere Vorgehensweise und einzuleitende Maßnahmen

Beispiel einer strategischen Situationsanalyse:

Neue Aktivitäten der ALPHA AG im Feststofffilter-Markt in Europa

Zusammenfassung:
Unsere Bemühungen, im europäischen Feststofffilter-Markt auch außerhalb unserer traditionellen Zielsegmente Marktanteile zu gewinnen (vgl. Strategische Vertriebsplanung vom Nov. 2003), könnte durch die potenzielle Einführung eines neuen Flüssigkeits-Festtofffilters[29] der ALPHA AG gefährdet werden. Das hierbei verwendete Filterkonzept könnte durch seine langen Wartungsintervalle unseren Flüssigkeitsfilterkonzepten überlegen sein. Es liegen erste Hinweise vor, dass insbesondere die Getränke- und Lebensmittelindustrie Akquisitionsziel von ALPHA sein könnte.

---

[29] Vgl. Bericht Technisches Benchmarking 2003-172 „Wettbewerbsfilter mit Rotationsscheiben ab 2004 einsatzbereit" vom 17.11.2003.

Ausgangssituation:
ALPHA war bisher lediglich im Bereich der künstlichen Bewässerung in mediterranen und arabischen Ländern aktiv. Hierbei ist das von ALPHA verwendete Rotationsscheiben-Filterprinzip (vgl. Anhang A) durch hohe Durchflussvolumina und geringen Wartungsaufwand (Spülung, Mechanik, Abrieb) zweifelsfrei kostengünstig einsetzbar.

ALPHAs Filter gelten als „Arbeitspferde" (d.h. sie sind robust, anspruchslos, zuverlässig). Nachteilig sind die verfahrensbedingt minimal filterbaren Partikelgrößen. Da weder Aktivitäten in anderen Industrien noch Regionen angestrebt bzw. bekannt waren, galt ALPHA bisher nicht als direkter Wettbewerber unserer Produkte (vgl. Anhang B: Marktsegmentierung „Feststofffiltermarkt" vom 30.06.2003). Somit existiert weder ein Wettbewerberprofil in unserem CI-Archiv, noch wurden bisher Benchmarking-Tests im eigenen Labor mit ALPHA-Filtern durchgeführt.

Situationsanalyse:
Unsere Vertriebsoffensive 2004 ist u.a. auf die Getränke- und Lebensmittelindustrie ausgerichtet. Zum einen sollen vorhandene Filteranlagen durch unsere Neuentwicklungen ersetzt werden (Top 50 Key Accounts), zum anderen werden erstmalig Marktsegmente über neue Vertriebspartner angegangen. Beide Initiativen könnten durch einen leistungsstärkeren Filter von ALPHA zumindest gefährdet werden. Erste Abschätzungen ergeben ein Abwanderungspotenzial von 10% unserer Kunden bezogen auf unsere Vertriebsplanung (vgl. Anhang C mit einer Abschätzung der potenziellen Absatzgefährdung). Bei dieser Abschätzung wurde auch die kundenseitige Verunsicherung berücksichtigt, die allein durch die Ankündigung eines neuen Feststofffilterkonzeptes zu erwarten ist. – 2001 wurde der später gefloppte Filter von BETA mit PR-trächtigen Events in zahlreichen Key Accounts vorgestellt. Die Auswirkungen waren deutlich negativ für unseren Absatz.

ALPHAs Filter sind von uns bisher lediglich auf den internationalen Messen analysiert worden, einzelne Publikationen liegen in den einschlägigen Journalen vor. Wir haben ALPHA bisher als kleines, wenig ambitioniertes Unternehmen betrachtet. Uns liegen keine Wettbewerbsstrategieanalysen vor, direkte eigene Kontakte sind nicht bekannt. Derzeit haben wir weder ausreichende Informationen für eine technische Performance-Bewertung noch für eine Einschätzung von ALPHAs Intention (und damit dem Bedrohungspotenzial) vorliegen.

Handlungsempfehlung:
Die folgenden KITs sind zu klären:

1) Hat ALPHA tatsächlich einen neuen Filter entwickelt (neues Wirkprinzip) oder wurden lediglich die vorhandenen Filter verbessert? Möglich wäre auch ein Relaunch der vorhandenen Technologie, um neue Marktsegmente angehen zu können.

2) Sind ALPHAs neue Filter tatsächlich den hohen Anforderungen der europäischen Getränke- und Lebensmittelindustrie gewachsen (Reinheitsvorschriften, Zuverlässigkeit, Wartungsintervalle)?

3) Da wir derzeit davon ausgehen, dass ALPHA keinen Direktvertrieb und keine lokalen Servicestationen aufbauen kann (und will), sind potenzielle Distributoren zu identifizieren, die in D, F, NL für ALPHA aktiv werden könnten. Es ist zu klären, ob in diesen Märkten nicht schon eigene Kontakte vorhanden sind, die u.U. den Markteintritt ALPHAs verhindern oder zumindest erschweren könnten.

4) Falls der neue Filtertyp schon in Drittländern (USA?) verfügbar ist, sollte umgehend ein Exemplar über unsere Niederlassungen erworben und in unserem Labor getestet werden (Abrieb, Standzeiten, minimale Partikelkörnung, Zuverlässigkeit, maximale Durchflussvolumina).

Anhänge

Quellen-Update

Dieser Bericht dokumentiert aktuell eingehende Neuigkeiten (Rohinformationen) und informiert betroffene Gatekeeper und beteiligte CI-Teammitglieder. Eine erste Bewertung nach Relevanz und Eskalationsbedarf wird vorgenommen (vgl. Tabelle 3.6).

Da diese Darstellung einen vorläufigen Charakter hat, sind keine größeren Formatierungen notwendig. Wird ein Datenbanksystem zur Erfassung und Archivierung verwendet, so kann meist unmittelbar ein Bericht aus diesem System erstellt werden.

Tabelle 3.6 Reporting eingehender Informationen in chronologischer Reihenfolge

Lfd. Nr.	Berichts- datum	Quelle / Team	Glaubwür- digkeit der Information	Information	Auswirkung Eskalation
04-110	16.04.04	Dr. Beger (VL-41)	Glaubwürdig keit nicht bekannt	ALPHA plant Abbau von 30% der F&E-Mitar- beiter.	Könnte Rückzug aus Replikanten- markt bedeuten.
04–111	16.04.04	FAZ	Vermutlich wahr	Analysten er- warten Gewinn- einbruch bei ALPHA durch schwaches Aus- landsgeschäft.	Bestätigt unsere Liquiditätsana- lyse vom 01.03.04.
04-112	18.04.04	Dr. Hummel (VA-44)	Unwahr- scheinlich	ALPHA wird keine Patent- klage gegen BETA AG angehen.	Steht im Widerspruch zu 04-67!
04-113	19.04.04	ALPHA Website	Vermutlich wahr	Neue For- schungsgelder des BMF sind bewilligt.	Schon bekanntes Projekt? Könnte lediglich PR- Meldung für den Projektstart sein. Check mit Dr. Maibach (VL-42).

3.3 Praxisbeiträge

3.3.1 TEMIS SA: Wettbewerbsvorteile durch auf CI angewendetes Textmining[30]

von Prof. Dr. Alessandro Zanasi

Einleitung

In einer Welt, in der alle Organisationen dank des Internets "globale" Organisationen sind, können nur die Organisationen, die wesentliche Wettbewerbsvorteile haben, überleben und wachsen. Diese Wettbewerbsvorteile basieren auf der Fähigkeit, die Bedürfnisse des globalen Marktes zu erkennen, die sich aus einer Umwelt ergeben, welche aus Technologie, Organisationen (Unternehmen, Regierungen, Verbände), Menschen (Kunden, Bürgern, Arbeitnehmern) und ihren Meinungen, Handlungen und Produkten besteht. Nur wer es versteht, handlungsorientierte Intelligence zu gewinnen, indem Webseiten, E-Mails, Chat-Diskussionen und – ganz allgemein – öffentlich zugängliche Quellen analysiert und in Dokumente eingebracht werden, wird in der Lage sein, einen Wettbewerbsvorteil zu erringen und ihn zu wahren. Mit dem Textmining steht nun eine neue Technologie zur Verfügung, um diese Aufgabe zu bewältigen.

Das Problem

In unserem vorangeschrittenen Informationszeitalter existiert praktisch jede Information, der irgendeine Relevanz beizumessen ist (z.B. VIP-Statements, technologische Fortschrittsberichte, politische Entscheidungen, Kundenbeurteilungen, wissenschaftliche Erkenntnisse), irgendwo in elektronischem Format (Toffler 1993), in einer Online-Datenbank oder auf einer Webseite (die so genannten frei zugänglichen Quellen). Allerdings wird sie häufig von zu vielen anderen Informationen verdeckt.

Um automatisch die gesuchte Information in den Vordergrund zu rücken, gilt es, verschiedene Schwierigkeiten zu überwinden:

- Bearbeitung von Dokumenten verschiedener multimedialer Quellen, die in unterschiedlichen Sprachen und Formaten verfasst sind

---

[30] Übersetzung aus dem Englischen

- Erkennen von Synonymen (verschiedene Worte mit der gleichen Bedeutung) und Polysemen (gleiche Worte mit verschiedenen Bedeutungen)
- Reduktion der Komplexität und Gruppierung aller Dokumente nach vorab definierten Themengebieten
- Angabe einer groben Beschreibung, was die einzelnen Themen behandeln, mit Verweisen auf ihren Inhalt (z.B. Menge, Kontext)
- Erschließen von
  - Querverbindungen, die einen Überblick über zwischen den Themen bestehende Beziehungen, die Untenehmen und die zitierten Personen geben
  - Veränderungssignalen wie Verbindungen, Prognosen, Rechtsansprüchen
  - Namen und Aktionen von Markteinsteigern
  - verschiedenen Wissensniveaus
  - ...
- Entdecken und Extrahieren der spezifischen Gruppenmitglieder (Personen, Kunden, Bürger), ihrer in den Dokumenten ausgedrückten Gefühle und Probleme, Erkennen derer Ursachen, sofern sie ableitbar sind, und der Art der Probleme (technisch, finanziell, beziehungsbedingt)
- Berücksichtigen des spezifischen Kontextes, in den diese Probleme eingebettet sind.

Die Lösung: Die Textmining-Technologie

Mit dem Ziel, eine Textmining-Technologie zu entwickeln, die in der Lage sein sollte, die oben genannten Probleme zu bewältigen, wurde im Frühjahr 2000 die Temis SA (Text Mining Solutions) von einer Gruppe von Ex-IBM-Spezialisten mit Niederlassungen in Deutschland (Heidelberg), Italien und Frankreich sowie Partnern in einigen anderen Ländern gegründet.

Textmining stellt eine Erweiterung der Datamining(Zanasi et al. 1997)-Fähigkeiten auf unstrukturierte Daten dar.

Textmining (Zanasi 2003a) erlaubt:

- Schlüsselkonzepte aus Textdokumenten zu extrahieren und logische Beziehungen zwischen z.B. Firmennamen, M&As, VIP-Statements, Angestellten, Marktanteilen herzustellen
- inhaltsähnliche Dokumente zu gruppieren, wobei die Suchergebnisse in dynamisch generierte Kategorien einsortiert werden
- die Kategorisierung von Dokumenten durch Einsortieren in von Benutzern vordefinierte Kategorien
- den Inhalt von Dokumenten zusammenzufassen.

Temis bietet ein Tool für alle oben genannten Aufgaben (die Module Temis Insight Discoverer Extractor, Categorizer und Clusterer) in sieben (bald fünfzehn) Sprachen an sowie eine spezifische Web-Applikation für Intelligence (Online Miner), die über all diese Komponenten verfügt.

Textmining auf CI angewendet

Textmining für CI wurde von dem Autor bereits lange Zeit bei der IBM untersucht (Zanasi 1998; Zanasi 2000), anschließend bei Temis (Zanasi 2001a). Dort wurde entschieden, eine spezielle CI-Applikation (den Online Miner™) zu entwickeln, die tausende Dokumente untersuchen und analysieren kann.

Competitive Intelligence

Der Online Miner™ transformiert unstrukturiertes Datenmaterial, welches aus dem Internet oder anderen Quellen stammt, in ein Format, welches mathematisch bearbeitet werden kann. Dieser Prozess wird durch eine linguistische Analyse ermöglicht, die auf drei Basiskomponenten beruht:

1. einem Sprachmodul (sieben Sprachen, bald 15), das das grammatikalische Wissen beinhaltet, einen Satz in seine Basiskomponenten zu zerlegen,
2. einem generischen Wörterbuch (auch mit Idiomen), das um industriespezifische Wörterbücher erweitert werden kann,
3. einer "Skills Cartridge™", welche eine Textanalyse und das Extrahieren von Organisationsbegriffen für ein spezifisches Thema erlaubt. So ermöglicht z.B. die CI-Skills Cartridge™ die Aufdeckung so genannter Schwacher Signale, die u.U. Indikatoren für eine Änderung der Wettbewerbsumgebung sind. Auf diese Weise können zum einen zukünftige Aktivitäten (abgeleitet aus Verlautbarungen von Topmanagern, Partnerschaften, Allianzen oder Joint Ventures) und zum anderen typische (strategische) CI-Recherchegegenstände erhoben werden:

- Namen von Personen, Unternehmen und Orten (z.B. Mr. Bill Gates, Microsoft Inc., Seattle, USA)
- Mehrwort-Begriffe (z.B. Asset Liability Management, British Telecom)
- Abkürzungen (z.B. ALM für Asset Liability Management; BT für British Telecom)
- Beziehungen (z.B. Bill Gates-President-Microsoft, Compaq gehört zu DEC)
- Sonstige: Daten, Währungen, Textzeichen von Zahlen etc.

Quellen

Viele CI-relevante Quellen können automatisch erfasst, zusammengestellt und analysiert werden:
- Zusammenfassungen von Berichten (bereitgestellt z.B. von Reuters Business Briefing, Bloomberg, AFP, ANSA etc.)
- Webseiten
- Online-Datenbanken (z.B. WPIL, Derwent, Medline etc.)
- Alle virtuellen Communities, die das Wissen ihrer Akteure beinhalten:
  - Chat-Diskussionen
  - Newsgroups
  - Foren
  - E-Mails
  - SMSs
  - ...

Was kann entdeckt werden?

- Unilever entdeckte durch Textmining die Strategie eines Wettbewerbers in Südamerika mit einem Jahr Vorlauf (Zanasi 1998).
- Telecom Italia entdeckte, dass NEC seine Multimedia-Aktivitäten ausbaute (Zanasi 1998).
- IBM entdeckte Marktentwicklungen und Wettbewerberstrategien (Zanasi 2000).
- Telcal „fing" einen Schwung von Touristen zwischen Skandinavien und Florida ab, die für die Hotelgruppe Calabria Hotels interessiert werden konnten (Zanasi 2001a).
- Renault entdeckte und bewertete Schlüsselfaktoren von Kundenzufriedenheit durch Textmining, indem die Telefonate eines Renault-Call-Centers ausgewertet wurden.

- Conoco entdeckte und maß die Angestelltenmoral und den Managementstil, indem aus Conocos textuellen Interaktionen (d.h. E-Mails, Chat-Gesprächen, Newsgroups und Foren) Schlüsselkonzepte extrahiert wurden (d.h. Stretch, Verträge, Unterstützung, Vertrauen etc.; Zanasi 2003b).
- Dank CBIS, einer Textmining-Applikation, kann die Unternehmensberatung Allaxia automatisch täglich tausende Kaufangebote aus dem Web erheben, analysieren und an interne Interessenten weiterleiten (Zanasi 2003c).
- Die USA (Information Awareness Office Project), mehrere europäische Länder und China nutzen Textmining in verschiedenen Bereichen der Verbrechensbekämpfung, bei Nachrichtendiensten und in der Terrorbekämpfung. Derzeit häufig angewandte Bereiche sind die Identifizierung von Schemata (bei Betrug und Geldwäsche), Indizien, Waffenlieferungen und Lobbyismus (Zanaisi 2001b).
- Credit Lyonnais bearbeitet mit dem „CV Distiller", basierend auf der Temis-Textmining-Technologie, mehr als 50.000 Lebensläufe von Bewerbern pro Jahr, indem die wesentlichen Informationen extrahiert werden.

Die Zukunft: Virtuelle Intelligence Communities

Textmining ermöglicht, die Interaktionen von virtuellen Communities zu analysieren und das in diesen Communities vorhandene Wissen zu nutzen. Abgeleitete Maßnahmen könnten in der Zusammenfassung der wesentlichen Community-Themen bestehen. So wäre die Aufdeckung von Bedürfnissen und Verhaltenstrends möglich. Das Wissen und Feedback dieser Communities ist unbezahlbar und sollte als Teil jeder Intelligence- und Entscheidungsfindungsfähigkeit ausgeübt werden. Dieses Wissen kann Aufschluss über die Kundenzufriedenheit geben, wodurch wiederum Preisgestaltung, Serviceangebote und Produktdesign beeinflusst werden. Für Angestellte ergibt sich die Möglichkeit der Einflussnahme auf Managementstil, Arbeitsbedingungen und Anreizprogramme, während Gemeinden auf politische Entscheidungen einwirken können.

3.3.2 Evotec OAI AG: Competitive Intelligence in der Pharmaindustrie

von Dr. Michael Lutz

Warum betreibt die Pharmaindustrie CI?

Die Pharmabranche gehört zu den Industrien, die am längsten und aktivsten Competitive Intelligence (CI), d.h. die systematische Beobachtung, Erfassung und Analyse von Wettbewerbern und deren Produkten, betreibt. Die Gründe hierfür liegen in industriebedingten Eigenschaften und Trends, die sich in letzter Zeit deutlich verstärkt haben:

- Zunehmende Industriekonsolidierung
  Beispiel: Pfizer/Pharmacia weist einen Marktanteil von 11% auf gegenüber 6% für die Nr. 2 GlaxoSmithKline.
- Zunehmende Fokussierung der Top-20-Pharmakonzerne auf wenige große Krankheitsgebiete
  Beispiele: Diabetes, Bluthochdruck, Arthritis etc.
- Lange Entwicklungszeiten von bis zu 10 Jahren und geschätzte Entwicklungskosten von bis zu $800 Millionen für ein einzelnes Produkt bis zum Markteintritt
- Immer kürzere Exklusivität für den ersten Wettbewerber im Markt
  Beispiele: Celebrex/Vioxx 3 Monate (in 2001) vs. Tagamet/Zantac 5 Jahre (in 1974 vs. 1979)
- Zunehmend aggressivere Generikahersteller, die versuchen, unmittelbar nach Patentablauf entsprechende Nachahmerprodukte im Markt einzuführen, mit drastischen Auswirkungen für das Originalprodukt
  Beispiel: Das führende Antidepressivum Prozac von Lilly hat innerhalb des ersten Jahres nach Patentablauf über 80% der Verschreibungen und damit des Umsatzes eingebüßt.
- Zunehmende Kontrolle staatlicher und anderer Behörden sowohl in den USA als auch Europa, insbesondere hinsichtlich der Preisgestaltung, z.B. „aut-idem"-Regelung in Deutschland.

In diesem Umfeld ist es unumgänglich, frühzeitig Zugang zu wettbewerbsrelevanten Informationen zu besitzen, um nach entsprechender Analyse Auswirkungen auf die eigene Marktposition zu ermitteln, Gegenstrategien zu erstellen und diese dem Management zu vermitteln. Dieses sind die wesentlichen Aufgaben jeder Competitive-Intelligence-Funktion.

Wie betreibt die Pharmaindustrie Competitive Intelligence? Was sind die CI-relevanten Themen?

Um innerhalb eines Unternehmens die CI-relevanten Themen zu definieren, empfiehlt sich, in einem ersten Schritt in Gesprächen mit Mitgliedern der obersten Führungsebenen deren CI-relevanten Themen zu ermitteln, zu kategorisieren und zu priorisieren. Diese Themen können sowohl taktischer Natur (z.B. Einblicke in Werbemaßnahmen und -strategien bzgl. im Markt eingeführter Konkurrenzprodukte) als auch strategischer Art (z.B. systematische Analyse der M&A-Strategien der Topkonkurrenten) sein.

In einem zweiten Schritt muss dann ein entsprechender Businessplan erstellt werden, der detailliert darüber Aufschluss gibt, wie und mit welchen Mitteln die CI-relevanten Themen angegangen werden und welche Resultate bis wann zu erzielen sind.

Wie wird die Information gewonnen?

Wie dem CI-Prozess in Abbildung 3.17 zu entnehmen ist, wird für jedes CI-relevante Thema zunächst ein bestimmtes Basiswissen mittels intensiver Recherche von Datenbanken und Internetseiten erstellt (Schritt 2). Um nachfolgend entsprechende Lücken bzw. vertiefende Informationen zu ergänzen, müssen Gespräche mit Experten durchgeführt werden („Human Collection", Schritt 3). Diese Experten können sich sowohl extern, aber auch innerhalb des eigenen Unternehmens befinden. Um die für CI-relevante Themen wichtigen Informationen innerhalb des eigenen Unternehmens frühzeitig und systematisch zu erfassen, empfiehlt sich der Aufbau interner Netzwerke, welche insbesondere in der Pharmaindustrie oft den Außendienst mit einschließen. Anzumerken ist, dass der Aufbau und das Management interner Netzwerke mit zunehmender Größe und Komplexität der jeweiligen Gesamtorganisation steigen.

Für Gespräche mit externen Experten empfiehlt sich oft der Einsatz externer Agenturen, da internen CI-Mitarbeitern der Zugang zu externen Experten oft aus unmittelbaren Konkurrenzgründen verschlossen bleibt. Anzumerken ist, dass sowohl interne wie auch externe Personen unter klaren legalen und ethischen Grundsätzen operieren müssen, um dem Unternehmen keinen Schaden, sowohl finanziell als auch PR-mäßig, zuzufügen. Als lehrreiches Beispiel sollte hierzu der Streit zwischen Procter & Gamble und Unilever aus dem Jahre 2001 dienen, der durch die unethische Informationsbeschaffung („Dumpster Diving") einer von P&G beauftragten Agentur ausgelöst wurde.

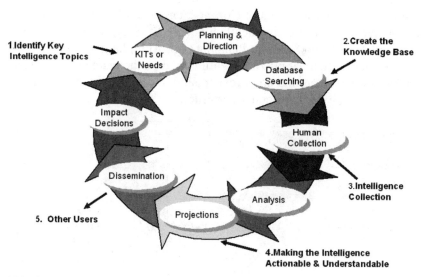

Abb. 3.17 Der CI-Prozess

Wie wird die CI-relevante Information analysiert und effektiv kommuniziert?

Jede CI-Funktion benötigt eine Reihe von Hilfswerkzeugen (Tools) und Prozessen, um CI-relevante Information für das Unternehmen zu analysieren (siehe Abbildung 3.18).

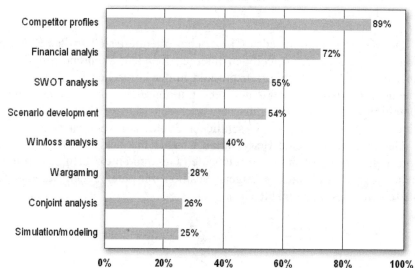

Abb. 3.18 Übersicht von CI-relevanten Tools (SCIP Survey, 1998 The Pine Ridge Group)

Interessanterweise ergab diese Umfrage, dass vor allem SWOT-Analyse und Competitor Profiling eine deutlich höhere Effektivität erzielen gegenüber Simulationen und Scenario Planning (vgl. Abbildung 3.19).

Dies ist vermutlich darauf zurückzuführen, dass die erstgenannten Tools einfacher zu verstehen und anzuwenden sind und meistens keinen Einsatz von zusätzlichen externen Beratern erfordern.

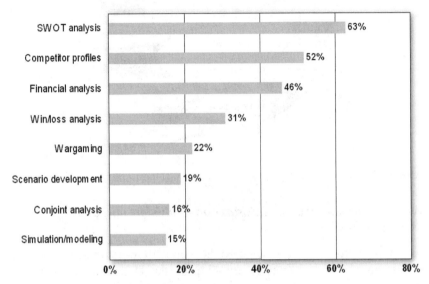

Abb. 3.19 Grad der Effektivität verschiedener CI-Tools (SCIP Survey, 1998 The Pine Ridge Group)

Die Kommunikation jedes CI-Berichts orientiert sich in der Regel an den Bedürfnissen der jeweiligen internen Kunden. Während ein Bericht über ein mögliches Konkurrenzprodukt in der klinischen Phase III für ein fachübergreifendes Projektteam sehr umfangreich mit möglichst vielen Detailinformationen sein muss, erwartet das Management in der Regel eine Zusammenfassung der wesentlichen Punkte auf wenigen Zeilen.

Gemeinsam für beide Berichtarten ist aber die Tatsache, dass die entsprechende Analyse in einem relevanten Gesamtkontext erfolgt und mögliche Auswirkungen auf die eigene Position mit potenziellen Maßnahmen aufzeigen muss („actionable CI").

Herausforderungen für Competitive Intelligence in der Pharmaindustrie

Wie bereits eingangs beschrieben, verstärken sich in der Pharmaindustrie zurzeit gewisse Trends, die in absehbarer Zukunft dazu führen könnten, dass die Gewinnmargen der Pharmaunternehmen entsprechend geringer ausfallen als bisher.

Um dadurch möglichen resultierenden Kosteneinsparungen proaktiv entgegenzuwirken, sollte jede Competitive-Intelligence-Funktion zusammen mit den jeweiligen internen Hauptkunden ein Return-on-Investment (ROI)-Target vereinbaren, welches durch die Umsetzung von CI-relevanten Informationen zu zusätzlichen Umsätzen (z.B. durch die Beschleunigung eines klinischen Projekts und damit frühzeitigerem Markteintritt) oder zu unmittelbaren Einsparungen (z.B. durch den Abbruch eines klinischen Projektes aufgrund zu geringer Wettbewerbsfähigkeit) führt. Des Weiteren sollten CI-relevante Informationen systematisch bei Entscheidungsfindungen im Unternehmen berücksichtigt werden, sowohl bei taktischen Fragestellungen, z.B. Neupositionierung eines Produktes, als auch strategischen Aspekten, z.B. M&A.

Zusammenfassend kann man sagen, dass Competitive Intelligence, insbesondere in der Pharmaindustrie, unerlässlich für die strategische Ausrichtung und den langfristigen Erfolg jedes Unternehmens ist, sofern die entsprechende CI-Funktion sich als kritischer Sparringspartner für das Management versteht, welches über wettbewerbsrelevante Information frühzeitig verfügt und entsprechende Konsequenzen und mögliche Gegenstrategien aufzeigt und dabei einen angemessenen ROI erwirtschaftet.

4 Observation, HUMINT und elektronische Medien

> Ich entdeckte, dass die Tiere sich offenbar immer so verhalten,
> wie es den fundmentalen Grundsätzen des Beobachters entspricht.
>
> Bertrand Russel
> Britischer Philosoph und Schriftsteller (1872-1970)

4.1 Observation von Wettbewerberaktivitäten

In diesem Kapitel werden drei Verfahren zur Datenerbebung (Observation, Human Intelligence und die elektronischen Medien Internet und Online-Datenbanken) im Detail beschrieben[1]. Insbesondere die Recherche durch Observation und HUMINT ist spezifisch für CI-Erhebungen.

4.1.1 Einführung

Zu der Observation von Wettbewerberaktivitäten gehören alle direkten und indirekten audiovisuellen Maßnahmen, die der Erfassung relevanter Wettbewerberaktivitäten dienen. Selbstverständlich sind Maßnahmen wie das Abhören von Telekommunikationseinrichtungen, das Verwanzen von Räumlichkeiten oder das Beschatten von Mitarbeitern eines Unternehmens im CI-Umfeld nicht denkbar. Die deutsche Gesetzgebung kennt eindeutige Vorschriften zum Schutz von Privatsphäre, Eigentum und Betriebsgeheimnissen.

Observationen sind ein häufig unterschätztes Verfahren der CI-Datenerhebung[2]. Dabei ermöglicht es die Observation, Daten zu erheben, die anderweitig nicht oder nur schwer auszumachen sind. Allerdings ist der nötige Aufwand vergleichsweise hoch, da personalintensive, kontinuierliche Kampagnen notwendig sind, um aussagekräftige, gesicherte Erkenntnisse

---

[1] Traditionelle Recherchen in Printmedien werden in diesem Buch nicht weiter betrachtet. Die prinzipielle Vorgehensweise ist identisch mit der CI-Methodik.

[2] Vgl. Tabelle 1.7: Nur 9% der befragten deutschen CI-Professionals gaben an, diese Methode (Vor-Ort-Begehung) für ihre Primärerhebung zu nutzen.

zu erhalten. Es ist daher sinnvoll, die Observation gezielt und nur zum Auffüllen fehlender Daten oder zum Absichern kritischer Erkenntnisse einzusetzen. Am häufigsten werden Büroräume oder Werksniederlassungen von öffentlich zugänglichen Plätzen aus observiert. Der direkte Zugang zu Wettbewerbcranlagen und -gebäuden ist nur in Ausnahmefällen möglich (z.B. Tag der offenen Tür, öffentliche Einrichtungen auf dem Werksgelände, wie etwa Museen). Weiterhin sind all diese Aktivitäten nur im legalen Rahmen durchzuführen.

4.1.2 Gegenstände und Ziele der Observation

Im Folgenden wird eine Übersicht über Beobachtungsobjekte und zugehörige Analyseziele gegeben.

Materialflüsse

Analyseziele sind das Produktionsniveau (Fertigwarenabtransport), Kapazitäten, aktueller Lagerstand, Zulieferer und beauftragte Logistikunternehmen eines Wettbewerbers.

Zu observieren:
- Werksverkehr in und aus Niederlassungen (Speditionen, Transporter, Container, Lkw, Frachtcontainer der DB, werksinterner Schienentransport)
- Warenläger, Halbfertigwarenläger, Rohmateriallläger

Personen

Analyseziele sind z.B. die „Schichtstärke" eines Produktionsbetriebes und die Nutzungsintensität von Räumen (z.B. Licht nach Feierabend). Diese Observationen können z.B. Hinweise auf intensive Projektphasen (Probleme?) oder Angebotsphasen geben. Sind involvierte Abteilungen bekannt, so lassen sich Rückschlüsse auf die Raumbelegung im Gebäude ziehen. Ist umgekehrt die Raumbelegung durch Abteilungen bekannt, so lässt sich auf die beteiligten Abteilungen schließen. Aus der Raumbelegung lassen sich außerdem Rückschlüsse auf die Personalstärke einer Abteilung ziehen (Abschätzung durch die mittlere Anzahl von Mitarbeitern/m^2).

Zu observieren:

- Belegschaftsstärke (kann durch Zählung der Kraftfahrzeuge auf dem Firmenparkplatz und sonstige eine Liegenschaft betretende Personen abgeschätzt werden)
- Fremdarbeiter (meist durch speziell gekennzeichnete Firmenfahrzeuge oder durch besondere, offen zu tragende Firmenausweise, die an Besuchereingängen vorgezeigt werden, erkennbar)
- Unternehmensberater (zu erkennen an Fahrgemeinschaften, Kfz-Typen, ortsfremden Kfz-Kennzeichen, Einheitskleidung, Anwesenheitszeiten)
- Besucher (Besucherparkplätze, Anmeldung als Besucher, Identifikation der Kfz-Nummernschilder)
  Besucher können Hinweise auf Kooperationsverhandlungen mit Zulieferern, Kunden und Wettbewerbern geben.
- Besucher spezieller Besprechungsräume eines Messestandes
  Sie lassen auf Kunden/Projekte schließen (s.u.).

Anlagen und Gebäude

Analyseziele sind laufende Aktivitäten und (Neu-)Ausrichtungen eines Wettbewerbers, die Indikatoren für Änderungen seiner Strategie oder seiner Positionierung sein können.

Zu observieren:

- Nutzung und Nutzungsänderungen durch Auswertung von (freigegebenen) Luftbildaufnahmen (z.B. aus Unternehmensbroschüren, Satellitenbildern; vgl. Beitrag 4.1.3) oder (lokalen) Prospekten
  Insbesondere wenn eine zeitliche Zuordnung der Bilder möglich ist, können so z.B. werksinterne Baumaßnahmen dokumentiert werden.
- Größe der Gebäudeflächen und Raumaufteilung
  Sie geben Hinweise auf die Mitarbeiterzahlen einzelner Abteilungen. Ist die Verteilung der Abteilungen auf ein Gebäude bekannt, sind insbesondere auch Rückschlüsse auf die Personalstärke dieser Abteilungen möglich.
- Raumbelegung (Ausnutzung vorhandener Räumlichkeiten, Zutritt zu Gebäuden, Innenraumbeleuchtung, Anzahl der dem Gebäude zugeordneten Müllcontainer und deren Nutzung; Volumina von Sonderabfällen etc.)
- Beschilderungen im Werksgelände (Abteilungen, Gebäudenutzung)
- Identifikation von Bauvorhaben (Bereitstellung von Material, Baufahrzeuge, Aushebungen, Absicherungen etc.)

- Hotels und Tagungsstätten in der Umgebung eines Unternehmens
  Teils enthalten die dort befindlichen Veranstaltungshinweise genaue
  Angaben über die Organisation und den Veranstaltungszweck, z.B.
  „Strategische Vertriebsplanung".

Messeauftritt eines Wettbewerbers

Ziel ist die Analyse der Selbstdarstellung und des Standthemas (bzw. der
nicht gezeigten Themen) eines Wettbewerbers. Hierdurch signalisieren
Wettbewerber strategische Intentionen (Zielgruppen, Technologien, Kom-
munikationskampagnen). Zudem sind Erkenntnisse über Budgets möglich
und die Bedeutung der Ausstellung für einen Wettbewerber ist abschätzbar.

Zu observieren:
- Ausgestellte Objekte
- Größe des Standes
- Anordnung innerhalb der Messe bzw. Gemeinschaftsstände
- Standausstattung (Personal, Hardware, Entertainment, Bewirtung, Ge-
  schenke etc.)
- Messeevents
- VIPs und sonstiges Publikum der Stände
- Weitere CI-Professionals und deren Recherchefokus

Konferenzauftritte eines Wettbewerbers

Durch Observation der Konferenzauftritte eines Wettbewerbers (Besucher,
Sprecher, Ausstellungen) sind die folgenden Analyseziele anzustreben:

- Strategische Positionierung innerhalb einer Branche
- Relative Bedeutung der Konferenz im Marketing-Mix des Wettbewerbers
- Identifikation von Meinungsbildnern (Referenten, die ein Unternehmen
  nach außen vertreten) und „Rising Stars" (zukünftige Meinungsbildner
  und Führungsnachwuchskräfte)
- Signale des Unternehmens nach außen (Kommunikation, Tests).

Zu observieren:

- Konferenzsponsoring
- Events
- Referenten (Position und Funktion im Unternehmen)
- Inhalte der Vorträge (insbesondere die verbalen Erläuterungen und An- merkungen über die eigentlichen Vorträge hinaus[3])
- Kunden/Meinungsbildner eines Wettbewerbers, die als Referenten fun- gieren
- Konferenzbegleitende Ausstellungsstände

---

[3]   Selbige können auch durch entsprechende Fragen der Zuhörer provoziert wer- den (so genannte „dirty questions"; vgl. Abschnitt 4.2).

4.1.3 Competitive Intelligence Assistance: Recherchemöglichkeiten mit Fotos und bewegten Bildern

von Jörg Praetorius

Einleitung

Neue Technologien für Bilder und Fotos lassen Bilder zu einem stärkeren Teilgebiet innerhalb des CI-Daten-Researchs und der -analyse werden.

Bewegte Bilder, wie sie z.B. über das Fernsehen/Webcams gesendet werden oder im Internet als Download verfügbar sind, lassen sogar noch weitergehende Analysen zu, z.B. über Fahrzeugbewegungen, Personen-Frequenzanalysen etc.

Recherchebeginn

Bevor ein Research aufgenommen wird, muss geklärt werden, welche Fragestellung man beantworten möchte. Bei mehreren Fragestellungen hilft das Setzen von Prioritäten. Komplexe Fragen lassen sich häufig in Unterfragen zerlegen, die dann einzeln bearbeitet werden.

Bilder und Fotos können in den meisten Fällen den Informationsbeschaffungs- und Analyseprozess nur begleiten. Grundkenntnisse im Recherchethema (z. B. eine zu analysierende Firma, Technologietrends, die Pläne der Konkurrenz etc.) sind notwendig.

Um Bilder aussagekräftig interpretieren zu können, insbesondere mit ungewohnten Perspektiven oder Farben (z.B. Infrarotaufnahmen), ist unbedingt zusätzliche Analyseerfahrung erforderlich. Wenn diese persönlich nicht vorhanden ist, kann bei den Anbietern, die die Bilder vertreiben oder erstellen, nachgefragt werden.

Das Bild

Ein Bild ist immer eine Momentaufnahme. Alle Faktoren, die zu diesem einen Zeitpunkt herrschten, beeinflussen die Qualität und den Informationsgehalt des Bildes. Ein Firmengelände, das im Sommer um 6 Uhr morgens aufgenommen wird, zeigt normalerweise weniger Betrieb auf dem Parkplatz, den Lieferdocks etc. als um 12 Uhr mittags. Ein Bild der Hamburger Filiale eines Augsburger Weißwurstherstellers zeigt ein anderes Bild als das der Münchner Filiale.

Kosten/gewerbliche Schutzrechte

Es wird unterschieden zwischen vorhandenen Luft- und Satellitenbildern sowie denjenigen, die individuell in Auftrag gegeben werden.

Bei Ersteren ist zu prüfen, für welche Nutzung diese erworben wurden oder freigegeben sind. Nicht alle sind zur gewerblichen Nutzung zugelassen. Für manche Abbildungen ist bei gewerblicher Nutzung und/oder Vervielfältigung eine höhere Gebühr zu zahlen als bei privater Nutzung bzw. im Rahmen der Strafverfolgung oder bei gemeinnützigen Zwecken. Wenn Bilder individuell in Auftrag gegeben werden, ist die Art der Nutzung für die Preisermittlung relevant.

Falls Zweifel über die Zulässigkeit der Beauftragung von Fotos und Bildern existieren, z.B. bei militärisch genutzten Anlagen und Gebieten, kann der Auftragnehmer entsprechend beraten.

Bildquellen

Satellitenfotos

Für Bilder und Fotos gibt es zahlreiche Quellen. Satellitenfotos für Gesamt-Deutschland sind im Buchhandel (z.B. D-Sat) erhältlich. Zusätzlich können Satellitenbilder individuell in Auftrag gegeben werden. Individuelle Satellitenbilder kosten, je nach Auflösung, Frequenz (welche Art von Bild, s.u.) und Dringlichkeit zwischen 200 und 5.000 Euro. Einige Beschaffungsmöglichkeiten sind im Anhang aufgeführt. Viele Bilder sind auch bereits kostenfrei aus dem Internet erhältlich – dabei ist das Copyright zu beachten. Einige Anbieter führen Satellitenbilder-Archive (s. Anhang zu diesem Beitrag).

Es gibt verschiedene Firmen, die sowohl individuelle Satellitenbilder anbieten als auch ihr Archiv im Internet vertreiben. Einige Anbieter sind Space Imaging (USA), Digital Globe (USA), OrbImage (USA) sowie die Regierung der USA über ihren Satelliten Landsat-7. Ein europäischer Anbieter ist z. B. CNES/IGN (Frankreich). Weitere Firmen sind EROS (Israel), Canadian Space Agency (Kanada) und Indian Space (Indien).

Luftbilder

Flugzeug-Luftbilder:
Für Luftbilder gibt es ebenfalls viele Lieferanten. Diese unterscheiden sich aber stark in ihrem Angebot: nach abgedecktem Gebiet, genutzter Technologie (Frequenz, Art des Bildes) und nach eingesetztem Flugmedium (Flugzeug, Hubschrauber, Drachen). Wenige Anbieter halten ein eigenes Archiv vor. Die Kosten für Luftbilder beginnen bei ca. 5 Euro. Individuell in Auftrag gegebene Luftbilder kosten meistens mehrere hundert Euro.

Drohnen:
Neuerdings werden verstärkt unbemannte Flugzeuge, so genannte Drohnen unmanned aerial vehicles (UAV), eingesetzt. Diese variieren in ihren Eigenschaften so stark wie bemannte Flugzeuge, von der Cessna bis zum Airbus 380. Die Nutzlast für z.B. eine Kamera schwankt von 25 Gramm bis zu 900 kg pro Drohne. Drohnen fliegen meistens halbautomatisch. Start und Landung erfolgen durch einen Piloten per Fernbedienung. Der eigentliche Flug erfolgt dann nach einem vorab eingespielten Computerprogramm automatisch. Drohnen, die den deutschen Luftraum befliegen, benötigen z.Z. noch eine Sondererlaubnis. Momentan sind UAVs noch sehr teuer, was sich in der Zukunft bei größeren Produktionszahlen ändern wird.

Kameras

Fest installierte Kameras:
In den USA werden bereits fest stehende, aber meistens schwenk- und neigbare Kameras die regulär als Überwachungskameras genutzt werden, eingesetzt, um Bilder der Umgebung zu schießen. Dieser Trend wird sich auch in Europa verstärkt durchsetzen.

Stativ-Kameras:
In Deutschland weiter verbreitet sind Kameras, die über mobile Stative positioniert werden, um die größtmögliche Bildqualität zu erzielen. Luftaufnahmen vom Boden aus, z.B. mit 18-Meter-Hochstativ, sind günstiger als Luftaufnahmen vom Flugzeug aus (zwischen 50 und 200 Euro).

Webcams:
Einige Webcams sind individuell steuer- und zoombar, sodass individuelle Aufnahmen in der Umgebung einer Webcam möglich sind.

Bei einer Firmenübernahme können z.B. Lastkraftwagen und Paletten, die gezählt werden, dazu dienen, Finanz- und Logistikinformationen zu überprüfen.

Weitere Möglichkeiten und Fluggeräte:
Inzwischen werden in Deutschland auch Flugdrachen eingesetzt, um Bilder aus mittlerer Höhe (ca. 50 Meter) zu schießen. Hubschrauber eignen sich eher für größere Höhen (ab 100 Meter).

Historische Bilder und Karten

Historische Bilder und Karten sind in vielen Landesarchiven, Katasterämtern, Universitäts-/Stadt-/Staatsbibliotheken sowie Antiquariaten verfügbar. Ein Vergleich über der Zeit lässt Rückschlüsse darauf zu, ob sich z.B. ein Firmengebäude verändert hat oder ob ein Versuchsfeld früher auf einer Müllkippe lag.

Weitere Bilder-Quellen

Für Bilder gibt es viele Quellen, sie sind in Firmen-Schriften abgebildet. Landschaftsbilder werden häufig von Behörden angefertigt und genutzt. Postkarten, Reiseführer, Stadt-Pläne und viele andere enthalten Fotografien bis hin zu historischen Abbildungen.

Die Möglichkeiten, an solche Bilder und Fotos zu gelangen, sind vielfältig. Firmenpublikationen sind häufig von der Firma selbst oder über den Buchhandel bzw. Antiquariate zu bekommen.

Staatliche Stellen sind ein zusätzlicher Informationslieferant. Beispielsweise besitzt die Staats- und Universitätsbibliothek Bremen ca. 3.800 Karten ab dem 18. Jahrhundert. Der Zugriff ist über das Internet möglich.

Wir beschränken uns in diesem Beitrag auf stehende Bilder und Fotos, die von oben einen Gegenstand oder eine Gegend abbilden.

Die auf Fotos basierenden Informations-Analyse-Möglichkeiten werden durch neuere Gesetzgebung, wie z.B. das Umweltinformationsgesetz, unterstützt, um tiefer gehende und andere Analysen durchzuführen, wie z.B., um durch die Kombination von Luft-/Satellitenbildern mit u.a. einer Abwasser-Materialanalyse einer Fabrik Informationen über die genutzte Produktionstechnologie und die Anzahl der produzierten Produkte zu erhalten.

Vergleich verschiedener Bilder

Es gibt Fragestellungen, die nur durch mehrere Bilder beantwortet werden können. Entfernte Produktionsstätten der Mitbewerber können selten durch Personen vor Ort über einen längeren Zeitraum beobachtet werden. Es ist allerdings möglich, regelmäßig Satellitenbilder dieses Geländes zu bekommen. Fortschreitende Baumaßnahmen können entdeckt und daraus die Expansion einer Firma abgeleitet werden.

Auch lassen Bilder, die während der Bauphase eines Gebäudes aufgenommen wurden, weitergehende Analysen zu, die Bilder eines fertigen, d.h. bedachten Gebäudes nicht mehr zulassen. In manchen Fällen können Rückschlüsse über die geplante Art der Produktion, den Maschinenpark und die Logistikkette gezogen werden.

Viele Satellitenbilder, die den Parkplatz eines Produktionsgeländes zu verschiedenen Zeitpunkten zeigen, lassen Rückschlüsse z.B. darauf zu, ob eventuell eine zusätzliche Schicht eingeführt wurde.

Die Turni, in denen Satelliten über demselben Ort kreisen, schwanken je nach Satellitenfoto-Produzent zwischen einem Tag und mehreren Monaten.

„Deutschland auf CD" (Satellitenaufnahmen) ist im Buchhandel erhältlich. Die Auflösung kann je nach Größe des gewählten Gebietes variiert werden. Damit werden auch verschiedene Auswertungen möglich. Bei hoher Auflösung kann in einem Wohngebiet die Anzahl der dort vorhandenen Gebäude gezählt werden. Eine niedrige Auflösung lässt die Beurteilung der Umgebung zu – liegt ein Wohngebiet neben einem Wald oder zwischen zwei Autobahnen? Auf dieser CD ist die Auflösung der großen Städte höher (etwa 1 Meter) als die der dünn besiedelten Regionen (etwa 5 Meter).

Inzwischen gibt es Software, die die Veränderungen über Zeit automatisch erkennt und dem Benutzer diese anzeigt – „automatic change detection software". Ein Beispiel dafür ist die von mehreren amerikanischen Behörden eingesetzte Software „Feature Analyst"[4] und als Zusatztool für andere geographische Informationssysteme „ArcView", „ArcGIS" und „ERDAS", die für weitergehende Analysen eingesetzt werden können, wie z.B. die Bautätigkeit in einem Gewerbegebiet.

---

[4]   Der Preis liegt bei 2.500 $ (Vollversion) bzw. 1.000 $ (Studentenversion); kostenlose Probeversion.

Spezialanwendungen und -fragen

Immobilien/frühere Nutzungen/Risiken

Frühere Verwendungen eines Grundstücks oder Geländes können helfen, potenzielle Risiken einer geplanten Nutzung zu verringern.

Ein Automobilzulieferer kann mit Satellitenbildern der Fabriken seiner Kunden in Verbindung mit Straßeninformationen den optimalen Standort seines Lagers oder einer zukünftigen Fabrik festlegen.

Wie groß ist die Gefahr für das Lager einer Firma, dass ein eventueller LKW- oder Flugzeugunfall die Warenbelieferung seiner Kunden unmöglich macht?

Facility-Management-Anwendungen basieren stark auf Gebäude-Daten. Die Kabel eines IT- oder Kommunikationsnetzwerkes bedingen z.T. gewisse Gebäudeformen, da die Kabel nur bedingt gebogen werden dürfen.

Eignet sich das Gelände einer geplanten Chipfabrik für die Produktionsstraße oder sind die Bodenbewegungen zu stark – insbesondere, wenn eine größere Straße, auf der häufig LKWs fahren, nahe am Gebäude vorbeiführt?

Mögliche Quellen für die Recherche eines Geländes, einer Immobilie oder einer Region sind die lokalen Katasterämter. Aber auch Postkarten früherer Zeiten oder im Heimatmuseum ausgestellte Abbildungen können bei der Recherche helfen.

Weitere Quellen sind Buchhändler und Antiquariate, die Bücher über Baugeschichte, frühere Bebauungen, Stadtarchäologie und Literatur über den Zeitraum der Bebauung oder Erschließung des relevanten Gebietes führen.

Firmen-Research

Bei der Beobachtung der Mitbewerber eines Unternehmens sind Bilder sehr hilfreich. Ein Satellitenbild des Firmenparkplatzes einer Unternehmung lässt auf die Anzahl der Arbeitnehmer schließen. Bei mehreren Fotos steigt die Genauigkeit der Analyseergebnisse, da die Auswirkungen von einmaligen Einflüssen, die zufällig aufgenommen wurden, eliminiert werden können.

Mehrere Bilder, die über einen kurzen Zeitraum aufgenommen werden, lassen Rückschlüsse über die Art und ungefähre Anzahl von LKW-Bewegungen zu. Zählungen (Observation) sind allerdings viel genauer.

Im Rahmen der Due Diligence (Unternehmensprüfung) kann überprüft werden, ob die erhaltenen Angaben über Warenbewegungen und Logistikdetails korrekt sind, insbesondere, wenn der Verkäufer nur ungenügende Angaben macht oder jegliche Auskünfte verweigert.

Bei der Beobachtung und Bewertung von Produktionstechnologien sind neben Luftbildaufnahmen auch Bilder, die die Firmengebäude in früheren Zeiten zeigen, hilfreich. Aus diesen können Einzelheiten hervorgehen, die heute nicht sichtbar sind, z.B. auf Grund von Erweiterungsbauten.

Wer hat schon die Zeit, nach China zu fliegen, um ausschließlich festzustellen, ob ein Konkurrent dort seine Produktionskapazitäten erweitert? Ein Satellitenbild könnte dieselbe Information erbringen, da diese Information selten in Datenbanken lokaler Zeitungen/Auswertung der Warenbewegungen einer Firma enthalten ist.

Verschiedene Wetterlagen und Situationen

Bei Bauprojekten sind Aufnahmen verschiedener Wetter- und Umweltsituationen hilfreich bei der Planung des Projektes.

Bilder, die einen Technologiepark bei Hochwasser zeigen, lassen Rückschlüsse darauf zu, ob Überflutungsgefahr besteht[5]. Bei großen Bauvorhaben sollte die Recherche noch ausgeweitet werden. Eine ehemalige römische Siedlung verhindert den Fortgang der Ausschachtungen für eine Tiefgarage. Bei Vergleich von Bildern über einen längeren Zeitraum können weitere Erkenntnisse über ein Grundstück oder Gelände vorliegen. Beispielsweise helfen gewisse Wetterlagen, auf einem Bild das Fachwerk eines komplett verputzten Fachwerkhauses zu erkennen, um entscheiden zu können, ob Kabelschächte wie geplant verlegt werden können oder ob der Denkmalschutz am Fachwerk Änderungen notwendig macht.

Verschiedene Wellenlängen

Bei allen Bildern ist die Auflösung der wichtigste Faktor, da sie die Genauigkeit der Interpretation beeinflusst. Ein zu ungenaues Bild kann nicht adäquat interpretiert werden.

Die Wellenlänge bestimmt, welche Technologie für die Aufnahme benutzt wird. Die Auflösung wird durch die Gesetzgebung (insbesondere US-amerikanische), die Anzahl, Anordnung und Qualität der Linsen bestimmt.

Infrarot(IR)-Fotos helfen bei der Bestimmung von Wärmequellen. Dieses kann für Recherchen bei z.B. Fernwärmeleitungen und Wärmestrahlen von Objektoberflächen dienlich sein. Da Infrarotstrahlen auch in Materialien eindringen, sind Materialanalysen eine weitere Anwendungsmöglichkeit.

---

[5]   Es gibt sogar Rechenzentren, die innerhalb von Hochwasserzonen liegen.

Radarfotografien haben dagegen den Hauptvorteil, dass sie fast vollständig wetterunabhängig sind, da z.B. Wolken am Himmel kein Problem mehr sind.

Panchromatische Fotografie

Die panchromatische Fotografie entspricht der bekannten Fotografie per Schwarz/Weiß- oder Farbbild. Das panchromatische Bild lässt Rückschlüsse über einen Gegenstand oder die Struktur eines Geländes zu:

- Ist der Gegenstand ein Auto oder ein Haus?
- Befindet sich auf einem Gelände eine Fabrik oder ein Parkplatz?
- Wie weit ist der nächste Autobahnanschluss entfernt? Hat das Industriegebiet einen eigenen Bahnanschluss?
- Beeinflussen nahe stehende Industrieanlagen die Qualität meiner Stromversorgung?

Die panchromatische Fotografie ist ein passives System. Es werden Lichtquellen aufgenommen, die selber keine Strahlen aussenden. Die Qualität der Aufnahmen ist beispielsweise von verschiedenen Umweltfaktoren abhängig. Starker Regen oder Wolken beeinflussen die Qualität erheblich.

Mobiltelefon-Kameras (Handy-Cams) bieten eine Möglichkeit, überall und immer Fotos zu schießen, die sofort an ausgewählte Empfänger versandt werden können. Einige Unternehmen haben bereits die Nutzung von Handy-Cams in ihren Unternehmen verboten, um keine Betriebsgeheimnisse nach außen dringen zu lassen.

Verschiedene Arten der Satellitenfotografie

Eine Übersicht über die verschiedenen Satellitenfotografien (Wellenlängen) ist hier aufgeführt: Die Auflösung, welche durch gewerbliche Anbieter angeboten wird, liegt bereits unter einem Meter. Die Auflösung beeinflusst signifikant die Möglichkeiten der Analyse des Bilderinhalts.

Tabelle 4.1 Übersicht der Leistungsspektren der Satellitenfotografie

Sensor	Attribute	Auflösung	Information
Panchromatisch	Fotoqualität (S/W und Farbe)	kleiner als ein Meter (zivil ab ca. 1 m)	Sichtbare Details
Radar		8 Meter	Objekteigenschaften und -struktur
Infrarot	Wärmequellen	4 Meter	Energiequellen und -bewegungen
Multi-Spektral-analysen	eingeschränkte Materialidentifikation	4 Meter	Materialarten und -verbrauch
Hyperspektral	verstärkte Material-identifikation	30 Meter	Materialarten und -verbrauch

Quelle: Gilmore 2003

Tabelle 4.2 Möglichkeiten der Bildauswertung in Abhängigkit der Auflösung

Auflösung	Fabriken	Gebäude	Fahrzeuge	Personen
0,5 Meter	Identifizierung	Identifizierung	Erkennung	Entdeckung
1 Meter	Identifizierung	Identifizierung	Erkennung	Entdeckung
2,5 Meter	Identifizierung	Erkennung	Entdeckung	---
5 Meter	Erkennung	Entdeckung	---	---
10 Meter	Entdeckung	Entdeckung	---	---

Quelle: Gilmore 2003

Erläuterungen zu den Tabellen 4.1 und 4.2:

Entdeckung
bedeutet, dass ein Bildpunkt als Objekt, z.B. als Fabrik, erkannt wird, wenn der Hintergrund und die Umgebung dieses zulassen. Auf einer Weide kann trotzdem ein Bildpunkt als Fahrzeug anstatt als Ochse interpretiert werden.

Erkennung
bedeutet, dass der Bildpunkt sicher als Objekt der gesuchten Kategorie identifiziert wird. Es ist SICHER ein Gebäude.

Identifizierung
ist die höchste Form der Bildinterpretation. Es besagt, dass ein Objekt nicht nur seiner Klasse zugeordnet werden kann, sondern eindeutig als bestimmtes Objekt erkannt wird. „Dieses ist sicher die Fabrik der Firma Meier."

Radar-Fotografie
Die Radar-Fotografie lässt bessere Rückschlüsse über die Größe und Struktur von Objekten zu.

Infrarot-Aufnahmen

Infrarot-Aufnahmen helfen bei der Bestimmung von Wärmequellen und Beurteilung von Materialflüssen. "Was ist der Grund für die Änderung der Temperatur und Menge des Abwassers einer Fabrik?" Auch bei Dunkelheit können Bilder angefertigt werden.

Mehr-Spektren-Aufnahmen

Aufnahmen über mehrere Wellenlängen lassen Analysen über Material-flüsse und -verbrauch zu. "Wie viel Stahl wird zu einer Autofabrik trans-portiert?"/"Welche neuen Materialien werden in einer Fabrik benutzt und welche wurden dadurch ersetzt?"

Weiterführende Möglichkeiten

Wenn Bilder durch weiterführende Daten, wie z.B. Kaufkraftdaten der Be-wohner eines Gebietes, und statistische Analysetools weiterbearbeitet wer-den, erhöhen sich der Nutzen und die Aussagekraft. Durch die Kombina-tion von Geographie- mit Statistikdaten können z.B. Standortanalysen durchgeführt werden.

- Wie sind meine Kunden geographisch verteilt?
- Entspricht die Verbreitung meiner genutzten Werbemedien den Orten der Niederlassungen meiner Kunden?
- Wo soll eine neue Fabrik errichtet werden?
- Wie ist die durchschnittliche Einkommensverteilung bei den Berufstäti-gen einer Branche in einer bestimmten Region?
- Ist die Schadstoffbelastung der Luft in einem Industriegebiet so groß, dass mein Produktionsstandort in seiner Rentabilität gefährdet ist?
- Wie groß ist die Präsenzwahrscheinlichkeit der Polizei in einer bestimmten Region?

Wenn eine bestimmte Technologie analysiert werden soll, muss vorab ermittelt werden, wie sich diese bei der Ablichtung verhält, d.h. welche Auswirkungen ermittelbar oder fotografierbar sind. Um eine Fragestellung beantworten zu können: „Benutzt mein Mitbewerber X die neue Techno-logie Y der Radiergummibeschichtung?", sind detaillierte Kenntnisse über Anwendung und Grenzen der Technologie unbedingt notwendig, damit keine falschen Schlüsse gezogen werden.

Bewegte Bilder

Bewegte Bilder, wie sie z.B. im Internet und im Fernsehen verbreitet werden, lassen weitergehende Rückschlüsse auf Technologien, Fertigungsprozesse, Trends etc. zu. Insbesondere die Nachrichten- und Informationskanäle im Fernsehen sind für die Mitbewerberbeobachtung und -analysen sehr hilfreich.

Live-Cams im Internet beginnen gerade, ein für Researcher interessantes Recherchetool zu werden[6]. Mit einer Videokamera bei einer Betriebsbesichtigung herumzugehen dürfte nur selten möglich sein. Aber einen Fernsehfilm aufzuzeichnen, der diese Fabrik zeigt, ist rechtlich und ethisch kein Problem (bei gewerblicher Nutzung sollten der Produzent der Fernsehsendung und der relevante Fernsehsender entsprechend befragt werden). Medien-Ausschnitts-Dienste und die Vertriebsfirmen der Fernsehsender sind eine gute Quelle, um auch weiter zurückliegende Sendungen zu bekommen.

Fälschungen

Auch bei Bildern und Fotos hat die Manipulation Einzug gehalten. Inzwischen werden bewusst falsche Bilder und Fotos in Umlauf gebracht oder Aufnahmen verfälscht, um Analysen zu einer bestimmten Fragestellung zu erschweren, zu verfälschen oder unmöglich zu machen[7].

Legale Einschränkungen

Nicht alles, was fotografiert werden kann, darf auch legal verwendet werden. Neben allgemeinen Nutzungseinschränkungen, wie z.B. dem Schutz der Privatsphäre oder dem "Recht am eigenen Bild", sind manche Gegenstände und Objekte nicht ungefährlich abzulichten. Zum Beispiel ist das Fotografieren von militärischen Objekten und Anlagen z. T. verboten und die Nutzung unter gewissen Bedingungen unter Strafe gestellt. Bilder, die ein privates Umfeld zeigen, sind besonders gewissenhaft zu bewerten, ob evtl. eine Verletzung der Privatsphäre gegeben sein könnte.

---

[6]   Ein Beispiel für eine öffentliche, durch den Benutzer steuer- und zoombare Webcam steht auf dem Olympiaturm in München. Die Auflösung ist so hoch (170-facher Zoom), dass die Privatsphäre von Bewohnern umliegender Gebäude, die auf dem Balkon grillen, verletzt wird, wenn die Kamera mit höchster Auflösung auf sie gerichtet wird.

[7]   Ein bekanntes Beispiel ist das urige Foto von Albert Einstein, auf dem er seine Zunge herausstreckt – welches aber nur ein Bildausschnitt ist. Eigentlich ist er kurz davor, eine Briefmarke zu befeuchten.

Fazit

Bilder und Fotos sind zu einem hilfreichen Competitive-Intelligence-Instrumentarium geworden. Allerdings sind ausgeprägte Analysekenntnisse notwendig, um die richtigen Schlüsse zu ziehen und die gestellten Fragen beantworten zu können. Analyseexperten finden sich häufig in den entsprechenden Industrieverbänden oder Unternehmen, die nicht nur Satelliten- und Luftbilder erstellen oder verwenden, sondern zusätzlich weitergehende Competitive-Intelligence-Dienstleistungen anbieten.

Tabelle 4.3 Anbieter von Photo- und Satellitenbildern

Produkt-name	Beschreibung	Firma	Internet
Arcview, ArcGIS	Geographisches Informationssystem	ESRI Geoinformatik GmbH, Kranzberg	www.esri-germany.de
ERDAS	Geographisches Informationssystem	Leica Geosystems GIS & Mapping, LLC Worldwide Headquarters, Atlanta (GA), USA	http://gis.leica-geosystems.com
D-Sat (Version 6)	Satellitenbilder von Deutschland. Erhältlich im Buchhandel (verschiedene Preise für private und gewerbliche Nutzung)	Buhl Data Service GmbH, Neunkirchen (Siegerland)	www.buhl.de
DigitalGlobe System	Weltweite Satellitenbilder mit weiteren individuellen Informationen (z.B. Bevölkerungszahlen)	Digitalglobe, Longmont (CO), USA	www.digital-globe.com
DigitalGlobe Europäischer Master Distributor	Weltweite Satellitenbilder (siehe Firma DigitalGlobe)	Eurimage Rom, Italien	www.eurimage.com
Digital Imagery	Satellitenfotos (inkl. 9 Kooperationspartnern) in der Auflösung von 15 cm bis 2 m. Schwarz-Weiß-Bilder, Farbbilder, Infrarotbilder	Terraserver.com, Raleigh (NC), USA	www.terraserver.com
Earth Explorer	Weltweite Satellitenbilder	Motherplanet, Inc.	www.motherplanet.com
Imagery Products: Geo, Reference, Pro, PrecisionPlus; Radar Products: Radarsat	Satellitenbilder, Luftbilder	SpaceImaging, Thornton (CO), USA	www.space-imaging.com
OrbView	Satellitenbilder	OrbImage Inc., Dulles (VA), USA	www.orbi-mage.com

Tabelle 4.3 (Fortsetzung)

LandSat7	Satellitenbilder	US Government; Department of the Interior, Washington DC, USA	http://landsat7.usgs.gov
SpotImage	Satellitenbilder ab 2,5 m Auflösung	CNES/IGN, Toulouse, Frankreich	www.spotimage.fr
SpotImage	Satellitenbilder	SpotImage Germany, Berlin	www.spotimage.com
z.B. Basic Scene	Satellitenbilder	ImageSat Intl. N.V. Tel Aviv, Israel	www.image satintl.com
z.B. Basic Scene	Satellitenbilder – verschiedene Arten und Frequenzen	ImageSat International N.V.; Europazentrale, Yermasoyia, Zypern	www.image satintl.com
Sehr detaillierte Optionen bei der Auswahl der Bilder, Regionen, Frequenz etc.	Satellitenbilder	National Remote Sensing Agency, Department of Space, Government of India, Balanagar, Indien	www.nrsa.gov.in
Image Gallery	Satellitenbilder	Canadian Space Agency John H. Chapman Space Centre, Longueuil, Canada	www.space.gc.ca
Luftbilder	Luftbildaufnahmen, Multispektralbilder, Infrarotaufnahmen, Rasterfotos, Luftbild-Stereoaufnahmen	Landesvermessung + Geobasisinformation Niedersachsen, Hannover	www.lgn.de
Luftbilder	Individuelle Luftbildaufnahmen, Archiv; verschiedene Perspektiven (von oben und schräg)	All air charter, Berlin	www.aacberlin.de
Flächendeckende und detailgetreue Luftbilder	Luftbilder	TravelTainment AG, Aachen	www.travel tainment.de

Tabelle 4.3 (Fortsetzung)

z. T. kosten-lose Luftbil-der von Bayern	Luftbilder	Bayerische Vermessungs-verwaltung; Bayerisches Ministerium der Finanzen, München	www.stmf. bayern.de
	Luftbilder	MF Matthias Friedel, Luftbildfotografie, Hamburg	www.luft-bilder.de
Teleskopsta-tivaufnahmen, Drachenauf-nahmen	Luftbilder	Heidi Breuer Luftbilder, Emmerich	
Steuerbare Webcam des Münchner Olympiaturms www.gotoba-varia.org	Webcam	Ame Aigner Media & Entertainment GmbH, München	http://ame.de
Webcams weltweit; ver-schiedene Kategorien, z.B. Universi-täten, Stu-dios, Geister-Kameras	Webcam	British Broad-casting Corporation, London, GB	www.webcam-search.com
Historische Karten	Karten	Staats- und Univer-sitätsbibliothek Bremen	www.suub.uni-bremen.de
Karten der Zielländer der Emigranten	Karten	Hamburg; ham-burg.de GmbH & Co. KG	http://fhh1. hamburg.de/ maps
Server für di-gitale histori-sche Karten	Karten über Territorien und Infrastruktur	IEG-Maps; Institut für Europäische Ge-schichte Mainz, Universität Mainz	www.iegmaps. uni-mainz.de
Software Feature Ana-lyst	Software	Visual Learning Systems, Inc., Missoula (MO), USA	www.feature-analyst.com

4.2 HUMINT (HUMan INTelligence)

Die Toren besuchen in fremden Ländern die Museen.
Die Weisen gehen in die Tavernen.

Erich Kästner
Deutscher Schriftsteller (1899-1974)

Literatur:

- Ludwig J (2002) Investigativer Journalismus – Recherchestrategien – Quellen – Informanten. UVK, Konstanz
- Mitnick K (2003) Die Kunst der Täuschung. mitp-Verlag/Bonn[8]
- Nolan J (1999) Confidential – Business Secrets, Getting Theirs – Keeping Yours. Yardley Chambers, Medford Lakes, NJ
- Westerfield HB (1995) Inside CIA's Private World. Yale University press, New Haven London, z.B.: The Elicitation Interview, Techniques of Domestic Intelligence Collection[9]

4.2.1 Einleitung

Ein wesentlicher Bestandteil der CI-Datenerhebung ist die Nutzung von Menschen als Quellen von Informationen, auch als „Human Intelligence" (HUMINT) bezeichnet. Der HUMINT-Aspekt ist zum einen ein wesentlicher Erfolgsfaktor für CI-Projekte, kann aber auch, bei unethischer Durchführung, Anlass zur Kritik bieten oder gar illegal sein. Allein deshalb sollte man sich im Detail mit HUMINT befassen und klare Richtlinien (Verfahren) für HUMINT innerhalb einer Organisation erstellen.

Beim Umgang mit menschlichen Quellen sind Kenntnisse der Gesprächspsychologie unabdingbar. Zum einen ermöglicht nur eine geschickte Gesprächsführung offene Dialoge, zum anderen unterliegt die Auswertung von menschlichen Informationen zahlreichen Fehlerquellen, die in Kapitel 2 aufgeführt sind. Ob die Gespräche per Telefon oder während persönlicher Treffen erfolgen, ist für die eigentliche Intelligence-Erhebung zweitrangig: Jedes Medium hat seine Vor- und Nachteile und erfordert spezifi-

---

[8] Dieses Buch schildert die unethische Vorgehensweise zur Erhebung von Informationen, die dann für kriminelle Aktivitäten genutzt werden. Zur Veranschaulichung der Elicitation-Techniken und als Beispiel für die Verwundbarkeit von Unternehmen durch externe Angreifer kann es allemal herangezogen werden.

[9] Diese Beiträge schildern die nachrichtendienstliche Anwendung von Elicitation. Vorbehaltlich der unethischen Aspekte sind sie als Anschauungsmaterial verwendbar.

sche Gesprächstechniken. Je nach Rechercheobjekt und Ressourcen plant ein erfahrener Intelligence-Manager die Datenerhebung (vgl. Abschnitt 3.2.4) unter Berücksichtigung der individuellen Gesprächskultur. In den folgenden Ausführungen wird bei HUMINT von persönlichen Kontakten ausgegangen, in Analogic hierzu lassen sich die Aussagen auf telefonische Kontakte übertragen.

4.2.2 Elicitation – Besonderheiten der HUMINT

Der Kern der HUMINT liegt in dem gezielten Austausch (Kontakt) mit Wissensträgern (z.B. Industrieexperten, Mitarbeitern von Kunden, Zulieferern, Wettbewerbern, Industriebeobachtern wie Journalisten, Behördenmitarbeitern, eigenen Mitarbeitern etc.). Während dieser Kontaktphase „entlockt" („entlocken" entspricht dem anglophonen Begriff „to elicit") der Rechercheur seinem Gesprächspartner Informationen, die relevant für seine CI-Recherchen sind und durch offene Interviews (z.B. durch einen Journalisten) nicht oder nur sehr schwer erhebbar wären. Im Folgenden wird der Begriff „Elicitation-Techniken" für diese Art der Erhebung verwendet. Gerade für die ethische Ausübung dieser Gespräche sei auf die Richtlinien der SCIP verwiesen (keine Vortäuschung falscher Tatsachen, keine Vorgabe von Legenden etc.; vgl. Abschnitt 9.3.1).

Elicitation-Techniken werden nicht nur von CI-Profis verwendet, sondern sind auch in anderen Disziplinen verbreitet. So erhebt ein Journalist bei einer investigativen Recherche Informationen durch Elicitation-Techniken (Ludwig 2002). Bei Wissensmanagement-Projekten gilt es, Expertenwissen durch Elicitation-Techniken für das Unternehmen zu kultivieren (Ayyuh 2001). Nicht jeder Experte (gerade hochkarätige Wissenschaftler) ist in der Lage, in einfachen, für jedermann verständlichen Worten zu kommunizieren. Hier sollen Elicitation-Techniken helfen, eine angenehme Gesprächsatmosphäre zu schaffen, in der ein effizienter Wissenstransfer stattfinden kann.

Abgrenzung zu anderen Gesprächstechniken

Im Unterschied zu einem klassischen Interview von Wissensträgern (z.B. Einzelinterview) versucht ein CI-Rechercheur, das Gespräch nicht in einer Atmosphäre der Aus- oder Befragung (d.h. einer Inquisition) durchzuführen.

Der Nachteil des klassischen Interviews liegt in der eingeschränkten Willigkeit eines Interviewpartners, sich be- oder ausfragen zu lassen. In einer solchen Blockadesituation ist ein Befragter kaum bereit, konstruktiv

Antworten zu geben oder Sachverhalte kreativ zu diskutieren (z.B. Prognosen über zukünftige Entwicklungen einer Branche oder eines Mitbewerbers zu erstellen). So könnte ein Interviewter in dieser Situation eine offizielle, sein Unternehmen repräsentierende Haltung einnehmen oder er beginnt sich künstlich zu produzieren, um der ihm schmeichelnden Situation gerecht zu werden. Beides sind keine günstigen Voraussetzungen für eine ergiebige Unterhaltung.

Darüber hinaus stehen Gesprächspartner häufig für ein klassisches Marktforschungsinterview überhaupt nicht zur Verfügung.

4.2.3 Gegenstand der HUMINT

Gegenstand der HUMINT sind Sacherverhalte, die außerhalb der publizierten Fakten liegen. Schließlich wird nur ein Bruchteil aller offenen Informationen jemals publiziert. Weder sind im Sinne der journalistischen Publikation genug Interessenten für Spezialthemen vorhanden, noch sind alle Experten gewillt zu publizieren. Ziel eines Elicitation-Gesprächs ist, diese offenen, jedoch nicht publizierten Informationen zu erheben. Wie bereits erläutert, werden keine kompromittierenden oder vertraulichen Informationen (Insiderinformationen) recherchiert.

HUMINT-Themenbeispiele:
- Aussagen über zukünftige Absichten, Tendenzen oder Pläne eines Wettbewerbers (wobei die Auskunft gebende Person lediglich ihre persönliche Sicht der Dinge darstellt, nicht firmeninterne Informationen preisgibt)
- Aussagen zur Einschätzung (Wahrnehmung) des Marktes und weiterer Unternehmen in der Industrie, insbesondere, wenn diese von der offiziellen (publizierten) Unternehmensdarstellung abweichen
- Aussagen zur Einschätzung von Produkten/Dienstleistungen von Wettbewerbern und dem eigenen Unternehmen („Fremddarstellung")
- Führungsstil, Verhaltensmuster, Vorlieben etc. von Führungskräften eines Unternehmens, um eine Profiling-Analyse (vgl. Abschnitt 5.2.11) durchzuführen
- Mind Games
  Mit Hilfe von Mind Games soll ein Gesprächspartner hypothetisch z.B. zukünftige Marktstrukturen aufzeigen und interpretieren. Durch diese Gedankenspiele lässt sich direkt und indirekt auf Hintergrundwissen und Intention des Gesprächspartners schließen. Ist der Gesprächspartner ein Entscheider, so könnte u.U. das Reaktionsprofil (vgl. Abbildungen 5.13 bzw. 5.16) eines Wettbewerbers auf z.B. eine potenziell anstehende

Marktveränderung durch das eigene Unternehmen in Erfahrung gebracht werden.

- Abchecken des Wissensstands („Probing") eines Gesprächspartners (z.B. aufkommende Industriekonsolidierungen, bevorstehende M&A-Aktivitäten eines gemeinsamen Wettbewerbers)
  Durch diesen Realitätscheck einer Angabe kann auf die Informationsverbreitung innerhalb des Wettbewerberunternehmens geschlossen werden. Aus der unmittelbaren Reaktion des Gesprächspartners können zudem im Überraschungsmoment getätigte, sehr offene Kommentare erwartet werden.

- Nicht erwähnte Sachverhalte
  Es ist zu beachten, dass auch das „Nichterwähnen" von Sachverhalten, die der Kontakt kennen sollte, eine Information darstellt. So ist beispielsweise das Nichtnennen eines wichtigen Zulieferers bei der Aufzählung der (öffentlich bekannten) Hauptlieferanten seines Unternehmens u.U. ein wichtiger Indikator für den CI-Analysten, der auf eine Trennung oder eine verringerte Bedeutung dieses Zulieferers hinweisen kann.

- Art und Weise der Darstellung
  Die Art und Weise, wie Sachverhalte dargestellt werden, ist ebenfalls Teil der CI-Erhebung und -Analyse. Zwar kann ein Befragter faktisch eine ihm bekannte offizielle Darstellung seines Unternehmens teilen, aber durch Skepsis, Ironie oder Sarkasmus seine Zweifel an der Validität dieser Darstellung kundtun. In einer persönlichen Kommunikation können diese Signale in Mimik und Gestik des Gesprächspartners erkannt werden und entsprechend die getätigten Aussagen relativieren oder ggf. sogar ins Gegenteil verkehren.

Wie bereits in Abschnitt 3.2.12 ausgeführt, sind Glaubwürdigkeit und Zuverlässigkeit einer Information von menschlichen Quellen mit großer Vorsicht zu genießen. Eine Einzelnennung ist meist ohne Relevanz. Häufen sich jedoch bestimmte Äußerungen und sind die Quellen als glaubwürdig und voneinander unabhängig eingestuft, so können sie wertvolle, exklusive Informationen sein.

4.2.4 Motivation für HUMINT

Häufig unterschätzt wird die Bereitschaft eines Gesprächspartners, in einem Dialog Informationen auszutauschen. Eine Motivation durch Begünstigungen (Geld, Geschenke, Vorteile) ist ausgeschlossen, da sie unethisch und ggf. sogar illegal sind (z.B. Anstiftung zur Geheimnishehlerei). Zudem könnte ein auf diese Art und Weise „gefügig" gemachter Gesprächspartner unter der moralischen Belastung der Vorteilnahme leiden und unwahre Angaben machen. Oder er könnte in Erwartung weiterer Begünstigungen Fakten erfinden, um interessant für seinen Gesprächspartner zu bleiben – keinesfalls ist dies eine anzustrebende Situation. Positive Motivation zu und in einem Gespräch kann hingegen durch geeignete Maßnahmen gefördert werden:

- „Geben und Nehmen" (Interessenübereinstimmung, Fachsimpeleien)
- Bezugnahme auf die natürliche Neugierde (eigene Zukunft im Unternehmen, Brachentrends etc.)
- Bedeutung herausstellen (Erfahrung, Verantwortung, vorhandener Einblick des Gesprächspartners in ein Unternehmen)
- Emotionen abreagieren (Frust über Job, Familie etc.).

4.2.5 HUMINT-Gesprächsführung

> Wer fragt, der führt..., wer zuhört, gewinnt.
>
> (unbekannt)

Ein erfahrener Interviewer bereitet seinen Termin vor und fixiert seine Fragen schriftlich. Ein Gesprächsleitfaden (Script) hilft, die eigenen Fragen im Auge zu behalten und flexibel auf Abweichungen oder sich entwickelnde neue Gesprächspfade zu reagieren. Von besonderer Bedeutung sind die Gesprächseröffnung und der Gesprächsabschluss. In Analogie zu einem Schachspieler hat ein erfahrener Interviewer verschiedene Varianten parat, um einen möglichst interessanten Gesprächsverlauf zu garantieren.

> Als Faustregel für die Ausarbeitung eines Gesprächs gilt: Pro Stunde Interaktion sind eine Stunde Vor- und eine Stunde Nachbereitung notwendig.

Während des eigentlichen Gesprächs sind offene Fragen zu bevorzugen, um einen vorzeitigen Gesprächsabbruch oder eine Blockade des Partners zu verhindern. Jede Art der Bedrohung oder Einschüchterung des Gesprächspartners muss vermieden werden.

Beispiele:
- Falsch: „Laufen die Geschäfte in Markt xy besser als im letzten Jahr?" (geschlossene Frage)
- Besser: „Wie laufen die Geschäfte?" (offene Frage)

Bei „quantitativen" Fragen sollte bevorzugt über Wertebereiche diskutiert werden.

- Falsch: „War der Absatz um 10% besser als im letzten Jahr?"
- Besser: „Wie hat sich der Absatz im letzten Jahr entwickelt?"

Bei persönlichen Kontakten werden neben den eigentlichen Inhalten auch Informationen und Signale über die Körpersprache vermittelt. Mimik und Gestik machen gut 30% der übermittelten Inhalte aus. Diese sind bei der Auswertung auf jeden Fall zu berücksichtigen. In Debriefings des Interviewers durch den Analysten werden diese Komponenten zur Interpretation der Gesprächssituation und -intention mit herangezogen. Auffällig sind zum Beispiel Gesprächspartner, bei denen übermittelter Inhalt und beobachtete Körpersprache nicht konform sind. Die Ursache könnte in bewusster Falschinformation, Unsicherheit oder starkem Misstrauen liegen.

Unabhängig davon, wie die Gesprächsführung aussieht, gilt, dass die ergiebigsten Interviews „gar nicht stattfinden", d.h. sie bleiben vom Gesprächspartner unbemerkt. Diese Gespräche können zudem jederzeit fortgesetzt werden.

4.2.6 Lokationen für HUMINT

> Gibt es eine aufregendere Idee, als die Natur reflektiert
> in den Augen eines Tieres zu sehen?
>
> Franz Marc
> Deutscher Maler (1880-1960)

HUMINT ist an keine bestimmten Orte oder Situationen gebunden. Trotzdem sind einige Lokationen geeigneter als andere. Im Folgenden werden typische HUMINT-Lokationen geschildert.

Messen und Ausstellungen

Messen und Ausstellungen bieten neben den eigentlichen HUMINT-Kontakten eine ergiebige Möglichkeit zur direkten Observation von Wettbewerbern (Standaufbau, Prototypen, Kommunikationskonzepte, Imagebildung, Fokussierung etc.; vgl. Abschnitt 4.1.2).

Kontaktbesonderheiten

Mitunter wird für Messestände Personal mit wenig Kontakterfahrung „abkommandiert" (angelernte Aushilfen, neue Mitarbeiter, Back-Office-Personal). Berücksichtigt man, dass Messetage (oder zumindest einige Stunden) extrem langweilig sein können, so wird klar, dass auf Messen Abwechslung durch entsprechende Kontakte nur zu gerne gesehen wird. Wer gegen Mittag auf gelangweilte Vertriebsmitarbeiter trifft, kann ohne weiteres zum „Opfer" eines spesenreichen Mahls werden – intensive Kommunikation inklusive. Ein ausstellendes Unternehmen muss bei Standbesuchern glänzen, d.h. es ist normalerweise willens, über Intentionen und Entwicklungsprojekte zu sprechen. Kontaktanbahnung und intensives Fachsimpeln sind bei Standbesuchern (wie z.B. Einkäufern, Interessenten, Jobsuchern) immerhin eher die Regel als die Ausnahme. Direkte Fragen (und Antworten) sind in dieser Atmosphäre möglich und erwünscht.

Neben den eigentlichen Messestandaktivitäten sind die Nebenereignisse bei Ausstellungen interessante Kontaktmöglichkeiten: In Besprechungsräumen finden mit ausgewählten Kunden und Interessenten Gespräche statt. Hubschrauberlandeplätze sind für VIPs reserviert, die mitunter Stände von Kooperationspartnern oder (zukünftigen) Übernahmekandidaten aufsuchen. Standpartys und Restaurantbesuche nach Messeschluss sind nach einem langen Tag besonders austauschfördernde Gefilde. Gerne wird mit Kunden, VIPs und Managern befreundeter Unternehmen über den abgelaufenen Tag und die Branche im Allgemeinen gefachsimpelt.

Um als CI-Rechercheure einen möglichst effizienten Messetag verbringen zu können, ist der Besuch (insbesondere, wenn mehrere Rechercheure im Team arbeiten) einer gründlichen Planung zu unterziehen (zu besuchende Stände, Sequenz der zu recherchierenden Fragen, Abgleich bereits erhobener Informationen zu Kontrollzeitpunkten, Arbitrage von Informationen, die von Messeständen Dritter stammen, etc.).

Konferenzen

Fachkonferenzen sind ein weiteres Mekka für CI-Aktivitäten. Insbesondere auf wissenschaftlichen Konferenzen sind Teilnehmer in intensive Fachsimpeleien verwickelt. Neue Kontakte innerhalb einer wissenschaftlichen Community werden über Unternehmensgrenzen hinweg gesucht und gefunden. Meinungsbildner und Kommentatoren sind als Sprachrohre und Tributzoller willkommen. Zudem sind Sprecher auf Konferenzen selten als Repräsentanten ihrer Organisationen unterwegs – entsprechend sind sie offene und auskunftsfreudige Gesprächspartner.

Innerhalb der Sprecherfraktion ist häufig ein Wettkampf der Eitelkeiten festzustellen: Gerne werden dem Publikum auch über die eigentlichen Vortragsinhalte hinaus Informationen gegeben – besonders auf Nachfragen am Ende des Vortrages hin. In dieser Situation ist es für den Vortragenden schwierig, keine direkte Antwort auf gezielte Fragen („dirty questions") zu geben.

Auch ein Konferenzbesuch muss vorab geplant werden: So gilt es, besonders wenn ein CI-Team zur Verfügung steht, die Teilnahme an Vorträgen und Events zu koordinieren und die Ansprache von interessanten, aus Teilnehmerlisten bekannten Besuchern oder Sprechern zu synchronisieren.

Universitäten und Fachhochschulen

Universitäten und Fachhochschulen bieten ein breites Know-how industrieller Aktivitäten, sofern relevante Forschungsprojekte durchgeführt wurden, Professoren entsprechenden Tätigkeiten nachgehen oder in vorherigen Jobs nachgegangen sind (z.B. Unternehmensberatung, Gutachtertätigkeit, Beirat).

Dank der Möglichkeiten der Sekundärrecherche lassen sich schnell relevante Institute und Fachbereiche identifizieren (Vorlesungsverzeichnisse, Forschungsvorhaben, Kooperationspartner, Sponsoring, Lehrbeauftragte, Diplom- und Studienarbeiten, Dissertationen und Habilitationen). Aushänge an „schwarzen Brettern" lassen zudem auf weitere Industriekontakte schließen (Praktika, Jobofferten, Gastredner etc.). In der lokalen Presse wird häufig über Hochschulereignisse (Berufungen, Projekte, Forschungsvorhaben etc.) berichtet, sodass sich ein kontinuierliches Monitoring dieser Publikationen lohnen kann.

Kundenbesuche

Häufig finden sich exzellente Wettbewerbsinformationen bei einem Kundentermin. Kunden, insbesondere die Einkäufer, haben normalerweise ein starkes Interesse, ihre Zulieferer transparent und gefügig zu halten. Nur so können sie langfristig günstige Partnerschaften eingehen und rechtzeitig schwache Zulieferer identifizieren. Daher sind Kundentermine auch immer ein Marktplatz für Informationen über das eigene Unternehmen, die direkten Wettbewerber und die Branche im Allgemeinen. Gerade bei Ausschreibungen sind Einkäufer gerne mit Tipps und Hinweisen behilflich, das eigene Angebot zu optimieren – indem auf relative Schwächen und Stärken des eigenen Unternehmens bzw. dessen Angebot hingewiesen wird.

Rückblickend können Kunden Erklärungen für nicht erteilte Aufträge geben (vgl. Abschnitt 5.2.7), wodurch das eigene Unternehmen sehr gut

Einblicke in die relative Wettbewerbsfähigkeit erhält. Entsprechend sorgfältig sollte eine CI-Abteilung Vertriebsmitarbeiter in das eigene CI-Netz-
werk einbinden und regelmäßige Schulungen zu CI-Themen abhalten.

Institutionen und Verbände

Zahlreiche Industrien und Branchen haben eigene Verbände gegründet, in
denen Arbeitsgruppen den Austausch innerhalb der Anbieter, aber auch
mit Dritten pflegen. In diesen Arbeitsgruppen treffen sich fachkundige
Vertreter von Wettbewerbern zum offenen Austausch und/oder einem Ab-
tasten der gegenseitigen Markteinschätzung und -wahrnehmung. Entsprechend aufschlussreich können diese Kommunikationsplattformen sein. Ein
Elicitation-Training für die eigenen Vertreter an diesen Treffen sollte
selbstverständlich sein.

Behörden und Aufsichtsgremien

Behörden sind stark in den Prozess der Kontrolle und Genehmigung von
Wirtschaftsgütern eingespannt (z.B. Ämter für Gewerbe, Bauaufsicht,
Brandschutz, Umweltschutz, TÜV). Gutachten müssen erhoben, Anträge
gestellt, Zuschüsse bewilligt werden. In öffentlichen Ausschusssitzungen
wird über die Zukunft von Standorten beraten oder es werden Anlieger an-
gehört. Die Ergebnisse bzw. Anträge werden teils „lokal" publiziert, sodass eine Einsichtnahme möglich ist. Weitere Publikationen können angefordert werden.

Durch den Zwang zur Erfassung von Betriebsstatistiken stehen schließlich (auf aggregiertem Niveau) Zahlen zur Verfügung (z.B. Reports der
Statistischen Landesämter und des Bundes, IHK-Publikationen). Sind die
in diesen Publikationen ausgewerteten Unternehmen halbwegs bekannt, so
können zumindest Plausibilitätsabschätzungen für individuelle Wettbewerber (z.B. Absatz, Umsatz, Mitarbeiter, Export und Import) durchgeführt
werden.

Sonstige HUMINT-Kontaktlokationen

Das gezielte Ansprechen eines Kontaktes kann an allen öffentlichen Orten
erfolgen, an denen das Eintreffen der Zielperson vorhersehbar ist: Warte-
hallen und Lounges an Bahnhöfen und Flughäfen sind hierfür ebenso geeignet wie Züge und Flugzeuge. Hotelbars, Restaurants (in Nachbarschaft
des Wettbewerbersitzes), Theater und Konzertveranstaltungen, Ausstellungen und Freizeitsportanlagen sind weitere Plätze, an denen Kontakte aufgebaut oder vertieft werden können.

4.2.7 Auswertung von HUMINT-Erkenntnissen

Nach einem HUMINT-Kontakt verfasst der Interviewer eine Gesprächsnotiz, aus der Inhalt und Umstände des Kontaktes hervorgehen. Bei der Auswertung (meist durch den CI-Analysten) ist Folgendes zu beachten:

Quelle und Interviewer stehen während des Informationsaustausches in einer „Beziehung": Alle Informationen sind entsprechend „gefärbt"/"codiert". Beide haben eine „Intention", die sie zum Austausch bewegt hat. Diese bewirkt eine weitere Verzerrung der Informationsinhalte. Für den Analysten ist es von entscheidender Bedeutung, „Beziehung" und „Intention" zu kennen (Debriefing des Interviewers), um eine Dekodierung der eigentlichen Informationen vornehmen zu können. Seine eigene „Beziehungsebene" muss er dabei möglichst vollständig ausblenden.

Beispiele für Arten von Beziehungen bei HUMINT:
- Antipathie/Sympathie
- Provokation/Schmeichelei
- Respekt/Verachtung

Beispiele für Gesprächsintentionen:
- Glänzen wollen
- Verkaufen wollen
- Unsicherheit verbergen
- Vorteile erhalten

Interessanterweise ist keine bestimmte Kombination von Beziehung und Intention per se besser oder schlechter für einen ergiebigen Informationsaustausch geeignet! Erfahrene Interviewer „fühlen" die Beziehungsebene und richten die „Intentionsebene" danach aus.

Zu beachten sind die Auswirkungen von Vorurteilen, Präferenzen, Fixierungen, Framing und Zuversicht auf erhobene Aussagen (vgl. Kapitel 2). Eine geschickte Gesprächsführung nutzt diese Erkenntnisse, um den Interviewten bewusst zu hinterfragen oder getätigte Aussagen zu verifizieren. Klassische Verhörmethoden sind hingegen zu vermeiden: Wer Fangfragen stellt, riskiert, sich selbst zu verheddern oder zumindest den Gesprächspartner misstrauisch zu machen.

4.2.8 Exkurs: Einsatz externer Anbieter für HUMINT

> Großmeister irren sich intelligenter, als andere Recht haben.
>
> (unbekannt)

Je nach Erfahrung und Kapazitäten des CI-Teams stellt sich die Frage, ob zumindest ein Teil der Datenerhebung, insbesondere der HUMINT-Part, ausgesourct werden kann bzw. soll.

Externe Intelligence-Dienstleister sind Anbieter/Berater, die Intelligence-Recherchen durchführen. Meist operieren sie in „exotischen" und/ oder „schwierigen" Umfeldern, die ein Unternehmen nicht selbst angehen kann oder will. Fehlen interne Ressourcen oder müssen z.B. branchenfremde Unternehmen untersucht werden, so kann der Einsatz von Beratern sinnvoll sein.

Das Managen von Externen erfolgt in Analogie zu Teilnehmern eines internen Informationsnetzwerks (vgl. Abschnitt 7.3.1). Der große Unterschied liegt jedoch in dem potenziellen Interessenkonflikt des CI-Dienstleisters, sofern er auch für einen direkten Wettbewerber tätig ist oder zukünftig tätig sein möchte. Wer als reines CI-Beratungshaus Branchen-Know-how vorweisen kann, muss quasi zwangsläufig auch schon für Wettbewerber gearbeitet haben. Da das Vorweisen von Referenzen in der CI-Branche unüblich ist, kann sich ein Unternehmen nur auf die Präsentation anonymisierter Projekte und das allgemeine Know-how des Anbieters verlassen. Ein projektorientiertes Vorgehen (vgl. Abbildung 3.4) kann Auftraggeber wie Dienstleister vor unangenehmen Überraschungen bewahren. Vertragliche Vertraulichkeitserklärungen sollten insbesondere die zukünftige Tätigkeit für einen Wettbewerber ausschließen.

Vorteile durch externe Intelligence-Anbieter:
- Meist Erfahrung bei der Erhebung, Aufbereitung und Analyse komplexer Informationen (internationale Positionierung, mehrere Produktbereiche etc.)
- Austausch von Informationen zwischen internen und externen Teams zwecks Verifikation und Plausibilitätscheck
- Branchen-/regions-/technologiespezifisches Know-how

Nachteile durch Outsourcing:
- Überprüfung der Berichtsinhalte aufwendig, teils unmöglich (Externe geben nur ungern ihre Quellen und Erhebungstechniken preis.)
- Aufwendigeres Briefing als bei internen Teams

- Potenzielle Gefahr der Weitergabe vertraulicher Informationen durch den Dienstleister (Fluktuation von Beratern, Arbeiten für Wettbewerberunternehmen; vgl. Beitrag 8.3.4)

Anmerkung:
Kontakt zu Anbietern erhält man über CI-Dienstleisterverzeichnisse in Online-Directories (vgl. Listing unter www.scip.org/ressourcen oder www. competitive-intelligence.com). Die im SCIP-Partnerprogramm aufgeführten Anbieter haben sich bei CI-Recherchen explizit zur Einhaltung des „Code of Ethics" der SCIP (vgl. Abschnitt 9.3.1) verpflichtet. Ebenso können Kontakte durch Publikationen und/oder Empfehlungen aufgebaut werden.

4.2.9 ZF Trading GmbH: Die Implementierung eines internationalen CI-Netzwerkes oder warum der Faktor „Mensch" die entscheidende Rolle spielt

von Marco Neubold

> Unser Wissen ist nicht vorhanden,
> wenn es nicht benutzt wird.
>
> Igor Strawinski
> Russ.-amerik. Komponist (1882-1971)

Vorwort

Competitive Intelligence (CI) – in zahlreichen Publikationen auch mit Begriffen wie Market Intelligence oder Business Intelligence synonym verwendet – gewinnt zunehmend an Bedeutung und Aufmerksamkeit. In nachfolgendem Beitrag wird der Intelligence-Ansatz als systematischer Prozess der Transformation verfügbarer fragmentierter Informationen in anwendbares Wissen als unternehmerische Entscheidungsgrundlage verstanden. Der Fokus liegt hierbei auf international verstreuten Informationen, welche bislang nur lokale Anwendung finden, aber aus betrieblicher Sicht regionale oder globale Relevanz besitzen.

Ein Lösungsansatz aus der Praxis bis hin zu seiner Implementierung wird anhand der laufenden Aktivitäten bei der ZF Trading GmbH nachfolgend dargestellt.

Ausgangslage

Die ZF Trading GmbH mit Sitz in Schweinfurt ist das Handelsunternehmen der ZF Friedrichshafen AG, des drittgrößten deutschen Automobilzulieferers. Tätigkeitsschwerpunkt ist der internationale Vertrieb von Antriebs-, Lenkungs- und Fahrwerkskomponenten der Marken SACHS, BOGE und LEMFÖRDER in den freien Ersatzteilmarkt weltweit. ZF Trading ist dabei mit rund 1300 Mitarbeitern an über 20 Standorten stark international ausgerichtet.

Da sich das Handelsgeschäft durch eine hohe Wettbewerbsintensität und anhaltenden Strukturwandel auszeichnet, benötigt man valide Markt- und Wettbewerbsinformationen, um erfolgreich agieren zu können. Dies wird um so wichtiger, als immer weniger Marktteilnehmer lokal agieren, sondern sich regionales Auftreten und eine stetige Internationalisierung auch bei kleineren Partnern und Wettbewerbern zunehmend etablieren.

Obwohl ZF Trading durch seine internationale Ausrichtung und Präsenz in allen wichtigen Märkten direkt vertreten ist, gestaltete sich der Informationsfluss einerseits zwischen den Repräsentanzen untereinander als auch im Kontakt mit der Firmenzentrale in Schweinfurt andererseits oft als unbefriedigend. Die Etablierung sinnvoller CI-Prozesse auf internationaler Ebene fiel dadurch bislang schwer.

Problemanalyse

Eine in 2002 durchgeführte Analyse brachte die Hauptgründe zu Tage:

- Lokal gewachsene Tochtergesellschaften sahen sich nur für ihre eigenen Märkte verantwortlich und waren daher auch lokal fokussiert. Globale Entscheidungen strategischer Natur wurden ausschließlich von der Firmenzentrale erwartet.
- Zentralbereiche in Schweinfurt waren aufgrund der historischen Entwicklung auf den größten Einzelmarkt Deutschland und das westeuropäische Ausland konzentriert.
- Inhomogene Größen der Auslandsrepräsentanzen (relativ große Tochtergesellschaften, kleine Marketingbüros) führten aufgrund der jeweils verfügbaren Ressourcen zu derart unterschiedlichen lokalen Aktivitäten, dass man sich eine Zusammenarbeit auf regionaler Ebene kaum vorstellen konnte.
- Das Fehlen einer regionalen Koordinationsfunktion verhinderte eine effiziente Umsetzung von zentral angestoßenen Aktivitäten einerseits und gab den lokalen initiierten Aktivitäten andererseits keine Basis, um auf andere Märkte übertragen werden zu können.
- Aufgrund dieser Tatsache wurden zentral gestartete Aktivitäten vor Ort oftmals kritisch betrachtet und erhielten nicht die notwendige lokale Unterstützung.

Die definierte Zielsetzung

Als Ziel seitens der verantwortlichen Akteure in Schweinfurt wurde der Aufbau eines internationalen Intelligence-Netzwerkes über möglichst alle Standorte der ZF Trading festgelegt. Alle weiteren Details wurden einem zu diesem Zeitpunkt noch zu definierenden Projektteam übertragen.

Zu Beginn des Projektes wurde bewusst darauf verzichtet, die nachfolgend dargestellten Aktivitäten unter dem Begriff „Competitive Intelligence" anzusiedeln. Dies lag primär daran, dass gerade die Auslandsrepräsentanzen, welche in ihrer überwiegenden Mehrheit bislang kaum marktforschungsrelevante Funktionen ausgeübt hatten, mit dieser Begrifflichkeit ihre Verständnisschwierigkeiten hatten. Dem entgegen erschien jedoch allen Beteiligten die „Internationalisierung der Marktforschung", unter welcher die nachfolgend dargestellten Projektschritte dann ausgelöst wurden, die logische Fortführung und Ausweitung der Arbeit einer bereits bekannten Abteilung „Marktforschung" in der Firmenzentrale. Teilweise wurde diese Internationalisierung in Zeiten globalisierter Märkte als längst überfällig begrüßt, was der aktiven Unterstützung des Projektes durchaus förderlich war.

Der Lösungsansatz

Um zunächst die Bedürfnisse und Interessen insbesondere der Auslandsrepräsentanzen erfassen zu können, entschied man sich im ersten Schritt zu einer internationalen Erhebung mittels eines dafür entwickelten Fragebogens, der an alle Marketingverantwortlichen im Ausland gemailt wurde. Konkret wurden neben bereits fest geplanten und prinzipiell ins Auge gefassten Marktforschungsaktivitäten der Jahre 2002/03 auch alle Maßnahmen der letzten zwei Jahre mit erhoben. Gleichzeitig erfolgte durch die Aussendung bereits die erste generelle Bekanntmachung eines geplanten Intelligence-Projektes.

An dieser Stelle sei ausdrücklich darauf hingewiesen, dass dem hier skizzierten Vorgehen der direkten Miteinbeziehung der internationalen Kollegen das Grundverständnis der Agierenden zugrunde liegt, dass der Top-down-Ansatz bei der Entwicklung von internationalen Konzepten spätestens bei der Implementierung scheitern muss, falls das Einbeziehen lokaler Entscheider und Experten nicht schon in der Entwicklungsphase sichergestellt wurde.

Nicht zuletzt der erfreulich hohe Rücklauf ausgefüllter Fragebögen zeigte das vorhandene Interesse an einer aktiven Mitarbeit aller Beteiligten. Aufgrund der ausgewerteten Ergebnisse als auch der geografischen Standorte erschien ein Aufsplitten des Gesamtprojektes in die Teilprojekte „Asia-Pacific", „Americas" sowie „Europe" angebracht (s. Abbildung 4.1). In jedem Teilbereich wurde den Beteiligten die Möglichkeit gegeben, ihre individuellen Ansätze zu realisieren. Die in der Firmenzentrale angesiedelte globale Koordination der drei Teilprojekte stellt dabei zu jedem Zeitpunkt sicher, dass neben den regionalen Wünschen auch die zentralen Bedürfnisse, welche ursprünglich zur Projektauslösung geführt haben, mit einbezogen werden.

Abb. 4.1 Internationale Projektorganisation – Aufteilung in drei Regionen

Praktische Umsetzung

Als zentraler Erfolgsfaktor der gesamten Aktivität wurde, wie bereits in der Überschrift angedeutet, der Faktor Mensch betrachtet. Das Kernproblem des Aufbaus und der Implementierung des Netzwerkes war es daher, die aktive Teilnahme der potenziellen Intelligence-Mitglieder von Beginn an sicherzustellen und ihnen einen hohen Gestaltungsspielraum einzuräumen. Dies führte zu folgenden grundsätzlichen Feststellungen:

- Die Fachverantwortlichen des Bereiches Marktforschung müssen zunächst gemeinsam definieren, wie sie ihr regionales Netzwerk formen und ausrichten wollen.
- Um später gelebt werden zu können, muss sich ein regionales Netzwerk primär an den Interessen der einzelnen lokalen Mitglieder orientieren und darf sich daher nicht ausschließlich an den Wünschen der Firmenzentrale orientieren.

Abgeleitet aus den obigen Feststellungen wurde folgender Konzeptansatz entwickelt:

- Jedes Teilprojekt beginnt mit einem dreitägigen regionalen Kick-off-Workshop.
- Die Teilnehmer setzen sich aus den Experten der lokalen Repräsentanzen der Region zusammen, ergänzt um den Fachverantwortlichen aus der Firmenzentrale.
- In jedem Workshop wird ein regionales Projektteam gebildet, welches die weitere Fortführung der Aktivitäten sicherstellt.
- Der regionale Projektleiter (Regionalverantwortlicher) muss selbst vor Ort angesiedelt sein.
- Der jeweilige Regionalverantwortliche ist einerseits der Ansprechpartner für seine lokalen Experten, andererseits bildet er die Schnittstellen zur nächsten Region und zur Firmenzentrale in Schweinfurt.
- Schweinfurt wiederum verantwortet die globale Koordination des Netzwerkes und stellt eine Unterstützungsfunktion für die Regionalverantwortlichen dar.
- Nachdem die Einzelprojekte in die tägliche Arbeit übergegangen sind, sollen sowohl ein mindestens jährlich stattfindendes Regionaltreffen als auch ein regelmäßiger Austausch der Regionen untereinander implementiert werden.

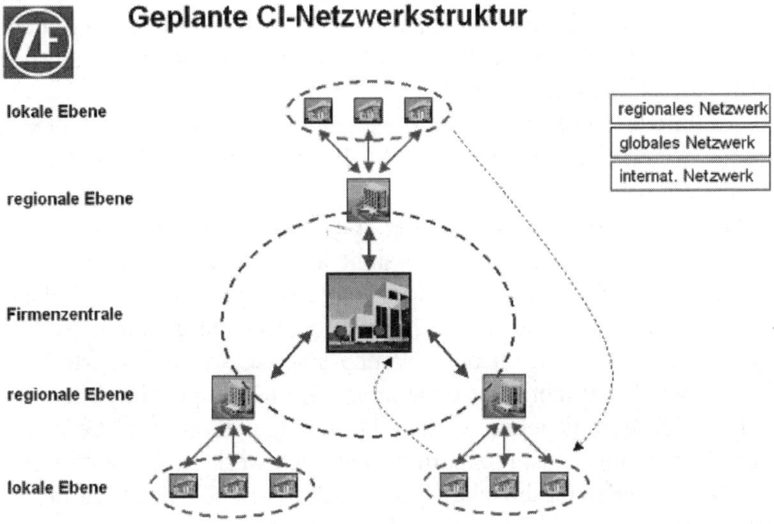

Abb. 4.2 Die geplante CI-Netzwerkstruktur

Technische Unterstützung des Faktors Mensch

Viele Autoren von Fachpublikationen im Bereich Marketing fokussieren bei ihren Betrachtungen zur Implementierung neuer Systeme oder Konzepte stark auf die technischen Aspekte, die erfüllt werden müssen. Beim Lesen dieser Beiträge gewinnt man oft den Eindruck, die pure Anschaffung und Installation beispielsweise einer CRM-Software würde ein Unternehmen in den Bereich „Kundenorientierung" katapultieren.

Es steht ganz sicher außer Frage, dass eine technische Unterstützungsfunktion oft elementare Wichtigkeit besitzt. Sie kann aber den Faktor Mensch dabei niemals ersetzen, sonders ihn (wie der Name schon sagt) nur bei seiner Aufgabenerfüllung *unterstützen*.

Da in vorliegend skizziertem Falle häufige, regelmäßige Treffen aller Beteiligten nicht ohne weiteres realisierbar sein würden (selbst auf Regionalebene reden wir in Asia-Pacific über Reisetätigkeit zwischen den Standorten Singapur, Sydney, Schanghai und Tokio), war die Bereitstellung einer speziellen Kommunikationsplattform für die Netzwerkmitglieder sicher zwingend nötig.

Hierfür wurde im Hause ein Online-Tool mit dem Namen „Planet" aufgesetzt, welches über einen Log-in weltweit erreichbar ist. „Planet" sieht sich dabei als Kommunikationsplattform für verschiedene Geschäftsprozesse der Organisation, welche allesamt internationale Relevanz besitzen. So finden sich u.a. auch Bereiche zu den Themen „Corporate Design" oder die bilinguale Mitarbeiterzeitung im „Planet". Für jeden dieser Bereiche ist eine eigene Anmeldung erforderlich; die Freigabe erfolgt normalerweise innerhalb von 24 Stunden.

Der geschützte Bereich enthält dabei eine ganze Liste an Unterstützungstools, welche den Aufbau und die Implementierung eines CI-Netzwerkes fördern sollen.

So gibt es beispielsweise die Rubrik „telephone book", welche dem Yellow-pages-Ansatz folgend eine Übersicht aller Experten weltweit bietet (vgl. Abbildung 4.3). Nach Selektion der jeweiligen Tochtergesellschaft werden die Ansprechpartner mit den jeweiligen Daten genannt. Natürlich kann man auch einfach nach dem Namen suchen, so ein Experte bereits identifiziert wurde. Wichtig ist dabei, dass die jeweiligen Experten „freiwillig" in das System gegeben werden. Dies bedeutet, dass nicht etwa nach Funktion so genannte Ansprechpartner dem Netzwerk zugeordnet wurden, sondern dass in jeder Gesellschaft vor Ort die Person erfragt wurde, welche sich am stärksten mit dem Thema beschäftigt[10].

---

[10] In der Vergangenheit wurde oft pauschal dem Marketingverantwortlichen das Thema Marktforschung aufgezwungen, da es der reinen Lehre folgend auch im

Ein weiteres Tool ist die Funktion „Pinboard", in welcher aktuelle Kurz-informationen abgelegt werden können. Hier finden sich beispielsweise Ergebnisse aus den gemeinsamen Workshops, Termine oder Ankündigungen wieder.

Daneben stellt sicher der Bereich Info-Pool eine zentrale Funktionalität dar. Hier werden vom Master-Questionnaire über Samples bis hin zu Ergebnissen von Studien und Aktivitäten allerlei aufschlussreiche Präsentationen abgelegt. Zielsetzung ist dabei einerseits die Weitergabe von Ergebnissen und Vorlagen, andererseits sollen hierdurch auch Impulse für Aktivitäten von einem Standort zum anderen weitergegeben werden.

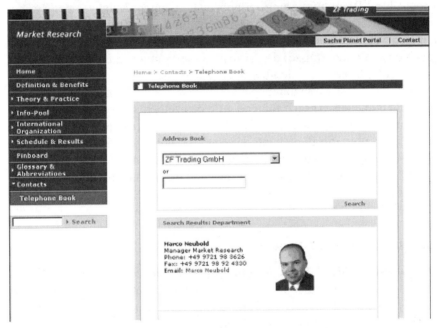

Abb. 4.3 Der Bereich telephone book (Yellow-pages-Ansatz)

Bei allen Bereichen und Kategorien steht aber vor allem der Austausch mit internationalen Kollegen im Vordergrund. Sei es einerseits direkt durch fachliche Aktivitäten (Fragebögen, Studien, Wettbewerber-Informa-

Marketing angesiedelt sein sollte. Im Rahmen des vorliegenden Projektes stellte sich allerdings heraus, dass oft Vertriebsmitarbeiter, Produktmanager oder auch Kollegen aus anderen Fachbereichen stärker Markt- und Wettbewerberinformationen sammelten und nutzten als der Marketingleiter selbst.

tionen) oder andererseits durch die Möglichkeit einer erleichterten Kontaktaufnahme (Telefonbuch, „Pinboard").

Ähnliche Ansätze scheiterten in der Vergangenheit oft daran, dass Kommunikationsplattformen wie die vorliegende nur von zentralen Stellen befüllt und gepflegt werden konnten. Ein Netzwerkgedanke wird sich aber sicherlich erst einstellen, wenn der Fluss an Informationen nicht nur in eine einzige Richtung läuft, sondern wenn sich ein gemeinsames „Geben und Nehmen" etabliert. Hierfür ist es dann natürlich essentiell notwendig, dass alle Beteiligten ihre Informationen direkt einstellen können.

An dieser Stelle setzt „Planet" den Hebel an. Entgegen der oft noch üblichen html-Programmierung erlaubt das Content-Management-System dieser Plattform eine selbständige Bearbeitung der Inhalte von jedem beliebigen Standort aus. Nach bereits kurzer Schulung kann jeder Mitarbeiter (auch ohne Vorkenntnisse) das System eigenständig bedienen. Eine zusätzliche Synergie kann schließlich noch daraus gewonnen werden, dass sowohl die zentrale Firmenhomepage als auch die aller Tochtergesellschaften dem gleichen Ansatz folgend mit demselben Content-Management-System arbeiten. Das bedeutet, dass schon in allen Auslandsrepräsentanzen das Wissen über die Bedienung des Systems vorhanden ist und an die CI-Netzwerkmitglieder problemlos weitergegeben werden kann. Im Übrigen hat sich diese Art der dezentralen Pflege bei den Länderhomepages hervorragend bewährt und stellt damit für die Landesgesellschaften im Ausland kein wirkliches Neuland dar.

Aktueller Stand und Ausblick

Zum Zeitpunkt der Beitragserstellung (2004) hat das Gesamtprojekt aus Sicht der Firmenzentrale gut die Hälfte der Wegstrecke zurückgelegt. Zwei der geplanten drei regionalen Teilprojekte sind gestartet, der dritte Kick-off-Workshop steht unmittelbar bevor.

Aus heutiger Sicht laufen die Projekte sehr erfolgreich. In den vergangenen Monaten hat sich gezeigt, dass dem Faktor Mensch ein noch höherer Stellenwert eingeräumt werden sollte, als dies ohnehin schon im Projektansatz eingeplant worden war.

Interessant ist aber vor allem, dass sich neben den fachlichen Inhalten, die bereits angegangen oder abgearbeitet worden sind, ein weiterer wichtiger Nebeneffekt eingestellt hat. Das gegenseitige Verständnis für die Anforderungen, Schwierigkeiten und Prioritäten in der täglichen lokalen Arbeit hat sich über alle Standorte hinweg deutlich verbessert, die Kommunikation(sbereitschaft?) ist spürbar gestiegen. Und dies stellt sicherlich den deutlichsten Schritt hin zu einem Netzwerk dar!

4.3 Das Internet und Online-Datenbanken

> Die Presse, Watson, ist eine sehr nützliche Einrichtung,
> wenn man sie richtig zu gebrauchen versteht.
>
> Sherlock Holmes
> Romanfigur des engl. Schriftstellers A.C. Doyle (1859-1930)

Literatur:
Aktuelle Hinweise zu Recherchethemen sind in einschlägigen Fachzeitschriften wie z.B. C'T zu finden.

4.3.1 Einführung

In diesem Vertiefungskapitel werden die omnipräsenten elektronischen Medien Internet und Online-Datenbanken bzgl. ihrer Eignung für CI-Recherchen betrachtet. Hinweise auf Software, die die Arbeit im Internet erleichtert, finden sich in Abschnitt 4.3.5.

Das Internet hat sich dank seiner Aktualität und geringen direkten Recherchekosten zumindest für einige Themen (z.B. Monitoring von Wettbewerber-Sites, s.u.) zur führenden Informationsquelle entwickelt. Die traditionellen elektronisch abfragbaren Online-Datenbanken werden besonders wegen ihrer umfassenden Suchbarkeit und gerade in Fachgebieten weitreichender Abdeckung (z.B. Pharmazie, Maschinenbau, Elektrotechnik, Chemie) gewählt. Push-Dienste erlauben eine permanente Einspeisung gefilterter Informationen z.B. in ein Intranet, wo wiederum die Aufbereitung und Verteilung der Informationen erfolgt.

Trotz des beachtlichen Datenvolumens ist insbesondere das Internet als Recherchemedium kritisch zu hinterfragen und eine realistische Erwartungshaltung einzunehmen. Folgende Aspekte sind besonders zu bedenken:

- Exklusivität der vorhandenen Informationen
- Nutzbarkeit der vorhandenen Informationen
- (Direkte) Recherchekosten (Nutzungsgebühren, Recherchezeitaufwand)
- Glaubwürdigkeit und Aktualität der verfügbaren Informationen
- Eignung zur (strategischen) Frühwarnung (insbesondere Identifikation Schwacher Signale)
- Abdeckungsgrad der vorhandenen Informationen (insbesondere Findbarkeit durch Suchmaschinen)
- Integrationsmöglichkeiten in ein CI-System
- Verfügbarkeit des Mediums

- Zeitaufwand für Pflege der Quellen in den Medien
- Anwendertraining und Updates der Recherchesoftware.

Internetrecherchen sind, sobald man über das banale Abfragen eines Suchbegriffs in einer Suchmaschine hinausgeht, zeitraubend und äußerst ineffizient. Exklusive und relevante Informationen („information nuggets") sind selten im Internet zu finden. Um effizient zu arbeiten, muss ein akkurater Quellenplan aufgestellt und abgearbeitet werden.

In dieser Quellenkunde sollte die Kernkompetenz des CI-Managers liegen: wissen, wie man an interessante Informationen herankommt. Es ist notwendig, ein effizientes Quellenmapping (vgl. z.B. Abbildung 3.6) aufzubauen und für eine kontinuierliche Aktualisierung zu sorgen. Das eigentliche Recherchieren hingegen kann durch „Profis" (Informationsvermittler oder Informationsbroker) intern wie extern ausgeführt werden.

CI-Profis sollten tunlichst vermeiden, zum „glorified librarian" (glorifizierter Bibliothekar) zu werden. Gerade wenn Internet und Online-Datenbanken neu für ein Unternehmen und seine Manager sind, wird ein fähiger Rechercheur nur zu gerne mit Anfragen aller Art beaufschlagt. Für seine eigentliche CI-Arbeit bleibt ihm dann jedoch immer weniger Zeit. Schnell etabliert sich die Erwartungshaltung, dass CI mit „Surfen" gleichzusetzen ist. Eine sich selbsterfüllende Abwärtsspirale beginnt.

4.3.2 Das Internet: Notwendiges Übel für CI

Kaum ein CI-Rechercheur wird behaupten, er könne ohne das Internet seine Datenerhebung durchführen. Zu Recht ist daher das Medium Internet in der Nutzungshäufigkeit bei Sekundärrecherchen mit gut 70% sehr häufig genannt worden (vgl. Tabelle 1.6).

Anstatt nach ultimativen CI-Linklisten zu suchen („möglichst geheim und mit Antworten auf die wichtigsten KITs"[11]), gilt es, das notwendige Übel „Internet" beherrschen zu lernen, d.h. mit den begrenzten Ressourcen ein Maximum an Nutzen zu erzielen.

---

[11] So formulierte eine Teilnehmerin eines CI-Workshops ihre Wunschvorstellung auf die Frage, welchen Nutzen das Internet für ihre Sekundärrecherchen bieten solle.

4.3.3 Mythos und Realität des Internets

Immer wieder begegnet man den folgenden Argumenten und Meinungen, die zu einer vollständigen Ablehnung oder aber mystischen Glorifizierung des Internets führen. Angebracht für den CI-Rechercheur ist dagegen eine differenzierende Würdigung.

Mythos 1: Das Internet ist kostenlos

Auch das Internet ist nicht (mehr) kostenlos. Neben den Kommunikations-gebühren (auch bei pauschalen Flatrates) sind insbesondere die Opportuni-tätskosten, d.h. die verlorene Arbeitszeit des Rechercheurs durch Suche und Aufbereitung der Ergebnisse, zu berücksichtigen. Allein diese Kosten dürften von vielen Gelegenheitsrechercheuren deutlich unterschätzt wer-den. Ebenso ist ein Internet-Arbeitsplatz (Hardware und Software) bereit-zustellen und Mitarbeiter müssen zur effizienten Durchführung der not-wendigen Tätigkeiten geschult werden.

Zudem sind zahlreiche Sites kostenpflichtig (z.B. die Internetportale der Datenbankanbieter, Archive der großen Tageszeitungen und Wirtschafts-journale).

Rechnet man diese Kosten auf die tatsächlichen „Hits" (d.h. die brauch-baren Informationen) um, so werden teils utopisch hohe „Dokumentgebüh-ren" verursacht (erfahrungsgemäß sind 90% der Gesamtkosten Personal-kosten), Grund genug, über Software (vgl. Abschnitt 4.3.5) einen hohen Automatisierungsgrad von Routinearbeiten anzustreben. Ein Outsourcing nichtsensibler Recherchetätigkeiten (z.B. Recherchen in Handelsregister-eintragungen oder aktuellen Nachrichten-Clippings) an professionelle In-formationsbroker ist für viele CI-Manager sicherlich schon unter Kosten-aspekten ratsam.

Da etliche Informationen des Internets auch über Online-Datenbanken verfügbar sind (insbesondere Printmedien wie Fachzeitschriften, Tageszei-tungen, Wirtschaftsinformationen, Anbieterverzeichnisse, Unternehmens-informationen etc.), sollten sie bevorzugt auf diesem Weg beschafft wer-den.

Mythos 2: Im Internet ist „alles" zu finden, man muss nur lange genug suchen

Auch der gewiefteste CI-Rechercheur würde sicherlich gerne fertige Intel-ligence auf Knopfdruck downloaden! Unabhängig von der „Findbarkeit" (s.u.) vorhandener Informationen ist die im Internet vorhandene Welt der CI-relevanten Informationen eher klein.

Es lohnt sich daher für den CI-Manager, einmal eine Auswertung über die tatsächlich verwendeten Quellen (z.B. für die Erstellung eines Wettbewerberprofils) durchzuführen! Selbst bei reinen Sekundärrecherchen werden sich normalerweise wenige *exklusive* Internet-Quellen finden. Dieser Test setzt voraus, dass auch Primärquellen und traditionelle Printmedien (Geschäftsberichte, lokale Zeitungen etc.) verwendet werden. Weiterhin ist das Internet ein flüchtiges Medium. Eine Webseite existiert im Durchschnitt nur 100 Tage[12]. Der Informationsgehalt von Webseiten ist dementsprechend meist oft von kurzlebiger Relevanz und niedriger Qualität. Somit ist das Internet nicht vergleichbar mit einer Bibliothek oder einem Zeitungsarchiv, sondern vielmehr mit einem Newsticker, dessen Inhalt geradewegs im Papierkorb landet.

Mythos 3: Das Internet ist einfach zu recherchieren: Man braucht nur eine gute Suchmaschine und schon sind alle relevanten Sites identifiziert

Wer sich ein wenig mit den Publikationen über Suchmaschinenabdeckungen (erfasste Anzahl von URLs), den Relevanzkriterien der Suchhits und der Arbeitsweise der Suchrobotor bei der Erfassung der Suchsites befasst, wird schnell ernüchtert feststellen, dass selbst eine „gute" Suchmaschine keineswegs auch nur halbwegs sicherstellt, dass alle interessanten Sites gefunden und in der Trefferliste auch noch vergleichsweise weit oben gelistet werden (Pothe 2004).

Etwa 40% aller 160 Millionen Domains in Deutschland (d.h. mit Endung „.de") sind in keiner Suchmaschine vertreten (Pothe 2004). Zudem werden nur die Seiten einer Domain erfasst, die entsprechende Informationen (Text, Schlagwörter) für den Suchrobotor bereithalten. Dynamische Webseiten, Seiten mit Java-Applets, Scripten, Rahmen etc. werden aus technischen Gründen nicht beachtet, selbst wenn hochinteressante CI-Sachverhalte darauf zu finden wären (z.B. Forschungsberichte auf einer Universitätssite). Außerdem werden keinerlei Seiten erfasst, welche vom Betreiber entsprechend gekennzeichnet sind[13] oder eine Benutzer-Anmeldung erfordern. Webseitenbetreiber schließen so meist einen Großteil ihrer

---

[12]   Analyse in 2004 von Brewster Kahle, dem Gründer der „Internet Wayback Machine" (www.archive.org). Die zunehmende Verbreitung von dynamisch erzeugten Webseiten wird diesen Trend in Zukunft drastisch verschärfen.

[13]   In der robots.txt-Datei einer Webseite kann festgelegt werden, dass komplette Web-Verzeichnisse von der Indizierung aller oder einzelner Suchmaschinen ausgeschlossen werden. In den Meta-Informationen einer einzelnen Seite kann zusätzlich festgelegt werden, ob und wie eine Seite indiziert werden darf.

Seiten gezielt von der Indexierung durch Suchmaschinen aus, um die Aufmerksamkeit bewusst auf bestimmte Informationen zu lenken[14]. Insgesamt decken Suchmaschinen bestenfalls 10-30% aller Inhalte ab.

Das Ranking der Suchmaschinen ist höchst willkürlich, ändert sich häufig und wird mehr und mehr von kommerziellen „Hits" überdeckt (Karzauninkat 2003). Jeder Suchmaschinenanbieter hat seine eigenen Algorithmen für die Relevanzanalyse entwickelt, mit der festgelegt wird, in welcher Reihenfolge die Treffer gelistet werden. Eine hohe Relevanz kann u.a. auf der Anzahl der mit dieser Site gelinkten Sites basieren.

Die Relevanzkriterien, welche für das Ranking der Seiten in den Suchmaschinen benutzt werden, sind zudem höchst willkürlich, ändern sich häufig und werden von kommerziellen Anbietern oft gezielt ausgenutzt, um die oberen Plätze in den Trefferlisten zu erreichen.[15] Eine grundlegende Keyword-Optimierung gehört mittlerweile zum Grundrepertoire jedes Internet-Dienstleisters, zudem gibt es Agenturen, die sich auf dieses Thema spezialisiert haben. Weiterhin bieten die Suchmaschinenanbieter gekaufte Ranking-Plätze und Werbeflächen an, welche von Laien z.T. nicht als solche erkannt werden können.

Es ist unschwer zu erahnen, dass ein solches Ranking nicht unbedingt CI-relevante Ergebnisse liefert, d.h. dass die für den CI-Analysten interessanteren, mit nur wenig öffentlichem Interesse (und damit keinen Links versehenen) bedachten Sites, wenn überhaupt, erst sehr weit unten in den Trefferlisten auftauchen.

Die traditionellen Wege zur Erhöhung der Internetabdeckung, durch Verwendung von Meta-Suchmaschinen oder fachlich fokussierten Suchkatalogen, liefern auch nur begrenzt Abhilfe. Zwei „blinde" Suchrobotor ergeben noch keinen „sehenden" Scout. Zudem sind die vermeintlich unabhängigen Suchmaschinenanbieter immer stärker konsolidiert (Bager 2004). Durch die Quasi-Monopolisten Google, Yahoo und Microsoft ergeben sich zwangsläufig immer weniger echte Alternativen. Dies führte im Juni 2004 sogar dazu, dass sich der Untersuchungsausschuss „Neue Medien" des

---

[14] Einige Suchmaschinen bestrafen Webseiten mit vielen indizierten Seiten durch ein niedrigeres Relevanz-Ranking oder indizieren nur eine bestimmte Anzahl von Seiten.

[15] Die Suchmaschine Google galt z.B. lange Zeit als unanfällig für eine gezielte Ausnutzung ihrer Relevanzkriterien, da Google hauptsächlich auf den Grad der Verlinkung der Website von externen Websites setzt. Diese Link-Popularität wird aber zunehmend von Linkfarmen ausgenutzt, dutzende von gleichartigen Websites eines Anbieters verlinken sich hierbei gegenseitig. Dadurch findet man bei manchen Suchbegriffen auf den ersten einhundert Plätzen nur noch Links eines Anbieters.

Bundestags mit dem Problem der Monopolisierung, Zensur und Qualitäts-
sicherung bei Suchmaschinen beschäftigte.

Katalogisierte Suchmaschinen wie Yahoo leisten sich den Luxus einer
redaktionellen Aufbereitung von Funden. Für die Pflege sinnvoller hierar-
chischer Themenkataloge ist dieser Weg besser als die „blinde" Indizierung der Suchrobotor. Für den CI-Rechercheur birgt dies jedoch kaum
Vorteile. Die populären Kategorieansätze sind u.U. nicht wirklich relevant
für die Beurteilung eines Dokumentes. Zudem führt die manuelle Bearbeitung zu einer verzögerten Bereitstellung und einer starken Limitation
der überhaupt erfassten Quellen. Nur wenn genau bekannt ist, was zu einem allgemeinen Thema gesucht wird, ist ein solcher Themenkatalog sinnvoll nutzbar.

Häufig wird das „Invisible Web" (verborgenes Web) als besonders reiz-
voll für CI-Aufgaben beschrieben, da sich hier exklusive und nur schwer
findbare Informationen befänden. Das „Invisible Web" wird als der Teil
des Internets definiert, der nicht von Suchrobotern erfasst wird (dies sind
Seiten, die aus unterschiedlichsten Gründen (s.o.) nicht indiziert werden
oder für die ein Zugangspasswort erforderlich ist[16]). Folglich tauchen diese
Seiten auch nicht in den Trefferlisten der Suchmaschinenbetreiber auf. Berücksichtigt man ferner die Ausführungen über Suchmaschinenabdeckung
und kostenpflichtige Portale, so sind etwa 70% des Internets „verborgen",
sprich, nicht über Suchmaschinen findbar.

Zwangsläufig ist auch dieser Bereich für den CI-Rechercheur interessant. Wer über die notwendigen Ressourcen verfügt, wird sich hierfür eigener „Webcrawler" bedienen (vgl. Abschnitt 5.4.4), wer mit konventionellen Suchansätzen vorgeht, kann sich nur als „Scout" auf die Suche nach
„information nuggets" begeben. Bei der Erschließung des Invisible Webs
haben sich Informationsnetzwerke (vgl. Abschnitt 7.3.1) als äußerst hilfreich erwiesen. Jeder Netzwerkteilnehmer trägt seine Links in eine (netz-
werkfähige) Linkliste ein (vgl. z.B. die Möglichkeit, mittels eines Mind-
mapping-Tools ein solches Schleppnetz zu erstellen). Trotzdem bleibt auch
das „Invisible Web" letztlich nur eine Erweiterung des „Visible Webs".
Die Erwartungshaltung des Rechercheurs sollte dieser Tatsache Rechnung
tragen.

---

[16] Hierzu zählen u.a. öffentliche Foren, Chat-Rooms oder offene Communities,
die eine Registrierung mittels eines Pseudonyms erfordern.

Mythos 4: Das INTERNET ersetzt Online-Datenbanken und Primärrecherchen

Wie aus obigen Ausführungen deutlich wird, ist das Internet ebenso wenig wie Online-Datenbanken geeignet, das „gesprochene Wort" (HUMINT) zu ersetzen. Nur ein Bruchteil allen Know-hows, aller Meinungen und Kommentare gelangt jemals direkt oder über den Umweg der Printmedien in das Internet.

4.3.4 Das Internet für CI-Aufgaben

Welche CI-Themen können mit Hilfe des Internets bearbeitet werden? Die folgende Liste zeigt die wesentlichen CI-Applikationen auf:

1. Monitoring und Auswertung relevanter Sites (Wettbewerber, Zulieferer, Kunden, sonstige bekannte URLs)
2. Scouting: (Globale) Früherkennung von neuen Anbietern und neuen Produkten (Anbieterverzeichnisse, Auswertung von Firmenberichten, Newsgroups, Marktforschungsberichte, Patentdatenbanken etc.)
3. Technologiemonitoring (Auswertung von universitären und wissenschaftlichen Aktivitäten, Konferenzen, Kompetenzzentren, Forschungszentren, Ausschreibungen, Patentdatenbanken etc.)
4. Kundenfeedback und Produktreviews, Kommentare und Gerüchte zu Wettbewerbern und Industriestrukturen (insbesondere Newsgroups, aber auch Beiträge zu Fachzeitschriften oder Konferenzen)
5. Issues Management (vgl. 5.2.7)
6. Identifikation von Experten und Primärkontakten (Autoren von Publikationen, Sprecher auf Konferenzen, Interviewberichte etc.)
7. Ad-hoc-Recherchen für Hintergrundinformationen (Marktforschungsberichte, Guru-Sites etc.)
8. News Feed (kontinuierliche, maßgeschneiderte, aktuelle Informationen)
9. Informationen über Personen (Lebensläufe, Publikationen, Interviews, Expertendatenbanken) für Profiling-Analysen (vgl. 5.2.14).

Die wichtigsten dieser Aufgaben werden im Folgenden näher betrachtet.

Monitoring bekannter Sites

Arbeitsschritte

1. Internet-Recherche der Websites von Wettbewerbern, Zulieferern und Kunden, Analyse und Markierung der relevanten URLs innerhalb der jeweiligen URL-Domain (Bookmarks, Mindmaps mit Hyperlinks; vgl. z.B. Abbildung 3.6)

   Relevante Websites können sein:
   - Pressemitteilungen (Verbände, Unternehmen, sonstige industrierelevante Organisationen)
   - Produktbeschreibungen
   - Kunden-/Referenzliste
   - Unternehmensmission/-strategie
   - Geschäftsberichte (Jahresberichte und Updates)
   - Events (Messeauftritte, Konferenzsponsoring, Projektabschlüsse etc.)

   Bei Konzernen mit Lokationen in mehreren Ländern ist häufig eine lokale Webpräsenz vorhanden. Es lohnt sich meist, die relevanten Sites auch der nicht direkt im Wettbewerb stehenden Lokationen zu betrachten, da häufig individuelle Texte und Darstellungen verwendet werden.

2. Priorisierung der Sites und Aufsetzen eines kontinuierlichen Monitorings der relevanten Websites, um informiert zu werden, wenn sich Änderungen ergeben haben (vgl. Abschnitt 4.3.5); Organisation einer Ergebnisübernahme in fortzuschreibenden Analysen (vgl. Abschnitte 5.2.1, 5.2.10 etc.)
3. Periodische Überprüfung der Effizienz! Ggf. Änderung des Monitoringumfangs und der -tiefe
4. Automatisierung des Monitorings (vgl. Abschnitte 4.3.5 und 7.3.10) und zumindest partielles Outsourcen!

Beispiel:
Ein deutsches Telecom-Unternehmen betrieb ein globales Monitoring von Wettbewerbersites. Jede Nacht wurden GByte von Informationen von automatischen Webspidern für das CI-Team gespeichert – zu viele Informationen, um sie sinnvoll zu bearbeiten. Erst nach einigen Priorisierungsreviews und durch härtere Relevanzkriterien konnte die Datenflut auf ein handhabbares Maß reduziert werden.

Internetscouting (Identifikation neuer Websites)

Durch gezielte Recherchen in Publikationen, Netzwerken, Meta-Suchmaschinen, industriespezifischen Portalen, Newsportalen, dedizierten Suchmaschinen bzw. Katalogen werden neue Websites identifiziert. Relevante URLs werden anschließend in den Monitoring-Pool eingepflegt.

Kreativität beim Scouting ist hilfreich: Reservierte Domainverzeichnisse können z.B. als Frühindikatoren einer potenziellen Nutzung durch Wettbewerber dienen und Produktnamen vorzeitig bekannt geben. Die Verwendung von „neuen" Suchbegriffen oder in Newsgroups (s.u.) angegebenen Linklisten kann schon ausreichend sein, um in neue Gebiete vorzustoßen.

Durch periodische Recherche im Internet werden neue relevante Sites identifiziert, die in das Monitoring aufgenommen werden müssen. Dokumentiert werden die gefunden Sites mittels Bookmarks oder in einem Quellenmapping. Durch Verwendung von On-the-flight-Browsern werden interessante Fundstellen zum späteren Offline-Suchen downgeloaded.

News Feeds/Frühwarnung/Issues Management

Die Zeiten der Papierclippings (Dossiers mit aktuellen Nachrichten, Pressespiegel) sind endgültig vorüber. Die elektronische Variante hiervon sind Clipping Services, die teils kostenfrei, teils kostenpflichtig täglich nach einem vorgegebenen Schlagwortkatalog das Internet nach relevanten Meldungen durchsuchen (Alert Services). Intern können diese Nachrichten kommentiert und in ein Portal eingestellt werden[17] (vgl. Abschnitt 3.2.14).

Durch Messung der Ausbreitungsgeschwindigkeit einer Meldung im Internet kann die Relevanz eines neuen Themas abgeschätzt werden: Wer greift das Thema auf, wie sieht die regionale Verbreitung aus? Hierdurch ist es möglich, sensible Themen für das eigene Unternehmen frühzeitig zu erkennen und z.B. die eigene PR-Abteilung auf das Thema anzusetzen. Alle namhaften Anbieter von Portalen bieten entsprechende Newsabos an, sodass ohne großen Aufwand eine weitreichende Abdeckung relevanter Themen zu erreichen ist.

---

[17] Bei der Verwendung ist das Copyright der Meldung bzw. des Artikels zu beachten.

Was sind „Newsgroups"?

Newsgroups sind Foren, in denen sich interessierte Teilnehmer im wahrsten Sinne des Wortes über Gott und die Welt austauschen. Weltweit gibt es 10.000 solcher Newsgroups und einige hundert deutschsprachige Gruppen[18]. In Newsgroups finden sich Beiträge von hoher Qualität genauso wie absoluter Unsinn. Gurus, Novizen und Professionals tauschen Informationen aus, entwickeln Ideen, generieren Meinungen, finden Querverbindungen etc. Auch diese Newsgroup-Beiträge sind mittels Suchmaschinen recherchierbar[19], allerdings werden Newsgroups zunehmend durch Portale mit Web-Foren und Chats ersetzt. Diese gehören jedoch wiederum meist zum Invisible Web, sodass sie nicht mit Suchmaschinen zu durchforsten sind.

Interessant für den CI-Professional ist die Teilnahme an Newsgroups und Foren, die das eigene Unternehmen, die Hauptwettbewerber bzw. relevante Produkte und Märkte betreffen. Aus den Beiträgen lassen sich ggf. Trends oder Themen ableiten, die demnächst in der Presse zu lesen sein werden oder zumindest relevant für die eigene Produktpositionierung sind. Anwender tauschen sich über die Qualität von Produkten aus und geben Tipps zu Eigenschaften und Wartung der verwendeten Produkte. Auch das Vertriebs- und Serviceteam von Herstellern wird in einigen Foren aus Kundensicht diskutiert. Natürlich sind diese Foren besonders anfällig für bewusst gestreute negative Nachrichten und Falschmeldungen.

Beispiel:
Ein Hersteller von Rasenmähern wurde durch Newsgroup-Beiträge auf technische Schwachstellen eines Wettbewerbsproduktes aufmerksam: Enttäuschte Anwender machten ihrem Frust Luft. Durch diese Hinweise konnte die Vertriebsmannschaft des Herstellers bei Kundengesprächen auf die technischen Unzulänglichkeiten des Wettbewerbers aufmerksam machen. Die eigene F&E wurde nach einem Funktionalitätsaudit auf eine entsprechende Weiterentwicklung der eigenen Rasenmäher angesetzt, um die relative Schwäche des Wettbewerbers auszunutzen.

4.3.5 Exkurs: Software zum Suchen und Finden im Internet

Wer als „Lonely CI-Star" (vgl. Abbildung 1.2) oder in einem kleinen CI-Team auf effiziente Recherchen angewiesen ist oder wer parallel zu „professionellen" Informationsanbietern Ad-hoc-Recherchen durchführen muss, ist gut beraten, sich mit produktivitätssteigernden Tools einzudecken! Die Anschaffungskosten dieser Desktop-Tools stehen in äußerst günstigem Verhältnis zu dem potenziellen Nutzen. Leider gibt es kein uni-

---

[18]   Laut ARD/ZDF-Online-Umfrage 2001 besuchen in Deutschland 18% der Online-Nutzer solche Newsgroups oder damit vergleichbare Chats.
[19]   Google hat auch hier das Quasi-Monopol: www.groups.google.de.

verselles CI-Tool, sondern für jede Aufgabe dedizierte Tools. Die Standard-Browserfunktionalität nimmt zudem permanent zu, sodass immer wieder neue Tools angeboten werden, während vorhandene einfach verschwinden.

Steigerung der Effizienz bei der Recherche im Internet

Dieser Abschnitt soll exemplarisch einige Tools vorstellen. Wer aktuelle Informationen zu Internet-Tools und -Techniken sowie Softwaretestberichte sucht, wird in einschlägigen Fachzeitschriften (wie „C'T – Computertechnik") oder in speziellen Internet-Foren schnell fündig.

Bei (wiederkehrenden) Suchabfragen mit multiplen nationalen wie internationalen Suchmaschinen ist der Einsatz einer Software wie „Copernic Professional Agent" (s. Abbildung 4.4) sinnvoll. Diese Tools sprechen in einem Suchdurchgang mehrere hundert Suchmaschinen mit den Suchstrings an und verwalten die Ergebnisse für den Anwender.

Zudem kann ein Monitoring vorab definierter Sites mit einer vorgegebenen Periodizität durchgeführt werden. Änderungen in den betrachteten Websites werden automatisch angezeigt und ggf. gespeichert.

Weitere Eigenschaften des „Copernic Professional Agent":

- Meta-Suche, Kombination von über 900 Suchmaschinen (auswählbar und kategorisierbar)
- automatisierte und standardisierte Suche (somit höhere „Ausbeute" und erhöhte Sicherheit, eine „vollständige" Suche durchgeführt zu haben)
- Ablage und Verwaltung von Suchergebnissen, um spätere Auswertungen und Iterationen „offline" zu ermöglichen (Suche in Ergebnissen)
- periodisch ausführbare Suchen (z.B. tägliche Updates)
- optionale Überprüfung der Existenz gefundener Sites, Doubletten-Eliminierung und Download der vollständigen Dokumente, Hervorheben der Fundstellen in Dokumenten

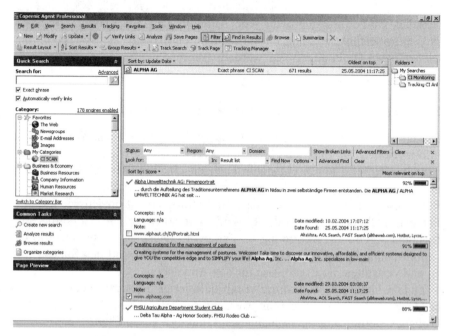

Abb. 4.4 Beispiel einer Software für Meta-Suchen im Internet (Software „Copernic Professional Agent")

„On-the-flight"-Downloaden und volltextrecherchierbar Archivieren (Offline-Suche)

Während des Surfens im Internet werden häufig interessante Seiten gefunden, die erst später einer eingehenden Betrachtung unterzogen werden sollen. Um diese Websites vollständig (d.h. mit Text/html, Bildern und eingebetteten Objekten) herunterzuladen, bietet sich eine Software wie „Surfsaver" an. Neben Einzeldownloads ist auch ein Download mehrerer Ebenen verlinkter Dokumente möglich.

Gemäß der vertrauten Explorer-Verzeichnisstruktur können diese Dokumente bereits grob vorselektiert werden (z.B. nach den Porter'schen 5 Kräften; vgl. Abbildung 5.23). Um Zeit beim Scouting zu sparen, empfiehlt sich, die Anzahl der Levels einer Site vorzugeben, die gespeichert werden sollen.

Die abgespeicherten Sites ergeben ein Abbild der ursprünglichen Website inklusive aller Pfade und Links, die frei navigiert und durchsucht werden können. Die Sites werden inklusive der eingebetteten Bilder gespeichert, sodass auch eine spätere Auswertung dieser meist aussagekräftigen (nicht als Texte durchsuchbaren) Objekte möglich ist. Bei Bedarf kann eine Klassifizierung der Sites mit Schlagworten erfolgen.

Im Offline-Mode können eine Abfrage (Volltextsuche mit Booleschen Operatoren) und eine Proxysuche in einem oder mehreren Verzeichnissen durchgeführt werden. Die Original-URL kann jederzeit wieder online besucht werden und – falls gewünscht – ist auch ein Export einer oder mehrerer Sites in html-Formate durchführbar.

Besonders praktisch ist, dass einzelne Verzeichnisse auch unter der Datenbank-Software „AskSam" geöffnet und ausgewertet werden können, so dass eine nahtlose Übernahme relevanter Dokumente in einen Recherche-Pool möglich ist (vgl. Abschnitt 7.3.10).

Zusammenfassen von Texten („Copernic Summarizer")

„Copernic Summarizer" ist eine Software, die Texte automatisch zusammenfasst (der Zusammenfassungsgrad als Prozent des Originaldokuments oder absolute Anzahl der Worte kann vorgegeben werden).

Die Software bearbeitet Texte in Deutsch, Englisch und Französisch. Die Arbeitserleichterung für die CI-Analyse ist immens, denn insbesondere die automatisch erstellte Liste mit Schlüsselkonzepten ermöglicht dem CI-Analysten, gezielt einen Text nach Sachverhalten zu filtern – relevante Textpassagen werden somit schneller erkannt. Nicht relevante Konzepte können ausgeblendet werden – womit sich die Qualität der Zusammenfassung deutlich verbessern lässt. Wer sich häufiger durch Marktforschungsstudien oder Forschungsberichte arbeiten muss, wird den Wert dieser Software schnell zu schätzen wissen.

Neben den gängigen Office-Dateiformaten kann der „Copernic Summarizer" auch während einer Webrecherche vorliegende Webseiten in Echtzeit zusammenfassen.

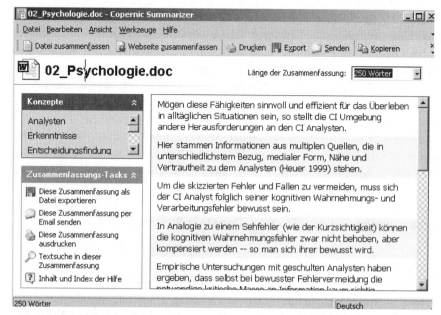

Abb. 4.5 „Copernic Summarizer" mit der 250-Worte-Zusammenfassung von Kapitel 2 dieses Buches

Such-Agenten für das Internet

Ein alternativer Weg zur Verwendung von Suchmaschinen ist die Analyse des Webs mit so genannten Such-Agenten oder Infobots (Information Robots). Diese Programme, die sich die Aktivitäten der Nutzer am Rechner merken und so mit den Gewohnheiten eines Anwenders nach und nach vertraut werden, sind anfänglich fehlerbehaftet, lernen jedoch kontinuierlich dazu.

Software-Agenten ermöglichen die Webrecherche mittels „künstlicher Intelligenz", wobei sie eine menschliche Vorgehensweise nachahmen. Nach einem anfänglichen Training der Agenten (Vorgabe von Beispieldokumenten, Feedback von gemeldeten Treffern) wird der Such-Agent an eine Startadresse geschickt und durchforstet von dort aus umliegende (verlinkte) Sites. Werden relevante Seiten gefunden, so werden diese an den Rechercheur zur Begutachtung geschickt. Bedingt durch die geschilderte Arbeitsweise, steht und fällt der Erfolg des Such-Agenten mit der Startadresse. Nur Sites, die von dieser Startadresse aus erreichbar sind, können besucht werden.

4.3.6 Online-Datenbanken

Was sind Online-Datenbanken?

Online-Datenbanken sind eine strukturierte Ansammlung von Informationen, die bei einem „Host" per Online-Anbindung recherchierbar hinterlegt sind. In Online-Datenbanken befinden sich Datensätze, die ihrerseits in Datenfeldern (z.B. Angaben wie Titel, Autor, Umfang des Dokuments) organisiert sind.

Diese Informationen werden von Redaktionsteams angelegt, gepflegt und anschließend in Feldern abgelegt. Mit einer Abfragesprache kann dieser Fundus gezielt durchsucht werden. Bedauerlicherweise sind die Abfragesprachen proprietär, sodass für jeden Host bzw. Datenbankanbieter eine spezielle Software zur Verfügung stehen muss. Die Abfragesprachen der Internetportale sind, wenn man über die einfache Schlagwortsuche hinausgeht, jedoch umständlicher und weniger mächtig.

Neben so genannten „Referenzdatenbanken", deren Inhalt lediglich aus Hinweisen auf Sekundärinformationen besteht (z.B. Verzeichnis von Wirtschaftsjournalen), existieren ebenso Quelldatenbanken, die Primärinformationen enthalten:

- *Volltextdatenbanken:* Publikationen wie Fachaufsätze oder Zeitungsartikel sind vollständig gespeichert.
- *Numerische Datenbanken:* Informationen werden in Zahlen komprimiert (Börsenkurse, Bilanzen, Statistiken).
- *Faktendatenbanken:* Informationen werden durch Texte und Zahlen dargestellt.

Der Zugang zu den Online-Datenbanken erfolgt über eine Zugangsberechtigung (kostengünstige Verträge) oder durch Internetportale (ohne Vertrag, aber relativ hohe Nutzungsgebühren).

Für den CI-Rechercheur ist das Arbeiten mit Online-Datenbanken – insbesondere im direkten Vergleich mit dem Internet (vgl. Abschnitt 4.3.3) – aus mehreren Gründen interessant:

Informationen sind bei vorgegebenen Suchattributen sehr schnell und sicher weltweit findbar (wodurch Informationsballast und Opportunitätskosten reduziert werden). Ist eine Suchabfrage aufgebaut, so kann diese als Suchprofil abgespeichert und periodisch wiederholt werden, um Aktualisierungen durchzuführen.

Die vollständige Abdeckung der erfassten Quellen (z.B. alle Ausgaben einer Fachzeitschrift) bietet damit die Sicherheit, zumindest das Mögliche recherchiert zu haben. Insbesondere bei wissenschaftlichen Recherchen sind viele Publikationen quasi exklusive in entsprechenden Datenbanken angelegt. Help Desks der Hosts, die das effiziente Suchen unterstützen und auch bei der Auswahl der in Frage kommenden Datenbanken helfen, können wertvolle Tipps geben. Die Aktualität der recherchierbaren Informationen ist gegenüber der Erstveröffentlichung durch die redaktionelle Überarbeitung und durch Uploadzyklen um ca. sechs Wochen verzögert.

Online-Datenbanken bieten auch Zugriff auf so genannte „graue Literatur", die nicht unbedingt im Internet oder als Print zur Verfügung steht:

- Kongressveröffentlichungen
- Firmenreports
- Hochschulveröffentlichungen
- Forschungsreports.

Prinzipiell gilt das in Abschnitt 4.3.4 über die CI-Verwendung des Internets Gesagte auch für Online-Datenbank-Recherchen. Der Hauptunterschied besteht in der unterschiedlichen Suchstrategie (die Nutzung von Online-Datenbanken benötigt Vorbereitungszeit, um fokussierte Funde zu erhalten; das Internet kann schnell durchsucht werden, benötigt aber eine aufwendige Suche in den Funddokumenten).

4.3.7 Exkurs: Outsourcen der Informationserhebung in Internet und Online-Datenbanken

Die eigentliche Datenerhebung in Medien wie Internet und Online-Datenbanken ist einerseits extrem aufwendig und ineffizient, andererseits zumindest für Routineaufgaben nicht besonders wertschöpfend. Ein CI-Manager, der die Qualifikation für Analyse und Reporting hat, ist sicherlich überqualifiziert für diese Tätigkeiten. Verfügt ein Unternehmen über eine eigene Rechercheabteilung, so sollte diese entsprechend genutzt werden. Ist keine vorhanden, so ist das Outsourcen der Recherchen nahe liegend. Beim Outsourcen ist die Vertraulichkeit der Recherchen zu berücksichtigen: Um einen externen Dienstleister mit einer Rechercheaufgabe zu beauftragen, muss ein entsprechendes Briefing erfolgen. Selbst wenn es auf einer strikten Need-to-know-Basis erfolgt, können aufgrund der Recherchen Rückschlüsse auf Intentionen und anstehende Entscheidungen gezogen werden (vgl. Abschnitt 8.3.4).

Da gute Broker, Agenturen und Berater meist zwangsläufig industriespezifische Erfahrung entwickeln müssen, ist es möglich, dass sie auch für direkte Wettbewerber aktiv sind – potenziell liegt damit eine Gefährdung des eigenen Vorhabens durch Informationsweitergabe an Wettbewerber vor. Auftraggeber sollten daher auf vertraglich zugesicherte Non-competing-Klauseln[20] bestehen.

„Informationsbroker" bzw. „-vermittler" ist keine geschützte Berufsbezeichnung. Bedenkt man die geringen Einstiegsbarrieren, die einer Brokertätigkeit obliegen, und betrachtet man die vielen Anbieter in den einschlägigen Verzeichnissen (z.B. www.dgd.de), so wird klar, dass viele Anbieter nur kleine Ein-Personen-Unternehmen sind, die u.U. nur vorübergehend dieser Tätigkeit nachgehen oder sie nur als Gelegenheitstätigkeit ausüben.

Einen professionellen Broker zu finden, der fachlich und ökonomisch recherchieren kann und außerdem zuverlässig arbeitet, ist keineswegs einfach!

Beim Outsourcing sollte folgendermaßen vorgegangen werden:

- In einem Briefing den Broker in die Aufgabenstellungen (z.B. durch Vorgabe von Beispieldokumenten) einweisen, dabei auf die fachliche Kompetenz und Rechercheerfahrung des Brokers bei den relevanten Themen achten.
- Referenzliste und Beispielrecherchen anfordern.
- Testphase definieren, in der Routineaufgaben und Ad-hoc-Anfragen parallel zu einer „In-house-Stelle" bearbeitet werden.
- Vertraulichkeitserklärung unterzeichnen lassen, die eine Non-competing-Klausel beinhaltet.
- Fixe und variable Kosten definieren – auf keinen Fall einen Broker nach „gefundenem Volumen" bezahlen.
- Datenbankgebühren nach Aufwand abrechnen (Anwender bekommen entsprechende recherchebezogene Kostenaufstellungen, die direkt weiterfakturiert werden können).
- Alternative Broker für Mission-critical-Recherchen aufbauen und vorhalten, sodass das eigene Unternehmen vor unliebsamen Überraschungen gefeit ist.
- Eine langfristige Kooperation anstreben: Die Effizienzsteigerung durch gegenseitiges Lernen ist enorm!

---

[20] Dies sind Vertragsklauseln, die das gleichzeitige Arbeiten für und gegen ein Unternehmen ausschließen.

5 Grundlegende Analyseverfahren

> Die Vernunft ist ein gutes Hilfsmittel, sie ist sogar ein wesentliches Mittel,
> aber sie ist ein Hilfsmittel. Wir dürfen nicht an sie glauben,
> wir sollten nur der Beschreibung und der Wirklichkeit vertrauen –
> und doch ist es unsere Pflicht, skeptisch zu sein – mit Hilfe der Vernunft.
>
> Geza Ottlik
> Ungarischer Schriftsteller und Humanist (1912-1990)

5.1 Einführung in die CI-Analyseverfahren

Die Funktion der Analyse im CI-Zyklus wird in Kapitel 3.2.13 beschrieben. In diesem und dem folgenden Kapitel werden CI-Analyseverfahren im Detail vorgestellt, indem jeweils eine kurze Beschreibung der Analyseinhalte, -ziele und CI-Anwendungsmöglichkeiten erfolgt. Beispiele dienen zur Veranschaulichung der Analysemethoden. Vorgestellt werden insbesondere auch Analyseverfahren, die zwar für CI von Bedeutung sind, in betriebswirtschaftlicher bzw. Management-Literatur aber nur selten Erwähnung finden[1].

Tabelle 5.1 enthält eine Übersicht der beschriebenen Analyseverfahren, wobei sie gemäß ihrer Hauptanwendungen (dunkle Zellen) und Nebenanwendungen (graue Zellen) den Aufgaben während des CI-Zyklus zugeordnet werden. Sicherlich erhebt die abgebildete Matrix keinen Anspruch auf Vollständigkeit, sie ermöglicht jedoch eine erste Orientierung über Anwendungsmöglichkeiten der einzelnen Verfahren. Unterschieden werden die folgenden Gruppen von Analyseverfahren:

---

[1] Wie die in 2003 durchgeführten Umfrageergebnisse bestätigen (vgl. Abschnitt 1.4.4, Tabelle 1.8 und Abbildung 1.3), sind nur wenige der hier aufgeführten Verfahren bekannt bzw. werden von CI-Analysten angewandt. Dr. Lutz (vgl. Abschnitt 3.3.2) verweist in seinem Beitrag auf eine ältere SCIP-Studie (1998), die zu ähnlichen Erkenntnissen kommt.

- *Basisanalyseverfahren* werden meist zur Informations- und Datenaufbereitung verwendet. Da sie nur relativ wenig Aufwand erfordern, sollten sie zum Standardrepertoire eines CI-Analysten gehören.
- *Modell- bzw. theoriegestützte Analyseverfahren* basieren auf einem bestimmten Ansatz (Modell). Liegen zutreffende Annahmen und Randbedingungen vor, so ermöglichen diese Verfahren eine effiziente Modellierung und Informationsinterpretation. Nachteilig wirkt sich u.U. die geringe Flexibilität aus, da sie nur für den vorgesehenen Analysefall angewandt werden können. Der CI-Analyst sollte mit diesen Verfahren grundsätzlich vertraut sein und die Anwendung der für ihn relevanten Verfahren sicher beherrschen.
- *Verfahren zur Entscheidungsunterstützung* (vgl. Kapitel 6) sind universell einsetzbar, insbesondere sind sie sehr gut für das komplexe Umfeld einer Wettbewerbsanalyse geeignet. Da ihr Einsatz eine hohe Verfahrenskompetenz voraussetzt und einen hohen Modellierungsaufwand erfordert, werden sie meist in interdisziplinären Teams angewandt.
- *Verfahren zur Hypothesenauswahl* werden u.a. für die gezielte Auswahl von CI-Hypothesen verwendet. Der Einsatz der Verfahren richtet sich stark nach den individuellen Analysezielen und der verfügbaren Zeit. Auf jeden Fall sollte der CI-Analyst das Verfahren zur Analyse konkurrierender Hypothesen (vgl. Abschnitt 6.2.3) beherrschen. Mit dem Verfahren der evidenzbasierten Intelligence (vgl. Abschnitt 6.2.4) sollte er bei der Betrachtung von quantitativen Unsicherheiten vertraut sein.

Zahlreiche Methoden finden auch außerhalb der CI-Analyse Verwendung. So beschreiben etwa Fleisher und Bensoussan (2002) gängige Konzepte für Strategie- und CI-Analyse. In seinem Beitrag beschreibt Fleisher die Anforderungen an einen CI-Analysten (vgl. Abschnitt 5.4.1).

Tabelle 5.1 Übersicht der in diesem Buch beschriebenen Analyseverfahren

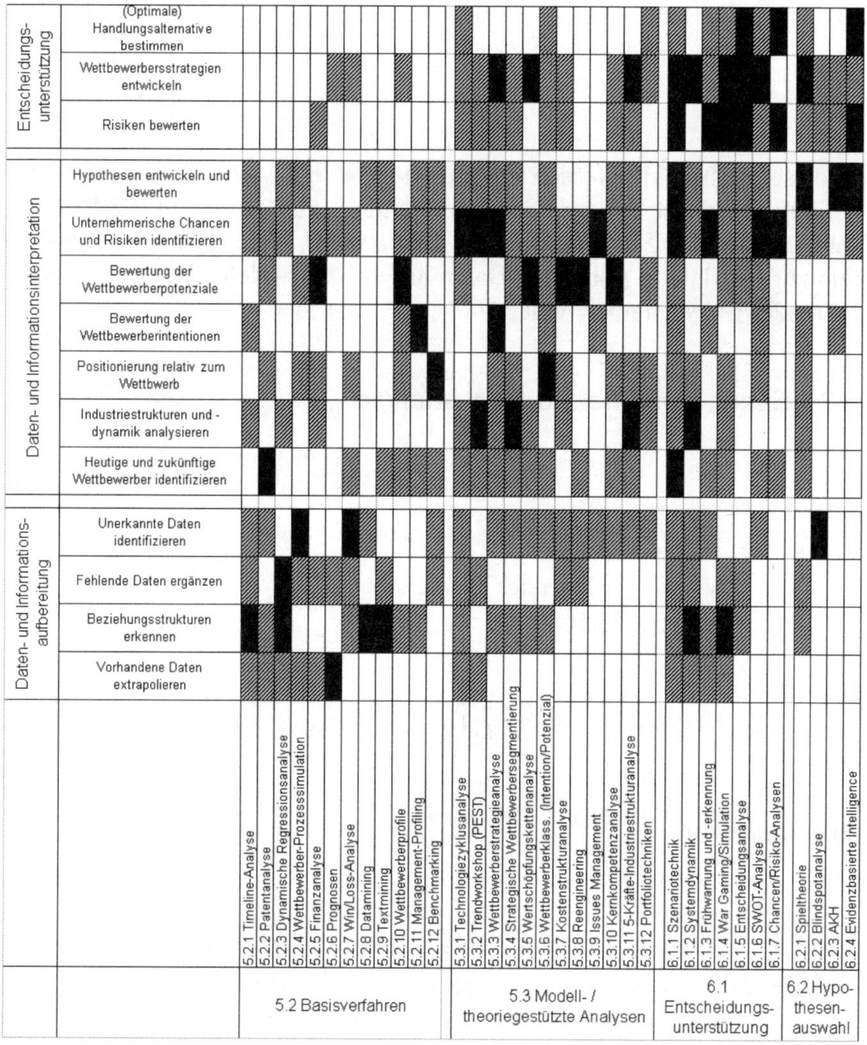
Entscheidungs-unterstützung
(Optimale) Handlungsalternative bestimmen
Wettbewerbersstrategien entwickeln
Risiken bewerten
Daten- und Informationsinterpretation
Hypothesen entwickeln und bewerten
Unternehmerische Chancen und Risiken identifizieren
Bewertung der Wettbewerberpotenziale
Bewertung der Wettbewerberintentionen
Positionierung relativ zum Wettbwerb
Industriestrukturen und -dynamik analysieren
Heutige und zukünftige Wettbewerber identifizieren
Daten- und Informations-aufbereitung
Unerkannte Daten identifizieren
Fehlende Daten ergänzen
Beziehungsstrukturen erkennen
Vorhandene Daten extrapolieren
5.2.1 Timeline-Analyse
5.2.2 Patentanalyse
5.2.3 Dynamische Regressionsanalyse
5.2.4 Wettbewerber-Prozesssimulation
5.2.5 Finanzanalyse
5.2.6 Prognosen
5.2.7 Win/Loss-Analyse
5.2.8 Datamining
5.2.9 Textmining
5.2.10 Wettbewerberprofile
5.2.11 Management-Profiling
5.2.12 Benchmarking
5.3.1 Technologiezyklusanalyse
5.3.2 Trendworkshop (PEST)
5.3.3 Wettbewerberstrategieanalyse
5.3.4 Strategische Wettbewerbersegmentierung
5.3.5 Wertschöpfungskettenanalyse
5.3.6 Wettbewerberklass. (Intention/Potenzial)
5.3.7 Kostenstrukturanalyse
5.3.8 Reengineering
5.3.9 Issues Management
5.3.10 Kernkompetenzanalyse
5.3.11 5-Kräfte-Industriestrukturanalyse
5.3.12 Portfoliotechniken
6.1.1 Szenariotechnik
6.1.2 Systemdynamik
6.1.3 Frühwarnung und -erkennung
6.1.4 War Gaming/Simulation
6.1.5 Entscheidungsanalyse
6.1.6 SWOT-Analyse
6.1.7 Chancen/Risiko-Analysen
6.2.1 Spieltheorie
6.2.2 Blindspotanalyse
6.2.3 AKH
6.2.4 Evidenzbasierte Intelligence
5.2 Basisverfahren
5.3 Modell- / theoriegestützte Analysen
6.1 Entscheidungs-unterstützung
6.2 Hypo-thesen-auswahl

5.2 Basisverfahren zur CI-Analyse

> It don't mean a thing, if it ain't got a swing.
>
> Duke Ellington
> Amerikanischer Jazz-Musiker (1899-1974)

In diesem Abschnitt werden die grundlegenden CI-Analyseverfahren auf-geführt, die meist bei der Datenaufbereitung (vgl. Abschnitt 3.2.10) Ver-wendung finden. Sie zeigen dem CI-Analysten, welche Aussagekraft die ihm zur Verfügung stehenden Daten haben bzw. welche Daten für weiter-führende Analysen noch fehlen.

5.2.1 Event Timeline-/Pattern-Analyse

> Ein Bild sagt mehr als tausend Worte.
>
> Deutsches Sprichwort

Verwandte Analysekonzepte:
- System Dynamic (Vernetztes Denken)
- Wettbewerberprofilierung

Literatur:
Morgan J (1995) The Thinker's Toolkit. Three Rivers Press, New York, NY

Beschreibung

Timeline(Zeitlauf)-Analysen sind strukturierte Darstellungen von Ereignis-sen und Aktivitäten[2] über der Zeit (vgl. Abbildung 5.1). Dabei sind die Wahl des betrachteten Zeitabschnitts und die gewählte Periodizität (Tage, Monate, Jahre) von besonderer Bedeutung, da sich mit ihnen die Auflö-sung der Betrachtung (und damit die Interpretationsmöglichkeiten) stark verändert. Ebenso ist eine aussagekräftige Bündelung der Ereignisse sinn-voll, z.B. in die Bereiche „Wettbewerberereignisse national", „Wettbewer-berereignisse international", „Branchenereignisse", „Projekte", „Produkt-einführungen", „M&A-Aktivitäten" etc.

---

[2]   M&A-Aktivitäten eines Wettbewerbers, Marketing-Kampagnen, Preissenkun-gen, Projekte etc.

Analyseziele

- Durch die Timeline-Analyse erfolgt eine strukturierte Visualisierung von Ereignissen, die die Möglichkeit eröffnet, Schemata („Pattern") zu erkennen und diese ggf. in die Zukunft zu extrapolieren (vgl. Abschnitte 5.2.6 und 6.1.1).
- Außerdem lassen sich (scheinbar nicht korrelierende) Ereignisse zueinander in Bezug setzen. Dadurch können meist Anhaltspunkte für Kausalitäten erkannt werden („immer wenn der Wettbewerber Aktivitäten vom Typ 1 ausführt, ist danach ein Ereignis vom Typ 2 zu beobachten..."). Diese Kausalitäten können wiederum bei Analysen wie Dynamischer Regression (vgl. Abschnitt 5.2.3) oder System Dynamic (vgl. Abschnitt 6.1.2) verwendet werden.

Vorgehensweise

1. Identifikation der relevanten industrie-/wettbewerberspezifischen Objekte für eine Timeline-Analyse (meist ein iterativer Prozess)
2. Kontinuierliches Monitoring und Dokumentieren der Ereignisse
3. Visualisierung in tabellarischer Form oder als Grafik

Anmerkungen

- Wettbewerber-Timeline-Analysen sollten Teil jedes Wettbewerberprofils sein.
- Timeline-Analysen können als Übersicht für Intelligence-Nutzer, die schnell Informationen zu spezifischen Ereignissen suchen, dienen.
- Bei Präsentationen und Berichterstattung eignen sich Timeline-Analysen hervorragend, um den Zuhörern bzw. Lesern einen schnellen Überblick über aktuelle Ereignisse (die dann später im Detail erläutert werden können) und deren historische Einordnung zu geben („Warum ist das Ereignis so relevant/einzigartig/bedeutend für uns?").

Beispiel

In Abbildung 5.1 ist eine Timeline der britischen Firma BP in den achtziger und neunziger Jahren exemplarisch aufgezeichnet. Betrachtet werden hierbei die Merger-Aktivitäten in der Industrie, die Vorstandsvorsitzenden (CEOs), der Ölpreis und die jeweilige Metastrategie von BP.

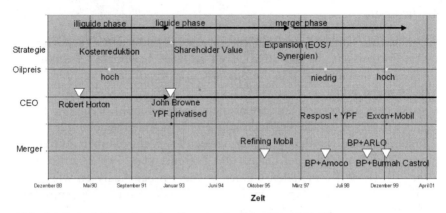

Abb. 5.1 Beispiel für eine Timeline-Analyse der BP AMACO

5.2.2 Patentanalyse

> It is impossible to make anything foolproof,
> because fools are so ingenious.
>
> Roger Berg
> Amerikanischer EDV-Buchautor

Verwandte Analysekonzepte:

- S-Kurven-Analyse
- Frühwarnung
- Produktlebenszyklusanalyse
- C/R-Management

Literatur:
Ashton B, Klavans RA (eds.) (1997) Keeping Abreast of Science and Technology: Technical Intelligence for Business. Battelle Press, Columbus

Beschreibung

Unter Patentanalyse wird die gezielte Auswertung von Patentinformationen von Wettbewerbern verstanden. Patentinformationen können technische Patente, Warenzeichen oder andere schützbare Informationen beinhalten.

Analyseziele

- Bewertung der eigenen technologischen Wettbewerbsvorteile
- Vermeidung von Doppelaufwand für die Entwicklung bereits patentierter Technologien
- Ermittlung der technologischen Entwicklungsstrategie eines Wettbewerbers
- Identifikation von derzeitigen und zukünftigen Kernkompetenzen eines Wettbewerbers
- Identifikation potenzieller neuer Anbieter
- Identifikation von tatsächlichen und potenziellen Allianzen von Wettbewerbern und deren Zulieferern bzw. Partnern
- Analyse der Patentinhalte bezüglich Technologie- und Substitutionspotenzial (vgl. Produktlebenszyklusanalyse); insbesondere Analyse von neuen, sich am Markt durchsetzenden Technologien (hierzu wird vornehmlich ein S-Kurven-Prognoseansatz[3] verwendet)
- Identifikation von potenziellen Lizenzierungspartnern
- Optimierung der eigenen Patentanmeldestrategie (Abwehr von Angriffen, Ablenkung, offensives Verteidigen von Positionen)

Vorgehensweise

1. Abfrage der relevanten Patentdatenbanken mit Suchbegriffen (Unternehmensnamen, Verfahrenstypen, Materialien, Applikationen etc.)
2. Auswertung von statistischen Indizes (Patentreferenzen, Häufigkeit von Anmeldungen, Verweise auf bereits angemeldete Patente etc.)
3. Auswertung der relevanten Patente nach Inhalt und Intention
4. Ermittlung des Bedrohungspotenzials für das eigene Unternehmen
5. Definition weiterer Recherchen (Absicherung der Ergebnisse, Negativselektion von nicht durchgeführten Patentanmeldungen)
6. Definition von Handlungsalternativen für das weitere Vorgehen

Anmerkungen

- Patente sind erst etwa ab dem Jahr 1971 in elektronischer Form verfügbar, folglich sind ältere Patente noch in traditioneller Papierrecherche zu bewerten.
- Patente enthalten exklusive Informationen, die in anderen Printmedien nicht verfügbar sind. Um ein Patent zum Schutz anmelden zu können,

---

[3] Vgl. Abschnitt 5.3.1: Hierzu wird die Technologieausbreitung durch Patentreferenzen betrachtet.

muss ein Unternehmen detaillierte Informationen aus dem Technologie-umfeld preisgeben. Diese Informationen können interessanter sein als der eigentliche Patentinhalt.

- Patente sind meist in nationalen Datenbanken suchbar gespeichert. Eine globale Suche muss folglich in den relevanten nationalen Quellen erfol-gen. Dabei ist zu beachten, dass Patentanträge nicht unbedingt in den Ländern vorgenommen werden, in denen sich der Hauptsitz eines Unter-nehmens befindet.
- Patente werden in einer stark verklausulierten Kunstsprache verfasst. Die Kenntnis dieser Terminologien ist Voraussetzung, um die wahren Inhalte der Patente analysieren zu können. Eine Beschränkung auf die leicht einsehbaren Patentzusammenfassungen ist für eine Bewertung des Patentinhaltes nicht immer ausreichend.
- Zwischen Patentanmeldung und Marktrelevanz können 3-4 Jahre verge-hen. Entsprechend wertvoll (Frühwarnung), aber auch unzuverlässig (Fehlalarm) sind Patentinformationen. Erst durch die Einordnung eines Patents in die Technologiestrategie eines Wettbewerbers können sinn-volle Analysen durchgeführt werden.
- Patente bzw. deren Applikationen werden auch von Erfindern oder an Lizenz- und Kooperationsbörsen gehandelt. Ein Monitoring dieser Marktplätze könnte sinnvoll sein.
- Es existieren Dienstleister, die sich auf Patentrecherchen und -analysen spezialisiert haben.

Beispiele

Zanasi (vgl. Abschnitt 3.3.1) und Finkler (vgl. Abschnitt 5.4.4) geben in ihren Beiträgen Beispiele für Wettbewerbssituationen, in denen Patentana-lysen im Rahmen von Textmining verwendet wurden.

5.2.3 Dynamische Regressionsanalyse

> Information has no value on its own.
> Its value lies in its use - just like beauty lies
> in the eye of the beholder!
>
> A. Abell
> Amerikanischer Buchautor

Verwandte Analysekonzepte:

- Prognosen
- Szenarios
- Datamining

Literatur:

- Makridakis SG, Wheelwright S, Hyndman R (1998) Forecasting – Methods and Applications. John Wiley & Sons, Inc., New York
- Shim J, Siegel J, Liew CJ (1994) Strategic Business Forecasting. Probus Publishing Company, Chicago

Beschreibung

Eine *einfache Regression* versucht, eine zu prognostizierende (abhängige) Variable durch eine erklärende (unabhängige) Variable zu prognostizieren. Regressionsmodelle werden auch zur Analyse der Variation einer abhängigen Variablen verwendet, indem man die Variation einer oder mehrerer unabhängiger (erklärender) Variablen betrachtet.

Dynamische Regressionsmodelle stellen eine Erweiterung der klassischen Regressionsmodelle auf Zeitreihen dar. In dynamische Regressionsmodelle werden auch verzögert exogene und/oder verzögert endogene Variablen als erklärende Größen aufgenommen.

Im Rahmen der Wettbewerberanalysen verwendet man dynamische Regressionsmodelle vor allem für konditionale („Was-wäre-wenn-)Prognosen, bei denen unterschiedliche Konstellationen unabhängiger Variablen zur Darstellung alternativer Szenarios verwendet werden.

Typische abhängige Variablen sind:

- Absatz (Mengen) des eigenen Unternehmens und der Wettbewerber
- Preise (insbesondere Simulation von Preisänderungen durch z.B. Wettbewerberaktivitäten)
- Art und Höhe von Promotionaufwendungen
- Höhe von Werbemaßnahmen
- Anzahl von Distributoren

Klassische Regressionsmodelle sind den dynamischen Regressionsmodellen fast immer unterlegen, da sie jede Dynamik, saisonale Effekte und lokale Trends vernachlässigen.

Analyseziele

- Abschätzung der Auswirkungen einzelner Ereignisse auf die Zielwerte (Diese Betrachtungen finden in zahlreichen weiteren Analysen, z.B. Szenarios und Vernetztes Denken, Verwendung.)
- Prognose der Zeitreihe

Vorgehensweise

1. Aufstellen einer Regressionshypothese (Welche Regressoren sind zur Beschreibung geeignet? Welche Kausalitäten sind vorhanden? Die Regressionsanalyse wird als generischer Kurvenverlauf formuliert.)
2. Berechnung der Regressionskoeffizienten, mit denen die optimale Kurvenanpassung der Ist-Werte möglich ist
3. Testen von Varianten der Regressionsformel (Dynamik und Kausalität)
4. Interpretation der Ergebnisse mit Blick auf die Ausgangshypothese

Softwareunterstützung

Software wie „ForecastPRO" erlaubt eine halbautomatische Dynamische Regressionsanalyse. Durch den Einsatz von Testbatterien kann schnell der iterative Prozess der Auswahl und Optimierung der Regressoren durchlaufen werden.

Anmerkungen

- Die Dynamische Regression kann nur eingesetzt werden, wenn historische Daten für die Zielfunktion und die Regressoren vorliegen. Für die eigentliche Prognose müssen zusätzlich die extrapolierten oder geschätzten Werte der Regressoren bekannt sein.
- Scheinkorrelationen (vgl. Abschnitt 2.3.2) sind schwer allein mit einer Zeitreihenanalyse zu identifizieren. Erst zusätzliche Informationen über echte Kausalitäten ermöglichen eine aussagekräftige Analyse.

Beispiele für Prognosen eines Pharmaunternehmens

Beispiel 1:
Ein Pharmaunternehmen möchte den Zusammenhang zwischen dem Absatz seines Produktes A *(Absatz_Prod_A)*, dem relativen Promotionaufwand im Vergleich zum Wettbewerb *(Rel_Promo)*[4] und der Anzahl der Besuche von Pharmareferenten *(ADM_Besuche)* bei Krankenhäusern und Ärzten bestimmen. Die folgende Regressionsformel für den Absatz wird hierfür ermittelt:

*Absatz_Prod_A=235.000 * Rel_Promo + 18.8*x ADM_Besuche + 45.000*

Sie besagt, dass pro zusätzlichen Besuch eines Pharmareferenten 18.8 weitere Einheiten verkauft werden. Die Steigerung der Werbeausgaben (relativ zum Wettbewerb) um 1% erhöht den Absatz um 235.000 Einheiten. 45.000 Einheiten werden alleine durch die Verfügbarkeit des Produkts im Markt verkauft. Bestimmt man nun die monetären Aufwendungen für Promotion und Pharmareferenten, so kann leicht ein Entscheidungsmodell für weitere (marginale) Investitionen ermittelt werden.

Weiterhin kann die Regressionsformel verwendet werden, um in einer Planungsrechnung den zukünftigen Absatz zu simulieren. Berücksichtigt man außerdem die Unsicherheit in den Faktoren, so wird zusätzlich die Varianz der einzelnen Faktoren berechnet[5].

Zu beachten ist, dass solche Modelle weitere Effekte abstrahieren. Im obigen Beispiel wird z.B. der Preis nicht berücksichtigt, da davon ausgegangen wird, dass die Preisentwicklung aller Produkte im Wettbewerb relativ konstant verläuft. Die Wahl der optimalen Faktoren hängt sowohl von dem Analyseziel als auch von der statistischen Signifikanz der Faktoren ab.

Beispiel 2:
Ein Pharmaunternehmen möchte die Auswirkungen der Wettbewerberaktivitäten und die Wirksamkeit der eigenen Werbemaßnahmen für ein verschreibungspflichtiges Produkt ermitteln. Historische Monatsdaten des Produktabsatzes stehen von 1/2002 bis 7/2003 zur Verfügung. In Abbildung 5.2 ist die mittels Dynamischer Regression ermittelte Prognose des Produktabsatzes bis 12/04 aufgetragen.

---

[4]   gemessen durch die Anzahl der Anzeigenschaltungen
[5]   Z.B. liegt die Anzahl der zusätzlich verkauften Einheiten pro ADM-Besuch mit 95%iger Sicherheit im Bereich zwischen 16,3 und 20,3.

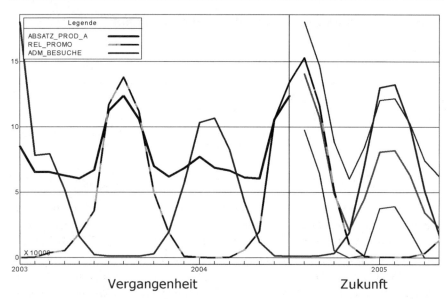

Abb. 5.2 Zeitlicher Verlauf der erläuternden Regressoren (Software „Forecast-PRO")

5.2.4 Prozesssimulation

> The pure and simple truth is
> rarely pure and never simple.
>
> Oscar Wilde
> Irischer Schriftsteller (1854-1900)

Verwandte Analysekonzepte:
- Wertschöpfungskettenanalyse
- Dynamische Simulation

Literatur:
- Michaeli R (1999) Business Simulation for Business Intelligence Analysis. Session, präsentiert auf der Konferenz „Les Meilleures Pratiques de la Veille", EAP 24.6.1999, Paris
- Oakshot L (1997) Business Modelling and Simulation. Pitman Publishing, London

Beschreibung

Als Prozesssimulation wird die Dynamische Simulation von Abläufen (z.B. Logistikketten oder Produktionsprozesse) bezeichnet. Dabei steht ein Verständnis für Wertschöpfungsketten und Produktionsabläufe von Wett-

bewerbern im Vordergrund. Um die Produktionskapazitäten eines Wettbewerbers zu ermitteln, wird z.B. die Kenntnis des eigenen Produktionspro-
zesses verwendet.

Analyseziele

- Abschätzung von Leistungsparametern (z.B. für Benchmarking, vgl.
  Abschnitt 5.2.12) und Ermittlung fehlender Informationen (Plausibilitätschecks) durch Simulation von Wettbewerberprozessen
- Formulierung von Hypothesen über Produktionspotenziale und Kapazi-
  tätsvariationen
- „Was-wäre-wenn"-Analysen für Variationen von Industrierandbedin-
  gungen und Wettbewerbssituationen
- Visualisierung von Wettbewerberprozessen (Dokumentation und Präsentation)

Vorgehensweise

1. Definition der zu ermittelnden Sachverhalte
2. Modellierung der bekannten Parameter (ggf. unter abgeschätzten Annahmen für unbekannte Parameter)
3. Simulation und anschließende Interpretation der Resultate

Softwareunterstützung

Für Prozesssimulationen sind zahlreiche Softwareprogramme verfügbar.
Erfahrungsgemäß reicht ein einfaches Flowcharting-Programm für viele
Anwendungen vollständig aus (Visualisierung von Prozessschritten). Erst
wenn detailliertere Prozesse wie z.B. Logistikketten modelliert werden
müssen, lohnt es sich, ein mächtigeres Prozesssimulationstool einzusetzen
(Monte-Carlo-Simulation von Durchlaufzeiten, Prozesskostenrechnung, alternative Prozessabläufe, hierarchische Modellierung etc.).

Anmerkung

Hauptprobleme bei der Modellierung von Wettbewerberprozessen liegen
zum einen in der Nichtverfügbarkeit der benötigten Daten, zum anderen in
dem hohen Modellierungsaufwand. Folglich sind detailliertere Modelle
und damit aussagekräftigere Analysen nur für Prozesse möglich, die denen
des eigenen Unternehmens ähnlich sind.

Beispiele

Abbildung 5.3 zeigt das Modell eines simplifizierten Fertigungsprozesses, für den z.B. die theoretisch maximale Ausstoßkapazität ermittelt werden kann. In Abbildung 7.5 werden Abläufe innerhalb einer CI-Abteilung dargestellt und in Abbildung 7.7 die zugehörige Ressourcenauslastung berechnet. In Analogie zu diesen Beispielen können beliebige Prozesse modelliert, simuliert und anschließend analysiert werden.

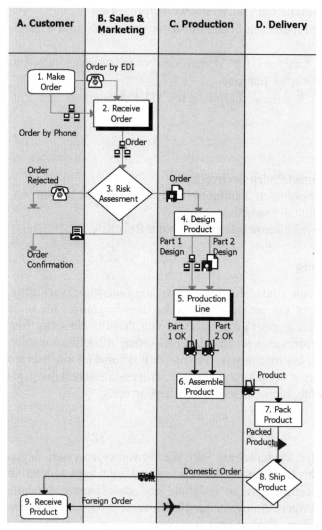

Abb. 5.3 Beispiel für eine Geschäftsprozessanalyse (Software „Process Guide")

5.2.5 Finanzanalyse[6]

> Du musst versteh'n:
> Aus 1 mach' 10.
> Die 2 mach' gleich, so bist Du reich,
> verlier' die 4,
> aus 5 und 6,
> so sagt die Hex', mach' 7 und 8,
> so ist's vollbracht,
> die 9 ist 1, die 10 ist keins,
> das ist das Hexeneinmaleins.
>
> aus: „Faust I" von Johann Wolfgang von Goethe
> Deutscher Dichter (1749-1832)

Verwandte Analysekonzepte:

- Kostenstrukturanalyse
- Geschäftsprozesskostenrechnung

Literatur:

- Copeland T (1990) Valuation: Measuring and Managing the Value of Companies. John Wiley & Sons, Inc., New York
- Gräfer H (2001) Bilanzanalyse. Verlag Neue Wirtschafts-Briefe GmbH, Herne/Berlin
- Palky M (2003) Prohet from Profits: The Evolution of Financial Competitive Analysis. May/June 03, 6/3: 6-10
- Smith T (1992) Accounting for Growth. Century Business, London
- Stickney CP, Weil RL, Davidson S (1991) Financial Accounting. 6. edn., Harcourt Brace Jovanovich, Inc., Orlando, FL

Beschreibung

Unter Finanzanalyse versteht man die Interpretation der Finanzberichte (GuV, Bilanz, Cashflow, Mittelherkunft und -verwendung) und sonstiger Finanzinformationen eines Unternehmens. Meist werden Kennzahlen gebildet (z.B. ROI, RONA), um eine Vergleichbarkeit von Unternehmen innerhalb eines Industriezweigs sicherzustellen. Ebenso werden individuelle Unternehmensanalysen durchgeführt, die z.B. über die Unternehmensstabilität oder die Fähigkeit, längerfristig mit eingeschränktem Fremdkapital auskommen zu können, informieren sollen.

---

[6]   im anglophonen Sprachraum als „forensic financial analysis" bezeichnet

Analyseziele

- Bewertung der finanziellen Situation von Wettbewerbern, Zulieferern und Kunden (Stabilität, Reserven, längerfristige Profitabilität, Finanzierung etc.)
- Abschätzung der internen Leistungserbringung (z.B. Effizienz beim Einsatz von Ressourcen oder Eigenkapitalrentabilität), um Aufschluss über die derzeitige und zukünftige Leistungsfähigkeit (potenzielle Wettbewerbsvorteile) und/oder Problembereiche eines Unternehmens (potenzielle Angriffspunkte oder Indikatoren für anstehende Veränderungen) zu erhalten
- Abschätzung von Absatz und Umsatz für Marktsegmente/Produkte/Regionen, um eine Markttransparenz für die eigene, relative Position in dieser Wettbewerbssituation zu erhalten
- Analyse der Kostenstrukturen (direkte und indirekte Herstellkosten, Allgemeinkosten) eines Wettbewerbers zur Abschätzung der relativen Kostensituation (Benchmarking, direkter Vergleich der Wertschöpfung)
- Profitabilitätsanalysen für Produktgruppen/Produkte
- Simulation potenzieller Wettbewerberreaktionen unter verschiedenen Szenarios aufgrund eigener Aktivitäten, um Bedrohungen und Chancen ableiten zu können
- Due-Diligence-Analyse (im Rahmen von M&A-Aktivitäten), bei der, neben der klassischen Unternehmensbewertung mittels Kennzahlen, durch Projektion die Ermittlung der „discounted cashflows" (Barwert der erwarteten Überschüsse) angestrebt wird[7]

Vorgehensweise

1. Definition des Analyseziels (z.B. Ermittlung der Profitabilität eines Geschäftsbereichs eines Wettbewerbers)
2. Definition der hierfür benötigten Daten (Typ, Genauigkeitsgrad, Zeitpunkt, Abgrenzungen)
3. Erhebung der benötigten Daten (Sofern keine bzw. nicht alle Daten erhältlich sind, müssen Abschätzungen und Annahmen getroffen werden. Sie beruhen meist auf Abgrenzungsrechnungen zwischen Geschäftsbereichen.)
4. Durchführung der eigentlichen Analyse gemäß Analyseziel

---

[7]   Diese ist allerdings selbst dann, wenn alle historischen Daten und geplanten Entwicklungen bekannt sind, äußerst schwierig zu erstellen (vgl. Copeland 1990).

Anmerkungen

- Alle Finanzanalysen, die auf der Auswertung publizierter Finanzberichte basieren, sind vergangenheitsbezogen und nicht einfach in die Zukunft extrapolierbar. Zwischen Jahresabschluss und dessen Publikation können neun bis zwölf Monate vergehen.
- Kurzfristige Abweichungen von Leistungsparametern (z.B. deutlicher Anstieg der Umsatzrentabilität, obwohl keine außergewöhnlichen Entwicklungen ersichtlich sind) könnten durch „window dressing" erreicht worden sein. Als „window dressing" wird die gezielte (legale) Optimierung eines Jahresabschlusses bezeichnet[8]. Sollte beispielsweise der Verkauf eines Unternehmens geplant sein, könnte somit ein höherer Kaufpreis angestrebt werden. Über mehrere Jahre hinweg betrachtet, sind diese Effekte nicht aufrechtzuerhalten.
- Alle Jahresabschlüsse und Zwischenberichte unterliegen einer gewissen willkürlichen Anwendung der Buchhaltungsgrundsätze (z.B. Bewertung von immateriellen Vermögensgegenständen, Rohstoffen und Halbfertigwaren, Aktivierung von Eigenleistungen etc.). Dadurch sind diese Finanzberichte für Außenstehende nur schwer nachvollziehbar. Bei einer Analyse müssen deshalb unbedingt die Anhänge der Jahresberichte berücksichtigt werden. Letztlich gilt der Grundsatz, dass ein Unternehmen nur meldet, was es melden will. Die Wirtschaftsprüfungsskandale von Enron und Flowtex lassen erahnen, wie unsicher Finanzberichte sein können.
- Bei Konzernen/Holdings sind mitunter komplexe Verflechtungen und Kapitalbeteiligungen gegeben, die durch die zugehörigen Ertragsabführungsvereinbarungen eine aussagekräftige Analyse durch Dritte kaum zulassen.

Softwareunterstützung

Es ist zahlreiche einfache „Businessplan"-Software verfügbar, mit der grobe Abschätzungen zur Finanzanalyse und der zukünftigen Entwicklung eines Wettbewerbers durchgeführt werden kann (Software für integrierte Finanz-, Liquiditäts-, Gewinnplanung). Verwendet man die bekannten Daten des Wettbewerbers und ergänzt unbekannte Daten durch realistische Annahmen (oder eigene Werte), sind schon mit wenig Aufwand interessante Analysen durchführbar.

---

[8] Dies kann z.B. durch periodenoptimierte Zuordnung von Kosten und Einnahmen des laufenden Geschäftes erfolgen. Ein Anlagenbauer kann entsprechend seine in Projekten erbrachten Leistungen zum Jahresabschluss aktivieren.

Die im folgenden Abschnitt aufgeführte Software „Bilanzcheck" ist ein Excel-Add-in, das speziell für die Finanzanalyse deutscher Konzerne erstellt wurde.

Beispiele für Finanzkennzahlen und Analysen

Die Auswertung von Wettbewerberfinanzinformationen kann unterschiedlichste Formate und Formen annehmen. In dem Beitrag von Sägesser ist exemplarisch ein Vergleich von Wettbewerberfinanzkennzahlen graphisch aufbereitet (vgl. Abbildung 7.15). In Simulatoren („War Gaming"; vgl. Abschnitt 6.1.4) werden auch Finanzzusammenhänge simuliert und analysiert.

Im Folgenden sind einige Finanzanalysen der Software „Bilanzcheck" aufgeführt, eine graphische Aufbereitung dieser Informationen kann unter einer Tabellenkalkulationssoftware mit z.B. Balkendiagrammen erfolgen.

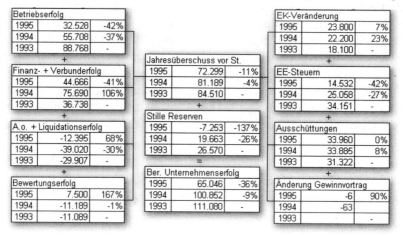

Abb. 5.4 Beispiel für den Rechnungsfluss der Erfolgsentstehung und -verwendung (aus Gräfer 2001, Software „Bilanzcheck")

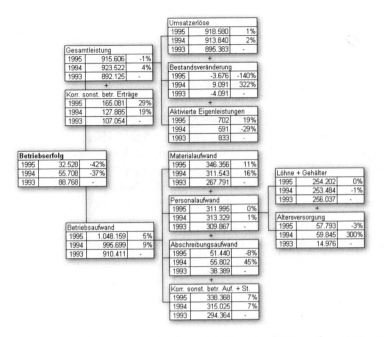

Abb. 5.5 Rechengang zur Analyse des Betriebserfolges (aus Gräfer 2000, Software „Bilanzcheck")

Tabelle 5.2 Cashflow-Kennzahlen

Kennzahl	Definition
Cf/Umsatzrate	$\dfrac{\text{Jahres-Cashflow} * 100}{\text{Umsatz}}$
Dynamischer Verschuldungsgrad bzw. Schuldentilgungsdauer	$\dfrac{(\text{FK-Pensionsrückst.} - \text{liqu. Mittel}[9])}{\text{Cashflow nach DVFA/SG}}$
Innenfinanzierungsgrad d. Invest.	$\dfrac{\text{Jahres-Cashflow} * 100}{\text{Nettoinvestitionen AV}}$

Nach „Bilanzcheck" für Excel; Abkürzungen s.u.

---

[9]   incl. Wertpapiere UV

Tabelle 5.3 Kennzahlen zur Kapitalstruktur

Kennzahl	Definition
Eigenkapitalquote	$\dfrac{\text{Bilanzanalytisches EK} * 100}{\text{Gesamtkapital (Strukturbilanzsumme)}}$
Verschuldungsgrad	$\dfrac{\text{FK (ohne Pensionsrückstellungen)} * 100}{\text{Bilanzanalytisches Eigenkapital}}$
Anteil Pensions-rückstellungen	$\dfrac{\text{Pensionsrückstellungen} * 100}{\text{Gesamtkapital (Strukturbilanzsumme)}}$
Selbstfinanzierungs-grad	$\dfrac{\text{Gewinnrücklagen} * 100}{\text{Gesamtkapital (Strukturbilanzsumme)}}$
Deckungsgrad A	$\dfrac{\text{Bilanzanalytisches EK} * 100}{\text{Anlagevermögen}}$
Deckungsgrad B	$\dfrac{(\text{Bilanzanalytisches EK} + \text{langfr. Fremdkapital}) * 100}{\text{Anlagevermögen}}$

Nach „Bilanzcheck" für Excel; Abkürzungen s.u.

Tabelle 5.4 Liquiditätskennzahlen

Kennzahl	Definition
Liquidität 1. Grades	$\dfrac{\text{Liquide Mittel} * 100}{\text{Kurzfristiges Fremdkapital}}$
Liquidität 2. Grades	$\dfrac{\text{Kurzfr. gebundenes UV} * 100}{\text{Kurzfristiges Fremdkapital}}$
Working Capital	$\dfrac{\text{Umlaufvermögen} * 100}{\text{Kurzfr.} + \text{mittelfr. Fremdkapital}}$
Gesamtvermögens-umschlag pro Jahr	$\dfrac{\text{Umsatz}}{\text{Durchschnittl. Gesamtvermögen}}$
Umschlagsdauer der Vorräte	$\dfrac{\text{Durchschnittl. Vorräte} * 365}{\text{Umsatzerlöse}}$
Debitorenlaufzeit	$\dfrac{\text{Forderungen aus LuL} * 365}{\text{Umsatzerlöse}}$
Kreditorenlaufzeit	$\dfrac{\text{Verbindlichkeiten aus LuL} * 365}{\text{Materialaufwand}}$

Nach „Bilanzcheck" für Excel; Abkürzungen s.u.

Tabelle 5.5 Intensitäts- und Produktivitätskennzahlen

Kennzahl	Definition
Materialaufwandsquote	$\dfrac{\text{Materialaufwand} * 100}{\text{Gesamtleistung (bei UKV: Umsatz)}}$
Personalaufwandsquote	$\dfrac{\text{Personalaufwand} * 100}{\text{Gesamtleistung (bei UKV: Umsatz)}}$
Abschreibungsquote	$\dfrac{\text{Planmäßige Abschreibungen} * 100}{\text{Gesamtleistung (bei UKV: Umsatz)}}$
Quote des sonst. betr. Aufwandes	$\dfrac{\text{Sonst. betriebliche Aufwendungen} * 100}{\text{Gesamtleistung (bei UKV: Umsatz)}}$
Herstellungskostenquote	$\dfrac{\text{Herstellungskosten} * 100}{\text{Umsatz}}$
Vertriebskostenquote	$\dfrac{\text{Vertriebskosten} * 100}{\text{Umsatz}}$
Verwaltungskostenquote	$\dfrac{\text{Verwaltungskosten} * 100}{\text{Umsatz}}$
F&E- Anteil	$\dfrac{\text{F\&E- Kosten} * 100}{\text{Umsatz}}$
Materialaufwand	aus Bilanz
Personalaufwand	aus Bilanz
Abschreibungen	aus Bilanz
Umsatz je Beschäftigten	$\dfrac{\text{Umsatz}}{\text{Zahl der Beschäftigten}}$
Pro-Kopf-Ertrag	$\dfrac{\text{Betriebserfolg}}{\text{Zahl der Beschäftigten}}$

Nach „Bilanzcheck" für Excel; Abkürzungen s.u.

Tabelle 5.6 Kennzahlen zum Wachstums- und Finanzierungspotenzial

Kennzahl	Definition
Wachstumsrate	$\dfrac{\text{Nettoinvestitionen SAV} * 100}{\text{GJ-Abschreibungen SAV}}$
Investitionsdeckung	$\dfrac{\text{GJ-Abschreibungen SAV} * 100}{\text{Zugänge SAV}}$
Wachstumsmöglichkeiten	$\dfrac{\text{Cashflow nach DVFA/SG} * 100}{\text{Gesamtkapital (Strukturbilanzsumme)}}$

Nach „Bilanzcheck" für Excel; Abkürzungen s.u.

Tabelle 5.7 Kennzahlen zur Vermögensstruktur und Investition

Kennzahl	Definition
Anlagenintensität	Anlagevermögen * 100 / Gesamtvermögen
Arbeitsintensität	Umlaufvermögen * 100 / Gesamtvermögen
Sachanlagenintensität	Sachanlagevermögen * 100 / Gesamtvermögen
Kapitaleinsatz je Beschäftigten	Sachanlagevermögen / Beschäftigte
Kapazitätsauslastung	Gesamtleistung (bei UKV: Umsatz) / SAV zu AHK (GJ-Ende)
Investitionsquote	Gesamte Nettoinvestitionen * 100 / AV GJ-Anfang zu AHK
Investitionen in % des Umsatzes	Gesamte Nettoinvestitionen * 100 / Gesamtleistung (bei UKV: Umsatz)
F&E-Intensität	F&E-Aufwendungen * 100 / Umsatz
Investitionsquote SAV	Nettoinvestitionen SAV * 100 / SAV zu AHK (GJ-Anfang)
Anlagenabnutzungsgrad	Kum. Abschreibungen SAV * 100 / SAV zu AHK (GJ-Ende)
Abschreibungsquote	GJ-Abschreibungen SAV * 100 / SAV zu AHK (GJ-Ende)
Investitionsquote FinAV	Nettoinvestitionen FinAV * 100 / FinAV zu AHK (GJ-Anfang)
Risikostreuung	FinAV zu AHK (GJ-Ende) * 100 / Anlagevermögen zu AHK (GJ-Ende)

Nach „Bilanzcheck" für Excel; Abkürzungen s.u.

Abkürzungen in den Tabellen 5.2-5.7:

A.o	Außerordentlich
AHK	Anschaffungs- und Herstellkosten
AV	Anlagevermögen
Auf.	Aufwendungen
Ber.	Berichteter
Cf	Cashflow
DVFA/SG	Berechnungsvorschrift nach „Deutsche Vereinigung für Finanzanalyse und Anlageberatung e.V."
EK	Eigenkapital

EE	Einkommen und Ertrag
FinAV	Finanzanlagevermögen
FK	Fremdkapital
GJ	Geschäftsjahr
korr.	korrigiert
LuL	Lieferungen und Leistungen
SAV	Sachanlagenvermögen
St.	Steuern
UKV	Umsatzkostenverfahren
UV	Umlaufvermögen

Datenherkunft für Finanzanalysen

Börsengelistete Unternehmen, Konzerne und große GmbHs sind publikationspflichtig bzw. publizieren freiwillig ihre Jahresabschlüsse. Zahlreiche Datenbankanbieter liefern diese Berichte erweitert um Kennzahlenanalysen (z.B. Hopenstedt, Hoover, Datenbank European Financial Records (DEFR)) und Pflichtpublikationen börsengelisteter Unternehmen (z.B. in den USA die SEC[10] 10k-Reports")[11]. Ebenso können Investoren- oder Bankberichte eine gute Quelle für CI-Analysten sein.

Meist beinhalten diese Veröffentlichungen jedoch nur Gesamtunternehmensangaben, die wenig hilfreich für einen Analysten sind, der Informationen über einen Teilbereich des Wettbewerbers sucht. Diese Detailinformationen sind nur durch HUMINT-Recherchen zu erhalten. Bei der Auswertung der quantitativen Angaben sind die Fehlerquellen bei Erhebung und Interpretation zu beachten (vgl. Abschnitt 2.3).

KMUs publizieren tendenziell wenig Informationen und meist erst lange nach Ablauf ihres Geschäftsjahres. Folglich sind selten aussagekräftige Finanzanalysen allein aufgrund dieser Daten durchführbar. Liegen keine HUMINT-Erkenntnisse vor, bleibt als einziger Ausweg, eine grobe GuV/Cashflow-Analyse mit bekannten Daten, erweitert um qualifizierte Annahmen aus Branchenreports (Plausibilitätscheck), zu erstellen.

Verbände publizieren meist Branchenbilder, die zumindest Anhaltspunkte für „Performance-Kennzahlen" (z.B. Pro-Kopf-Umsatz oder die durchschnittliche Branchenrentabilität) liefern.

Das Statistische Bundesamt stellt sehr genaue Zahlen über deutsche Betriebsstättengrößen, Umsatzkategorien, Warenklassen, Gewinne und Exportvolumina (mit regionalem Split) zur Verfügung. Diese Angaben sind jedoch meist erst zwei bis drei Jahre rückwirkend verfügbar. In kleinen Branchen, in denen die Statistiken Rückschluss auf einzelne Anbieter geben könnten, werden Zahlen nur auf aggregierter Ebene publiziert.

---

[10]   Securities and Exchange Commission (Börse)
[11]   Vgl. die aktuelle Liste von Anbietern unter www.competitive-intelligence.com.

5.2.6 Prognostik (Verfahren zur Zukunftsprognose)

> In the future, it will become increasingly obvious
> that your competitors are just
> as clueless as you are.
>
> Scott Adams, Prediction 41
> Amerikanischer Autor, Dilbert-Cartoonist

Verwandte Analysekonzepte:
- Dynamische Regression
- Frühwarnung
- S-Kurven-Analyse
- Szenarioanalyse

Literatur:
- Makridakis SG, Wheelwright S, Hyndman R (1998) Forecasting – Methods and Applications. John Wiley & Sons, Inc., New York
- Millett SM, Honton EJ (1995) A Manager's Guide to Technology Forecasting and Strategy Analysis. Batelle Press, Ohio
- Shim J, Siegel J, Liew CJ (1994) Strategic Business Forecasting. Probus Publishing Company, Chicago

Beschreibung

Häufig besteht für einen CI-Analysten die Notwendigkeit, auch quantitative Prognosen beispielsweise von Marktvolumina (potenzieller Kunden), Marktanteilen (pro Wettbewerber) oder Kapazitätsentwicklungen (z.B. der Wettbewerberfertigung) zu erstellen. Diese Angaben können wiederum eine Randbedingung für die strategische Planung, Szenarios (endogene Randbedingungen) oder Benchmarkbetrachtungen sein. Für derartige Prognoseaufgaben stehen zahlreiche bewährte Methoden zur Verfügung (vgl. Abbildung 5.6)[12].

Prognosen sind bei bekannten, sich wiederholenden Schemata am glaubwürdigsten. Schemata ändern sich jedoch willkürlich bei hoher menschlicher Beeinflussungsmöglichkeit (wie z.B. Modetrends, technologischen Innovationszyklen). In diesen Fällen sind Prognosen wenig zuverlässig.

---

[12] Diese Konzepte sind ausführlich in der einschlägigen Literatur beschrieben (z.B. Shim, Siegel u. Liew 1994) und sollen daher hier nicht näher erläutert werden. Die meisten dieser Verfahren sind durch Verwendung von Softwareprogrammen effizient anwendbar.

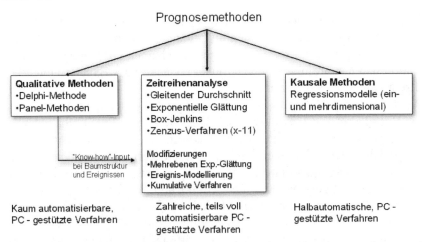

Abb. 5.6 Übersicht verschiedener Prognoseverfahren (nach Shim, Siegel u. Liew 1994)

Auswahl von quantitativen Verfahren für die Zukunftsprognose (nach Millett u. Honton 1995):

- Trend-Extrapolation
- Zeitreihenanalyse (Extrapolation)
- Regressionsanalysen (vgl. Abschnitt 5.2.3)
- S-Kurven-Analysen (vgl. Abschnitt 5.3.1)
- Historische Analogien (vgl. Abschnitt 3.2.11)
- Patenttrendanalysen (vgl. Abschnitt 5.2.2)
- Datamining (vgl. Abschnitt 5.2.8)
- Textmining (vgl. Abschnitt 5.2.9)

Alternativ zu den quantitativen Verfahren kann eine Zukunftsbeschreibung auch durch eine Beurteilung von Expertenschätzungen erfolgen. Die hieraus ermittelbaren Abschätzungen sind stark subjektiv und vom jeweiligen Informationsstand des befragten Experten abhängig (vgl. Abschnitt 4.2).

Auswahl von qualitativen Verfahren für die Zukunftsprognose durch Expertenbeurteilungen:

- Einzelinterviews
- Fragebogen
- Gruppendynamische Methoden (Delphi-Befragungen; Brainstorming/ Ideengenerierung)

Empirische Studien über die Qualität von Expertenurteilen (z.B. Makridakis 1990) lassen diese Methoden als alleinige Grundlage für die Generierung von Prognosen als wenig geeignet erscheinen (zudem ist die Identifikation und das professionelle Befragen hochkarätiger Experten ein zeit- und kostenintensives Unterfangen).

Aussagekräftigere Prognosen können mit den so genannten „Multioptionalen Verfahren" (s.u.) erzielt werden. Diese lösen das Paradigma, dass es nur eine mögliche Entwicklung in die Zukunft gibt, und gehen von mehreren möglichen Entwicklungen aus. Bei diesen Verfahren werden sowohl qualitative als auch quantitative Ansätze kombiniert, um komplexere, aber auch aussagekräftigere Modelle über Markt und Wettbewerber zu entwickeln. Hierfür ist ein umfassendes Modellierungs-Know-how erforderlich, sodass es sich für den CI-Analysten empfiehlt, für die eigentliche Modellierung Spezialisten hinzuzuziehen. Auswertung, Interpretation und Validierung sind hingegen wieder Aufgaben des Insiders.

Der Reiz dieser Verfahren liegt in der ganzheitlichen, nichtlinearen, dynamischen Betrachtung von Markt und Wettbewerb. Das gebündelte Know-how des CI-Teams über Abhängigkeiten, Kausalitäten, Ereignisse, Wettbewerberreaktionen, -intentionen und -potenziale ist in diesen Modellen integriert. Folglich sind Fehler, wie in Kapitel 2 beschrieben, bei sorgfältiger Modellierung vermeidbar.

Verfahren für multioptionale Analysen (Auswahl):
- Szenariotechnik (vgl. Abschnitt 6.1.1)
- Dynamische Simulation (vgl. Abschnitt 6.1.4)
- Entscheidungsanalysen (vgl. Abschnitt 6.1.5)

Insbesondere die Kombination der Szenariotechnik mit einer Dynamischen Simulation erlaubt eine aussagekräftige Darstellung alternativer Zukunftsbilder. Dieser Ansatz wird im Beitrag der Detecon (Abschnitt 8.1.3) detailliert beschrieben.

Analyseziele (Auswahl)

In CI-Analysen finden Prognosen vielfach Verwendung:

- Prognosen über erwartete Absätze, Umsätze, Marktanteile etc. des eigenen Unternehmens bzw. von Wettbewerbern
- Monitoring von kritischen Parametern und deren Schwellenwerten, die Indikatoren für das Auftreten von außergewöhnlichen Ereignissen oder Änderungen in Industriestrukturen sind (Trigger-Parameter in Szenarios)

- Abschätzung zukünftiger Marktpotenziale für Produkte/Dienstleistungen
- Prognose von makroökonomischen Wirtschaftszyklen
- Prognose von Produkt- und Technologielebenszykluskurven (vgl. Abschnitt 5.3.1).

Vorgehensweise

In der einschlägigen Literatur (s.o.) sind die Vorgehensweisen ausführlich beschrieben, eine auch nur ansatzweise Behandlung der einzelnen Verfahren ist im Rahmen dieses Buches nicht möglich.

Anmerkungen

- Die Möglichkeiten der Prognostik werden eher selten von CI-Analysten angewandt, wobei fehlende historische Daten und fehlendes Verfahrens-Know-how die Hauptursachen sein mögen. In den Industriezweigen, in denen vollständige Daten vorliegen (z.B. Pharmaindustrie, Konsumerindustrien) sollten zumindest die einfachen Verfahren der Zeitreihenanalyse angewandt werden.
- CI-Analysen werden oft in einem dynamischen Wettbewerbsumfeld mit häufigen strukturellen Änderungen durchgeführt. Hier eignen sich insbesondere Prognoseverfahren, die auf multioptionalen Analysen basieren.

Beispiele

- In Abbildung 5.7 ist eine vollautomatische Prognose (Zeitreihenextrapolation) der monatlichen Absatzzahlen eines Produktionsteils dargestellt. Neben dem historischen Verlauf (dunkler Verlauf, Werte von Januar 1990) sind die Anpassung dieses Verlaufs in der Vergangenheit sowie deren prognostizierter Verlauf in der Zukunft (ab September 1999) wiedergegeben. Im Prognosehorizont (Oktober 1999 bis Oktober 2000) werden zusätzlich die oberen und unteren 90%-Konfidenzintervalle dargestellt. Aus dieser und weiteren Analysen ist zu entnehmen, dass in der zweiten Hälfte der 90er Jahre eine deutlich stärkere Absatzschwankung aufgetreten ist (bedingt durch steigenden Wettbewerbsdruck und Preispromotionkampagnen). Deutlich ist ein saisonaler Absatzrückgang zum Jahresende zu erkennen. In 1999 kam es schließlich zu einer massiven Konsolidierung im Markt, verbunden mit sinkenden Absatzzahlen und einer gestiegenen Volatilität. Die reine Zeitreihenextrapolation ist ab diesem Zeitpunkt nur noch bedingt sinnvoll einsetzbar (die Konfidenzintervalle deuten auf eine starke Unsicherheit in den prognostizierten Werten hin). Deshalb müssen aufwendigere Modelle erstellt werden, um die Prognosegüte zu erhöhen:

- Eventmodeling (Berücksichtigung von nichtperiodischen Wettbewerberereignissen bei der Prognose)[13]
- Dynamische Regressionsanalyse (Berücksichtigung von Einflussfaktoren auf Absatzprognose, Elastizität der Ausgaben/Erträge; vgl. Abschnitt 5.2.3).

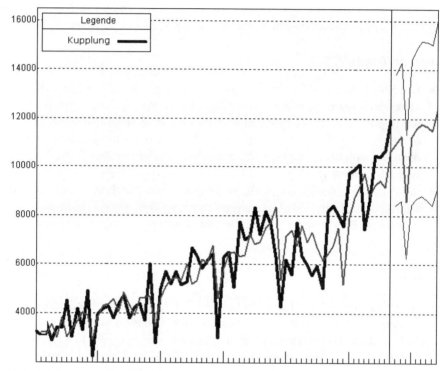

Abb. 5.7 Prognose durch Zeitreihenextrapolation (Software „ForecastPRO")

Interessant sind u.a. die aus diesen Betrachtungen ableitbaren Auswirkungen der Wettbewerberaktivitäten auf das eigene Geschäft, weil dadurch eine Quantifizierung des Kosten-Nutzen-Verhältnisses der eigenen Handlungsalternativen ermöglicht wird.

---

[13] Zu den Wettbewerberereignissen gehören z.B. Werbekampagnen oder Promotionaktivitäten.

Was sind sinnvolle Prognosehorizonte?

Die Antwort auf diese Frage hängt stark davon ab, wie dynamisch ein Wettbewerbsumfeld ist. Ein sich wiederholendes Schema ist prinzipiell gut prognostizierbar. Strukturelle Veränderungen sind statistisch nicht vorhersagbar. Eine ermittelte Trendkurve ist nutzlos, wenn sich der Trend nicht fortsetzt, sondern durch andere Effekte überlagert wird (z.B. durch eine Gesetzesänderung, ein neues substituierendes Produkt oder einen einsetzenden Preiskrieg der Wettbewerber). Generell gilt, je weniger strukturelle Änderungen auftreten und je schwächer diese sich auswirken, desto sicherer kann man eine Zeitreihe in die Zukunft extrapolieren.

Kurzfristprognosen
Das Ziel von Kurzfristprognosen ist die möglichst exakte Prognose des Kurvenverlaufs einer Zeitreihe meist innerhalb eines saisonalen Zyklus (z.B. Wochenabsätze für das nächste Jahr). Kurzfristprognosen werden oft für die Produktions- oder Vertriebsplanung benötigt, sodass der Prognosehorizont häufig durch die Produktionsdauer oder Wiederbeschaffungsdauer von Produkten bestimmt ist. Die Prognose dient meist zur Optimierung von Produktions-, Lager- oder Personalkapazitäten oder auch zur Frühwarnung bei Abweichungen von Plan/Ist-Werten.
Die Hauptfehlerquellen bei Kurzfristprognosen liegen in der Unterschätzung der Unsicherheit, mit der die Prognosen behaftet sind. Auch wenn eine Prognose numerisch exakt einen Schätzwert (Erwartungswert) berechnet, muss der mögliche zukünftige Wert diesem nicht entsprechen, sondern liegt lediglich innerhalb eines diesen Schätzwert umgebenden Intervalls (Konfidenzintervall). Je nach gewähltem Sicherheitsniveau (für Absatzprognosen werden meist 95%-Konfidenzintervalle gewählt) ergibt sich somit ein Bereich, innerhalb dessen der zukünftige Wert mit 95%iger Wahrscheinlichkeit liegen wird. Insbesondere, wenn weit über den Kurzfristhorizont hinaus prognostiziert wird, ergibt sich eine unrealistische Scheingenauigkeit der Prognose.

Mittelfristprognosen
Durch Mittelfristprognosen werden ebenfalls operative Planungen (z.B. mittelfristige Personalplanungen oder Investitionsentscheidungen) unterstützt. Im Gegensatz zur Kurzfristprognose steht die Prognose von Trends (z.B. Wachstumsraten, Diffusion neuer Technologien) und von Wirtschaftszyklen (Wendepunkte) im Fokus, außerdem wird der Einfluss externer Faktoren mit einbezogen. Robuste Planungsansätze erfordern dabei die explizite Berücksichtigung von Unsicherheit und Handlungsfreiräumen. Zu den Applikationen der Mittelfristprognose gehören gleichfalls die Frühwarnsysteme (vgl. Abschnitt 6.1.3).
Hauptfehlerquellen bei der Mittelfristprognose sind die Vernachlässigung von neuen (in der Vergangenheit noch nicht vorhandenen bzw. wirksamen) Trends und nicht erkannte schleichende Veränderungen.

Langfristprognosen

Langfristprognosen werden zur Identifikation von strategischem Handlungsbedarf bei erwarteten Chancen und Bedrohungen verwendet. Besonders für die Bereiche F&E, Produktentwicklung, Strategische Zielfindung, Investitionsentscheidungen und Geschäftsfeldentwicklung werden Langfristprognosen benötigt.

Bei Langfristprognosen werden nicht nur Trends und Kausalzusammenhänge der Vergangenheit analysiert und extrapoliert, sondern zusätzlich mögliche strukturelle Änderungen antizipiert. Methodisch werden Szenarios (vgl. Abschnitt 6.1.1), Simulation (vgl. Abschnitt 6.1.4), S-Kurven-Analysen (vgl. Abschnitt 5.3.1) und die Spieltheorie (vgl. Abschnitt 6.2.1) verwendet.

5.2.7 Win/Loss(Gewinn/Verlust)-Analyse

> Wieso, weshalb, warum?
> Wer nicht fragt, bleibt dumm!
>
> Motto der Kindersendung „Sesamstraße"

Verwandte Analysekonzepte:

- Kernkompetenzanalyse
- Blindspotanalyse
- 5-Kräfte-Industriestrukturanalyse

Literatur:

- Naylor E (2002) Increasing Sales through Win/Loss Analysis. Competitive Intelligence Magazine, Vol. 5 Sept.-Oct. 2002: 5-8
- Schulz S (2002) Seven Steps to Build a Successful Win/Loss Program. Competitive Intelligence Magazine, Vol. 5 Sept.-Oct. 2002: 9-12

Beschreibung

Als Win/Loss-Analyse wird die rückblickende Analyse der Kundenwünsche und -bedürfnisse und der eigenen Wettbewerbspositionierung, basierend auf vorangegangenen Vertriebsaktivitäten (Angebote, Ausschreibungen, Aufträge etc.), bezeichnet. Wesentlich ist,

- dass eine Win/Loss-Analyse kontinuierlich durchgeführt wird (nicht nur bei gravierenden Ereignissen),
- die Analyse auf Kundenfeedback beruht (nicht nur auf den Aussagen der eigenen Vertriebsabteilung),
- die Analyse zeitnah erfolgt und
- eine konsistente Erhebung durchgeführt wird, um die Vergleichbarkeit über einen längeren Zeitraum und zwischen Kunden sicherzustellen.

Analyseziele

- Ursachenanalyse von Erfolgen und Misserfolgen aus Kundensicht mit Bezug auf Wettbewerber
- Steigerung von Absatz und Profitabilität durch bessere Positionierung
- Gezielte Produktentwicklungen und Vertriebskampagnen
- Früherkennung von Wettbewerberaktivitäten
- Aufbau eines fundierten Verständnisses für Kundenbedürfnisse und -wünsche

Vorgehensweise

1. Auswahl der zu betrachtenden Kunden
2. Erstellung eines Fragebogens, der gezielt die Wettbewerbssituation aus Kundenperspektive hinterfragt
3. Durchführung von Kundengesprächen, basierend auf dem Fragebogen (Neben den offiziellen Antworten sind gerade Randbemerkungen und wettbewerberspezifische Kommentare von Bedeutung.)
4. Analyse der Resultate bzgl. individueller Angebote/Kontakte und genereller Trends (Preise, Qualität, Bedürfnisse, anstehende Beschaffungsmaßnahmen etc.)
5. Kontinuierliches Reporting der Erkenntnisse an die beteiligten Stellen (Vertrieb, Marketing, PR, F&E, Kundenbetreuung etc.)

Anmerkung

Die Win/Loss-Analyse ist eines der bekanntesten CI-Analyseverfahren, da sie, richtig durchgeführt, schnell wertvolle Erkenntnisse über die eigene Wettbewerbspositionierung generiert. Diese Positionierung sollte Grundlage für zahlreiche weiterführende Analysen sein!

5.2.8 Datamining

Verwandte Analysekonzepte:
- Textmining
- Dynamische Regression

Literatur:
- Grothe M, Gentsch P (2000) Business Intelligence – Aus Informationen Wettbewerbsvorteile gewinnen. Addison-Wesley, Bonn München Paris
- Hannig U (Hrsg.) (1996) Data Warehouse und Managementinformationssysteme. Schäffer-Poeschel Verlag, Stuttgart

Beschreibung

Als Datamining wird die gezielte Analyse von Datenbeständen bezeichnet. Dabei werden vier Aufgabenbereiche unterschieden:

- Prognose: Aufzeigen der Entwicklung von Abhängigkeiten der Datenbestände über der Zeit (z.B. Dynamische Regressionsanalyse, vgl. Abschnitt 5.2.3)
- Segmentierung: Aufteilung von Datenbeständen in kleinere, homogene und betriebswirtschaftlich zweckmäßige Teilmengen
- Klassifikation: Erstellen von Profilen, z.B. von Kunden (typische Charakteristika, die einen „Kunden" von einem Interessenten unterscheiden)
- Assoziationsanalyse: Identifikation von Assoziationen zwischen Daten, um hieraus Regeln für Zugehörigkeit oder Kausalität abzuleiten (Beispiel ist die Warenkorbanalyse, die eine verkaufssteigernde Wirkung bei bestimmten Warenanordnungen oder komplementären Warenbündelungen nachweist.)

Analyseziel

Identifikation von Mustern und Strukturen in Datenbeständen, um z.B. Kausalitäten oder potenzielle Reaktionsprofile abzuleiten (Diese Erkenntnisse (Hypothesen) können wiederum Grundlagen für eine Markt- und Wettbewerbspositionierung bzw. -segmentierung sein.)

Vorgehensweise

1. Planung des Dataminings: Zielsetzung, zu erwartende Ergebnisse, Formulierung von Hypothesen
2. Vorbereitungsphase: Selektion der Datenbestände und Vorbereitung der Daten hinsichtlich der in den Hypothesen formulierten Eigenschaften
3. Miningphase: Anwendung eines Datamining-Algorithmus auf die Datenbestände; Extraktion der Erkenntnisse
4. Auswertungsphase: Inhaltliche Interpretation der Erkenntnisse mit Blick auf die Ausgangssituation

Softwareunterstützung

Zahlreiche Softwareprogramme sind für die unterschiedlichen Aufgabenstellungen des Datamining verfügbar. Die Software „MM4XL" (vgl. Anhang 9.4.2 und Abbildung 5.8) ist z.b. für Segmentierungen verwendbar.

Anmerkung

Zwangsläufig setzt Datamining valide Datensätze voraus, folglich werden interne Daten oder Marktforschungsdaten (z.B. POS, Pharmaabsatzzahlen) benötigt.

Beispiele

Beispiel 1:
Eine Dynamische Regressionsanalyse zählt zu den Dataming-Ansätzen, da auch hier aus Datenbeständen erläuternde Regressoren für eine Funktion extrahiert werden (vgl. Abschnitt 5.2.3).

Beispiel 2:
In Abbildung 5.21 ist die Segmentierung von Wettbewerbern, basierend auf Produktattributen, aufgeführt.

Beispiel 3:
In Abbildung 5.8 ist eine Segmentierung der Käufer eines freiverkäuflichen Vitaminpräparates aufgeführt. Der Softwarealgorithmus erstellte die Segmentierung halbautomatisch aufgrund signifikanter Klassifikationsmerkmale (hier: Alter und Wohngegend, d.h. Stadt bzw. Land). Ein Ziel dieser Segmentierung ist die Bestimmung der eigenen Produktpositionierung relativ zum Wettbewerb.

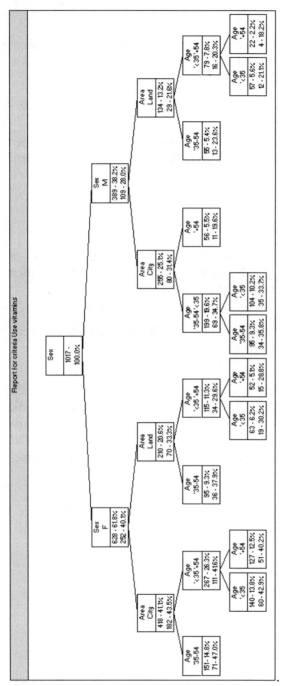

Abb. 5.8 Beispiel für eine Segmentierung von Kundendaten nach signifikanten Kriterien (Software „MM4XL")

5.2.9 Textmining

> Splitter sind nie das Ganze, sie sind immer fragmentisch,
> manchmal glitzernd und auch spitz. Ihr Umgang erfordert Umsicht.
> Manchmal können sie Licht aber in besonderer Weise brechen
> oder reflektieren. Sie ermöglichen dann Einsichten,
> die mit heilen Gläsern nur schwer zu erreichen sind.
>
> Prof. Dr. med. Dr. phil Heiner Raspe,
> Medizinische Universität zu Lübeck

Verwandte Analysekonzepte:

- Datamining
- Issues Management
- Patentanalyse

Literatur:

- Finkler in diesem Buch (Abschnitt 5.4.4)
- Zanasi in diesem Buch (Abschnitt 3.3.1)

Beschreibung

Unter Textmining werden verschiedene Technologien zur (inhaltlichen) Erschließung von (unstrukturierten) Texten verstanden. Diese Technologien reichen von Termextraktionen (Retrieval), Kategorisierung und Indexierung bis hin zu dem Aufdecken von Mustern und Beziehungen zwischen Termen (und deren Visualisierung). Textmining-Software enthält entsprechend Algorithmen zur statistischen und linguistischen Textanalyse (vgl. Abschnitt 5.4.4).

Analyseziele

- Reduktion der „Lesezeit" eines Analysten bei Recherchen in unternehmensexternen und -internen Dokumenten durch Vorselektion von Dokumenten nach einem Relevanzkriterium
- Automatisiertes Entdecken von relevanten Informationen (Frühwarnung; Issues Management)
- Statistische Auswertung von ähnlichen Dokumenten (z.B. Patentanalysen), um auf Trends und (technische) Entwicklungen schließen zu können

Vorgehensweise

Vgl. Beitrag Finkler, Abschnitt 5.4.4.

Softwareunterstützung

Das Angebot von Textmining-Tools ist durch die zahlreichen Einsatzmöglichkeiten und Funktionalitäten sehr unübersichtlich. So werden Tools für Informationsretrieval, Kategorisierung, Dokumentenmanagement (DM), Knowledge Management und Strukturvisualisierung angeboten, aber auch CI-Software, die alle Teilfunktionalitäten von Textmining haben kann. Da leistungsfähige Systeme (sinnvollerweise) als unternehmensweite Lösungen angeboten werden, sind schnell Lizenzkosten erreicht, die jenseits des Budgets einer CI-Abteilung liegen. Entsprechend ist zu spezifizieren, wie die Textmining-Bedürfnisse einer CI-Abteilung an die Ansprüche anderer Anwender angeglichen werden können, um ein gemeinsames System einzusetzen.

Ein Beispiel für eine preisgünstige Textmining-Software ist das Produkt „Copernic Summarizer", welches für das Zusammenfassen von Texten verwendet wird (vgl. Abschnitt 4.3.4, Abbildung 4.5).

Anmerkung

Textmining ist zumindest in CI-Kreisen ein wenig verbreiteter Analyseansatz[14], weil die zugehörige Software erhebliche Ressourcen erfordert. Dabei ist diese Methode für CI-Analysten nahe liegend und bei entsprechendem Informationsvolumen nicht umgehbar – möchte man nicht in ein „opportunistisches" Informationsmanagement verfallen. Entsprechend ist es für eine CI-Abteilung unabdingbar, sich mit einer geeigneten Textmining-Software zu befassen.

Beispiele

Beispiele sind in den Beiträgen der Abschnitte 5.4.4 und 3.3.1 zu finden.

---

[14]   Vgl. Tabelle 1.9: Nur 9% der Befragten gaben an, eine Textmining-Software zu nutzen.

5.2.10 Wettbewerberprofile

> So eine Arbeit wird eigentlich nie fertig,
> man muss sie für fertig erklären,
> wenn man nach Zeit und Umständen
> das Mögliche getan hat.
>
> Johann Wolfgang von Goethe
> Deutscher Dichter (1749-1832)

Verwandte Analysekonzepte:
- SWOT-Analyse
- Wettbewerberklassifizierung

Literatur:
Porter M (1985) Competitive Advantage. The Free Press, New York

Beschreibung

Wettbewerberprofile beinhalten eine strukturierte, vergleichende Darstellung von Wettbewerberdaten. Meist wird ein tabellarischer Aufbau verwendet (vgl. Anhang 9.1) oder eine spezielle Wettbewerberdatenbank angelegt. Wettbewerberprofile sind selbstredend ein Kernaspekt der Competitive Intelligence, da sie ein zentrales Archiv für Informationen und Wissen darstellen.

Ein vollständiges Wettbewerberprofil ist zudem Ausgangspunkt für zahlreiche weiterführende Analysen (z.B. Wettbewerberreaktionsprofile; eigene Unternehmensstrategie). Ein Profil sollte die Ergebnisse weiterer CI-Analysen (wie SWOT-Analysen, Portfolio-Graphiken, Wettbewerber-Timeline-Analysen etc.) beinhalten.

Typischer Aufbau eines Wettbewerberprofils:
a) Basisdaten (z.B. Anschrift der Lokationen, Mitarbeiter, Angebotspalette)
b) Performance-Parameter (z.B. Finanzkennzahlen oder technische Produktdaten)
c) Aktuelle Nachrichten über den Wettbewerber
d) Stärken
e) Schwächen
f) Strategie und Ziele
g) Bedrohungspotenzial für das eigene Unternehmen
h) KITs und KIQs für diesen Wettbewerber
i) Laufende und geplante Aktivitäten/Initiativen zur weiteren Wettbewerberbeobachtung

Analyseziele

- Strukturiertes Repository von Informationen, Daten, Analysen über einen Wettbewerber
- Vergleichendes Ranking von Wettbewerbern (z.B. nach Umsatz pro Region, Wachstum in einem Geschäftsfeld)
- Ad-hoc-Analysen für repetitive Anfragen (z.B. Marktanteile pro Produkt und Region)
- Identifikation von Stärken und Schwächen eines Wettbewerbers
- Identifikation von Potenzial und Intentionen eines Wettbewerbers
- Grundlage für strategische und taktische Aktivitäten, Investitionsentscheidungen, Organisationsausrichtung und Wettbewerbsstrategien

Vorgehensweise

1. Identifikation der direkten und indirekten sowie gegenwärtigen und zukünftigen Wettbewerber
2. Erhebung der benötigten Daten aus primären und sekundären Quellen
3. Analyse der Wettbewerber (Potenziale und Intentionen, daraus abgeleitetes Bedrohungspotenzial für das eigene Unternehmen)
4. Erstellung einer individuellen Positionierung des eigenen Unternehmens relativ zu jedem Wettbewerber
5. Ermittlung der Wettbewerberstrategie und der vermuteten Wettbewerberdynamik (Reaktion auf eigene Maßnahmen; vgl. Abbildung 5.13)
6. Gesamtdarstellung und -bewertung des Wettbewerbers als Schnelleinstieg für Intelligence-Nutzer

Beispiele

Beispiele für Wettbewerberprofile sind in zahlreichen Abbildungen in diesem Buch angeführt:

Abbildung 9.1/9.2 – Allgemeines Wettbewerberprofil
Abbildung 5.9 – Analyse der Fähigkeiten eines Wettbewerbers
Abbildung 5.9 – Fiktives Personenprofil
Abbildung 5.14 – Ziele eines Wettbewerbers
Abbildung 5.15 – Wettbewerberstrategieanalyse
Abbildung 5.16 – Reaktionsprofil eines Wettbewerbers
Abbildung 5.17 – Strategische Annahmen eines Wettbewerbers

Anmerkungen

- Es sind zahlreiche Checklisten für die Inhalte von Wettbewerberprofilen in der Literatur zu finden (vgl. ein Beispiel in Anhang 9.1). Da jedes Unternehmen eigene Prioritäten und Intentionen bei Wettbewerbsanalysen hat, sollten auch individuelle Profilinhalte erarbeitet und gepflegt werden.
- Häufig konkurrieren nur Teilbereiche eines Wettbewerberunternehmens mit dem eigenen Unternehmen. In diesen Fällen ist zu beachten (und zu definieren), welche Abgrenzungen eines Wettbewerbers vorgenommen werden, um eine vergleichende Darstellung zu erhalten. Selbstverständlich sind auch die „sonstigen" Aktivitäten eines Wettbewerbers aufzuführen und die Bedeutung des konkurrierenden Geschäftsbereichs mit diesen Aktivitäten aufzuschlüsseln.

Softwareunterstützung

CI-Softwareprogramme sollten in der Lage sein, Wettbewerberprofile anzulegen und zu verwalten (vgl. Software „Stratgey!" mit Teilen eines Wettbewerberprofils in den Abbildungen 5.14-5.17). Gerade der strukturierte Ansatz einer softwaregestützten Wettbewerberdatenbank zeigt deutlich „Wissenslücken" auf. Diese Lücken dienen damit auch als Gradmesser der Wettbewerberkenntnis und helfen den Analysten, weitere CI-Recherchen zu initiieren.

In Abschnitt 7.3.10 werden die Aspekte einer CIC-Software zur Unterstützung des CI-Zyklus betrachtet.

5.2.11 Profiling

> Weder Plausibilität noch der Umstand,
> dass etwas an Universitäten gelehrt wird,
> noch die Tatsache, dass etwas gängige Meinung ist,
> sind Garanten für dessen Richtigkeit
>
> Fredmund Malik
> Leiter des Management-Zentrums St. Gallen

Literatur:
- Fisseni HJ (2003) Persönlichkeitspsychologie. 5.Aufl., Hogrefe, Göttingen Bern Toronto Seattle
- Fleisher CS, Bensoussan BE (2002) Strategic and Competitive Analysis. Prentice Hall, Upper Saddle River, NJ
- von Groote E u. Hoffmann J: Psychological Profiling of Leaders: Concepts, Methods and Application. Session, präsentiert auf der SCIP European Conference, London, 23.–24. Oktober 2003
- Mitnick K (2003) Die Kunst der Täuschung. mitp-Verlag, Bonn
- Nolan J (1999) Confidential – Business Secrets, Getting Theirs – Keeping Yours. Yardley Chambers, Medford Lakes, NJ

Beschreibung

Profiling beschreibt den Prozess der systematischen Erfassung von Informationen über eine Person (im CI-Kontext meist Topmanager von Wettbewerbern), um eine Aussage über die Charaktereigenschaften und das Entscheidungsverhalten (z.B. Risikopräferenzen) vornehmen zu können. Da aus verständlichen Gründen in einem CI-Umfeld selten direkte Befragungen (wie z.B. bei psychologischen Gutachten oder Bewerbungsgesprächen) durchgeführt werden können, basiert diese Analyse („distant profiling") auf Sekundärinformationen (Publikationen, gegebene Interviews) und auf indirekten HUMINT-Quellen[15].

In der Literatur werden mehrere Verfahren für die eigentliche Transformation von recherchierten Merkmalen in ein Persönlichkeitsprofil genannt. Nolan (Nolan 1999) beschreibt einen adaptierten Meyers-Briggs-Type-Indikator(MBTI)-Test, der immerhin noch ca. 130 Fragen enthält und den Kontakt zu ca. 200 Personen aus dem Umfeld der Zielperson erforderlich macht.

---

[15]   z.B. frühere Arbeitskollegen der zu profilierenden Person

Fleisher und Bensoussan (Fleisher u. Bensoussan 2002) verweisen zusätzlich auf das von Bardt (Bardt 1994) entwickelte „Personality and Organizational Model". Dieses Modell wurde ursprünglich zur Beurteilung des Verhaltens von Managern bei strategischen Entscheidungssituationen entwickelt. Es basiert auf der Zuordnung (Identifikation) von beobachteten Verhaltensmerkmalen zu drei (operativen) Managementstilen und drei möglichen Adaptionsverhaltensweisen an ein sich änderndes Umfeld (vgl. Tabelle 5.8). Aus dieser Zuordnung ergibt sich eines von neun Verhaltensmustern, aus dem wiederum auf das grundsätzliche Verhalten, der Fokussierung, dem Managementstil und der Verwundbarkeit der betrachteten Person geschlossen werden kann.

Bei Verhaltensprognosen lassen sich so vermutliche Zielrichtung und Vorgehensweise des Entscheiders ableiten.

Das „Personality and Organizational Model" ist mit deutlich geringerem Datenerhebungsaufwand verbunden, ermöglicht jedoch auch nur eine schemenhafte Persönlichkeitsanalyse.

Tabelle 5.8 Dynamik-Tabelle für die Persönlichkeitsanalyse

	UNTERSTÜTZER	IDEALIST	UNABHÄNGIGER
Allgemeiner Stil	Unterstützend	Idealistisch	Hingebungsvoll, engagiert
Fokus	Andere Personen	Grundwerte, Ziele	„Community of Interest"
Prioritäten	Personen, Service	Werte erhalten, Institutionen verbessern	Spezifische Ziele „pushen"
Managementstil	Unterstützend, „jovial"	Unterstützend, ermutigend, kalkuliertes Risiko	Aggressiv, engstirnig
Schwäche	Über-Involvement	Desillusion	Schmaler Blickwinkel
	PERFORMER	**ORGANISATOR**	**FÜHRER /BERATER**
Allgemeiner Stil	Dramatisch, selbstdarstellend	Optimistisch, herausfordernd	Aggressiv, dominierend
Fokus	Eigene Bedürfnisse, Bestätigung	Ressourcen, Unternehmen, Personal	Führung, Einfluss, Fortschritt
Prioritäten	Persönlicher Beifall	Wachstum	Verantwortung übernehmen, Einfluss ausüben
Managementstil	Eigene Interessen durchdrücken	Ermutigend, herausfordernd, delegierend; „fair"	Aggressiv, selbstbewusst
Schwäche	Ignorieren von allgemeinen Verpflichtungen	Überfordert Ressourcen, unterschätzt Risiken	Über das Ziel hinausschießen

Tabelle 5.8 Dynamik-Tabelle für die Persönlichkeitsanalyse (Fortsetzung)

	MITLÄUFER	KONTROLLEUR	REGEL-BEACHTER
Allgemeiner Stil	Sich anpassen	Ängstlich, misstrauisch	Kontrollierend, erzwingend
Fokus	Den Job ausführen	Kontrolle behalten	Prozeduren, Regeln
Prioritäten	Eingeschränkt	Risiken und Chaos vermeiden	Regeln erlassen
Managementstil	Beschränkte Visionen, unentschlossen	Kontrollierend, hemmend	Kleinlich, engstirnig
Schwäche	Unbeweglich, verpasst Gelegenheiten	Erstickt Innovation, verhindert Wachstum	Hemmt Kreativität, ignoriert allgemeine Bedürfnisse

nach Brandt (1994)

Analyseziele

Durch das Profiling eines Entscheiders soll eine Prognose seines zukünftigen Entscheidungsverhaltens erfolgen, um für das eigene Unternehmen Vorteile erzielen zu können. Typische Anwendungen sind:

- Unterstützung der eigenen Verhandlungsposition bei M&A-Projekten, Lieferverträgen, Kooperationen
- Antizipation der zukünftigen Wettbewerberstrategie, Preispolitik etc.
- Abschätzung der Wettbewerberreaktionen auf eigene Aktivitäten (vgl. Abschnitt 5.3.3)
- Abschätzung der weiteren Karrierestationen einer Führungskraft (Abwerbung, frühzeitiger Aufbau von Beziehungen zu potenziellen Aufsteigern etc.)

Vorgehensweise

1. Erhebung und Analyse von Hintergrundinformationen (Informationen, wie sie jeder Key Account Manager über seine Ansprechpartner bei Kunden erhebt und ggf. in eine Kontaktmanagementsoftware einpflegt) Dazu zählen Informationen über
   - Karrierestationen und bisherige Funktionen

- Ausbildung
- Alter
- Erfahrung in derzeitiger Industrie
- Bisherige Entscheidungen/Strategische Initiativen
- Hobbys, Verbandszugehörigkeiten, Interessen etc.
2. Analyse der Persönlichkeitsstruktur (nach einem adaptierten MBTI oder einem anderen Verfahren)
3. Bestimmung des Entscheidungsverhaltens/Reaktionsprofils für allgemeine oder konkret anstehende Situationen

Anmerkungen

- Eine grundsätzliche Voraussetzung für das Profiling von Führungskräften (Entscheidern) ist, dass von früherem Verhalten auf zukünftiges Verhalten geschlossen werden kann. Dies ist sicherlich, wie jeder an seinem eigenen Werdegang nachvollziehen kann, nur bedingt der Fall. Jeder wird durch sein Umfeld und durch Erfahrungen geprägt und verändert sich. Dazu kommt es insbesondere, wenn neue Arbeitgeber, Funktionen oder Verantwortlichkeiten auf eine Person einwirken.
- Nicht immer ist eine Entscheidung nur von einer Peson abhängig, häufig wird ein Konsensentschluss getroffen. Das Profil des Vorsitzenden dieser Gruppe ist damit nicht zwangsläufig ausschlaggebend für die letztlich gefällte Entscheidung.
- Bedenkt man den Aufwand für eine konkrete Hintergrundrecherche und die dabei (legal[16]) erhältlichen Informationen, so wird schnell klar, dass ein detailliertes Profiling nur in Ausnahmefällen Anwendung finden kann. Eine Zuordnung zu einer schematischen Persönlichkeitsstruktur (vgl. Tabelle 5.8) hat hingegen den Reiz einer schnell erzielbaren Aussage, die auf relativ wenigen Hintergrundinformationen basiert.
- Es existieren zahlreiche kommerzielle Informationsquellen über Führungskräfte in Biographien, Nachschlagewerken (z.B. Who's who, Hunzinger-Archive), Magazininterviews, Pressearchiven etc.

---

[16] Nach dem Bundesdatenschutzgesetz ist die elektronische Speicherung von personenbezogenen Daten dann erlaubt, wenn die Daten allgemein zugänglich sind (§28 Abs. 1 Satz 3) oder sie zur Wahrung berechtigter Interessen der Daten verarbeitenden Stelle erforderlich sind und kein Grund zur Annahme besteht, dass das schutzwürdige Interesse des Betroffenen an dem Ausschluss der Verarbeitung oder Nutzung überwiegt (§28 Abs. 1 Satz 2). Insofern ist von dem Datenschutzbeauftragten im Einzelfall zu prüfen und zu dokumentieren, welche Daten gespeichert werden dürfen und ob ggf. eine Pflicht zur Benachrichtigung des Betroffenen (nach §33 BDSG) besteht.

Beispiel

Abbildung 5.9 zeigt ein fiktives Profil einer Führungskraft, angelehnt an das fiktive Beispiel des Beitrages von Hoffman u. von Groote (Abschnitt 5.4.3), in dem die Hintergrundinformationen über einen Vorstandsvorsitzenden eines Konzerns aufgeführt sind.

Originaldokumente und die eigentliche Profilanalyse sind in externen Anhängen an diesen Bericht gelinkt. In einer im Umfang reduzierten Version kann auch das Profil eines Netzwerkkontaktes nach diesem Schema erstellt werden (Kontaktinformationen, Erfahrungen, Positionen etc).

Name:	Herr Harald Maier			
	Bus. Phone:			
	Cell. Phone:			
	Assistant:	Frau Dr. Blech		Bus. Fax:
	E-mail:			Pers. Fax
	Address:	Westend 9 Frankfurt, 60000 Deutschland		
Education:	Dipl.-Ing. (FH), Verfahrenstechnik in Hannover			
Philosophy:	Wer die Welt nur ein kleines bisschen besser und gerechter machen kann, der hat seinen Lebenssinn erfüllt			
Character:	deutlich zwanghafte Akzentuierung (s. distant profiling report)			
Interessen	unauffällige, standesgemäße Hobbys: Segeln, Rotwein und Opern			
Familie	verheiratet mit Lehrerin, 3 Kinder (1972, 1975, 1980)			
Publikationen	"Dem Mittelstand auf die Sprünge helfen", Journal für Anlagenbauer, 7/2002			
Interviews	Karrieren im Mittelstand - FAZ, 20.3.2003 HUMINT, ehemaliger Arbeitskollege der Alpha AG			
Gatekeeper	Dr. Hummerl, ZA-3 Tel 4711			

Current Function(s)	Organization	Location & Time	Comments
Vorstandsvorsitzender	Alpha	Frankfurt, seit 1.4.2004	

Past Functions	Organization	Location & Time	Comments
Leiter Einkauf	Alpha	Frankfurt 1990 - 2004	
Abteilungsleiter Neue Produkte	Alpha	Frankfurt 1985 - 1990	
Gruppenleiter Sonderanlagenbau	Alpha	Frankfurt 1977 - 1985	
Traineeprogramm	Alpha	Frankfurt 1974 - 1977	

Affiliations	Role	Comments
Segelklub "Steife Briese"	Mitglied	
VDI	Mitglied	Vortrag auf VDI-Kongress 2001 "Neue Wege der thermischen Trennung"

Contacts	Nature of Relationship	Level of Rapport
Markus Schleier	Studienkollege	Interessensaustausch

Abb. 5.9 Fiktives Personenprofil (Software „Strategy!")

5.2.12 Benchmarking

> Die Wahrheit triumphiert nie,
> ihre Gegner sterben nur aus.
>
> Max Planck
> Deutscher Physiker (1858-1947)

Verwandte Analysekonzepte:
- Wettbewerberprofiling
- Wertschöpfungskettenanalyse
- Reengineering

Literatur:
Fleisher CS, Bensoussan BE (2002) Strategic and Competitive Analysis: Methods and Techniques for Analyzing Business Competition. Prentice Hall, Upper Saddle River, NJ

Beschreibung

Unter Benchmarking wird die vergleichende Analyse von eigenen Prozessen und Produkten mit denen von Wettbewerbern verstanden. Außer mit den direkten Wettbewerbern der eigenen Industrie kann ein Benchmarking auch mit Anbietern außerhalb der eigenen Industrie erfolgen (ähnliche Aufgaben/Anforderungen).

Analyseziele

- Identifikation von überlegenen Prozessen oder Produkten bei Wettbewerbern, um diese zu analysieren und die eigenen Prozesse und Produkte durch die gewonnenen Erkenntnisse zu verbessern
- Relative Positionierung zum Wettbewerb

Vorgehensweise

1. Auswahl der zu untersuchenden Produkte/Prozesse [17]
2. Definition der zum Vergleich verwendeten Kennzahlen (z.B. Reklamationen pro Periode und Auftrag)
3. Auswahl der zu vergleichenden Wettbewerber und Unternehmen (basierend auf vorhandenen Wettbewerberprofilen; vgl. Abschnitt 5.2.10)
4. Primär- und Sekundärerhebung der benötigten Daten
5. Datenanalyse und Definition von Verbesserungspotenzialen

---

[17] Diese Selektion kann z.B. das Ergebnis einer Wertschöpfungskettenanalyse (vgl. Abschnitt 5.3.5) oder einer Finanzanalyse (vgl. Abschnitt 5.2.5) sein.

6. Anpassung und Implementierung der gewonnenen Erkenntnisse

Softwareunterstützung

Mittels einer Tabellenkalkulation können Daten gespeichert und die Berechnung von Kennzahlen durchgeführt werden. Zur Visualisierung von Benchmarking-Resultaten sind Profil-Charts oder Spider-Diagramme (relative Faktoren zum „best of class"; vgl. Abbildung 5.11) geeignet.

Technische Attribute und deren Bewertung (z.B. auf Skalen) sind in allgemeiner Datenbanksoftware realisierbar oder in spezieller CI-Software vorhanden (z.B. Software „Strategy!"; vgl. Abbildungen 5.14-5.17).

Anmerkungen

- Benchmarking-Analysen gehören (gerade im direkten Produktvergleich) zu den Standard-CI-Analysen. Häufig wird jedoch der Aufwand unterschätzt, der nötig ist, um aussagekräftige, eindeutige Analysen zu erhalten. Die Folge sind halbseichte Auflistungen vermuteter Wettbewerberdaten, die wenig überzeugend sind und schnell von Kritikern verworfen werden.
- Es ist nicht unüblich, dass Wettbewerberkataloge unrealistische technische Parameter beinhalten, die unter Randbedingungen erhoben wurden, die nicht den „üblichen" Standards entsprechen. Meist bleibt nichts anderes übrig, als eine Überprüfung dieser Angaben im eigenen Labor vorzunehmen – ein aufwendiges Verfahren, das, wenn es nicht sowieso für ein technisches Reengineering-Projekt (vgl. Abschnitt 5.3.8) benötigt wird, schnell die Budgets einer CI-Abteilung sprengt.
- Das Benchmarking von technischen Attributen gerät häufig zu einem „Schneller, höher, weiter"-Denken der eigenen technischen Performance. Wettbewerber neigen dazu, eigene Ansichten über „sinnvolle" technische Parameter zu entwickeln, während Kunden mitunter auf ganz andere Aspekte des Produktnutzens fokussiert sind. Auch unter diesem Aspekt sind Benchmarking-Analysen mit Vorsicht zu behandeln.

Beispiele

Beispiel 1:
Um die eigene Position (Unternehmen gesamt oder einzelne Produkte in Marktsegmenten) relativ zum Wettbewerb darzustellen, hat sich eine vergleichende Darstellung der relativen Wettbewerbsdynamik (auch als Competitive Dynamic Analysis bezeichnet) bewährt.

Beispielhaft werden Anbieter im Halbleitermarkt in unterschiedlichen Teilmärkten (Industrie, Telekommunikation, Computer etc.), wie in Tabelle 5.9 aufgezeigt, analysiert. Aus den absoluten Umsatzangaben zu Markt und Wettbewerbern (in dem jeweils betrachteten Markt) werden die Änderungsraten (Marktwachstum und Unternehmensumsatzwachstum) bestimmt und wie in Abbildung 5.10 aufgetragen.

Tabelle 5.9 Angaben für die Wettbewerbs-Dynamik-Analyse

	Markt		**Unternehmen**			**Dynamisches Wachstum**	
	2004	2003	2004	2003	Blase	Markt	Unternehmen
ALPHA	451	394	48	31	0,02	14,5%	53,1%
BETA	412	308	30	19	0,02	33,6%	55,6%
GAMMA	130	90	14	19	0,01	45,4%	-27,6%
DELTA	266	228	47	35	0,02	16,9%	32,5%
LAMDA	510	480	26	25	0,01	6,4%	4,9%
MY	350	405	96	75	0,05	-13,7%	28,2%
NY	743	552	80	99	0,04	34,6%	-19,8%
YPSILON	445	320	62	51	0,03	39,2%	22,6%
ZETA	115	123	18	19	0,01	-6,5%	-8,8%

Der Abbildung 5.10 ist zu entnehmen, dass Anbieter MY seine vorhandene starke Marktposition in einem schrumpfenden Markt ausbauen konnte. Ursache könnte ein hohes Commitment und/oder eine überlegene Strategie sein. Anbieter GAMMA und NY haben hingegen in schrumpfenden Märkten sinkende Marktanteile erzielt. Anbieter YPSILON hat sogar in einem wachsenden Markt Anteile verloren. Ursachen könnten ein sinkendes Interesse an diesen Märkten oder Wettbewerbsnachteile sein. Potenziell könnten diese Anbieter interessante Kooperationspartner für komplementäre Produkte oder die Übernahme von Technologien sein (so die Unternehmen ansonsten profitabel sind). Anbieter ALPHA, BETA und DELTA sind Neueinsteiger in wachsenden Märkten. Sie haben ein hohes Wachstum erzielen können und könnten zukünftig interessante Kooperationskandidaten sein. ZETA und LAMBDA sind Unternehmen, die sowohl geringe Umsätze zu verzeichnen haben, als auch eine geringe Dynamik erkennen lassen. Sie sind damit eher uninteressant für weitere Betrachtungen.

Mit dieser Analyse kann ein schneller Überblick über mehrere Marktteilnehmer (auch Zulieferer, Kunden etc.) erzielt werden („Wettbewerbslandschaft").

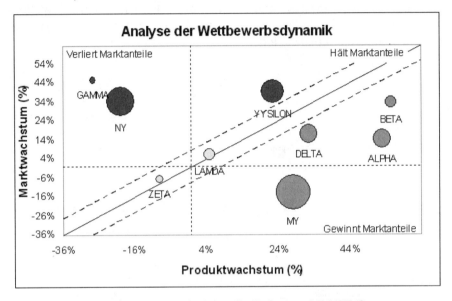

Abb. 5.10 Analyse der Wettbewerbsdynamik (Software „MM4XL")

Als Radarschirm kann diese Darstellung auf neue Chancen/Risiken durch Anbieter in eigenen oder neuen Märkten hinweisen, indem insbesondere die Marktplatzdynamik als Indikator für Chancen/Risiken herangezogen wird.

Beispiel 2:
Zur vergleichenden Produktpositionierung können auch Spider-Diagramme verwendet werden. In Abbildung 5.11 werden Attribute eines Beratungsangebotes (skaliert) mit dem jeweils besten Drittangebot verglichen.

Jedes Attribut basiert auf verschiedenen Faktoren, die in Nebenbetrachtungen ermittelt werden. Aus dieser Darstellung lassen sich schnell die eigenen Wettbewerbsvorteile (und Schwächen) relativ zum Wettbewerb erkennen. Eine Verkaufsargumentation lässt sich hieraus ebenso wie Alleinstellungsmerkmale ableiten.

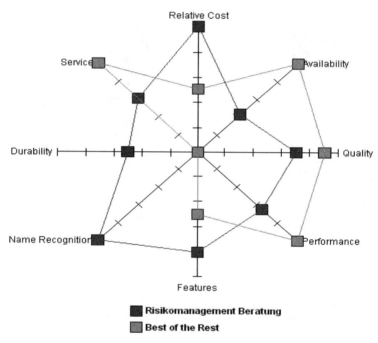

Abb. 5.11 Spider-Diagramm für Produkt- und Wettbewerbervergleiche (Software „Business Insight")

5.3 Modell- und theoriegestützte Analysen

In diesem Abschnitt werden modell- bzw. theoriegestützte Analyseverfahren zur Interpretation vorhandener Informationen (vgl. Abschnitt 3.2.13) behandelt. Die mit diesen Verfahren durchgeführten Analysen stellen das Rückgrat der Intelligence-Generierung dar.

5.3.1 Technologiepotenzial-/Technologiezyklusanalyse (S-Kurven-Analyse)

> Not everything that can be counted counts,
> and not everything that counts can be counted.
>
> Albert Einstein
> Deutscher Physiker (1879-1955)

Verwandte Analysekonzepte:

- Prognosen
- SWOT-Analyse
- Szenarioplanung

Literatur:

- Ashton B, Klavans RA (eds.) (1997) Keeping Abreast of Science and Technology: Technical Intelligence for Business. Battelle Press, Columbus
- Lange V (1994) Technologische Konkurrenzanalyse. Deutscher Universitäts Verlag, Wiesbaden
- Makridakis SG, Wheelwright S, Hyndman R (1998) Forecasting – Methods and Applications. John Wiley & Sons, Inc., New York
- Millett SM, Honton EJ (1995) A Manager's Guide to Technology Forecasting and Strategy Analysis. Battelle Press, Ohio

Beschreibung

Unter einer Technologiepotenzialbewertung versteht man die Beurteilung neuer Technologien mit Blick auf Kommerzialisierungsmöglichkeiten. Technologiepotenzialbewertungen identifizieren für existierende oder zukünftige Technologien aussichtsreiche Märkte bzw. Applikationen, indem Leistungsparameter, Kosten und Funktionalitäten einer Technologie für potenzielle Produktapplikationen bewertet werden. Die Intentionen der führenden Technologieanbieter werden ebenso berücksichtigt wie Patente und Lizenzabkommen.

Technologiezyklusanalysen werden durchgeführt, um das Potenzial einer Technologie im Vergleich zu alternativen Technologien abzuschätzen. Dies wird durch eine Quantifizierung der Abhängigkeit von Ressourcenaufwand und den hieraus erwarteten technologischen Verbesserungen erreicht.

Die Phasen einer S-Kurve bei einer Technologiezyklusanalyse:

- Innovationsphase
  Wenn neue Technologien entwickelt werden, erfolgt zuerst ein geringer Anstieg der technischen Leistung (Kinderkrankheiten, Produktionsanlaufprobleme, konkurrierende Realisierungsoptionen).
- Reifephase
  Sobald die Beherrschung der Technologie sichergestellt ist, sind große inkrementelle Leistungszuwächse bei moderaten Investitionen erzielbar (Optimierung, Lernkurven, ausgebaute Wissensbasis).
- Sättigungsphase
  Schließlich, wenn physikalische Grenzen der Technologie erreicht werden, sind kaum noch Verbesserungen zu erzielen. Durch wachsende Konkurrenz (vergleichbare Technologien aller Anbieter, fehlende Differenzierungsmöglichkeiten) steigt die Rivalität zwischen den Anbietern, die Profitabilität sinkt. Folglich sind kaum noch Investitionen in die Technologie sinnvoll, da damit zu rechnen ist, dass sie durch neue Technologien abgelöst wird.

Werden diese Zusammenhänge in einem Diagramm eingetragen, so ergibt sich eine typische S-förmige Kurve (vgl. Abbildung 5.12).

Analyseziele

- Identifikation der attraktivsten Märkte und/oder Applikationen für neue Technologien
- Abwehr potenzieller Angriffe von Wettbewerbern auf eigene Märkte oder Applikationen durch frühzeitiges Agieren am Markt (Allianzen, Markteintrittsbarrieren, gezielte Weiterentwicklung eigener Technologien etc.)
- Bestimmung des Kommerzialisierungspotenzials einer Technologie in vorhandenen oder neuen Märkten
- Optimierung der Investitionen in Technologien
  - Hohe Investitionen sind sinnvoll, wenn sich die Technologien in der Innovationsphase befinden und/oder wenn ein Wettbewerbsvorteil erzielt werden kann.

- Minimale Investitionen sind sinnvoll, wenn sich die Technologien in der Sättigungsphase befinden.
- Neue Technologien sind wahrscheinlich, wenn sich etablierte Technologien in der Sättigungsphase befinden, aber eine starke Nachfrage nach leistungsfähigeren Produkten besteht. Frühzeitiges Wettbewerberinteresse an Schlüsseltechnologien könnte ein entsprechendes Vorhaben des Wettbewerbers andeuten.

- Intentionen und Potenziale eines Wettbewerbers bzgl. des Einsatzes einer Technologie (Durch solche Erkenntnisse kann ein überlegenes Technologiemanagement erreicht werden: Kostensenkung, technische Differenzierung durch rechtzeitigen Technologiewechsel, Lizenzierung vorhandener Technologien anstelle aufwendigerer Eigenerstellung.)

Vorgehensweise

1. Bestimmung von aussagekräftigen Kennzahlen für die Leistungsfähigkeit einer Technologie (z.B. Prozessorgeschwindigkeit für CPUs, Speicherdichte für RAMs, Leistungsabgabe pro Kilogramm Eigengewicht für mobile Motorsägen)
2. Verfolgung der Leistungskennzahlen und der zugehörigen Aufwendungen (technologische Ressourcen) über der Zeit
3. Abschätzung der (theoretischen) Grenzen dieser Technologie
4. Bestimmung des benötigten Aufwandes für eine Verbesserung der Technologie (Performance Return on Investment)
5. Durchführung einer Wirtschaftlichkeitsbetrachtung der eigenen Technologiestrategie

Datenherkunft für Technologieprojekte

Angaben zu den F&E-Aufwendungen stammen aus Wettbewerber-F&E-Budgets (ggf. Abschätzung durch Personalangaben), Industriepublikationen, wissenschaftlichen Quellen oder indirekten Angaben wie Patenten, wissenschaftlichen Publikationen, Leistungsparameter aus Reengineering (vgl. Abschnitt 5.3.8), technischen Benchmarks (Abschnitt 5.2.12), Kundenzufriedenheitsumfragen.

Softwareunterstützung

Mit Statistikprogrammen wie „ForecastPRO" können Kurvenanpassungen an vorgegebene Werte erfolgen. Sind entsprechend die ersten Wertepaare einer Technologiezykluskurve bekannt, so kann (unter der Annahme eines typischen S-förmigen Verlaufs) auf die Endpunkte (Leistungsfähigkeit und Zeitpunkt der Sättigung) geschlossen werden.

Beispiel

In dem Beitrag von Richter (vgl. Abschnitt 8.2.4) werden die Besonderheiten der technologieorientierten Intelligence aufgezeigt.

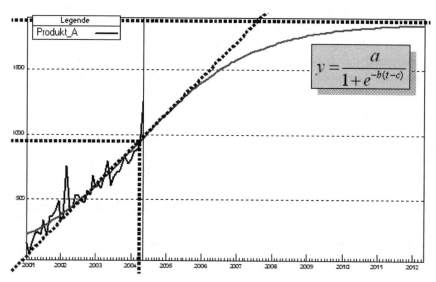

Abb. 5.12 Beispiel für eine S-förmige Kurvenanpassung (Software „Forecast-PRO")

Die S-Kurven-Analyse geht von der Hypothese aus, dass der Kurvenverlauf der Zeitreihe, hier z.B. der Absatz von Produkt A, die Form einer typischen Sättigungskurve hat:

$$f(t) = \frac{a}{1 + e^{-b(t-c)}}$$

Ziel ist, die Parameter a, b, c zu bestimmen, welche den Kurvenverlauf möglichst gut erklären.

Im Folgenden werden zwei unterschiedliche Verfahren vorgestellt:

1) Das analytische Verfahren
2) Die Kurvenanpassung

zu 1) Das analytische Verfahren:

$$f(t) = \frac{a}{1 + e^{-b(t-c)}}$$

Die Kurve ist streng monoton steigend und nähert sich ihrem Maximalwert an :
$\lim_{t \to \infty}(f(t)) = a;$ der Maximalwert ist a.

$$f'(t) = \frac{ab}{(1 + e^{-b(t-c)})^2} e^{-b(t-c)}$$

$$f''(t) = \frac{2ab^2}{(1 + e^{-b(t-c)})^3} e^{-b(t-c)} - \frac{ab^2}{(1 + e^{-b(t-c)})^2} e^{-b(t-c)}$$

Der Wendepunkt befindet sich bei $t = c$, da $f''(c) = 0$ und $f'(c) > 0$.

$f'(c) = \dfrac{ab}{4};$ d.h. die Steigung im Wendepunkt ist gleich $\dfrac{ab}{4}$.

Der Koeffizient a ist also der maximale Absatzwert, der Term $ab/4$ gibt die Steigung im Wendepunkt der Absatzkurve an und c ist der Zeitpunkt, an dem der Wendepunkt erreicht wird.

Die Koeffizienten a, b und c werden durch Potenzialabschätzungen ermittelt. In unserem Fall wird z.B. davon ausgegangen, dass der Wendepunkt nach 38 Monaten erreicht wird[18].

Der Vorteil dieses Verfahrens liegt darin, dass nur wenige Informationen benötigt werden, um den Verlauf der Lebenszykluskurve zu berechnen. Allerdings muss insbesondere für die Abschätzung des Marktwachstums meist auf Erfahrungswerte für ähnliche Produkte zurückgegriffen werden. Sind diese Daten nicht verfügbar, ist ein rein analytischer Ansatz nicht möglich.

zu 2) Die Kurvenanpassung:
Sind bereits die ersten Punkte des Kurvenverlaufs bekannt, kann der weitere Verlauf der Wachstumskurve geschätzt werden (s. Abbildung 5.12). Dabei wird die Kurve (grau) so den bestehenden Ist-Werten (schwarz) angepasst, dass die Abweichung der Fehlerquadrate möglichst klein ist. Das Ergebnis sind Schätzwerte für a, b und c.

Die Qualität dieser Schätzwerte hängt stark davon ab, wie viel von der Ist-Kurve bereits bekannt ist. Insbesondere in der Phase mit progressiv

---

[18] Kennt man typische Lebenszykluszeiten eines Produkts, sind die Kurvenparameter meist gut abschätzbar. Gleiches gilt für die Steigung im Wendepunkt.

steigendem Absatz ist der Maximalwert a schwer ermittelbar[19]. Sind keine besseren Abschätzungen bekannt, ist dies der gängige Weg, den Kurvenverlauf mathematisch zu ermitteln. Es ist unbedingt ratsam, die Plausibilität des Kurvenverlaufs z.b. durch Expertenbefragungen zu überprüfen.

5.3.2 Trendworkshop[20]

> At least competitor intelligence is analyzed information about competitors that is aimed at preventing the average executive from looking like a fool a few years down the road.
>
> Ben Gilad
> Israelischer CI-Buchautor

Verwandte Analysekonzepte:
* Szenarioentwicklung
* Prognosen

Literatur:
* Gausemeier J, Fink A, Schlake O (1996) Szenario-Management. Carl Hauser Verlag, München Wien
* Klopp M, Hartmann M (1999) Das Fledermaus-Prinzip: Strategische Früherkennung für Unternehmen. LOGIS, Stuttgart

Beschreibung

Unter einem Trendworkshop versteht man die systematische Ermittlung von Trends im Umfeld eines Unternehmens. Dabei geht man z.B. nach dem PEST-Schema vor und betrachtet das Umfeld unter verschiedenen Gesichtspunkten: P–political (politisches Umfeld), E–economical (ökonomisches Umfeld), S–social (soziales Umfeld) sowie T–technological (technologisches Umfeld).

Analyseziel

Möglichst umfassende Erhebung von Trends im Umfeld eines Unternehmens (Die so ermittelten Trends können wiederum als Randbedingungen in Szenarios oder bei Bedrohungsanalysen verwendet werden.)

---

[19]   In diesem Falle kann der Parameter a durch eine Potenzialanalyse abgeschätzt und die Kurve skaliert werden.
[20]   im anglophonen Sprachraum als STEEP Scenario bekannt

Vorgehensweise

In der einfachsten Form wird in einer strukturierten Brainstorming-Sitzung das Umfeld des eigenen Unternehmens bzgl. der vier angegebenen Bereiche analysiert. Dabei ist es sinnvoll, in einer moderierten interdisziplinären Gruppensitzung bewusst auch Trends und Ereignisse zu erfassen, die wenig wahrscheinlich sind, aber u.U. einen großen Einfluss auf das eigene Unternehmen haben könnten.

Anmerkungen

- Trendworkshops (in allen Variationen) sind die Grundlage für zahlreiche CI-Analysen. Entsprechend umfassend (und effizient) sollte das CI-Team die Workshops durchführen.
- Trendworkshops sollten kontinuierlich abgehalten werden, dabei sind immer wieder aktuelle Markt- und Wettbewerbserkenntnisse zu berücksichtigen.
- Rückblickend sollte in Trendworkshops analysiert werden, welche Trends richtig vorhergesagt wurden. Die Ursachen für falsch eingeschätzte oder übersehene Trends sind zu analysieren.

Beispiele

Im Beitrag der Detecon International GmbH (Abschnitt 8.1.3) werden drei Beispiele für (misslungene) Trendvoraussagen genannt. Die hier angegebene Entwicklung dynamischer Szenarios mittels eines „StrategyLabs" entspricht der erweiterten Form eines Trendworkshops.

5.3.3 Wettbewerberstrategieanalyse

You should never go into battle before you have won the war.

Anonym

Verwandte Analysekonzepte:
• Profiling
• Wettbewerberklassifizierung nach Intention und Potenzial
• Strategische Wettbewerbergruppen
• 5-Kräfte-Industriestrukturanalyse
• SWOT-Analyse

Literatur:
• Fahey L (1999) Competitors. John Wiley & Sons, Inc., New York
• Porter M (1985) Competitive Advantage. The Free Press, New York
• Porter M (1998) Competitive Strategy. The Free Press, New York

Beschreibung

Die Analyse einer Wettbewerberstrategie ist von besonderer Bedeutung für die eigene Strategieentwicklung. Ist eine Wettbewerberstrategie bekannt, so kann das eigene Unternehmen sich ungleich einfacher positionieren und eine überlegene Strategie entwickeln. Die bei einer Wettbewerberstrategie- analyse zu betrachtenden Sachverhalte und Fragestellungen sind in Abbil- dung 5.13 aufgeführt.

Analyseziel

Ziel der Strategieanalyse ist, ein Reaktionsprofil des Wettbewerbers zu er- mitteln (siehe Abbildung 5.16), um einerseits vor Überraschungen des Wettbewerbers sicher zu sein, andererseits eigene Maßnahmen und Strate- gien so planen zu können, dass ihre Erfolgsaussichten optimiert werden. Ein Reaktionsprofil synthetisiert Annahmen, Ziele, Strategien und Fähig- keiten eines Wettbewerbers in ein konsistentes Verhaltensmuster und baut Verständnis für seine interne Sicht auf. Aus dem Reaktionsprofil lassen sich zukünftige Reaktionen auf externe Einflüsse ableiten und z.B. Wettbe- werberszenarios aufbauen, sodass der Wettbewerber berechenbarer wird.

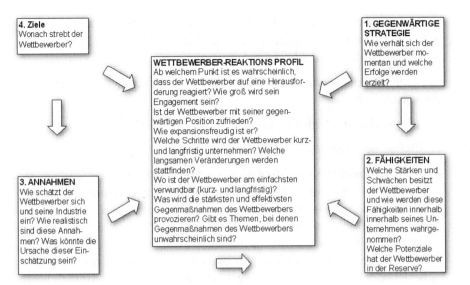

Abb. 5.13 Fragestellungen der Wettbewerberstrategieanalyse (nach Porter 1985)

Fahey fasst die Motivation für eine Wettbewerberstrategieanalyse in drei einprägsamen Zielen zusammen (Fahey 1999):

- *Outwitting:* Rechtzeitige Identifikation von Chancen und Risiken für das eigene Unternehmen, die durch Aktionen der Wettbewerber entstehen (z.B. bessere Profilierung des eigenen Unternehmens durch Rückzug eines Wettbewerbers von einem Schlüsselmarkt, Bildung einer Allianz mit einem Zulieferer des Wettbewerbers bei Problemen zwischen den beiden, Gefährdung der eigenen Produktgruppe durch Markteintritt eines neuen Wettbewerbers)
- *Outmaneuvering:* Zuvorkommen bei der Strategieumsetzung (z.B. Besetzung eines vom Wettbewerber durch „Wahrnehmungslücken" (Blindspots; vgl. Abschnitt 6.2.2) unerkannten Marktsegmentes)
- *Outperforming:* Erfolgreichere Umsetzung der eigenen Strategie zur Zielerreichung trotz Wettbewerberaktivitäten und eines dynamischen Marktumfeldes (z.B. höherer Deckungsbeitrag pro Kunde durch höhere Zufriedenheit der Kunden mit dem eigenen Angebot).

Vorgehensweise

Als Vorbereitung für diese Analysen sind die eigentlichen Wettbewerber zu identifizieren und zu bewerten:
- Wettbewerberklassifizierung nach Intention und Potenzial (vgl. Abschnitt 5.3.6)

- Strategische Wettbewerbersegmentierung (vgl. Abschnitt 5.3.4)
- 5-Kräfte-Industriestrukturanalyse (vgl. Abschnitt 5.3.11)
- Benchmarking (vgl. Abschnitt 5.2.12).

Für jeden Wettbewerber sind anschließend die aufgeführten Fragen zu beantworten:

Wettbewerberstrategieanalyse

1. Analyse der derzeitigen Wettbewerberstrategie

- Ist die derzeitige vom Wettbewerber kommunizierte Strategie in sich plausibel? Ist sie mit seinen vorhandenen Ressourcen umsetzbar?
- Wenn nicht, werden Ressourcen aufgebaut oder stehen ggf. Allianzen mit anderen Unternehmen an? Wie ist die relative strategische Positionierung? Welche Wettbewerbsvorteile hat der Wettbewerber (s.u.)?
- Welche grundsätzlichen Gemeinsamkeiten hinsichtlich der Zielsetzung bestehen zwischen dem Wettbewerber und dem eigenen Unternehmen? Wo liegen die Unterschiede?
- Wie erfolgreich ist die Strategieumsetzung? Welche Performance Highlights (relativ zur Branche, dem eigenen Unternehmen und den angekündigten Zielen) gibt es?

2. Analyse der Kompetenzen und Fähigkeiten (Vergleich mit dem eigenen Unternehmen bzw. den Unternehmen der Branche)

a) Technologien
(vgl. Technologiepotenzialanalyse/Technologiezyklusanalyse, S-Kurven-Analyse (Abschnitt 5.3.1); Technologiescouting (Abschnitt 8.2), Patentanalyse (Abschnitt 5.2.2); Reverseengineering (Abschnitt 5.3.8))

Welche derzeitigen und zukünftigen Wettbewerbsvorteile ergeben sich aus den Technologien des Wettbewerbers?

b) Wertschöpfungskette des Wettbewerbers (vgl. Abschnitt 5.3.5)
Welche wertschöpfenden Aktivitäten führt ein Wettbewerber durch? Wie erfolgreich und zufrieden ist er mit dieser Art von Tätigkeiten? Wie verwundbar ist dieses Geschäftsmodell hinsichtlich externer Aktivitäten? Wie souverän beherrscht der Wettbewerber seine Wertschöpfungskette?

c) Netzwerke/Allianzen
Welche Netzwerke (s.u.) betreibt der Wettbewerber mit welchen Zielen?

d) Organisation/Struktur
Welche Organisationsform hat der Wettbewerber für seine Unternehmens-bereiche gewählt? Können die anvisierten Ziele damit erreicht werden? Wie flexibel sind diese Organisationsformen bei eventuellen Änderungen?

e) Aktiva
Über welche Ressourcen (z.b. Lokationen, Personal, Rohstoffe) und Akti-va (z.b. Patente, Partnerschaften, bestehende Verträge, Distributionswege) verfügt der Wettbewerber? Wie können diese seine Strategien behindern bzw. fördern? Wie kann er dadurch Wettbewerbsvorteile erzielen?

3. Analyse der strategischen Annahmen des Wettbewerbers
Auf welchen Annahmen basiert die derzeitige Wettbewerbsstrategie? Wer hat diese Prämissen aufgestellt? Wie realistisch sind sie? Welche strategi-schen Veränderungen würde der Wettbewerber vornehmen, wenn diese Annahmen modifiziert werden müssten?

4. Analyse der Ziele des Wettbewerbers
Welche finanziellen, marktplatzbezogenen und organisatorischen Ziele hat der Wettbewerber? Wie realistisch sind diese Ziele? Sind sie kohärent zu der praktizierten Strategie?

5. Analyse der Veränderungen beim Wettbewerber
Was lässt sich aus den Veränderungen der Wettbewerberpositionierung (z.B. Angebotsbreite und -tiefe) über aktuelle und zukünftige Änderungen im Markt aussagen? Wie würde der Wettbewerber strategischen Nutzen aus zukünftigen Änderungen im Markt ziehen? Welche Veränderungen wird die Wettbewerberstrategie im Markt bewirken?

6. Analyse der Signale des Wettbewerbers im Markt
Welche Signale sendet der Wettbewerber? Welche Intentionen hat er da-bei? Sendet er bewusst oder unbewusst? Ist eine Täuschung ausgeschlos-sen? Sind die Signale und die Wettbewerberstrategie kohärent? Wenn nicht, warum nicht?

7. Welche Entscheidungen und Themen stehen bei dem Wettbewerber an?
Könnte er gezwungen werden, seine Strategie zu ändern? Wie würden die-se Veränderungen aussehen?

8. Welche Auswirkungen ergeben sich für das eigene Unternehmen?
Welche Bereiche im eigenen Unternehmen werden durch die Wettbewer-berstrategie beeinflusst? Besteht Bedarf, die eigene Strategie neu auszu-richten? Welche neuen kritischen Informationsbedürfnisse (KITs) ergeben sich?

Anmerkungen

- Ein häufig auftretendes Problem bei einer Wettbewerberstrategieanalyse ist, dass ein Wettbewerber zwar eine „Strategie" offen verkünden kann, tatsächlich aber eine andere verfolgt (Imagepflege, Tradition, Blindspots, Wahrnehmungsverzerrungen). Beide Strategien sollten bei der Analyse berücksichtigt und in einem Wettbewerberprofil hinterlegt werden.

- Die Ergebnisse der Wettbewerberstrategieanalyse sollten in das Wettbewerberprofil eingepflegt werden. Die Erstellung spezieller Wettbewerber-„factsheets" (Kurzversion der Profile) und die periodische Präsentation von Wettbewerberanalysen (Special Intelligence Briefings; vgl. Abschnitt 3.2.14) sind geeignete Methoden, um das Wettbewerbsstrategie-Know-how zu kommunizieren.

- Bei der direkten Wettbewerberstrategieanalyse ist es auch sinnvoll zu hinterfragen und zu analysieren, wie das eigene Unternehmen von einem Wettbewerber wahrgenommen wird. Hierzu können HUMINT-Kontakte oder entsprechende Publikationen (z.B. Angaben über Marktpositionierungen und -segmentierungen) herangezogen werden.

- Gerade für die Analyse von Wettbewerberveränderungen ist ein permanentes Monitoring und Observieren (vgl. Abschnitte 3.2 und 4.1.2) notwendig. Netzwerke, die über Erkenntnisse zukünftiger Wettbewerberaktivitäten bzw. -intentionen verfügen, sind hierbei besonders wertvoll.

- Ein deutliches Signal für anstehende Strategieänderungen bei einem Wettbewerber ist der Auf- bzw. Abbau von Wettbewerbernetzwerken. Unter „Netzwerken" versteht man alle unternehmensexternen Verbindungen: Zulieferer, Wettbewerber, Dienstleister, Forschungsinstitutionen, Finanzdienstleister, Distributoren etc. Netzwerke werden gebildet, um Risiken zu reduzieren, Know-how auszutauschen, Zugang zu limitierten Ressourcen zu erhalten, Wettbewerbsvorteile auszubauen, Wettbewerbern den Marktzugang zu verwehren, neue Märkte zu erschließen, Technologien einzukaufen bzw. zu verkaufen.

  Beispiele für Netzwerktypen: (Minderheits-)Beteiligungen, JVs, Fertigungskooperationen („Verlängerte Werkbank"), Technologiegremien, Lieferverträge („exklusiv") für Schlüsselkomponenten, Zulieferer, die individuell befähigt wurden. Durch den virtuosen Aufbau von Netzwerken können Wettbewerbsvorteile errungen werden (z.B. Aufbau von Markteintrittsbarrieren, Vorteile durch Competing-on-time-Strategien etc.).

  Typische Indikatoren für Veränderungen in Wettbewerbernetzwerken sind neue Partnerschaften, Austausch von Lizenzen/Patenten, Eröffnung von Büros in der Nähe eines Netzwerkpartners, verstärkter Besuchsverkehr mit einem zukünftigen Partner.

Beispiel 1:
In einer Branche mit starken Überkapazitäten ist bekannt, dass ein Wettbewerber mit seiner Eigenkapitalrentabilität äußerst unzufrieden ist. Die Strategieoptionen des Wettbewerbers werden wie folgt zusammengefasst:

• Exit der Industrie
• Kooperation mit einem weiteren unzufriedenen Anbieter
• Vertikale Integration mit einem Zulieferer.

Anhand einer Analyse der Wettbewerberkommunikation (Investoren, Kunden und Zulieferer) erfolgt eine Abschätzung der wahrscheinlichen Handlungsalternative des Wettbewerbers.

Beispiel 2:
Die folgenden Beispielberichte zeigen für die fiktive ALPHA AG die Analysen der Ziele und Strategien sowie das Reaktionsprofil. Die Einträge sind innerhalb der Rubriken nach Priorität geordnet:

5 – kritisch
4 – sehr wichtig
3 – wichtig
2 – Hintergrundinformationen
1 – veraltet
0 – noch nicht bewertet

Goals   Printed: 22.04.2005
Chemisch-Technische Trennanlagen   VERTRAULICH

ALPHA AG	
Finanzielle Ziele	
07.08.2003 Reduktion der Fremdkapitalquote um 30% bis 2007	4
01.04.2003 Umsatzwachstum mindestens 5% in 2004-2006	3
01.09.2002 ROI > 15% für alle Geschäftsbereiche	2
Marktziele	
01.07.2003 Ausbau des Marktanteils in der Lebensmittelindustrie um 50% bis 2006 (durch Einführung der neuen Filterreihe) - gefährdet die eigene Marktposition	5
05.04.2002 Internationale Expansion in Asien (neues Standbein) - äußerst unwahrscheinlich, dass ALPHA dies mit eigenen Ressourcen schaffen kann - vermutlich wird eine Kooperation mit lokalem Partner angestrebt	2
Organisationsziele	
01.01.2004 Konsolidierung der derzeitigen Geschäftsfelder; Standort Entenhausen längerfristig gefährdet, da unrentable (?) Kooperation mit Beta AG in der Pipeline	2

Abb. 5.14 Analyse der Ziele des fiktiven Wettbewerbers ALPHA AG (Software „Strategy!")

Chemisch-Technische Trennanlagen   VERTRAULICH

ALPHA AG

Value Discipline und Variationen

01.07.2003 Individueller Kundenservice durch enge Kontakte zu wenig Kunden - Aussagen von neuem   4
Vertriebsleiter- bisher sind keine Änderungen der bisherigen Fokussierung bemerkbar geworden

10.08.2002 Konzentration auf die Kernkompetenzen mit modernsten Engineering-, Produktions- und Testanlagen -   3
kaum glaubwürdig

Zielkundensegemente

02.07.2003 Kunststoff- u. Polymerindustrie; Faserindustrie; Spezialitätenchemie; Agrochemie; Öl/Fettchemie;   4
Feinchemie; Grundstoffchemie, Pharmaindustrie; Petrochemie; Umwelt- & Energiewirtschaft - hohe
Überlappung mit eigenen Segmenten

Finanzen

01.01.2004 Mindestens 5% Umsatzwachstum von 2004-2006, um auf die geforderte kritische Masse zu wachsen.   4
Margeneinbrüche werden hierfür hingenommen (insbesondere bei den Schlüsselkunden)

02.01.2004 Durch Aufnahme von Fremdkapital soll die drohende Überschuldung abgewendet werden bzw. eine   4
Reserve für eventuelle Übernahmen/JV gebildet werden

05.04.2003 Erhöhung des Shareholdervalues angekündigt - keine Quantifizierung   3

Marketing

01.02.2002 Positionierung als erfahrener, globaler Partner, der sowohl Projektgeschäft als auch   3
Komponentengeschät versteht - kaum Differenzierung von anderen Anbietern

04.05.2003 Individuelle Lösungskonzepte mit überlegenem Engineering (CAD-Stationen) - geht nun erst auf   3
Industriestandard über

01.07.2003 Dichtes Servicenetz in D & CH wird als Kundennutzen aufgesetzt   3

Forschung und Entwicklung

02.10.2003 Neue F&E-Kooperation mit Institut für Filtermechanik der TU Entenhausen - Förderung durch EG-Mittel   5

30.10.2003 Reduktion der Serviceintervalle für Anlagen - macht ALPHA Angebot attraktiver   4

01.01.2004 Optimierung vorhandener Verfahren, insbesondere Dünnschichttrocknung - könnte der Beginn eines   3
neuen Geschäftsfeldes werden

Verwaltung

03.06.2002 Abbau der ehemaligen Costcenter - Aufbau von Profitcentern   3

Vertrieb

02.03.2003 Systematischer Ausbau des Vertriebs- und Servicenetzes, um den Anforderungen der Kunden gerecht   3
zu werden.

01.09.2003 Fokus auf öffentliche Einrichtungen verstärken (Kläranlagen, Wasserwerke) -direkter Wettbwerb mit uns   3
und anderen Unternehmen wird verschärft

01.01.1999 Verstärktes Servicegeschät, insbesondere Wartung von Drittanlagen wird bei Kundenbesuchen   2
angesprochen

Abb. 5.15 Beispielbericht einer Wettbewerberstrategieanalyse (Software „Strategy!")

Chemisch-Technische Trennanlagen   VERTRAULICH

ALPHA AG

Reaktionen auf Wettbewerberaktivitäten

14.06.2002 Bietet bei Ausschreibungen unter Preis an, wenn Hauptkunden gefährdet sind (Wasserwerke, Energiewirtschaft)   5

15.02.2003 Versucht, in das Vertriebsnetz (Ing.-Büros) aller Anbieter einzudringen - droht eigenen Partnern mit Kündigung der Kooperation, wenn Kontakt zu Drittanbietern aufgenommen wird   3

03.03.2004 Ging gegen Patentverletzung der Zulu AG massiv vor   3

12.01.2004 Scheint osteuropäische Märkte erstaunlicherweise bei Wettbewerbsdruck aufzugeben   2

Provozierende Themen für Wettbewerber

02.02.2003 Me-too-Technologie durch Drittanbieter   5

04.02.2002 Positionierung als bester Preis/Leistungsanbieter   3

03.02.2002 Aufbau einer starken europäischen Kooperationslandschaft   3

Zufriedenheit mit derzeitiger Situation

03.03.2003 Eigenkapitalrentabilität liegt unter der Ankündigung des Vorstandes! - Könnte zu neuem Sparprogramm führen? oder Wachstum forcieren?   4

Abb. 5.16 Reaktionsprofil des fiktiven Wettbewerbers ALPHA AG (Software „Strategy!")

Chemisch-Technische Trennanlagen   VERTRAULICH

ALPHA AG

Indutrietrends, interessante Gebiete

03.06.2003 Lebensmittelindustrie wird als besonders attraktiv für die eigene Technologie angesehen (obwohl derzeit nur wenig Referenzen in D vorhanden sind)   3

Grundlagen der Unternehmenspolitik

04.04.2003 ALPHA sieht sich unterhalb der kritischen Größe (Größendegression; Auslastung der Fertigungskapazitäten für Standardprodukte); daher strebt ALPHA internes wie externes Wachstum an   5

10.09.2003 Hat noch keine Standbeine in Asien - dies wird als Manko für einen globalen Player gesehen.   3

Angenommene Marktnachfrage

03.02.2004 Geht in den nächsten Jahren (2004-06) von Stagnation in Europa aus; Wachstum in Asien ist avisiert   4

Position rel. zum Wettbewerb

13.05.2003 Überlegene Qualität der eigenen Technologie, insbesondere da Patente vorhanden   4

26.11.2003 Sieht sich als überlegener Nischenanbieter mit globaler Wettbewerbsfähigkeit   4

Unterschiede in Wahrnehmung

01.01.2002 ALPHA sieht seine Hochpreispolitik auch in Asien und NAFTA-Region durchsetzbar; offensichtlich ist man sich über das dortige HK-Niveau nicht im Klaren   4

Abb. 5.17 Beispielbericht für die strategischen Annahmen eines fiktiven Wettbewerbers ALPHA AG (Software „Strategy!")

5.3.4 Strategische Wettbewerbersegmentierung

> Competitive Strategy is about being different.
> It means deliberately choosing a different set
> of activities to deliver a mix of value.
> A company can outperform rivals only
> if it can establish a difference that it can preserve.
>
> Michael Porter, What is Strategy?
> Harvard Business Review Nov.-Dec. 1996

Verwandte Analysekonzepte:

- Wettbewerberkategorisierung
- Kernkompetenzanalyse eines Wettbewerbers
- 5-Kräfte-Industriestrukturanalyse
- Wettbewerberprofilierung

Literatur:

- Fleisher CS, Bensoussan BE (2002) Strategic and Competitive Analysis: Methods and Techniques for Analyzing Business Competition. Prentice Hall, Upper Saddle River, NJ
- Porter M (1985) Competitive Advantage. The Free Press, New York

Beschreibung

Eine *Strategische Gruppe* einer Industrie ist eine Untermenge aller Anbieter dieser Industrie. Die Gruppe wird durch ähnliche Wettbewerbspositionierung, strategische Ausrichtung oder sonstige Eigenschaften klassifiziert. Die Betrachtung der Strategischen Gruppe (s)einer Industrie gehört zu den Basisaufgaben eines CI-Analysten, denn durch das Erstellen einer solchen Wettbewerberlandschaft wird eine Grundlage geschaffen, um einzelne Wettbewerber als Bedrohung oder als Kooperationspartner relativ zu den anderen Wettbewerbern zu identifizieren. Eine grobe Einteilung in Gruppen ermöglicht zudem eine Fokussierung auf die eigene Strategische Gruppe und die unmittelbar mit ihr konkurrierenden Strategischen Gruppen. Fokussierte, Ressourcen schonende CI-Aktivitäten sind die Folge.

Durch die Bildung der Strategischen Gruppen und die Analyse der Dynamik in und zwischen den Gruppen ist weiterhin eine Kommunikation der eigenen Wettbewerbersituation und -position möglich, ein nicht zu unterschätzender Vorteil, wenn hierauf aufbauend eigene Wettbewerbsstrategien verständlich kommuniziert werden sollen.

Analyseziele

- Identifikation der Strategischen Gruppen und der dazugehörigen Unternehmen (Erstellen einer Wettbewerberstruktur oder -landschaft)
- Bestimmung der Rivalität innerhalb und zwischen den Strategischen Gruppen
- Bewertung der strategischen Konsequenzen aus der Dynamik der Strategischen Gruppen (Damit besteht die Möglichkeit, das eigene Unternehmen entsprechend zu positionieren.)

Vorgehensweise

1. Durchführung einer 5-Kräfte-Industriestrukturanalyse (vgl. Abschnitt 5.3.11)
2. Identifikation der Hauptanbieter einer Industrie mit Hilfe der strategischen Faktoren dieser Industrie (z.B. Kostenposition, Service, Preisgestaltung, Spezialisierungsgrad, Produktqualität)
3. Erstellen einer Wettbewerberlandschaft (Normalerweise werden die beiden strategischen Faktoren, denen die größte Bedeutung zukommt (Ergebnis von Schritt 2) als Achsendimensionen einer Matrix gewählt.)
4. Bewertung der Mobilitätsbarrieren zwischen den einzelnen Gruppen
5. Bewertung der Verhandlungsmacht zwischen den einzelnen Gruppen und deren Zulieferern und Kunden
6. Bewertung der Bedrohung durch Substitution
7. Bewertung der Intensität der Rivalität innerhalb und zwischen den Strategischen Gruppen
8. 5-Kräfte-Industriestrukturanalyse der Strategischen Gruppen
9. Auswahl der bevorzugten Strategischen Gruppe für das eigene Unternehmen
10. Analyse der weiteren Industrieevolution (vgl. Beitrag 6.2.5)
11. Kontinuierliches Monitoring der eigenen Position innerhalb der Strategischen Gruppe

Softwareunterstützung

Neben der reinen Visualisierung einer Industrie kann auch – so entsprechende Daten vorliegen – eine Berechnung der relativen Anbieterpositionen erfolgen („Market Mapping"; vgl. Abbildung 5.18).

Anmerkungen

- Das Konzept der Strategischen Gruppen erlaubt ein Überleiten der direkten Wettbewerberrivalitätsanalyse (innerhalb einer Gruppe; vgl. Abschnitt 5.3.4) auf die allgemeine Industrieentwicklung.
- Der Hauptnachteil der Bildung von Strategischen Gruppen liegt in der teils willkürlichen Wahl der für die Gruppenbildung benötigten strategischen Faktoren. Zudem ändern sich diese über der Zeit, d.h. gerade in Industrien mit Hyperwettbewerb müssten auch permanent die Gruppen neu gebildet werden – womit der Ansatz seinen Reiz verliert.

Beispiel

Abbildung 5.18 zeigt eine Marktsegmentierung von Anbietern mittels einer Market-Mapping-Berechnung (Korrespondenz-Analyse). Die relative Nähe der Unternehmenskreise zu den strategischen Positionskreisen gibt eine potenzielle Segmentierung an. Die Unternehmen ALPHA und MY sind potenziell durch eine „Me-too"-Strategie charakterisierbar. DELTA ist ein „Global Player", GAMMA und NY sind Kostenführer, während ZETA ein strategischer Differenzierer ist. BETA ist entweder ein Me-too-Anbieter oder ein Differenzierer: Erst eine weiterführende Analyse würde hier Aufschluss geben.

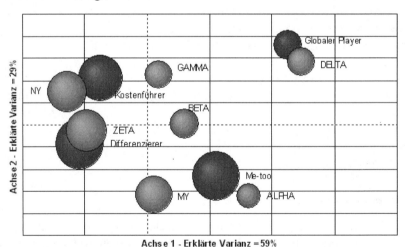

Abb. 5.18 Bildung von Strategischen Gruppen durch Market Mapping (Software „MM4XL")

5.3.5 Wertschöpfungskettenanalyse

> Mit Ausnahme weniger Dinge, die ganz an der Oberfläche liegen,
> beruht alle Diagnostik auf Wahrscheinlichkeitsberechnung.
>
> Prof. Dr. C. Gerhardt, zur Eröffnung der Klinik
> für Innere Medizin an der Berliner Universität

Verwandte Analysekonzepte:

- Profiling
- Prozesssimulation
- Activity Based Costing

Literatur:
Porter M (1998) Competitive Strategy. The Free Press, New York

Beschreibung

Die Service-/Produktentstehung eines Unternehmens kann als eine Wertschöpfungskette mit primären und sekundären Funktionen dargestellt werden (vgl. Porter 1998 u. Abbildung 5.19). Liegen die wertschöpfenden Aktivitäten höher als die Kosten für deren Ausübung, so erwirtschaftet das Unternehmen einen Gewinn. Nach Porter lassen sich durch die geeignete Ausführung der Wertschöpfungskettenaktivitäten Wettbewerbsvorteile erzielen.

Abb. 5.19 Wertschöpfungskettenanalyse (nach Porter 1998)

Ein Unternehmen wird daher seine Strategie auf diese Quellen seiner Wettbewerbsvorteile ausrichten wollen bzw. seine wertschöpfenden Aktivitäten so gestalten, dass die angestrebte Strategie umgesetzt werden kann (z.B. durch das Outsourcen von Aktivitäten, die nicht zu den angestrebten zukünftigen Kernkompetenzen gehören).

Die Analyse der Aktivitätskosten entspricht dem Ansatz der Activity Based Costing (Geschäftsprozesskostenrechnung). Entsprechend schwierig ist es, die notwendige Datenbasis für eine Wertschöpfungskettenanalyse eines Wettbewerbers zu erhalten. Im Rahmen von CI-Analysen wird daher häufig nur ein stark vereinfachtes, qualitatives Vorgehen durchführbar sein.

Analyseziele

- Durch die Wertschöpfungskettenanalyse eines Wettbewerbers (und den Vergleich mit der eigenen) lassen sich Rückschlüsse auf ungenutzte Potenziale, alternative Prozesse oder konkurrierende Business-Modelle ziehen. Diese sollten bei der eigenen Strategieentwicklung berücksichtigt werden.
- Richtig interpretiert, lassen diese Erkenntnisse Stärken und Schwächen des Wettbewerbers (und damit potenzielle Angriffspunkte) sichtbar werden.
- Durch Überprüfung der Beziehungen zu Kunden, Zulieferern und Wettbewerbern kann zudem eine Optimierung der „externen" Verflechtungen des eigenen Unternehmens vorgenommen werden.

Vorgehensweise

1. *Identifikation* der wesentlichen wertschöpfenden Tätigkeiten eines Wettbewerbers
2. *Kostenanalyse der wertschöpfenden Tätigkeiten:* Hierzu müssen die jeweiligen Kostentreiber des betrachteten Unternehmens identifiziert und die zugehörigen Kosten auf die Tätigkeiten allokiert werden. Durch den Vergleich dieser Tätigkeiten zwischen Unternehmen können Differenzierungen und unterschiedliche logistische Prozesse identifiziert werden. Sind Kosten (Transferpreise innerhalb eines Konzerns oder Marktpreise für vergleichbare Tätigkeiten) bekannt bzw. recherchierbar, so kann die relative Wertschöpfung pro Aktivität betrachtet werden.
3. *Berechnung des Gewinnpotenzials innerhalb der Industrie:* Sind Angaben über die industrieweiten Gewinne vorhanden oder abschätzbar, so lassen sich abschließend die Gewinnpotenziale der einzelnen Wettbewerber bestimmen.
4. *Optimierung der Wertschöpfungskette:* Durch iterative Betrachtungen unterschiedlicher Varianten der Wertschöpfungskette kann für das eigene Unternehmen (unter Berücksichtigung der potenziellen Wettbe-

werberaktivitäten) eine strategische Optimierung durchgeführt werden: Horizontale und vertikale Verflechtungen, Allianzen und der Einsatz neuer Technologien sind nur einige Quellen für gesteigerte Wettbewerbsfähigkeit.

Anmerkungen

- Das Hauptproblem für die Wertschöpfungskettenanalyse liegt in der Quantifizierbarkeit (Kosten und Werte pro betrachtete Aktivität). Selbst für das eigene Unternehmen sind diese Daten in aussagekräftiger Genauigkeit nur schwer zu erheben, noch schwieriger ist die Quantifizierung der Wertschöpfungskette eines Wettbewerbers. Folglich liegt der Reiz der Wertschöpfungskettenanalyse in der qualitativen Betrachtung der Wettbewerberaktivitäten und einer Analyse der aus diesen Aktivitäten entstehenden Wettbewerbsvorteile[21]. Die Wertschöpfungskettenanalyse ist bestens als Grundlage für eine Wettbewerberstrategieanalyse (vgl. Abschnitt 5.3.3) oder für Benchmarks (vgl. Abschnitt 5.2.12) geeignet.
- Die Visualisierung einer qualitativen Wertschöpfungskette lässt sich z.B. mit der in Abbildung 5.3 aufgezeigten Prozessanalyse durchführen und animieren (Simulation von Prozessketten).
- Für kritische Bereiche des Wettbewerbers, z.B. für die Abschätzung der Herstellkosten einer bestimmten Produktgruppe, ist es erfahrungsgemäß einfacher, eine Kostenstrukturanalyse, wie in Abschnitt 5.3.7 beschrieben, durchzuführen. Der Genauigkeitsgrad richtet sich auch hierbei nach der Verfügbarkeit von Kostenangaben.

---

[21] Porter hat hierzu ein Modell für die Ursachen dieser Wettbewerbsvorteile entwickelt.

5.3.6 Wettbewerberklassifizierung nach Intention und Potenzial

> Der Erfolgreichste ist gewöhnlich auch der Bestinformierte.
>
> Benjamin Disraeli
> Britischer Schriftsteller und Staatsmann (1804-1881)

Verwandte Analysekonzepte:

- Strategische Wettbewerbersegmentierung
- Chancen-/Risikoanalyse (C/R-Analyse) und Chancen-/Risikomanagement (C/R-Management)

Literatur:

- Porter M (1985) Competitive Advantage. The Free Press, New York
- Porter M (1998) Competitive Strategy. The Free Press, New York

Beschreibung

Mit dieser Analyse erfolgt eine Klassifizierung von Wettbewerbern in einer strukturierten, vergleichenden Darstellung gemäß Bedrohungspotenzial für das eigene Unternehmen (vgl. Porter 1985).

Als „Bedrohungspotenzial" wird hierbei das gleichzeitige Eintreten von Intention und tatsächlichem Potenzial eines Wettbewerbers definiert, die eigene Strategieumsetzung nachhaltig negativ zu beeinflussen. Durch diese Analyse werden Wettbewerber unter den Aspekten von „Freund-Feind" segmentiert.

Analyseziele

- Aufbau eines „Radarschirms" zur Identifikation und zum Monitoring von nützlichen und schädlichen Wettbewerbern[22] (Folglich sind auch zukünftige Wettbewerber bereits frühzeitig zu berücksichtigen.)
- Beurteilung von gefährlichen Wettbewerbern (heute und zukünftig) Es sind einerseits die „gefährlichen" Wettbewerber zu bestimmen, die sowohl die Intention als auch das Potenzial haben, dem eigenen Unternehmen zu schaden, als auch Wettbewerber, die potenzielle Verbündete bei der Umsetzung der eigenen Strategien sein könnten.
- Fokussierung der CI-Ressourcen auf wenige, kritische Wettbewerber

---

[22]   Wettbewerberklassifikation gemäß Porter (Porter 1985)

Vorgehensweise

1. Identifikation von heutigen und zukünftigen Wettbewerbern (vgl. Abschnitte 4.3.4, 5.3.11 und 6.1.1)
2. Erhebung der relevanten Unternehmensinformationen
3. Definition von „Intention" und „Potenzial", der eigenen Strategieumsetzung zu schaden (mit einer gewichteten Faktoranalyse)
4. Ermittlung der Wettbewerbermatrix (vgl. z.B. Abbildung 5.20)
5. Priorisierung der Wettbewerber nach ihrem Bedrohungspotenzial
6. Aufstellen von Maßnahmen zur Erhebung weiterer Informationen (Absicherung, Ergänzung) bzw. zur Durchführung einer Risikoanalyse zwecks Bewertung einer Bedrohung (vgl. Abschnitt 6.1.7)
7. Bestimmung der Auswirkungen auf die eigene Strategie
8. Maßnahmendefinition zur Abwehr von Bedrohungen (präventiv)

Anmerkungen

- Diese Analyse ist immer nur für einen strategischen Geschäftsbereich sinnvoll. Gerade bei Konzernen können die Wettbewerber in einem Geschäftsfeld Kooperationspartner, in einem anderen Feld Wettbewerber sein. Um Fehlinterpretationen zu vermeiden, sind Wettbewerber in ihrer gesamten Auswirkung auf das eigene Unternehmen zu beurteilen. Wettbewerberprofile (vgl. Abschnitt 5.2.10) sollten die hierfür notwendigen Informationen beinhalten.
- Es sind zahlreiche „Checklisten" zur Faktoranalyse und Software zur Visualisierung und Erhebung vorhanden (vgl. Anhang 9.1 bzw. 9.4).

Beispiel

Die Anbieter BETA (international) und ZETA (Deutschland) sind die gefährlichsten Wettbewerber eines Automobil-Zulieferers, da sie sowohl das Potenzial als auch die Intention haben, dessen Strategien zu gefährden (vgl. Abbildung 5.20). Zu monitoren sind die Anbieter RHO (Deutschland) und MY (Newcomer), da bei beiden eine Intention festgestellt wurde, Ziele des Zulieferers zu gefährden. Bei dem globalen Anbieter ALPHA wurde zwar ein hohes Potenzial, aber noch keine Intention festgestellt.
Um eine unangenehme Überraschung auszuschließen, wird ein spezielles CI-Projekt zur Überprüfung der strategischen Intention von ALPHA aufgesetzt. Zudem werden Maßnahmen eingeleitet, die ein Zusammengehen von ALPHA mit RHO oder MY verhindern sollen, da vermutet wird, dass ein Zusammenschluss ein hohes Gefährdungspotenzial beinhalten würde. Mit dem direkten Wettbewerber TETA werden Kooperationsmaßnahmen

eingeleitet, die insbesondere der von TETA empfundenen subjektiven Bedrohung durch BETA entgegenwirken sollen.

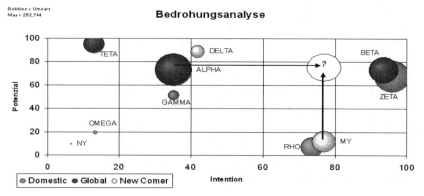

Abb. 5.20 Klassifizierung und Bedrohungsanalyse von Wettbewerbern (Software „MM4XL")

5.3.7 Kostenstrukturanalyse

> Die Zahl derer, die durch zu viele Informationen
> nicht mehr informiert sind, wächst.
>
> Rudolf Augstein
> Deutscher Publizist und Schriftsteller,
> Herausgeber der politischen Wochenschrift „Der Spiegel"

Verwandte Analysekonzepte:
* Geschäftsprozesssimulation
* Wertschöpfungskettenanalyse
* Reengineering

Literatur:
* Coenenberg AG Kostenrechnung und Kostenanalyse. Mi Verlag moderne Industrie, Landsberg am Lech
* Cokins G (1996) Activity Based Cost Management – Making it Work. McGraw Hill, Boston MA
* Marren P (1998) Competitor Cost Structure or The Great White Whale. Competitive Intelligence Magazine1(3) Oct.-Dec.: 13-16

Beschreibung

Die Analyse der Kostenstrukturen eines Wettbewerbers ist für viele weiterführende Analysen von entscheidender Bedeutung (vgl. Abschnitte 5.2.5,

5.3.3, 5.3.5 und 5.2.12). Kostenstrukturen können für Fertigungsbereiche, Standorte oder Produkte analysiert werden. Traditionell erfolgt eine Herstellkostenanalyse eines Wettbewerbers meist auf der Basis von Abschätzungen der fixen und variablen Fertigungskosten. Sind die Herstellprozesse[23] sowie die Personalkosten und verwendeten Rohmaterialien mit dem eigenen Unternehmen vergleichbar, können zumindest erste Abschätzungen vorgenommen werden.

Activity Based Costing (ABC) ist eine aus der Geschäftsprozesskostenrechnung entwickelte Kostenstrukturanalyse. Bei den traditionellen Kostenstellen-Kostenartenrechnungen werden Gemeinkosten recht willkürlich Produkten oder Dienstleistungen zugeordnet. Dies führt insbesondere bei Serienfertigungen zu starken Verzerrungen, da keine verursachungsgerechte Zuordnung sichergestellt wird. Im Gegensatz hierzu werden bei der ABC-Analyse Leistungstreiber identifiziert, die eine verursachungsgerechte Umlage der Gemeinkosten sicherstellen sollen. Diese Leistungstreiber sind in ähnlichen Prozessen meist identisch, sodass vom eigenen Unternehmen auf die Wettbewerber geschlossen werden kann.

Die Umlage der Kosten auf Prozessebene ermöglicht nicht nur eine sehr viel detailliertere Berechnung der Kostenstrukturen, sie ermöglicht auch eine sehr viel flexiblere und realistischere Variationsrechnung (Simulation) der Leistungsparameter und Prozesse. So können die Auswirkungen von Unterauslastung, Überstunden, (Modernisierungs-)Investitionen, Größendegressionseffekten, Lernkurveneffekten etc. berücksichtigt werden – die Bewertung der Wettbewerbersituation wird somit nachvollziehbar und realistischer als bei einer einfachen Abschätzung.

Analyseziele

- Möglichst verursachungsgerechte Zuordnung von Allgemeinkosten auf Produkte und Produktgruppen (für das eigene und für das Wettbewerberunternehmen)
  Dadurch erfolgt eine möglichst realistische Einschätzung der Produkt-Herstellkosten und damit der eigenen Kostenposition, wodurch die Ableitung strategischer und taktischer Maßnahmen ermöglicht wird.
- Abschätzung der Deckungsbeiträge und Profitabilitäten pro Produktgruppe (und somit auch des gesamten Unternehmens)
- Erwartetes Preisniveau neu einzuführender Wettbewerberprodukte
- „Was-wäre-wenn"-Simulationen bei sich ändernden Produktionsvolumina und Ressourcenkosten

---

[23] Bei Produkten können durch Reengineering-Überlegungen (vgl. Abschnitt 5.4.8) Informationen gewonnen werden.

Vorgehensweise

1. Erhebung oder Abschätzung der Ist-Kosten, Ressourcen und Aktivitäten (Prozessschritte) sowie Identifikation der Kostentreiber dieser Aktivitäten
2. Analyse der Produktkosten (z.B. Simulation einer Gewinn- und Verlustrechung eines Wettbewerbers)
3. Sensitivitätsrechnung und Interpretation der Ergebnisse

Anmerkungen

- Häufig sind einfache Kostenstrukturabschätzungen durch Transformation eigener Berechnungen (Investitionen, Angebote, Transferpreise) möglich. Erst wenn diese groben Abschätzungen nicht die gewünschte Aussagekraft haben oder eine Vergleichbarkeit der Rechenmodelle nicht gegeben ist, sollten weitere Analysen durchgeführt werden.
- Durch die explizite Betrachtung der Allgemeinkosten kann schnell der Einfluss von Wirtschaftsstandorten (zusätzlich zu den direkten Arbeitskosten) berücksichtigt werden.
- Ausreichend detaillierte und auf einen spezifischen Geschäftsbereich fokussierte Informationen sind selten erhältlich (vgl. Anmerkungen zur Finanzanalyse, Abschnitt 5.2.5, und Wertschöpfungskettenanalyse, Abschnitt 5.3.5). Daher müssen Annahmen und Abgrenzungen in der Regel mit Hilfe von HUMINT-Erkenntnissen untermauert werden. Eine Abschätzung des Konfidenzintervalls jedes Ergebnisses ist somit ratsam. Zudem sollten unbedingt Plausibilitätsrechnungen vorgenommen werden (Vergleich mit Industriekennzahlen, Benchmark verschiedener Unternehmen, Aggregation zu bekannten Gesamtzahlen etc.).
- Ist ein ABC-Modell erstellt, kann durch Variationsrechnung und Simulationen die zukünftige Wettbewerbersituation (Kapazitätsauslastung, Profitabilität etc.) bestimmt werden. Dies ist insbesondere als Grundlage für die Betrachtung von Wettbewerberreaktionen (vgl. 5.3.3) sinnvoll (Kapazitätsreserven, Margen etc.).

Softwareunterstützung

Einfache Kostenstrukturmodelle sind mit einem Tabellenkalkulationsprogramm erstellbar. Bei komplexeren Aufgaben kann spezielle ABC-Software zum Einsatz kommen.

5.3.8 Reengineering (Reverse Engineering)

> An investment in knowledge pays the best interest.
>
> Benjamin Franklin
> Amerikanischer Politiker,
> Naturwissenschaftler und Schriftsteller (1706-1790)

Verwandte Analysekonzepte:

- Herstellkosten-Analyse
- Benchmarking
- Technologiepotenzial-/Technologiezyklusanalyse (S-Kurven-Analyse)

Literatur:
Lange V (1994) Technologische Konkurrenzanalyse. Deutscher Universitäts Verlag, Wiesbaden

Beschreibung

Unter Reverse Engineering versteht man das Zerlegen eines Wettbewerberproduktes in seine Einzelteile. Dadurch werden Aufschlüsse über die verwendeten Materialien, Fertigungsprozesse und Leistungsparameter gewonnen.

Analyseziele

Reverse Engineering ermöglicht Rückschlüsse auf folgende Sachverhalte:

- (Technische) Leistungsparameter (die u.U. stark von den Herstellerangaben abweichen)
- Bedienbarkeit (aus Kundensicht)
- Sicherheit (vor, während und nach dem Betrieb)
- Fertigungsprozesse (Losgrößen, Eigen- oder Fremdfertigung, Qualität)
- Materialbeschaffung (Qualität, Ursprung, Zulieferer, Baugleichheit zu weiteren Produkten)
- Konstruktionsprinzipien
- Kompatibilität zu Produkten und Ersatzteilen anderer Anbieter
- Montage und Inbetriebnahme
- Wartbarkeit/Pflege
- Kostenabschätzung für Entwicklungsaufwendungen, Produktion und laufende Wartung

Durch die Kenntnis dieser Parameter sind meist die Herstellkosten (vgl. Abschnitt 5.3.7) des Produktes relativ gut abschätzbar.

Technische Leistungsparameter ermöglichen einen direkten Vergleich mit den eigenen Produkten. Wird Reengineering über mehrere Produktgenerationen hinweg durchgeführt, ist u.U. eine Entwicklungs-Roadmap ableitbar bzw. eine Potenzialanalyse der weiteren Entwicklungsoptionen durchführbar.

Eine Analyse des Produktdesigns lässt Schlüsse auf das Corporate Image und potenzielle Zielgruppen des Wettbewerbers zu.

Vorgehensweise

Bevor ein Wettbewerberprodukt durch Reengineering analysiert werden kann, muss es erworben werden. Sofern kein direkter Kauf möglich ist, kommt eine Überlassung durch befreundete Unternehmen oder ein Erwerb über Gebrauchtmärkte in Frage. Ist auch diese Option nicht gegeben, so kann u.U. eine Wartung des Wettbewerberproduktes (Drittgeräte) bei Kunden vereinbart werden. Alternativ ist eine visuelle Inspektion bei Kunden, bei Wettbewerbern oder beispielsweise auf Messen (Displays, Prototypen) möglich.

1. Testen des Produktes in eigenen Laboren oder auf Teststrecken
2. Zerlegen des Produktes in Einzelkomponenten
3. Analyse der Komponenten und der Fertigungs- und Montageschritte
4. Auswirkungsanalyse (Benchmarking, Positionierung etc.)

Softwareunterstützung

Die Ergebnisse eines Reengineering-Projektes können in tabellarischer oder graphischer (vgl. Abbildung 5.21) Form mit Standardsoftware dargestellt werden. CI-Software (vgl. Abschnitt 7.3.10) sollte zudem über Berichte zum kontinuierlichen Tracken von Wettbewerber-Performance-Kennzahlen, insbesondere auch technische Parameter, verfügen.

Anmerkung

Gerade bei Reengineering-Projekten ist auf eine ethische und legale Beschaffung der zu untersuchenden Gegenstände zu achten.

Beispiel

In Abbildung 5.21 werden industrielle Pumpen verschiedener Anbieter in einem skalierten Chart (bewertet von einem unternehmensinternen Expertenteam) einander gegenübergestellt.

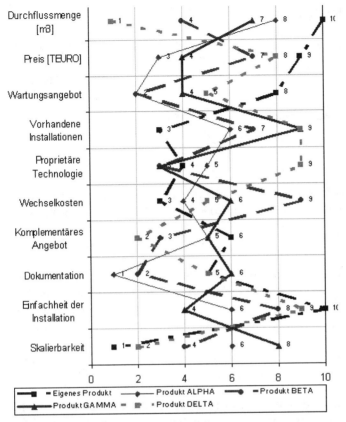

Abb. 5.21 Vergleich technischer Attribute von Wettbewerberprodukten (Software „MM4XL")

Neben harten technischen Attributen (Preis, Durchflussmenge) werden auch weiche Attribute wie die Wechselkosten vorhandener Kunden auf einen neuen Anbieter oder die Qualität der (technischen) Dokumentation verglichen.

In diesem Beispiel wird das Produkt DELTA als gefährlichster Wettbewerber bestimmt, da eine hohe Anzahl vorhandener Installationen (Referenzen) und eine proprietäre Technologie in Verbindung mit einem günstigen Preis zu einer dominierenden Marktstellung führen. Die vermeintlichen Schwachpunkte könnte der Anbieter einfach kompensieren: das fehlende komplementäre Angebot durch Kooperation mit Ausrüstungsfirmen, die geringe Durchflussmenge durch Bündelung mehrerer Aggregate. Produkt DELTA hat zudem ähnliche Stärken wie das eigene Produkt (Wartungsangebot, Preis und einfache Installation), sodass ein direkter Produktvergleich durch Kunden nahe liegend ist.

5.3.9 Issues Management

> Nothing is easier than being busy – and
> nothing is more difficult than being effective.
>
> Alec R. MacKenzie
> Amerikanischer Buchautor

Verwandte Analysekonzepte:

- Frühwarnung
- Textmining

Literatur:

Grothe M, Gentsch P (2000) Business Intelligence – Aus Informationen Wettbewerbsvorteile gewinnen. Addison-Wesley, Bonn München Paris

Beschreibung

Issues Management ist ein Ansatz, relevante Themen (Issues) systematisch und frühzeitig zu beobachten, zu priorisieren, zu kategorisieren und zu bewerten. Anschließend muss das Unternehmen konsistente Positionen zu diesen Issues generieren und Maßnahmen für die weitere Vorgehensweise festlegen.

Analyseziele

Issues Management dient insbesondere dazu, „Schwache Signale" rechtzeitig zu empfangen, zu analysieren und den eigenen Entscheidern zur Verfügung zu stellen, um unliebsame Überraschungen möglichst zu vermeiden.

Vorgehensweise

1. Definition der Issues (Beobachtungsgegenstände bzw. -bereiche)
2. Ernennung von Issues Managern
3. Weitergabe der zu bewertenden Informationen an die Issues Manager (vgl. Abschnitte 5.2.9 und 4.3.4)
4. Priorisierung, Kategorisierung, Bewertung durch den Issues Manager

Softwareunterstützung

Für große Datenmengen müssen zwangsläufig Softwaretools für die Aufbereitung der eingehenden Informationen und Rechercheergebnisse verwendet werden. Hierzu sind professionelle Softwaretools für semantische (inhaltliche) Textanalysen, Verschlagwortung und (automatische) Kategorisierung verfügbar (vgl. Abschnitt 5.4.4). Der Issues Manager erhält so z.B. jeden Morgen seinen „Hot Folder" mit von einer Software ausgewählten aktuellen Nachrichten zur weiteren Analyse.

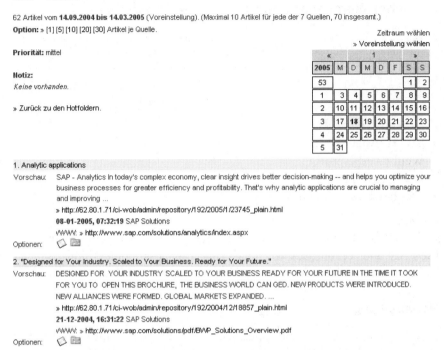

Abb. 5.22 Beispiel für einen Hot Folder mit Kategorisierungsfunktion (Software „CI-Wob")

Anmerkungen

- Es liegt in der Natur der Früherkennung Schwacher Signale, dass eine Detektion die Kenntnis der Art des Signals voraussetzt (z.B.: Auf welche Schlagwortkombination hin soll eine Alarmierung erfolgen?). Sind diese Vorgaben nicht bekannt, ist eine unangenehme Überraschung schnell möglich. Abhilfe kann hier nur der „sechste Sinn" des CI-Teams schaffen, das durch unkonventionelle Hypothesenbildung über das „Erwartete" hinaus auch das Unwahrscheinliche (aber Plausible) hinterfragt (vgl. Abschnitt 1.2.3).
- Kritisch ist die Auswahl und Motivation der Issues Manager: Nur wenn diese ihre Aufgabe ernst nehmen und fachlich qualifiziert sind, kann Issues Monitoring sinnvoll durchgeführt werden.

Beispiele

In Abschnitt 5.4.2 werden Beispiele aufgeführt.

5.3.10 Kernkompetenzanalyse eines Wettbewerbers

> Wissen entspringt nicht der Erfahrung allein,
> sondern nur den Vergleichen zwischen den Eingebungen
> des Intellekts über die beobachteten Tatsachen.
>
> Albert Einstein
> Deutscher Physiker (1879-1955)

Verwandte Analysekonzepte:
- SWOT-Analyse
- Wettbewerberprofile
- Reengineering
- Wettbewerberstrategieanalysen

Literatur:
Fleisher CS, Bensoussan BE (2002) Strategic and Competitive Analysis: Methods and Techniques for Analyzing Business Competition. Prentice Hall, Upper Saddle River, NJ

Beschreibung

Eine Kernkompetenz ist eine spezielle Fertigkeit oder Fähigkeit eines Unternehmens, die für den Kunden einen wahrnehmbaren Differenzierungsfaktor ausmacht. Kernkompetenzen sollten nur schwer von Wettbewerbern kopierbar sein, da sie idealerweise die Basis für langfristige Wettbewerbsvorteile bilden.

Da Kernkompetenzen per Definition nur relativ zu einem Wettbewerber bestehen können, ist eine detaillierte Kenntnis der in einer Industrie vorhandenen Kompetenzen pro Anbieter Grundlage dieser Analyse. Bei jeder Strategieentwicklung erfolgt somit auch eine Analyse der Wettbewerberkernkompetenzen relativ zu den eigenen Kernkompetenzen.

Eigene Kernkompetenzen können durch F&E-Projekte, gezieltes Technologiemanagement, Allianzen oder flexible Wettbewerbsstrategien ausgebaut werden.

Analyseziele

- Identifikation der Kernkompetenzen der wichtigsten Wettbewerber zwecks gezielter Steuerung von Aufbau und Erhalt der eigenen Kernkompetenzen
- Identifikation von Schwachpunkten der Wettbewerber (nicht vorhandene Kernkompetenzen), da diese aussichtsreiche Ziele für eigene, offensive Wettbewerbsstrategien darstellen
- Schutz der eigenen Schwächen vor Wettbewerberangriffen (defensive Strategien zur Abwehr dieser potenziellen Angriffe)

Vorgehensweise

- Identifikation der Wettbewerber-Kernkompetenzen, basierend auf einer Wertschöpfungskettenanalyse, auf Technologie- und Produktanalysen, Benchmarking-Projekten oder Kundenbefragungen (Hierbei wird meist eine Liste von internen Fähigkeiten entwickelt, die dann relativ zu Wettbewerbern mit Blick auf den Kundennutzen analysiert wird.)
- Ableitung von Stärken, Schwächen, Angriffspunkten des Wettbewerbers
- Prognose der Wettbewerber-Kernkompetenzen für die Zukunft, relativ zu dann relevanten Erfolgsfaktoren (z.B. durch Technologieszenarios)
- Ableitung der zukünftigen Wettbewerberwettbewerbsfähigkeit
- Ableitung der Auswirkungen auf das eigene Unternehmen

Anmerkungen

- Der Begriff Kernkompetenz wird häufig mit gänzlich unterschiedlichen Inhalten gefüllt. Eine genaue vorherige Festlegung der Analyseziele ist daher notwendig. Selbst bei der Ermittlung der Kernkompetenzen des eigenen Unternehmens sind Wahrnehmungsprobleme, Blindspots und unternehmenspolitische Erwägungen zu berücksichtigen – entsprechend vorsichtig ist mit Selbstdarstellungen eines Wettbewerbers umzugehen!
- Da ein Wettbewerber kaum „Schwächen" publiziert, sind eigene Recherchen und Analysen unbedingt notwendig und publizierte Angaben eines Wettbewerbers sind kritisch zu hinterfragen.
- Die Darstellung von Kernkompetenzen kann in Profilen (vgl. Abbildung 5.21), in Spider-Diagrammen (vgl. Abbildung 5.11) oder verbal (vgl. Abbildung 9.3) erfolgen.

5.3.11 Fünf-Kräfte-Industriestrukturanalyse

Verwandte Analysekonzepte:
- SWOT-Analyse
- Wettbewerbersegmentierung
- Wettbewerberklassifizierung
- Wertschöpfungskettenanalyse

Literatur:
Porter M (1985) Competitive Advantage. The Free Press, New York

Beschreibung

Eine der am häufigsten angewandten CI-Analysen ist die 5-Kräfte-Industriestrukturanalyse nach M. Porter (Porter 1985).

Die betrachteten fünf Kräfte sind:
- Die Rivalität zwischen den Wettbewerbern (bestimmt u.a. durch Produktdifferenzierung, Wechselkosten und Industriekonsolidierung)
- Das Potenzial einer Substitution der vorhandenen Produkte/Dienstleistungen (bestimmt u.a. durch Preisgestaltung, Technologieveränderungen und die Wechselwilligkeit der Kunden)
- Die Bedrohung durch neue Wettbewerber (bestimmt u.a. durch die Höhe der Eintrittsbarrieren, regulative Gesetzgebung und Wettbewerberreaktionen auf Aggressionen)
- Die Verhandlungsmacht der Zulieferer der Industrieteilnehmer (bestimmt u.a. durch potenzielle Ersatzprodukte, Konsolidierungsgrad der Zulieferer, Bedeutung der Zukaufteile für das Gesamtprodukt)
- Die Verhandlungsmacht der Kunden der Industrieteilnehmer (bestimmt u.a. durch den Konsolidierungsgrad bei den Kunden, Verfügbarkeit von Ersatzprodukten, relative Bedeutsamkeit der Kunden für den Anbieter)

Industrie

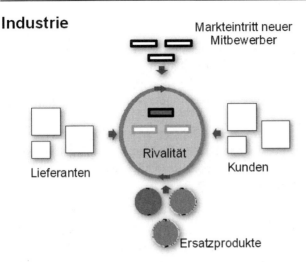

Abb. 5.23 5-Kräfte-Industriestrukturanalyse nach Porter (Porter 1985)

Analyseziele

Ziel der Analyse ist die Bestimmung der Wettbewerbssituation, indem die Hauptantriebskräfte einer Industrie (mit ihrer Ursache, Stärke und Richtung) analysiert werden. Hierbei erfolgt eine Bewertung der Antriebskräfte nach ihrer Stärke (z.B. stark, mäßig, schwach). Durch die Industriestrukturanalyse wird die Attraktivität einer Branche ermittelt. Ein unattraktives (und damit vermutlich weniger profitables) Wettbewerbsumfeld zeichnet sich aus durch

- starke Wettbewerbsrivalität
- niedrige Eintrittsbarrieren
- starken Wettbewerb durch Substitute
- starke Verhandlungsmacht von Zulieferern und Kunden.

Entsprechend ist ein attraktives (und damit vermutlich profitables) Wettbewerbsumfeld charakterisiert durch

- schwache Wettbewerbsrivalität
- hohe Eintrittsbarrieren
- geringen Wettbewerb durch Substitute
- geringe Verhandlungsmacht von Zulieferern und Kunden.

Vorgehensweise

1. Definition der Wirkung jeder Antriebskraft sowie Beschreibung der Möglichkeiten, Wettbewerbsdruck aufzubauen
2. Bewertung des Wettbewerbsklimas in der Industrie
3. Bewertung der Auswirkungen auf das eigene Unternehmen innerhalb dieser Wettbewerbsarena
4. Ggf. Wahl einer Strategie mit dem höchsten (nachhaltigen) Erfolgspotenzial (d.h. der Strategie, die das Unternehmen vor den negativen Auswirkungen schützt, während die Stärken des Unternehmens durch Wettbewerbsvorteile unterstrichen werden)

Anmerkungen

- Die von Porter eingeführte Methode der Wettbewerbsanalyse ist ein Standardverfahren für CI-Betrachtungen. Die Marktsichtweise (vgl. Abbildung 5.23) wird für die Organisation von Recherchen (Quellen) ebenso verwendet wie für die Strukturierung von Szenarios. Da die Methode weit verbreitet ist, lassen sich meist schnell konstruktive inhaltliche Dialoge durchführen.
- Der Hauptkritikpunkt an der 5-Kräfte-Industriestrukturanalyse ist ihre statische Betrachtungsweise einer Industrie. Die potenziellen generischen Wettbewerberstrategien (Kostenführerschaft, Fokussierung, Differenzierung und hieraus abgeleitete Mischstrategien) sind kaum geeignet, dynamische Wettbewerbsstrategien zu entwickeln[24]. Dennoch ist die Analyse von Kausalbeziehungen und genereller Ursachen für Wettbewerbsvorteile nach wie vor richtig – diese Kräfte müssen „nur" noch dynamisiert werden.
- Die von Porter untersuchten fünf Kräfte können sinngemäß um die Kräfte „Legislative" und „historische Rivalitätsentwicklung" erweitert werden (vgl. z.B. Winkler 2003).

---

[24] Dies war auch nicht Porters Intention.

Beispiel

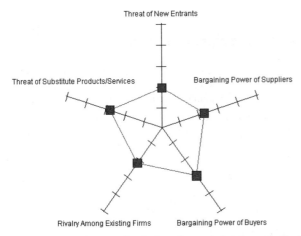

Abb. 5.24 Faktoren der Industrieattraktivität nach Porter (Software „Business Insight")

In Abbildung 5.24 sind exemplarisch die 5 Porter'schen Kräfte quantifiziert (skaliert von 0 bis 100) und in einem Spider-Diagramm aufgetragen. Jede Kraft wurde aus mehreren Faktoren bestimmt. Abbildung 5.25 stellt dies beispielhaft für den Faktor „Industrierivalität" (hier bewertet mit „42") dar.

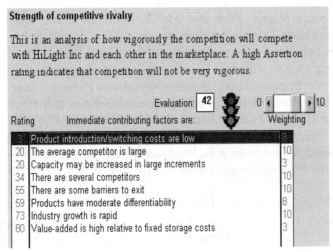

Abb. 5.25 Berechnung der Industrierivalität (Software „Business Insight")

Jeder der in Abbildung 5.25 angegebenen Faktoren basiert auf mehreren gewichteten Unterfaktoren.

5.3.12 Portfolios und Visualisierungstechniken

> Das Risiko, in der Datenflut zu ertrinken, ist enorm.
> Man muss die Furcht überwinden, genau das Stück Information
> nicht zu bekommen, das unser Leben verändern könnte.
>
> Riccardo Perissich
> Director Public and Economic Affairs, Pirelli

Verwandte Analysekonzepte:

- SWOT-Analyse
- Timeline-Analyse

Literatur:

- Handbuch der Software MM4XL
- Kotler P (1991) Marketing Management. Prentice Hall, Inc., Englewood Cliffs, NJ
- Porter M (1985) Competitive Advantage. The Free Press, New York

Beschreibung

Zu den Portfolioanalysen zählen Matrix-Darstellungen wie die BCG(Boston Consulting Group)-Matrix oder die McKinsey-Marktattraktivitäts-Wettbewerbsvorteil-Matrix (Fleisher u. Bensoussan 2002). Es gibt zudem zahlreiche Weiterentwicklungen bzw. Derivate dieser Darstellungsformen (z.B. 4-dimensionale Bubble-Charts). Den Portfoliodarstellungen gemein ist eine vergleichende (meist relative) Positionierung des eigenen Unternehmens bzw. dessen Produkten zu Wettbewerbsunternehmen mit Blick auf Wettbewerbsposition und Profitabilität (vgl. z.B. Abbildung 5.20).

Ebenso können mehrdimensionale Spider-Diagramme (vgl. Abbildung 5.24) angefertigt werden, bei denen z.B. Produktattribute, Erfolgsfaktoren oder Benchmarks des eigenen Unternehmens relativ zum Wettbewerb aufgezeigt werden.

Zu den Visualisierungstechniken gehört auch die Darstellung von Relationen (Beziehungen) zwischen Marktteilnehmern (Finanzbeteiligungen, JVs, Kooperationen, gemeinsame Projekte, Zugehörigkeit zu Unternehmensverbänden etc.; vgl. Abbildungen 3.10 und 3.12).

Analyseziele

- Positionierung des eigenen Unternehmens relativ zum Wettbewerb (Produkte, Technologien, Marktanteile etc.) und Aufzeigen des zeitlichen Verlaufs der bisherigen Entwicklung
- Bewertung von Markt- und Produktlebenszyklen
- Identifikation neuer Geschäftsfelder
- Identifikation unbesetzter Marktsegmente
- Optimierung der eigenen Investitionen (durch Berücksichtigung des Lebenszyklus und der relativen Erfolgsaussichten)
- Identifikation von Beziehungsgeflechten

Vorgehensweise

1. Definition der Matrixdimensionen (meist durch eine gewichtete Faktoranalyse, um z.B. die Attraktivität eines Marktsegmentes zu bestimmen) und der Kreisgröße (dritte Dimension), Darstellung über der Zeit, um die bisherige Entwicklung zu dokumentieren
2. Berechnung der eigenen und der Wettbewerberpositionen
3. Interpretation der Positionierung, z.B. durch Ableitung einer generischen Produktstrategie

Anmerkungen

- Portfolios eignen sich für den CI-Analysten sehr gut zur Veranschaulichung und allgemeinverständlichen Darstellung (Visualisierung) von Wettbewerbspositionen. In Routineberichten (vgl. Abschnitt 3.2.14) können sie als fortgeschriebene Monitoring Charts dem Leser einen guten Überblick über aktuelle Erkenntnisse, historische Entwicklungen und Prognosen geben.
- Durch die starke Aggregation der visualisierten Informationen gehen Details verloren. Dem häufigen Vorwurf der Übersimplifizierung einer Portfoliodarstellung kann nur durch eine gute Dokumentation der Herleitung begegnet werden. Es ist sinnvoll, die zugrunde liegenden Annahmen explizit zu erläutern, da andernfalls die Aussagekraft eingeschränkt wird (z.B.: Welche Attraktivitätsfaktoren weist das betrachtete Marktsegment auf? Woher stammt die Marktdefinition? Welche Geschäftsfelder eines Wettbewerbers wurden aufgetragen? etc.).
- Die Aussagekraft einer Portfolioanalyse wird häufig überschätzt. Es wäre naiv, anzunehmen, dass aus einer generischen quadrantenspezifischen Handlungsempfehlung eines Portfolios eine Unternehmensstrate-

gie ableitbar wäre[25]. Der CI-Analyst sollte daher Portfolios immer zusammen mit einer aussagekräftigen Interpretation liefern, um späterer Kritik oder einer Überinterpretation durch Dritte vorzubeugen.

- Um die Aussagekraft zu vergrößern, sollten Portfolios auch die zeitliche Entwicklung in Form von sich ändernden Objekten beinhalten – vorausgesetzt die Lesbarkeit der Darstellung wird dadurch nicht zu stark beeinträchtigt. Zukünftige Positionierungen (als Ergebnis einer Prognose) sind ebenfalls darzustellen.

Beispiele

Beispiel 1, die BCG-Matrix:

Der Grundgedanke der BCG-Matrix (vgl. Abbildung 5.26) ist die Analyse des eigenen Produktportfolios relativ zum Wettbewerb unter Berücksichtigung des Wachstums eines Marktsegmentes. Die zugrunde liegende Annahme der Analyse besagt, dass der durch Produkte generierbare Cashflow mit dem Erfolg eines Produktes korreliert[26]. Für diese Produkte sind nur noch geringe Investitionen zu tätigen. In schnell wachsenden Märkten entstehen die „Stars" (die zukünftigen Cash Cows), für die hohe Investitionen nötig sind, damit sie sich gegen den Wettbewerb durchsetzen und einen möglichst hohen relativen Marktanteil erreichen.

Produkte, die in schnell wachsenden Märkten nur einen geringen Marktanteil besitzen, werden als „Question Marks" bezeichnet. Die Zukunft dieser Produkte ist unklar, da noch unsicher ist, wie sich die Märkte entwickeln und ob sich die notwendigen hohen Investitionen relativ zu den aktuell geringen Cashflows rentieren werden. Hier sind insbesondere die Wettbewerberaktionen zu berücksichtigen, da diese die Marktentwicklung grundlegend beeinflussen werden. Ist das Erreichen einer Marktführerschaftsposition nicht möglich, so ist der Cashflow dieser Produkte mittelfristig zu optimieren, d.h. die Erträge sind zu maximieren und/oder die Investitionen zu optimieren.

---

[25] Im Zweifel sollte davon ausgegangen werden, dass der Wettbewerber die gleichen Bücher liest, wie man selbst.

[26] Folglich sind Produkte mit einem relativ hohen Marktanteil besonders verteidigenswert („Cash Cows").

Abb. 5.26 Quadranten der BCG-Matrix mit generischen Strategien

Bei Produkten, die in schrumpfenden Märkten mit geringen Marktanteilen angesiedelt sind („Dogs"), sollte ein Unternehmen keine Investitionen
mehr tätigen und mögliche Gewinne abgreifen. Dies gilt insbesondere für
Produkte unterhalb der gestrichelten Diagonale in diesem Quadranten. Produkte oberhalb der gestrichelten Linie sind hingegen ggf. noch entwickel-
bar.

Für den Wettbewerbsanalysten ist die BCG-Matrix ein sinnvolles Instrument, um das eigene Produktportfolio relativ zum Wettbewerb darzustellen. Insbesondere das Ermitteln der jeweiligen Wettbewerber pro Marktsegment und der von den Wettbewerbern für diese direkten Wettbewerberprodukte erzielten Umsätze ist die Hauptaufgabe der CI-Analyse. Außerdem sind Aussagen über die zukünftige Marktentwicklung (jährliches
Wachstum, Gesamtpotenzial, potenzielle Substitute, neue Anbieter) und
das potenzielle Wettbewerberverhalten in den jeweiligen Segmenten zu
treffen. Hierzu ist die Kenntnis von Wettbewerberreaktionsprofilen (vgl.
Abschnitt 5.2.10) notwendig. Erst dann kann das eigene Produktportfolio
(und die dazugehörigen Investitionen) optimiert werden.

In dem aufgezeigten (generischen) Beispiel eines Anbieters mit 10 Produkten in drei Produktgruppen (vgl. Abbildung 5.27) ist Produkt D die einzige „Cash Cow". Drei Produkte (A, G und H) sind „Stars", die jedoch
noch starken negativen Cashflow generieren. Ein Produkt (E) ist ein
„Question Mark", das nur wenig Cashflow trotz hoher Investitionen erwirtschaftet. Da ein kaum aussichtsreicher Marktanteil existiert, sollten
hier u.U. die Investitionen zurückgefahren werden. Fünf Produkte (C, J, I,
B, F), die immerhin 40% des Gesamtumsatzes ausmachen, sind „Dogs",
d.h. Kandidaten für eine Disinvestition. Insbesondere die Produkte B und F

sind kaum noch die Investitionen wert (stark schrumpfende Märkte, geringe Marktanteile). Je nach Wettbewerbssituation könnten die Produkte I, J und C noch in „Stars" oder „Cash Cows" verwandelt werden – hier muss der CI-Analyst seine Wettbewerberkenntnisse (insbesondere hinsichtlich der Produktstrategie der Wettbewerber bezüglich der konkurrierenden Produkte) in die Entscheidungsfindung einbringen.

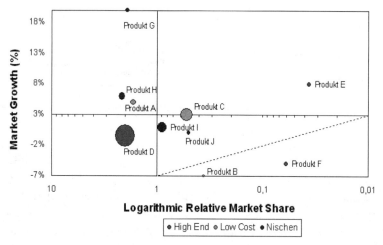

Abb. 5.27 BCG-Portfolio (generische Produkte; Software „MM4XL")

Beispiel 2, die McKinsey-Marktattraktivitätsmatrix:

Ähnlich wie die BCG-Matrix visualisiert auch die McKinsey-Matrix das Produktportfolio eines Unternehmens. Sie ist jedoch deutlich flexibler als die BCG-Matrix. Als Achsen werden Marktattraktivität und relativer Wettbewerbsvorteil verwendet. Für die Berechnung der Positionen können jeweils mehrere Faktoren verwendet werden. So kann der Wettbewerbsvorteil z.B. auf den Faktoren Wettbewerbsintensität, Finanzsituation, Technologie und Marktposition basieren (vgl. Abbildung 5.28).

		Produkt1	Produkt2	Produkt3	Produkt4	Produkt5
Erlös pro Produkt		22	66	43	45	88
Markt	**Gewicht: 30**					
Marktdimension	☑	10	22	67	56	23
Marktsegmente	☑	7	26	45	43	4
Markttendenz	☑	34	4	13	56	5
Preisempfindlichkeit	☑	3	0	32	8	23
Saisonalbedingter Absatz	☑	55	87	86	56	56
Marktvielfalt	☑	68	87	56	75	25
Angebot/Nachfrage-Beziehung	☑	34	45	34	98	78
Energieverfügbarkeit	☑	23	43	2	55	96
Wettbewerb	**Gewicht: 20**					
Grad des Wettbewerbs	☑	77	3	34	27	45
Grad der Sättigung	☑	3	2	44	56	23
Veränderung im Marktanteil	☑	23	23	52	23	46
Finanzen und Wirtschaft	**Gewicht: 20**					
Rentabilität	☑	45	33	34	66	33
Beitragsrahmen	☑	4	22	32	77	22
Größendegression	☑	45	2	11	88	32
Eintritts-/Austrittsgrenzen	☑	34	32	5	9	34
Inflationsrate	☑	34	27	56	34	76
Wechselrate	☑	23	89	56	65	87
Lohnniveau	☑	23	54	78	5	6
Verfügbarkeit von Managern	☑	12	89	2	3	56
Verfügbarkeit von Arbeitern	☑	67	67	45	3	34

Abb. 5.28 Beispiel für Faktoren der McKinsey-Matrix (Ausschnitt)

Aufgrund der relativen Lage der Produkte in der Matrix können generische Normstrategien für die neun Quadranten abgeleitet werden.

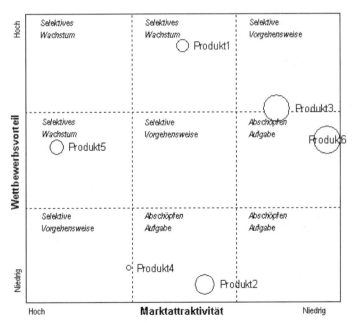

Abb. 5.29 McKinsey-Portfolioanalyse (Software „MM4XL")

Neben der Analyse vorhandener Produkte (vgl. Abbildung 5.29) können auch geplante Produkte abgebildet werden (mit angenommener Wettbewerbspositionierung). Es liegt in der Natur der Darstellung, dass lediglich der kurzfristige Erfolg eines Produktes berücksichtigt wird.

5.4 Praxisberichte

5.4.1 University of Windsor, Kanada: Management und Durchführung von Competitive-Intelligence-Analysen[27]

von Prof. Dr. Craig Fleisher

Analyse ist eine der schwierigsten Aufgaben der Competitive Intelligence (CI), die ein Praktiker ausführen soll. Wenn die Analyse effizient zusammen mit den weiteren Aufgaben der Planung, Datenerhebung und Kommunikation durchgeführt wird, kann sie helfen, die CI-Fähigkeiten einer Organisation zu verbessern. Dadurch wiederum können Entscheidungsfindung und Leistungsfähigkeit in der Wettbewerbsarena gefördert werden. Wird die Analyse hingegen ineffizient oder ineffektiv ausgeführt, so können sich die Defizite einer Organisation weiter vergrößern.

Dieser Beitrag versucht, die Analyse als Schlüsseldisziplin im Arsenal des CI-Ausführenden darzustellen. Der Leser erhält eine Definition der Analyse als Teil der CI, Einblick in die Schlüsselergebnisse des CI-Analysten, die Standardanalysekategorien, mit denen ein Analyst vertraut sein sollte, und schließlich eine Übersicht über die häufigsten Fehler eines unerfahrenen Analysten.

Was ist Analyse?

Wenn jemand zehn Intelligence-Analysten oder -Experten nach ihrer Definition von Analyse befragt, so wird er vermutlich zehn unterschiedliche Definitionen erhalten (Halliman 2003). Halliman selbst schlug vor, Analyse als einen Prozess zu verstehen, bei dem mehrere der folgenden Tätigkeiten in beliebiger Reihenfolge ausgeführt werden: Beobachten, Klassifizieren, Zählen, Vergleichen, Fragen, Rollenspiele durchführen (War Gaming, Szenarios entwickeln, Simulationen ausführen) und Maßnahmen einleiten.

Ich habe Analyse im Sinne von CI folgendermaßen definiert: *facettenreiche, interdisziplinäre Kombination wissenschaftlicher und nicht wissenschaftlicher Prozesse, bei denen ein Individuum Daten oder Informationen interpretiert, um tiefschürfende Intelligence-Erkenntnisse und Handlungsempfehlungen zu generieren* (Fleisher 2001). Analyse zählt weder allein zur Domäne der Kunst noch der Wissenschaft, sondern sie benötigt beide und beinhaltet Elemente beider Disziplinen. Effektive Analyse gibt Ant-

---

[27] Übersetzung aus dem Englischen

worten auf die kritischen "So what?"-Fragen bezüglich Key Intelligence Need (KIN, Schlüssel-Intelligence-Bedürfnisse), Questions (KIQ, Schlüssel-Intelligence-Fragen) oder Topics (KITs, Schlüssel-Intelligence-Themen) (Herring 1999).

Was wird durch Analyse erreicht? Die Mission des Analysten ist, rechtzeitige, akkurate und objektive Analysen zu vielseitigen Bedrohungen und Chancen seiner Organisation bereitzustellen. Das setzt voraus, dass der Analyst ein gutes Verständnis sowohl für Industrie, Wettbewerber und Kunden seines Unternehmens hat als auch für frühere und zukünftige Veränderungen in diesen Bereichen (Fleisher 2001). Der Analyst trifft keine Entscheidungen, sondern er bereitet Entscheidungen vor – wie Barlow es ausdrückt: „Er definiert die Realität für die, die sie ändern können" – und dies ist ein entscheidender Aspekt der Analyse, der von dem Analysten und von seinen Kunden verstanden werden muss. Als so genannte unproduktive Mitarbeiter sind CI-Analysten, ebenso wie alle weiteren unproduktiven Mitarbeiter einer Organisation, Teil dessen, was im Allgemeinen als "Kosten" oder "Kostencenter" bezeichnet wird. Damit beeinflussen CI-Abteilungen nicht direkt die Profitabilität oder Umsätze einer Organisation, folglich haben die Analysten Schwierigkeiten, den Kostenrechnern ihren wahren Wert zu vermitteln. Vom Topmanagement eingesetzte Kostenmanager verfügen über Kostenrechnungsverfahren und eine Ausbildung, die für eine detaillierte Betrachtung der produktiven Unternehmensbereiche ausgelegt sind. In diesen Bereichen kann der monetäre Nutzen effektiver mit traditionellen Kostenrechnungs- und Managementsystemen analysiert werden.

Für wen arbeitet der Analyst? Zu den Kunden gehören alle Entscheider, die CI-Dienstleistungen benötigen, suchen oder anfragen. Dies sollten normalerweise Entscheider mit strategischem und taktischem Entscheidungsbedarf sein. Obwohl es häufig das Vorurteil gibt, dass Analysten sich ausschließlich auf strategische Entscheidungsunterstützung fokussieren sollten, gibt es hinreichend Beispiele aus dem Berufsalltag, die zeigen, dass auch taktische Entscheidungsunterstützung lohnend ist und die Erfahrung von CI-Analysten benötigt.

Die Analyseergebnisse

Analysten produzieren üblicherweise eine Vielzahl von Routine- und speziellen Projektberichten für ihre Kunden. Analytische Ergebnisse sollten immer auf die Intelligence-Bedürfnisse, -Fragen und -Themen (d.h. KINs, KIQs oder KITs) ausgerichtet sein. Andernfalls läuft der Analyst Gefahr, Nice-to-know-, aber nicht Need-to-know-Ergebnisse zu präsentieren.

Meine eigenen Erfahrungen mit der Arbeit von Analysten bestätigen, dass viele weniger guten Berichte erstellt werden, weil

1. historische oder prozessbedingte Gründe Typ und Art der Ergebnisberichte vorschreiben (z.b. "Wir haben schon immer den monatlichen Wettbewerberbericht erstellt."),
2. Analysten vor ihren Entscheidern als stark ausgelastet und mit wichtigen Dingen befasst erscheinen möchten (z.b. „Wir haben gerade drei wichtige Berichte und die Aktualisierung von 18 Datenbanken durchgeführt."),
3. weder Analyst noch CI-Kunde sich die Zeit nehmen, zu bewerten, welche Ergebnisse tatsächlich für den Kunden wichtig sind, bis es zu spät ist und die CI-Ressourcen nicht mehr verfügbar sind.

Analytische Ergebnisse werden in zahlreichen Unternehmensbereichen verwendet. Analysten erstellen daher die folgenden primären Typen von Intelligence-Analyseberichten (nach Dugal 1998):

1. *Aktuelle Intelligence/Newsletter* stellt Kunden erstmalig Entwicklungen in der Wettbewerbsarena zur Verfügung. Typischerweise ist sie kaum analytisch aufbereitet. Sobald sich die Trends erhärten, erfolgt eine tiefer gehende Analyse.
2. *Grundlagen Intelligence* ist die grundlegende Form von analytischer Recherche, die aktuelle, systematische Fakten und Zusammenhänge über das Umfeld, die Industrie und die Wettbewerber der Organisation enthält.
3. *Technologische Intelligence* unterstützt den Kunden beim Verständnis von Entwicklungen in wissenschaftlichen und technischen Bereichen, die einen Einfluss auf sein eigenes Unternehmen haben könnten.
4. *Frühwarn-Intelligence* bietet frühzeitige Hinweise auf potenzielle Chancen und Risiken in der Wettbewerbsarena und dem Unternehmensumfeld.
5. *Zukunftsorientierte Intelligence* entwickelt Prognosen und Szenarios und zeigt wahrscheinliche weitere Entwicklungen relativ zu den Produkten der Wettbewerber, der Industrie, den Märkten, den Kunden, den Prozessen oder Kombinationen derselben auf.
6. *Arbeitsgruppen-Intelligence* wird zur Unterstützung interner Projekte und Teams verwendet (M&A-Kandidaten, Patentkauf oder Einstellung von Fachkräften).
7. *Fokussierte Intelligence* bezieht sich auf konkrete, fokussierte Bedürfnisse eines Intelligence-Kunden und wird daher typischerweise nur einmal verwendet.

8. *Krisen-Intelligence* wird benötigt, um einer Organisation das Managen von Krisen zu ermöglichen.

9. *Export-Intelligence* fokussiert sich auf Wettbewerber, Industrien und Unternehmen, die außerhalb der nationalen Märkte eines Unternehmens operieren.

10. *Counter Intelligence* soll einer Organisation bei der Abwehr von Bedrohungen durch Wettbewerber helfen.

Diese Intelligence-Typen unterscheiden sich u.a. hinsichtlich ihrer Lebensdauer (d.h. der Zeitdauer, die ein Entscheider für Erhalt und Umsetzung der Ergebnisse hat), sie unterstützen potenziell unterschiedliche Unternehmenshierachieebenen bei der Entscheidungsfindung (d.h. strategisch, taktisch oder operational), sie können unterschiedliche Bereitstellungsdauern erfordern, unterschiedliche Techniken/Tools benötigen und schließlich eine große Bandbreite von Ressourcen voraussetzen (Dugal 1998).

Die Ergebnisse müssen an CI-Kunden so kommuniziert werden, dass die Empfehlungen und Erkenntnisse schnell und klar verstanden werden. Voraussetzung dafür ist, dass der Analyst weiß, wie seine Kunden am besten mit den Ergebnissen umgehen können. Die Befriedigung dieser spezifischen Kommunikationsbedürfnisse der Kunden wird durch eine Individualisierung der Ergebnisse ermöglicht. Kommunikation ist ein in der CI-Literatur zu wenig beachtetes Thema, das mehr Aufmerksamkeit verdient, als es im Rahmen dieses Beitrages möglich ist.

Wenn ein Analyst erfolgreich war, erfüllen seine Ergebnisse die folgenden fünf Kriterien (Fleisher 2001):

- *Vollständigkeit:* Der Analyst hat sich nicht auf selektiv gewählte Fakten beschränkt, um eine vorgefertigte Schlussfolgerung zu unterstützen, sondern er hat alle verfügbaren Daten berücksichtigt.
- *Glaubwürdigkeit:* Die Analyse muss in sich konsistent sein und darf keine Widersprüche in der Logik oder dem Inhalt enthalten.
- *Klarheit:* Der Entscheider kann die Begründungen für die gewählte Analysemethode ebenso verstehen wie den Prozess der Analyse selbst. Anders ausgedrückt, muss die Sprache des Analysten problemlos von einem Nicht-Analysten verstanden werden.
- *Fundierte Recherchen (Garbage in – Garbage out):* Der Analyst kann die Verwendung von zuverlässigen und glaubwürdigen Grundlagen für seine Analyse nachweisen. Er kann für die Qualität und Stringenz des verwendeten Informationsaufbereitungsprozesses einstehen.
- *Handlungsorientierung:* Die analytischen Ergebnisse stützen die Urteilskraft des Entscheiders, ohne sie zu ersetzen. Als Minimalanforde-

rung muss eine Analyse bei der direkten Präsentation vor dem Entscheider dessen Überprüfung durch „gesunden Menschenverstand" standhalten.

Analysetechniken

Ich führe eine Liste von über 200 kategorisierten, publizierten Analysetechniken, die in Standardwerken von CI genannt werden. Die Gesamtheit der verwendeten CI-Techniken mag ein Vielfaches hiervon sein, da zahlreiche Verfahren nicht publiziert werden und als proprietäre Techniken von Beratern oder Unternehmen für spezifische Aufgabenstellungen herangezogen werden. Die Weitergabe solcher Techniken würde den Wettbewerbsvorteil dieser Organisationen verringern. Es gibt jedoch eine geringe Anzahl von Techniken, die jeder CI-Analyst kompetent beherrschen sollte (sozusagen das kleine Einmaleins der CI-Analyse). Hierzu gehören Finanzanalyse, Analyse von Industrieantriebskräften, volkswirtschaftliche Grundlagenanalyse, Trendbestimmung, Wettbewerberprofiling, Kundenbedürfnisanalyse und die Analyse der eigenen Organisation (Fleisher u. Bensoussan 2003). Für den CI-Analysten ist es wesentlich, einerseits die publizierten Techniken anzuerkennen, andererseits aber auch die Notwendigkeit zu begreifen, in der Entwicklung eigener, individueller Verfahren kreativ zu werden, um den spezifischen Intelligence-Bedürfnissen gerecht zu werden.

Es gibt zahlreiche Klassifizierungsmöglichkeiten für CI-Analysemethoden. In meinem Buch *Strategic and Competitive Analysis: Methods and Techniques for Analyzing Business Competition* (Fleisher u. Bensoussan 2003) verwende ich die folgenden fünf Hauptkategorien:

1. *Strategie:* Dieser Satz an Analysetechniken beleuchtet die Übereinstimmung der externen und internen Umgebung unter besonderer Beachtung der Industriestruktur und der eigenen Wertschöpfungskette. Als solche werden diese Techniken in den meisten MBA-Vorlesungen unterrichtet und sollten allen Absolventen betriebswirtschaftlicher Universitäten bekannt sein. Strategieanalysen generieren ein grundsätzliches Verständnis von den Kräften, die die Unternehmensprofitabilität beeinflussen.

2. *Kunden und Wettbewerber:* Diese Techniken sind eher für CI-Analysten geeignet als für Absolventen typischer MBA-Programme. Unter diesen Techniken befinden sich etliche, die von Managementberatungen entwickelt wurden (z.B. die "Four Corner"-Analyse), außerdem Techniken, die von Marketingspezialisten verwendet werden, um die Kunden eines Unternehmens besser zu verstehen (Kundennutzwertanalyse, Kundensegmentierungsanalyse etc.), und Techniken, die von Arbeits- und Or-

ganisations-Psychologen oder -Soziologen entwickelt wurden, um das Entscheidungsverhalten individueller Entscheider verstehen zu können.

3. *Umfeld:* Diese Techniken helfen dem Analysten, das makroökonomische Umfeld der Organisation zu verstehen, also jenen Teil des Unternehmensumfelds, der normalerweise nicht vom Unternehmen selbst oder von der Industrie kontrollierbar ist, der aber Ausgangspunkt zahlreicher Chancen und Risiken für die Industrie ist. Umfeld-Techniken fokussieren auf langfristige, schlecht vorhersehbare, nicht finanzorientierte, weite Phänomene und entstanden durch Aktivitäten von Futuristen (Szenarioanalyse), Managementwissenschaftlern (Prognosen, STEEP), Sozialwissenschaftlern (Stakeholder-Analyse) und Politikwissenschaftlern (Issues-Analyse).

4. *Evolution:* Diese Techniken beschäftigen sich mit der Zeit als wesentlichem Faktor des Wettbewerbsumfeldes einer Organisation. Die Techniken basieren auf der fundamentalen Annahme, dass ein Verhalten in der Vergangenheit zumindest teilweise für die Prognose des zukünftigen Verhaltens herangezogen werden kann, und verwenden mehrere „Blitzaufnahmen" oder „Drehbücher" von Wettbewerbsphänomenen, die in der Vergangenheit, Gegenwart und Zukunft betrachtet werden. Der Analyst soll hieraus verstehen lernen, wie sich seine Industrie, sein Unternehmen, seine Produkte/Dienstleistungen entwickeln werden. Ansatzpunkt ist hierbei die Fortschreibung identifizierter Schemata über Industriestrukturvariablen.

5. *Finanzen*: Finanzanalysen werden häufig als eine Domäne von Buchhaltern oder Finanzexperten betrachtet. Diese Analysten verbinden zahlreiche Wettbewerbserkenntnisse mit tatsächlichem Umsatz und Profitabilitäten, wodurch ihre Berichte für finanzorientierte Entscheider zu bevorzugten Analysen werden. Finanzanalysen erfordern oft Daten, die erst erhoben und aufbereitet werden müssen, bevor sie von Buchhaltungsspezialisten kommuniziert werden. Häufig werden die Ergebnisse in unterschiedlichen, zuhörerspezifischen Kontexten präsentiert. So sind z.B. Investoren an standardisierten Berichten interessiert, die es erlauben, Unternehmen innerhalb eines Industriezweiges direkt zu vergleichen, während Manager Daten in mikroökonomischer Perspektive bevorzugen, sodass Trends und Abweichungen bestimmt und daraus Handlungsmaßnahmen abgeleitet werden können, um die eigene Situation zu verbessern.

Aufgrund meiner Erfahrungen mit erfolgreichen Analysten halte ich es für wichtig, dass Analysten zwei bis drei Techniken aus jeder der angeführten fünf Kategorien beherrschen – eine notwendige, aber nicht hinreichende Voraussetzung, um Kompetenz zu demonstrieren und Mehrwert für das Unternehmen zu generieren. Es ist offensichtlich, dass Analysten mit zahlreichen etablierten und innovativen Verfahren vertraut sein sollten, um die ihnen bekannten Techniken an die jeweilige Analysesituation anpassen zu können.

Das Analyse-Management

Wie alle unternehmensinternen Prozesse müssen auch CI und Analyseerstellung sorgfältig gemanagt werden, um eine Optimierung der Potenziale, der Ressourcen und Analysefähigkeiten zu erhalten. Es gibt nur wenige Veröffentlichungen über das Management des Analyseprozesses, hingegen Unmengen an Informationen über die Analysemethoden (Fleisher u. Bensoussan 2003). Diese Beobachtung hat dazu geführt, dass ich ein Buch über das Analyse-Management verfasst habe, welches in 2004 publiziert wurde (Fleisher 2004).

Erfolgreiche Analyse benötigt die Unterstützung von dedizierten EDV-Systemen, sowohl formal als auch informal sowie personenbasiert und auch technisch ausgerichtet. Die Systeme ermöglichen u.a. das Bearbeiten von Daten, mehrdimensionale Visualisierungen und das Aufzeigen von Beziehungen. Effektive Systeme arbeiten in Echtzeit und haben Filter, um sicherzustellen, dass die Informationen, mit denen Analysten arbeiten, rückverfolgbar sind, um eine Beurteilung der Zuverlässigkeit und Glaubwürdigkeit der Informationen vornehmen zu können. Unglücklicherweise erfüllen die derzeitigen EDV-Systeme (z.B. Enterprise Resource Planning, Customer Relationship Management, Business Intelligence etc.) kaum die Anforderungen, die ein CI-Analyst an sie stellt, da die meisten Systeme nicht entworfen wurden, um Analyseaufgaben zu unterstützen. Sie können die menschlichen kognitiven und mentalen Prozesse der Analysten nicht ersetzen (Fuld 2003). Hinzu kommt, dass Analysten nicht an Auswahl und Aufgabenspezifikation von MIS-Projekten beteiligt sind. Erfreulicherweise sind in den letzten Jahren Qualität und Quantität von CI-spezifischer Software, die das Tagesgeschäft von CI-Analysten unterstützt, deutlich gestiegen.

Analysten können nicht effizient in einem organisatorischen Vakuum arbeiten. Das Klischee der brilletragenden Analysten, die in kargen Büroräumen hinter Papierstapeln und PC-Bildschirmen versteckt sitzen, gilt heute nicht mehr. Die neue Generation von Analysten kann mit Konversation genauso viel anfangen wie mit Dokumentation, kennt sich mit Statistik ebenso aus wie mit E-Mail-Systemen und kann mit Mitarbeitern auf allen Hierarchieebenen zusammenarbeiten. Die heutigen effektiven Wettbewerbsanalysten fungieren als rechte Hand und kritisches Gewissen der Entscheidungsträger, die sie unterstützen. Dabei ist es wichtig, dass sie von den Entscheidungsträgern richtig eingesetzt werden, wobei diese erst Vertrauen in die Fähigkeiten der Analysten entwickeln müssen. Dadurch entstehen vielfältige Möglichkeiten der Kooperation beim Auftreten von (unvermeidbaren) Intelligence-Fehlern.

Eine der schwierigsten Aufgaben beim Analyse-Management ist die Verteilung der Arbeitszeit auf die einzelnen Zyklusschritte. Viele Analysten, insbesondere Einsteiger, verbringen tendenziell viel zu viel Zeit mit der Datenerhebung und investieren zu wenig Zeit für CI-Planung, Auseinandersetzung mit den Kundenbedürfnissen, Auswahl der zur Verfügung stehenden Analyseverfahren und rückblickende Erfolgskontrolle abgeschlossener Projekte.

Ein letzter Haupterfolgsfaktor des Managements von CI-Analysten und deren Abteilungen liegt in der Bereitstellung richtiger und ausreichender Ressourcen. Viele Analysten klagen über eine nicht ausreichende Unterstützung, was sich darin zeigen kann, dass benötigte EDV-Systeme fehlen, Entscheidungsträger nicht kontaktierbar sind, die richtigen Daten und Informationen fehlen und – für viele am bedeutsamsten – zu wenig Zeit für die Bearbeitung zur Verfügung steht. Angemessene Ressourcen für die Analysen, insbesondere Zugang zu Kunden, Quellen, EDV-Systemen und ausreichend Zeit, sind die entscheidenden Faktoren für eine effektive Funktionalität.

Kultivierung von CI-Analysten

Organisationen müssen die Mitarbeiter identifizieren, die erfolgreiche Analysen durchführen können. Sie müssen lokalisiert, interessiert, rekrutiert und schließlich in einem Bereich eingesetzt werden, in dem sie eine Chance haben, erfolgreich zu sein (Sawka 1997). Die erste schwierige Aufgabe besteht darin, Analysten mit großem Potenzial zu finden. Ihre Aus- und Weiterbildung ist dann mindestens genauso schwierig, denn allein die Ausbildung erfordert im Allgemeinen mehrere Jahre hingebungsvolles Mentoring und Monitoring. Hinzu kommen kontinuierliche formale Ausbildungskurse, um auf dem Laufenden zu bleiben, was Techniken, Technologien und EDV-Systeme angeht.

Es gibt einige Anfängerfehler, die tunlichst zu vermeiden sind. Forschung und Erfahrung in zahlreichen Organisationen haben gezeigt, dass Einsteigern typischerweise folgende Fehler unterlaufen:

- Sie liefern mehr Informationen als benötigt werden, anstatt Entscheidungsträgern rechtzeitig Erkenntnisse zu liefern, die Ausgangsbasis für einzuleitende Maßnahmen sind.

- Sie analysieren sofort ohne den richtigen Fokus, anstatt die kritischen Informationsbedürfnisse, Fragen und Themen für die Entscheider akkurat zu erheben.
- Sie produzieren Ergebnisse, die keine klaren, gegenwartsbezogenen Schlussfolgerungen erlauben, anstatt eine konsistente Analyse mit im Detail abgeleiteten Auswirkungen für den Entscheider in dessen Wettbewerbskontext zu erstellen.
- Sie verbringen mehr Zeit als nötig mit der Datenerhebung, anstatt qualitativ hochwertige Analysen zu erstellen.
- Sie streben größtmögliche Präzision über eine breitere Perspektive der Ergebnisse an, anstatt Fristen einzuhalten.
- Sie reichen die erhobenen Daten lediglich in Rohwertform oder kategorisiert an die Entscheider, anstatt die Interpretation von Fakten durchzuführen.
- Sie präsentieren Nice-to-know-Informationen, die den Entscheider davon abhalten, ein akkurates Verständnis der Ergebnisse zu erhalten, anstatt die "So what"-Essenz der Analyse dem Entscheider nahe zu bringen.
- Sie vertrauen auf Instinkt und Mutmaßungen, anstatt eine formale Bewertung der Effektivität und Wirksamkeit der Interaktionen mit den Kunden durchzuführen.
- Sie verwechseln „Fakten" mit Gerüchten und Spekulationen, anstatt bestätigte Aussagen zu erkennen.
- Sie achten zu stark auf historische oder aktuelle Auswirkungen, anstatt zukünftige Auswirkungen der analysierten Themen klarzustellen.

Einer der Hauptgründe für diese Analystenfehler ist, dass viele Organisationen schon daran scheitern, Analysten zu identifizieren und zu fördern. Ursache hierfür ist zumindest teilweise die Unkenntnis über die tatsächlich benötigten SKAE der Analysten (Skills/Fertigkeiten, Knowledge/Wissen, Abilities/Fähigkeiten und Experiences/Erfahrungen). Dieser Mangel an Verständnis wird erst langsam durch Anstrengungen im akademischen und professionellen Bereich abgebaut.

In den letzten Jahren wurden innerhalb des CI-Berufsverbandes (SCIP) Ansätze zur Herleitung und Dokumentation der Kompetenzen von CI-Analysten aufgestellt (SCIP 1997). Diese Listen gewinnen inzwischen an Länge und Bedeutung. Zudem gleichen sie sich einander immer mehr an, was der Forschung und Publikation von Ergebnissen zu verdanken ist. Für Unternehmen, die schon heute ihre CI-Analysten als Quelle für Wettbewerbsvorteile einsetzen oder beabsichtigen, dies zu tun, werden Entwicklung, Überwachung und Beurteilung von analytischen Kompetenzen eine zunehmende Bedeutung erlangen.

Zu diesen Kompetenzen gehören:

- Bewusstsein über personen-, kunden- oder organisationsbezogene Wahrnehmungsverzerrungen, Scheuklappen und tote Winkel
- Kontinuierliche Einführung neuer Techniken
- Anwendung von induktiven und deduktiven Argumentationen
- Kenntnis der angemessenen Zeitdauer und Anwendungsmöglichkeiten der verschiedenen Analyse-Tools
- Kenntnis der Wechselwirkung zwischen Datenerhebung und Analyse
- Professionelle Anwendung der grundlegenden Analysemethoden
- Erkennen des Zeitpunkts, an dem eine Analyse beendet sein und die Berichterstattung beginnen muss, um eine „Analyse-Lähmung" zu vermeiden
- Kreative Vorgehensweise und Verwendung alternativer Denkansätze.

Erfolgreiche Wettbewerbsanalyse erfordert von einem Analysten eine angemessene Balance zwischen folgenden Kontinua:

- Kreative versus wissenschaftliche Arten von Wissen
- Deduktion versus Induktion
- Menschliche versus technische Datenaufbereitung
- Einzelkämpfer versus Teamplayer
- Präzision versus Perspektiven
- Gegenwart versus Zukunft
- Qualitative versus quantitative Ansätze

Viele CI-Ausübende, insbesondere die Analysten selbst sowie die Unternehmen, bei denen sie beschäftigt sind, erkennen bereits die Notwendigkeit, den Analyseprozesses besser zu verstehen. Die unternehmensweite Wertschätzung und Integration von CI-Analysten wird voraussichtlich in den nächsten Jahren zunehmen, da immer bessere Erkenntnisse über die Bedeutung von erfolgreichen Konzepten des Managements und der Durchführung von CI-Analysen gewonnen werden.

Zusammenfassung

Dieser Beitrag enthält eine kurze Zusammenfassung der wichtigsten Fakten für das Management und die Durchführung einer Wettbewerbsanalyse. Dabei wurde aufgezeigt, worin die Herausforderungen beim Management des Analyseprozesses bestehen, die verwendeten Analysetechniken wurden beschrieben und die hierbei auftretenden Schwierigkeiten erläutert. Schließlich wurde auf den schwierigen Balanceakt eingegangen, den ein Analyst vollführen muss. CI-Analyse kann eine mächtige Wettbewerbswaffe im Kompetenzportfolio eines Unternehmens sein, jedoch haben bisher nur wenige Unternehmen dieses Potenzial erkannt und die aus einem besseren Wettbewerbsverständnis resultierenden Vorteile vollständig ausgenutzt.

5.4.2 communication lab: Issues Management – Unternehmenskrisen systematisch vermeiden

von Isabel Seidenabel und Dr. Christian Seidenabel

Fehlverhalten verfolgt die Öffentlichkeit trotz ansteigenden information overloads aufmerksam. Getragen von professionellen Interessensgruppen, die auf erhebliche Ressourcen zurückgreifen, kann ein negatives Meinungsbild heute eine ungeahnte und rasante Dynamik bekommen. Informationen werden weltweit online und in „realtime" getauscht. Die Märkte entwickeln sich in immer kürzeren Zyklen und etablierte Wertschöpfungsketten werden nachhaltig durcheinander gewirbelt. Gleichzeit hat der Wert immaterieller Unternehmens-Assets stark zugenommen. Interbrand kam 2002 bei der Bewertung der Marke Coca-Cola auf einen Wert von 72,5 Mrd. Dollar, was 51 % der gesamten Marktkapitalisierung des Unternehmens ausmacht. Auch wenn es unterschiedlichste Wege gibt, den Markenwert zu ermitteln, zeigt das Beispiel die enorme Bedeutung des Faktors Image. Das macht vor allem Großunternehmen verletzbar. Angesichts des dynamischen und intransparenten Unternehmensumfelds einerseits und der erheblich gestiegenen Werte von Marken andererseits stellt sich die drängende Frage, ob die Bemühungen der Unternehmen, Krisen und Reputationsverluste zu vermeiden, Schritt gehalten haben.

Trotz erschwerter Bedingungen kommen Unternehmenskrisen nicht aus heiterem Himmel. Kritische Themen sind in den Unternehmen in der Regel bekannt. Krisen und Skandale haben einen Lebenszyklus und bahnen sich an, bevor sie eine breite Öffentlichkeit erreichen. Das Topmanagement kann sich nicht auf das Bauchgefühl von Führungskräften verlassen, sondern muss systematische Management-Methoden zur Antizipation von Krisen suchen. Issues Management ist das geeignete Instrument, kritische Themen zu managen und Chancen zu nutzen, bevor es zu einer Beschädigung der Reputation kommt. Das Management-Instrument, das in den USA bereits Mitte der siebziger Jahre entwickelt wurde, wird mittlerweile auch in zahlreichen deutschen Konzernen, meist in der Kommunikationsabteilung und idealerweise mit direkter Reporting-Line zum Vorstandsvorsitzenden, umgesetzt. Eine Definition lautet:

> „Issues Management ist ein Instrument für das Unternehmen, relevante Themen (Issues) systematisch und frühzeitig zu beobachten, zu bewerten, konsistente Positionen zu diesen Issues zu generieren und die Issues in klar definierten Prozessen zu managen."

Es geht dabei nicht ausschließlich um ein eindeutiges Fehlverhalten des Unternehmens. Issues sind kontroverse Themen, zu denen es unterschiedliche Erwartungshaltungen gibt. Bereits wenn eine Teilöffentlichkeit konkrete Forderungen nach Verhaltensänderungen an ein Unternehmen stellt, obwohl dessen Verhalten bislang dem „common sense" und den „guten Sitten" entsprach, kann aus der Diskrepanz zwischen diesen Anforderungen und der Realität ein Issue entstehen. Daher ist es für den Issues Manager essentiell, permanent die Außenwahrnehmung zu ermitteln.

Abb. 5.30 Diskrepanz zwischen Wahrnehmung und öffentlicher Erwartung

Wie schädlich die äußere Wahrnehmung sein kann – auch wenn sie wenig mit der Wirklichkeit zu tun hat –, wird am Beispiel der Sixt AG ganz deutlich. Ohne Rücksprache mit der Sixt AG berichtete die „Prior Börse" am 5. Februar 2003, dass die Central Treuhand AG Wirtschaftsprüfungsgesellschaft als Abschlussprüfer der Sixt AG derzeit den Jahresabschluss 2002 prüfe und dass vor Erteilung des Testats "noch erheblicher Diskussionsbedarf" bestehe. Daraufhin gab der Kurs der Aktie stark nach. Und genau dieser Kurseinbruch war offenbar das Ziel des im Steuerparadies Cayman Islands beheimateten Hedgefonds "Absolute Return Europe" unter Leitung des ehemaligen Merrill-Lynch-Analysten Florian Homm. Mit fallenden Kursen lassen sich an der Börse schließlich exzellente Geschäfte machen.

Doch die Sixt AG blieb nicht untätig und handelte unmittelbar. Journalisten wurden kontaktiert und bereits am 7. Februar 2003 gab Sixt eine Pressemitteilung heraus, die faktenreich die Hintergründe des Angriffs darstellte. Dem entschlossenen Handeln des Managements ist es zu verdanken, dass Schaden vom Unternehmen und von den Aktionären abgewendet wurde.

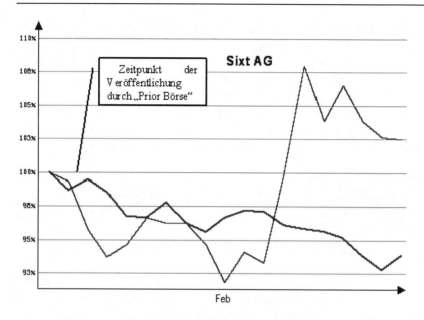

Abb. 5.31 Kursbewegung der Sixt AG im Februar 2003

Der beispielhafte Umgang mit einer Krise zeigt, dass Issues-Management-Prozesse durchaus keine schicke „Nice-to-have"-Funktion innerhalb großer PR-Abteilungen darstellen, sondern dass Issues Management den strategischen Umgang mit kritischen Themen generell definiert. Wichtig ist – von der Implementierung an –, maßgeschneiderte Prozesse und Methoden konsequent einzusetzen. Aus der Erfahrung bei der Einführung von Issues Management bei zwei internationalen Medienunternehmen lassen sich drei wesentliche Elemente definieren, die für den Erfolg der Management-Methode von größter Bedeutung sind:

1. Mitarbeiter
2. Prozesse
3. IT.

1) Mitarbeiter

Generell ist die Auswahl der Mitarbeiter die größte Herausforderung. Zum einen müssen sie zentrale Unternehmensfunktionen abdecken, die Schnittstellen zu Issues bilden können, dazu gehören u.a. Justiziare, Lobbyisten, Unternehmensentwickler und Controller. Weiterhin müssen sie auch in den geographisch wichtigsten Märkten arbeiten, um so Informationen schnell in die Unternehmenszentrale zu übermitteln. Aber nicht zuletzt ist die Persönlichkeit der Mitarbeiter ein entscheidendes Kriterium. Geeignete Kandidaten sind gut vernetzt, kommunikativ und haben ein spezifisches Expertenwissen. Ähnlich wie beim Wissensmanagement zählt beim Issues Management letztendlich die Motivation der Beteiligten – niemand kann tatsächlich gezwungen werden, Chancen und Risiken zu kommunizieren. Issues Management zielt darauf, einen Bypass zu den konventionellen, hierarchischen Berichtslinien zu etablieren, die mit Alltags-Reporting verstopft sind.

2) Prozesse

Issues Management besteht aus den Modulen Scanning und Monitoring, Analyse, Entwicklung der Strategie, Umsetzung der Strategie und Evaluation. Der Austausch von relevanten Informationen im Rahmen dieser Module und unter den beteiligten Mitarbeitern folgt klar definierten, unternehmensspezifischen Prozessen. Bei einem internationalen Konzern etwa, dessen Unternehmensbereiche eine hohe Autonomie besitzen, ist der Corporate Issues Manager für die Gesamtkoordination des Netzwerks, das Monitoring von Issues und für das Management der zentralen Corporate Issues verantwortlich. Die Issues Manager der einzelnen Unternehmensbereiche sind der Brückenkopf zur Unternehmenszentrale. Sie monitoren und managen die Issues ihrer Bereiche und steuern die Networker in ihren Unternehmen. Jede Organisation erfordert individuelle Prozesse, die alle Issues-Management-Schritte vollständig abbilden, dabei aber auch klar und einfach sein müssen. Zielführend ist es, sich an bestehende Prozesse, z.B. zur Notfallplanung, anzulehnen oder diese zu vernetzen sowie die Workflows an die Entscheidungs- und Management-Kultur des Unternehmens anzupassen.

3) IT

Zur wirkungsvollen Unterstützung der Prozesse ist eine adäquate IT sinnvoll. Die Plattform ist der virtuelle Arbeitsplatz des Issues Managers und Informationsdrehscheibe für alle am Prozess Beteiligten. Die Plattform sollte eine große Anzahl von Presseberichten zur Verfügung stellen, um Themen systematisch zu monitoren. Auch unternehmensinterne Informationen, z.B. Wordings und Positionen, sollten hochladbar sein. Im Rahmen des Projekts eines internationalen Medienkonzerns entwickelten wir aus diesem Grund mit hohem Aufwand eine eigene Lösung[28]. Heute gibt es aber bereits gleichwertige „Out-of-the-box"-Lösungen, etwa von Factiva, einem Joint Venture von Dow Jones und Reuters, welche die benötigten Prozesse abbilden können. Doch Presse-Monitoring alleine ist kein Issues Management, da hier Issues erst in einem (zu) späten Entwicklungsstadium des Lifecycles identifizierbar sind. Internet-Quellen decken dagegen meist ein früheres Stadium ab. Häufig ist es überraschend oder erschreckend zu beobachten, mit welcher Fachkenntnis und Detailinformation in Internet-Foren oder Discussion-Boards über das eigene Unternehmen, die Marken oder kritische Aktivitäten diskutiert wird. Zur Integration in das IT-System sind sie nur bedingt kompatibel, da die Anzahl relevanter Treffer unter der gesamten Datenmenge zu groß wird (Rauschen). Sinnvoller ist es, spezialisierte Unternehmen mit der Recherche und Aufbereitung der Internet-Information zu beauftragen.

Obwohl Issues Management in Deutschland großes Interesse erfährt[29], gibt es de facto fast kein Unternehmen, das Issues Management in voller Entwicklungsstufe betreibt. Die nicht zu unterschätzenden Herausforderungen von Issues-Management-Projekten sind nicht zuletzt der Grund dafür. Dazu gehört:

- Systematische Prozesse zu etablieren, die keine „Papiertiger" sind, sondern auf der einen Seite mit geringem organisatorischen Aufwand umsetzbar sind, zum anderen aber eine optimale Behandlung der Themen gewährleisten. In der Regel geht dies nicht ohne Reorganisation der betroffenen Abteilung.

- Objektive Bewertungsschemata für Issues zu entwickeln. Statt zwischen subjektiv „wichtigen Issues" oder „sehr wichtigen Issues" zu differenzieren, ist das Ziel eine einheitliche Bewertungsmatrix, die es erlaubt, nach allgemeinen und unternehmensspezifischen Kriterien Risiken zu quantifizieren. Operativ muss dieser Evaluationsprozess, der von den jeweiligen Issue-Experten und Themen-Verantwortlichen umgesetzt wird, einfach und vollständig sein. Die Evaluierung und Quantifizierung der Issues ist nicht zuletzt für die Akzeptanz von Issues Management beim Topmanagement von größter Bedeutung.

- Den Prozess nachhaltig – auch nach der anfänglichen Euphorie und Begeisterung der Beteiligten – am Leben zu halten. Das Issues Manage-

---

[28] Die entwickelte Issues-Management-Software erhielt 2003 den deutschen PR-Preis „Goldene Brücke".

[29] Aus einer im Herbst 1999 entstandenen informellen Arbeitsgruppe zum Thema Issues Management entstand 2003 Image (Issues Management) Deutschland e.V. mit renommierten Großunternehmen als Gründungsmitgliedern.

ment Network ist prinzipiell eine Form der Community, deren Mitglieder langfristig zu motivieren sind. Obwohl entsprechende Methoden aus dem Community-Building bekannt sind, entschlafen bei vielen Unternehmen die Projekte langsam.

Issues Management bedeutet eine große Chance für Unternehmen, sich den heutigen Risiken und Chancen in ihrem Umfeld wirkungsvoll zu stellen. Gerade in Zeiten von Budget-Kürzungen bietet Issues Management die Chance, Prozesse innerhalb und außerhalb der Corporate Communications zu straffen und sich auf die wesentlichen Themen zu konzentrieren. Trotzdem setzt die Einführung von Issues Management den entschiedenen Willen zur Veränderung voraus. Die Alternative – das permanente Risiko, die Unternehmensmarke zu beschädigen und Wert zu vernichten – ist in jedem Fall teurer und nur schwer korrigierbar.

5.4.3 Team Psychologie & Sicherheit: Distant profiling

von Dr. Everhard von Groote und Jens Hoffmann

Was ist distant profiling?

In sozialen Prozessen schätzen wir regelmäßig und natürlicherweise die Persönlichkeit des handelnden Gegenübers ein, da wir unsere eigenen Aktionen dahingehend ausrichten möchten, unsere eigenen Ziele durchzusetzen. Wir versuchen also, die Motive, das Temperament, die Schwachpunkte, die momentane Stimmung und vieles mehr zu erfassen, um den anderen auf unsere Linie zu bringen. Dabei greifen wir in der Regel auf so genannte implizite Persönlichkeitstheorien zurück, sprich: Modelle über das Wesen des Menschen, die wir selbst aufgrund unserer Lebenserfahrung aufgestellt haben. Diese impliziten Persönlichkeitstheorien haben den Schwachpunkt, dass sie selten wirklich bewusst und damit der Reflexion nur sehr eingeschränkt zugänglich sind. Dementsprechend sind sie oftmals recht grobmaschig und zudem durch individuelle Einstellungen und Moralurteile verzerrt. So verwundert es nicht, dass sie in der Vorhersage des Verhaltens anderer Menschen vielfach eher schlecht denn recht funktionieren (obgleich wir fast immer von der Richtigkeit und Brillanz unserer eigenen impliziten Persönlichkeitstheorien mehr als überzeugt sind). Es lässt sich zugleich eine beachtliche Spannbreite in der objektiven Qualität impliziter Persönlichkeitstheorien zwischen verschiedenen Personen beobachten, wobei gute Theorien sich beispielsweise durch die Aspekte Komplexität und moralische Unvoreingenommenheit auszeichnen.

Ähnlich verhalten sich die Dinge auch im Wirtschaftsleben. Beispielsweise werden Führungspersönlichkeiten konkurrierender Unternehmen analysiert mit dem Ziel, deren strategische Aktivitäten am Markt vorherzusagen. In der Regel geschieht dies unsystematisch, wobei sich die handelnden Akteure auf ihre Lebenserfahrung und Menschenkenntnis, also auf ihre impliziten Persönlichkeitstheorien, stützen. Das kann gut gehen, schießt jedoch nicht selten auch kräftig daneben.

Distant profiling in einem wirtschaftlichen Kontext führt auf der Grundlage psychologischen Wissens eine fachlich fundierte Analyse einer Zielperson durch mit dem Ziel, deren Handlungen, Einstellungen, psychologischen Charakteristika und Beeinflussbarkeiten vorherzusagen. Nach der Erstellung des psychologischen Profils kann dann in einem zweiten Schritt eine spezifische Aktionsstrategie entwickelt werden, etwa um in Verhandlungen möglichst erfolgreich agieren zu können.

Zur Geschichte des distant profiling

Die Wurzeln des distant profiling liegen in eher extremen Bereichen menschlichen Verhaltens, wurde der prinzipielle Ansatz ursprünglich doch eingeführt, um Diktatoren oder Verbrecher psychologisch einzuschätzen. Das bedeutet natürlich nicht, dass beim heutigen profiling im Wirtschaftsbereich die zu analysierenden Führungspersönlichkeiten in delinquenten oder pathologischen Gegenden vermutet werden. Vielmehr wurden hier, wie oft in der Psychologie, Verfahren und Prinzipien zunächst im Angesicht drastischerer Ausprägungen der menschlichen Psyche entwickelt und erprobt, bevor man feststellte, dass dieselben Wirkungszusammenhänge auch unter normalen Bedingungen Gültigkeit aufweisen.

Im Bereich der psychologischen Täterprofilerstellung geht es darum, aus den Spuren eines Verbrechens am Tatort Rückschlüsse auf fahndungsrelevante Merkmale des unbekannten Täters zu ziehen (Hoffmann u. Musolff 2000). Ursprünglich für die Aufklärung von sexuell motivierten Tötungsdelikten und Vergewaltigungen entwickelt, wurden die Verfahren auch auf weniger gewaltsame Taten wie Erpressungen übertragen. Es hat sich auf dem Feld des criminal profiling vielfach gezeigt, dass die Analyse der Verhaltensspuren eines Menschen weitreichende Rückschlüsse auf seine Persönlichkeit und seine Besonderheiten zulässt. Stehen bei der psychologischen Täterprofilerstellung noch nicht bekannte Täter im Visier mit der Absicht, deren Identität zu enthüllen, so beschäftigen sich andere Bereiche der angewandten Kriminalpsychologie mit der Bewertung des Verhaltens von Tätern, deren Namen man oftmals schon kennt. So ist es z.B. in Fällen von Geiselnahmen nicht von unmittelbarer Bedeutung, Fahndungsmaßnahmen zu unterstützen, sondern es ist von weitaus größerer Dringlichkeit, die Fremd- und Eigengefährdung des Täters aufgrund seines gezeigten Verhaltens und möglicherweise rasch zugänglicher biographischer Hintergrundinformationen einzuschätzen (von Groote 2002).

Ein weiterer entwicklungsgeschichtlicher Ursprung des modernen distant profiling liegt in der Persönlichkeitsanalyse von Politikern. Als eine der ersten Arbeiten und als eine heute noch lesenswerte Leistung psychobiographischer Analyse erarbeitete der Psychoanalytiker Walter C. Langner (1943) ein Profil von Adolf Hitler. Mitten im Krieg fertigte er mit seinem kleinem Team innerhalb nur eines halben Jahres ein psychologisches Portrait des Diktators an, wobei er sich maßgeblich auf Schriften von und über Hitler stützte und zudem Interviews mit Personen führte, die Hitler persönlich kannten. Zwar klingen einige seiner in der klassischen psychoanalytischen Theorie verwurzelten Interpretationen aus heutiger Sicht recht spekulativ, doch liest sich die Arbeit insgesamt noch immer spannend und prägnant. Faszinierend sind beispielsweise die Prognosen Langners hinsichtlich Hitlers Verhalten bei einer Niederlage: Von acht Möglichkeiten hielt er die Selbsttötung Hitlers für die wahrscheinlichste (Musolff u. Hoffmann 2001).

Ab den 60er Jahren begann die CIA, ein Zentrum zur Analyse von Führungspersönlichkeiten und politischen Prozessen einzurichten, in dem Vertreter unterschiedlicher Disziplinen zusammenarbeiteten. Ihre Aufgabe war es, den politischen Entscheidungsträgern der USA zu vermitteln, wie die Führer anderer Nationen psychologisch „ticken". In der Geschichte des political profiling bildeten die Camp-David-Verhandlungen im Jahr 1978 einen Meilenstein (Post 1979; Carter 1983). Der damalige US-Präsident Jimmy Carter hatte sich mit Israels Premierminister Begin und dem ägyptischen Präsidenten Sadat mehrere Tage zurückgezogen, um über Nahost-Friedens-Vereinbarungen zu verhandeln. Zuvor erstellte psychologische Profile hatten die Widersprüchlichkeit der beiden politischen Führer offenbart: Sadat sah sich in einem narzisstisch übersteigerten Selbstbild als visionären Führer, die CIA-Profiler sprachen hier von einem Nobel-Preis-Komplex, der von der wachsenden Besessenheit Sadats von der eigenen Rolle in der Geschichte geprägt war. Dementsprechend hatte er wenig Interesse an kleineren Details in Verhandlungen, sondern war alleine am großen Durchbruch interessiert. Begin dagegen war geradezu fixiert auf Details und genaue Regelungen. In einem psychologischen Verhandlungskonzept wurde für den Verhandlungsleiter Carter eine Strategie entwickelt, wie er die komplementären Charaktere auf eine Linie bringen könnte. Dabei wurden u.a. unterschiedliche Verlaufsszenarios mit jeweils spezifischen Taktiken entworfen. Die Camp-David-Gespräche führten schließlich zu konkreten Verträgen und ironischerweise auch zu einem gemeinsamen Friedensnobelpreis für Begin und Sadat. In seiner Autobiographie "Keeping Faith. Memoirs of a President" rechnete US-Präsident Carter den psychologischen Profilen einen entscheidenden Anteil für den Erfolg der Verhandlungen zu.

Bei politischen Entscheidungen in den USA und in anderen Staaten ist das profiling mittlerweile eine Standardprozedur. Zunehmend gewinnt diese Form der psychologischen Fernanalyse aber auch im wirtschaftlichen Bereich an Bedeutung.

Datenquellen des distant profiling

Traditionell besteht die psychologische Methodik zur Einschätzung der Persönlichkeit zum einen in der Anwendung psychologischer Tests und zum anderen in klinischen Gesprächen, die mit der zu beurteilenden Person geführt werden. Bei der Persönlichkeitsanalyse ohne direkten Zugriff auf den zu analysierenden Manager ist solch eine Vorgehensweise selbstredend nicht möglich. Hier muss aus der Distanz eine differenzierte Bewertung vorgenommen werden. Mit der zunehmenden Vielfalt und Verbreitung von Medien und elektronischen Informationssystemen sind leichter denn je Datenquellen für diese Aufgabe zu erschließen. So lassen sich beispielsweise über das Internet und kommerzielle Datenbanken Interviews mit Wirtschaftsführern sowie biographische Angaben und Artikel über diesen Personenkreis recherchieren. An dieser Stelle kommt immer wieder der Einwand, dass das Auftreten in den Medien von Personen des öffentlichen Lebens bewusst kontrolliert wird, um eine bestimmte Außenwirkung zu erzielen. Dies ist tatsächlich der Fall, doch spricht bereits das in die Öffentlichkeit transportierte Wunschbild der eigenen Person, psychologisch betrachtet, Bände. Auch die Differenz zwischen angestrebter Außenwirkung und dem realen Auftritt vermag äußerst aufschlussreich zu sein. Zudem kann die individuelle Benutzung kleinster verbaler Einheiten wie etwa die Frequenz der Wörter „Ich", „Wir" und „Aber" Rückschlüsse auf die Persönlichkeitseigenschaften und die momentane psychische Verfassung zulassen (Weintraub 1981). Auch qualitativ interpretierende Verfahren wie das der objektiven Hermeneutik vermögen aus verblüffend wenigen Äußerungen einer Person Informationen über ihre psychologischen Hintergründe zu generieren (Dern 1998; Hoffmann u. Musolff 2000). Tatsächlich wird das Potenzial legal und öffentlich zugänglicher Informationen in dem Bereich der Persönlichkeitseinschätzung von Wirtschaftsführern stark unterschätzt. Verdeckte Informationsgewinnungen beispielsweise durch getarnte Ermittler sind nicht notwendig und zudem auch ethisch mehr als zweifelhaft. Als eine weitere Quelle lässt sich nahezu immer eine Person erschließen, die einmal näheren Kontakt mit der zu analysierenden Führungspersönlichkeit hatte und über die mit Hilfe elaborierter Fragetechniken psychologisch wichtige Informationen gewonnen werden können.

Der methodische Werkzeugkasten des distant profiling

Wie wertet man nun die gewonnenen Daten aus, um ein psychologisches Profil der Person zu erstellen, auf die sich das Interesse richtet? Im Bereich der Competitive Intelligence wird bereits seit langem der Meyers-Briggs-Typen-Indikator (MBTI) als probates Mittel aufgeführt, welches es auch dem psychologischen Laien ermöglichen soll, eine differenzierte und valide Analyse eines Managers durchzuführen. Das Schema wurde bereits in den 30er Jahren entwickelt und greift auf ein Typenmodell des Schweizer Psychoanalytikers Carl Gustav Jung zurück. Zwar haben einige der Konzepte Jungs und seiner Nachfolger noch immer große Bedeutung und seine Rolle als Pionier und Innovator seiner Disziplin ist unbestritten, doch hat die Psychologie in den vielen Jahrzehnten, die seitdem vergangen sind, substanzielle Fortschritte gemacht. Der MBTI gilt deshalb aus psychologischer Sicht als Instrument für distant profiling als veraltet und bei weitem nicht mehr dem state of the art entsprechend. So existieren beispielsweise deutlich weiterentwickelte Systeme der Persönlichkeitsdimensionierung, auf eines wird unten genauer eingegangen werden.

Als zweiter kritischer Punkt des Einsatzes des MBTI ist die Vorstellung zu nennen, dass jedermann innerhalb kurzer Zeit eine aussagekräftige und psychologisch substanzielle Einschätzung einer Person vornehmen kann, die ihm in der Regel nicht einmal persönlich bekannt ist. Dabei sollen biographische Daten, das Entscheidungsverhalten des Wirtschaftsführers und weitere Informationen in einem Baukastensystem strukturiert werden. Am Ende steht eine Typenzuordnung, die den Anwender mit einer detaillierten Liste mit Eigenschaften des Managers versorgt. So simpel und berechenbar ist die menschliche Persönlichkeit allerdings nicht. Das Versprechen, dass somit die Komplexität und der Facettenreichtum moderner Psychologie heruntergebrochen und auf ein leicht handhabbares Verfahren für jedermann reduziert werden können, ist illusionär. Es ist außerdem gefährlich, unternehmerische Entscheidungen aufgrund von Analysen zu treffen, die oftmals nur psychologische Scheinrealitäten repräsentieren. Ist keine Experteneinschätzung möglich, die die vorhandenen Informationen in einer individuellen Persönlichkeitsanalyse kompetent aufarbeitet, bleibt zu fragen, ob die Risiken einer schematischen Profilerstellung nach dem MBTI nicht deren Chancen übersteigen, gerade wenn weitreichende Entscheidungsprozesse anstehen.

Wir möchten nun einige Ansätze vorstellen, die wir im distant profiling einsetzen (von Groote u. Hoffmann 2003). Wir haben einen methodischen Werkzeugkasten zusammengestellt, dessen Instrumente je nach Anforderungen, Zielstellung und Informationslage individuell ausgewählt werden. Dabei beachten wir u.a. folgende Aspekte der Persönlichkeit:

- *Motive:* z.B. Macht, Zugehörigkeit
- *Einstellungen:* z.B. Werte
- *Eigenschaften:* z.B. Impulskontrolle, Soziabilität
- *Affekte:* z.B. Aggression, Ängstlichkeit
- *Kognition:* z.B. Intelligenz, kognitive Komplexität
- *Psychobiographie:* z.B. prägende Lebensereignisse, Erfolge und Misserfolge

Neben den bereits aufgeführten Methoden der objektiven Hermeneutik und Analysen verbalen Verhaltens, die vornehmlich auf die Syntax und auf paralinguistische Größen abzielen, greifen wir auf ein Modell der Persönlich-

keitsakzentuierung zurück, welches sich auf umfangreiche klinische Forschungen stützt (vgl. z.B. Fiedler 2001). Hierbei verstehen wir unter „Persönlichkeit" die einzigartige, zeitlich relativ stabile Grundform menschlichen Seins. Dabei ist jeder Mensch anders, doch gibt es verschiedene Akzentuierungen. In bestimmten Berufsgruppen treten jedoch manche Akzentuierungen gehäuft auf. So ist beispielsweise eine dependente Akzentuierung nicht mit Führungsaufgaben vereinbar, ist diese Persönlichkeitsstruktur doch durch Unselbstständigkeit, Ängstlichkeit, wenig soziale
Kompetenz und eine hohe Außenabhängigkeit gekennzeichnet. Folgende
vier Akzentuierungen sind verstärkt in Managerkreisen zu beobachten:

Die narzisstische Akzentuierung: Diese Persönlichkeiten sind von einem
Gefühl der eigenen Grandiosität durchdrungen. Sie hängen ausufernden
Fantasien von Macht, Erfolg und idealer Liebe an und besitzen zugleich
ein fehlendes echtes Einfühlungsvermögen in andere Menschen. Ihr Streben nach Anerkennung und Bewunderung motiviert sie oft für Höchstleis-
tungen und große Anstrengungen, eine besondere Position zu erreichen
leitet ihr Karrieredenken. Ihr Narzissmus ist aber auch ihr Schwachpunkt:
Da sie von äußerer Anerkennung abhängig sind, lassen sie sich über diesen
Kanal oftmals gut steuern. Auf Zurückweisungen können Narzissten mit
beachtlicher Kampfeslust und Verbissenheit reagieren.

Die psychopathische Akzentuierung: Anders als in der Umgangssprache
sind Psychopathen nicht gleichzusetzen mit unberechenbaren Gewalttä-
tern, sondern bezeichnen eine Charakterkonfiguration, die zwar nicht selten auf die schiefe Bahn gerät, oft aber auch beachtliche Führungsqualitä-
ten aufweist. Psychopathen sind innerlich kühl, sie vermag kaum etwas aus
der Ruhe zu bringen und sie sind nicht in der Lage, tiefe Emotionen zu
verspüren. Zugleich verfügen sie jedoch über die Fähigkeit, andere Menschen äußerst geschickt zu manipulieren, wobei sie sich häufig sehr geschickt des Mittels des Charmes bedienen. Sie sind extrem auf ihren Vorteil bedacht und wie die Narzissten von ihrer eigenen Großartigkeit überzeugt. Der Umgang mit psychopathischen Persönlichkeiten ist auch für erfahrene Psychologen nicht leicht, dennoch lassen sich auch bei ihnen in
der Regel Schwachstellen herausarbeiten, an denen eine Interventionsstra-
tegie ansetzen kann.

Die paranoide Akzentuierung: Solche Persönlichkeiten sind von einem
tiefen Misstrauen beseelt und haben deshalb auch ein extremes Kontrollbe-
dürfnis über andere, was sie als Vorgesetzte nicht unbedingt beliebt macht.
Auch sie fühlen sich anderen meist überlegen und agieren oft provokant,
um ihre Mitarbeiter und Geschäftspartner zu verunsichern und aus der Reserve zu locken. Gelegentlich treten bei ihnen aggressive Durchbrüche auf.

Die zwanghafte Akzentuierung: Derartig strukturierte Personen legen
viel Wert auf ein geordnetes Leben und sind sozial hoch angepasst. Sie be-

sitzen eine rigide Art zu denken, sie arbeiten fleißig und gewissenhaft und haben einen perfektionistischen Anspruch sich selbst, aber auch anderen gegenüber.

Oftmals treten Akzentuierungen nicht in Reinform auf, sondern mischen sich bzw. bilden Kombinationen. Auch würde es niemals ausreichen, für eine seriöse Analyse sich alleine auf eine solche Typenzuordnung zu beschränken. Weitere Dimensionen der Persönlichkeitseinschätzung kommen immer hinzu, sodass ein der menschlichen Komplexität angemessenes Profil entsteht, aus dem dann Verhaltensvorhersagen unter spezifischen Rahmenbedingungen und konkrete Ansätze der Beeinflussung abgeleitet werden können.

Wann ist distant profiling vor allem hilfreich?

Der einsame Firmenpatriarch, der im Alleingang über sein Imperium herrscht, ist selten geworden. Manager arbeiten heute vielmehr vernetzt und beeinflusst von äußeren Sachzwängen, dennoch gibt es noch immer innovative und charismatische Führungspersönlichkeiten, die den Stil ihrer Firma prägen. Kurz zusammengefasst, wirkt sich die Manager-Persönlichkeit unter drei Bedingungen besonders entscheidend auf das Handeln des Unternehmens aus:

- Die Führungspersönlichkeit hat eine strategische Position inne, sie hat viel Macht.
- Das Unternehmen ist hierarchisch auf sie ausgerichtet.
- Die Situation ist uneindeutig oder labil, es gibt keine klaren Routinen.

Aber auch in Gruppenprozessen kann distant profiling eingesetzt werden, allerdings muss hier dann z.T. auf andere Instrumente, vor allem aus der Sozialpsychologie zurückgegriffen werden. In komplexen Führungszusammenhängen hat es sich zudem bewährt, Wirtschaftsprofiler in interdisziplinäre Teams zu integrieren. Dadurch kann das Manager-Verhalten gemeinsam aus verschiedenen Perspektiven, etwa strategischen, kulturellen und psychologischen, analysiert werden und ein umfangreicheres Gesamtbild entsteht, welches genauere Vorhersageszenarios und Einschätzungen ermöglicht.

Ein Fallbeispiel für distant profiling

Ein stark vereinfachtes Beispiel soll die Vorgehensweise des distant profiling skizzieren. Ein Konzern, mit dem ein anderes Unternehmen bald in wichtige Verhandlungen treten wird, hat einen Wechsel an der Führungsspitze vorgenommen. Es geht darum, ein Profil des neuen Vorstandsvorsitzenden Herrn Maier zu erstellen und daraus resultierend Gesprächsstrategien zu entwickeln.

Die Psychobiographie zeigt, dass der Jurist bereits direkt nach dem Studium in den Konzern eingestiegen war und einen sehr konservativen Karriereaufstieg durchlaufen hat. Er pflegt unauffällige Hobbys, die als standesgemäß gelten, wie Segeln, Rotwein und Opern. Außerhalb seiner Branche ist Maier kaum jemandem aufgefallen. Bei der Pressekonferenz, auf der seine Ernennung bekannt gegeben wird, bleibt er zunächst am Rande sitzen, denn er steht offenbar nicht gerne im Mittelpunkt. Maier charakterisiert sich selbst in einem Interview als perfektionistisch und ungeduldig, der stets versucht, sich in alle Details einzuarbeiten. Geht es ihm manchmal nicht schnell genug, kann er gegenüber Mitarbeitern auch ungeduldig werden. Er berichtet weiterhin, manchmal Unwichtiges von Wichtigem nicht ausreichend unterscheiden zu können. Maier hält Prinzipientreue und Moral für ein sehr wichtiges Gut. „Wer die Welt nur ein kleines bisschen besser und gerechter machen kann, der hat seinen Lebenssinn erfüllt" lautet einer seiner Leitsätze.

Welche Persönlichkeitszüge sind bei Maier besonders stark ausgeprägt? Es zeigt sich eine deutliche zwanghafte Akzentuierung. Er möchte nicht gerne auffallen und handelt stark an externen Normen orientiert. Auch seine moralischen Vorstellungen sind sozial sehr angepasst. Eines der Hauptmotive in seinem Managerhandeln ist es, nichts falsch zu machen und im Sinne einer Sollübererfüllung durch Fleiß sein Unternehmen voranzubringen. Was heißt das für seine Arbeit? Von solch einer Persönlichkeit sind im Führungsstil keine Innovationen und Umschwünge zu erwarten. „Erneuerungen" werden dann eingeführt, wenn sie sich bereits bei anderen Firmen, insbesondere solchen mit dem Ruf eines Traditionsunternehmens, bewährt haben. Unter Maiers Einfluss wird der Konzern auf dem Markt berechenbar agieren und nicht aggressiv versuchen, neues Terrain zu erobern. Maier wird versuchen, den Konzern kontinuierlich weiterzuentwickeln. Harte Einschnitte und massive Richtungsänderungen wird er versuchen zu vermeiden.

Nehmen wir an, Sie bereiten sich auf Verhandlungen mit Maier vor. Worauf sollte man achten? Maier wird am ehesten einen Draht zu Menschen finden, die ihm ähnlich sind. Dies gilt übrigens für uns alle. So sehr uns Gegensätze reizen mögen: Letztlich bevorzugen wir im persönlichen Umgang Menschen, die uns in ihrer Art zu denken und zu fühlen, in ihren Einstellungen und Werten ähnlich sind. Maier wird also am besten mit einem eher bescheiden auftretenden, konservativ gekleideten Menschen, der ebenfalls die Details liebt, zueinander finden. Ein stark von sich selbst überzeugter Visionär hätte hingegen eher Probleme, einen Zugang zu finden. Das Profil kann hier also bereits bei der Auswahl des geeigneten Gesprächspartners helfen.

Auch zur Bestimmung einer geeigneten Gesprächsstrategie und geeigneter Taktiken kann das Profil sehr hilfreich sein: Menschen, die so wie Maier „ticken", brauchen Details, um sich wohl zu fühlen. Sie sind für eher einschmeichelnde Taktiken, die bei Menschen mit narzisstischer Persönlichkeitsakzentuierung sehr effektiv sind, nahezu unempfänglich. Sie werden nicht auf große Visionen einer goldenen Zukunft aufspringen, sind aber für kleine und handwerklich sauber vorgetragene Schritte empfänglich. Maier braucht das Gefühl der Kontrolle: Er wird dann anfangen, sich innerlich zu sperren, wenn er den Eindruck gewinnt, dass ihm die Kontrolle über das Geschehen entgleitet. Also benötigt er Papiere, ausgedruckte Folien, Quellenangaben für alle Fakten. Wenn man ihm dann noch glaubhaft vermitteln kann, dass das gemeinsame Vorhaben moralisch anspruchsvoll ist, steht guten gemeinsamen Geschäften nichts mehr im Wege.

Einsatzfelder des distant profiling

Distant profiling ist eine Methode, mit der das Verhalten eines Menschen beschrieben und analysiert wird. Auf der Grundlage des so gewonnenen Profils können Verhaltensvorhersagen für unterschiedliche Szenarios erstellt werden. Weiterhin können auf dieser Grundlage Beeinflussungsstrategien, z.B. in Form von Verhandlungsstrategien und Gesprächstaktiken, geplant werden. Im Unternehmenskontext sind verschiedene Einsatzfelder möglich. Ein Profil des neuen starken Mannes an der Spitze des Mitbewerbers kann helfen, seine zu erwartende Strategie am Markt zu antizipieren. In der Vorbereitung auf hochrangige Gespräche wird dieses in der Politik lange bewährte Mittel auch im wirtschaftlichen Kontext hilfreich sein, seinen Gesprächspartner besser zu verstehen und zielgerichteter mit ihm kommunizieren zu können. Auch wenn einzelne Menschen das Unternehmen angreifen und beispielsweise durch Klagen vor Gericht oder durch Pressekampagnen schädigen, macht es Sinn, sich mit den Beweggründen der betreffenden Person und seiner Persönlichkeit genauer zu befassen, um eine geeignete Gegenstrategie entwerfen zu können.

5.4.4 Deutsche Börse Systems AG: Textmining im Dienste von Competitive Intelligence

von Dr. Wolfgang Finkler

Die meisten Akteure, zu deren Tagesgeschäft Wettbewerbsbeobachtung gehört, leiden unter einem Begleitumstand, der mit dem Namen „Informationsüberflutung" (engl. information overload) bezeichnet wird. Davon betroffen sind sowohl Profis als auch Kollegen, die erst relativ kurz oder nur ab und zu in diesem Geschäft aktiv sind, da es nicht wirklich möglich ist, diesem Phänomen unserer schnelllebigen Gesellschaft zu entkommen. Jedoch braucht man wegen dieses Umstandes nicht zu verzweifeln: Verbesserungen der Situation können durch die Verwendung von Techniken, Werkzeugen oder Diensten erzielt werden, wie sie u.a. im Gebiet des „Textmining" bekannt geworden sind.

Nach einer kurzen Darstellung wichtiger Treiber der Informationsüberflutung und deren Auswirkungen auf Analysten im Bereich Competitive Intelligence präsentieren wir in diesem Beitrag einen Überblick über Funktionalitäten des Textmining. Deren unterschiedlichen Einsatzvarianten im Competitive Intelligence System EXOTIC der Gruppe Deutsche Börse und deren Suchmaschine Xpider® werden abschließend diskutiert.

Informationsüberflutung

Einhergehend mit der immer schneller wachsenden Detailmenge und Verzahnung der Bestandteile von Spezialwissen und der Alterung bestehender Bestände wächst auch die Zahl der Präsentationen und Austauschmöglichkeiten dieser Wissensbestände. In diesem Zusammenhang gehören die derzeitige Nutzung des Internet und des World Wide Web zu den wichtigsten Treibern der Daten- und Informationsflut. Allein für diesen Bereich können stark differierende Varianten des Phänomens beobachtet werden:

- die immer weiter wachsenden Möglichkeiten, von Arbeitsplatzrechnern oder auch kabellosen Geräten aus weltweit Informationen zu empfangen oder zu übermitteln,
- die explosionsartig wachsende Zahl an Websites, Links, Dateien oder Streams, die aus dem Internet heruntergeladen werden können und in Indices von Suchmaschinen nur teilweise enthalten sind,
- die von Unternehmen angenommene Notwendigkeit, eine eigene Web-Präsenz zu betreiben, auf der die neuesten Ankündigungen, Produktbeschreibungen und auch Transaktionsmöglichkeiten angeboten werden,

- die Existenz einer Vielzahl von redundanten Dokumenten, deren Inhalte sich nur marginal unterscheiden, die jedoch für die Belange kulturell unterschiedlicher Zielgruppen oder beispielsweise wegen regulatorischer Restriktionen angepasst und dadurch vervielfältigt worden sind,
- ganz zu schweigen von den multilingualen Aspekten gegenwärtiger Ansätze zur Publikation im "globalen Dorf" Internet, beispielsweise den Publikationen auf zentralen Servern der EU in den Amtssprachen der Mitgliedsländer.

Für die Nutzer des Internets gibt es gegenwärtig etliche Aktivitäten, um die durch die Informationsüberflutung entstehenden Schwierigkeiten abzumildern. Dazu gehört, dass spezielle Protokolle, Ontologien oder Formate definiert werden, beispielsweise im Umfeld des „semantic web", der Web-Services oder des XML-basierten Austausches annotierter Informationseinheiten. Hier muss jedoch festgestellt werden, dass der Fortschritt in diesen Gebieten noch nicht Schritt halten kann mit dem Wachstum der Informationsmengen.

Ein weiterer Beitrag zur Informationsüberflutung wird durch die rasante Zunahme der Zahl der Informationskanäle, Newsticker sowie weiterer Multimediadienste und Recherchedatenbanken geleistet. Hier versuchen die Anbieter, noch das kleinste Unterthema, das für einen Kundenkreis von Interesse sein könnte, zu bedienen oder man befindet sich etwa im Umfeld von Anbietern von Realzeitinformationen, die private oder gewerbliche Entscheider, Investoren oder Laufkundschaft anzusprechen versuchen.

Schränkt man den Blick auf ein engeres Gebiet ein – auf die Ebene eines Unternehmens –, so kann man beobachten, dass auch hier eine zunehmende Zahl an Anschreiben und Meldungen erfolgt, beispielsweise personalisierte Kommunikation im Bereich der endkundenorientierten Marketinginitiativen. Ein weiteres Element der Informationsüberflutung im Umfeld von Unternehmen ist die suboptimale Ausgestaltung und Nutzung von Anwendungen bei Helpdesks. Hier ist oftmals zu beobachten, dass eine wachsende Zahl von Problembeschreibungen und Tickets erstellt wird, die im Unternehmen zirkulieren, bevor sie schließlich bei einem Bearbeiter landen, der zu einer passenden Antwort beitragen kann.

Darüber hinaus darf nicht unerwähnt bleiben, dass im Unternehmensumfeld oft eine unglaubliche Zahl an redundanten „Versionen" ein und desselben Dokumentes in getrennten Informationssilos von Niederlassungen, Abteilungen oder gar benachbarten Projektteams existiert. Dies gilt auch für Fakten, Analysen und Studien im Umfeld von Competitive Intelligence, die zum Nutzen der Firma gemeinsam eingesehen werden sollten, um u.a. Zeit zu sparen, Mehrarbeit zu vermeiden oder interdisziplinäre Arbeitsweisen zu unterstützen.

Auswirkungen der Informationsüberflutung auf CI-Praktiker

Ein Wettbewerbsanalyst wird bei seiner Arbeit typischerweise eine Reihe negativer Auswirkungen der Informationsüberflutung bemerken, insbesondere, wenn es um die Arbeitsschritte der Materialsammlung und der Auswertung dieser Dokumente geht:

- Unter Umständen ist man nicht in der Lage, das Puzzle an Rohmaterialien und Hintergrundinformationen geeignet zusammenzusetzen, um ein Muster oder einen Trend zu erkennen und die Bedeutung einzelner Einheiten einschätzen zu können. Aufgrund der schieren Menge an schnell gesammelten Dokumenten ist man evtl. länger damit beschäftigt, irrelevante Bestandteile auszufiltern, als man für die Datensammlung einplanen kann.
- Es fehlt ein Vollständigkeitskriterium: Die Befürchtung, essentielle Fakten oder Informationen noch nicht gefunden zu haben, die für die Aufgabenstellung dienlich oder gar unerlässlich sein könnten, kann zu noch größeren Datensammlungen führen (beispielsweise ein kontextfreies Debriefing der Verkaufsmannschaft für spätere Markteinschätzungen).
- Eine unglückliche Situation tritt ein, wenn bei der Materialsammlung und dem Recherchieren stundenlang nach einem Element gesucht wird, das nach eigener Einschätzung oder der der Auftraggeber existieren muss, aber unter all den anderen Dokumenten nicht gefunden werden kann.

Textmining: Was bietet es an?

Die Forschungsliteratur zum Thema Textmining umfasst eine Reihe recht unterschiedlicher Funktionalitäten und Techniken. Während der Begriff Textmining selbst relativ jung ist, versteht man darunter auch mehrere etablierte, jahrzehntealte Ansätze, die aus dem Gebiet der Informationswissenschaft herrühren. Gleichzeitig sind Arbeiten zum Textmining oft überlappend mit neueren Ansätzen, die im Bereich der Verarbeitung natürlicher Sprache der Künstlichen Intelligenz oder der Computerlinguistik sowie beim Maschinellen Lernen eingeordnet werden.

Die meisten Funktionalitäten des Textmining sind darauf ausgelegt, zum verbesserten Zugriff auf Informationen beizutragen oder zur Entdeckung und Visualisierung von Beziehungen zwischen Elementen in einem Universum aus textueller Information. Unter diesen Funktionalitäten sind zu finden:

Textkategorisierung, das ist die Bestimmung der Zugehörigkeit eines Dokumentes zu einer Klasse oder einer Menge von Zielkategorien. Hierbei wird oft ein Maß berechnet, das angibt, wie gut ein Dokument zu den ermittelten Zielkategorien passt. Diese Funktionalität wird für Zwecke des Filterns, der Sortierung und Organisation von Dokumentmengen oder für die automatische Weiterleitung von Dokumenten verwendet.

Wrapper-Anwendungen, die Entdeckung von gewissen Werten in strukturell bekannten Einheiten in einer Reihe von Dokumenten. Die Werte werden aggregiert, in komprimierter Weise, etwa als Tabelle, präsentiert oder an Abonnenten verschickt, sobald sie erkannt worden sind.

Textzusammenfassung, das ist die Extraktion und/oder Generierung von Schlüsselaussagen einer textuellen Quelle. In eingeschränkter Weise erlaubt diese Funktionalität ein schnelles Durchsehen großer Dokumentmengen, da sie nur Passagen von der Größe eines Abschnittes pro Dokument bereitstellt.

Sprachidentifikation, die Erkennung der vorherrschenden Sprache eines Dokumentes ist ein sehr einfaches, aber effektives Mittel, um einen riesigen mehrsprachigen Dokumentenraum zu partitionieren. Die Funktionalität kann etwa dazu verwendet werden, die Abonnements von Endkunden zu bedienen, die Sprachpräferenzen in ihrem Auftrag bzw. ihrer Anfrage geäußert haben.

Topic Clustering, das ist die automatische Entdeckung von Merkmalskombinationen und von Untereinheiten/Untergruppen innerhalb einer Menge von Dokumenten, die nicht im Vorhinein als Muster bzw. Kategorie spezifiziert worden sind. Statt die Zugehörigkeit zu Kategorien durchzuführen, kann diese Mining-Funktionalität dazu verwendet werden, neue Ordnungsschemata für eine Menge von Dokumenten auszuarbeiten oder zur Entdeckung von Dokumentdoubletten in Informationscontainern beizutragen. Darüber hinaus kann auf dieser Basis automatisch eine Wissenslandkarte aufgesetzt werden, die Grundlage für eine Visualisierung bzw. Navigationsanwendung ist.

Informationsextraktion, das ist die Funktionalität, relevante Information aus Fließtexten in einer heterogenen Textmenge unterschiedlicher Dateitypen, Formate oder Herkunftsorte zu finden. Diese Informationseinheiten werden dann extrahiert, eventuell in eine generische Form transformiert und in Schablonen aufgenommen, die für den Extraktionstask vorbereitet worden sind.

Ohne Frage unterstützt eine solche Funktionalität Competitive Intelligence ungemein. Hierdurch kann etwa ein automatisches Aktualisieren innerhalb einer Wettbewerberdatenbank ausgeführt werden, etwa für das Monitoring von Wechseln im Management. Diese Funktionalität trägt dazu bei, die Lücke zwischen unstrukturierter Eingabe (Texte) und strukturierten Formaten und Datenbankeinträgen zu schließen, die ansonsten die Analysten durch eigene Aktivitäten überwinden müssten.

Textanalyse, das sind die fortschrittlichsten Textmining-Funktionalitäten, die etwa morphologische, syntaktische Analyse oder gar semantische Interpretation umfassen und oft im Gebiet der Computerlinguistik angesiedelt sind. Sie werden durchgeführt, um die Inhalte von Textquellen auszuwerten. Unter den Anwendungsfällen sind die Anreicherung von Domänenlexika, Ontologien oder von Wissenslandkarten zu nennen.

Diese eindrucksvolle Aufzählung von Funktionalitäten und möglichen Einsatzgebieten von Textmining mag auf den ersten Blick wie eine visionäre Einkaufsliste aussehen. Die gute Nachricht an dieser Stelle ist, dass eine wachsende Zahl an implementierten Lösungen für die eine oder andere Funktionalität bereits verfügbar und aus dem Stadium der Forschungsprototypen entwachsen ist. Schlechte Nachricht: Alle Ansätze müssen mit herausfordernden Randbedingungen umgehen, die bewirken, dass die Funktionalitäten nur noch mehr oder weniger geeignet sein können.

Da ist zunächst zu nennen, dass meist multilinguale Quellen bearbeitet werden müssen. Entweder ist in den Textmining-Anwendungen ein geeignetes domänenspezifisches Lexikon aufzubauen und entsprechende Vorverarbeitung zu leisten, etwa um multilinguale Stoppwörter zu kennen. Oder man benötigt hier eine angemessene Menge an mehrsprachigen Trainingsmengen, falls es sich um Ansätze des Maschinellen Lernens handelt, die mit mehrsprachigen Dokumenten umgehen sollen. Beide Varianten benötigen wiederholte Wartungsaufwände und eine Adaption der zugrunde liegenden Systemwissensquellen, um mit neuen Umgebungen und Anwendungsfällen umgehen zu können.

Als Nächstes muss entschieden werden, welcher der Textmining-Ansätze für welches Einsatzgebiet Verwendung finden kann. In sehr zeitkritischen Anwendungen, in denen eine hohe Durchsatzrate im Sinne von Dokumenten pro Zeiteinheit bearbeitet sein muss, kann man nur so genannte „Flache Analysemethoden" (engl. ‚shallow processing') einsetzen. Diese Methoden wiederum können in Fragestellungen ausgefeilter Textanalyse keine Aussage treffen oder bei der Generierung kohärenter Textzusammenfassungen behilflich sein.

Textmining-Ansätze können sich stark darin unterscheiden, ob sie für ihre eigenen Ergebnisse interne Repräsentationen aufbauen und zur Verfügung stellen. Eventuell sind Inferenzen und Navigationsmöglichkeiten auf Basis der internen Zwischenrepräsentationen möglich. Eventuell jedoch ist der Systembenutzer wirklich überrascht über die erzeugten Ergebnisse, insbesondere bei Topic Clustering. Dann sollte die Möglichkeit bestehen, eine Erklärung oder Begründung der Systemergebnisse abzufragen.

Eine weitere Herausforderung für Textmining-Anwendungen betrifft die starke Heterogenität der Quelltexte. Sie unterscheiden sich sowohl nach Format und Umfang als auch nach interner Struktur. Textmining-Systeme sollen einerseits mit Dokumenten von mehr als 100 Seiten umgehen können, beispielsweise mit Jahresberichten von Unternehmen. Andererseits soll auch für eine Reihe sehr kurzer Newstickerbeiträge oder Zeitungsmeldungen ein Ergebnis errechnet werden können. Im Zeitalter der Hypertextrepräsentationen ist darüber hinaus nicht einmal die grundlegende Frage „Was ist ein Dokument?" eindeutig zu beantworten. Beispielsweise kann der Fokus einer Textkategorisierung eine einzelne Webseite sein oder auch eine komplette Liste von miteinander verlinkten Seiten in einer Webpräsenz.

Exkurs: Wesentliche Techniken bei der Textkategorisierung

Unter den oben beschriebenen Funktionalitäten von Textmining ist bisher die Textkategorisierung am häufigsten im Einsatz. Es wird angenommen, dass ihre Verbreitung noch stark ansteigen wird. Gemäß einer strategischen Planungsannahme von Analysten der Firma Gartner Inc. vom Januar 2002 werden mindestens 80% der Global-2000-Unternehmen diese Technologie zur Analyse interner und externer Dokumente bis zum Jahr 2005 einsetzen.

Wir geben daher an dieser Stelle einen Kurzüberblick über die wesentlichen Schritte und Methoden, die während der Textkategorisierung eingesetzt werden.

Nehmen wir das folgende Szenario an: Die Eingabe der Textkategorisierungsaufgabe besteht aus einem Dokument, das analysiert werden soll, und einer Menge von Kategorien, die im Vorhinein bekannt sind. Die Textkategorisierungsaufgabe kann als eine Folge binärer Entscheidungen beschrieben werden. Es wird für jede der Kategorien festgestellt, ob das zu analysierende Dokument gut genug zu dieser Kategorie passt. Der notwendige Schwellenwert, ab dem die binäre Entscheidung zu einem positiven Ergebnis führt („gut genug"), kann als Parameter voreingestellt werden.

Das Ergebnis der Textkategorisierungsaufgabe ist eine Teilmenge an Kategorien zusammen mit so genannten Konfidenzwerten, die die besten Ergebnisse der binären Entscheidungen darstellen. Die sich ergebende Teilmenge kann leer sein. Es gibt auch nicht notwendigerweise nur ein Ergebnis.

Zu Beginn der Kategorisierungsaufgabe werden typischerweise Vorverarbeitungen für das Dokument durchgeführt. Dazu gehören beispielsweise Formatkonvertierungen, um Rohtextsequenzen aus binären oder komprimierten Dateiformaten zu gewinnen. Es werden bei diesen Vorverarbeitungen auch Annotationen (,tags') eliminiert und Stoppwörter identifiziert. Oftmals schließt sich dieser Phase ein morphosyntaktischer Analyseschritt an, in dem flektierte Wortformen auf ihre Stämme reduziert werden. Dieser Schritt kann in Abhängigkeit von Eigenarten der Sprache des Dokumentes die Anzahl der Einheiten (,token') sehr stark reduzieren. Beispielsweise erhält man für die Sprachen Deutsch oder Französisch eine weit stärkere Reduktion der Oberflächenformen als für die Sprache Englisch.

Bei dem so genannten Vektorraum-Modell besteht der nächste Schritt darin, eine Matrix zu erstellen, in der Dokumentmerkmale als „Wort pro Dokument"-Gewichte repräsentiert werden. Das bedeutet, dass das zu analysierende Dokument in Einheiten unterteilt wird, für die eine interne Repräsentation und eine Gewichtung in einem Vektor vorgenommen wird. In der Forschungsliteratur wurden hierfür eine Reihe von Ansätzen vorgeschlagen, die sowohl auf Einheiten unterhalb der Wortebene (Grapheme oder auch Phoneme) zurückgreifen als auch auf Mehrwortsequenzen, um längere Begrifflichkeiten auszuwerten. Damit diese internen Repräsentationen für ein Dokument in den binären Vergleichen der Textkategorisierungsaufgabe zu den Repräsentationen der Kategorien in Beziehung gesetzt werden können, musste ein ähnlicher Schritt auch bereits für die Trainingsdokumente erfolgt sein. Es existiert also ein vergleichbarer Vektor für jedes der Trainingsdokumente. Auch hier gibt es eine große Menge an Vorschlägen in der Forschungsliteratur, welche Gewichte bei den Token der Trainingsdokumente in den Vektoren eingesetzt sein sollten. Im einfachsten Fall wird abgespeichert, ob ein Token, das in der Trainingsmenge irgendwo zu verzeichnen ist, auch im aktuellen Trainingsdokument auftritt. Oder es werden die Häufigkeiten der einzelnen Token pro Trainingsdokument ermittelt oder spezielle Maße errechnet, die zudem beachten, wie die Verteilung der Token über die Trainingsdokumente einer oder gar einer Menge von Kategorien ist, usw.

Was liegt nun in diesem Verarbeitungsschritt vor? Es handelt sich um einen Vektor für das zu analysierende Dokument und eine große Zahl von Vektoren für alle Trainingsdokumente der unterschiedlichen Kategorien. Da diese Vektoren sehr groß sein können, muss an dieser Stelle ein multidimensionaler Vektorvergleich durchgeführt werden, der beträchtliche Rechenzeit und Speicherbedarf erfordern kann. Daher werden hier noch weitere Methoden zur Reduktion der Vektordimension eingesetzt, beispielsweise Merkmalsauswahl, Reparameterisierung oder die Berechnung des so genannten Informationsgehaltes ('information gain') einzelner Merkmale.

Für den nächsten Schritt existiert wiederum eine ganze Reihe an Methoden, um diejenigen der Kategorien zu ermitteln, in die das aktuelle Dokument am besten passt. Da sind zum einen die Standardprozeduren wie kNN (k-nearest neighbour) oder der naive Bayes-Ansatz zu nennen, deren Beschreibung schon in grundlegenden Lehrbüchern zum Maschinellen Lernen enthalten ist (Mitchell 1997). Daneben gibt es hier Ansätze, die auf Regelsysteme oder auf Entscheidungsbaumverfahren oder neuronale Netze zurückgehen. Zu den neuesten Ansätzen zählt SVM (support vector machine; s. Joachims 2002) sowie die so genannte 'voted classification', in der in einem Mehrschrittverfahren auf Ergebnisse initialer Kategorisierungsaufrufe zurückgegriffen wird, die in Konkurrenz gegeneinander ausgewertet werden. An dieser Stelle kann für diese Ansätze nicht auf Details eingegangen werden, da dies zu sehr vom Thema dieses Beitrages wegführen würde.

Was für die Ersteller solcher Kategorisierungskomponenten offensichtlich ist, für die Kunden jedoch explizit betont sein sollte: Von Textkategorisierungsansätzen dürfen keine perfekten Ergebnisse erwartet werden. Es gibt Standardauswertungen für die von solchen Systemen produzierten Ergebnisse. Typischerweise redet man hier von den beiden Maßen „precision'" und „recall'" sowie deren abgeleiteten Größen. Gute Systeme versuchen, für beide Auswertungen hohe Werte zu erzielen. Diese beiden Auswertungen sind wie folgt definiert:

Wenn a die Zahl der Dokumente angibt, die korrekt zu der Kategorie zugeordnet worden sind, wenn b die Zahl der Dokumente angibt, die fälschlicherweise zu der Kategorie zugeordnet worden sind, wenn c die Zahl der Dokumente angibt, die fälschlicherweise nicht in die Kategorie zugeordnet worden sind, dann ist

- „recall" definiert als $a / (a + c)$ und
- „precision" definiert als $a / (a + b)$.

Textmining und Competitive Intelligence: Wo ist der größte Nutzen?

Um zu verdeutlichen, wo Textmining für Competitive Intelligence von größtem Nutzen sein kann, ist es hilfreich, den Competitive-Intelligence-Prozess als Grundlage zu nehmen. Wie durch das Farbschema in Abbildung 5.32 angedeutet, gibt es drei prominente Schritte im Ablauf von

Competitive-Intelligence-Jobs, die durch Textmining-Lösungen sehr gut unterstützt werden können. Es sind zum einen die beiden Verarbeitungs- schritte der Datensammlung und der -auswertung. Zum anderen handelt es sich um generelle Infrastrukturelemente, die vom Competitive-Intelli- gence-Team genutzt werden.

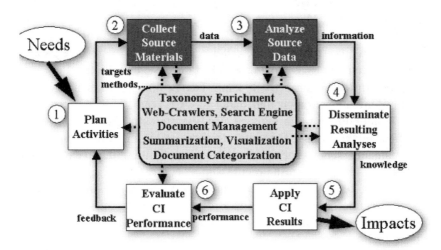

Abb. 5.32 Wesentliche Elemente von CI, die durch Textmining unterstützt werden

Wir gehen kurz auf diese drei Einsatzmöglichkeiten ein.

- Wie bereits in den Anfangsabschnitten dieses Artikels motiviert wor- den ist, können Textmining-Funktionalitäten während der Phase des Sammelns von Fakten und von Hintergrundinformation einen starken Beitrag leisten. Das bedeutet, dass die so genannte „Desk research"- Tätigkeit durch Tools gut zu unterstützen ist. So können abonnierte Dienste des Datensammlers gewisse Personalisierung erfahren, bei- spielsweise hinsichtlich der Sprache der Dokumente, hinsichtlich der Themengebiete, die von Interesse sind und daher als Filtereinstellun- gen bei der Dokumentensammlung aus dem WWW eingesetzt werden. Hierdurch kann eine überwältigend große Zahl irrelevanter Texte im Vorhinein ausgefiltert oder an das Ende der Ergebnislisten sortiert werden, anstatt sie den Analysten direkt zu präsentieren. Ein inhaltsge- steuerter Webcrawler kann periodisch gewisse Bereiche öffentlicher Information überwachen, neue Quellen einsammeln usw.
- Auch während der Auswertungsphase kann das CI-Team sehr gut von Textmining-Ergebnissen profitieren, wenn sie beispielsweise Einsicht in Gruppierungen von immens großen Dokumentmengen geben. Um ein Beispiel zu geben: In einer Sammlung von Patentschriften, die für

ein Unternehmen von Interesse sind, könnte eine automatische Berechnung von Clustern auf der Basis von im Vorhinein unbekannten Textelementen eine Hilfe sein, verwandte Patentanmeldungen zu erkennen. Man kann während der Auswertungsphase auch durch Vorsortierung und inhaltliches Indizieren von Dokumenten über Partner, Wettbewerber, Produkte, Zulieferer usw. profitieren. Weiterhin ist wahrscheinlich der Einsatz einer „Message extraction"-Komponente, mit der relevante Einzelheiten aus Fließtexten extrahiert werden können, von immenser Hilfe, da es für Analysten eine erhebliche Zeitersparnis bringen kann, die ansonsten all das Textmaterial selbst durchsehen müssten.

- Was die Infrastruktur betrifft, kann Textmining zu Wissensmanagementinitiativen beitragen und dabei das CI-Team darin unterstützen, ihre Rohdokumente, die eigenen Analyseartefakte, die resultierenden Empfehlungen, Folien, Briefings usw. besser zu teilen. In diesem Zusammenhang sehen wir insbesondere den Einsatz der Textmining-Funktionalitäten Textzusammenfassung, Topic Clustering, Textkategorisierung für ein mehrdimensionales Navigieren. Textmining kann hier verwendet werden, um eine Browseroberfläche zu implementieren, in der spezielle Dokumente aus einer Unmenge an Textmaterialien schnell gefunden werden sollen.

Textmining in unserem System EXOTIC

Bei der Gruppe Deutsche Börse AG, Frankfurt initiierte und implementierte ich einen Competitive-Intelligence-Ansatz, ein Projekt und ein System, das mittlerweile im vierten Jahr betrieben wird. Es ist bekannt unter dem Namen EXOTIC (EXchange cOmpeTitive IntelligenCe) und war bereits auf der ‚Sixth SCIP European Conference' in München im Jahre 2001 in einem Workshop, auf Konferenzen der Veranstalter Euroforum sowie des Managementcircle präsentiert worden. Wir haben in einem Pilotprojekt für Wissensmanagement innerhalb der Gruppe Deutsche Börse eine wachsende Zahl an Modulen für eine zunehmende Zahl an Benutzern erstellt, angepasst und weiterentwickelt. Was Textmining betrifft, starteten wir mit einer eigenen Textkategorisierungskomponente, die in einer Reihe von Umgebungen eingesetzt werden kann – zum Sortieren, zum Filtern und zum Suchen. Wir stellen eine Wissensbasis für CI zur Verfügung, in der mittlerweile mehr als 200.000 Dokumente zugreifbar sind. Als wesentliches Strukturierungsmittel wird das so genannte „Five Forces"-Modell von Michael Porter verwendet (siehe Abbildung 5.33, nach Porter 1985).

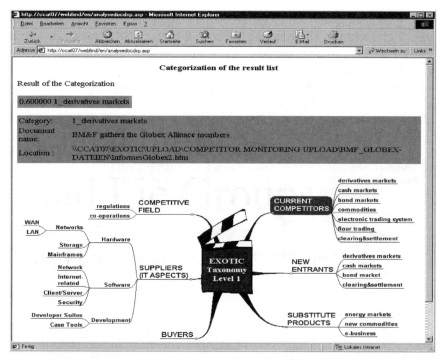

Abb. 5.33 Textkategorisierung zur Unterstützung der Einsortierung von Dokumenten in das Unternehmensgedächtnis

Die Textkategorisierungskomponente ist ein hybrides System, das regelbasierte Kategorisierung für die Hauptkategorien implementiert, die in unserem Wettbewerbsumfeld von Interesse sind, beispielsweise für Kassamarkt, Terminmarkt, Clearing und Settlement. Zusätzlich wird auf einen Ansatz des Maschinellen Lernens zurückgegriffen, indem die Nähe eines zu analysierenden Dokumentes zu Zielkategorien ermittelt wird. Die Repräsentationen dieser Zielkategorien können sehr einfach durch Auswahl geeigneter Trainingsmengen erstellt werden.

Die Suchmaschine Xpider®

Um bessere Suchergebnisse für das Competitive-Intelligence-Team zu erhalten, haben wir Textmining-Funktionalitäten in einen eigenen Webcrawler integriert. Unsere Komponente Xpider® vereint gleich eine ganze Reihe an Textmining-Funktionalitäten, die auf jedes während des Webcrawler-Prozesses heruntergeladene Dokument angewendet werden. Es erfolgt eine automatische Suche im WWW, Filterung nach Suchbegriffen, Identifikation der Sprachen eines Dokumentes, Adressextraktion, spezielle Wrapper-Anwendungen und Bewertung ganzer Domänen. In einer Vielzahl gleichzeitig aktiver Prozesse werden Seiten heruntergeladen, Links aus Web-Dokumenten ermittelt, indem HTML, ASP, Javascript sowie Flash-Formate geparst werden. Zusätzlich werden die immens großen Zahlen an Dokumenten in Realzeit durch Verwendung unserer Textkategorisierungskomponente feinen Filtereinstellungen unterworfen, wodurch eine inhaltliche Suche unterstützt wird. Das System ist in einer Mehrstufenarchitektur designt und implementiert worden, die in Abbildung 5.34 wiedergegeben ist.

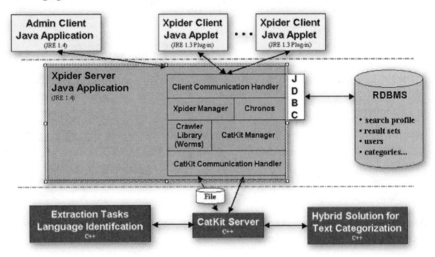

Abb. 5.34 Software-Architektur des Systems Xpider®

Die Suchmaschine Xpider® wird von einem Applet aus bedient. Sie besteht weiterhin aus einer Java-Anwendung, die alle Prozesse startet und kontrolliert, die Dokumente von Webservern oder von Fileservern einsammeln. Dabei werden alle Dokumente geparst, um Links zu weiteren Dokumenten zu finden und das Web automatisch zu durchlaufen. Alle heruntergeladenen Dokumente werden einer Reihe von Textmining-Anwendungen als Eingabe zur Verfügung gestellt. Dies beinhaltet Extraktion und Kategorisierung. Falls ein Dokument mit den vorher spezifizierten Suchbegriffen und/oder Kategorien einen Treffer ergibt, wird der Benutzer in einem inkrementellen Update im Browserfenster von dem neuen Ergebniselement informiert. Alle Metadaten, die für einen Suchlauf berechnet worden sind, werden in einer relationalen Datenbank gehalten. Das System ist äußerst schnell. Wir haben End-zu-End-Verarbeitung für etwa 1 Million Dokumente in etwa 14 Stunden Laufzeit beobachtet. Das System kann auch im Batch-Modus betrieben werden. Es sichert historische Ergebnisse und präsentiert beim nächsten Lauf nur die neuen Elemente in einer Differenzliste.

Seit Ende 2002 ist das System kommerziell verfügbar. Es stellt eine wichtige Anwendung von Textmining in unserem CI-Team dar.

Zusammenfassung

Wir alle werden mit einer zunehmenden Informationsflut konfrontiert. CI-Praktiker müssen in dieser Situation (technische) Entwicklungen beobachten, Einschätzungen zur Industrie abgeben, Trends identifizieren und tun daher gut daran, Werkzeuge einzusetzen, die den Herausforderungen der Informationsüberflutung begegnen. Das Feld des Textmining bringt ein ganzes Bündel an Methoden, Werkzeugen, Funktionalitäten, die hier helfen können. Es bewegt sich rasch auf einen Level zu, auf dem reale Anwendungen im Markt zur Verfügung gestellt werden. Hier wird insbesondere auf die Funktionalitäten abgezielt, die ein Retrieval, Gruppieren, Visualisieren, Extrahieren und Kategorisieren ermöglichen. Die automatisierte, qualitativ verbesserte Dokumentensammlung ist ebenfalls bereits im Markt verfügbar.

In der eigenen Anwendung EXOTIC betreibt die Gruppe Deutsche Börse ein flexibles, erweiterbares System, das ein Pilotprojekt für Wissensmanagement und Competitive Intelligence darstellt und insbesondere in der Suchmaschine Xpider® eine ganze Reihe an Textmining-Funktionalitäten einsetzt.

6 Fortgeschrittene Analyseverfahren

> Wenn diese zunächst theoretischen Schlussfolgerungen
> Punkt für Punkt durch zahlreiche, voneinander unabhängige Ereignisse
> bestätigt werden, wird das Subjektive objektiv und wir können
> zuversichtlich feststellen, dass wir das Ziel erreicht haben.
>
> Sherlock Holmes
> Romanfigur des engl. Schriftstellers A.C. Doyle (1859-1930)

6.1 Analyseverfahren zur Entscheidungsunterstützung

In diesem Abschnitt werden fortgeschrittene Verfahren für die CI-Analyse beschrieben. Im Unterschied zu den in Kapitel 5 behandelten Verfahren dienen die hier vorgestellten Methoden zur direkten Entscheidungsunterstützung durch Modellierung der Entscheidungssituation. Entsprechend aufwendig und umfassend können diese Verfahren sein, sodass sie meist für komplexere Aufgabenstellungen und in interdisziplinären Projektteams (Bündelung von Sach- und Verfahrens-Know-how) eingesetzt werden. Ein CI-Manager sollte mit diesen Verfahren grundsätzlich vertraut sein, um unter Kosten-Nutzen-Aspekten über ihren Einsatz entscheiden zu können[1].

---

[1]   Die eigentliche Anwendung eines Verfahrens für eine konkrete CI-Analyse kann ggf. durch interne oder externe Spezialisten erfolgen.

6.1.1 Szenariotechnik

> In God we trust.
> All other bring data.
>
> (unbekannt)

Verwandte Analysekonzepte:
- Prognose
- Systemdynamik („Vernetztes Denken")
- Technologiepotenzialanalyse
- War Gaming (Dynamische Simulation)

Literatur:
- Fahey L, Randall R (1998) Learning from the Future. John Wiley & Sons, Inc., New York
- Gausemeier J, Fink A, Schlake O (1996) Szenario-Management. Carl Hauser Verlag, München Wien
- Michaeli R (2003) Scenario Analysis: How to Integrate Software and Design Early Warning Systems. Vortrag auf der SCIP European Conference, London, 23.-24. Oktober 2003
- Ringland G (1988) Scenario Planning. Wiley, Chichester
- Schwartz P (1996) The Art of the Long View. Doubleday, New York

Beschreibung

Szenarios sind in sich konsistente Darstellungen alternativer Zukunftsbilder. Jedes Szenario beschreibt, ausgehend von der Gegenwart, eine mögliche Entwicklung in der Zukunft und anschließend die Auswirkungen, die diese Zukunft auf die eigene Unternehmung (bzw. allgemeiner, auf die „Entscheidungssituation") hätte. Der Umgang mit der Zukunft weckt fast zwangsläufig das Interesse für ein tieferes Verständnis der treibenden Kräfte, die unsere Zukunft prägen werden. Sobald diese bestimmenden Faktoren identifiziert und in ihrer Wirkung bekannt sind, kann der Anwender ein eigenes „mentales Modell" seines Wettbewerbsumfelds entwickeln. Dieses Modell wird normalerweise deutlich realitätsnäher sein als ein ohne Szenarios entstandenes Modell. Dank der Szenarioentwicklung sind auch komplexere Sachverhalte und zeitliche Abläufe leichter nachzuvollziehen, wodurch insbesondere ein besseres Verständnis für das Wettbewerbsumfeld und somit die Entwicklung erfolgreicher Wettbewerbsstrategien ermöglicht wird. Typische Wahrnehmungs- (vgl. Abschnitt 2.2) und Entscheidungsfehler (vgl. Abschnitt 2.5) können zudem durch dieses explizite Erarbeiten der Zukunft vermieden werden.

Zur Veranschaulichung des Szenariogedankens ist in Abbildung 6.1 ein generisches Beispiel zur Abschätzung der Marktattraktivität dargestellt. Die Zukunft dieses Marktes wird vereinfachend nur durch zwei Faktoren beschrieben: das jährliche Marktwachstum und der sich letztlich durchsetzende technologische Standard (hier als Variante „A" oder „B" angegeben). Während der Markt kontinuierlich wächst, ergibt sich für die technologische Entwicklung ein diskontinuierlicher Verlauf. Entweder wird sich „Technologievariante A" oder „Technologievariante B" durchsetzen. Aufgabe der Szenarioplanung ist, die Kombinationen von möglichen Endzuständen des zukünftigen Marktes zu ermitteln, die sowohl plausibel als auch konsistent sind (vgl. Abschnitt 1.2.3).

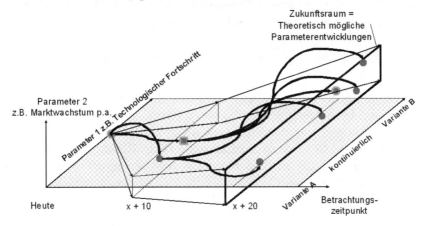

Abb. 6.1 Beispiel für eine Szenarioentwicklung

Für den CI-Analysten stellt die Szenariotechnik ein Muss dar: Richtig angewandt, bildet sie eine Plattform für die Konsolidierung von Information zu Intelligence und anschließend eine direkte Verknüpfung dieser Erkenntnisse mit der Entscheidungssituation seines Intelligence-Kunden.

Analyseziele

Die am häufigsten zu entwickelnden Szenarios sind Industrie-Wettbewerber- und Technologieszenarios. Beispiele für entsprechend zu beantwortende Fragestellungen sind:

Technologieszenarios:

- Auf welchen Technologien werden unsere Produkte in den nächsten fünf Jahren basieren? (z.B.: Welche Auswirkungen haben die neuen Abgasverordnungen für die Automobilhersteller?)
- Welche Technologien werden sich in welchem Marktsegment durchsetzen?

Wettbewerberszenarios:

- Wie wird sich die Wettbewerbsarena gemäß M. Porters 5-Kräfte-Industriemodell entwickeln? Welche Kräfte werden die Industrie dominieren? Wie wird sich die Rivalität in der Industrie entwickeln? Wie wird sich der geplante Merger der Wettbewerber ALPHA und BETA auswirken?
- Was wird aus Wettbewerber DELTA, wenn er seine Hauptproduktlinie veräußern muss?
- Kann Wettbewerber ALPHA aus eigener Kraft die nächste Preissenkungsrunde überleben?

Durch die Beantwortung dieser Fragen wird der CI-Manager in die Lage versetzt, das eigene Unternehmen besser zu positionieren, indem die Wettbewerberreaktionen und Marktentwicklungen antizipiert werden. Durch Szenarios sollen „Planungsscheuklappen" (vgl. Blindspots, Abschnitt 6.2.2) abgelegt und z.B. verhindert werden, dass nur in dem wahrscheinlichsten Unternehmensumfeld geplant wird (der so genannten „offiziellen Zukunft"[2]).

Vorgehensweise

1. Definition des Szenarioumfeldes, des Szenariohorizontes und der anstehenden Entscheidungen
2. Ableitung von plausiblen, in sich konsistenten Szenarios
3. Interpretation der Auswirkungen auf das eigene Unternehmen
4. Berücksichtigung von Störungen und nicht modellierbaren Ereignissen
5. Ableitung von Maßnahmen (Strategien, zu monitorende Sachverhalte, Indikatoren)

Softwareunterstützung

Für die Entwicklung von Szenarios sind Softwareprogramme zur Analyse der Konsistenz und Plausibilität von Szenarios verfügbar. Unterstützt wird die Analyse der Einflussfaktoren durch Cross-Impact-Matrizen (s. Beispiel

---

[2] Die „offizielle Zukunft" wird meist als lineare Weiterführung der Gegenwart verstanden oder sogar als deren unveränderte Fortschreibung.

in diesem Abschnitt). Ebenso kann allgemeine Simulationssoftware verwendet werden, mit der Szenarios simuliert werden (vgl. Abschnitte 8.1.3 und 6.1.8). Die Software „Heraklit" ermöglicht die Entwicklung einfacher Simulatoren aus dem systemdynamischen Ansatz heraus, anschließend können mittels eines Szenariomanager-Moduls auch komplexe Szenarios für das Simulationsmodell untersucht werden.

Anmerkungen

- Der große Vorteil der Szenariotechnik für den CI-Manager liegt in der Möglichkeit, strukturiert unterschiedlichste Zukunftsbilder zu entwickeln. Hierzu wird umfassendes Markt- und Wettbewerbswissen benötigt. Anschließend können die eigenen (meist strategischen) Entscheidungen auf diese Szenarios ausgerichtet werden.
- Der Nachteil dieses Ansatzes liegt in dem u.U. recht hohen Aufwand für Entwicklung und Pflege komplexer Szenarios, insbesondere wenn keine umfassende Softwareunterstützung gegeben ist. Vor allem die Identifikation aussagekräftiger Szenario-Treiber erfordert umfangreiche Branchen- und Modellierungserfahrung. Genau hierin sollte eine der Hauptkompetenzen des CI-Teams liegen!
- Komplexe Szenarios sind für an ihrer Entwicklung Unbeteiligte schwer nachvollziehbar, da zugrunde liegende Annahmen und Implikationen nur unzureichend bekannt sind. Allein verbal ausformulierte Szenarios wirken zudem vage und generisch, d.h. nicht unmittelbar auf eine konkrete Aufgabenstellung anwendbar. Für die Präsentation der Ergebnisse ist daher die Auswahl geeigneter Visualisierungsmethoden von großer Bedeutung.
- Gerade bei Technologieszenarios (vgl. Abschnitt 8.2) sind häufig anfänglich konkurrierende Technologien gegeben, von denen sich jedoch mit der Zeit eine als dominierend herauskristallisiert – ohne dass hierfür eine plausible Begründung gegeben werden könnte[3].
- Um die Vorteile des Szenarioansatzes zu verstärken und gleichzeitig seine Schwächen zu kompensieren, können Szenarios mit Hilfe der „Dynamischen Simulation" entwickelt und analysiert werden (vgl. Abschnitte 8.1.3 und 6.1.8). Aufgabe der Dynamischen Szenarioplanung ist, ein komplexes, hochgradig nichtlineares, instationäres Unternehmensumfeld „handhabbar" und transparent zu gestalten. Da dynamische

---

[3] Beispiele für diese Eigenart von Technologiemärkten waren die Rivalität zwischen VHS und Betamax als Standard-Videokassettenformat und die Etablierung von Spielkonsolen (Sony, Microsoft) neben den traditionellen PC-gestützten Spielen und mobilen Konsolen (Nintendo, Sega).

Szenarios als ablauffähige Softwaremodelle vorliegen, können die Vorteile einer PC-gestützten Modellierung voll zur Geltung kommen. Insbesondere die Möglichkeit einer objektorientierten Modellentwicklung (wichtig für die Parameterbündelung und für das Erstellen der Kausalbeziehungen) erlaubt das effiziente Management komplexer Szenarios.

Beispiel für eine softwaregestützte Entwicklung eines Umfeldszenarios

Die Vorgehensweise bei einer softwaregestützten Szenarioentwicklung (nach der Methode der Cross-Impact-Matrizen) soll anhand eines vereinfachten fiktiven Beispiels erläutert werden.

Ziel der Szenarioanalyse

Bewertung des zukünftigen Marktes für Hochgeschwindigkeitsschiffe im Transatlantikverkehr (Europa - USA)

Ausgangssituation

Die in Abbildung 6.2 angegebenen Szenarioparameter werden in einer Gruppensitzung als wesentlich herausgearbeitet (z.B. mittels der PEST-Methode, vgl. Abschnitt 5.3.2). Um die Parameter priorisieren (bei zahlreichen Parametern auch filtern) zu können, wird eine Vernetzungsmatrix erstellt, in die die gegenseitige Abhängigkeit der Szenarioparameter eingetragen wird.

	Polit. Entwicklung USA	Entwicklung Antriebs-technologie	Nachfrage Transatlantik-Güter-transportkap	Rivalität zwischen Reedern	Nachfrage Personen-transportkap	Verfüg-barkeit Investoren	Transport-kap. für asiatische Route	Wett-bewerber ALPHAs Rivalität	Aktiv-summe
Polit. Entwicklung USA	-	0	3	2	9	1	0	4	19
Entwicklung Antriebstechnologie	0	-	8	10	10	9	9	9	55
Nachfrage Transatlantik-Gütertransportkap.	0	4	-	3	0	2	2	0	11
Rivalität zwischen Reedern	0	5	0	-	0	4	8	10	27
Nachfrage Personentransport-kap.	0	9	4	10	-	10	3	7	43
Verfügbarkeit Investoren	1	9	0	6	0	-	7	9	32
Transportkap. für asiatische Route	1	10	6	9	5	8	-	0	39
Wettbewerber ALPHAs Rivalität	0	0	0	10	0	0	3	-	13
Passivsumme	2	37	21	50	24	34	32	39	

Abb. 6.2. Vernetzungsmatrix einer Szenarioanalyse (Software „Szenoplan")

Die Abhängigkeiten werden von 0 (keine Abhängigkeit) bis 3 (starke Abhängigkeit) gewichtet.

Basierend auf diesen Angaben, werden die Aktiv- und Passivsummen und damit das Verhalten der Faktoren im Verbund (treibend, getrieben) beschrieben.

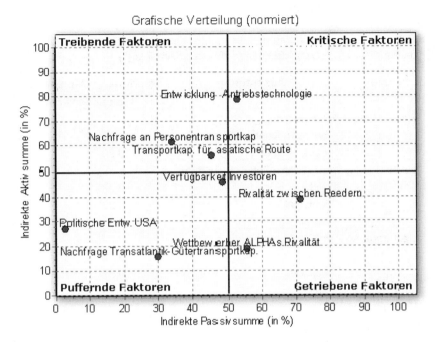

Abb. 6.3. Graphische Auswertung der Vernetzungsmatrix zur Szenarioparameterbewertung (Software „Szenoplan")

Kritische Faktoren haben hohe Aktiv- und Passivsummen, sie sind die Stellschrauben des Systems. *Treibende Faktoren* haben eine hohe Aktivsumme und beeinflussen die anderen Faktoren stark. *Getriebene Faktoren* hingegen haben eine geringe Aktivsumme und üben kaum Einfluss auf andere Faktoren aus. *Puffernde Faktoren* haben eine geringe Aktiv- und Passivsumme, sie wirken sich verzögernd und abschwächend auf das System aus.

In der folgenden Szenarioentwicklung werden insbesondere die treibenden und kritischen Faktoren (im Beispiel „Entwicklung Antriebstechnologie", „Nachfrage an Personentransportkapazität" und „Transportkapazität für asiatische Routen") berücksichtigt[4].

Für die eigentliche Szenarioentwicklung werden die Faktoren mit ihren Ausprägungen (entspricht allen möglichen Entwicklungen innerhalb des

---

[4]   Im Beispiel werden alle Faktoren weiterverwendet.

betrachteten Zeitraums) ermittelt[5]. Im Beispiel ergeben sich die in Tabelle 6.1 aufgezeigten Ausprägungen mit zugehörigen (abgeschätzten) A-priori-Eintrittswahrscheinlichkeiten (vgl. Abschnitt 2.3.3 zur Schätzung von Eintrittswahrscheinlichkeiten).

Tabelle 6.1 Szenario-Faktoren und deren Ausprägungen mit A-priori- und A-posteriori-Eintrittswahrscheinlichkeiten (Software „Szenoplan")

Faktor	Ausprägung	A-priori-	A-posteriori-
		Wahrscheinlichkeit	
Entwicklung Antriebstechnologie			
	bleibt konventionell	0,80	0,37
	neuer Antrieb	0,20	0,63
Nachfrage an Transatlantik-Gütertransportkap.			
	sinkt	0,33	0,16
	konstant	0,33	0,21
	steigt	0,33	0,63
Nachfrage an Personentransportkapazität			
	sinkt	0,33	0,32
	konstant	0,33	0,03
	steigt	0,33	0,66
Verfügbarkeit von Investoren			
	ausreichend	0,50	0,68
	nicht ausreichend	0,50	0,32
Wettbewerber ALPHAs Rivalität			
	gering	0,10	0,05
	hoch	0,90	0,95
Rivalität zwischen Reedern			
	konstant	0,30	0,05
	steigt	0,50	0,92
	nimmt ab	0,20	0,03
Transportkapazität für asiatische Route			
	steigt	0,70	0,76
	sinkt	0,30	0,24
Politische Entwicklung in den USA			
	konservativ, US-zentriert	0,60	0,29
	Internationalisierung	0,40	0,71

Die Berechnungen basieren auf einem fiktiven Beispiel.

---

[5] Die Summe der Wahrscheinlichkeiten der Ausprägungen eines Parameters muss 100% ergeben, d.h. alle möglichen Ausprägungen müssen erfasst werden.

Konsistenzüberprüfung

Für dieses Beispiel gibt es 864 (entsprechend 2 x 3 x 3 x 2 x 2 x 3 x 2 x 2) Kombinationen der Parameterausprägungen. Jede Kombination ist ein mögliches Szenario, jedoch sind einige Kombinationen eventuell unplausibel und/oder unwahrscheinlich. Daher wird eine Konsistenzprüfung mittels einer Cross-Impact-Analyse durchgeführt. Für je zwei Ausprägungen wird die Konsistenz ermittelt, d.h. es ist zu hinterfragen, ob das gleichzeitige Eintreten der Ausprägungen vollständig inkonsistent (-2), inkonsistent (-1), unabhängig voneinander (0), konsistent (+1) oder vollständig konsistent (+2) ist. Diese Bewertungen werden in eine Konsistenzmatrix eingetragen. Die Software berechnet aus diesen Angaben ein Konsistenzmaß für jede mögliche Kombination der Faktorausprägungen (vgl. Abb. 6.4; nur die Szenariokombinationen mit dem höchsten Konsistenzmaß werden dargestellt).

Nr. des Szenarios:	1	2	3	4	5	6	7	8	9	10
Konsistenzmaß:	48	40	40	40	40	38	36	36	36	36
Entwicklung Antriebstechnologie										
bleibt konventionell	0	0	0	0	0	0	0	1	1	0
neuer Elektroantrieb	1	1	1	1	1	1	1	0	0	1
Nachfrage Transatlantik-Gütertransportkapazität										
sinkt	0	1	0	0	0	0	0	1	1	1
konstant	0	0	1	0	0	0	0	0	0	0
steigt	1	0	0	1	1	1	1	0	0	0
Nachfrage Personentransportkapazität										
sinkt	0	0	0	0	0	0	0	1	0	0
konstant	0	0	0	0	0	0	0	0	1	1
steigt	1	1	1	1	1	1	1	0	0	0
Verfügbarkeit von Investoren										
ausreichend	1	1	1	1	0	1	1	1	1	1
nicht ausreichend	0	0	0	0	1	0	0	0	0	0
Wettbewerber ALPHAs Rivalität										
gering	0	0	0	0	0	1	0	0	0	0
hoch	1	1	1	1	1	0	1	1	1	1
Rivalität zwischen Reedern										
konstant	0	0	0	0	0	0	0	0	0	0
steigt	1	1	1	1	1	1	1	1	1	1
nimmt ab	0	0	0	0	0	0	0	0	0	0
Transportkapazität für asiatische Route										
steigt	1	1	1	1	1	1	0	1	1	1
sinkt	0	0	0	0	0	0	1	0	0	0
Polit. Entwicklung USA										
konservativ, US-zentriert	0	0	0	1	0	0	1	0	0	0
Internationalisierung	1	1	1	0	1	1	0	1	1	1

Abb. 6.4. Szenarios, angeordnet nach Konsistenzmaß (Software „Szenoplan")

Ein hohes Konsistenzmaß einer Ausprägungskombination deutet auf eine hohe Plausibilität (jedoch nicht unbedingt hohe Wahrscheinlichkeit) hin. Sicherlich ist es nicht sinnvoll, sich mit Ausprägungskombinationen zu beschäftigen, die nur wenig plausibel sind, da sich kaum eine überzeugende Argumentation für eine entsprechende Szenarioentwicklung finden lässt. Würde nur nach dem Konsistenzkriterium eine Szenarioauswahl erfolgen, wären häufig Extremszenarios (in denen sehr positive oder sehr negative Ausprägungen auftreten) das Ergebnis.

Cross-Impact-Analyse

Bei einer Cross-Impact-Analyse wird ermittelt, ob sich Trends gegenseitig verstärken (d.h. das Eintreten des ersten Trends das Eintreten des zweiten Trends wahrscheinlicher macht (notiert durch eine Bewertung von +2 bzw. +1)) oder sich gegenseitig ausschließen (-2 bzw. -1). Sind die Trends nicht miteinander gekoppelt, so wird eine „0" gegeben. Da die Richtung der Wirkung entscheidend ist, muss diese Analyse für alle Zellen der Faktorausprägungsmatrix (vgl. Abbildung 6.2) durchgeführt werden. Die Cross-Impact-Analyse ermittelt die Häufigkeit des Auftretens eines Annahmebündels während der Auswertung der Cross-Impact-Matrix (Abbildung 6.5). Tritt eine Ausprägungskombination sehr oft auf, so ist dieses Szenario sehr wahrscheinlich[6] (vgl. Abbildung 6.5).

Cross-Impact-Wahrscheinlichkeiten

In Tabelle 6.1 sind die A-posteriori-Wahrscheinlichkeiten (errechnete Eintrittswahrscheinlichkeit einer Ausprägung, basierend auf der vorgegebenen A-priori-Wahrscheinlichkeit und der durch die Cross-Impact-Matrix angegebenen Verknüpfungen) aufgeführt. Wie aus dem Vergleich der A-priori- und A-posteriori-Wahrscheinlichkeiten hervorgeht, treten teils starke Abweichungen auf. Diese Unterschiede zu begründen ist Teil der Szenariointerpretation und bietet gute Denkanstöße für die CI-Analyse: Warum haben „Experten" in der Vorbewertung andere Wahrscheinlichkeiten geschätzt, als in einer bedingten Betrachtung von Ausprägungskombinationen auftreten?

---

[6] In Abbildung 6.5 ist dies z.B. Szenario Nr. 5 mit einer Häufigkeit von 15.

Nr. des Szenarios:	1	2	3	4	5	6	7	8	9	10	11	12	13	14
Häufigkeit des Szenarios:	4	3	1	1	15	4	1	2	1	1	1	1	1	2
Entwicklung Antriebstechnologie														
bleibt konventionell	1	0	1	1	0	1	1	0	1	1	1	0	0	0
neuer Elektroantrieb	0	1	0	0	1	0	0	1	0	0	0	1	1	1
Nachfrage an Transatlantik-Gütertransportkapazität														
sinkt	0	0	1	0	0	1	1	0	0	0	0	0	0	0
konstant	1	0	0	1	0	0	0	0	1	1	1	0	0	0
steigt	0	1	0	0	1	0	0	1	0	0	0	1	1	1
Nachfrage an Personentransportkapazität														
sinkt	1	0	0	1	0	1	0	0	1	1	1	0	0	0
konstant	0	0	0	0	0	0	1	0	0	0	0	0	0	0
steigt	0	1	1	0	1	0	0	1	0	0	0	1	1	1
Verfügbarkeit von Investoren														
ausreichend	1	0	1	0	1	0	0	0	1	0	1	1	1	1
nicht ausreichend	0	1	0	1	0	1	1	1	0	1	0	0	0	0
Wettbewerber ALPHAs Rivalität														
gering	0	0	0	0	0	0	0	0	1	1	0	0	0	0
hoch	1	1	1	1	1	1	1	1	0	0	1	1	1	1
Rivalität zwischen Reedern														
konstant	0	0	0	0	0	0	0	0	0	0	1	1	0	0
steigt	1	1	1	1	1	1	1	1	1	1	0	0	0	1
nimmt ab	0	0	0	0	0	0	0	0	0	0	0	0	1	0
Transportkapazität für asiatische Route														
steigt	1	0	1	0	1	0	0	1	1	1	1	1	1	1
sinkt	0	1	0	1	0	1	1	0	0	0	0	0	0	0
Polit. Entwicklung USA														
konservativ, US-zentriert	0	1	0	1	0	1	1	0	0	0	0	0	0	1
Internationalisierung	1	0	1	0	1	0	0	1	1	1	1	1	1	0

Abb. 6.5. Ergebnis der Cross-Impact-Analyse (Software „Szenoplan")

Auswahl der zu betrachtenden Szenarios

Für das weitere Vorgehen können nun z.B. Szenarios betrachtet werden, die sowohl ein hohes Konsistenzmaß als auch eine hohe Plausibilität haben. Zusätzlich kann eine Auswahl hinsichtlich der A-priori- bzw. der A-posteriori-Eintrittswahrscheinlichkeiten der „kritischen" Faktoren vorgenommen werden[7]. Im Beispiel treffen diese Kriterien auf Szenario Nr. 5 und Nr. 6 der Cross-Impact-Analyse zu:

---

[7] Z.B. wählt man Szenarios, bei denen die Ausprägungen der kritischen Faktoren eine hohe A-priori-Wahrscheinlichkeit haben – entsprechend einer „offiziellen Zukunft" – und als Gegenpol ein Szenario, bei dem eine hohe Abweichung der A-priori- von der A-posteriori-Wahrscheinlichkeit auftritt – also ein Überraschungs-Szenario.

Szenario Nr. 5   Häufigkeit: 15, Konsistenzmaß: 48

Entwicklung Antriebstechnologie:	neuer Antrieb
Nachfrage an Transatlantik-Gütertransportkap.:	steigt
Nachfrage an Personentransportkapazität:	steigt
Verfügbarkeit von Investoren:	ausreichend
Wettbewerber ALPHAs Rivalität:	hoch
Rivalität zwischen Reedern:	steigt
Transportkapazität für asiatische Route:	steigt
Politische Entwicklung in den USA:	Internationalisierung

Bei diesem Szenario liegen die höchsten absoluten A-posteriori-Wahrscheinlichkeiten der kritischen Ausprägungen vor. Ein Alternativszenario (Ausprägungen der aktiven Faktoren) ist das folgende:

Szenario Nr. 6   Häufigkeit: 4, Konsistenzmaß: 26

Entwicklung Antriebstechnologie:	bleibt konventionell
Nachfrage an Transatlantik-Gütertransportkap.:	sinkt
Nachfrage an Personentransportkapazität	sinkt
Verfügbarkeit von Investoren :	nicht ausreichend
Wettbewerber ALPHAs Rivalität:	hoch
Rivalität zwischen Reedern:	steigt
Transportkapazität für asiatische Route:	sinkt
Politische Entwicklung in den USA:	konservativ, US-zentriert

Szenario Nr. 6 beinhaltet für die kritischen Parameter die höchsten Werte bei den A-priori-Wahrscheinlichkeiten. Es könnte somit der allgemeinen Zukunftseinschätzung des Unternehmens nahe kommen.

Anschließend werden die gewählten Szenarios ausgearbeitet, d.h. die jeweiligen Entwicklungen (und deren Ursachen und Auswirkungen) werden analysiert und dokumentiert. Abschließend erfolgt eine Diskussion der Ergebnisse im Hinblick auf die Entscheidungssituation des eigenen Unternehmens.

Tipps für die Entwicklung aussagekräftiger CI-Szenarios

Es gibt mehrere Gründe, warum Szenariotechniken trotz großer Bekanntheit als nur wenig effizient eingeschätzt werden (vgl. Tabelle 1.8):

1) Der Prozess der Szenarioentwicklung ist weder von der Moderation noch von den Inhalten her einfach zu bewerkstelligen. „Garbage in – Garbage out" gilt gerade bei „mal eben schnell angesetzten" Szenarioplanungsrunden[8].

2) Fehlt die „fachliche" Kompetenz (idealerweise durch „Gatekeeper" eingebracht) oder gar die kritische Intelligence, z.B. über sich abzeichnende Wettbewerberschritte oder technologische Entwicklungen, so bleiben Szenarios vage und extrapolieren meist nur die schon bekannte Vergangenheit in die wenig interessierende „offizielle Zukunft". Szenarios sollten, gerade um provozierende, aussagekräftige Inhalte zu gewährleisten, durch interdisziplinäre Planungsteams in moderierten Kreativitätsworkshops erarbeitet werden, um sicherzugehen, die „kritische" Mischung aus Fachkompetenz und Kreativität zur Verfügung zu haben[9].

3) Häufig wird zu viel Zeit und Aufwand in die Erstellung der Szenariomodelle gesteckt. Ebenso aufwendig ist jedoch die anschließende Analyse der Szenarios.

4) Werden Szenarios nur „zu Fuß" erarbeitet, bleiben häufig vage und widersprüchliche Ausarbeitungen zurück. Durch die Verwendung von Software kann dies verhindert werden!

5) Arbeit mit Szenarios soll „Spaß" machen. Sie bieten eine ideale Plattform für die Integration fachlicher Kompetenz und kritischer Kreativität. Richtig

---

[8] Ein führender Anbieter von Investitionsgütern (globaler Markt, zehn strategische Geschäftsfelder) benötigte für seine jährliche F&E-Strategiewoche Szenarios als Planungsinput. Das Szenarioteam erhielt den Auftrag, innerhalb von vier Tagen erste Szenarios zu entwickeln. Anschließend sollte eine tiefer gehende Ausarbeitung erfolgen. Nach zwei Tagen wurde der Workshop von einem entnervten Szenarioverantwortlichen abgebrochen, da weder Form noch Inhalt der Ausarbeitungen den Erwartungen der Geschäftsleitung gerecht werden konnten (und die Teilnehmer weder die Motivation noch das Kow-how hatten, die an sie gerichteten Fragestellungen in der notwendigen Tiefe zu erörtern).

[9] Ein Mitarbeiter eines großen deutschen Telekommunikationsanbieters berichtete im Rahmen eines CI-Workshops über das jährliche Szenarioplanungsritual in seinem Unternehmen: Eine renommierte Unternehmensberatung erhält stets den Auftrag, Zukunftsszenarios (Umfeldszenarios) zu entwickeln. Begleitende Workshops werden stets von demselben Szenarioteam durchgeführt, mit dem Ergebnis, dass Jahr für Jahr ähnliche Szenarios erarbeitet werden. Diese werden dem Vorstand präsentiert, an das Management verteilt und – in die Schublade gelegt. Bis zum nächsten Jahr...
Tatsächlich entwickelt sich der Teleco-Markt jedoch sehr dynamisch, die fehlende Aussagekraft der entwickelten Szenarios wird mit „unvorhersehbaren" Ereignissen erklärt.

moderiert, können Planungssitzungen zu äußerst effizienten, motivierenden Foren werden.

6) Szenarios „leben", d.h. müssen kontinuierlich genutzt und an eine sich ändernde Welt angepasst werden.

7) Eine Szenarioplanung soll nicht numerische Präzision, sondern aussagekräftige Zusammenhänge in einem komplexen Umfeld generieren. Hierin liegt einer der wesentlichen Vorteile dieses Verfahrens gegenüber z.B. der Simulation. Dies muss den Teilnehmern bekannt sein, um pseudo-wissenschaftliche Scheingenauigkeit bei der Ausarbeitung zu vermeiden.

6.1.2 Systemdynamik („Vernetztes Denken")

> Man sollte alles so einfach wie möglich sehen,
> aber nicht einfacher.
>
> Albert Einstein
> Deutscher Physiker (1879-1955)

Verwandte Analysekonzepte:
Dynamische Simulation

Literatur:

- Gomez P, Probst G (1999) Die Praxis des ganzheitlichen Problemlösens. 3. Aufl., Verlag Paul Haupt, Bern Stuttgart Wien
- Senge PM (1999) Die fünfte Disziplin. 7. Aufl., Klett-Cotta, Stuttgart

Beschreibung

Grundgedanke des „Vernetzten Denkens" ist, dass ein Unternehmen und sein Umfeld als „System" zu betrachten sind. Ein „System" wird durch das Zusammenspiel einzelner „Objekte", die miteinander in Wechselwirkung stehen und Teile des Ganzen sind, beschrieben. „Objekte" können hierbei z.B. „Unternehmen", „Personen", „Produkte" oder „Strategien" sein.

Die das System beschreibenden Zustandsparameter (unabhängig davon, ob durch das Unternehmen beeinflussbar oder nicht) werden in ein Gefüge kausaler Abhängigkeiten eingegliedert.

Jede Aktion eines Objektes (z.B. ein Unternehmen entwickelt ein neues Produkt) führt zu einer Beeinflussung weiterer Systemobjekte (neue Kunden werden gewonnen, ein Wettbewerber senkt seine Produktpreise etc.). Je nach Genauigkeitsgrad können so Wertschöpfungsketten eines Unternehmens oder komplexe Wettbewerbersituationen modelliert und analysiert werden.

„Systemdynamik" oder die Lehre des „Vernetzten Denkens" erlaubt, „den Wald und die Bäume" gleichzeitig zu sehen (vgl. Senge 1999), d.h.

sowohl die großen Zusammenhänge zu erkennen als auch die Details der einzelnen Kausalbeziehungen. Die in Abschnitt 2.3.2 beschriebenen Fehler bei der Betrachtung von Ursächlichkeiten lassen sich durch diese Externalisierung umgehen oder doch zumindest reduzieren. Zudem führt diese Betrachtungsweise zu ungleich aussagekräftigeren Analysen, als sie quantitative Modellierung generieren können.

Analyseziele

- Explizites Modellieren von Kausalbeziehungen in einer Wettbewerbsarena, um Verständnis für Zusammenhänge und Wettbewerbsdynamik aufzubauen[10]
- Identifikation von kritischen, das System maßgeblich beeinflussenden Faktoren (Diese sind potenziell als Frühwarn- oder Monitoring-Indikatoren (vgl. Abschnitt 6.1.3) geeignet.)
- Vorhersage zukünftiger Entwicklungen
- Entwicklung von Problemlösungsstrategien für das eigene Unternehmen

Vorgehensweise

Die Vorgehensweise bei der Entwicklung eines systemdynamischen Modells wird in dem Beitrag von Dr. Berthold der T-Mobile Deutschland GmbH (vgl. Abschnitt 6.1.8) beschrieben.

Anmerkungen

- Der Vorteil der Systemdynamik für den CI-Analysten liegt darin, dass auch komplexe, sich evolutionär entwickelnde Märkte analysiert werden können. Der systemdynamische Ansatz bietet dem CI-Team die einmalige Möglichkeit, ein komplexes Umfeld plastisch zu „begreifen". Neues kann erprobt, Bewährtes optimiert und Unbekanntes erarbeitet werden.
- Bei Verwendung einer Software ergibt sich zudem die Möglichkeit der Quantifizierung von Abhängigkeiten und der effizienten dynamischen Simulation (vgl. Abschnitt 6.1.8) des Zeitverhaltens eines Systems. Ebenso erfolgt eine Dokumentation des Modells (und der zugrunde gelegten Annahmen) für spätere Reviews.
- Der Nachteil der Systemdynamik liegt in der Schwierigkeit, den „optimalen" Genauigkeitsgrad zu finden. Ist ein Modell zu detailliert, steigt der Entwicklungsaufwand sehr schnell an, während die Aussagekraft

---

[10] Das gebündelte Know-how des CI-Teams spiegelt sich in dieser Modellierung wider.

kaum noch zunimmt oder sogar, durch Überfrachtung und Modellierungsfehler bedingt, wieder abnimmt. Wählt man hingegen ein zu grobes Modell, so können kaum brauchbare Aussagen getroffen werden; ein solches Modell verleitet zur Verharmlosung der Realität und provoziert damit möglicherweise Fehlentscheidungen. Eine fundierte Systemanalyse (d.h. die Untersuchung des Systemverhaltens und das Ableiten von Handlungsalternativen zur Erreichung angestrebter Ziele) ist zudem keineswegs trivial und erfordert viel Zeit und Analyseerfahrung.

Softwareunterstützung

Für die systemdynamische Modellierung sind zahlreiche Softwareprogramme verfügbar. Besonders die Software „Heraklit" verfügt über eine intuitive Modellierungsmöglichkeit, die auch von Einsteigern schnell beherrscht wird. In Abbildung 6.6. werden schematisch die Auswirkungen einer neuen Recyclingverordnung für einen Automobilhersteller modelliert.

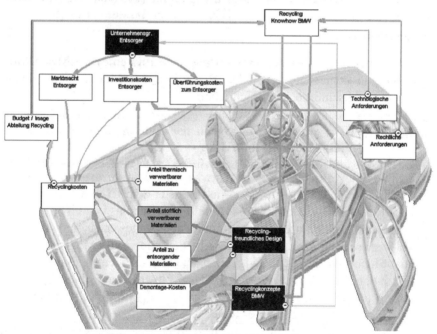

Abb. 6.6 Modellierung eines vernetzten Systems (Software „Heraklit")

In den Beiträgen der Detecon International GmbH und der T-Mobile (Abschnitte 8.1.3 und 6.1.8) werden Anwendungen der Softwareprogramme „Vensim" und „PowerSim" aufgezeigt.

6.1.3 (Strategische) Frühwarnung und -erkennung

> Es kommt nicht darauf an, die Zukunft zu wissen,
> sondern auf die Zukunft vorbereitet zu sein.
>
> Perikles
> Griechischer Politiker und Staatsmann (um 500 v. Chr-429 v. Chr.)

Verwandte Analysekonzepte:

- Analyse konkurrierender Hypothesen (AKH)
- Szenariotechniken
- Chancen-/Risikoanalyse
- Entscheidungsanalyse
- Bayes'sches Theorem
- Prognose
- Issues Management

Literatur:

- Klopp M, Hartmann M (1999) Das Fledermaus-Prinzip: Strategische Früherkennung für Unternehmen. LOGIS, Stuttgart
- Lange V (1994) Technologische Konkurrenzanalyse. Deutscher Universitäts Verlag, Wiesbaden

Beschreibung

Frühwarnung bezeichnet das frühzeitige Erfassen Schwacher Signale. Früherkennung bedeutet die anschließende Identifikation von Chancen und Risiken durch z.B. Änderungen in (Wettbewerbs-)Situationen, sodass das eigene Unternehmen Maßnahmen ergreifen kann (vgl. Abbildung 1.8). Für den eigentlichen Prozess der Frühwarnung werden Indikatoren identifiziert, die eine Änderung des Umfeldes anzeigen. Zahlreiche Verfahren existieren für die indikatorgestützte Frühwarnung: Textmining, Experteninterviews, Ausreißeranalyse etc. Werden die Indikatoren kontinuierlich in ein Bewertungsverfahren eingespeist und ausgewertet, so spricht man auch von einem Frühwarnsystem.

Analyseziel

Frühzeitige Identifikation von Chancen und Risiken (Wettbewerber, Technologien, Kundenbedürfnisse, Legislative etc.) für das eigene Unternehmen

Vorgehensweise

1. Umfeld-Scanning (vgl. Abschnitt 3.1), um Signale für Veränderungen rechtzeitig zu erkennen
2. Monitoring identifizierter Sachverhalte und der zugehörigen Indikatoren
3. Kontinuierliche Bewertungen (z.B. Chancen-/Risikoanalyse; vgl. Abschnitt 6.1.7) relevanter Sachverhalte (mit Blick auf die Auswirkungen für das eigene Unternehmen)
4. Ggf. Eskalation der Thematik, um rechtzeitig reagieren zu können

Softwareunterstützung

Die Modellierung einer Umfeldsituation kann mit zahlreichen Software-tools erfolgen (vgl. Software für Systemdynamik oder Entscheidungsanalyse in Anhang 9.4). Besonders elegant sind Ansätze, die eine Simulation enthalten (sodass das eigentliche Umfeld, die zugehörigen Indikatoren und die Auswirkungen modelliert werden können).

Anmerkungen

- Geeignete Frühwarnindikatoren sind unter den Aspekten der Spezifität (Wie gut ist ein Indikator für das eindeutige Erkennen eines Ereignisses geeignet?) und der Sensitivität (Wie sicher kann ein Indikator ein Ereignis ankündigen?) zu wählen (vgl. Abschnitt 6.2.4).
- Da die Anzahl der handhabbaren Indikatoren begrenzt ist, empfiehlt sich, eine „Frühwarnmonitoringstrategie[11]" zu entwickeln, in der die zu betrachtenden Ereignisse, die zugehörigen Indikatoren, die Detektionswahrscheinlichkeiten, die verbleibende Reaktionszeit und die einzuleitenden Maßnahmen beschrieben werden. Hierbei ist der Aufwand (direkte Kosten und Personalkapazität) für Erhebung und Bearbeitung der Indikatoren zu berücksichtigen.

Beispiele

Eine einfache Frühwarnung ist mit der in Tabelle 3.3. aufgezeigten Indikatormatrix möglich: Sobald die Indikatoren auftreten und genügend Faktoren als „vorhanden" gewertet werden, liegt ein Frühwarnsignal vor.

---

[11] Mit dem Entscheidungsanalyseansatz kann eine Frühwarnmonitoringstrategie entwickelt werden (vgl. Abschnitt 6.1.5). Insbesondere sind mit diesem Ansatz Nutzen, Kosten und Vorlaufzeit sowohl Schwacher als auch Starker Signale bewertbar.

Sinnvoll ist, Indikatoren und Signale über der Zeit zu verfolgen. So können, wie in Abbildung 6.7 dargestellt, periodisch Experten mit vorliegenden Indikatoren über ein Ereignis konfrontiert werden. Jedes Mal wird entweder direkt oder mittels des Bayes'schen Theorems (vgl. Abschnitt 6.2.4) die Eintrittswahrscheinlichkeit des Ereignisses durch die Experten geschätzt. (Bei Verwendung des Bayes'schen Theorems wird jeweils der letzte Schätzwert als Ausgangswert für die Aktualisierung verwendet[12]). Erreicht diese so ermittelte Wahrscheinlichkeit einen vorab definierten Schwellenwert, so gilt das Frühwarnsignal als beobachtet (im Beispiel der Abbildung 6.7 liegt das Signal erst eine Woche vor Eintreten des Ereignisses über dem Schwellenwert).

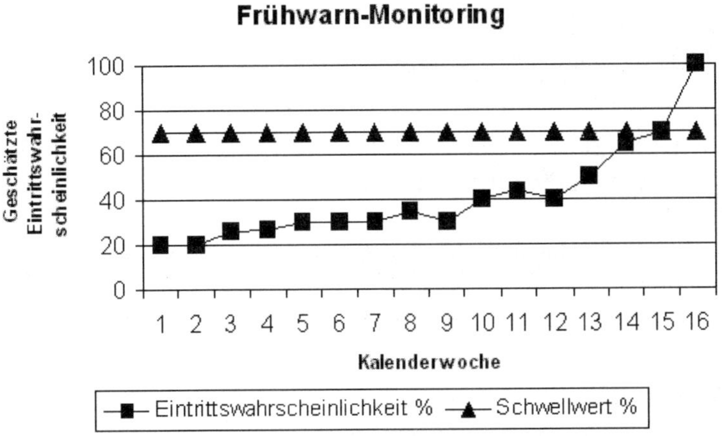

Frühwarn-Monitoring

Abb. 6.7 Beispiel für die Visualisierung eines Frühwarnindikators (wöchentliche Aktualisierung) für eine Produkteinführung

Komfortabler kann das Frühwarnsignal-Tracking mit der in Abschnitt 7.3.8 erläuterten CI-Scorecard erfolgen.

---

[12]   In seinem Beitrag „The Sino-Soviet Border Disput: A Comparison of the Conventional and Bayesian Methods for Intelligence Warning" (in Westerfield 1995) beschreibt Fisk die Überlegenheit dieses Ansatzes gegenüber der direkten (absoluten) Expertenschätzung bei der Vorhersage von Intelligence-Ereignissen (Punktprognosen).

6.1.4 War Gaming (Dynamische Simulation) mit Business-Simulatoren

> Marketing is merely a civilized form of warfare
> in which most battles are won with words,
> ideas, and disciplined thinking.
>
> Albert W. Emry
> American advertising agency executive

Verwandte Analysekonzepte:

- Systemdynamik (Vernetztes Denken)
- Szenarioplanung
- Spieltheorie
- Wettbewerberprofiling
- Wettbewerberstrategien (Reaktionsmodelle)

Literatur:

- Michaeli R (2002) Wargaming: Strategy, Intelligence and Analysis in Action. Session, präsentiert auf der SCIP European Conference Brussels, Oktober
- Oakshot L (1997) Business Modelling and Simulation. Pitman Publishing, London
- Schrage M (1999) Serious Play. HBS Press, Boston, MS

Beschreibung

Business-Simulatoren (auch als „Management Flight"-Simulatoren bezeichnet (Senge 1999)) bilden Kausalbeziehungen in ein computergestütztes Modell ab und simulieren den zeitlichen Verlauf von Markt- und Wettbewerbssituationen. Der Kern des Simulators ist ein ablauffähiges Simulationsmodell, das komplexe, nichtlineare, zeitvariante Systeme abbilden kann, z.B. entsprechend den Merkmalen des Hyperwettbewerbs (vgl. Abschnitt 8.1.2). Somit können auch komplexe, zeitinvariante Wettbewerbsarenen modelliert werden.

Als „War Gaming[13]"-Simulation bezeichnet man das wiederholte „Durchspielen" einer spezifischen Problemstellung unter gegebenen Randbedingungen (z.B. die Markteinführungsstrategie für einen gesättigten Markt unter Verwendung einer neuen Technologie). Wettbewerber können

---

[13]   War Gaming Sessions können auch von menschlichen Teams durchgeführt werden – jeweils ein Team übernimmt dabei die Rolle eines Wettbewerbers. Durch die Interaktion der Teams können Erkenntnisse über bestimmte Verhaltensmuster gewonnen werden.

dabei explizit als Marktteilnehmer modelliert werden. Sollen für die Wettbewerber Eingaben vorgenommen werden, so sind mehrspielerfähige Simulatoren, die z.B. über ein lokales Netzwerk verbunden sind, notwendig. Auf diese Weise können mehrere Spieler Strategien für das eigene Unternehmen und für die Wettbewerber austesten. Der Simulator berechnet aufgrund der Eingaben die Auswirkungen der Spielzüge und erteilt ein Feedback in Form von Auswertungen und Analysen.

Analyseziele

- Gewinnung neuer Erkenntnisse (harte und weiche Fakten), die im Rahmen der CI-Analyse unmittelbar von Bedeutung sind (So werden z.B. Bedrohungspotenziale durch Wettbewerber erkannt, Wettbewerbsstrategien entwickelt und auf ihre Umsetzbarkeit geprüft oder Frühwarnsysteme getestet.)
- Ermittlung neuer Wettbewerbsstrategien (präventiv, defensiv, offensiv) („War Gaming"-Simulatoren ermöglichen ein realitätsnahes Ausprobieren neuer Wettbewerbsstrategien. Durch die direkte, unnachgiebige Konfrontation mit einem (simulierten) evolutionären Umfeld lernt der Anwender, eigene Entscheidungen diesem Umfeld anzupassen: Er wird quasi Teil der Evolution.)
- Übertragung der gewonnenen Erkenntnisse auf die aktuelle Situation, um umsichtigere und letztlich bessere Entscheidungen zu treffen und zu kommunizieren

Vorgehensweise

1. Modellierung des Unternehmensumfeldes (vgl. hierzu z.B. Vorgehensweise bei einem PEST-Trendworkshop, Abschnitt 5.3.2, oder der Szenarioentwicklung, Abschnitt 6.1.1)
2. Anwendung des Modells auf eine spezifische Aufgabenstellung der Wettbewerberanalyse
3. Auswertung der Simulationsergebnisse

Anmerkungen

- Es gibt keine „richtigen" oder „falschen" Simulationsmodelle, sondern lediglich „brauchbare" bzw. „weniger brauchbare" Modelle. Eine wichtige Eigenschaft, über die ein Simulator nicht verfügt, ist Kreativität. Wer schon bei der Ausformulierung von Kausalbeziehungen Bedenken bzgl. der Methode bzw. ihrer Realisierbarkeit entwickelt, wird sich auch nicht von den späteren Erkenntnissen überzeugen lassen. Somit stellt sich kaum der gewünschte Anwendungsnutzen ein.

• Ein nicht zu unterschätzender Vorteil eines „War Gaming"-Simulators ergibt sich daraus, dass ein Team gezwungen wird, seine Erfahrung und sein „Know-how" über Kausalbeziehungen (Systemdynamischer Ansatz bzw. Theorie des Vernetzten Denkens, vgl. Abschnitt 6.1.2) zu konsolidieren und explizit zu formulieren. Die Wettbewerbswahrnehmung des CI-Teams wird geschult und die situative Entscheidungskompetenz deutlich verbessert. Häufig werden so z.B. in Workshops kreative Lösungsansätze gewonnen, indem eingefahrene Denkmuster verlassen werden und unbekanntes Terrain erforscht wird.

Beispiele

Simulatorbeispiele sind in Abschnitt 8.1.3 und Abschnitt 6.1.8 aufgeführt. Durch Integration in eine z.B. unter „Visual Basic" erstellte Anwenderoberfläche kann ein „Management Cockpit" für den CI-Analysten erstellt werden, das „seine" Entscheidungsoptionen, externen Randbedingungen und beispielsweise seine Zielgrößen beinhaltet (s. Abbildung 6.8, hier werden Marktanteil, Umsatz und Gewinn betrachtet).

Dank der offenen Schnittstellen können auch Excel-Arbeitsblätter mit dem Simulator dynamisch gekoppelt werden (DDE-Links), um Datenaustausch und -auswertung in vertrauter Umgebung zu ermöglichen.

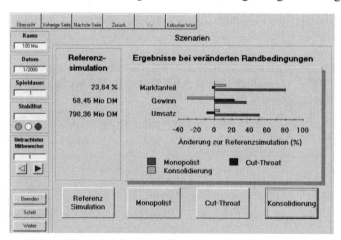

Abb. 6.8 Beispiel für eine Simulator-Szenariomaske[14]

---

[14] „War Gaming"-Simulator entwickelt von DIE DENKFABRIK GmbH und Blue Screen GmbH unter der Software „PowerSim"

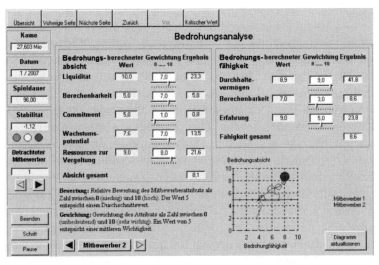

Abb. 6.9 Simulatormaske einer Wettbewerber-Bedrohungsanalyse

6.1.5 Entscheidungsanalyse unter Unsicherheit

„McNamara ... lehrte mich, nie eine Entscheidung zu treffen,
ohne wenigstens die Wahl zwischen Vanille oder Schokolade zu haben.
Und wenn mehr als 100 Millionen Dollar auf dem Spiel stehen,
sei zu empfehlen, auch noch Erdbeere zur Auswahl zu haben."

Lee Iacocca
Amerikanischer Industriemanager (geb. 1924)

Verwandte Analysekonzepte:

- C/R-Analyse
- Frühwarnung
- Bayes'sches Theorem
- Simulation/War Gaming

Literatur:

- Clemen RT (1996) Making Hard Decisions; An Introduction to Decision Analysis. Brooks/Cole Publishing, Pacific Grove, CA
- Eisenführ F, Weber M (2003) Rationales Entscheiden. 4. Aufl., Springer, Berlin Heidelberg New York

Beschreibung

Eine Entscheidungsanalyse ist der strukturierte, formale Prozess einer quantitativen oder qualitativen Analyse von Handlungsalternativen unter Unsicherheit. Hierbei werden Unsicherheiten, Präferenzen, Zielfunktionen und Randbedingungen berücksichtigt. Zur Modellierung der Entscheidungssituation können Einflussdiagramme und Entscheidungsbäume, ggf. auch Simulatoren verwendet werden. Unsicherheiten werden mittels Eintrittswahrscheinlichkeiten beschrieben, falls eine explizite Modellierung (vgl. Tabelle 6.2) möglich ist. Durch Monte-Carlo-Simulationen werden die Eintrittswahrscheinlichkeiten der Zielgrößen (Darstellung mittels Risikoprofilen; vgl. Abbildung 6.12) ermittelt. Diese Vorgehensweise kann bei unterschiedlichsten Entscheidungssituationen angewandt werden: von der Bewertung der eigenen Wettbewerbsstrategie (unter Berücksichtigung von angenommenen Wettbewerberreaktionen) bis hin zu Aufgaben der klassischen Ressourcenallokation (z.B. Optimierung der Anzahl der Außendienstmitarbeiter für den Pharmavertrieb bei angenommenen Wettbewerberaktivitäten).

Tabelle 6.2 Unsicherheitsformen (nach Weber, Weißenberger u. Liekweg 1999)

Kategorie	Charakteristika	CI-Beispiele
1. Ordnung	Es liegen objektive Eintrittswahrscheinlichkeiten für alle zukünftigen Umweltzustände vor.	Marktvolumina, Produktionskapazitäten eines Wettbewerbers, Produktlebensdauern
2. Ordnung	Es liegen subjektive Eintrittswahrscheinlichkeiten für alle zukünftigen Umweltzustände vor.	Erwartete Umsatzerlöse und Anlaufverluste bei Markterweiterung, zukünftige Kosten der Wettbewerberproduktion, Insolvenz eines Zulieferers
3. Ordnung	Es liegen keine Eintrittswahrscheinlichkeiten für zukünftige Umweltzustände vor; die Umweltzustände sind aber alle der Art nach bekannt.	Erfolg des F&E-Projektes eines Wettbewerbers, Ausweitung des Versandhandels auf eine Internetplattform, potenzielle Marketingaktivitäten eines Wettbewerbers, Industriekonsolidierung, staatliche Eingriffe in Außenhandelsbestimmungen
4. Ordnung	Es liegen keine Eintrittswahrscheinlichkeiten für zukünftige Umweltzustände vor; die Umweltzustände sind nicht alle der Art nach bekannt.	Auswirkungen neuer Produkte im Bereich Biotechnologie, Konsolidierung vertikaler Märkte

Analyseziele

- Ermittlung der optimalen Handlungsalternative für eine vorgegebene Zielfunktion unter Berücksichtigung von Unsicherheiten (Im CI-Kontext sind diese Handlungsalternativen häufig strategischer Natur (eigene Unternehmensentwicklungsoptionen, Verhandlungspositionen, Investitionsentscheidungen) oder sie betreffen die Durchführung von CI-Projekten (Reduktion von Unsicherheiten durch zusätzliche Information, Analyse Schwacher Signale, Bedrohungsanalysen, Priorisierung von Risiken durch Auswirkungsanalysen etc.).)
- Definition und Dokumentation der anstehenden Entscheidungen (Fokussierung des Entscheidungsfindungsprozesses auf die wesentlichen Aspekte)
- Ermittlung des Einflusses von Wettbewerberaktivitäten auf die eigenen Pläne/Strategien
- Timing von Entscheidungen (vgl. Abschnitt 8.1), indem durch „real options" die zeitlichen Abhängigkeiten (Ablaufsequenz) der Entscheidung berücksichtigt werden (flexible Planungsrechung)
- Durchführung einer Sensitivitätsanalyse (Priorisierung der Unsicherheiten sowie der KIQs, daraus resultierende Priorisierung der Datenerhebung)
- Berechnung des Gegenwertes von zusätzlicher Kontrolle und Information (damit Abschätzung potenzieller Handlungsalternativen und weiterer CI-Aktivitäten; vgl. Abschnitt 6.1.5)

Vorgehensweise

1. Definition der Entscheidungssituation (Handlungsalternativen, zu optimierende Zielfunktion, Unsicherheiten, Chancen/Risiken)
2. Modellierung der Unsicherheiten und Entscheidungsalternativen in Einflussdiagrammen und Entscheidungsbäumen
3. Monte-Carlo-Simulation der Entscheidungssituation
4. Sensitivitätsanalysen (Variationsrechnungen, Szenarios, Absicherung von Schwellenwerten)
5. Interpretation der Ergebnisse
6. Formulierung der erforderlichen Maßnahmen

Softwareunterstützung

Für die quantitative Risikoanalyse können Softwareprogramme wie „DPL", „@Risk", „Crystalball" oder Simulatoren („Vensim", „PowerSim" etc.) verwendet werden (vgl. Abschnitt 9.4.2).

Anmerkungen

- Die quantitative Entscheidungsanalyse eignet sich hervorragend zur Strukturierung komplexer Situationen, also insbesondere von CI-Themen. Durch die explizite Formulierung von Unsicherheiten, Handlungsalternativen und Zielen kann ein unmittelbarer Zusammenhang zwischen Information, Wissen (Struktur) und eigentlichem Entscheidungsgegenstand hergestellt werden. CI ist durch diesen Ansatz unmittelbar in die Entscheidungssituation integriert (vgl. 7.3.11).
- Die Entscheidungsanalyse hat ein sehr gutes Kosten-Nutzen-Verhältnis, da in kurzer Zeit mit relativ wenig Aufwand aussagekräftige Analysen generiert werden. Der Genauigkeitsgrad kann beliebig – je nach vorhandenen Informationen und benötigten Aussagen – einer Entscheidungssituation angepasst werden. Folglich sollte die Entscheidungsanalyse zum Standardrepertoire eines CI-Analysten gehören.
- Bei quantitativen Entscheidungsanalysemodellen kann eine effiziente Modellierung konditionaler Abhängigkeiten (Bayes'sches Theorem; vgl. Abschnitt 6.2.4) erfolgen.

Beispiel

Anhand eines Beispiels der ALPHA AG, einem Telecom-Dienstleister, soll die Methode der Entscheidungsanalyse unter Unsicherheit veranschaulicht werden.

Die ALPHA AG hat eine neue Telecom-Dienstleistung entwickelt und plant, diese in den Markt einzuführen. Ein Businessplan wurde erstellt, der auf den Annahmen und Unsicherheiten in Tabelle 6.3 basiert. Für abgeschätzte Marktvolumina und einen angenommenen eigenen Marktanteil werden die Absatzvolumina in den Hauptsegmenten „Privat"- bzw. „Großkunden" abgeschätzt. Durch die festlegbaren Preise sind die Umsätze über eine Absatzfunktion zu errechnen. Da außerdem die eigenen Entstehungskosten und weitere Aufwendungen (einmalig und kontinuierlich) bekannt sind, können die Jahresüberschüsse ermittelt werden. In der letzten Zeile befindet sich der berechnete diskontierte Cashflow des Ertrages (unter Annahme der nominalen Werte der Unsicherheiten und Entscheidungsparameter; vgl. Tab. 6.4).

Tabelle 6.3 Unsicherheiten und (fiktive) Annahmen für den Businessplan der ALPHA AG

Randbedingungen	
Unsicherheiten	
Jährliches Marktwachstum	20%
Kosten Feldtests (in Mio. €)	200
Berechnungen	
Stückpreis Dienstleistung (privat)	5,00 €
Stückpreis Dienstleistung (Großkunden)	4,50 €
Annahmen	
Durchschnittliche Verkäufe pro Privatkunden p.a.	50
Durchschnittliche Verkäufe pro Großkunden p.a.	1000
Marktanteil Großkunden	5%
Discount-Rate für NPV-Analyse	10%
Basis-Marktanteil	30%
Erstellungs- und Service-Aufwendungen pro Einheit	3,75 €

Als Entscheidungskriterium für die Produkteinführung wird der Discounted Cashflow (DCF) der ersten fünf Jahre gewählt. Ebenso sollen dynamische Wettbewerbsstrategien ermittelt werden.

Tabelle 6.4 Diskontierte Cashflow-Berechnung

Markt		2005	2006	2007	2008	2009	2010
Gesamtmarkt	Kunden (in Mio.)	10	12,0	14,4	17,3	20,7	24,9
Eigener Marktanteil	in %	30	34	38	43	49	55
Marktdurch-dringung	Kunden (in Mio.)	3,00	4,06	5,50	7,45	10,08	13,65
Markt-segmentierung		2005	2006	2007	2008	2009	2010
Privatpersonen	Units (in Mio.)	2,9	3,9	5,2	7,1	9,6	13,0
Großkunden	Units (in Mio.)	0,2	0,2	0,3	0,4	0,5	0,7
Gesamt	Units (in Mio.)	3,00	4,06	5,50	7,45	10,08	13,65
Verkaufte Einheiten		2005	2006	2007	2008	2009	2010
Privatkunden	Units (in Mio.)	142,5	192,9	261,3	353,7	479,0	648,5
Großkunden	Units (in Mio.)	150,0	203,1	275,0	372,4	504,2	682,7
Gesamt	Units (in Mio.)	292,5	396,0	536,3	726,1	983,1	1331,2
Umsätze		2005	2006	2007	2008	2009	2010
Privatkunden	in Mio. €	712,5	964,7	1306,3	1768,7	2394,8	3242,7
Großkunden	in Mio. €	675,0	914,0	1237,5	1675,6	2268,8	3072,0
Gesamt	in Mio. €	1387,5	1878,7	2543,8	3444,3	4663,7	6314,7
Kosten		2005	2006	2007	2008	2009	2010
Marketing	in Mio. €	(8,00)	(8,00)	(8,00)	(8,00)	(8,00)	(8,00)
Erstellungsauf-wendungen	in Mio. €	(1097)	(1485)	(2011)	(2723)	(3687)	(4992)
F&E-Aufwen-dungen	in Mio. €	(800)	0	0	0	0	0
Kosten Feldtests	in Mio. €	(200)	0	0	0	0	0
Summe Kosten	in Mio. €	(2105)	(1493)	(2019)	(2731)	(3695)	(5000)
Ertrag	in Mio. €	(717)	386	525	713	969	1315
DCF-Ertrag (in Mio. €)	€ 2.0801						

Fiktives Beispiel, Werte gerundet, Werte in Klammern sind negativ

Tabelle 6.5 Entscheidungsoptionen und Wahrscheinlichkeitsverteilungen der Unsicherheiten

Entscheidungsoptionen		Basis	min.	max.	
Preisgestaltung		0%	-5%	5%	
F&E-Investitionen (Mio. €)		800	200	1400	
Marketing-Investitionen (in Mio. €/p.a.)		8	4	12	
Discount für Großkunden		10%	5%	20%	
Unsicherheiten					Wahrscheinlich-keitsverteilung
Jährliches Marktwachstum		20%	0%	30%	Dreieck
Kosten Feldtests (in Mio. €)		200	150	250	Normal

Fiktive Annahmen

Der Rechengang kann über ein Einflussdiagramm (vgl. Abbildung 6.10) visualisiert werden: Neben Unsicherheiten (ovale Kreise) sind Entscheidungsparameter (Rechtecke), Berechnungsgrößen (abgerundete Rechtecke) und die eigentliche Zielgröße dargestellt. Für das unbekannte Marktwachstum wird eine dreiecksförmige Verteilungsfunktion von 0% bis 30% angesetzt, für die einmalig aufzubringenden Feldtestkosten eine Normalverteilung um 200 Mio. € mit einer Standardabweichung von 50 Mio. €.

Die Handlungsparameter wirken über Einflussfaktoren auf die erreichbare Marktdurchdringung (und damit auf die erzielbaren Absätze). Da nicht alle Kombinationen der potenziellen Handlungsparameter möglich (und für eine Strategie sinnvoll) sind, kann in einer Strategietabelle (vgl. Abbildung 6.11) jeweils ein Satz an Handlungsalternativen zu einer Strategie zusammengefasst werden. Im Beispiel sind drei Strategien, neben einer als Referenz verwendeten Status-quo-Strategie, aufgestellt worden.

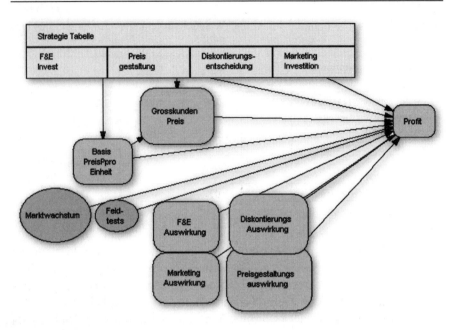

Abb. 6.10 Einflussdiagramm der Entscheidungssituation (Software „DPL")

Risiko-Analyse

Die Software „DPL" berechnet für jede Strategie das zugehörige Risiko-profil mittels einer Monte-Carlo-Simulation[15]. Der Analyst kann aus dem Risikoprofil die kumulierte Eintrittswahrscheinlichkeit der Zielgröße (hier DCF der ersten fünf Jahre) ablesen (vgl. Abbildung 6.12).

Ebenso können der minimale DCF, der maximale DCF und der Erwar-tungswert (vertikale Gerade, die angibt, welcher Wert mit 50% kumulierter Wahrscheinlichkeit eintritt) abgelesen werden.

---

[15]   „DPL" verwendet hierzu die vorgegebenen Algorithmen im Excel-Sheet mittels eines DDE-Links.

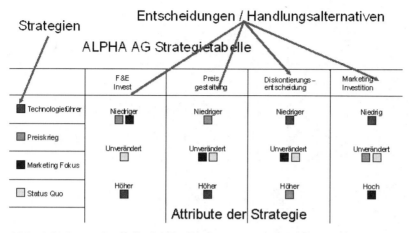

Abb. 6.11 Strategietabelle für die ALPHA AG (Software „DPL")

In Abbildung 6.12 sind die Risikoprofile der vier Strategien aufgezeigt:

- Die Strategie „Marketing-Fokus" hat den größten zu erwartenden DCF.
- Die Strategie „Technologieführerschaft" hat einen vergleichbaren zu erwartenden DCF, ist aber deutlich „risikoreicher", da der niedrigste DCF unter dem der Marketing-Fokus-Strategie liegt. Außerdem ist der maximale DCF höher als bei der Marketing-Fokus-Strategie.
- Beide Alternativen sind jedoch „besser" als die „Status-quo"-Option.
- Einen „Preiskrieg" zu entfesseln ist zumindest hinsichtlich des DCF-Kriteriums unsinnig, da nur ein vergleichsweise niedriger DCF erzielt werden kann (diese Strategie berücksichtigt die angenommenen Wettbewerberreaktionen auf die eigene Preispolitik).

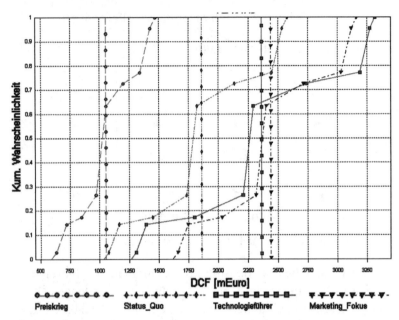

Abb. 6.12 Risikoprofile der Strategiealternativen der ALPHA AG (Software „DPL")

Mit dem Ansatz der Entscheidungsanalyse können auch der monetäre Wert von zusätzlicher (perfekter) Information[16] und zusätzlicher (perfekter) Kontrolle[17] ermittelt werden. Wie in Abbildung 6.13 angegeben – für die optimale Marketing-Fokus-Strategie – beträgt der Gegenwert von vollständiger Kontrolle der Unsicherheitsquelle „Marktwachstum" etwa 800 Mio. Euro (das Marktwachstum entspricht in diesem Fall 30%). Der Gegenwert von perfekter Information ist mit etwa 50 Mio. Euro bei dem Marktwachstum deutlich geringer. Würde ein CI-Projekt diese Unsicherheit eliminieren, so müsste ein rationaler Entscheider maximal den Gegenwert der zusätzlichen Information zu zahlen bereit sein.

---

[16] Perfekte Information bedeutet, dass die Unsicherheit durch Kenntnis des zukünftigen Wertes eliminiert wird. Die Information, ob es morgen regnet oder die Sonne scheinen wird, erlaubt, den Regenschirm mitzunehmen oder ihn zu Hause zu lassen – sicherlich ein Vorteil durch Unsicherheitsreduktion.

[17] Perfekte Kontrolle bedeutet, dass nicht nur die Unsicherheit eines Wertes eliminiert ist, sondern dieser Wert auch beeinflusst werden kann. Im Beispiel kann entschieden werden, ob es morgen regnet oder die Sonne scheint. Diese (perfekte) Kontrolle der Unsicherheit des Wetters hat einen höheren Wert als die (perfekte) Reduktion der Unsicherheit der Wettervorhersage.

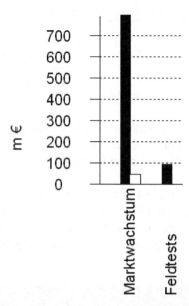

Abb. 6.13 Gegenwert von zusätzlicher Information (dunkler Balken) und Kontrolle (heller Balken); Software „DPL"

Sensitivitätsanalysen

Sensititvitätsanalysen können ebenfalls für die modellierten Unsicherheiten durchgeführt werden. Abbildung 6.14 zeigt für das ALPHA-AG-Beispiel ein Tornadodiagramm für zwei Unsicherheitsparameter (Marktwachstum und Feldtest). Variiert man die Unsicherheiten in dem vorgegebenen Wertebereich (vgl. Tabelle 6.5), so ändert sich der DCF wie dargestellt. Die Unsicherheit durch das „Marktwachstum" hat eine deutlich stärkere Auswirkung auf den DCF als die Unsicherheit in den Werten für die Feldtestkosten. Folglich sollten weitere CI-Aktivitäten auf die Reduktion der Unsicherheit im Marktwachstum fokussiert werden.

Beim Balken der Unsicherheit „Marktwachstum" ist ein Farbumschlag festzustellen, d.h. ab diesem Punkt ist die Marketing-Fokus-Strategie nicht mehr optimal, sodass eine Anpassung der Strategie erforderlich werden kann (die Technologieführer-Strategie wäre jetzt zu bevorzugen)[18].

---

[18] Diese kritischen Modellparameter sind entsprechend sorgfältig zu recherchieren und ggf. kontinuierlich zu überwachen.

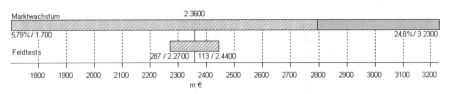

Abb. 6.14 Tornadodiagramm für die Unsicherheitsparameter (Software „DPL")

Liegt das tatsächliche Marktwachstum in diesem Wertebereich (etwa 25%), so muss bei einer Strategieformulierung sorgsam vorgegangen werden, da schon leichte Änderungen in den Werten zu einer neuen optimalen Strategie führen können.

Ebenso kann untersucht werden, wie sich die optimale Strategie in Abhängigkeit von Entscheidungsparametern verändert. Abbildung 6.15 zeigt eine zweidimensionale Analyse der Auswirkungen von veränderter Preisgestaltung bzw. veränderten F&E-Investitionen auf die zu wählende Strategie.

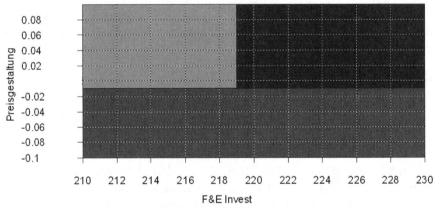

Abb. 6.15 Zweidimensionales Regenbogendiagramm als Entscheidungsgrundlage der ALPHA AG (Software „DPL")

Als strategische Folgerungen für die ALPHA AG ergeben sich aus der Risikoanalyse:

1. Der Markteintritt sollte mit einer Marketing-Fokus-Strategie (hohes Gewinnpotenzial bei geringem „Downside-Potenzial") durchgeführt werden.
2. Zusätzlich sollten die „mindest notwendigen" F&E-Investitionen getätigt werden, um nach dem ersten Jahr (bei dem dann bekannten

Marktwachstum) noch entscheiden zu können, ob ein Strategiewechsel erfolgen soll[19]:

- Bei einem starken Marktwachstum kann ein Umschwenken auf die Technologieführer-Strategie sinnvoll sein[20].
- Bleibt das Marktwachstum gering, so könnte die Marketing-Fokus-Strategie weiterverfolgt werden.

Besteht die Möglichkeit, das Marktwachstum zu kontrollieren (z.B. durch gezielte Kooperation mit Wettbewerbern[21] oder Anbietern von komplementären Technologien), so ist die Reduktion der Unsicherheit (und damit der Gegenwert für den Entscheider) enorm. Ebenso lohnt es sich, über eine Reduktion der Unsicherheit bei Marktwachstumsannahmen (z.B. durch Fokusgruppenbefragungen) nachzudenken, da auch hierfür der potenzielle Nutzen für den Entscheider erheblich ist.

---

[19] Diese Vorgehensweise entspricht dem Erwerb einer „Call"-Option, die optional später ausgeübt werden kann.

[20] Das Wettbewerberverhalten oder aufkommende Substitute können das Marktwachstum stark beeinflussen.

[21] Standardisierung von Schnittstellen, Verhindern von substituierenden Technologien etc.

6.1.6 SWOT(Strength Weakness Opportunity Threat)-Analyse

> In a competitive world whose companies have access to the same data,
> who will excel at turning data into information and then
> analyzing the information quickly and intelligently enough
> to generate superior knowledge?
>
> Max Hopper
> Ehemaliger Vorstand von American Airlines

Verwandte Analysekonzepte:

- 5-Kräfte-Industriestrukturanalyse
- Chancen/Risiken-Analyse
- Kernkompetenzanalyse
- Wettbewerberprofilierung

Literatur:

- Fleisher CS, Bensoussan BE (2002) Strategic and Competitive Analysis: Methods and Techniques for Analyzing Business Competition. Prentice Hall, Upper Saddle River, NJ
- Kotler P (1991) Marketing Management. Prentice Hall, Inc. Englewood Cliffs, NJ

Beschreibung

In einer SWOT-Analyse werden die relativen Stärken und Schwächen eines Unternehmens (oder Teile eines Unternehmens) oder Produkte bzw. Produktgruppen und die im Markt vorhandenen unternehmerischen Chancen und Risiken (vgl. Abschnitt 6.1.7) situativ bewertet. Durch diese Gegenüberstellung lassen sich strategische Grundsätze ableiten. Meist wird hinterfragt, ob das betrachtete Unternehmen den Anforderungen des Marktes gewachsen ist. Ebenso werden Chancen und Risiken, die sich aus Wettbewerberaktionen ergeben, berücksichtigt.

Da sich relative Stärken und Schwächen immer nur durch eine vergleichende Betrachtung mit einzelnen Wettbewerbern oder Wettbewerberguppen bestimmen lassen, ist eine detaillierte Wettbewerbererhebung Voraussetzung für die SWOT-Analyse (vgl. Verfahren der Wettbewerberanalyse in Kapitel 5).

Analyseziele

- Feststellung der eigenen strategischen Positionierung relativ zum Wettbewerb
- Identifikation der Chancen und Bedrohungen (Risiken) für das eigene Unternehmen
- Untersuchung der Auswirkungen auf die Unternehmensstrategie

Vorgehensweise

1. Identifikation von Stärken/Schwächen/Chancen/Risiken
2. Ausarbeitung von Strategien für die einzelnen Quadranten einer SWOT-Matrix (vgl. Tabelle 6.6)
3. Entwicklung einer angepassten Unternehmensstrategie

Tabelle 6.6 SWOT-Matrix

	Chancen	**Risiken**
Stärken	Stärken-Chancen-Strategien	Stärken-Risiken-Strategien
Schwächen	Schwächen-Chancen-Strategien	Schwächen-Risiken-Strategien

Generische Strategien aus einer SWOT-Analyse

Anmerkungen

- Die SWOT-Analyse ist ein Standardverfahren der CI-Analyse. Sie ist daher insbesondere auch bei CI-Nutzern bekannt und akzeptiert. Sind aussagekräftige Daten vorhanden, so ist eine SWOT-Analyse mit relativ wenig Aufwand erstellbar. Die Arbeitsschritte der SWOT-Analyse sind vergleichsweise einfach zu moderieren und somit insgesamt hervorragend für interdisziplinäre Gruppenarbeit geeignet.
- Der Reiz einer SWOT-Analyse liegt für den CI-Analysten weniger in der Ableitung eigener strategischer Initiativen im Sinne einer Strategieentwicklung[22]. Entscheidend ist vielmehr die Möglichkeit,

  1. „Quick and dirty"-Ad-hoc-Analysen unter Zeitdruck und/oder bei unvollständiger Datenlage zu erstellen und

---

[22] Hierfür gibt es bei weitem besser geeignete Methoden wie Dynamische Simulation, Szenarioentwicklung etc.

2. Themen zu identifizieren, die eine ausführlichere Datenerhebung und Analyse nötig machen (Priorisierung und Eskalation).

- Für die SWOT-Analyse eines Gesamtunternehmens ist es erforderlich, das Unternehmen in Teilbereiche zu zerlegen und für diese Bereiche eigene SWOT-Analysen zu erstellen. Die Aggregation der Teilanalysen zu einer Gesamtanalyse erfolgt jedoch keineswegs nur durch eine einfache Addition der Einzelbetrachtungen, vielmehr müssen Einflussfaktoren wie Synergien, Cross-Selling-Potenzial und Ressourcenlimitationen berücksichtigt werden, um sinnvolle Gesamtanalysen zu erhalten.

- Hauptkritikpunkt an einer SWOT-Analyse ist die potenzielle Übersimplifizierung komplexer Sachverhalte. Entsprechend profund muss eine SWOT-Analyse ausgearbeitet und präsentiert werden.

- Der relative Vergleich zu Wettbewerbern setzt eine genaue Definition der im Wettbewerb stehenden Unternehmen voraus. Nicht immer ist es sinnvoll, ähnliche Unternehmen (Größe, Produktportfolio, Organisationsform) zu betrachten (vgl. Abschnitt 5.3.6), häufig entstehen Chancen und Risiken durch Start-ups oder neue Anbieter in einem Markt.

- Bei der Wahl der zu vergleichenden Wettbewerbsattribute für Stärken/ Schwächen ist zu berücksichtigen, dass diese Attribute auch strategische Aussagekraft und Relevanz besitzen und nicht nur die eigene Wettbewerbersicht abdecken[23].

- Entscheidend für eine SWOT-Analyse ist die Frage, ob eine derzeitige oder zukünftige Wettbewerbersituation untersucht werden soll. Beide Varianten sind sinnvoll und je nach Analyseziel anzuwenden, wobei eine Analyse der zukünftigen SWOT-Situation aufwendigere Vorarbeiten voraussetzt. So ist eine Projektion der derzeitigen Stärken/Schwächen und Chancen/Risiken in die Zukunft mit Hilfe von Szenarios (vgl. Abschnitt 6.1.1) und Prognosen (vgl. Abschnitt 5.2.6) erforderlich.

- Häufig tritt das Problem einer mangelnden Quantifizierbarkeit der in einer SWOT-Analyse verwendeten Faktoren auf. Um dieses Problem zu umgehen, bleiben letztlich nur die subjektive Skalierung der betrachteten Faktoren (einschließlich der damit verbundenen möglichen Fehler; vgl. Kapitel 2) und eine anschließende kreative Interpretation der daraus resultierenden strategischen Implikationen. Ergebnisse einer SWOT-

---

[23] Je nach Strategie kann z.B. die „geringe Liquidität" eines Wettbewerbers eine strategische Schwäche oder aber ein irrelevanter Faktor sein.. Der Wettbewerbsfaktor „Standortvorteil" kann für ein Unternehmen eine Stärke widerspiegeln, verglichen mit einem konkurrierenden Online-Shop jedoch u.U. kaum strategische Wettbewerbsvorteile generieren; folglich wäre dieser strategische Faktor nicht aussagekräftig.

Analyse sind deshalb häufig dem Vorwurf einer unvollständigen Datenbasis und einer nicht zwingenden Analyselogik ausgesetzt.

Beispiel

Für einen europäischen Hersteller von Sporttextilien, der ALPHA AG, ergibt sich exemplarisch folgende SWOT-Analyse:

- Stärken
  - Namhafte Marke und hoher Bekanntheitsgrad: gut sichtbares Logo mit hohem Wiedererkennungswert
  - Ansprechendes Image: jung und cool
  - Technologische Fähigkeiten: hohe und kontinuierliche F&E-Investitionen (Materialeigenschaften, Beständigkeit)
  - Name bürgt für hohe Qualität: lange Historie und solide Produkte
  - Produktdesign: kontinuierliche Innovationen durch kreatives Querdenken und Ignorieren von gesetzten Trends
  - Hohe Profitabilität im Kerngeschäft
- Schwächen
  - Abhängigkeit von Innovationen und Trends
  - Unabwägbarkeit von Modezyklen (Freizeit-Hype, Outdoor-Hype, Sport-Hype und dann?)
  - Geringerer Bekanntheitsgrad als die Hauptwettbewerber in Europa und den USA (BETA und DELTA sind die unangefochtenen Marktführer.)
  - Starke Abhängigkeit vom heimischen Markt (In Deutschland und Westeuropa werden mehr als 60% des Umsatzes erwirtschaftet.)
  - Kein Komplettanbieter (im Gegensatz zu den Hauptwettbewerbern BETA und GAMMA)
  - Geringe Verkaufsmöglichkeiten durch die neuen Sportdiscounter
  - Geringe Managementkapazitäten für eine „global player policy"
- Chancen
  - Noch nicht gesättigtes Marktsegment (Hier hat ALPHA gutes Potenzial zu expandieren.)
  - Höchste Gewinnmargen auf dem Zubehörmarkt (ALPHA kann dieses Segment dank des guten Markenimages angehen.)
  - Customization von Textilien
  - Strategische Partnerschaften (z.B. mit einem Retailer)
  - Vorwärtsintegration (Erste eigene Läden wurden bereits eröffnet.)
  - Erschließung neuer internationaler Märkte (Erste „Lizenzen" wurden vergeben, Erfolg versprechender Aufbruch in schwierige Regionen.)
  - Erst 5%Marktanteil im Megamarkt USA

- Gefahren:
  - Im Vergleich zu BETA und DELTA weniger stark etablierte Marke (Bei einer massiven Verteidigungsreaktion würde außerhalb des Kerngeschäftes mit massiven Einbrüchen zu rechnen sein. Durch eine eingeschränkte Finanzkraft (und damit potenziell geringe Marketingaufwendungen) kann ALPHA eine direkte Konfrontation nicht lange durchhalten.)
  - Geringe Wertschöpfungstiefe durch extensives Outsourcing (Die Folgen können Lieferengpässe sein, die u.U. zu hohen Konventionalstrafen und Marktanteilsverlusten führen.)
  - Starke Abhängigkeit von Zulieferern und Händlern (Dadurch könnten geringere Margen erzielt werden, die die Profitabilität gefährden (insbesondere wenn BETA oder DELTA mit den Hauptzulieferern strategische Partnerschaften eingehen würde).)
  - Geringeres F&E-Budget als Wettbewerber (Wodurch u.U. die eigene Innovationsfähigkeit in neue Marktsegmente gefährdet ist.)
  - Zusammenbruch von neuen Marktsegmenten (Flop bei einem neuen Hype kann zu Umsatzeinbrüchen und starkem Imageverlust führen.)
  - Fehlende Möglichkeit, aus eigener Kraft den von BETA etablierten Sub-Brands (mit dem Ziel, eine Sättigung zu verhindern) entgegenzuwirken (Eine „Verwässerung" der eigenen Marke bei einer zu breiten Streuung ist damit potenziell möglich.)

Folgende Strategie lässt sich beispielsweise für die ALPHA AG aus der SWOT-Analyse ableiten:

> Erhöhung der operativen Effizienz, um die Verteidigung des Kerngeschäftes erfolgreich durchführen zu können; danach Erschließung neuer Märkte (USA) für die vorhandenen Produkte

- Für diese Strategie spricht, dass
  - der momentane Produktionsvorlauf für den Modemarkt zu lange dauert, sodass eine Verkürzung anzustreben ist,
  - die dann kanalisierte Kreativität Ineffizienzen und ebenfalls zu lange Vorlaufzeiten beim Design reduziert,
  - Größendegressionseffekte bei Einkauf, Rohmaterialien und Logistik erreichbar sind und somit auch steigende Gewinnmargen.
- Gegen diese Strategie spricht, dass
  - bereits schon jetzt eine geringe Fertigungstiefe vorliegt und
  - die Managementkapazität erschöpft ist, sodass es schwierig ist, noch weitere Koordinationen und Controlling-Funktionen durchzuführen.

6.1.7 Chancen-/Risikoanalyse (C/R-Analyse) und Chancen-/ Risikomanagement (C/R-Management)

> Je planmäßiger ein Mensch vorgeht,
> desto wirksamer vermag ihn der Zufall zu treffen.
>
> Friedrich Dürrenmatt
> Schweizer Schriftsteller (1921-1990)

Verwandte Analysekonzepte:
- Entscheidungsanalyse
- SWOT-Analyse
- Strategische Frühwarnung

Literatur:
Weber J, Weißenberger BE, Liekweg A (1999) Risk Tracking and Reporting. Advanced Controlling, WHU-Koblenz, Vallendar

Beschreibung

Eine Chancen-/Risikoanalyse ist eine qualitative oder quantitative Beschreibung von Chancen und Risiken bzgl. Fragestellungen der Unternehmensplanung und -analyse. Im CI-Kontext stehen in der Regel die aus Marktveränderungen und Wettbewerberaktionen resultierenden Chancen und Risiken im Mittelpunkt der Analyse. Identifiziert werden diese Chancen und Risiken beim CI-Monitoring (vgl. Abschnitt 3.1) oder sie sind das Ergebnis einer Analyse wie z.B. der SWOT-Analyse (vgl. Abschnitt 6.1.6).

Chancen-/Risikomanagement umfasst die Definition und Durchführung von Maßnahmen, die zur Einschränkung der Auswirkungen von Risiken und zur optimierten Ausnutzung von Chancen getroffen werden. Meist wird hierzu eine „C/R-Strategie" definiert, die es einem Unternehmen erlaubt, rechtzeitig und proaktiv auf sich anbahnende Veränderungen einzugehen.

Analyseziele

- Identifikation aktueller und zukünftiger Chancen und Risiken sowie der zugehörigen Indikatoren aus Markt und Wettbewerb
- Erstellen einer C/R-Strategie, durch die festgelegt wird,
  - welche Risiken akzeptabel (d.h. tolerierbar) sind und
  - welche Maßnahmen bei Eintreten eines Risikos (Schadensfall) bzw. einer Chance zu ergreifen sind

Vorgehensweise

1. C/R-Identifikation durch Monitoring-/Scanning-Aktivitäten (vgl. Abschnitte 7.3.8, 6.1.3, 6.1.7), Trendworkshops (vgl. Abschnitt 5.3.2), Simulation (vgl. Abschnitte 6.1.4 und 6.1.6) und weitere Analysen
2. C/R-Inventarisierung
   - Möglichst vollständige Erfassung aller „Chancen/Risiken" mit Veränderungs- und Aktionspotenzialen[24] (vgl. Abbildung 6.16)
   - Modellierung (Einflussdiagramme/Entscheidungsbäume) von Kausalbeziehungen, Unsicherheiten, Handlungsalternativen
   - Ableitung der C/R-Indikatoren
3. C/R-Analyse
   - Qualitative oder quantitative Modellierung von Chancen und Risiken (z.B. VAR-Berechnungen, Risikoprofile, Sensitivitätsanalyse[25])
4. C/R-Management
   - Definition von Maßnahmen und Richtlinien zur C/R-Bewältigung bzw. -Nutzung (Die Wirksamkeit der Maßnahmen kann mit dem Modell der C/R-Analyse überprüft werden. Zu diesen Maßnahmen kann eine gezielte Erhebung weiterer Intelligence (Reduktion der Unsicherheit) oder eine Änderung der eigenen Beeinflussungsmöglichkeiten (z.B. durch Wettbewerbsallianzen) gehören.)
5. C/R-Reporting
   - Dokumentation der C/R inklusive der Auswirkungen/Erwartungen
   - Etablierung eines Eskalationsprozesses[26] (Maßnahmen) bei Auftreten der C/R
   - Abweichungsanalysen (dokumentierte C/R im Vergleich zu tatsächlich eingetretenen C/R)
   - Regelmäßiges Reporting an das Topmanagement (z.B. im Rahmen von Intelligence-Briefings (vgl. Abschnitt 3.2.14))

---

[24] Eine Kategorisierung kann z.B. bzgl. des Potenzials der Veränderung für das Unternehmen, des Aktionspotenzials (Beeinflussungsmöglichkeiten) oder der Eintrittswahrscheinlichkeit erfolgen.

[25] Hierzu gehört die Bestimmung der tolerierbaren Indikator-Schwellenwerte und des Gegenwertes von zusätzlicher Information und/oder Kontrolle (vgl. Abschnitt 6.1.5).

[26] Vgl. hierzu auch die Erläuterungen in Abbildung 7.9.

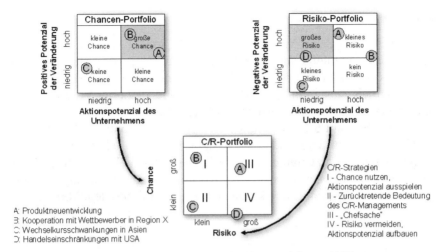

Abb. 6.16 Prozess des C/R-Managements (Weber u. Liekweg 1999)

Softwareunterstützung

Die Risikoinventarisierung (Erhebung, Tracking, Verwaltung, Auswirkungsanalyse) kann mit speziellen Risikomanagement-Softwareprogrammen vorgenommen werden (vgl. Abschnitt 9.4.2).

Für die quantitative Risikoanalyse gibt es Softwareprogramme wie „DPL", „@Risk" oder „Crystalball", ein Tracken der C/R sowie der zugehörigen Indikatoren erfolgt mit einer Risiko-Scorecard (vgl. Abschnitt 7.3.8).

Anmerkungen

- C/R-Analysen dienen insbesondere auch dazu, CI-Nutzer auf ein sich permanent veränderndes Umfeld aufmerksam zu machen. Während sich die Frühwarnung meist mit längerfristigen, strategischen Bedrohungen befasst, ist die C/R-Analyse auch auf kurzfristige, operative Belange ausgerichtet.
- Ist eine Organisation erst einmal auf das kontinuierliche Identifizieren und Ausnutzen von C/R sensibilisiert, so werden CI-Aufwendungen leichter akzeptiert, da nur durch eine proaktiv operierende CI-Abteilung das C/R-Management unterstützt werden kann.
- Menschliche Netzwerke (vgl. Abschnitt 7.3.1) dienen als Sensoren für sich ankündigende Veränderungen.

Beispiele

In den Beiträgen der T-Mobile Deutschland GmbH (Abschnitt 6.1.8) und der DETECON International GmbH (Abschnitt 8.1.3) werden Beispiele für eine systematische Erfassung der Erhebung von Einflussfaktoren aus dem Unternehmensumfeld gegeben. In Analogie zu diesen Vorgehensweisen können auch Chancen/Risiken erhoben werden.

Das in Abschnitt 6.1.5 angeführte Beispiel einer Produkteinführung entspricht der Quantifizierung eines Risikos durch Unsicherheiten bei der Prognose der Absatzvolumen (u.a. beeinflusst durch Wettbewerberaktivitäten) und der eigenen Kosten. Das Risikoprofil in Abbildung 6.12 entspricht einer VAR(value at risk)-Darstellung einer Produkteinführung.

6.1.8 T-Mobile Deutschland GmbH: Systemdynamik für CI

von Dr. Jörg Berthold

Problemstellung

Die Funktion der CI ist kaum sinnvoll auf die systematische Sammlung unternehmensexterner Markt- und Wettbewerbsinformationen zu beschränken. Die kritische Würdigung und Bewertung dieser Informationen im Gesamtmarktkontext (welche Auswirkungen auf unser Ergebnis ist durch die angekündigte Preissenkung bei einem Wettbewerberprodukt zu erwarten, wann und wie müssen wir reagieren, ...) kann im Regelfall als weiterer zentraler Bestandteil der CI-Arbeit angesehen werden. Dabei sind typischerweise Fragestellungen von hoher Komplexität zu lösen. CI-Analysen müssen erfahrungsgemäß vor dem Hintergrund sowohl einer hohen kombinatorischen Komplexität (hohe Anzahl von Wettbewerbern, große Breite und Tiefe relevanter Produktpaletten etc.) als auch einer hohen dynamischen Komplexität (Rückkopplungseffekte im Markt, Zeitverzögerungen etc.) erfolgen. Die durch *kombinatorische* Komplexität bedingten Schwierigkeiten lassen sich im Regelfall mit etwas Ausdauer und mit der Unterstützung etablierter Hilfsmittel (Tabellenkalkulationsprogramme, ...) noch bewältigen.

Analyseaufgaben mit hoher *dynamischer* Komplexität stellen sich demgegenüber als massive Herausforderung dar. Ohne Hilfestellung sind Menschen kaum in der Lage, das dynamische Verhalten nichtlinearer Systeme (auch mit nur wenigen Elementen) vorherzusagen. Eine Fehleinschätzung der Marktentwicklung hat in einem dynamischen Umfeld häufig fatale Konsequenzen. So führt Arie de Geus in seinem Buch „ The living Company" die Tatsache, dass mehr als ein Drittel der Fortune-500-Firmen im Zeitraum 1970–1983 aus dem Markt verschwunden sind, auf die menschliche Unfähigkeit zurück, mit dynamischen Entwicklungen umzugehen. Typische Fehlerquellen, insbesondere im Marktumfeld, sind dabei nach Dörner (Dörner 1999):

- Unsere Unfähigkeit, die Auswirkung von Rückkopplungen richtig einzuschätzen
- Unsere linear geprägten Denkmuster (kaum ein Mensch kann beispielsweise die Wirkung von Zinseszinseffekten intuitiv richtig begreifen)
- Übersehen der massiven kumulativen Auswirkungen kleiner Zeitverzögerungen
- Schlechte Strukturierung von Problemlösungen
- ...

Lösungsansatz

Es ist daher bei CI-Fragestellungen mit potenziell weitreichenden Konsequenzen für das Unternehmen (neue Technologien, neue Wettbewerbertypen, Konsolidierung, ...) dringend geboten, ein Methodenportfolio jenseits der für die tägliche Arbeit hinreichenden Standardverfahren (SWOT, Profile, ...) zur Anwendung zu bringen. Ein Ansatz, der sich in unserer CI-Praxis vielfach bewährt hat, ist das computergestützte Simulationsexperiment.

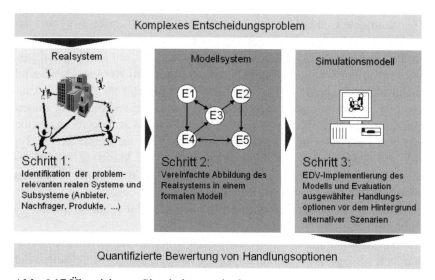

Abb. 6.17 Übersicht zur Simulationsmethode

Die Grundidee des Verfahrens besteht darin, sämtliche als relevant erachteten Einflussfaktoren und deren dynamische Zusammenhänge in einem mathematischen Modell abzubilden, dieses auf einem PC zu implementieren, um das dynamische Verhalten dieses Systems unter diversen Umweltbedingungen (Szenarios) experimentell zu untersuchen. Dabei können die Auswirkungen eigener Verhaltensmuster im Markt auf Zielvariablen wie Marktanteil, Umsatz, Ergebnis, ... auch unter Berücksichtigung von Informationsunsicherheiten analysiert werden. Der Ablauf eines Simulationsexperimentes vollzieht sich in folgenden Schritten:

1. Katalogisierung der als relevant für die Fragestellung erachteten Systemelemente (Wettbewerber, Kundensegmente, Produktgruppen, ...)
2. Zuordnung relevanter Variablen zu den Systemelementen (z.B. je Kundensegment die relevanten Variablen des Kauf- und Kaufentscheidungsverhaltens wie Nachfragemengen, Preiselastizitäten, ...)

3. Analyse und Abbildung der Wirkungszusammenhänge zwischen den Modellvariablen
4. Aufstellung eines entsprechenden formalen, mathematischen Modells
5. Implementierung des Modells auf einem Computersystem
6. Simulation und Analyse

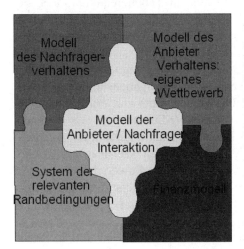

Als besonderer Vorteil der Methode ist zu nennen, dass sich auch Problemstellungen mit sehr hoher Komplexität transparent erschließen lassen, dabei ist im Regelfall eine Aufsplittung des Problems in vernetzte Submodelle hilfreich. Die Modellierung führt zudem stets zu einem klaren Bild über die Vollständigkeit der verfügbaren Informationen.

Abb. 6.18 Modularer Charakter eines CI-Marktmodells

Es wird ‚gnadenlos' transparent, welche Modellteile auf gesicherten empirischen Erkenntnissen beruhen und an welchen Stellen aufgrund von Informationsmangel Annahmen getroffen werden mussten. In diesem Zusammenhang wird man als Modellbauer gelegentlich mit dem Begriff ‚GIGO-Modell' konfrontiert (Garbage in – Garbage out). Diesem Vorwurf kann man jedoch sehr gelassen entgegentreten, wenn die Untersuchung auf dem bestmöglichen Informationsstand beruht und sämtliche Einschätzungen der relevanten Experten und Manager berücksichtigt sind. In diesem Fall kann von Garbage definitiv keine Rede sein, sondern von professionellem CI-Entscheidungssupport.

Wir haben vielfach die Erfahrung gemacht, dass bereits der Schritt der Systemanalyse in komplexen CI-Fragestellungen sehr wertstiftend ist, da die Ursachen divergenter Einschätzungen über Marktentwicklungen exakt herausgearbeitet werden können. Damit erweist sich die Simulationsmethode insbesondere als Vehikel zur Konsensbildung. Die Auswirkungen abweichender Einschätzungen können in alternativen Szenarios untersucht und diskutiert werden. Häufig zeigt sich dabei, dass unterschiedliche Einschätzungen über Parameter nicht zu anderen Vorgehensempfehlungen führen (robuste Strategien).

Als Einstiegshürde bei der Anwendung der Simulation in der CI erweist sich häufig eine gewisse Unvertrautheit von Projektmitgliedern im Umgang mit umfangreichen und vernetzten Gleichungssystemen. Zudem ergeben sich leicht ‚mechanische' Schwierigkeiten beim Versuch, Marktmodelle in Standardapplikationen wie z.B. Tabellenkalkulationsprogrammen abzubilden. So lassen sich hier zum Beispiel Rückkopplungsbeziehungen (Zirkelbezüge) kaum implementieren. Trotz ausgereifter Hilfefunktionen, wie z.B. der Detektivfunktion, verliert man in Tabellenkalkulationen bei Systemen mit mehreren hundert Gleichungen leicht die Übersicht. Zudem ist ein Debugging des Modells hier eine undankbare und zeitintensive Aufgabe.

Diese Schwierigkeiten können durch Einsatz geeigneter Simulationstools dramatisch abgemildert werden. Für CI-Aufgabenstellungen haben sich insbesondere Simulatoren bewährt, die auf dem von Forrester bereits 1957 entwickelten System-Dynamics-Ansatz (SD) basieren. Als methodisches Gesamtkonzept unterstützt SD den Informationssammlungsprozess, die Systemanalyse und Implementierung sowie den Szenario- und Strategieanalyseprozess. Ausgereifte PC-Tools, wie z.B. „Powersim" (Powersim Corporation) oder „Vensim" (Ventana Systems), unterstützen die Erstellung und Analyse von Marktsimulationsmodellen massiv. Die mathematischen Zusammenhänge des Modellsystems werden über intuitive grafische Elemente konstruiert und visualisiert. SD-Modelle können auf der Basis weniger einfacher Grundelemente erstellt werden.

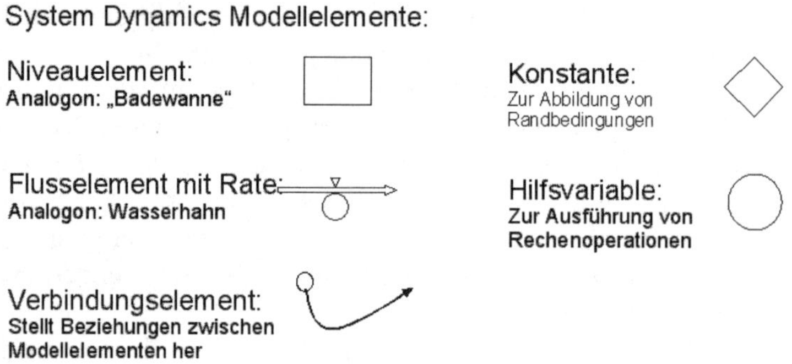

System Dynamics Modellelemente:

Niveauelement:
Analogon: „Badewanne"

Konstante:
Zur Abbildung von
Randbedingungen

Flusselement mit Rate:
Analogon: Wasserhahn

Hilfsvariable:
Zur Ausführung von
Rechenoperationen

Verbindungselement:
Stellt Beziehungen zwischen
Modellelementen her

Abb. 6.19 Bausteine einer SD-Modellimplementierung

Die am Markt derzeit verfügbaren Simulatoren verfügen über eine breite Palette an Darstellungs- und Debugging-Tools und erschließen auf einfache Weise mächtige Analyseverfahren (Monte-Carlo-Simulation, Latin Hypersquares etc.). Teilweise wird auch die Erstellung intuitiver Modelloberflächen entweder durch API-Schnittstellen oder durch eigene GUI (graphical user interface)-Elemente unterstützt. Die Kosten der gängigen Simulationstools liegen in der Größenordnung von PC-Standardsoftware. Es soll an dieser Stelle jedoch nicht verschwiegen werden, dass der Einsatz

von SD-Simulationstools, trotz ausgereifter und intuitiver Bedienoberfläche, einer nicht unerheblichen Einarbeitungszeit bzw. intensiver und
gründlicher Schulung bedarf. Im Grundsatz kann die Implementierung von
CI-Modellen auch problemlos an qualifizierte externe Institute vergeben
werden, falls im eigenen Unternehmen keine passenden CI-Personalres-
sourcen existieren oder aufgebaut werden sollen. Einer externen Vergabe
stehen dabei häufig zum einen die erforderlichen Projektbudgets mit einer
Größenordnung von 25.000–100.000 EUR für Modelle mittlerer bis hoher
Komplexität im Wege, zum anderen bedarf es gegenüber dem beauftragten
Institut eines außerordentlichen Vertrauensverhältnisses, da die CI-Model-
lierung im Regelfall tiefe Einblicke in Unternehmensdaten und vor allem
in die Markteinschätzungen relevanter Entscheider bedarf.

Insbesondere der letzte Punkt erweist sich häufig als neuralgisch.

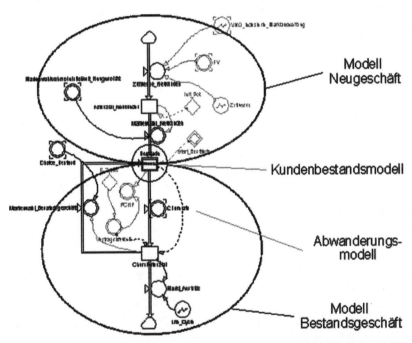

Abb. 6.20 Zweistufige SD-Implementierung eines Marktsystems zur Illustration
(Software „Vensim")

Fazit

Die SD-gestützte Marktsimulation nimmt in unserer CI-Praxis einen wichtigen Platz ein. In den letzten Jahren wurden in unserer Abteilung ca. drei
Modelle pro Jahr für ausgewählte CI-Analyseaufgaben erstellt, mit einem

Zeitaufwand zwischen 5 und max. 25 Manntagen. An dieser Stelle sei nochmals auf die Vorteilhaftigkeit der Methodik für die Konsensbildung hingewiesen. Es hat sich in zahlreichen Präsentationen gezeigt, dass die Methode in der Regel schnell akzeptiert wird. Die Mechanik der Modelle wurde nach meiner Erfahrung aufgrund der transparenten Darstellungsweise bisher nie in Zweifel gezogen. Diskussionen fanden stets bezüglich der Einschätzung einzelner Parameterwerte oder ggf. der Vollständigkeit des Einflussfaktorenkataloges statt. Zum großen Teil konnten diese Diskussionen ‚live' in der Ergebnispräsentation durch Durchführung von Simulationsläufen mit modifiziertem Parameterset konstruktiv und schnell beendet werden. SD zählt daher, trotz des nicht unerheblichen Analyseaufwandes, bei neuen und/oder kritischen Wettbewerbssituationen zu unserem CI-Standard-Methoden-Portfolio.

6.2 Analyseverfahren zur Unterstützung der Hypothesenauswahl

> Der Kopf ist rund, damit das Denken die Richtung ändern kann.
>
> Francis Piabia
> Französischer Maler (1879-1953)

Im diesem Abschnitt werden Verfahren beschrieben, die der Bildung und der Auswahl von Hypothesen dienen. Häufig werden diese Aufgaben wenig strukturiert („aus dem Bauch heraus") durchgeführt oder sind sogar nur ein „Nebenprodukt" der bereits in Kapitel 5 und Abschnitt 6.1 erläuterten Verfahren. Bedenkt man jedoch die Randbedingungen und die Ziele des CI-Ansatzes (vgl. Abschnitt 1.2), so liegt gerade in der Anwendung der folgenden Verfahren ein ganz wesentliches Alleinstellungsmerkmal des CI-Analysten: Profundes Querdenken wird zur obersten CI-Pflicht.

6.2.1 Spieltheorie[27]

Verwandte Analysekonzepte:
* Business-Simulation
* Entscheidungsanalyse
* Szenariotechnik
* War Gaming

Literatur:
Bieta V, Siebe W (1998) Spieltheorie für Führungskräfte: Was Manager vom Militär über Strategie lernen können. Ueberreuter, Wien

Beschreibung

Die Spieltheorie stellt ein Teilgebiet des Operations Research und der Wirtschaftswissenschaften dar. Sie beschäftigt sich mit der Analyse von Handlungsstrategien in Systemen mit vorgegebenen Regeln („Spielen"). In diesem Zusammenhang untersucht die Spieltheorie vorhergesagtes und tatsächliches Verhalten von Akteuren in Spielen und leitet optimale Strategien her. Aus der Analyse der potenziellen Gewinne/Verluste zu Beginn und Ende des Spiels kann auf die optimale eigene Verhaltensweise geschlossen werden.

---

[27] im anglophonen Sprachraum als Game Theory bezeichnet

Analyseziele

- Ermittlung strategischer Handlungsalternativen unter Berücksichtigung der eigenen sowie der Wettbewerber-Ausgangssituation
- Vorhersage von Wettbewerberaktivitäten

Vorgehensweise

1. Definition der Ausgangssituation (Wer sind die Akteure? Was steht für wen auf dem Spiel? Welche Entscheidungspräferenzen der Wettbewerber sind bekannt oder können aus vergangenen Aktionen und Signalen abgeleitet werden?)
2. Definition der Spielregeln (Welche Handlungsoptionen sind denkbar – unter Berücksichtigung von Ressourcen, Zielvorstellungen und strategischen Randbedingungen/Annahmen[28] der Wettbewerber?)
3. Durchdenken der möglichen Aktionen und Reaktionen der Akteure (Kosten-Nutzen-Funktionen der Anbieter)
4. Analyse der optimalen Verhaltensweisen (Strategien) für das eigene Unternehmen

Softwareunterstützung

Die Grundgedanken der Spieltheorie lassen sich mit Business-Simulatoren für War Gaming (vgl. Abschnitt 6.1.4) abbilden. Ebenso sind die Ansätze der klassischen Entscheidungsanalyse (vgl. Abschnitt 6.1.5) für eine spieltheoretische Analyse anwendbar.

Anmerkungen

- Überlegungen, die mittels der Spieltheorie durchgeführt werden, eignen sich besonders für interdisziplinäre Gruppensitzungen.
- Krisenmanager lernen schnell die Stringenz des Verfahrens schätzen – so die notwendigen Wettbewerberinformationen vorliegen.

Beispiel

Klassisches Beispiel für eine Wettbewerbssituation, die mittels der Spieltheorie analysiert werden kann, ist eine Übertragung des „Prisioner's dilemma" (Gefangenen-Dilemma) auf eine Wettbewerbssituation: Wettbewerber stehen vor der Wahl, sich bei einer zuvor nicht abgesprochenen Produkteinführung entweder kooperativ (unter der Annahme, dass der

---

[28] Vgl. Abbildung 5.13 und zugehörige Kommentare.

Partner denselben Weg einschlägt) oder aggressiv (unter der Annahme, dass der Partner Kooperation anstrebt) zu verhalten. Wird eine nicht zuvor abgesprochene Produkteinführung vollzogen, so macht ein Anbieter entweder große Gewinne (wenn er der Einzige ist, der das Produkt einführt) oder, wenn beide Anbieter das Produkt unabgesprochen einführen, bedeutsame Verluste. In letzterem Fall machen sich die beiden gegenseitig das Leben schwer, denn die so erzielten Erträge liegen deutlich unter den Gewinnen, welche eine Kooperation (Absprache) vor Produkteinführung erbracht hätte.

Schon der Versuch der Absprache (mit einem unwilligen Wettbewerber) kann zu einer frühzeitigen Offenlegung der eigenen Pläne führen und somit zu einer Reduktion der eigenen Gewinne. Da beide Wettbewerber in der gleichen Situation sind (Vertrauen, potenzielle Optimierung des eigenen Gewinns, Ratio der Kooperation), sind verschiedene Strategien denkbar, die zu einer Optimierung der eigenen oder beider gemeinsamen Positionen führen (vertrauensbildende Maßnahmen, Signalisierung der eigenen Kooperationsabsichten bei gleichzeitigem Hinweis auf eine Vergeltung bei Vertrauensmissbrauch etc.).

6.2.2 Blindspotanalyse

> Wenn man im Nebel nichts sieht,
> heißt das noch lange nicht, dass nichts da ist.
>
> Käpt'n Piepenbrink
> Figur aus einer Kindersendung

Verwandte Analysekonzepte:

- Analyse konkurrierender Hypothesen
- Trendworkshop

Literatur:

- Fleisher CS, Bensoussan BE (2002) Strategic and Competitive Analysis: Methods and Techniques for Analyzing Business Competition. Prentice Hall, Upper Saddle River, NJ
- Gilad B (1996) Business Blindspots – Replacing Myths, Beliefs and Assumptions with Market Realities. 2nd edn., Infonortics Ltd., Calne

Beschreibung

Die Blindspot(Scheuklappen)analyse untersucht das Auftreten von Wahrnehmungsfehlern. Dabei werden die Erkenntnisse der kognitiven Psychologie (vgl. Kapitel 2), der Strategieentwicklung und der Entscheidungsmechanismen in Unternehmen angewandt[29]. Durch Blindspots verlieren Unternehmen den Blick für wesentliche Entwicklungen im Markt und Wettbewerb. Verlust der Wettbewerbsfähigkeit und schlimmstenfalls der Untergang einer Unternehmung können die Folgen sein. Auch erfolgreiche Unternehmen verlieren schnell die Bodenhaftung: Irrtümlich wird angenommen, dass man, weil man in der Vergangenheit erfolgreich war, auch in der Zukunft erfolgreich sein wird – schließlich ändern sich ja die eigene Ausrichtung und Strategie nicht.

Analyseziele

- Verhindern von Entscheidungsfehlern durch ein Sich-bewusst-Machen von möglichen Wahrnehmungsfehlerquellen und Verhaltensfehlern der Akteure
- Aufbau einer CI-Kultur, die Blindspots bei den Beteiligten entgegenwirkt

Vorgehensweise

Alle Methoden einer präventiven Identifikation von Wahrnehmungsfehlern sind für eine Blindspotanalyse anwendbar. Basierend auf den in Kapitel 2 beschriebenen Erkenntnissen, können Tests (Audits) für ein Unternehmen konzipiert werden, die Blindspots identifizieren helfen.

In diesen Audits wird überprüft, ob ein Unternehmen sich seiner Umwelt (insbesondere auch der Wettbewerbsdynamik) bewusst ist – und dieses Wissen auch in die eigene Entscheidungsfindung eingebracht wird.

Da das eigene Wettbewerbsverhalten sich im Laufe der Zeit stark ändert, ist es sinnvoll, solche Audits periodisch zu wiederholen.

Anmerkungen

- Blindspots sind in jedem Unternehmen weit verbreitet. Es liegt in der Natur der Sache, dass Entscheider sich dieser Mängel nicht bewusst sind. Daher ist erhebliche Überzeugungsarbeit notwendig, bis eine Blindspotanalyse initiiert werden kann. Offenheit im Umgang mit Fehlern ist Voraussetzung für eine erfolgreiche Analyse.

---

[29] In Abschnitt 2 dieses Buches werden die Ursachen und potenziellen Auswirkungen dieser kognitiven Wahrnehmungs- und Entscheidungsfehler im CI-Kontext beschrieben.

- Eine CI-Abteilung, die über entsprechende theoretische und praktische Erfahrungen verfügt, sollte Blindspotanalysen als eine ihrer Kernaufgaben etablieren.

Beispiele

In Kapitel 2 werden zahlreiche Beispiele kognitiver Wahrnehmungsfehler und Fehlentscheidungen sowie deren Kompensationsmöglichkeiten erläutert.

6.2.3 Analyse konkurrierender Hypothesen (AKH)

> Wie oft habe ich Ihnen das schon gesagt:
> Lässt man das Unmögliche außer Betracht,
> dann muss das, was bleibt, und sei es
> noch so unwahrscheinlich, die Wahrheit sein.
>
> Sherlock Holmes
> Romanfigur des engl. Schriftstellers A.C. Doyle (1859-1930)

Verwandte Analysekonzepte:
Evidenzbasierte CI: Das Bayes'sche Theorem

Literatur:
- Heuer JJr (1999) Psychology of Intelligence Analysis. Center for the Study of Intelligence, CIA, Washington
- Morgan J (1995) The Thinker's Toolkit. Three Rivers Press, New York, NY
- Sawka KA (1997) Linchpin Analysis – The Future Group. SCIP Competitive Intelligence Review Vol. 8(3):85-86

Beschreibung

Am Ende der Datenaufbereitungsphase steht der Analyst häufig vor der Notwendigkeit, seine Schlussfolgerungen (Hypothesen), z.B. bezüglich bevorstehender Wettbewerberaktivitäten, verifizieren zu müssen. Hierbei bestätigt er fälschlicherweise eine wahrscheinliche Hypothese oft vorschnell durch subjektiv als wesentlich interpretierte Indizien[30].

---

[30] Somit entfällt für den CI-Analysten die Notwendigkeit, weitere Hypothesen auch nur in Erwägung zu ziehen, da er vermeintlich das „Puzzle" bereits zusammengesetzt hat. Aus dem gleichen Grund werden keine weiteren Informationen erhoben und die Chance, nichtpassende Puzzlesteine zu finden,

Durch die AKH werden Folgerungen (Hypothesen), die auf erkannten Signalen oder Indikatoren basieren, bewertet. Damit stellt die AKH das Bindeglied zwischen Datenerhebung und der eigentlichen Intelligence dar. Häufig werden Intelligence-Kunden die Zwischenschritte von Datenaufbereitung bis -analyse im Detail nicht nachvollziehen können oder wollen. Gerade für sie hängen Glaubwürdigkeit, Akzeptanz, Verständnis und Weiterverwendbarkeit der Intelligence ganz entscheidend von der AKH ab.

Analyseziele

- Bewertung und Auswahl von Hypothesen, basierend auf vorliegenden Indikatoren und Evidenz
- Aufdeckung von Intelligence-Lücken (fehlende Evidenz für oder gegen eine Hypothese)
- Identifikation der wahrscheinlichsten und plausibelsten Hypothesen

Vorgehensweise und Beispiel

Die folgenden acht Schritte sind bei einer AKH iterativ zu durchlaufen (entwickelt nach Heuer 1999). Anhand eines Beispiels werden diese Schritte illustriert.

Schritt 1: Identifikation aller möglichen Hypothesen

Ausgangspunkt der CI-Recherche sind meist Key Intelligence Topics (vgl. Abschnitt 3.2.1). Schon als Voraussetzung für die KIT-Erhebung werden Hypothesen über das Wettbewerbsumfeld formuliert. Eine Bestätigung dieser und die Identifikation neuer Hypothesen sind notwendig.

Beispiel:
Für einen mittelständischen Wettbewerber ALPHA (einen Anlagenbauer) ist die weitere Unternehmensentwicklung nach einem Management-Buyout (MBO) zu ermitteln.

Hypothesen:
1. Aufkauf: ALPHA wird nicht überleben können, sondern von einem der großen Anlagenbauer aufgekauft.
2. Schrumpfen: ALPHA schrumpft sich gesund (Reduktion der Angebotspalette, Fokus auf wenige Branchen; Verkauf eines ausländischen Standortes und Aufbau neuer Versuchsstände am Hauptstandort).

---

die die Ausgangshypothese in Frage stellen, entfällt – es bleibt bei der ursprünglichen Schnellschussanalyse.

3. Wachstum: ALPHA kauft mehrere kleine Anlagenbauer auf, um eine kritische Unternehmensgröße zu erreichen, die es ermöglicht, als selbständiger Anbieter im Markt zu agieren.
4. Status quo, d.h. alles bleibt, wie es derzeit ist.

Anmerkungen

• Gerade bei diesem ersten Schritt droht durch Unkenntnis („Konnte ich ja nicht erahnen ...") und durch Fixierung auf gesetzte Themen („Das hat Wettbewerber X in der Vergangenheit schon häufiger getan ...") die Vernachlässigung von Hypothesen, was zu schweren Fehlern führen kann. Intelligence-Erfahrung und interdisziplinäre Brainstormingsitzungen (vgl. z.B. Abschnitte 5.2.3 und 6.1.1) helfen, solche Fehler zu reduzieren[31].

• Wichtig ist, dass zuerst alle Hypothesen in eine vorläufige Liste aufgenommen werden – egal, wie „unwahrscheinlich" oder schwierig überprüfbar sie erscheinen. Ausgehend von dieser initialen Liste, werden entweder Hypothesen ähnlichen Inhalts zusammengefasst oder Hypothesen gestrichen, falls eindeutige Gründe dafür vorliegen, dass sie nicht zutreffen können oder falls sie sich als irrelevant erweisen.

Schritt 2: Auflistung der wesentlichen Indikatoren und Argumente für bzw. gegen die Hypothesen

Alle Informationen, Intelligence, Argumente (mit und ohne Beweise), Annahmen und Indikatoren werden für die Hypothesen aus Schritt 1 gesammelt. Wichtig ist, dass keine Vorfilterung nach scheinbar „glaubhaften" oder „erwiesenen" Fakten durchgeführt wird. Für die Sammlung von Indikatoren ist es hilfreich, eine Storyline zu erstellen, in der die (generischen) Indikatoren verwendet werden, die zu erwarten sind, falls sich eine bestimmte Hypothese bewahrheitet[32].

---

[31] Die Bearbeitung von Checklisten (vgl. Wettbewerberfragen in Abschnitt 9.1) hat sich in AKH-Sitzungen bewährt, um eine vollständige Abdeckung relevanter Sachverhalte sicherzustellen. Um auch nichtoffensichtliche Hypothesen identifizieren zu können, sollten sich die Teilnehmer gezielt im Vorfeld dieser Sitzungen mit den Wettbewerber- und Management-Persönlichkeitsprofilen vertraut machen, um die Denkweise der Gegenseite nachvollziehen zu können.

[32] Hierzu ist es notwendig, sich sehr genau in die Welt des Wettbewerbers hineinzuversetzen (Kultur, regionale Ausprägung, bisheriges Wettbewerbsverhalten, wahrgenommene Wettbewerbssituation, Motivation, Führungsteam, Strategie etc.).

Indikatoren für das ALPHA-Beispiel:

- Kontakte zu großen Anlagebauern
- Geplante Veräußerung von Geschäftsteilen (und damit verbundene Aktivitäten)
- Einstellungen, Entlassungen, Versetzungen von Mitarbeitern
- Baumaßnahmen auf dem Firmengelände (Versuchsstände) mit Baugenehmigungen und Gespräche mit anliegenden Grundstückseignern
- Bankgespräche für Finanzierung
- Liquidität, Bürgschaften für Aufkauf anderer Unternehmen
- Due-Diligence-Aktivitäten
- Aktuelle Profitabilität
- Zufriedenheit der neuen Eigentümer (Managementteam)

Anmerkungen

Häufig ist gerade das „Nicht-vorhanden-Sein" von eigentlich erwarteten Indikatoren Ausgangspunkt für weitere CI-Recherchen: Wurde ein Indikator bisher nicht entdeckt, da die zugehörige Hypothese nicht zutrifft? Oder ist etwas übersehen worden, das einer gezielten Erhebung bedarf? Oder wurde eine Aktivität bewusst vom Wettbewerber verdeckt durchgeführt, um kein Aufsehen zu erregen (fehlender Indikator)?

Werden diese Überlegungen nicht sorgfältig durchgeführt, läuft der Analyst Gefahr, eine nicht bewiesene Hypothese genauso wie eine verworfene Hypothese zu behandeln. Nur weil noch keine Indikatoren („Beweise") für eine Hypothese gefunden wurden, bedeutet das nicht, dass diese Hypothese zu verwerfen ist (also nachgewiesenermaßen nicht möglich ist)!

Folglich sollten Analysten sehr vorsichtig sein mit Formulierungen wie „Es gibt keine Indikatoren für ...." und besser eine Formulierung wie „ Es konnten (noch) keine Indikatoren für das Vorhandensein von ... gefunden werden" verwenden. Der Analyst sollte sich außerdem mit folgenden Fragen kritisch auseinander setzen:

- War selbst bei gültiger Hypothese die Annahme über das Vorliegen von verwertbaren Indikatoren realistisch?
- Wurden alle Maßnahmen ergriffen, um eine Identifikation der Indikatoren sicherzustellen?
- Wurden vorhandene Informationen auch „richtig", d.h. unter Berücksichtigung dieser Hypothesen ausgewertet?[33]

---

[33] Spätestens bei Überprüfung dieser Fragen zeigt sich die Notwendigkeit einer EDV-gestützten Auswertung multipler Quellen (vgl. Abschnitt 7.3.10), da permanent in vorliegenden Dokumenten recherchiert werden muss.

Es gibt nur Erfahrungswerte für die „richtige" Anzahl der zu wählenden Indikatoren. Normalerweise bestimmt die Anzahl der aussagekräftigen Indikatoren die Analysen. Bei klar definierbaren Sachverhalten sind fünf bis zehn Indikatoren üblich, bei komplexeren Sachverhalten, bei denen insbesondere zahlreiche Nuancen verwandter Hypothesen betrachtet werden sollen, sind 20-30 Indikatoren keine Seltenheit.

Schritt 3: Aufbau einer Matrix mit Hypothesen als Zeilen und Indikatoren als Spalten

Durch die Visualisierung in einer Matrix (vgl. Beispiel in Tabelle 6.7) werden die aussagekräftigsten Indikatoren und Argumente herausgefiltert. Hierzu wird für jeden Indikator überprüft, ob sein Vorliegen konsistent, inkonsistent oder irrelevant für die jeweilige Hypothese ist. Für jede Zelle wird die Frage beantwortet, wie wahrscheinlich das Auftreten des Indikators wäre, wenn die jeweilige Hypothese wahr wäre, und anschließend ein Vermerk oder ein Symbol für diese Bewertung eingetragen (z.B. „++" für starke Konsistenz bis „--" für starke Inkonsistenz, „0" für keine Relevanz). Ebenso können Bewertungen von 0%-100% eingetragen werden, um eine Quantifizierung zu erhalten[34].

Im Beispiel hat der vermutlich beobachtete Besuch von Anlagenbauern[35] kaum einen diagnostischen Wert, da drei der vier Hypothesen sinnvoll erscheinen, eine eindeutige Festlegung auf eine Hypothese also kaum möglich ist. Zudem ist die Unsicherheit der Beobachtung hoch, sodass dieser Indikator nicht zur Argumentation herangezogen werden sollte. Die hohe Profitabilität ist hingegen ein klarer Beweis, dass eine (feindliche) Übernahme nicht ansteht und ein „Schrumpfen" (derzeit) nicht notwendig ist.

Gleichzeitig setzt die Akquisition anderer Unternehmen („Wachstum") die vorhandene Profitabilität voraus. Dieser Indikator ist damit diagnostisch wertvoll, denn er untermauert eine Hypothese („Wachstum"), während er gegen zwei andere Hypothesen („Übernahme" bzw. „Schrumpfen") spricht.

Am Ende des dritten Schrittes sind alle Zellen der Matrix ausgefüllt. Durch die eingetragenen Konsistenzbeurteilungen kann direkt die diagnostische Aussagekraft jedes Indikators festgestellt werden: Je stärker ein Indikator dazu beiträgt, Hypothesen hinsichtlich ihrer Plausibilität zu bewerten, desto wertvoller ist er für die Analyse. Ist ein Indikator für alle Hypothesen gleich bewertet, so ist er ungeeignet für die AKH (und kann vernachlässigt werden).

---

[34] Diese Quantifizierung kann mit dem in Abschnitt 6.2.4 beschriebenen Verfahren durchgeführt werden.

[35] Es könnten auch andere Besucher wie Kunden oder Kooperationspartner sein.

Tabelle 6.7 Beispiel für eine AKH-Matrix

Indikator	Profitabilität	Baugenehmigung; Baumaßnahmen	Besuch von Anlagebauern	Zufriedenheit des Managements	Gefüllte Kriegskasse bzw. Kredite
Beobachtung	2004 hoch; aktuell (2005) vermutlich auch	Keine Hinweise	vermutlich, Kfz mit kreisfremden Kennzeichen; Hotelübernachtungen für Gäste von ALPHA	hoch; kaum Personalfluktuation	keine Erkenntnisse
Hypothesen:					
Übernahme	--	++	++	--	+
Schrumpfen	-	-	0	-	+
Wachstum	++	+	+	+	--
Status quo	+	-	+	+	+

++ ... + ... 0 ... - ... ---: Konsistenz eines Indikators mit einer Hypothese

Schritt 4: Überarbeitung der Matrix durch Entfernen und Hinzufügen von Hypothesen und/oder Indikatoren/Argumenten

Im nächsten Schritt erfolgt eine Überarbeitung der Hypothesen: Können Hypothesen zusammengefasst werden (ähnliche Aussage, gleiche Indikatoren)? Sind neue Hypothesen aufzustellen, da sich z.B. keine der Hypothesen mit allen Indikatoren plausibel erläutern lässt? Sollten vorhandene Hypothesen in Unterhypothesen aufgespalten werden, da dies für die Wettbewerberanalyse sinnvoll erscheint und die vorhandenen Indikatoren eine differenziertere Betrachtung zulassen?

Ebenso müssen die Indikatoren überprüft werden: Welche haben keinen diagnostischen Wert oder sind in ihrer Bedeutung irrelevant, also zu vernachlässigen? Für welche der generischen Indikatoren gibt es keine Nachweise? Warum nicht? Ist eine Rohinformation, die zu einer Indikatorbeurteilung verwendet wurde, nicht korrekt verarbeitet worden und sollte unter Berücksichtigung der neu aufgestellten Hypothesen nochmals betrachtet werden?

Im Beispiel:
Im Beispiel wird der Indikator „Besuch von Anlagebauern" für die weitere Analyse vernachlässigt.

Schritt 5: Vorläufige Schlussfolgerungen bezüglich der Eintrittswahrscheinlichkeit jeder Hypothese bzw. negative Selektion durch Ablehnung unwahrscheinlicher Hypothesen

Als Nächstes werden die Hypothesen (Zeilen der Matrix) analysiert: Welche Hypothese kann relativ zu den anderen durch größere Konsistenz der Indikatoren bestätigt werden? Welche Hypothesen können insbesondere aufgrund der tatsächlich beobachteten Indikatoren verworfen werden? Es ist offensichtlich, dass eine Hypothese u.U. verworfen wird, obwohl zahlreiche Indikatoren mit ihr konsistent sind, denn sobald ein „starker" Indikator eine Inkonsistenz aufzeigt, ist die Hypothese nicht mehr vertretbar. Eine Hypothese wird umso unhaltbarer, je mehr Indikatoren mit ihr inkonsistent sind. Der Umkehrschluss, dass eine Hypothese wahrscheinlich ist, weil sich viele konsistente Indikatoren finden lassen, gilt jedoch nicht (vgl. hierzu Abschnitt 1.2.3).

Um die Lesbarkeit und Transparenz einer AKH-Matrix zu erhöhen, hat es sich bewährt, die entscheidenden Teile der Matrix gemäß ihrer Aussagekraft einzufärben (vgl. Tabelle 6.8):

- Grüne (dunkle) Zellen markieren positive (unterstützende) Sachverhalte.
- Rote (weiße) Zellen markieren negative (ablehnende) Sachverhalte.

Die Hypothese mit den meisten grünen/dunklen Feldern wird letztlich gewählt.

Häufig muss der Analyst bei diesem Schritt mit seinen eigenen intuitiven Folgerungen oder denen Dritter kämpfen, wobei es sehr lange dauern kann, bis eine einmal gefasste Meinung über einen Wettbewerber widerrufen wird. Gruppensitzungen haben sich hierbei als fruchtbares Umfeld für das „Schlachten heiliger Kühe" erwiesen. Erst wenn eine Hypothese „öffentlich" abgelehnt wurde, ist der Weg frei für neue Perspektiven und konstruktive Beiträge (vgl. Abschnitt 2.2.2).

Die „Übernahme"-Hypothese kann durch die beiden stark negativen Indikatoren (Profitabilität und Managementzufriedenheit) abgelehnt werden, ebenso die Option „Schrumpfen" mit drei inkonsistenten Indikatoren. Akzeptabel dagegen scheinen die Option „Status quo" (drei konsistente Indikatoren) und die Wachstumsoption (drei konsistente, ein inkonsistenter Indikator). Offensichtlich ist eine Überprüfung des Indikators „gefüllte Kriegskasse/Kredite" notwendig (s.u.), um eine abschließende Aussage treffen zu können. Im Beispiel wurde die Hypothese „Wachstum" gewählt, da der Faktor „gefüllte Kriegskasse/Kredite" weniger stark gewichtet wurde als der Faktor „Baugenehmigung".

Tabelle 6.8 Beispiel für eine AKH-Matrix mit Bewertungen

	Profitabilität	Baugenehmigung; Baumaßnahmen?	Zufriedenheit des Managements	Gefüllte Kriegskasse Kredite
	2004 hoch; aktuell vermutlich auch	Keine Hinweise	hoch; keine Fluktuation	Keine Erkenntnisse
Übernahme	--	++	--	+
Schrumpfen	-	-	-	+
Wachstum	++	+	+	--
Status quo	+	-	+	+

++ ... + ... 0 ... - ... ---   Konsistenz eines Indikators mit einer Hypothese

Schritt 6: Sensitivitätsanalyse der Robustheit der verbleibenden Hypothesen bezüglich falscher, unvollständiger oder fehlinterpretierter Indikatoren

Welche Auswirkungen auf die Bewertung der Hypothesen hätte eine Fehlinterpretation der verwendeten Indikatoren?

In Schritt 6 erfolgt die Überprüfung der kritischen Indikatoren, die letztlich den Ausschlag für die vorläufige Wahl der Hypothesen gaben. Es empfiehlt sich, einen kompletten Drill-down in die Quelldokumente und Randbedingungen vorzunehmen, die zu der Indikatorauswahl führten. Könnte Täuschung oder Manipulation der Quellen zugrunde liegen? Wie steht es um Zuverlässigkeit und Glaubwürdigkeit der HUMINT-Ergebnisse (vgl. Abschnitt 3.2.12)? Bestehen überkommene Annahmen über die Spielregeln der Industrie? Kam es zur Fehlinterpretation der Wahrnehmung der Wettbewerberperspektive bzgl. Marktsegmentierung und/oder -attraktivität?

Für die Qualität einer AKH-Analyse ist entscheidend, dass die der Schlussfolgerung zugrunde liegenden Annahmen und Quellen dokumentiert sind. Sobald diese Annahmen nicht mehr zutreffen, muss eine Überarbeitung der AKH-Folgerungen durchgeführt werden – kein leichtes Unterfangen, wenn nicht auf eine saubere, nachvollziehbare Herleitung geachtet wurde.

Im Zweifelsfall können für kritische Themen gezielte Nachrecherchen notwendig sein. Gegebenenfalls müssen vorhandene Quellen nochmals kontaktiert werden, um eine Bestätigung von Aussagen zu erhalten und um Übermittlungsfehler auszuschließen.

Im Beispiel:
Der Indikator „gefüllte Kriegskasse" ist entscheidend für die Akzeptanz bzw. Ablehnung der Wachstumshypothese – würde eine „gefüllte Kriegskasse" vorliegen oder ein Kredit (ggf. Beteiligung) gewährt sein, so würde der Annahme dieser Hypothese nichts im Wege stehen, insbesondere, weil damit die anderen drei Hypothesen einen weiteren inkonsistenten Indikator (Bestätigung ihrer Ablehnung) erhalten. Für diesen Indikator ist deshalb eine weitere Überprüfung sinnvoll.

Schritt 7: Beurteilung der Eintrittswahrscheinlichkeiten aller Hypothesen (nicht nur der wahrscheinlichsten)

Bei der Präsentation der AKH-Ergebnisse ist die gesamte Herleitung zu erläutern und die Auswirkungen auf das eigene Unternehmen müssen aufgezeigt werden. Dabei ist zu beachten, dass nicht nur die letztlich gewählte, d.h. „wahrscheinlichste" Hypothese vorgestellt wird, sondern auch der Ausschluss weiterer Hypothesen oder die Vernachlässigung von Indikatoren begründet wird. Erst durch diese aufbereitete Diskussion kann ein Entscheider die Qualität der Analyse wirklich beurteilen und die Ergebnisse als verteidigbare Entscheidungsbasis akzeptieren.

Schritt 8: Identifikation von zukünftigen Ereignissen, die als Indikatoren für das Eintreten der Hypothesen dienen können

In diesem Arbeitsschritt werden die zu monitorenden Indikatoren festgelegt, die vermutlich als Frühwarnindikatoren (vgl. Abschnitt 6.1.3) die Richtigkeit der Hypothesen bestätigen können (vgl. Abschnitt 6.2.4).

Es hat sich bewährt, bei periodischen Intelligence-Meetings (vgl. Abschnitt 3.2.14) neue Ergebnisse von AKH-Analysen (hinsichtlich Bestätigung bzw. Ablehnung einer Hypothese) vorzutragen. Zum einen kann so die Sensibilität der Intelligence-Empfänger für ein sich änderndes Umfeld gesteigert werden, zum anderen können auch „schleichende" Veränderungen frühzeitig erkannt werden. Schließlich fällt es schwer, das Ergebnis einer AKH-Analyse zu akzeptieren, wenn sich die Analysegrundlagen Punkt für Punkt als unzutreffend herausgestellt haben.

Anmerkungen

- Die Analyse konkurrierender Hypothesen (AKH) ist eine der wichtigsten Techniken der CI-Analyse, die in keinem Analysenportfolio fehlen sollte. Durch ihre universelle Anwendbarkeit bei Aufbereitung und Interpretation von Intelligence können etliche subjektive Wahrnehmungsfehler des Analysten kompensiert werden: Die Qualität einer Analyse steigt somit beträchtlich.
- Insbesondere in Teamsitzungen können durch dieses Verfahren effiziente Analysen durchgeführt werden, da die Vorgehensweise transparent ist und alle Teilnehmer die Effizienz der AKH schnell erkennen.
- Damit ein Intelligence-Kunde die vorliegenden Ergebnisse nachvollziehen kann, muss er mit der AKH zumindest im Ansatz vertraut sein[36].

6.2.4 Evidenzbasierte CI: Das Bayes'sche Theorem

> Wenn ich für meine Kunst volle Annerkennung fordere, so deshalb,
> weil sie von der Person abgelöst ist – eine Sache, die nicht aus
> mir selbst entspringt. Verbrechen ist alltäglich, Logik selten. Daher sollten
> Sie sich mehr mit der Logik als mit dem Verbrechen befassen.
>
> Sherlock Holmes
> Romanfigur des engl. Schriftstellers A.C. Doyle (1859-1930)

Verwandte Analysekonzepte:
- Analyse konkurrierender Hypothesen (AKH)
- Entscheidungsanalyse

Literatur:
- Brockhoff K (1986) Decision Quality and Information. In Witte u. Zimmerman (eds.) Empirical Research on Organizational Decision-Making. Elsevier Science Publishing B.V., North-Holland
- Klar R et al. (2002) Visual Bayes (Software), Version 2.0. Universität Freiburg im Breisgau
- von Randow G (1992) Das Ziegenproblem – Denken in Wahrscheinlichkeiten. Rowohlt Taschenbuch Verlag, Reinbek bei Hamburg
- Zlotnick J (1995) Bayes' Theorem for the Intelligence Analysis. In: Westerfield HB Inside CIA's Private World. Yale University press, New Haven London

---

[36] Es hat sich bewährt, eine Schulung durchzuführen oder zumindest im Anhang von Berichten bzw. Präsentationen eine schematische Darstellung der Vorgehensweise bereitzustellen.

Beschreibung

Sehr häufig kündigt sich ein Ereignis (z.B. Wettbewerberpreisänderung) durch (vorlaufende) Indikatoren oder Signale an. Mit dem "Bayes'schen Theorem" kann der CI-Analyst die bedingte (konditionale) Wahrscheinlichkeit berechnen, mit der bei Observation des Indikators I das Ereignis A eintreten wird[37].

Das Bayes'sche Theorem lautet wie folgt (vgl. z.B. Eisenführ u.Weber 2003):

$$P(A_i \mid I) = \frac{P(A_i) \cdot P(I \mid A_i)}{\sum_{m=1}^{k} P(A_m) \cdot P(I \mid A_m)}$$

A_i sind hierbei sich ausschließende Ereignisse und I ein Indikator für diese Ereignisse.

P(A|I) wird als bedingte Wahrscheinlichkeit dafür bezeichnet, dass das Ereignis A eintritt, wenn (zuvor) der Indikator I beobachtet wurde[38].

> Richtig interpretiert, ist Bayes' Formel das Fundament für den Prozess der logischen Folgerung, der Entscheidung, welche Schlüsse gezogen werden können und inwieweit man ihnen vertrauen kann, ausgehend von der Gesamtheit der verfügbaren Informationen. Die Formel von Bayes ist das Äquivalent des „logischen" und „rationalen" Denkens. Sie besitzt so alle Kraft der Logik selbst (Klar et al. 2002).

Analyseziele

- Feststellung der Indikatoren, die für eine gegebene Aufgabenstellung am aussagekräftigsten sind
- Ermittlung der Eintrittswahrscheinlichkeit des betrachteten Ereignisses

---

[37] Auch im Rahmen der evidenzbasierten Medizin (EBM) (vgl. Klar u. Mitarbeiter 2002) werden entsprechende Betrachtungen durchgeführt, um von klinischen Tests und messbaren Symptomen auf Krankheitsbilder schließen zu können. Für die Betrachtungen zur Risiko-/Wahrscheinlichkeitsanalyse werden die resultierenden Ergebnisse als Ausgangsbasis verwendet (vgl. Abschnitt 6.1.7).

[38] P(I|A) dagegen ist die bedingte Wahrscheinlichkeit dafür, dass ein Indikator I auftritt, falls das Ereignis A eintritt.

Vorgehensweise

Die Vorgehensweise wird am folgenden Beispiel exemplarisch erläutert.

Beispiel: Markteintrittswahrscheinlichkeitsberechnung

Eine CI-Abteilung steht vor der Beurteilung der Markteintrittswahrscheinlichkeit des Wettbewerbers ALPHA in ein vom eigenen Unternehmen besetztes Marktsegment.

CI-Recherchen (und Know-how über den Wettbewerber ALPHA) haben ergeben, dass ALPHA mit seiner derzeitigen Marketingagentur unzufrieden ist und vor einem Markteintritt u.a. die Agentur wechseln würde.

So kündigte ALPHAs Marketing-Manager in einer Rede an, dass man „mit der derzeitigen Agentur niemals mehr einen Markteintritt durchziehen" werde.

Wie sicher kann der CI-Analyst sein, dass ein auf einen Wechsel der Marketingagentur hinweisender Indikator tatsächlich einen Markteintritt ALPHAs ankündigt?

Schließlich besteht auch die Möglichkeit, dass ALPHA mit der jetzigen Agentur unter veränderten Randbedingungen den Markteintritt vorbereitet oder dass ein Wechsel der Marketingagentur erfolgt, ein Markteintritt jedoch nicht bevorsteht.

In Tabelle 6.9 sind die vier Optionen der möglichen Beobachtungen und Ereignisse aufgeführt.

Tabelle 6.9 Ereignis (Markteintritt) und Indikator (neue Marketingagentur)

Indikator Ereignis	Kein Wechsel beobachtet I-	Wechsel beobachtet I+
Kein Markteintritt A-[39]	Richtig negativ, $P(I-|A-)$ Spezifität	Falsch positiv, $P(I+|A-)$ (Fehlalarm, da der Indikator nicht eindeutig genug war)
Markteintritt A+	Falsch negativ, $P(I-|A+)$ (unangenehme Überraschung, da Indikator nicht verlässlich war)	Richtig positiv, $P(I+|A+)$ Sensitivität

---

[39]   A- ist das Gegenereignis von A. Es gilt: $P(A-) = 1 - P(A)$.

Indikatoren im Griff

P(I+|A+) wird als *Sensitivität* bezeichnet. Durch diesen Wert wird angegeben, wie sicher das Ereignis durch das Vorliegen des Indikators angekündigt wird. Ist die Sensitivität hoch, d.h. nahe 1, so spricht man von einem *starken* Signal. Bei einem starken Signal ist die Gefahr eines Fehlalarms (Indikator liegt vor, ohne dass das Ereignis eintritt) gering.

P(I-|A-) ist die bedingte Wahrscheinlichkeit, dass kein Signal auftritt, solange A nicht eintritt. P(I-|A-) wird als *Spezifität* bezeichnet. Ist dieser Wert hoch, d.h. nahe 1, so ist der Indikator gut geeignet, vor unangenehmen Überraschungen (Ereignis tritt ein, ohne dass der Indikator vorliegt) sicher zu sein.

P(A+) beschreibt die relative Häufigkeit (Prävalenz, Ausgangsrate*)*, mit der ein Ereignis A innerhalb des betrachteten Umfeldes auftritt[40].

Im CI-Umfeld kann die Prävalenz z.B. als Quotient aus tatsächlichen (historischen) Markteintritten innerhalb der Wettbewerber dieser Industrie und den potenziell möglichen Markteintritten ermittelt werden.

Sensitivität, Spezifität und *Prävalenz* sind charakteristisch für eine gegebene Kombination aus Indikator und Ereignis. Gewonnen werden diese Werte durch Befragung von Experten (z.B. durch „Mind Games", vgl. Abschnitt 4.2) sowie durch qualifizierte Abschätzungen (s.u.).

Sind diese Werte bekannt, so kann mit dem Bayes'schen Theorem die gesuchte Wahrscheinlichkeit P(A|I) bestimmt werden, mit der bei Vorliegen des Indikators I das Ereignis A eintritt (Frühwarnung).

Die Kenngröße P(A|I) wird auch als *positiver Vorhersagewert* eines Indikators bezeichnet. Entsprechend gibt der *negative Vorhersagewert* die Wahrscheinlichkeit an, mit der bei einem ausbleibenden Indikator das Ereignis nicht eintreten wird. Die Kenntnis des Vorhersagewertes ist bereits bei dem Design eines Frühwarnsystems oder eines Indikatormonitorings wichtig, da hierdurch bestimmt wird, mit welcher Wahrscheinlichkeit die (späteren) Schlussfolgerungen richtig sein werden. Über diesen Sachverhalt sollte man sich bereits vor Beginn der CI-Operationen klar werden!

Positiver Vorhersagewert:

$$P(A|I) = \frac{(\text{Sensitivität} * \text{Prävalenz})}{(\text{Sensitivität} * \text{Prävalenz}) + (1 - \text{Spezifität}) * (1 - \text{Prävalenz})}$$

---

[40] Im medizinischen Umfeld wird die *Prävalenz* meist durch Reihenuntersuchungen gewonnenen; sie beschreibt, wie häufig ein Krankheitsbild in einer definierten Bevölkerungsgruppe auftritt.

Negativer Vorhersagewert:

$$P(A\text{-}|I\text{-}) = \frac{(\text{Spezifität} * \text{Prävalenz})}{(\text{Spezifität} * \text{Prävalenz}) + (1\text{-}\ \text{Sensitivität}) * (1\text{-Prävalenz})}$$

Da Indikatoren nur sinnvoll einsetzbar sind, wenn tatsächlich eine Verbesserung der A-posteriori-Wahrscheinlichkeit (d.h. der Wahrscheinlichkeit nach Betrachten des Indikators) erzielt wird, sollte der *positive Vorhersagegewinn (pVg)* als Kriterium herangezogen werden, um zu entscheiden, welche Indikatoren für die Vorhersage eines Ereignisses sinnvollerweise ausgewählt werden. Entsprechend wird der *negative Vorhersagegewinn (nVg)* eines Indikators berechnet, um die A-posteriori-Aussagekraft des Nichteintretens beurteilen zu können (vgl. Abschnitt 1.2.3).

Positiver Vorhersagegewinn:
pVg = positiver Vorhersagewert – Prävalenz = P(A|I) – P(A+)

Negativer Vorhersagegewinn:
nVg = negativer Vorhersagewert–Prävalenz = P(A-|I-) – P(A-)

Für den gesamten Vorhersagegewinn gVg gilt entsprechend:

gVg = gVg + nVg

Negativer und positiver Vorhersagegewinn haben für jeden Indikator ein eindeutiges Maximum. Um einen möglichst hohen Vorhersagegewinn zu erhalten, müssen die optimalen Indikatoren identifiziert werden. Dies ist die Kunst, ein auf Indikatoren basierendes Frühwarnsystem aufzubauen.

Zurück zum Beispiel:

Für den CI-Analysten ist interessant, abzuschätzen, wie hoch die Wahrscheinlichkeit P für einen Markteintritt des Wettbewerbers ALPHA (Ereignis A) ist, wenn der Wechsel der Marketingagentur (Indikator I) beobachtet wurde. Zu berechnen ist also P(A|I).

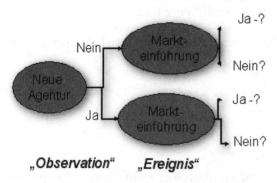

Abb. 6.21 Bayes: Grundlegende Aufgabenstellung für den CI-Analysten

Beim Ereignis A sind nur zwei Möglichkeiten denkbar: Der Markteintritt findet statt (A) oder nicht (A-). Deshalb gilt als Sonderfall des Theorems von Bayes für k=2 mit $A_1 = A$ und $A_2 = A-$:

$$P(A|I) = \frac{P(A) * P(I|A)}{P(A) * P(I|A) + P(A-) * P(I|A-)} .$$

Zu bestimmen sind also P(A), P(I|A), P(A-) und P(I|A-).

1) P(A)

Die Ermittlung der Wahrscheinlichkeit für einen Markteintritt basiert auf bereits vorhandenen (d.h. A-priori-)Informationen und ist häufig nur durch Abschätzung (subjektive Expertenmeinungen oder empirische Betrachtungen) möglich.

Beispielsweise könnte ermittelt werden, wie oft ein Wettbewerber in der Vergangenheit bei vergleichbaren Randbedingungen einen Markteintritt gewagt hat. Angenommen, dies trat in 3 von 9 Fällen ein, dann läge die empirisch gewonnene A-priori-Wahrscheinlichkeit P(A) bei 33%. (Dieser Wert wird in den folgenden Berechnungen zugrunde gelegt.)

2) P(A-)

P(A-) = 1-1/3 = 2/3, d.h. mit 66%iger Wahrscheinlichkeit ist kein Markteintritt vorgesehen.

3) P(I|A-)

Expertenschätzungen zufolge kann mit 30%iger Wahrscheinlichkeit davon ausgegangen werden, dass eine Agentur beauftragt wird, obwohl ALPHA keinen Markteintritt durchführt.

4) P(I|A)

Expertenschätzungen[41] zufolge kann mit 90%iger Wahrscheinlichkeit (starkes Signal) davon ausgegangen werden, dass ALPHA eine neue Marketingagentur beauftragt, bevor die Markteinführung erfolgt.

Die Wahrscheinlichkeit, dass der Markteintritt erfolgt, wenn eine neue Agentur beauftragt wird, beträgt somit:

P(A|I) = (0,33*0,9) / [(0,33*0,9) + 0,66*0,3)] = 0,6.

---

[41] ALPHA könnte auch "zwischendurch" eine neue Agentur beauftragen oder die Absicht zur Markteinführung kurzfristig wieder verwerfen.

Durch Berücksichtigung des Indikators erhöht sich die Ereigniswahr-
scheinlichkeit von 33% auf 60%.

Für den positiven Vorhersagegewinn (pVg) ergibt sich:

60%-33% = 27%.

Für den negativen Vorhersagegewinn (nVg) ergibt sich:

93,4%-66% = 27,4%.

Für den gesamten Vorhersagegewinn (gVg) gilt demzufolge:

gVg = 27,4% + 27= 54,4%.

Anmerkungen

- Abschätzungen, die für das Bayes'sche Theorem benötigt werden, sind
  z.B. zu erhalten durch:

  - HUMINT (Interviews mit Experten, Brainstorming, Analogien (vgl.
    Abschnitt 4.2))
  - Simulation (statisch/dynamisch; vgl. Abschnitt 6.1.4)
  - Spieltheoretische Abschätzungen (vgl. Abschnitt 6.2.1)
  - War Gaming (vgl. Abschnitt 6.1.4)
  - Erfahrung des CI-Analysten

- Der Vorhersagegewinn erhöht sich am deutlichsten, wenn „starke" Sig-
  nale vorliegen (P(I|A) gegen 1) und gleichzeitig die Wahrscheinlichkeit
  für Fehlalarme, d.h. P(I|A-) möglichst gering ist.
- Aussagekräftige Indikatoren sind zum Aufbau von Frühwarnsystemen
  zu identifizieren (s. Szenarioentwicklung mit Systemdynamik, Abschnitt
  6.1.2).
- Mit Hilfe von Entscheidungsanalyse-Software können die Bayes'schen
  Berechnungen automatisch durchgeführt werden (vgl. Abschnitt 9.4).
- Werden mehrere voneinander unabhängige Indikatoren verwendet, um
  ein Ereignis vorherzusagen, so ist die Aussagekraft der Kombination zu
  beachten. Da auch Erhebung und Auswertung der Indikatoren mit Kosten verbunden sind, müssen die Indikatoren herangezogen werden, die
  bei qualitativ gleichem Ergebnis das beste Kosten-Nutzen-Verhältnis
  aufweisen.

6.2.5 SAP SI: Das Evolutionskonzept für Wettbewerbsanalysen

von Kai Goerlich

Die Analyse einer Wettbewerbslandschaft mittels Analysetechniken wie Porters 5-Kräfte-Industriestrukturanalyse und Strategische Wettbewerbersegmentierung kann gute und präzise Einschätzungen des Status quo einer Wettbewerbssituation liefern. Das gewonnene Bild gibt allerdings wenig Hinweise über die zu erwartenden Entwicklungen. Die Anwendung evolutionärer Prinzipien kann hierbei hilfreich sein und die Analyse um eine dynamische Sicht bereichern.

Ich werde mich im Folgenden nicht auf ein konkretes biologisches Modell beziehen, sondern auf die allen Systemen unterliegenden Prinzipien der Evolution. In der unten stehenden Abbildung 6.22 sehen Sie ein Beispiel eines Systems im Zustand der Erstbesiedelung, d.h. ein sehr dynamisches System. Die Bezeichnungen Fitness können wir mit Leistungsfähigkeit des/der Produkte(s) gleichsetzen, Vorkommen mit Marktanteil.

Wenige Unternehmen haben bisher Fuß gefasst und wir können drei lose Gruppen A, B und C unterscheiden, die sich hinsichtlich Fitness und Vorkommen leicht unterscheiden.

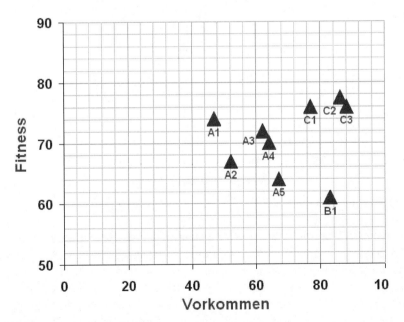

Abb. 6.22 Erstbesiedlung

Die A-Gruppe hat eine mittlere Fitness und weniger Präsenz, die C-Gruppe dominiert das System, d.h. viele der zum Erfolg nötigen Merkmale waren schon vor der Einwanderung vorhanden. B1 macht die mangelnde Fitness durch Masse wett. Soweit unterscheidet sich die Sicht nicht wesentlich von einer Strategischen Wettbewerbersegmentierung.

Prognosen

Alle obigen Arten von Unternehmen nutzten die sich bietenden Chancen des neuen Marktes, da sie bereits die nötigen Voraussetzungen boten, in diesem Fall einen bestimmten Produkttyp. In der Natur ist das Äquivalent ein Einwandern in ein neues Ökosystem.

Schauen wir uns an, was danach passierte, Abbildung 6.23 zeigt das System nach weiteren zwei Jahren.

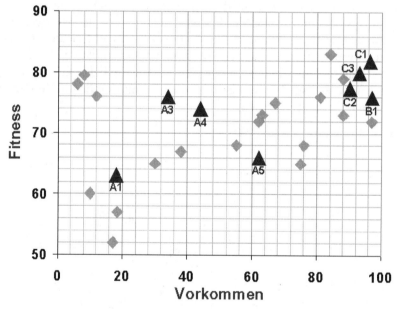

Abb. 6.23 Zweitbesiedlung

Viele weitere Unternehmen sind eingewandert und die Zusammensetzung des Systems hat sich stark verändert. A2 ist ausgestorben, A1, A3, A4 sind Spezialisten geworden, A1 steht kurz vor dem Aussterben. Alle Arten unterhalb der Linie A1-A5 sind gefährdet, da sie eine geringe Fitness und geringes Vorkommen aufweisen. Wenn sie keine Nische finden, werden sie verdrängt. B1 hat dramatisch seine Fitness erhöht, d.h. seine Leistungsfähigkeit, auch C1-C3 haben massiv an Fitness und Vorkommen gewonnen, sie dominieren klar das System, haben aber mehr Konkurrenz bekommen.

Weitere Parameter

Neben Vorkommen (Marktanteil) und Fitness (Leistungsfähigkeit des Produktes) können wir weitere Parameter betrachten:

- Nettogewinn – Ressourcennutzung
- Kreativität/Ausbildung der Mitarbeiter – Genetische Variabilität
- Internationalität – Anpassungsfähigkeit
- Produktvielfalt – Spezialist vs. Generalist
- ...

Evolutionäre Systeme in der Unternehmensentwicklung

Unternehmen erzeugen in einem System auf die Dauer einen Mangel, entweder an Ressourcen oder an Kunden. Mangel wiederum erzeugt Vielfalt und fördert Spezialisten durch

1. geografische Nischentrennung (Konzentration auf bestimmte Länder),
2. Unterschiede in der Art der Ressourcennutzung (z.B. Kundengröße),
3. andere Nischen innerhalb des bisherigen Lebensraums (z.B. Submärkte).

Dies bedeutet in unserem Modell, dass in der Gruppe C ein heftiger Kampf um die Ressourcen im Gang ist, bei dem nur 1-3 Generalisten überleben werden. Die Unternehmen werden also ausweichen, mit den oben genannten Mechanismen.

Fazit

An dieser Stelle kann ich die generellen evolutionären Mechanismen nur anreißen. Diese sind grundsätzlich für jedes System gleich, unterscheiden sich aber von System zu System hinsichtlich der Feineinstellungen, mit Auswirkungen auf das Ergebnis. Eine detailliertere Ableitung würde daher den vorliegenden Rahmen sprengen.

In der SAP SI setzen wir die Betrachtungsweisen ein, um größere Systeme in ihrem generellen Verlauf zu verfolgen, d.h. wenn wir unsere Märkte analysiert haben und anhand einiger Parameter eine evolutionäre Sicht einnehmen, können wir mögliche Bewegungen der Wettbewerber klarer erkennen. Natürlich ist auch dies nur eine Simulation, aber der frische Blick kann zu neuen Einsichten führen.

7 Das Competitive-Intelligence-Center (CIC)

> Es ist alles im Kriege sehr einfach, aber das Einfachste ist schwierig.
> Diese Schwierigkeiten häufen sich und bringen Friktionen hervor,
> die sich niemand richtig vorstellen kann, der den Krieg nicht gesehen hat.
> So stimmt sich im Kriege durch den Einfluss unzähliger kleiner Umstände,
> die auf dem Papier nie gehörig in Betracht kommen können, alles herab,
> und man bleibt weit hinter dem Ziel. Ein mächtiger eiserner Wille
> überwindet diese Friktion, er zermalmt die Hindernisse,
> aber freilich die Maschine mit.
>
> Carl von Clausewitz (aus: „Vom Krieg")
> Preußischer General und Militärschriftsteller (1780-1831)

7.1 Einleitung

Dieses Kapitel beschreibt Aufbau und Organisation von unternehmensinternen CI-Centern. Im Folgenden werden die Implementierungsschritte und Designoptionen für ein erfolgreiches CIC aufgezeigt. Die Aufgabe eines Competitive-Intelligence-Centers ist, Intelligence-Nachfrage und -Angebot auszugleichen. In einem CIC laufen daher die in Kapitel 3 beschriebenen CI-Prozessschritte des CI-Zyklus kontinuierlich ab.

Die Implementierung eines CIC ist sicherlich keine einfache Aufgabe, da eine breite Akzeptanz im Unternehmen für CI notwendige Voraussetzung ist. Diese Akzeptanz ist keineswegs selbstverständlich[1]. Information bedeutet immer noch Macht – wer Informationen an Kollegen weitergibt, gefährdet u.U. seine eigene Position. Ohne eine ausgeprägte Intelligence-Kultur im Unternehmen kann daher kein CIC erfolgreich betrieben werden. Lippenbekenntnisse von Verantwortlichen und halbherzige Alibi-Stellen eines CIC sind sicherlich keine guten Voraussetzungen für eine erfolgreiche CI-Initiative.

---

[1] Vgl. Abschnitt 1.1.2: Nur 30% der im Rahmen einer Fragebogenaktion angeschriebenen Unternehmen bewerteten die CI-Akzeptanz im eigenen Unternehmen mit stark bzw. sehr stark.

Fallstudien über erfolgreiche CICs sind zahlreich vorhanden[2], in diesem Buch sind Beispiele von ZF Trading GmbH (Abschnitt 4.2.9), Centerpulse Orthopedics Ltd. (Abschnitt 7.4.1), E.ON Sales & Trading GmbH (Abschnitt 7.4.2) und DaimlerChrysler Off-Highway (Abschnitt 7.4.4) zu finden. Auf SCIP-Konferenzen (vgl. z.B. Michaeli u. Praetorius 2004) und lokalen Chapter-Treffen[3] sind immer wieder Darstellungen und Erfahrungsberichte über „Best-practice-CICs" zu finden. So wurden auf der SCIP-Jahrestagung 2004 Erfahrungsberichte von Vertretern der Unternehmen BASF AG, Infineon AG, Altana Pharma GmbH, Siemens COM und Lycos Europe GmbH vorgetragen. Auf Chapter-Treffen waren Präsentationen von z.B. DHL, Claas KG, Deutsche Telekom AG, Deutsche Börse Systems AG, T-Mobil GmbH oder RTL zu finden.

---

[2]   Zu den bekannteren Unternehmenspublikationen zählen Berichte über IBM, XEROX, Motorola (vgl. www.scip.org).

[3]   Vgl. Auflistung unter www.competitive-intelligence.com.

7.2 Vorgehensweise bei der Implementierung eines CIC

> Das wahre Geheimnis des Erfolges ist die Begeisterung.
>
> Walter P. Chrysler
> Gründer eines der größten
> Automobilunternehmen der USA (1875-1940)

Am Anfang einer CIC-Implementierung steht die Notwendigkeit einer professionelleren Nutzung von „Wettbewerbsinformationen". Möglicherweise wurden Aufträge nicht gewonnen, weil das Wettbewerberangebot unterschätzt wurde. Vielleicht wurden suboptimale Ergebnisse bei den Verhandlungen mit Zulieferern erzielt, da nicht bekannt war, wie dringend der Zulieferer auf neue Aufträge angewiesen war. Vielleicht kam eine Wettbewerberaktion völlig überraschend, obwohl die warnenden Informationen im eigenen Unternehmen längst vorhanden gewesen waren.

Häufig ergeht daraufhin an den Assistenten der Geschäftsführung oder an einen jungen Kollegen der Auftrag „Mach mal![4]". Dann muss innerhalb kürzester Zeit ein Intelligence-Center (oder wie immer die interne Bezeichnung hierfür lauten mag) etabliert werden.

Im Grunde ist absehbar, dass diese Vorgehensweise zum Scheitern verurteilt ist: Weder werden Kollegen „mitspielen" und ihr Wissen dem „jungen Kollegen" zur Verfügung stellen, noch verfügt der CI-Verantwortliche über das notwendige Methoden-Know-how, interessante Intelligence-Produkte zu erstellen. Wie sollte er auch den Bedarf seiner Intelligence-Kunden kennen, wenn diese selbst kaum erahnen mögen, welchen Nutzen sie aus CI ziehen könnten? Schließlich wird die Initiative wieder in die Schublade der Nice-to-have-, aber nicht umsetzbaren Ideen einsortiert – bis zum nächsten für Mitarbeiter und Chef ernüchternden „Bitte bringen Sie bis morgen früh 9:00 Uhr alle Informationen über Wettbewerber X auf meinen Schreibtisch. Ich will mich auf der Fahrt vor meinem Verhandlungstermin noch schnell einlesen[5]". Oder bis zum nächsten Chef, der erkennt, dass bessere Entscheidungen bessere Informationen voraussetzen.

In den folgenden Abschnitten wird die schrittweise Einführung eines CIC beschrieben. Idealerweise finden sich bereits zu Beginn einer CI-Initiative ein enthusiastischer (Macht-)Promotor und ein fähiger CI-Manager, die einen konkreten Handlungsbedarf erkannt haben. Sie sollten die Durchfüh-

---

[4] Dies ist ein erstaunlich häufig genannter Grund für die Teilnahme an den zweitägigen CI-Intensiv-Workshops des Autors: „Mein Chef hat mich hierher geschickt, damit ich bei uns ein CI-Center aufbauen kann."

[5] nach einer wahren Begebenheit in einem der umsatzstärksten deutschen Konzerne

rung der im Folgenden beschriebenen Schritte vorantreiben, bis sich ein festes CI-Team etablieren kann. In Konzernen wird sich ein „Lenkungs-ausschuss" bilden, in dem Manager der beteiligten Unternehmensbereiche vertreten sind und operative und organisatorische Grundsatzfragen klären können.

7.2.1 Schritt 1: Intelligence-Bedarfsanalyse (KIT - Key Intelligence Topics)[6]

Empfehlenswert ist, zu Beginn der Bedarfsermittlung einen Kick-off-Workshop mit den potenziellen „Intelligence-Nutzern"[7] und dem CI-Team anzusetzen. Hierbei werden CI-Grundlagen vermittelt, die CI-Initiative vorgestellt und anhand konkreter Beispiele „Intelligence-Motive" aufge-zeigt: Unternehmerische Flops, entgangene Chancen und unliebsame Überraschungen. Anschließend erfolgt in Einzelinterviews die Ermittlung der individuellen CI-Bedürfnisse.

Erörtert wird hierbei, was ein „Intelligence-Nutzer" über Markt- und Wettbewerber wissen *muss*, um seine Aufgaben besser durchführen zu können. Diese Fragestellungen sind im Gegensatz zu der Bedarfsanalyse eines konkreten CI-Projektes (vgl. Abschnitt 3.2.1) eher allgemeiner, stra-tegischer Natur oder stark an wiederkehrende Fragestellungen des Tages-geschäftes angelehnt. Um nicht in einer Flut von „Nice-to-have"-Intelli-gence-Anforderungen zu versinken, werden die CI-Bedürfnisse nach Prio-rität und Zeithorizont klassifiziert, d.h. es wird zwischen „Wichtigkeit" und „Dringlichkeit" unterschieden.

KIT-Beispiele:

- Wie hoch wird der Preis des neuen Call-by-Call-Tarifs des Wettbewer-bers X sein?
- Wird sich Wettbewerber X aus dem Markt für DVD-Player zurückzie-hen?
- Wie positioniert sich das eigene Unternehmen relativ zu Wettbewerber X im Markt?
- Welche eigenen Stärken/Schwächen bestehen bei Produktgruppe Y ver-glichen mit Wettbewerber X?
- Was plant Wettbewerber Y im nächsten Jahr an neuen Produktlaunches?
- Wird es zum Merger zwischen den Wettbewerbern X und Y kommen?

---

[6]   Typische weitere Recherchegegenstände sind in Abschnitt 9.1 aufgeführt.
[7]   Im Laufe der CIC-Einführung wird der Kreis der „Intelligence-Nutzer" an die tatsächlich implementierten Strukturen angepasst.

7.2.2 Schritt 2: Das CI-Audit

Zur ungeschönten Beschreibung des Intelligence-Ist-Zustandes (Audit) gehört eine Aufbereitung verloren gegangener Aufträge, Kunden, Patente etc. Hätten diese Verluste durch bessere Intelligence verhindert werden können? Wie hoch wäre der potenzielle Nutzen einer verbesserten Intelligence? (vgl. Abschnitt 1.1.4)

Ebenso ist eine Beschreibung der momentan stattfindenden Intelligence-Prozesse notwendig[8]: Wer erhebt derzeit welche Daten? Wer analysiert welche Sachverhalte? Wie erhalten Führungskräfte aufbereitete Informationen? Wie werden Strategien entwickelt?

Um den Intelligence-Ist-Zustand eines Unternehmens feststellen zu können, sollte der folgende Fragenkatalog (für die strategischen Geschäftseinheiten eines Unternehmens) beantwortet werden:

1. Wer sind die derzeitigen und zukünftigen Wettbewerber?
2. Wie sehen diese Wettbewerber sich selbst und die anderen Wettbewerber (insbesondere auch das eigene Unternehmen)?
3. Wer sind die Verantwortlichen des Wettbewerbers (Topmanager, führende Ingenieure und Wissenschaftler, „Graue Eminenzen" etc.)? Was ist über deren Werdegang, Ausbildung, Entscheidungsverhalten bekannt?
4. Welche Wettbewerbsstrategien verfolgt der Wettbewerber?
5. Welche Wettbewerber sind potenzielle Partner, welche sind gefährliche Marktteilnehmer?
6. Welches sind die kurz-, mittel- und langfristigen Trends im Markt? Wie werden sich diese Trends auf das eigene Unternehmen auswirken? Wie wird sich der Wettbewerb darauf einstellen?
7. Auf welche Produkte/Dienstleistungen/Technologien fokussieren sich die Wettbewerber? Was wird in das zukünftige Angebot aufgenommen werden? Welche Auswirkungen hat dies für das eigene Unternehmen?
8. Auf welche Marktsegmente/geographischen Regionen konzentriert sich der Wettbewerb? Wo sind potenzielle Nischen? Werden die eigenen Märkte bedroht (Substitute und Allianzen)?
9. Wie vertreiben Wettbewerber ihr Angebot (Distributionskanäle, Positionierung etc.)? In welchen bestehenden Märkten wird sich der Wettbewerbsdruck intensivieren? Wie werden die Anbieter reagieren? Was kann das eigene Unternehmen von erfolgreichen Wettbewerbern lernen?

---

[8]   In Abschnitt 1.1.1 werden die CI-Evolutionsstufen aufgezeigt und Indikatoren für den jeweiligen Ist-Zustand beschrieben.

10. Welche Ereignisse wurden in den letzten 12 Monaten nicht vorausgesehen? Welche Ereignisse könnten in den nächsten 12 Monaten überraschend auftreten? Welche Konsequenzen hätten diese für das eigene Unternehmen?

Je weniger zufrieden stellende Antworten gegeben werden können, desto wichtiger ist es, interne CI-Strukturen aufzubauen.

7.2.3 Schritt 3: Ausarbeitung des CIC-Soll-Zustandes (CI-Verfahrenshandbuch)

In diesem Schritt wird zunächst der Soll-Zustand des CIC erarbeitet, indem aus dem CI-Bedarf die benötigten CI-Prozesse und -Ressourcen abgeleitet werden. Dieser Soll-Zustand wird mit dem Ist-Zustand abgeglichen, um später die benötigten Maßnahmen zur Erreichung des Soll-Zustandes planen zu können. Es empfiehlt sich, ein CI-Verfahrenshandbuch (Best- practice-Dokumentation) zu erstellen. Insbesondere in größeren Unternehmen mit zahlreichen Lokationen, Sprachen und Teilzeit-CI-Praktikern wird durch das Verfahrenshandbuch eine gemeinsame Basis aufgebaut. In dem Handbuch werden Prozessbeschreibungen hinterlegt:

- Berichterstattung an die CI-Nutzer (Kontaktverwaltung, Interessenprofile, KITs)
- Report-Typen, Verantwortlichkeiten, Freigabeprozeduren, Publikationsfrequenzen, Verteiler, Eskalationsprozeduren, Datenbasis etc.
- Prozessschritte bei der Durchführung des CI-Zyklus für typische CI-Projekte
- Einbindung und Kooperation mit anderen unternehmensinternen Abteilungen/Bereichen (z.B. Marktforschung, F&E)
- Konzept für Daten- und Informationsarchivierung und -retrieval, IT-Strukturen, IT-Sicherheit, Intranet
- Regeln und ethische Vorgehensweisen bei HUMINT-Erhebung und Wettbewerberobservation (vgl. Abschnitt 9.3.1)
- Vorgehensweise für Monitoring und Scanning (vgl. Abschnitt 3.1)
- Ziele des CIC (möglichst quantifiziert) und Prozesse zur Kontrolle der Zielerreichung; ggf. Abweichungsanalyse und Eskalationsprozeduren.

Um insbesondere bei größeren CICs ein einheitliches Vorgehen sicherzustellen, können die Prozessschritte des Verfahrenshandbuchs in ein Intranetportal eingestellt werden. Hierdurch lassen sich etliche verfahrensbezogene Rückfragen an das CI-Team vermeiden.

7.2.4 Schritt 4: Definition der notwendigen Umsetzungsmaßnahmen

Die Implementierungsmaßnahmen des CIC sollten als Projekt geplant werden, d.h. in einem Projektplan sind Ziele, Verantwortliche, Ressourcen, Budgets, Meilensteine und Berichtstermine aufgeführt. Bewährt hat sich eine offizielle Vorstellung der Projektplanung vor dem Lenkungsausschuss und den Beteiligten.

7.2.5 Schritt 5: Umsetzung

Während der Umsetzungsphase erfolgt die Abarbeitung der definierten Maßnahmen und, mit wachsender Routine, eine kontinuierliche Aktualisierung des CI-Verfahrenshandbuchs. Erfahrungsgemäß muss man einen Zeitraum von 6-12 Monaten für die Umsetzung veranschlagen.

Zu Beginn der Einführung empfiehlt sich eine Pilotphase, in der lediglich für einen Unternehmensteil (Region, Produkt, Organisationseinheit) das CIC eingeführt wird. Im Anschluss an die Pilotphase, die nach längstens sechs Monaten abgeschlossen sein sollte, erfolgt der unternehmensweite „Roll-out" und der damit verbundene Ressourcenaufbau, wobei die Erkenntnisse aus der Pilotphase in die weitere Planung einfließen.

7.2.6 Schritt 6: Kontinuierliche Erfolgskontrolle

Im operativen Betrieb kommt es zu einer kontinuierlichen Leistungsmessung des CIC durch den Lenkungsausschuss. Hierbei werden Abweichungen von den ursprünglichen Performance-Planwerten festgestellt und eine Ursachenanalyse durchgeführt[9]. Es erfolgt ggf. eine Anpassung der Ziele, Ressourcen und Prozesse, um ein optimales Kosten-Nutzen-Verhältnis zu erreichen.

7.3 CIC-Erfolgsfaktoren

In den folgenden Kapiteln werden die „kritischen" Erfolgsfaktoren eines CIC aufgezeigt. Letztendlich sind es die Mitarbeiter eines Unternehmens, die von der Notwendigkeit eines CIC überzeugt und zur Mitarbeit motiviert werden müssen, d.h. eine offene Intelligence-Kultur muss entstehen,

---

[9]   Umsetzung und Performance-Review können mit einem BSC-Ansatz (vgl. Abschnitt 7.3.8) durchgeführt werden.

in der CI-Prozesse und -Maßnahmen zum Selbstverständnis werden. Entsprechend umsichtig sollte bei der Implementierung des CIC vorgegangen werden, indem Unternehmens- und Intelligence-Kultur berücksichtigt werden.

7.3.1 CIC-Erfolgsfaktor: Informationsnetzwerke aufbauen und betreiben

> Er ist der Napoleon des Verbrechens, Watson, er ist die treibende Kraft hinter der Hälfte des Bösen und nahezu allem Verborgenen in dieser großen Stadt. Ein Genie, ein Philosoph, ein Theoretiker. Er hat ein Gehirn von überragendem Format. Bewegungslos sitzt er wie eine Spinne im Netz, doch dieses Netz hat tausend Fäden, und er weiß nur zu gut, was ein leises Zittern an irgendeiner Stelle bedeutet. Er selbst tut wenig. Er plant nur. Aber seine Helfer sind zahlreich, und das System funktioniert glänzend.
>
> Sherlock Holmes
> Romanfigur des engl. Schriftstellers A.C. Doyle (1859-1930)

Die Arbeit mit menschlichen Informationsnetzwerken (HUMINT) ist eines der bedeutendsten Konzepte der Competitive Intelligence. Diese Netzwerke dienen als „Sensoren" und als Experten-Pool für das CI-Team und sind somit das Rückgrat eines jeden CIC[10].

Klassifiziert werden Netzwerke nach ihrem Organisationsgrad (d.h. formell bzw. informell) und nach ihrer Nähe zum eigenen Unternehmen (eigene Mitarbeiter bzw. „Externe", sodass vier verschiedene Typen von Netzwerken möglich sind (vgl. Tabelle 7.1). Da Überschneidungen in Nutzung und Resultaten meist gering sind, empfiehlt sich die Etablierung aller vier Typen. Beim Neuaufbau von Netzwerken arbeitet man sich geschickterweise vom „Einfachen" zum „Schwierigen" vor. „Einfach" sind dabei meist persönliche Netzwerke innerhalb eines Unternehmens (z.B. ehemalige Mitarbeiter oder Kollegen, mit denen gemeinsam Seminare besucht wurden). Das (meist ungenutzte) Wissen der eigenen Mitarbeiter wird zunehmend als wertvolle und relativ einfach zu erschließende Informationsquelle erkannt (vgl. Abschnitt 7.4.5 oder Abschnitt 4.2.9).

Diese informellen internen Netzwerke können kultiviert, d.h. auch für CI-Recherchen verwendet werden. Sind diese Informationserhebungs-Prozesse etabliert, können sukzessive weitere Netzwerke (vgl. Tabelle 7.1) aufgebaut werden.

---

[10] Bei der Verwendung von Informationen, die von menschlichen Quellen stammen, sind die in Abschnitt 4.2.7 getätigten Ausführungen zu beachten.

Da interne Netzwerkteilnehmer nur zeitweise in ein CI-Team eingebunden sind (maximal 10% ihrer Arbeitszeit), ist es wichtig, auf eine effiziente Kommunikation zu achten. Eine Netzwerkzelle sollte erfahrungsgemäß acht bis zehn Mitglieder umfassen. Kleinere Mitgliedszahlen führen zu Instabilität durch hohe Fluktuation und geringe Möglichkeiten zum Informationsaustausch. Durch eine größere Zahl der Mitglieder dagegen wird die Verwaltung der Netzwerkzelle durch den Koordinator schwierig (Zeitaufwand, Effizienz der Kommunikation). Hinzu kommt, dass größere Zellen schnell „anonym" und somit unattraktiv werden, was zur Folge hat, dass große Zellen in Untergruppen zerfallen oder inaktiv werden.

Tabelle 7.1 Typen von Informationsnetzwerken

	Formell	Informell
Intern	CI-Teams Arbeitsgruppen Gatekeeper-Netzwerk etc.	Bekannte, Kollegen, Vertriebsbeauftragte, Techniker im Außendienst etc.
Extern	Mitglieder in Interessenverbänden (z.B. VDE-Ortsgruppen) Ehemaligen-Verbände von Universitäten etc.	Journalisten Ehemalige Arbeitskollegen Kunden, Zulieferer, Wettbewerber Teilnehmer an Tagungen, Kongressen etc. Freunde, Bekannte, Verwandte etc.

Ein internes formelles Netzwerk wird meist zentral verwaltet. Die anderen Netzwerktypen werden durch den jeweiligen Netzwerk-Multiplikator (vgl. Abbildung 7.4) verwaltet, der Kontakt zu den anderen Netzwerken hält. Für die Verwaltung der Netzwerke steht z.B. Kontaktmanagement- oder CRM-Software zur Verfügung, mit der auf einfache Weise Kommunikationsinformationen, Fähigkeiten, CI-Funktionen und Know-how der Kontakte verwaltet werden können.

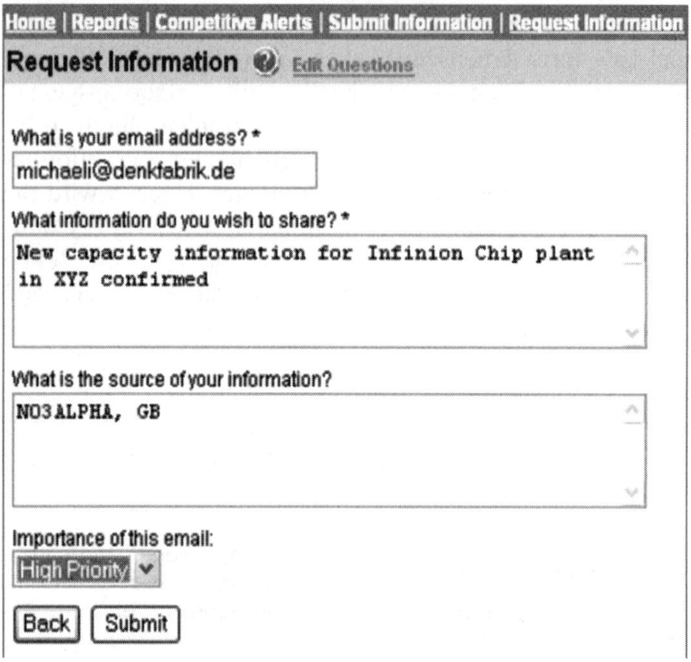

Abb. 7.1 Fiktives Beispiel für eine portalgestützte HUMINT-Informationseingabe in ein CI-System (Software „IntoAction!")

In einigen Unternehmen sind im Rahmen von Knowledge-Management-Projekten entsprechende Skill-Datenbanken aufgebaut worden, die auch für CI-Netzwerke verwendet werden können (vgl. z.B. Abschnitt 7.4.5 oder Abschnitt 4.2.9).

Sind relevante Nachrichten einer Quelle zur weiteren Bewertung an das CI-Team zu melden, so kann dies über einfache Reporting-Vorlagen (z.B. in einem Berichtsformular auf einer Intranetsite; vgl. Abbildungen 7.1-7.3) erfolgen. Meist wird schon der Übermittler eine Einschätzung der Quelle nach Glaubwürdigkeit und Zuverlässigkeit vornehmen.

Für etablierte CI-Netzwerke (z.B. Vertriebsmitarbeiter) kann das Reporting auch direkt an eine zentrale Sammelstelle erfolgen (z.B. Besuchsberichte nach einem Kundenbesuch; vgl. Abschnitt 4.2.9).

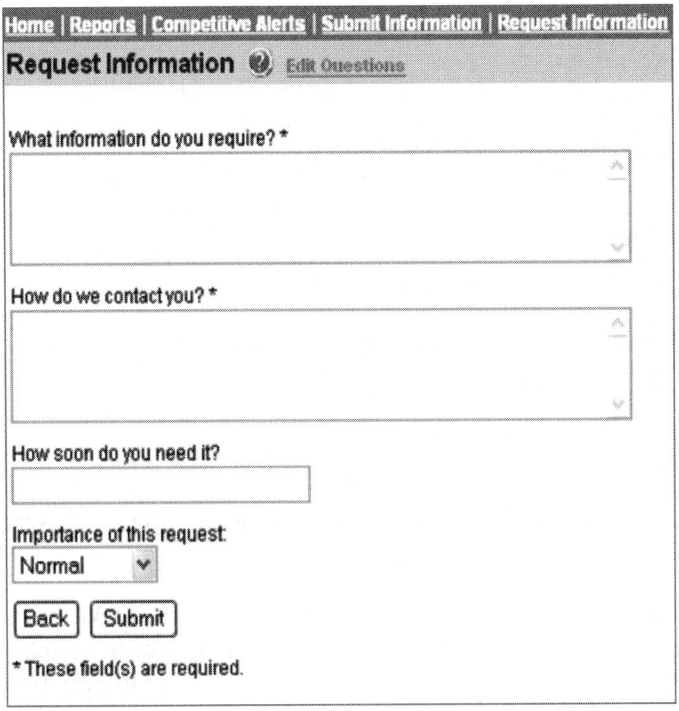

Abb. 7.2 Portalgestützte Informationsanfrage an ein zentrales CI-Team (Software „IntoAction!")

Ein kritischer Aspekt für das Funktionieren der Informationserhebung ist die Motivation der Netzwerkteilnehmer für einen Informationsaustausch. Grothe beschreibt in seinem Beitrag (vgl. Abschnitt 7.4.3) Motivationsanreize für formale Communities, bei denen ein gemeinsamer Sinn und Nutzen durch den Zweck der Community gegeben ist. Im Gegensatz zu traditionellen Gemeinschaften („Communities") sind diese Netzwerke eher „virtuellen Communities" gleichzusetzen, da auch hier selten persönliche Kontakte bestehen[11]. Zudem liegen kaum gemeinsame Erfahrungen/ Wertesysteme vor, teilweise nicht einmal eine gemeinsame Muttersprache oder Intelligence-Kultur.

---

[11] In der Regel wird per E-Mail kommuniziert.

Abb. 7.3 Beispiel für ein portalgestütztes unternehmensinternes Expertennetzwerk (Software „IntoAction!")

Netzwerkkontakte müssen gepflegt werden, d.h. der Kontakt muss (durch einfaches Feedback bzw. in größeren Organisationen durch Intelligence-Newsletters) über den Nutzen und Verbleib seiner Information unterrichtet werden.

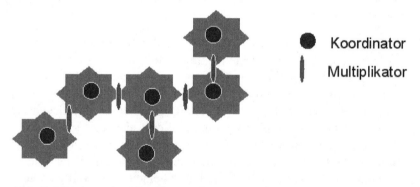

Abb. 7.4 Struktur virtueller Netzwerke

7.3.2 CIC-Erfolgsfaktor: Mitarbeit interner Bereiche

Competitive Intelligence lebt von der Mitarbeit interner Bereiche eines Unternehmens: Neben den internen Netzwerken zur Informationserhebung gilt es, das vorhandene Expertenwissen für Analysen und Planungsprozesse zu nutzen („Gatekeeper").

Ob diese Mitarbeit formell oder informell, als Bringschuld oder als Abfrage, kostenfrei oder per interne Verrechnung gestaltet wird, hängt stark von der Intelligence-Kultur eines Unternehmens ab.

Erfahrungsgemäß ist eine solide CI-Grundkonzeption notwendig, die eine klare, personifizierte Verantwortlichkeit einer Fachabteilung bzw. eines Mitarbeiters dieser Abteilung für spezielle CI-Themen definiert (vgl. Tabelle 7.2). Darauf aufbauend lassen sich weitere Regelungen finden.

Tabelle 7.2 Einbindung von Unternehmensbereichen in die CI-Erhebung

Thema	Verantwortlich	Hauptquellen	Reporting	Vertretung
Wettbewerberentwicklungen bei neuen Kunststoffverbindungen	Dr. Müller, F&E, Abt. TF- 4711	Journal of XYZ Verbandszeitschrift XYZ Jährliche Messen: X, Y, Z Patentanmeldungen	Monatlicher Update an Hr. Meier; bei Bedarf Teilnahme an CI-Teamsitzungen	Dr. Bubert, F&E, Abt. TF-4712
Werbeaktivitäten der Hauptwettbewerber: Advertising in Journalen	G. Schulz, Marketing M-40	Journal XYZ, Journal ABC, Newsletters DEF	Monatlicher Update durch AD-Wettbewer.XLS	Dr. Sonnenschein, M-40
Werbeaktivitäten der Hauptwettbewerber: Messeauftritte	H. Faust, Mkt, M-42	Jährliche Messen: X, Y, Z	Nach Messen Debriefing mit Messeteam; bei Bedarf Teilnahme an CI-Teamsitzungen	U. Will, Mkt, M-42

Die folgende Tabelle zeigt eine Übersicht über interne Abteilungen mit deren typischen Informationsinhalten. Selbstverständlich ist diese Tabelle beliebig zu erweitern und an unternehmens- und branchenspezifische Sachverhalte anzupassen. Neben der Erfassung des Ist-Zustandes eines CI-Themas ist insbesondere ein Monitoring von Veränderungen und deren Ursachen wesentlich.

Tabelle 7.3 Beispiel für eine unternehmensinterne CI-Aufgabenteilung

Abteilung	Beispiele für CI-Themen
Beschaffung/ Einkauf	Zuliefererbewertung (Stabilität, Loyalität, Qualität, Zuverlässigkeit, Flexibilität, Kompatibilität) Allianzen/Kooperationen zwischen Zulieferern und Wettbewerber (Abhängigkeiten, potenzieller Know-how-Transfer zu Dritten, Art und Umfang der von Wettbewerbern gesourcten Waren und Dienstleistungen) Preis- und Vertragsgestaltung bei Zulieferverträgen mit Wettbewerbern (Preise, Kulanz, Abwicklung, Zuverlässigkeit, Single- bzw. Dualsourcing etc.) Identifikation von Lieferengpässen und potenziellen Produktionskapazitätsveränderungen der Wettbewerber Beurteilung der Verhandlungsmacht von Wettbewerbern gegenüber ihren Zulieferern Mystery-Shopping
F&E	Technisches Reengineering von Wettbewerberprodukten (vgl. Abschnitt 5.4.8) Patentanalysen (vgl. Abschnitt 5.2.2) Technisches Benchmarking (vgl. Abschnitt 5.2.12) Aktuelle und zukünftige Entwicklungsprojekte und deren Aufwendungen (F&E-Roadmaps; vgl. Abschnitt 8.2) F&E-Schwerpunkte Monitoring von Fachpublikationen und Kongressen Technologieprognosen (Aufkommen, Verbreitung und Kommerzialisierung neuer Technologien; vgl. Abschnitt 5.3.1)
Kundendienst	Wettbewerberaktivitäten bei Kunden Gewährleistungsangebote des Wettbewerbs Dienstleistungsangebote von Wettbewerbern (insbesondere auch für Drittprodukte) Vom Kunden wahrgenommenes Preis-Leistungs-Verhältnis unterschiedlicher Anbieter Garantie- und Kulanzleistungen
Marketing	Advertising von Wettbewerbern (Häufigkeit, Abdeckung, Effizienz) Werbematerialien (Form und Inhalt) und Webpräsenz Direktmarketing (Form und Wirkung) Zielgruppen Wettbewerberevents (Promotions, Roadshows etc.) Fremdleistungen (Agenturen, Fullfillment etc.) Tracking von Bekanntheitsgraden (Awareness), Anfragen, Angeboten, Aufträgen Wechselkundentracking

Abteilung	Beispiele für CI-Themen
Marktforschung	Direkte Kundenbefragung (Wettbewerberaktivitäten, Bewertung, Wahrnehmung, Präferenzanalysen, unbediente Bedürfnisse) Verbindung zu externen Marktforschungs-Dienstleistern und deren Kontakten zu Wettbewerbern
Personalwesen	Stellenannoncen der Wettbewerber (Ausrichtung, Häufigkeit, Corporate Identity, Schwerpunkte etc.) Vertragsgestaltung Interviews mit externen Bewerbern Debriefing von eigenen Mitarbeitern, die mit Wettbewerberunternehmen in Kontakt waren (Abwerbungen, Headhunter) Auswertungen von Bewerberdatenbanken Gezieltes Befragen von Unterauftragnehmern (Berater, Dienstleister, Studenten, Trainer etc.) bzgl. Wettbewerberaktivitäten und -engagements
Public Relations	Lokale Tageszeitungen an Standorten der Wettbewerber Sponsoring
Produktmanagement	PLZ-Monitoring Preisgestaltung Produktpositionierung Produktverpackung und Lieferkonditionen
Vertrieb	Auswertung von Interessentenanfragen (durch Wettbewerberangebote oder -kampagnen) Kundenansprache durch Wettbewerber (Prototypen, Produktpräsentationen, Probeinstallationen, Vertriebspräsentationen etc.) Vertriebsstrategie der Wettbewerber (Schwerpunkte, Ressourcen, Nachrichten, Positionierung etc.) Vertriebsaktivitäten bei Kunden und Interessenten Win/Loss-Analysen Wettbewerberaktivitäten bei Distributoren Absatzstatistiken Auswertung von Wettbewerberangeboten Produktmuster und Geld-zurück-Garantien Umgang mit (Kauf-)Entscheidern der Kunden
Vorentwicklung	Technologiescouting (Substitutionstechnologien und neue Schlüsseltechnologien) Früherkennung von Produktentwicklungen der Wettbewerber Technologieszenarios

Für die Verwendung von Informationen aus externen Quellen ist die gleiche Sorgfalt aufzuwenden wie bei internen Quellen. Insbesondere ist beim internen Reporting das Eigeninteresse der berichtenden Abteilung bzw. Person zu berücksichtigen (ein Auftrag, der durch unprofessionellen Vertrieb oder durch technische Unterlegenheit des eigenen Produktes verloren gegangen ist, kann z.B. zu geschönten Berichten über Wettbewerberaktivitäten führen).

7.3.3 CIC-Erfolgsfaktor: Informationsvolumina managen

Der Informationsfluss eines CIC ist definiert als Summe aller Informationen, die in einer Betrachtungsperiode in ein CIC eingehen und (bearbeitet) das CIC wieder verlassen. Durch Abschätzung der Bearbeitungsdauern und der Ressourcenauslastung durch eine statische oder dynamische Simulation[12] kann der Informationsfluss bzw. die Effizienz des CIC optimiert werden. Bei Konzeption und Optimierung der CIC-Operationen werden solche Überlegungen häufig nicht durchgeführt, sodass die eigentlichen Informationsmengen unterschätzt werden. Als Folge davon können Ressourcenprobleme auftreten und/oder kritische Meldungen (opportunistisches Informationsmanagement) übersehen werden.

Zur Informationsflussabschätzung sollten die folgenden Parameter herangezogen werden (jeweils pro Periode):

- Wie groß ist das geschätzte Volumen an Primär- und Sekundärinformationen, die erfasst werden? Wie erfolgt (wenn überhaupt) eine Verschlagwortung?
- In welchen Dateiformaten sollen die Informationen erfasst werden und später abrufbar sein? Ist eine Nachbereitung notwendig?
- Wie werden Printmedien erfasst und ggf. kategorisiert? (Bibliothek? Scannen und Texterkennung?)
- Wie weit sollen Erfassung und Abruf automatisiert werden?
- Wer erstellt die Berichte (Newsletters, Analysen)? Wie hoch ist hierfür der Aufwand?
- Handelt es sich um „Push"- bzw. „Pull"-Berichte? Wie hoch ist der Kommunikationsaufwand?
- Wie werden Anmerkungen und Erweiterungen zu vorhandenen Informationen eingepflegt?

---

[12] Sind die Verfahrensschritte bereits definiert (vgl. Abschnitt 7.2.3), so kann eine dynamische Simulation sehr schnell mittels einer Flow-Chart-Software aufgesetzt werden.

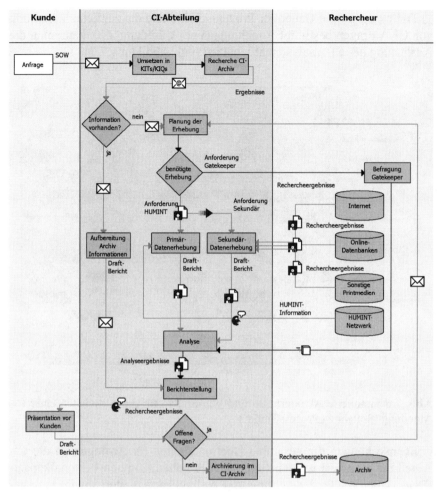

Abb. 7.5 Flussdiagramm für den Arbeitsprozess in einer CI-Abteilung (vereinfachte Darstellung; Software „ProcessGuide")

Beispiel:
In einem globalen mittelständischen Unternehmen sind pro Woche

- 500 neue Informationen (aus Sekundärquellen) und
- 50 neue Primärinformationen (davon 50% vom eigenen Vertrieb) auszuwerten
- 20 Rückfragen/Kommentare (intern) zu bearbeiten
- 2 formale Berichte zu erstellen, 15 Informationsanfragen zu bearbeiten
- 200 Zugriffe auf die interne CI-Datenbank (ohne Dazutun des CI-Teams) durchzuführen.

Trifft man für die Dauer der Prozessschritte und die zeitliche Verteilung von CI-Anfragen bestimmt Annahmen (vgl. Abbildung 7.6), kann man die Auslastung der CI-Analysten abschätzen (vgl. Abbildung 7.7).

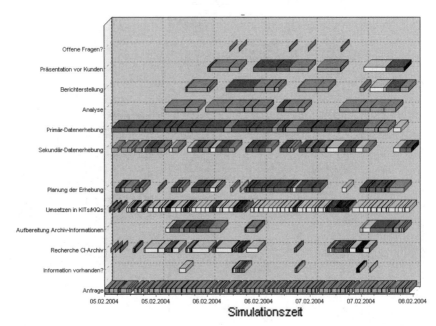

Abb. 7.6 Simulierte Aktivierungs- und Wartezeiten für die Aktivitäten einer CI-Abteilung (Software „ProcessGuide")

Ebenso können die gesamten Durchlaufzeiten für Anfragen an die CI-Abteilung simuliert werden (unter den Randbedingungen Personalkapazitäten, Dauer der Prozessschritte und Anfragehäufigkeiten sowie Anfragetyp).

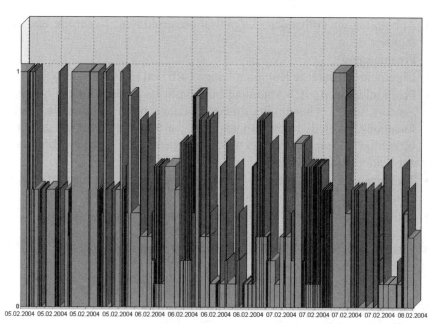

05.02.2004 05.02.2004 05.02.2004 05.02.2004 06.02.2004 06.02.2004 06.02.2004 06.02.2004 07.02.2004 07.02.2004 07.02.2004 07.02.2004 08.02.2004

Abb. 7.7 Simulierte Auslastung eines CI-Managers (Software „ProcessGuide")

7.3.4 CIC-Erfolgsfaktor: Organisation und Funktion

Die Effizienz eines CIC wird auch von der organisatorischen Einbindung und der CI-Funktionalität bestimmt. Gemäß der CI-Evolutionstheorie (vgl. Abschnitt 1.1.1) sind in frühen Stadien CI-Funktionen innerhalb dezentraler Abteilungen (z.B. Marktforschung oder Marketing) anzutreffen[13]. Mit wachsender Akzeptanz und Spezialisierung sowie einem erweiterten Aufgabenbereich sind dedizierte CI-Abteilungen sowohl in einer zentralen als auch dezentralen Struktur effizienter.

Wichtiger als die formale Organisationseinbindung sind jedoch die tatsächliche Integration der CI-Abteilung in die unternehmensinternen Bereiche und die tatsächliche Macht der CI-Manager.

Bei dem Aufbau einer CI-Organisation sind folgende Aspekte zu berücksichtigen:

---

[13] In der Diplomarbeit von Altensen (Altensen 2003) sind einige Strukturparameter von CI-Abteilungen in deutschen Unternehmen empirisch erfasst worden. Wie in Abschnitt 1.1.2 aufgezeigt, ist die eigentliche CI-Abteilung (Vollzeit-CI-Beschäftigte) auch in umsatzstarken Unternehmungen erstaunlich klein. Erst bei international operierenden Konzernen sind größere CI-Abteilungen anzutreffen.

- Anbindung an vorhandene Organisationsstrukturen; Kontrolle und Befugnisse
- Finanzierung
- Unternehmensinterne Kommunikation (offiziell und inoffiziell)[14]
- Positionierung der CI-Abteilung innerhalb des Unternehmens („Intelligence-Kultur"): Geheimdienstliche Spionage oder traditionelle Marktforschung? Welche Informationen sind „vertraulich"? Wer ist „zugriffsberechtigt"? Transparenz der CI-Aktivitäten? Wie werden Mitarbeiter zur Kooperation motiviert?
- Technische Ausstattung und Standards (Anbindung an Intranet, eigene Software, Hardware)
- Sicherheit: potenzieller Informationsverlust bei Kündigung eines CIC-Mitarbeiters, Datensicherheit (vgl. Abschnitt 8.3)
- Kosten und Nutzen des CI-Systems (z.B. Transferpreise für innerbetrieblich erbrachte Leistungen).

7.3.5 CIC-Erfolgsfaktor: Vertraulichkeit der Intelligence-Erkenntnisse

Während eine möglichst offene Kommunikation und Informationsverteilung in einem Unternehmen generell wünschenswert ist, empfiehlt sich bei sensiblen Informationen und Analysen eine restriktive Weitergabe. Bei diesen sensiblen Nachrichten ist zu beachten, dass der „Schutz" einer Quelle immer vor der Informationsbringschuld steht: Ist es nicht möglich, eine Information in einem Bericht zu verwenden, ohne dass durch Art oder Inhalt der Information auf ihre Quelle geschlossen werden kann, so sollte diese Information nur in Ausnahmefällen verwendet werden.

Die Vertraulichkeitsklassifizierung (vgl. Abbildung 7.8) von Intelligence-Empfangsberechtigten ist heikel und hängt häufig stark von unternehmenspolitischen Überlegungen ab. Verantwortlich für die Klassifizierung sollten der CI-Manager sowie die Geschäftsführung/der Vorstand sein. Die Einstufung sollte nach einer transparenten Vertraulichkeitspolicy erfolgen, die den unternehmensinternen Umgang mit vertraulichen Informationen (Ablage, Codierung, Weitergabe, Unterschriftenregelung und Zuständigkeiten) definiert. Software für CI bietet die Möglichkeit, eine Lese- und Schreibberechtigung von Informationsitems gemäß einer Kategorisierung zu realisieren.

---

[14] Gerade in konservativen deutschen Unternehmen findet eine Kommunikation zwischen Unternehmensbereichen nur über die zuständigen Abteilungsleiter statt. Direkter Kontakt ist nur über den „kleinen" Dienstweg möglich.

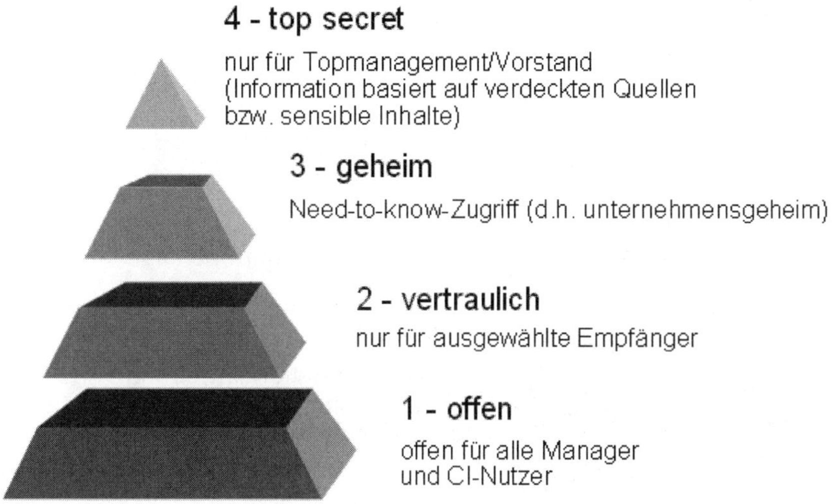

4 - top secret

nur für Topmanagement/Vorstand
(Information basiert auf verdeckten Quellen
bzw. sensible Inhalte)

3 - geheim

Need-to-know-Zugriff (d.h. unternehmensgeheim)

2 - vertraulich

nur für ausgewählte Empfänger

1 - offen

offen für alle Manager
und CI-Nutzer

Abb. 7.8 Vertraulichkeitspyramide für Informationen

7.3.6 CIC-Erfolgsfaktor: Eskalationsprozeduren

Die beste Intelligence nützt nichts, wenn sie nicht beachtet wird. Zahlreiche Fälle von vorhandener, aber nicht wahrgenommener oder bewusst unterdrückter Intelligence sind gerade im Bereich der militärischen Intelligence bekannt (vgl. z.B. Hughes-Wilson 1999). Die in Kapitel 2 aufgezeigten fehlerhaften Entscheidungsverhalten basieren ebenfalls auf irrationalen oder zumindest verzerrten Wahrnehmungen der Wettbewerbersituation. Um Entscheidungsfehler zu vermeiden, hat es sich bewährt, vorbeugend Verhaltensmaßnahmen (Prozeduren) zu definieren, um nicht erst im Ernstfall entsprechende Überlegungen anstellen zu müssen.

Wesentliches CIC-Element sind etablierte „Eskalationsverfahren" (Unterrichtung von Entscheidern, Auslösen von Prozeduren), um auf erkannte Chancen oder Risiken rechtzeitig reagieren zu können.

Je nach Dringlichkeit (vgl. Abbildung 7.9) werden umgehend weitere Maßnahmen eingeleitet. Die Eskalationsverfahren werden z.B. im Verfahrenshandbuch (vgl. Abschnitt 7.2.3) festgelegt. Das Reporting der Bedrohungslage erfolgt über Situationsanalysen oder Intelligence-Briefings (vgl. Abschnitt 3.2.14).

Auf diese Weise ist der Nachrichtenempfänger immer für die fristgerechte Bearbeitung und Weiterleitung kritischer Nachrichten verantwortlich. Die bewährte Kommunikationsprozedur sieht eine formale Empfangsbestätigung und einen Bearbeitungsstatusvermerk (z.B. empfangen, in Bearbeitung, bearbeitet) vor.

Abb. 7.9 Eskalationspyramide

7.3.7 CIC-Erfolgsfaktor: CI-Team

Der Competitive-Intelligence-Gedanke steht und fällt mit dem „richtigen" CI-Team. Eine Möglichkeit, wie eine CI-Abteilung organisiert werden kann, ist in Abbildung 7.10 aufgezeigt.

In kleineren oder im Aufbau begriffenen Unternehmen hängt Erfolg oder Misserfolg der CI manchmal von einem einzigen, zum CI-Manager auserkorenen Mitarbeiter ab. Wie sich aus jahrelangen Kontakten zu CI-Managern zeigt, sind es immer wieder die gleichen Eigenschaften und Neigungen, die einen erfolgreichen CI-Mitarbeiter auszeichnen:

- Neugierde
- Eigeninitiative
- Vertrautheit mit der Branche
- Fingerspitzengefühl für Quellen (insb. HUMINT-Quellen) und deren potenzielle Aussagekraft
- Beharrlichkeit und Durchsetzungsvermögen
- Logisches, analytisches Denkvermögen
- Erfahrung im Umgang mit Wahrnehmungsfehlern (vgl. Kapitel 2)
- Hang zur Respektlosigkeit gegenüber Hierarchien, etablierten Prozessen und mentalen (Denk-)Modellen („Querdenker").

Im Folgenden werden die generischen Profile von CI-Mitarbeitern aufgezeigt. CI-Professionals sind meist „Seiteneinsteiger", die erst im beruflichen Alltag die eigentliche CI-Ausbildung erhalten (vgl. Tabelle 1.10). Um den Lernprozess eines CI-Teams zu beschleunigen, sollte eine fokussierte, modulare, postgraduierte CI-Ausbildung[15] angestrebt werden, die den Bedürfnissen der Teammitglieder gerecht wird.

Profil eines CI-Managers

Qualifikation eines CI-Managers:
- Vertrautheit mit dem eigenen Unternehmen, seinen Märkten und Technologien („alter Hase" mit umfangreichen internen und externen Netzwerken)
- Kommunikator, Teamplayer, Moderator
- Felderfahrung (Primär- und Sekundärerhebungen, z.B. aus Vertrieb oder Projektabwicklung)
- Quantitative und qualitative Analysekompetenz
- Sprachgefühl für die inhaltliche Bewertung von Informationen
- Hervorragendes schriftliches Ausdrucksvermögen
- Absolute Loyalität zum Unternehmen und dessen Management
- Ggf. Mehrsprachigkeit und Kenntnis der Kulturen in relevanten Zielregionen
- Entscheidungskompetenz, Flexibilität, Abstraktionsfähigkeit, Kombinationsvermögen, Gedächtnisleistung

Aufgaben eines CI-Managers:
- Intensiver Austausch mit Entscheidern (CI-Nutzern), um einerseits CI-Bedürfnisse wahrzunehmen bzw. zu wecken und andererseits CI-Ergebnisse zu kommunizieren (Briefings)
- Prozessverantwortlichkeit für das CI-System
- Integration der Daten, Informationen, Analysen zu Handlungsempfehlungen
- Leitung des CI-Teams
- Abwicklung von CI-Projekten

---

[15] Vgl. www.competitive-intelligence.com für eine Auflistung von postgraduierten CI-Ausbildungsangeboten.

¹ Messen, Konferenzen etc.
² Spezial-Zeitschriften, Werbung, Studien etc.
³ Markttrends, Wettbewerberaktivitäten, Technologien etc.

Abb. 7.10 Generisches Organigramm einer CI-Abteilung

Profil eines Intelligence-Analysten

Der Intelligence-Analyst ist verantwortlich für die strukturierte Aufbereitung und Auswertung eingehender Informationen und die qualifizierte Interpretation dieser Informationen mit Bezug zum eigenen Unternehmen (vgl. Abschnitt 5.4.1).

Qualifikation eines Intelligence-Analysten:
- Vertrautheit mit gängigen Konzepten der Wettbewerbs- und Strategieanalyse (vgl. Kapitel 5)
- Erfahrung im Umgang mit Informationsgewinnung und -validierung (unter Unsicherheit)
- Logisches und assoziatives Denkvermögen

Aufgaben eines Intelligence-Analysten:
- Informationsaufbereitung und -synthese
- Fachliche Beurteilung von Informationen und Koordination von Expertenrunden (interne Meinungsbildung mittels Gatekeepern)
- Berichterstellung
- Briefings von Informationsspezialisten und Entscheidern
- Situationsanalysen/Empfehlungen als Teil der Intelligence-Berichte
- Inhaltliche Aufbereitung und Pflege relevanter Webseiten eines CI-Intranets

Profil eines Gatekeepers

Neben dem Vollzeit-CI-Team sind zahlreiche Kollegen in einem Unternehmen nur Teilzeit-CI-Mitarbeiter, insbesondere mit „Gatekeeper"-Funktionen. Ihr besonderes Know-how wird bei Bedarf von Intelligence-Managern angefordert, z.B. um technische Bewertungen oder Bedrohungsanalysen durchzuführen.

Ein Gatekeeper ist somit verantwortlich für ein definiertes Thema (z.B. neue Glasfaser-Technologien/Patente; Entwicklungen Südamerika; Wettbewerber ALPHA). Er hat zudem die Aufgabe, ein eigenes Expertennetzwerk (vgl. Abschnitt 7.3.1) zu unterhalten, das ihn über Entwicklungen auf seinem Spezialgebiet informiert.

Qualifikation eines Gatekeepers:
* Fachliche Kompetenz für seinen Aufgabenbereich
* Vertrautheit mit allen gängigen Entwicklungen in seinem Aufgabenbereich (Teilnahme an Konferenzen; Lektüre von Fachartikeln etc.)
* Führen von Expertennetzwerken

Aufgaben eines Gatekeepers:
* Beurteilung von Informationen (Interpretation, Eskalation, Priorisierung)
* Koordination von Expertenrunden (interne Meinungsbildung, z.B. in Trendworkshops)
* Mitarbeit an Situationsanalysen/Empfehlungen als Teil der Intelligence-Berichte
* Inhaltliche Aufbereitung und Pflege von relevanten Webseiten eines CI-Intranets

Profil eines Informationsspezialisten

Der Informationsspezialist ist verantwortlich für die strukturierte Erhebung von Sekundär- und Primärinformationen.

Qualifikation eines Informationsspezialisten:
* Vertrautheit mit Competitive-Intelligence-Quellen und Konzepten der Marktforschung
* Erfahrung in der Internet-/Online-Datenbank-Recherche

Aufgaben eines Informationsspezialisten:
* Identifikation und Dokumentation von Quellen/Netzwerken
* Informationsretrieval, Durchführung von und/oder Anleitung zu Marktforschungskampagnen
* Fachliche Beurteilung und Abschätzung der Glaubwürdigkeit von Quellen
* Archivierung und Bewertung der recherchierten Informationen

- Aufbereitung und Reporting der gewonnenen Erkenntnisse (z.B. News-letters)
- Beratung und Unterstützung weiterer CI-Teammitglieder bei Recher-chen

Profil eines Elicitation-Spezialisten

Der Elicitation-Spezialist ist verantwortlich für die strukturierte Erhebung von Primärinformationen durch Elicitation-Gespräche. Teils wird diese Funktion von einem dedizierten Interviewer wahrgenommen, teils von Teilzeit-CI-Netzwerkpartnern (intern und extern).

Qualifikation eines Elicitation-Spezialisten:
- Vertrautheit mit Elicitation-Techniken
- Gute sprachliche Ausdrucksfähigkeit (Reporting, Briefing)

Aufgaben eines Elicitation-Spezialisten:
- Identifikation von Primärquellen
- Kontaktanbahnung und Durchführung von Elicitation-Gesprächen
- Fachliche Beurteilung und Abschätzung der Glaubwürdigkeit von HU-MINT-Quellen
- Dokumentation, Bewertung und Reporting der recherchierten Informa-tionen

Profil eines CI-IT-Spezialisten

Der IT-Spezialist ist für die gesamten IT-Belange des CI-Teams verant-wortlich, hierzu gehören Pflege und Aufbau einer Intranet-Präsenz, Auf-bau von CI-Datenbanken und Integration einer CI-Software in eine beste-hende IT-Landschaft (Datenbankanbindung, Suche und Ablage von CI-re-levanten Informationen).

Qualifikation eines CI-IT-Spezialisten:
- Vertrautheit mit der unternehmensinternen IT-Landschaft und den gän-gigen Datenbanken-Konzepten
- Grundlegendes Verständnis für die CI-Anforderungen an ein IT-System

Aufgaben eines CI-IT-Spezialisten:

- Konzeption, Implementierung und Support von Software für Wettbewerberdatenbanken, Internet-Recherchen, Archivierung, Speziallösungen (Monitoring, Kategorisierung, Textmining, Datamining)
- Pflege der Intranetseiten
- Beratung und Unterstützung des CI-Teams bzgl. IT-Fragen

7.3.8 CIC-Erfolgsfaktor: CI-Scorecards für Performance und Wettbewerbsrisiken-Measurement [16]

Balanced Scorecards enthalten Kennzahlen für die kritischen Erfolgsfaktoren eines Unternehmens (Michaeli 2000). Dabei steht primär eine Unternehmenssteuerungs- und Kontrollfunktion im Vordergrund, d.h. für die Kennzahlen werden z.B. zwischen Management und Abteilungen regelmäßig Zielwerte vereinbart. Die Leistungsmessung der Abteilung an den Kennzahlen dient sowohl der Kontrolle der Zielerreichung als auch als Ansporn, mit geeigneten Maßnahmen die vorgegebenen Kennzahlen und damit die entsprechenden Ziele für die kritischen Erfolgsfaktoren zu erreichen. Planung, Kontrolle und Dokumentation der Maßnahmen liegen in der Verantwortung der Abteilung.

Das Kennzahlensystem hat zusätzlich eine Frühwarnfunktion, wenn die Kennzahlen bei Erreichen der vereinbarten Zielwerte grün, bei Unterschreiten eines kritischen Schwellenwertes rot markiert werden.

Diese Funktionalität entspricht auch den Anforderungen von Wettbewerberkennzahlen. Für Wettbewerberkennzahlen kann zwar keine Zielvereinbahrung stattfinden, aber sie müssen genauso erfasst, visualisiert und kommuniziert werden. Kritische Ereignisse und Faktoren in Markt und Wettbewerbsumfeld sollten dann in einer Balanced Scorecard aufgenommen werden, wenn das damit verbundene Risiko wesentlich für das Unternehmen ist bzw. das Ereignis einen starken Einfluss auf die eigene Strategie hat.

Solche Risiken können mit Schwellenwerten versehen werden, bei deren Über- bzw. Unterschreitung eine Warnfunktion in Form einer roten Ampel oder einer E-Mail-Benachrichtigung ausgelöst wird.

Es gibt zwei Möglichkeiten, Wettbewerberinformationen in eine Balanced Scorecard aufzunehmen: die Balanced Scorecard als integrierte Wettbewerbsinformationsplattform und die Realisierung als separate Balanced Scorecard.

---

[16] Dieser Abschnitt wurde von Thorsten Bill, DIE DENKFABRIK GmbH, erstellt.

Balanced Scorecard als integrierte Wettbewerbsinformationsplattform

Die Balanced Scorecard wird mit Wettbewerbsinsformationen erstellt, d.h. sie enthält Kennzahlen über Kunden, Vertrieb, Markt und Wettbewerb (Absatzzahlen, Umsätze, Kundenzufriedenheitswerte etc.). Diese Kennzahlen werden, um eine höhere Aussagekraft zu erhalten, oft als relative Kennzahlen zum Wettbewerb formuliert. Heutige Balanced-Scorecard-Softwarelösungen gehen aber weit über die reine Kennzahlen-Visualisierung hinaus. Sie dienen als zentrales kollaboratives Management-Portal (vgl. Abschnitt 7.4.3), in dem die Mitarbeiter Informationen zu durchgeführten Maßnahmen, Marktberichte, Analysen, Umfragen u.v.m. hinterlegen können.

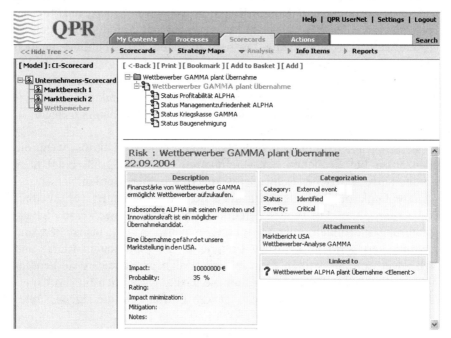

Abb. 7.11 Scorecard für Wettbewerbsrisiken (Software „QPR-Scorecard")

Abbildung 7.11 zeigt ein Beispiel für eine Wettbewerber-Scorecard. Hier wurden das Wettbewerbsrisiko „Wettbewerber GAMMA plant Übernahme" (siehe auch Beispiel in Abschnitt 6.2.3) erfasst, Auswirkungen abgeschätzt und die Eintrittswahrscheinlichkeit errechnet. Zusätzlich sind ein Marktbericht und eine Wettbewerber-Analyse hinterlegt. Da der Eintritt des Ereignisses unsicher ist, wurden vier Indikatoren definiert, die mit einer Eintrittswahrscheinlichkeit bewertet sind und für die in der Scorecard ebenfalls Informationen, Kommentare etc. gesammelt werden können. Die Eintrittswahrscheinlichkeiten der Indikatoren und des Ereignisses „Wettbewerber GAMMA plant Übernahme" sind voneinander unabhängig.

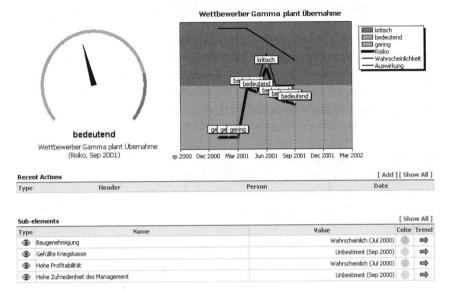

Abb. 7.12 Indikatoren des Wettbewerberrisikos

Die Pflege der Inhalte einer (Wettbewerber-)Scorecard obliegt dem kollaborativen Wettbewerbsbeobachtungsprozess, d.h. bei neuen Informationen zum Ereignis oder den Indikatoren erhält der Verantwortliche (bzw. das verantwortliche Team) für den Prozess eine E-Mail und muss eine Neubewertung vornehmen.

Separate Wettbewerbsinformations-Scorecard

Anstatt die Wettbewerberinformation den steuerungsrelevanten Kennzahlen in der Balanced Scorecard zuzuordnen, können für die KITs (Key Information Topics) eigene Kennzahlen in die Balanced Scorecard aufgenommen werden. Diese CI-Kennzahlen haben, wie oben bereits erwähnt, eine andere Funktion als die BSC-Kennzahlen. Insbesondere sind sie oft nicht von den Mitarbeitern beeinflussbar (z.B. Umfeldfaktoren wie Rohstoff- oder Wettbewerberpreise). Daraus ergibt sich die Notwendigkeit, diese Kennzahlen in einer separaten Wettbewerber-Scorecard (oder CI-Scorecard) zu pflegen. Dieser Ansatz kommt dem Aufbau eines separaten Wettbewerberinformationsportals sehr nahe. Weil aber in Entscheidungssituationen sowohl interne als auch externe Umfeldfaktoren nötig sind, werden die Wettbewerber-Informationen nicht in ein separates Content Management System eingepflegt, sondern in einer CI-Scorecard verwaltet. Dadurch ist eine Verknüpfung von strategischen Initiativen und Maßnahmen der Balanced Scorecard mit Wettbewerbsinformationen aus der CI-Scorecard möglich.

Abbildung 7.12 zeigt einen Ausschnitt aus einer CI-Scorecard. Insbesondere existiert hier für das Wettbewerbsrisiko „Unternehmen GAMMA plant Übernahme" eine Kennzahl, die über der Zeit verfolgt wird. In dieser Kennzahl werden das Ausmaß der Folgen und die Eintrittswahrscheinlichkeit des Risikos wieder separat bewertet. Letztere wird aus den Eintrittswahrscheinlichkeiten der zugehörigen Indikatoren berechnet. Im konkreten Fall sind die Indikatoren „Gefüllte Kriegskasse" und „Zufriedenheit des Managements (bei Wettbewerber ALPHA)" unbestimmt. Die Indikatoren „Baugenehmigung" und „hohe Profitabilität" (von Wettbewerber GAMMA) sind beide wahrscheinlich, aber die beantragte Baugenehmigung wirkt der Glaubwürdigkeit der Übernahmehypothese entgegen, sodass die Eintrittswahrscheinlichkeit des Ereignisses „Wettbewerber GAMMA plant Übernahme" unbestimmt ist. Wird, wie im vorliegenden Fall, das Gesamtrisiko daraufhin als bedeutend oder gar kritisch berechnet, wird eine Benachrichtigungsfunktion ausgelöst (rote Ampel, E-Mail-Benachrichtigung).

Vergleich der beiden Ansätze

Der Ansatz der Balanced Scorecard als integrierte Wettbewerbsinformationsplattform ist insbesondere dann von Vorteil, wenn CI-Informationen im gesamten Unternehmen oder zumindest in den Bereichen Marktforschung, Vertrieb, Unternehmensplanung etc. gesammelt werden. Dieser Ansatz nutzt das Wissen der Mitarbeiter stärker, ist aber organisatorisch schwieriger durchzusetzen.

Die Realisierung als CI-Scorecard ist sinnvoll, wenn eine CI-Abteilung existiert, die als Dienstleister Wettbewerbsinformationen zur Verfügung stellt.

Beide Konzepte versuchen, die strategie- und entscheidungsrelevanten Informationen zentral in einem System zu sammeln und zu verwalten. Der Hauptunterschied der beiden Ansätze besteht darin, wer die Wettbewerbsinformationen zur Verfügung stellt.

7.3.9 CIC-Erfolgsfaktor: Nahtlose Integration des CIC in strategische Entscheidungsprozesse

Selbst wenn ein Unternehmen „perfekte" CI-Prozesse implementiert hätte, wäre es nicht zwangsläufig erfolgreich. Intelligence muss noch in die Strategieentwicklung eingespeist und die gewählten Strategien müssen erfolgreich umgesetzt werden. Dieser kontinuierliche iterative Prozess, in Abschnitt 1.1.3 als Corporate Intelligence definiert, beschreibt die „Anpassung" eines Unternehmens an ein sich änderndes Wettbewerbsumfeld. In den Beiträgen der Detecon International GmbH (Abschnitt 8.1.3) und der DaimlerChrysler Off-Highway (Abschnitt 7.4.4) wird die Integration von Strategie und Competitive Intelligence beschrieben.

Wichtigste Voraussetzungen für die Integration des CIC in strategische Entscheidungsprozesse sind Akzeptanz und Wertschätzung des CI-Teams bei den Akteuren. Diese Akzeptanz wird zum einen durch die Qualität der CI-Berichte (Reports, Wettbewerbsdatenbanken), zum anderen durch die Verfügbarkeit relevanter Informationen (als Grundlage für strategische Entscheidungsprozesse) bestimmt. Sind diese Voraussetzungen gegeben, bedarf es einer organisatorischen Einbindung des CIC in die entsprechenden Entscheidungsprozesse. Meist wird dies durch einen Machtpromotor initiiert oder durch kontinuierliches „Dranbleiben" erreicht.

7.3.10 CIC-Erfolgsfaktor: CI-Software

Als CI-Software[17] wird Software bezeichnet, deren Zweck die Unterstützung bzw. partielle Automatisierung der Wettbewerberanalyse (vgl. Kapitel 3 und Abbildung 1.1) durch den Einsatz geeigneter Informations- und Kommunikationstechnologie ist. Neben der primären Aufgabe, der Unterstützung der menschlichen Spezialisten bei der Wettbewerberanalyse, liegen die sekundären Aufgaben in Sammlung, Ablage und Auswertung von Informationen und Daten über Marktteilnehmer und deren Unternehmensumfeld. Darüber hinaus sind Reporting und Informationsverteilung Funktionalitäten von CI-Software. In Anhang 9.5 befindet sich ein Anbieterverzeichnis von CI-Software und Software für allgemeine Analyse- und Supportfunktionen.

Wer in größerem Umfang CI-Projekte betreibt oder zumindest kontinuierlich CI-Aktivitäten unterhält, wird zwangsläufig zur Steigerung seiner Arbeitseffizienz CI-Software verwenden.

---

[17] Ein Kernelement dieser CI-Software wird im deutschsprachigen Raum auch als Wettbewerberinformationssystem bezeichnet (Winkler K 2003).

In diesem Abschnitt wird auf die drei wesentlichen Optionen bei der Verwendung von Software für ein CIC eingegangen.

1. Für kleine CICs oder CICs, die im Aufbau begriffen sind, empfiehlt sich der Einsatz einer volltextrecherchierbaren Datenbank zur Archivierung und Aufbereitung textueller Dokumente. Mit einer solchen Datenbank können zumindest eingehende Informationen durchsucht und analysiert werden. Durch Reportgeneratoren werden vorhandene Informationen aufbereitet und weitergeleitet. Ein Beispiel für dieses Software-Genre ist die Datenbank „AskSam" (s.u.).

2. Wächst das CIC bzw. nehmen die Aufgaben des CI-Teams zu, kommt Standalone-Software für die Recherche in Datenbanken (vgl. Abschnitt 4.3.4) und CI-Analysen (vgl. Abschnitt 9.4.2) hinzu. Diese Tools dienen einerseits der Automatisierung von Routinetätigkeiten, andererseits der Effizienzsteigerung bei Analyse und Reporting (z.B. durch Visualisierung der CI-Analyseergebnisse).

3. Als weitere Option wird spezielle CI-Software als Rückgrat der CI-Prozesse eingesetzt. Zusätzliche Software, die einerseits der unternehmensweiten Suche und Aufbereitung von Informationen dient und andererseits die Kommunikation mit zahlreichen CI-Netzwerkkontakten und CI-Nutzern ermöglicht, findet ebenso Verwendung.

Ungeachtet der letztlich gewählten Software muss darauf hingewiesen werden, dass Competitive Intelligence nicht erst durch eine Software ermöglicht wird! Im Gegenteil, erst sollten die Anforderungen an eine Software geklärt und mit anderen Unternehmensbereichen abgesprochen sein, bevor die Softwareunterstützung aufgebaut wird.

Die Verbreitung dedizierter CI-Software ist zumindest in Deutschland recht gering[18] (vgl. Tabelle 1.9). Vermutlich greifen die meisten CI-Abteilungen auf vorhandene Datenbanken und Intranet-Lösungen zurück, um Wettbewerberinformationen zu verwalten. Die geringe Notwendigkeit einer CI-Softwarelösung mit großer Funktionalität und unternehmensinterner Verbreitung erklärt sich dadurch, dass sich viele der befragten Unternehmen (noch) auf einer niedrigen Evolutionsstufe befinden (vgl. Abbildung 1.24).

---

[18] Nur 14% der Befragten gaben an, eine spezielle CI-Software (Knowledge-Management-Software) zu verwenden. Nur 59% der Befragten verwendeten eine spezielle Wettbewerberdatenbank!

Suche und Archivierung von Informationen

Zur Suche („Textmining") in und Archivierung von Informationen aus unternehmensinternen und -externen Quellen stehen zahlreiche Software-programme zur Verfügung. Diese sind im unternehmensweiten Einsatz allerdings mit erheblichen Anschaffungskosten und immensem Pflegeaufwand verbunden, sodass der Erwerb ausschließlich für eine CI-Abteilung durch Budgetrestriktionen nicht immer möglich ist.

Zum Teil werden diese Programme auch als Software für Dokumentenmanagement und -archivierung, Text- oder Datamining angeboten. Knowledge-Management-Software ist wiederum ein Derivat dieser Anwendungen, mit spezieller Ausrichtung auf Informationsaustausch und Networking von Experten. Wer sich hier für eine umfangreichere Lösung interessiert, sollte sich ausführlich beraten lassen, da das Angebot für den Laien schwer zu überblicken ist.

Finkler (vgl. Abschnitt 5.4.4) beschreibt die Einführung und den Aufbau des Tools EXOTIC der Deutsche Börse Systems, welches auf Standardsoftwarekomponenten basiert. Zanasi beschreibt in seinem Beitrag (vgl. Abschnitt 3.3.1) die Textmining-Software der Firma TEMIS SA. Ein weiteres Beispiel für diesen Softwaretyp ist z.B. die Software „CI-Wob" der Firma Cogisum Intermedia AG (vgl. Abbildung 5.22).

Datenbank-Software „AskSam"

„AskSam" ist eine einfach zu bedienende Datenbank-Software, die zu Recht als „Schweizer Offizierstaschenmesser" im Ruf einer preisgünstigen, unverwüstlichen, vielseitigen, volltextrecherchierbaren Datenbank steht. Hervorzuheben für die CI-Anwendung sind insbesondere:

- Import zahlreicher Dokumentformate (.doc, .html, .pdf etc.)
- Einfacher Aufbau von Feldern
- Leistungsfähige Abfrage-Funktion (Boolsche Operatoren, Fuzzy-Suche)
- Direkter Import aus der Software „Surfsaver" (vgl. Abschnitt 4.3.4)
- Netzwerkfähig
- Leistungsstarke, schnelle Indexierung.

(CI-)Portale

Kommunikation (push und pull) von Wettbewerberinformationen erfolgt zeitgemäß über Intranetportale[19]. Zahlreiche Anbieter halten hier spezielle CI-Lösungen bereit oder Standard-Portalsoftware wird als CI-Plattform eingesetzt. In den Beiträgen der ZF Trading (Abschnitt 4.2.9), Daimler-Chrysler Off-Highway (Abschnitt 7.4.4) und SIEMENS Medical Systems

---

[19]   Vgl. Auflistung von Anbietern unter www.competitive-intelligence.com.

(Abschnitt 7.4.5) werden solche Portallösungen beschrieben und Abbildungen der Softwareoberflächen gezeigt.

Diese Lösungen unterstützen die Kommunikation[20] und Archivierung von Informationen, jedoch nicht die Suche von Informationen oder die Analyse vorhandener Informationen, sodass weitere Tools notwendig sind (vgl. auch Abbildung 5.32).

Spezielle CI-Software (CI-Systeme)

Einige Anbieter von Softwarelösungen haben sich speziell auf CI-Anwender eingestellt und offerieren entsprechende CI-Softwarelösungen (vgl. Auflistung in Abschnitt 9.4.1). In diesem Buch befinden sich exemplarisch zahlreiche Abbildungen der Software „Strategy!" und der dazugehörigen Portalkomponente „IntoAction!" (vgl. Abbildung 3.16). Diese Software verbindet die Funktionalitäten einer strukturierten Datenbank („Markt- und Wettbewerberinformationen" im weitesten Sinn), einer Suchfunktion über interne und externe Datenbestände sowie eines ausführlichen Reportings (mit Standardreports und einem eigenen Reportgenerator zur Erstellung individueller Berichte mit Inhalten aus „Strategy!" oder beliebigen Drittdatenbanken). Eine Portalfunktion ermöglicht die Kommunikation mit Netzwerkpartnern oder CI-Nutzern (vgl. Abbildungen 7.1-7.3).

---

[20] insbesondere wenn eine E-Mail-Komponente in das CI-Portal eingebettet ist

7.4 Praxisbeiträge

7.4.1 Centerpulse Orthopedics Ltd.: Competitive Intelligence in der Praxis: Anwendung am Beispiel einer weltweit tätigen Firma in der Medizinaltechnik

von Hans-Rudolf Sägesser

Einleitung

In einem vergleichbar kleinen und überschaubaren Weltmarkt wie der Orthopädie (künstliche Gelenke und Implantate für die operative Knochenbruchbehandlung), welcher heute rund 15 Milliarden US-$ umfasst und jährlich mit ca. 9 % wächst, ist es wichtig, die Wettbewerbsfähigkeit stetig auszubauen, um den wachsenden Anforderungen der Kunden (Ärzte und Spitäler) auch in Zukunft genügen zu können. Die Firma, auf welche sich dieses Beispiel bezieht, ist ein weltweit tätiges Unternehmen in den Bereichen Orthopädie, Wirbelsäule und Dental und zählt rund 2500 Mitarbeiter. Im Bereich künstliche Gelenke nimmt das Unternehmen in Europa die Position des Marktführers ein.

Wichtige Faktoren, welche den Markt kennzeichnen, sind die hohe Zahl der kleinen Mitbewerber, welche sich in Produkt- oder geographischen Nischen bewegen, sowie ein hoch regulierter Markt, was bedeutet, dass, ähnlich wie bei pharmazeutischen Produkten, die Produkte, bevor sie auf den Markt gebracht werden, registriert werden müssen. In Europa sind die Produkte CE-zertifiziert und müssen teilweise auch noch von den Landesbehörden geprüft werden. In den USA ist eine Einreichung an die FDA zwingend vorgeschrieben.

Umfeldanalyse

Um CI-relevante Informationen gezielt zu beschaffen, ist eine Analyse des Umfeldes der Firma von großer Bedeutung. Das Umfeld der Beispiel-Firma ist in der untenstehenden Abbildung aufgezeigt.

Da sich die Firma im wissenschaftlichen Umfeld befindet, sind Lehre und Forschung, Meinungsbildner und Ärzte als Entscheider im Auftrag des Patienten von besonderer Wichtigkeit für die Beschaffung von CI-Informationen, speziell was Produkte in klinischen Studien und in der Entwicklung angeht.

Wozu dient CI in unserem Unternehmen?

Um unseren Konkurrenzvorteil weiter auszubauen, sind wir auf Informationen über Entwicklungen, Patente etc. angewiesen. Auch bei möglichen Allianzen, Mergers und Acquisitions ist es unerlässlich, Informationen über den Partner möglichst frühzeitig und detailliert zu erhalten. Weiter nutzen wir Benchmarking, um uns von der Konkurrenz abzuheben.

CI wird bei uns systematisch in der Erarbeitung der Unternehmensstrategie und der Zielformulierung eingesetzt. CI hilft uns ebenfalls, die Marktstrategie sowie Produkt- und Technologiestrategie erfolgreich zu planen und zu implementieren. Im operativen Bereich versorgt CI das obere und mittlere Management und den Außendienst mit den aktuellen Informationen der Konkurrenz, vor allem auf der Ebene Produkte und Technologien sowie Kunden.

Abb. 7.13 Wettbewerbsumfeld

Organisatorische Eingliederung von CI

Die ursprüngliche Idee, CI vom Konzern aus zentral zu steuern, wurde nicht realisiert, da das Wissen zu spezifisch ist und die Anwendung von CI ausschließlich in den einzelnen Divisionen erfolgt. Dabei befassen sich die Funktionen Strategisches Marketing und Business Development mit CI und das Schwergewicht liegt auf den folgenden Gebieten:

Tabelle 7.4 CI-Tasks und organisatorische Zuordnung

CI-Tasks	Business Development	Strategisches Marketing
Erfassen der Markttrends	X	
Erfassen der Technologietrends	X	
Auswertungen von Kongressen		X
Aufarbeiten von Marktzahlen		X
Newsletters über Konkurrenzaktivitäten		X
Benchmarking	X	X
Analyse von Allianzen (Eigene Unternehmung und Konkurrenz)	X	
Kundenzufriedenheitsanalyse		X
Inputs für strategische Planungen	X	X

Unterteilung des Begriffes Competitive Intelligence in Unterbegriffe

Um die CI-Informationen optimal zu strukturieren und zielgruppengerecht aufzuarbeiten, dient uns die folgende Unterteilung:

• Market Intelligence

Die Markt-Intelligence umfasst Informationen über Marktstruktur, Marktvolumen und Marktanteile, Markttrends, Marketdrivers, Marktteilnehmer sowie Testmärkte und lokale Gesetze und Vorschriften für die Vermarktung unserer Produkte. Darin sind auch die Themen öffentliche Ausschreibungen und Informationen über das Gesundheitswesen und die Leistungserbringer (Versicherer) enthalten. Diese Informationen beschaffen wir in der Regel von Marktreports, welche von Firmen wie z.B. Datamonitor angeboten werden. Mit Hilfe unserer Länderorganisationen erarbeiten wir unsere spezifischen Länderprofile.

- Product Intelligence

Die Produkt-Intelligence umfasst den Stand im Produktlebenszyklus, State of the Art, Akzeptanz im Markt, Marktanteile, Umsatzentwicklung, Zuverlässigkeit, Zusatz- und Nebenleistungen der Konkurrenz, aber auch der eigenen Produkte.

- Technology Intelligence

Die Technologische Intelligence umfasst Patentanalysen, Produktuntersuchungen, Auswertungen von Fachkongressen und Fachzeitschriften und Kontakte zu Hochschulen und Forschungszentren. Weiter sind die aktive Mitarbeit in Normengremien und übergeordneten Stellen von entscheidender Bedeutung, um auf Entscheide von großer Tragweite von Anfang an Einfluss zu nehmen. Weiter ist für unser Unternehmen die Befragung von Kunden und Opinion Leadern ein wichtiger Pfeiler für die Früherkennung von Trends und neuen Technologien. Die oben angeführten Punkte dienen in unserer Unternehmung für das Benchmarking und die Ausrichtung des Produktportfolios.

- Company Intelligence

Das regelmäßige Monitoring der Konkurrenz umfasst auch die Analyse der Firma selbst und deren Organisation, Produkte- und Dienstleistungsangebot, Lieferanten sowie Anzahl Mitarbeiter pro Bereich, Schlüsselmitarbeiter in einzelnen Bereichen und Management. Weiter ist es wichtig, deren Patente, Kontaktnetz und Marktpräsenz zu kennen. Weiter sind die Finanzinformationen wichtig, an welche man aber nur bei börsennotierten Firmen kommt.

Der CI-Prozess

Die untenstehende Grafik zeigt den Weg der Beschaffung zur Anwendung und Integration. Die meisten Firmen sammeln zwar mit Akribie Informationen, welche aber nie systematisch ausgewertet und angewendet werden. Bei uns werden die Informationen erfasst und zielgruppengerecht entweder regelmäßig (Newsletters über Aktivitäten) weitergegeben oder aber problemspezifisch aufgearbeitet und präsentiert. Letzteres vor allem bei den jährlichen Planungsprozessen.

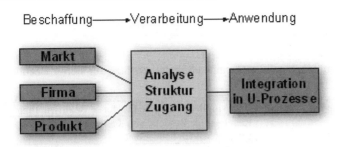

Abb. 7.14 CI-Prozesse

Bewährte Beschaffungsmethoden

Neben Internet, Markt- und Analystenreports, Ausstellungen, Veröffentlichungen, Messen, Kongressen, Patentanmeldungen, Firmenregistern (Handelsregister) sowie Branchenverbänden und Normengremien sind Interviews mit Meinungsbildnern und Nicht-Kunden sowie Kunden und Außendienst-Reports die wichtigsten Informationsquellen.

Besondere Beachtung sollte dem Außendienst geschenkt werden, denn er ist ständig an der Front und bekommt sehr vieles mit. Leider werden seine Reports und seine Inputs nur selten ernsthaft geprüft. Im Rahmen des CI-Prozesses werten wir die Außendienstreports systematisch aus. Für wichtige Informationen werden Incentives in Form von Anerkennung und Erwähnung sowie kleineren finanziellen Anreizen in Aussicht gestellt. Oftmals sind die Informationen aber lediglich für die Länderorganisation von Bedeutung. Auch gilt es, beim Außendienst gelegentlich die Informationen zu hinterfragen und den Details auf den Grund zu gehen.

Analyse, Strukturierung und Zugang

Als Firma in der Medizinaltechnik sind für uns die folgenden Informationen von großer Bedeutung. Wir analysieren aber auch hier nicht erwähnte Gebiete.

Bei der Analyse der Forschungsaktivitäten stellen sich u.a. folgende Fragen:

Tabelle 7.5 CI-Aufgabenstellungen und mögliche Ansätze für deren Beantwortung

Frage	Mögliche Ansätze für deren Beantwortung
Welches sind die Forschungsgebiete?	Regelmäßige Besuche von Kongressen auf dem entsprechenden Fachgebiet
An welchen Hochschulen wird was gemacht?	Regelmäßiges Studium von Publikationen und aktive Kontakte und Partnerschaften mit Hochschulen
Wer sind die Opinion Leader?	Wer sind die Erstautoren und/oder Meistzitierte in wissenschaftlichen Arbeiten?
Wer von der Industrie ist Sponsor?	Zumindest in den USA müssen die Industriesponsoren bei Publikationen erwähnt werden. Hier ist ein gezieltes Monitoring wichtig.
Sind schon Patente vorhanden? Gibt es mögliche Patentverletzungen?	Durch eine kompetente, firmeninterne Patentstelle können Anmeldungen rasch erfasst und analysiert werden.
Was sind die Kundenvorteile?	Eine genaue Analyse, was die Forschung schlussendlich für den Arzt und Patienten bringt, ist wichtig, vor allem, wenn es um mögliche Partnerschaften geht, welche oftmals hohe finanzielle und zeitliche Investitionen mit sich bringen.

Monitoring der Kundenbedürfnisse

Wer die Kundenbedürfnisse kennt und diese rasch in Produkte und Leistungen umsetzt, erarbeitet sich Konkurrenzvorteile. Im Rahmen von CI ist es deshalb wichtig, im Vergleich mit seinen Konkurrenten Portfolio-Gaps zu identifizieren und die Anforderungen der Kunden zu definieren, eine Marktanalyse zu machen sowie das Produkt zu entwickeln bzw. Allianzen einzugehen.

Finanzinformationen

Informationen über Kennzahlen sind oft wichtige Indikatoren für die Analyse der Unternehmung. Hier ist es vor allem wichtig, dass die richtigen Konkurrenten miteinander verglichen werden und die Zahlen auch vergleichbar sind (Äpfel mit Äpfeln vergleichen). Hier hat sich die Rechnungslegung nach IAS auch bei europäischen Firmen durchgesetzt. In diesem Zusammenhang ist es wichtig, Benchmarks zu definieren sowie bei Underperformance entsprechende Maßnahmen einzuleiten.

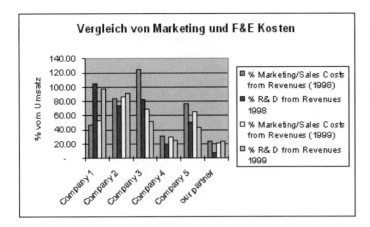

Abb. 7.15 Vergleich von Wettbewerberfinanzkennzahlen

Das obige Beispiel zeigt eine unserer Partnerfirmen im Vergleich zu anderen Firmen in Bezug auf die Verkaufs- und Marketingkosten und Entwicklungskosten. Die Analyse wurde gemacht, weil unser Partner vereinbarte Leistungen nicht erbracht und uns damit am Markt Nachteile gebracht hat.

Es wurde festgestellt, dass er im Vergleich zur Konkurrenz sehr wenig in die Entwicklung investierte und auf das schnelle Geld aus war. Nach der Präsentation dieser Analyse und gemeinsam beschlossenen Korrekturmaßnahmen verläuft die Partnerschaft heute zufrieden stellend.

Integration der Information in die Unternehmensprozesse

Nachdem die CI-Informationen gesammelt und aufgearbeitet sind, gilt es, diese in die Unternehmensprozesse zu integrieren.

Competitive Intelligence ist stark bereichsübergreifend. Oft brauchen mehrere Abteilungen die gleichen Informationen, um auf das gemeinsame Ziel, nämlich den Ausbau der Konkurrenzfähigkeit durch Befriedigung der Kundenbedürfnisse, hinzuarbeiten (vgl. Tabelle 7.6).

Tabelle 7.6 Unternehmensbereiche und deren CI-Informationsbedürfnisse

Unternehmensbereich	Benötigte CI-Informationen
Unternehmensleitung	Strategische Ausrichtung Markttrends Produkttrends Finanzielle Kennzahlen
Marketing	Vergleiche zu Konkurrenten (SWOT) Positionierung der Unternehmung am Markt Marketing-Instrumente der Konkurrenz (4 P's) Kundenbedürfnisse Produkt-Features & Benefits
Verkauf	Geographische Märkte Wahl der Märkte, Teilmärkte und Segmente Businesspläne Produktpositionierung Argumentarien Schulung für Kunden und Mitarbeiter Zusatz- und Nebenleistungen bei Produkten
Finanzen	Benchmarking Investor Relations
Produktion	Technologien Materialien Produktionsprozesse Make-or-Buy-Entscheidungen
Forschung und Entwicklung	Entwicklungsstrategie Technologietrends Kundenbedürfnisse

Zusammenfassung

Competitive Intelligence umfasst in unserer Firma Märkte, Produkte und Firmen und soll helfen, der eigenen Unternehmung Konkurrenzvorteile zu verschaffen. Im Rahmen des CI-Prozesses sind alle Mitarbeiter integriert, vor allem was die Beschaffung von Informationen betrifft. CI ist bei uns ein eigenständiger Prozess, der permanent gelebt werden muss. CI wird bei uns sowohl strategisch als auch operativ eingesetzt und dient oft als Basis für das Benchmarking.

7.4.2 E.ON Sales & Trading GmbH: Aufbau einer CI-Unit – ein Praxisbeispiel aus dem Bereich Stromhandel

von Katrin Weinstock-Aroldi

Der Aufbau einer CI-Unit zur Beobachtung von Wettbewerbern und daraus resultierende Schlussfolgerungen für das eigene Marktverhalten haben je nach Unternehmen und Branche Besonderheiten. Auch im Stromhandel umfasste die Initiierung des CI-Prozesses spezifische Merkmale. Die wichtigsten Punkte, die auch für branchenfremde Unternehmen interessant sein könnten, um einen erfolgreichen CI-Prozess zu starten, werden im Folgenden vorgestellt.

Ausgangslage für CI im Energiemarkt

Im Vergleich zu anderen Branchen hat die Gründung der Einheit Competitive Intelligence im Bereich Stromhandel drei Besonderheiten:

Erstens hat erst die Liberalisierung des Energiemarktes in Deutschland die bis dahin bestehenden Gebietsmonopole, in denen einzelne Anbieter Energie produziert und vertrieben haben, aufgebrochen. Der Begriff und damit die Wahrnehmung von Wettbewerbern haben mit der Marktöffnung erst die Bedeutung und den Stellenwert wie in anderen Branchen auch bekommen. Hinzu kam, dass durch die Marktöffnung ein neues Geschäftsfeld entstanden ist, der Stromhandel. Bestehende Energieunternehmen wurden nun zu Wettbewerbern, neue Marktteilnehmer traten auf und neue Unternehmen und Marktplätze entstanden.

Zweitens war daher Competitive Intelligence vor der Liberalisierung nicht erforderlich und hat in den traditionellen Bereichen der Energiewirtschaft nicht im eigentlichen Sinne stattgefunden. Eine eigene Organisationseinheit war bis dahin nicht erforderlich.

Und drittens zeichnet sich der Stromhandel ähnlich wie der Aktienhandel durch eine hohe Geschwindigkeit aus, daher müssen CI-Informationen und Analysen schnell verfügbar sein.

Zusammenfassen lässt sich die Ausgangssituation mit der Aussage: „A new economy (CI) within an new economy (Energiehandel)". Dies ermöglichte einerseits einen besonderen Gestaltungsspielraum für die Organisation von CI. Andererseits schafft es in doppeltem Maße Akzeptanzprobleme.

Entwicklungslinien im Stromhandel

Generell finden Teilbereiche von CI meist in jedem Unternehmen statt, auch ohne dass dies so benannt wird. CI ist meist automatischer Bestandteil bzw. unabdingbare Voraussetzung für die Tätigkeiten verschiedener Abteilungen. Diese gilt es zu identifizieren.

Auch in der Energiewirtschaft gab es – trotz der beschriebenen Besonderheiten – Teilbereiche von CI-Aktivitäten: Marketing-, PR-Abteilungen und die Unternehmensentwicklung waren hier die ersten Anlaufstellen. Der Austausch und die Akzeptanz dieser Abteilungen ermöglichen dreierlei. Einerseits kann dadurch eine Voraussetzung für den Aufbau eines internen und externen Wissensnetzes geschaffen werden. Andererseits können Möglichkeiten genutzt werden, dadurch ein positives Bild der CI-Einheit im Unternehmen zu transportieren, was den weiteren Aufbau des Kontaktnetzes erleichtert. Und drittens kann auf diesem Wege das Wissen über die eigene Branche, als Grundvoraussetzung für CI, vertieft werden.

CI-Bedürfnisse, Analyse und Kommunikation

Neben der Kenntnis der eigenen Branche müssen die essentiellen CI-Bedürfnisse erfasst werden. Und dies nicht nur zur Initialisierung des CI-Prozesses, sondern kontinuierlich. Um die CI-Erfordernisse im Stromhandel zu verstehen, standen am Anfang Gespräche mit den verschiedenen Handelstischen. Es galt, das Geschäft zu verstehen, die wesentlichen Wettbewerber, die Marktplätze und Konditionen. Dadurch wurde auch die Geschwindigkeit, mit der der Output der CI-Abteilung erwartet wird, erfasst. Abgeleitet davon, wurde die Organisation der Kommunikation von Informationen und Analysen entwickelt. Entscheidend ist zusätzlich die Aufbereitung der Informationen zu Analysen, die schnell in ihrer Bedeutung von den CI-Kunden, respektive den Händlern, für deren eigene Tätigkeit erfasst werden können.

Zur fortgesetzten Identifizierung von CI-Bedürfnissen wurde ein Feedback-Prozess mit den Händlergruppen etabliert. Hierbei werden neben den CI-Inhalten stets auch Kommunikationsaufbereitung und -weg überprüft. So war es erforderlich, die verschiedenen Analysen und Informationen im Stromhandel über eine personalisierbare Informationsplattform inklusive Alertfunktion zugänglich zu machen. Diese ist an eine Datenbank mit entsprechenden Analysefunktionalitäten gekoppelt.

Selbstverständlich ist die Identifizierung der entsprechenden Informationsquellen ein wichtiger Meilenstein beim Aufbau von stromhandelsspezifischer CI. Dics umfasst das permanente Screening und die Auswahl und Nutzung relevanter Medien und Informationsquellen wie z.B. Newsletters, branchenspezifische Informationsplattformen, Internetseiten und die Identifizierung der wichtigen Verbände und Organisationen sowie Messen.

Das Kontaktnetz als Dreh- und Angelpunkt

Der Aufbau eines internen und externen Kontaktnetzes ist das A und O von CI. Durch Akzeptanz im Unternehmen werden die formellen Türen geöffnet, um die Branche kennen zu lernen und vor allem um mögliche weitere Kontakte innerhalb und gleichermaßen außerhalb des Unternehmens zu knüpfen. Im Bereich Stromhandel bei E.ON waren zu Beginn Teilbereiche der Öffentlichkeitsarbeit auch dem Bereich CI zugeordnet, was aus CI-Sicht als großer Vorteil empfunden wurde.

Vorteilhaft an dieser Regelung war, dass das neue Geschäftsfeld Energiehandel von großem Interesse war und ist, so konnten zahlreiche Synergieeffekte zwischen Stromhandel und Öffentlichkeitsarbeit in einer „Winwin-Situation" genutzt werden:

Es ergeben sich z.B. durch Besuchergruppen, die den Trading Floor besichtigen, automatisch Kontakte mit Journalisten und Organisationen, aber auch mit anderen Unternehmens- und Konzernbereichen – und dies nicht in der Position des Bittstellers. Direkte Kontakte für die eigentliche CI-Tätigkeit können aufgebaut werden, die anders nie zu Stande gekommen wären. Anknüpfungspunkte für weitere Kontakte ergeben sich so zwanglos. Auch eröffnen sich dadurch gute Voraussetzungen, das Prinzip des „give and take" zu berücksichtigen.

Daneben gibt es weitere Möglichkeiten, sich ein Kontaktnetz über ähnliche Wege zu schaffen, die auch im Stromhandel genutzt werden. Ein weiterer Ansatzpunkt ist, die eigene Funktion CI im Rahmen von Vorträgen im Unternehmen vorzustellen. In diesem Rahmen wurden und werden interne Kontakte erweitert. Bilateral darüber hinaus besteht der Austausch mit den oben bereits erwähnten Abteilungen.

Durch diese internen Kontakte kann nebenbei und initial das Verständnis über die eigene Branche erweitert werden. Durch Betrachtung aus verschiedenen Blickwinkeln können neue Ideen für die eigene Vorgehensweise gefunden werden. Beispiel: Durch den Austausch können die Kenntnisse über Messen erzielt werden, die man bisher nicht hatte, die für die Schaffung von Competitive Intelligence (CI) jedoch wesentliche Anhaltspunkte liefern. Und es können neue Ansprechpartner identifiziert werden. Auch Fortbildungsmöglichkeiten lassen sich bewusst zur Ausweitung des Kontaktnetzes nutzen: Wichtig ist ein Bewusstsein im Sinne von „CI ist immer dabei".

Organisation und Personal

Zentraler Punkt beim Aufbau einer CI-Abteilung ist die organisatorische Zuordnung und die personelle Ausstattung des Bereiches. CI sollte als eigene, unabhängige Einheit etabliert werden. Diese soll im Bereich der internen Kunden liegen. Die Abteilung sollte entweder direkt der Geschäftsleitung zugeordnet sein oder dem Abteilungsleiter des internen Kundenbereiches. Im Energiehandel wurde CI bei allen Umstrukturierungen immer wieder dem Front Office zugeordnet, in dem die Stromhändler als interne CI-Kunden arbeiten. Dies war und ist wichtig für die Wahrnehmung seitens der Händler, dadurch ist CI permanent präsent und kann als wesentlicher Teil der Abteilung wahrgenommen werden. Auch für das eigene Selbstverständnis ist dies bedeutsam.

Im Bereich Stromhandel hat man sich bei E.ON bewusst für die Schaffung von CI entschieden, nach dem Motto ‚Ganz oder gar nicht'. Zeitnah wurden drei Mitarbeiter eingestellt. CI wird auch als people activity bezeichnet, in der interne und externe Ressourcen zugänglich gemacht werden sollen. Daher wurden bewusst Mitarbeiter aus verschiedenen Fachrichtungen ausgewählt. Und was noch viel wichtiger ist, mit verschiedenen beruflichen Hintergründen. Jeder hat in verschiedenen Branchen und auch Tätigkeiten unterschiedliche Erfahrungen mit Teilaspekten von CI gemacht. Ein in mehrfacher Hinsicht interdisziplinär zusammengesetztes Team führt zu einer wünschenswerten interdisziplinären Herangehensweise an die Palette der CI-Aufgaben im Stromhandel.

Das CI-Team hat aufgrund der Personalstärke und der formell durch die Organisation hervorgehobene Bedeutung die Voraussetzungen für Akzeptanz und erfolgreiche Arbeit.

Außer für die eigentlichen Kernkunden sind CI-Mitarbeiter im Stromhandel immer auch für die Geschäftsleitung tätig gewesen sowie am Rande für weitere Abteilungen, die auf CI zurückgreifen. Dadurch eröffnen sich automatisch weitere Möglichkeiten für das essentielle informelle Kontaktnetz. Ein wichtiges Stichwort ist hier wieder die Akzeptanz.

Dienstleisterverständnis

Die neu zu schaffende CI-Unit muss sich selbst als Dienstleister verstehen und so auftreten. Dies ist wichtig in Bezug auf die Kernkunden und auch in Bezug auf andere Abteilungen, die im Kontaktnetz identifiziert werden. CI muss zur zentralen Anlaufstelle für Wettbewerber- und Marktinformationen werden. CI gelang es, sich im Stromhandel diese Position zu erarbeiten. Der Informationsfluss funktioniert dabei nicht nur aus der CI-Abteilung heraus. Vielmehr werden Marktgerüchte an CI weitergegeben zur Analyse, Verifizierung und zur Verbreitung an die CI-Kunden – die

Stromhändler. Bei der Informationsgewinnung wird dabei meist das schon erwähnte Prinzip des „give and take" befolgt.

Kontinuität, Ad-hoc-Anfragen und Qualität

Wichtig ist die Identifizierung von Informationsbedürfnissen, die kontinuierliche CI-Aktivitäten erfordern. Davon abgeleitet können entsprechende CI-Services entwickelt werden. Bei E.ON werden bestimmte Analysen und Newsletters teilweise täglich, wöchentlich oder quartalsweise erarbeitet und kommuniziert. Teilweise können regelmäßige CI-Services die Akzeptanz auch über den Kundenbereich hinaus fördern. Denn immer wieder erhalten andere Abteilungen von diesen CI-Services Kenntnis und lassen sich auf die Verteilerlisten setzen. Umso wichtiger ist es daher, neben der Kontinuität auf hohe Qualität und Verlässlichkeit zu achten. Neben den kontinuierlichen CI-Services werden Ad-hoc-Anfragen mit hoher Priorität und – aufgrund der eingangs beschriebenen Eigenheit des Stromhandels – mit hoher Geschwindigkeit bearbeitet. Nur so kann sich CI im Stromhandel immer wieder positive Highlights in der Wahrnehmung seitens der Händler sichern.

Zusammenfassend sollten folgende Stichworte beim Aufbau einer CI-Einheit berücksichtigt werden: Kenntnis der Branche, Aufbau eines internen und externen Kontaktnetzes, Erfassung der CI-Bedürfnisse, Etablierung eines kontinuierlichen Feedback-Prozesses, Akzeptanz durch Organisation und Personalstärke, Identifizierung der internen und externen Informationsmedien und -quellen, Dienstleisterverständnis, Kontinuität und hohe Qualität der CI-Services.

7.4.3 Institute of Electronic Business der Universität der Künste Berlin: Virtuelle Netzwerke aufbauen und pflegen: Community Building und Collaboration

von Prof. Dr. Martin Grothe

Virtuelle Gemeinschaften

Der Aufbau virtueller Gemeinschaften ist ein nahe liegender Gedanke. Über interaktive Medien lassen sich Formen der Kommunikation und der Zusammenarbeit effizient abbilden. In der Realität sind die entsprechenden Erfahrungen jedoch ernüchternd: Vielerorts aufgebaute Infrastrukturen werden operativ nicht genutzt.

Der Ausweg wird häufig in ausgefeilten Anreizsystemen gesucht. Mit diesem Beitrag sollen jedoch drei Leitsätze ausgeführt werden, die eher geeignet sind, eine lebendige und nachhaltige Gemeinschaft virtuell zu unterstützen:

Als erster Aspekt ist herauszustellen, dass gerade die Verzahnung der realen mit der virtuellen Welt ein wesentlicher Erfolgsfaktor solcher Plattformen ist. Im Idealfall werden bestehende Aktivitäten einer (verteilten) Personengruppe im virtuellen Raum begleitet, unterstützt und fortgesetzt. So setzt der Austausch von Wissen und Information über ein elektronisches Medium Vertrauen voraus. Vertrauen muss in Face-to-face-Meetings aufgebaut werden.

Zum Zweiten entsteht eine Community in der Regel nicht von selbst: Die Entwicklung einer Community ist eine diffizile Aufgabe, für die konkrete Strategien und Vorgehensweisen ausgearbeitet werden müssen. Beispielsweise schafft erst das Entstehen einer gemeinschaftlich wahrnehmbaren Nutzerschaft die Basis für nachhaltigen Austausch und Zusammenarbeit im entsprechenden Netzwerk. Ein solches (soziales) Konstrukt zu etablieren ist eine häufig vernachlässigte Aufgabe.

Zum Dritten ist die geeignete funktionale Gestaltung der virtuellen Plattform eine notwendige, wenn auch nicht hinreichende Voraussetzung.

Die nachfolgenden Ausführungen greifen zuerst die beiden erstgenannten Punkte auf, um dann eine funktionale Strukturierung anzubieten.

Community Building

Die Praxis zeigt, dass aktives Community Building als Basis zielgerichteter Zusammenarbeit (Collaboration) oft zugunsten technischer Fragestellungen zurückgestellt wird. Gleichwohl kann die Herausbildung und Entwicklung produktiver Gemeinschaften durch konkrete Strategien unterstützt werden (vgl. Kim 2000, S. XIII f.):

1. Articulate your community's PURPOSE
2. Provide flexible, extensible gathering PLACES
3. Create meaningful, evolving member PROFILES
4. Design for a range of ROLES
5. Identify and empower natural LEADERS
6. Encourage appropriate ETIQUETTE
7. Promote cyclic EVENTS
8. Integrate the RITUALS of community life
9. Facilitate member-created SUBGROUPS.

Diese konzeptionellen Bausteine sind geeignet, die gegenseitigen Erwartungen der Mitglieder einer Gemeinschaft aufeinander abzustimmen. Hierbei werden die Erwartungen des Einzelnen an die Gemeinschaft insgesamt (PURPOSE) wie auch an individuelle Verhaltensweisen (ETIQUETTE, RITUALS, ROLES, PROFILES) mit hoher Eintrittswahrscheinlichkeit versehen. Weiterhin werden die zeitliche (EVENTS), inhaltliche (SUBGROUPS), organisatorische (LEADERS) und räumliche (PLACES) Dimension beschrieben.

Diese – oder sinngemäße – Strategien sind nun jedoch in keinster Weise eine Erfindung der virtuellen Sphäre: Ihnen kommt eine herausgehobene Bedeutung für den Aufbau und die Entwicklung aller sozialen Gebilde zu. Beispielsweise finden sich diese Leitgedanken in Ansätzen zur Mitarbeiterführung und Organisations-/Personalentwicklung wieder.

So ist die Aufgabe der Einbindung eines Plattformnutzers oder eines Mitarbeiters in einen neuen Bereich prinzipiell sehr ähnlich. In beiden Fällen sind mechanistische Vorstellungen zugunsten eines tieferen Verständnisses komplexer und partiell selbstorganisierender Systeme in den Hintergrund getreten. In beiden Fällen sollen Akteure funktional über eine Orientierung, passive Informationsversorgung und aktive Kommunikation zur Zusammenarbeit geführt werden.

In dieser Perspektive erscheint der Lebenszyklus eines Nutzers als Richtschnur für differenzierte Gestaltungsansätze: Gleichwohl ist die entsprechende Umsetzung und Abbildung eine große Herausforderung für die Gestaltung von (virtuellen) Netzwerken. Abbildung 7.16 stellt diesen wichtigen Pfad plakativ dar (vgl. Kim 2000, S. 115 ff.):

Abb. 7.16 Lebenszyklus eines Akteurs in einer Gemeinschaft

Die Lernkurve in der Umsetzung für virtuelle Gemeinschaften ist jedoch noch sehr steil. Insgesamt wird immer stärker die Frage aufgeworfen, weshalb sich Nutzer nach einer Plattform richten sollten, wenn eine zielgerichtete Konzeption doch verlangt, dass sich die Plattform nach ihnen richtet.

Weiterhin ist hervorzuheben, dass die Tragfähigkeit von Communities steigt, wenn die Mitglieder über ein Rollenkonzept in die Gestaltung und Entwicklung der Gemeinschaft einbezogen werden. So ist mit der Einbindung der vorhandenen Kompetenzen die notwendige Voraussetzung geschaffen, um einem Netzwerk einen nutzbringenden Erfolg zu verschaffen.

Um dies jedoch hinreichend zu stützen, ist die nachhaltige Gewährleistung von Vernetzung, Zusammenarbeit und Kooperation unabdingbar. So resultiert gerade das Scheitern zahlreicher Wissensmanagement-Vorhaben aus einer Vernachlässigung dieses Faktors: Das zu starke Vertrauen auf die vollständig selbstorganisierende Nutzung technischer Infrastrukturen durch potenzielle Anwender führt in aller Regel zu enttäuschten Erwartungen. Damit ergeben sich drei für die Zielerreichung kritisch Erfolgsfaktoren:

- **Schaffung von Transparenz** zur Identifikation vorhandener Kompetenzen und Ansätze sowie zur Vermeidung von unnötiger Doppelarbeit.
- **Aufbau von Vertrauen**, um eine Grundlage für enge Kooperation zu schaffen und im Dialog die bestehenden Probleme aufnehmen und klären zu können.
- **Unterstützung von Kooperation**, um aus dem Netzwerk heraus gemeinsame Ergebnisse zu entwickeln und zur Wertschöpfung beizutragen.

Hierbei kann eine virtuelle Plattform ein gutes Werkzeug sein, jedoch stets integriert mit realen Prozessen und Rollen. Die in der Plattform verankerten Funktionalitäten müssen darauf abgestimmt sein.

Funktionsmodell

Die virtuelle Plattform einer Community lebt von der Nutzung als interaktive Arbeitsplattform. Damit liegt ein mittelbarer Erfolgsfaktor in der Generierung und Bindung einer aktiven Nutzerschaft. Um möglichst wenig Beteiligte in diesem Prozess zu verlieren, muss die Anwendung ein schrittweises „Herantasten" erlauben. Es ist dies aber auch ein Pfad, der den interessierten Gast-Nutzer mit den Funktionalitäten vertraut macht und so in einen stetigen Anwender entwickelt:

Tabelle 7.7 Funktionsstufen zur Nutzereinbindung und Kooperationsanbahnung

Phase	Nutzungsgrad	Leistungsangebot	Funktions-bereich
1	Orientierung im Angebot	Einfacher Überblick zu Zielen, Funktionen, Leistungen und Beteiligten	Context Navigation
2	Passive Information und Zugang zu den Inhalten	Information zum Netzwerk, zu Inhaltsbereichen und Funktionen sowie Zugang zu den Inhalten selbst	Content Wissensbasis
3	Aktive Kommunikation zwischen Nutzern	Asynchrone und synchrone Kommunikation mit anderen Mitgliedern und den Betreibern	Kommunikation Wissens-verteilung
4	Zusammenarbeit und zielgerichteter Austausch	Mitarbeit in Prozessen und Abbildung eigener Aufgaben; laufendes Knowledge-Sharing; Übernahme von verantwortungsvollen Rollen	Collaboration Wissens-nutzung

Im Folgenden werden die einzelnen Funktionsbereiche in wesentlichen Aspekten charakterisiert.

Context [Navigation]

Die Navigation beschreibt den Weg des Anwenders in den komplexen Raum der Plattform. Angelehnt an die verschiedenen Frage- und Suchtypen sind alternative Zugangspfade im relevanten Kontext vorzusehen. Grundgerüst ist eine aufzustellende **Taxonomie** des Themenfeldes. Hier soll nur – plakativ – auf das Potenzial grafischer Strukturierungen hingewiesen werden: Hyperbolic-Trees und Topic-Maps bilden eine (multidimensionale) Wissenslandkarte mit ihren Taxonomiebegriffen übersichtlich ab.

Es ergibt sich, dass eine Navigationsstruktur eine hohe Entwicklungsfähigkeit des virtuellen Werkzeugs begründen kann. Diese Kontexterschlie-
ßung ist ein zentraler Parameter für den Erfolg des Managements von Wissen.

Für die anzustrebende Vollständigkeit des Kontextes ist die Nutzung
sämtlicher bekannter Kompetenzen genauso essentiell wie die Identifikation vorhandener Defizite oder Fehlsteuerungen. Um dies zu gewährleisten,
müssen insbesondere die strukturierten Zugangsformen die bekannten,
aber auch die unerkannten Wissensbereiche adressieren.

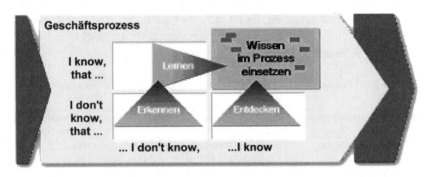

Abb. 7.17 Lernfelder-/Wissensmatrix

Es ergibt sich, dass eine vorschnelle Verengung vermieden werden kann,
wenn – wie in Abbildung 7.17 dargestellt – ausgewogene Prozesse des
Lernens, Erkennens und Entdeckens die eigentliche Wissensnutzung ergänzen. Hierbei ergeben sich zum einen strukturierte Einsatzbereiche für
eLearning-Anwendungen, zum anderen wird erkennbar, dass auch durch
die Plattform insgesamt ein starker Fokus auf übersichtsschaffende Zugangsformen und -funktionen gelegt werden muss. Gezielte Funktionalitäten können diese Entdeckungsprozesse fördern.

Content [Wissensbasis]

Gerade wenn Portal-Vorhaben mit primärem Content-Fokus gestartet werden, ist in der Regel alsbald ein Grad hoher Unübersichtlichkeit erreicht.
Um hier aber den angestrebten Zugang zu gewährleisten, können ausgehend von der Taxonomie entsprechende Verschlagwortungen aufgebaut
werden. Jeder Beitrag wird damit in dem Informationsraum verortet.

Basierend auf solchen Strukturen kann der einzelne Anwender Push-
Funktionen definieren, die bei relevanten Statusänderungen automatische
Hinweise induzieren (und gleichzeitig eine wiederkehrende Einbindung

der Nutzer sicherstellen). Damit werden die bereitgestellten Inhalte zum Auslöser dynamischer Interaktion.

Entscheidend für den Erfolg solcher Vorhaben, die letztlich wissensmanagementkonform auf Austausch und Prozessunterstützung zielen, ist darüber hinaus die Aufnahme des impliziten Wissens in Form von Experten- und Nutzerprofilen sowie Mikroartikeln, die ebenso mit den Taxonomiebegriffen verbunden und damit im Informationsraum positioniert werden.

Auf der konzeptionellen Modellebene werden damit sämtliche Inhalte, seien es explizite Beiträge oder implizite Profile, als Dokumente verstanden, die gleichermaßen mit Begriffen der Taxonomiestruktur verschlagwortet werden. Auf dieser Grundlage ergeben sich effiziente Suchfunktionen.

Communication [Wissensverteilung]

Die Integration von Kommunikationsfunktionen ist inzwischen selbstverständlich: Entscheidend ist die Gestaltung eines fließenden Übergangs von der Suchanfrage zu entsprechenden Inhalten und Ansprechpartnern, mit denen dann sogleich eine vertiefende Interaktion oder Zusammenarbeit aufgenommen werden kann.

Von elementarer Bedeutung ist neben den technischen Möglichkeiten das Absenken möglicher sozialer Kommunikationsbarrieren. Prozess- und aufgabenbegleitende Community-Gestaltung erscheint als sinnvoller Weg, um solche Kommunikation zu fördern.

Allerdings muss auch hier auf die Vielzahl der enttäuschten Erwartungen hingewiesen werden, die nur zu oft einen selbsttragenden Kommunikations- und Austauschprozess angenommen hatten, sobald die technische Infrastruktur hierzu verfügbar war. Aktives Community Building ist ein wesentliches Element des strategischen Betriebskonzeptes.

Collaboration [Wissensnutzung]

Der Bereich der virtuellen Unterstützung prozessgerichteter Zusammenarbeit ist der qualitative Sprung, der mit nachhaltigen Wertschöpfungsbeiträgen eine Verankerung von Plattformen, seien sie nun explizit oder implizit als Wissensmanagementplattform bezeichnet, zu rechtfertigen vermag. Unterstützung der konkreten Projektarbeit durch virtuelle Arbeitsräume, Abstimmungswerkzeuge und Projektmanagementfunktionalitäten erleichtern die verteilte Zusammenarbeit.

Auch hier sei darauf hingewiesen, dass die angestrebten Verhaltensänderungen zum Einsatz dieser Werkzeuge sehr nachhaltig durch ein Einführungs-, Betriebs- und Entwicklungskonzept abgesichert werden müssen, das die Einsatz- und Nutzungsszenarios dieser Funktionen auf den jeweiligen Ebenen darstellt.

Perspektive: Verknüpfung der realen und virtuellen Ebene

In der Ausgestaltung von virtuellen Plattformen lassen sich sehr weitgehende Unterstützungsfunktionalitäten zum Aufbau von Communities einbringen. Es zeigt sich jedoch, dass das technisch Machbare nicht unbedingt der Schrittmacher des akzeptierten Fortschritts ist. Oftmals ist sogar das Gegenteil der Fall: Je weiter die neue Lösung von den gewohnten Handlungsweisen entfernt ist, desto unwahrscheinlicher ist ihre Nutzung.

So kann hier auch nur empfohlen werden, sich bei der Unterstützung von Erfahrungsaustausch und Projektarbeit durch Intra- oder Extranetfunktionalitäten auf keinen Fall davor zu scheuen, mit kleinen, häufig unspektakulären Schritten zu beginnen. Abhilfe zu schaffen, dass Teilnehmer gefunden werden, Termine übersichtlich dargestellt, Dokumente im stets aktuellen Stand verfügbar sind und Abstimmungen einfach realisiert werden können, schafft schnell Akzeptanz und überzeugte Nutzer. Hier kann viel von erfolgreichen Wissensmanagement-Vorhaben gelernt werden.

Ein solches Vorgehen sei als „invasiv" bezeichnet. Es sollten erst solche Aufgaben grundlegend gelöst werden, bevor eine breitere Nutzerschaft an Ähnlichkeitsanalysen, massive Personalisierung, Co-Editing und artverwandte Powertools herangeführt werden kann. Gute Ansatzpunkte für solche Unterstützungsleistungen werden in der Ansicht realer Sitzungen deutlich: Insbesondere für die Sitzungsvorbereitung und -nachbereitung kann durch geeignete virtuelle Werkzeuge schnell sehr deutlicher Mehrwert geschaffen werden.

In der weiteren Entwicklung können aus diesen sinnvollen ersten Schritten dauerhafte Anlauf- und Austauschstellen zu den jeweiligen Themen und Arbeitsbereichen entwickelt werden. Als sehr geeigneter Enabler seien hier noch fallstudienorientierte Lernmodule aufgeführt, in denen wiederum reale Begegnung und virtuelle Zusammenarbeit (Blended Learning) kombiniert werden.

7.4.4 DaimlerChrysler Off-Highway: Competitive Intelligence und Strategie

von Diana Wolf

Einführung

Der Geschäftsbereich DaimlerChrysler Off-Highway, der von MTU Friedrichshafen unternehmerisch geführt wird, ist ein weltweit führender Anbieter von Motoren und kompletten Antriebssystemen mit einem Umsatz in 2004 von 1,7 Mrd. Euro. Im Unterschied zum übrigen DaimlerChrysler-Geschäft ist das Off-Highway-Geschäft auf alle Marktsegmente ausgerichtet, die sich abseits der Straße – also Off-Highway – bewegen. Die daraus resultierenden, zahlreichen Teilmärkte sind im Unternehmen in folgende vier Marktsegmente zusammengefasst: Marine, Power Generation, Industrial und Defense. Das weitaus größte Umsatzsegment des Unternehmens stellt der Marinemarkt dar, auf den mehr als ein Drittel des Umsatzes entfällt.

DaimlerChrysler Off-Highway bewegt sich in einem Marktumfeld, in dem heute fast alle bedeutenden Unternehmen global tätig sind. Sie verfügen neben den weltweiten Vertriebsstützpunkten auch über Produktionsstandorte auf verschiedenen Kontinenten. Die Anzahl der Anbieter hat sich aufgrund von Kooperationen und Akquisitionen in den letzten 10 Jahren deutlich verringert (vgl. Fischer u. Krueper 2002). Getrieben wird diese Entwicklung von den hohen Investitionen für die Produktentwicklung sowie dem Zwang zur Full-Linerschaft beim Produktangebot. Der erhebliche Ressourceneinsatz erfordert von den Unternehmen entsprechend hohe Absatzvolumina, um Skaleneffekte realisieren zu können.

CI bei DaimlerChrysler Off-Highway

Auf der Suche nach profitablen Wachstumsfeldern erhöht sich der Wettbewerbsdruck in der Dieselmotorenbranche kontinuierlich. Auch bei DaimlerChrysler Off-Highway zählt die analytische Auseinandersetzung mit dem Wettbewerb und dessen zu erwartenden Verhalten zu den zentralen Aufgaben der Strategischen Unternehmensplanung. Dabei gilt die Markt- und Wettbewerbsanalyse sowohl als Basis wie auch als Impulsgeber für die Strategiearbeit. Der damit verbundene Prozess der Gewinnung und Auswertung von Markt- und Wettbewerbsdaten wird zunehmend – auch intern – als Competitive Intelligence (CI) bezeichnet (Definition SCIP).

CI ist innerhalb des DaimlerChrysler-Konzerns keine neue Disziplin. Das Wissen über den Wettbewerb war immer integraler Bestandteil für den Entscheidungsfindungsprozess – taktischer oder strategischer Art. So wäre zum Beispiel der Megamerger der Daimler-Benz AG mit der Chrysler Group ohne intensivste Branchenkenntnis, unter Einschätzung zukünftiger Entwicklungen im weltweiten Automobilmarkt, undenkbar gewesen. Gleiches gilt für DaimlerChrysler Off-Highway (damals MTU), die Mitte der 90er Jahre die strategische Weichenstellung für eine Wachstumsoffensive einleitete, die neben der Ausweitung des Produktspektrums auch zur Übernahme der Off-Highway-Aktivitäten des Dieselmotorenherstellers DDC (Detroit Diesel Corporation) führte.

In den letzten Jahren zeichnete sich im Unternehmen allerdings eine deutliche Systematisierung der vormals weitgehend auf Anfrage erstellten Markt- und Wettbewerbsrecherchen ab, die insbesondere an folgenden sozioökonomischen Veränderungen – auch in der Motorenbranche – festzumachen ist:

- Verschärfter Wettbewerbsdruck bei Anbietern, Lieferanten und Einbauindustrien
- Performance-Ausrichtung der Unternehmen (Shareholder Value)
- Starke Fokussierung der Unternehmen auf Effizienzsteigerung
- Hohe Intransparenz aufgrund von Unternehmensverflechtungen
- Bildung von „virtuellen" Unternehmen, die in dieser Form nicht publizierungspflichtig sind.

Mit CI entwickelte sich ein zusehends kontinuierlicherer, auf die Strategiefindung des Unternehmens ausgerichteter Prozess, der den Hauptunterschied zur konventionellen Markt- und Wettbewerbsanalyse ausmacht.

Competitive Intelligence wird bei DaimlerChrysler Off-Highway federführend in der Unternehmensplanung durchgeführt. Es erfolgt eine enge Zusammenarbeit mit den Fachabteilungen – insbesondere dem Vertrieb, der über eine auf die spezifischen Anforderungen des Unternehmens zugeschnittene Mafo-Datenbank verfügt.

Verzahnung von CI und Unternehmensstrategie

Die Entscheidungsfindung in Märkten mit wenigen großen Mitbewerbern – analog dem Dieselmotorenmarkt – kann deutlich verbessert werden, wenn das Unternehmen versteht, wie der Wettbewerb funktioniert und wie man ihn beeinflussen kann (Scott 2000).

Im Rahmen des Corporate Development werden aus den einzelnen Phasen der Strategieerarbeitung die Aufgaben- und Fragestellungen generiert, die zum CI-Bedarf führen. CI unterstützt den Prozess in Form von analysierter und bewerteter Information und hat damit unmittelbaren Einfluss auf die Entscheidungsfindung des Unternehmens. Diese enge Verzahnung zwischen CI und Strategie soll mittels folgender Darstellung am Beispiel des Strategiefindungsprozesses bei DaimlerChrysler Off-Highway verdeutlicht werden:

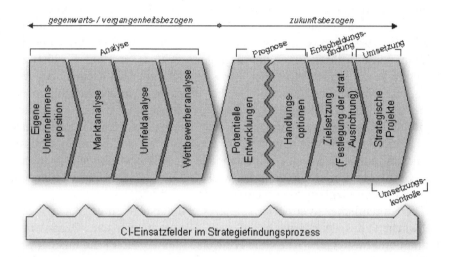

Abb. 7.18 Competitive Intelligence im Strategiefindungsprozess bei Daimler-Chrysler Off-Highway

Analyse

Der eigentlichen Analysephase steht im Allgemeinen die Diagnose der eigenen Unternehmensposition bzw. der Ausgangssituation in dem spezifischen Untersuchungsfeld, z.B. Produkt- oder Vertriebsstrategie, voran. Mit der Diagnose wird beabsichtigt, die eigene Unternehmenssituation vor dem Hintergrund der gesteckten Ziele, d. h. der Unternehmensstrategie, zu prüfen. Die SWOT-Analyse ist hier ein geeignetes Werkzeug der Unternehmensplanung, um sich über die eigenen Fähigkeiten im Sinne von Kernkompetenzen bzw. Defizite bewusst zu werden. Häufig kommen bereits in dieser Phase Fragen auf, die zur CI-Anforderung führen.

Wie ist der Wettbewerb im engeren und weiteren Sinn abzugrenzen? Aus der eingangs beschriebenen, forcierten Umfelddynamik resultiert die Erfordernis der kontinuierlichen Validierung des eigenen Wettbewerbsverständnisses (West 2001). Bei DaimlerChrysler Off-Highway erfolgte beispielsweise eine detaillierte Bestandsaufnahme der aus dem Konsolidierungsprozess hervorgegangenen größten Anbieter und Anbietergruppen sowie der verbleibenden selbständigen Wettbewerber im Dieselmotoren-markt. Gerade letztere so genannten „B-Player" (DeJong u. Vijayaragha-van 2003) dürfen angesichts weiterer Konzentrationsbewegungen nicht au-ßer Acht gelassen werden.

Die bei DaimlerChrysler Off-Highway erstellten Markt- und Wettbe-werbsanalysen werden in unmittelbarem Zusammenhang zu den Entwick-lungen im Branchenumfeld erstellt. Dabei spielen für das Unternehmen, neben den Veränderungen im (Welt-)Wirtschaftsgeschehen, insbesondere die Einflussbereiche Technologie, Umwelt, Politik und Gesetzgebung eine fundamentale Rolle für die zukünftige Unternehmensposition. So löst bei-spielsweise die Verschärfung der Emissionsrichtlinien im Rahmen der Ab-gasgesetzgebung für Dieselmotoren bei einzelnen Motorenherstellern ei-nen erheblichen Handlungsdruck aus. Unmittelbar ergeben sich aus diesen Umfeldfaktoren Fragestellungen, die den Einsatz von CI erforderlich ma-chen, zum Beispiel: Wie reagieren die Wettbewerber auf die neuen Emissi-onsbestimmungen? Wird das bestehende Produktportfolio entsprechend der Gesetzesanforderung weiterentwickelt oder müssen kostenintensive Produktneuentwicklungen vorgenommen werden?

Die eigentliche Wettbewerberanalyse untersucht die Stärken und Schwächen des Wettbewerbs, dessen Kernkompetenzen, Produktpro-gramm und Strategien. Wertvolle Hinweise können auch Kenntnis der An-teilseignerstruktur sowie der Finanzkraft ergeben.

Prognose

Bevor eine strategische Entscheidung getroffen wird, ist es wichtig, die Schritte der Wettbewerber im Voraus zu erkennen. Die Betrachtung von Wettbewerbsstrategien ist sehr komplex, da die Wettbewerber ebenso wie ihr Umfeld in ständiger Bewegung sind – und grundsätzlich auch jederzeit ihre Strategie ändern können. Eine entscheidende Fähigkeit liegt also darin, aus den gewonnenen Analyseergebnissen die richtigen Schlüsse über die zukünftigen Markt- und Wettbewerbsmechanismen zu ziehen. Bei DaimlerChrysler Off-Highway wird dieser Transfer durch die Instrumente der Unternehmensplanung gestützt, zum Beispiel:

• Szenariotechnik
• Portfoliotechnik
• Benchmarking
• Business-Simulationen
• SWOT
• Scoring-Modelle
• Kennzahlenvergleiche.

Mit Einsatz der Szenariotechnik arbeitet das Unternehmen an der Erstellung eines so genannten „Wettbewerbsszenarios", das zusätzliche Einsichten über potenzielle Branchenentwicklungen bzw. potenzielle Markt- und Wettbewerbskonstellationen transparent machen soll. Dabei werden eine Vielzahl von Einflussfaktoren – so genannte Schlüsselfaktoren – berücksichtigt, die wesentlich auf die Branchenentwicklung wirken (z.B. Skaleneffekte, M&A-Dynamik, Innovationsfähigkeit der Anbieter etc.).

Die strategischen Handlungsoptionen für das Unternehmen werden aus der Prognose bzw. dem Szenario zur potenziellen Entwicklung von Markt, Wettbewerb und Umfeld abgeleitet. Häufig steht die Identifikation zukünftiger Wachstumspotenziale und Performance-Auswirkungen im Fokus der Untersuchung.

Entscheidungsfindung/Umsetzung

Mit der Festlegung der strategischen Ausrichtung bzw. der Zieldefinition begegnet das Unternehmen den Herausforderungen von Markt und Wettbewerb. Nach der Konkretisierung der Zielsetzung werden Maßnahmen und Arbeitspakete definiert, deren Umsetzung mit CI z.B. durch Performancevergleiche beobachtet werden kann. Letztere werden bei DaimlerChrysler Off-Highway beispielsweise durch gezieltes Benchmarking bzw. kontinuierliche Auswertungen von Wettbewerber-Quartalsergebnissen durchgeführt (siehe unten).

CI im Kontext von Allianzen

Die Anzahl der Allianzen haben in den letzten Jahren nachweislich zugenommen. Im Gegensatz zu den Mergern, Unternehmensübernahmen oder Joint Ventures der 90er Jahre zeichnet sich der Trend zu Allianzen ab, die keinen Kapital-Transfer erfordern. Diese Vertragsvereinbarungen (Contractual Alliances) sind flexibel und binden geringe Investitionen. Da es wesentlich einfacher ist, Verträge abzuschließen und aufzulösen als Kapitalanteile zu kaufen und zu verkaufen, werden die Verflechtungen, die teilweise zeitlich begrenzt sind, zwischen Unternehmen immer schwieriger zu durchschauen.

Mit dem CI-Einsatz können folgende Einsichten gewonnen werden: die Anzahl der verbleibenden selbständigen Unternehmen in der Branche; die Intensität der Verbindung innerhalb der Allianz; die Zusammensetzung der Allianzen und die Fähigkeit der Unternehmen, die Allianzen zu managen.

Um ein klares Bild über die Allianzen in der Dieselmotorenbranche zu zeichnen, wurden bei DaimlerChrysler Off-Highway Erkenntnisse über die Unternehmensverflechtungen eruiert. Dabei wurde bei den (anhand ihrer

Umsatzvolumina im relevanten Markt gemessen) größten Motorenherstellern die jeweilige M&A-Historie herausgearbeitet. Die Differenzierung nach Unternehmenszusammenschlüssen auf horizontaler bzw. vertikaler Wertschöpfungsstufe war von besonderem Interesse.

Die Gegenüberstellung der M&A-Historien der Unternehmen ergab deutliche Parallelen, die die Branchentrends widerspiegelten: den Unternehmenszusammenschlüssen zur Ausweitung des Produktportfolios zum so genannten „Full-Liner" folgen Zusammenschlüsse, die die Systemintegration zum Ziel haben. Die Auswertungen konnten zu einer Dynamikkurve zusammengefasst werden, die die Anzahl der Kooperationen in der Branche veranschaulichte: Die bisherige Entwicklung in der Dieselmotorenbranche führte zu sieben Anbietern bzw. Anbietergruppen, die mittlerweile rund 50% des Gesamtmarktes repräsentieren.

Um eine Einschätzung zur künftigen Branchenentwicklung vornehmen zu können, wurden die sieben Anbieter nach ihrer bisherigen und zu erwartenden „Rolle" im Konsolidierungsprozess beurteilt. Zur Visualisierung wurde die Fähigkeit des Wettbewerbers, aktiv die Konsolidierung zu gestalten, der Eigenschaft des Wettbewerbers, potenzieller Übernahmekandidat zu sein, gegenübergestellt (vgl. Abbildung 7.19).

Die auf CI-Wissen basierende Darstellung wurde in der weiteren Strategiediskussion zentraler Aufsatzpunkt für die Ableitung von Trendeinschätzungen bzw. für die Definition von Handlungsoptionen.

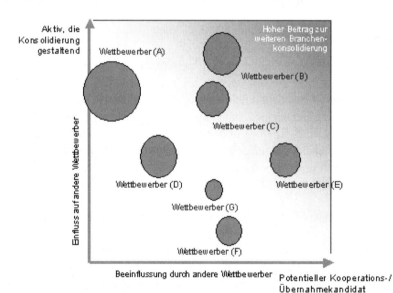

Abb. 7.19 Konsolidierungsdynamik-Portfolio (Prinzipdarstellung)

Informationsgewinnung/-bereitstellung

Um nicht im Datendschungel verloren zu gehen bzw. für die Strategieent-wicklung des Unternehmens irrelevante Informationen zu sammeln, sollte bei der Datensammlung und -aufbereitung immer die konkrete Fragestel-lung des Auftraggebers im Vordergrund stehen. DaimlerChrysler Off-Highway arbeitet hier häufig mit Hypothesen und der Ausformulierung von strategischen Fragen, um der Aufgabenstellung gerecht zu werden.

Quellen

Die Informationsquellen für den CI-Prozess sind zahlreich. Bei Daimler-Chrysler Off-Highway werden vorwiegend folgende Quellen herangezo-gen:

- Zeitungen, Fachzeitschriften
- Geschäftsberichte, Firmenbroschüren
- Brokerberichte
- Mafo-Datenbanken, eigene Mafo
- Lieferanten-, Kundengespräche
- Behörden, Verbände
- Vertrieb, Außenorganisation
- Messekontakte
- eigene Mitarbeiter.

Da sich die Methodik der Datenrecherche bei DC Off-Highway nicht grundsätzlich von anderen Unternehmen unterscheidet, soll an dieser Stelle nicht vertiefend darauf eingegangen werden.

Analysen

Wenn die Datensammlung erfolgt ist, beginnt – im Gegensatz zur klassi-schen Marktforschung – beim CI-Prozess erst jetzt die eigentliche Analy-se. Entsprechend der jeweiligen Zielsetzung werden bei DaimlerChrysler Off-Highway folgende Analysen ad hoc oder turnusgemäß durchgeführt:

Quartalsbericht zur Markt- und Wettbewerbssituation

Nach Publikation der Quartalsergebnisse werden die Wettbewerberinfor-mationen vierteljährlich ausgewertet und gegenübergestellt. Der auf die Fi-nanzergebnisse ausgerichtete Bericht beinhaltet einen Kennzahlenver-gleich der größten Wettbewerber mit stichpunktartiger Erläuterung zu den jeweiligen Unternehmen. Außerdem wird auf Besonderheiten und Verän-derungen im Marktgeschehen und die sich ergebenden Implikationen für das eigene Unternehmen hingewiesen.

Wettbewerber-/Unternehmensprofil

Wettbewerberprofile geben eine konzentrierte Übersicht zu einzelnen Unternehmen. Dabei kann es sich um einen direkten Wettbewerber oder ein Unternehmen handeln, mit dem Geschäftsbeziehungen bestehen oder angebahnt werden. Aus einer Vielzahl möglicher Untersuchungskriterien (z.B. Produktportfolio, Finanzperformance, Anteilseigner, Marktkapitalisierung, Standorte, Fertigungseinrichtungen, Lizenzpolitik etc.) werden die für die Zielsetzung des Berichts wesentlichen Kriterien zusammengestellt.

Ad-hoc-Benchmark

Bei einer Benchmark-Untersuchung wird ein systematischer Vergleich der eigenen Effizienz mit den Besten (der Branche) vorgenommen. Sie ist auf ein spezifisches Thema, z.B. Qualität, Prozesse, ausgerichtet.

Strategieanalyse

Sie gibt einen kommentierten und analysierten Überblick über den neusten Kenntnisstand zu einer spezifischen strategischen Fragestellung, z.B.: Ergibt sich aus dem Konsolidierungsprozess ein Bedrohungspotenzial für das eigene Unternehmen? Die Strategieanalyse beinhaltet eine konkrete Handlungsempfehlung für das Topmanagement.

Intranetbasiertes CI-System

Wie stelle ich sicher, dass die CI-Empfänger die Ergebnisse der CI-Arbeit zeitnah nutzen können? Die Frage scheint banal – vor dem Hintergrund der geringen Halbwertszeit von Informationen verlieren die auf Aktualität ausgerichteten CI-Analysen jedoch schnell an Wert. Während in der Vergangenheit die geschriebenen Berichte von Hand verteilt und archiviert wurden, bieten heute – im Zeitalter der IT – die elektronischen Formen zeitgemäße Alternativen. Bei DaimlerChrysler Off-Highway werden die periodischen Auswertungen sowie „Hot Topics" in komprimierter Form einem definierten Benutzerkreis, bestehend aus Geschäftsführung, mittlerem Management, Mitgliedern der Planungsteams und den CI-tangierenden Mitarbeitern, per E-Mail an den Bildschirm geliefert.

In 2001 startete das Unternehmen unter Federführung der Abteilung Corporate Development ein Pilotprojekt zur Einführung eines Markt- und Wettbewerbs-Informationssystems genannt MarCo (Market & Competitor) unter folgender Zielsetzung:

- Informationsbereitstellung für Unternehmensleitung sowie operative und strategische Planungsteams
- Aktives Teilen von Wissen und Kenntnissen („Wissenspool")
- Motivation durch Information über Markt und Wettbewerb

- Abbildung von explizitem und implizitem Wissen – strukturiert und nachvollziehbar
- Zugänglichkeit (jederzeit) von verdichteter und bewerteter Information.

Bei der technischen Implementierung entschied man sich bei MarCo zu einer Intranetanwendung, basierend auf dem bereits existierenden Basisweb des Unternehmens. Damit wurde gewährleistet, dass das einheitliche Layout und die einheitliche Technologie innerhalb von DaimlerChrysler Off-Highway verwendet wurden. Das Web wurde aus Sicherheitsgründen mit limitierter Zugangsberechtigung versehen.

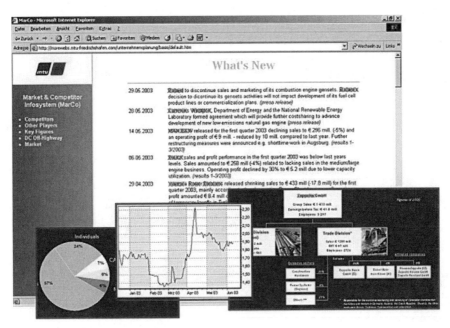

Abb. 7.20 CI-System MarCo (Market & Competitor)

Nachdem die Rahmenbedingungen feststanden, wurde der Aufbau der Web-Architektur vorgenommen. Im ersten Ausbauschritt wurden die vorhandenen Informationen bzw. Analysen über die Wettbewerber zusammengetragen und in ein einheitliches, Corporate-Identity-konformes Präsentationslayout eingebettet. Den Anwendern wurde damit die schnelle Integrationsmöglichkeit der CI-Auswertungen für eigene Präsentationen gegeben. Auf der Startseite von MarCo wurde ein „What's New" realisiert – ein kurzer, chronologisch geordneter Überblick aller relevanten (Branchen-)Informationen bzw. Ereignisse.

Nach einer vierteljährigen Testphase wurde in einer anschließenden Fragebogen-Umfrage deutlich, dass die Mehrheit der User durch MarCo Informationen erwarb, die bislang noch nicht zugänglich waren und die für die tägliche Arbeit von Nutzen sind. Dies führte dazu, dass MarCo schrittweise ausgebaut wurde. Heute haben rund 120 Mitarbeiter sowohl am Hauptsitz der DaimlerChrysler Off-Highway in Friedrichshafen als auch in den Außenorganisationen Zugriff auf die Informationsplattform MarCo.

7.4.5 SIEMENS Medical Solutions: KnowledgeSharing@MED – Wissensmanagement in der Praxis

von Dagmar Birk

Siemens Medical Solutions (MED) agiert als einer der weltweit größten und erfolgreichsten Anbieter auf einem kurzlebigen und heiß umkämpften Markt im Gesundheitswesen. Der Kunde erwartet neben modernsten Produkten schnelle Lösungen seiner teils komplexen Probleme. Deshalb ist es für MED notwendig, dass die Mitarbeiter ihr Wissen untereinander austauschen. Nur so können Unternehmen den immer stärkeren Konkurrenzkampf überleben. Dabei darf Größe nicht zu Trägheit führen. Im Gegenteil: Mit der Kompetenz von weltweit 31.000 MED-Mitarbeitern muss die Position gegenüber dem Wettbewerb gefestigt und ausgebaut werden.

Der strategische Ansatz

Die Initiative KnowledgeSharing@MED (KS@MED) wurde mit dem Ziel gegründet, eine Kultur des Wissensaustausches zu etablieren, um so schneller Lösungen für die Kunden zu erstellen. Die Grundidee ist, das Wissen, das von Mitarbeitern generiert worden ist, anderen Mitarbeitern des Unternehmens weltweit zur Verfügung zu stellen. Eine webbasierte Wissensmanagementplattform unterstützt die Mitarbeiter beim Austausch untereinander – über Länder- und Organisationsgrenzen hinweg.

Für MED wurde ein Ansatz mit sechs Kernelementen gewählt. Wichtiger Erfolgsfaktor ist dabei, dass alle sechs Elemente gleichzeitig aufgesetzt und angewandt wurden. Nur dadurch konnte Wissensmanagement erfolgreich bei Siemens Medical Solutions eingeführt werden.

1) Unterstützung des Topmanagements

Um Barrieren im Vorfeld auszuräumen und Wissensmanagement möglichst reibungsfrei im Unternehmen einzuführen, ist eine starke Unterstützung des Topmanagements notwendig. Deshalb stellte KS@MED für die unterschiedlichen Geschäftsprozesse je einen Paten aus dem Topmanagement auf, der die Aufgabe hat, Wissensmanagement in den Geschäftsprozessen fest zu verankern.

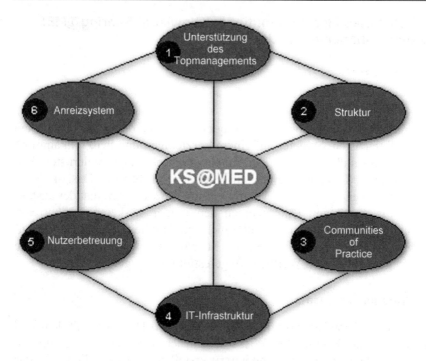

Abb. 7.21 Die sechs Kernelemente von KnowledgeSharing@MED

2) Struktur

Damit Wissen unternehmensweit gefunden werden kann, wurde eine einheitliche Suchstruktur erstellt. KS@MED benutzt hierfür ein Siemensweites, horizontales Prozessmodell (anstatt einer vertikalen Struktur entlang der Organisationseinheiten). Ein Benutzer des Wissensmanagementtools erhält dadurch mit einer einzigen Suchanfrage Informationen aus allen relevanten Organisationseinheiten.

3) Unterstützung von Communities of Practice (CoP)

Wissensaustausch wird zwar durch Tools ermöglicht, allerdings steht im Vordergrund der Mensch. In den meisten großen Unternehmen arbeiten viele Experten an den gleichen Themen, ohne sich jedoch miteinander auszutauschen. Oftmals wissen sie noch nicht einmal voneinander! Um diese Mitarbeiter zusammenzubringen, ist es notwendig, sie als Experte zu identifizieren, sie miteinander bekannt zu machen und ihnen eine Austauschplattform zu bieten. Auf dieser Plattform können sie über Landesgrenzen und Zeitzonen hinweg gemeinsam an einem Thema arbeiten. Diese Expertennetzwerke werden 'Communities of Practice' (CoPs) genannt. Aufgrund des hohen Einflusses von Expertennetzwerken auf den Geschäfts-erfolg wurden die CoPs bei MED als erstes Modul etabliert.

4) IT-Infrastruktur

Eine webbasierte IT-Infrastruktur ermöglicht einen schnellen und benut-zerfreundlichen Zugriff auf eingestelltes Wissen. Daher stellt KS@MED eine Intranetlösung zur Verfügung, die dem Benutzer individuell anpass-bare Inhalte anbietet.

5) Nutzerbetreuung

Viele Firmen unterschätzen den Aufwand, der notwendig ist, um den Mit-arbeitern das Thema Wissensmanagement nahe zu bringen und sie in die-sem Bereich zu schulen.

- Ein Team berät und unterstützt die Mitarbeiter bei allen Aktivitäten im Wissensmanagement.
- Ein Team von Editoren überprüft anhand ausgewählter Kriterien die Wissenselemente, um eine hohe Qualität der Inhalte zu gewährleisten.

6) Anreizsystem

Anreizsysteme, besonders in der Startphase, vermindern mögliche Wider-stände der Mitarbeiter gegenüber der Einführung von Wissensmanage-ment. Ein ausgeklügeltes Anreizsystem motiviert die Mitarbeiter darüber hinaus, Zeit in die Erstellung von Wissenselementen zu investieren. Ist eine kritische Masse an Inhalten und eine hohe Aktivitätsrate beim Wis-sensaustausch erreicht, d.h. die Nutzung wurde in den täglichen Arbeits-prozessen zur Selbstverständlichkeit, so kann ein solches Anreizsystem wieder beendet werden.

Die Module von KS@MED

In der Fertigung gehen die Materialflüsse sequenziell von einem Prozess-schritt zum nächsten. Der Wissensprozess ist allerdings sehr viel komple-xer. Wer sind Wissensträger? Wie wird Wissen bewertet? Was wird kom-muniziert? Mit Hilfe von KS@MED kann der Mitarbeiter jederzeit und von jedem Ort der Welt Wissen bereitstellen oder abrufen. Dadurch wird der Innovationsprozess im Unternehmen in großem Maße beschleunigt und der Wettbewerbsvorteil ausgebaut.

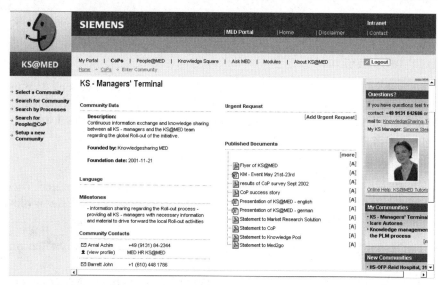

Abb. 7.22 Oberfläche des Manager's Terminal

Am Anfang hat KnowledgeSharing@MED seine Aktivitäten auf Wissensmanagement-Lösungen konzentriert, die in kurzer Zeit großen Nutzen für das Unternehmen generierten:

Knowledge Pool

Im Knowledge Pool können Mitarbeiter anderen Mitarbeitern wichtige Informationen und Erfahrungen in Form von Dokumenten zur Verfügung stellen. Das KS@MED-Editorenteam überprüft, ob die Dokumente verständlich sind und ob sie richtig in die vorgegebene Wissensstruktur eingeordnet wurden. Dies ermöglicht einen schnellen, organisationsübergreifenden und weltweiten Abruf des Wissens.

People@MED

People@MED ist eine Plattform, die den direkten, persönlichen Austausch zwischen Mitarbeitern fördert. Mitarbeiter können hier ihr Wissensprofil, ihre aktuellen Aufgaben, persönliche Angaben und vieles mehr eintragen. Andere Mitarbeiter können dann über Schlagwörter oder über die Wissensstruktur nach Experten suchen.

Abb. 7.23 Oberfläche von People@MED

Communities of Practice (CoP)

"Communities of Practice" sind virtuelle Foren. Sie bieten Mitarbeitern die Möglichkeit, über die Grenzen von Organisationseinheiten und Ländern hinweg, gemeinsam an geschäftsrelevanten Themen zu arbeiten, Wissen auszutauschen und sich gegenseitig zu unterstützen. So weit zur Theorie – in der Praxis sind Communities aber nichts Neues – sie gibt es schon immer: Seit Jahren treffen sich Mitarbeiter und tauschen sich aus. Entweder per Zufall an der Kaffeemaschine, im Sekretariat oder auch organisiert in Arbeitskreisen. Das Neue an den CoPs sind aber zwei Dinge: Zum einen wurde vom Topmanagement erkannt, wie wichtig der Austausch unter Mitarbeitern für den Unternehmenserfolg in der heutigen Informationsgesellschaft ist. Dementsprechend unterstützt das Topmanagement den Aufbau von CoPs. Zum anderen unterstützt die Intranetapplikation von KnowledgeSharing@MED den Austausch über räumliche Distanzen. Dieses Tool bietet sowohl die Möglichkeit, sich in Diskussionsforen und Chat-Rooms auszutauschen sowie eine gemeinsame Dokumentenablage, um Wissen abzuspeichern und wiederzuverwenden.

Von den Lösungen, die KS@MED für alle Mitarbeiter zur Verfügung stellt, werden die Communities of Practice am stärksten genutzt. Das zeigt, wie stark der Bedarf der Mitarbeiter ist, sich untereinander weltweit auszutauschen. Außerdem ist jede CoP ein passwortgeschützter Bereich, worauf nur definierte Mitglieder Zugriff haben. Die meisten Mitarbeiter finden es leichter, sich mit bekannten Personen auszutauchen, als ihr Wissen anonymen Mitarbeitern zur Verfügung zu stellen.

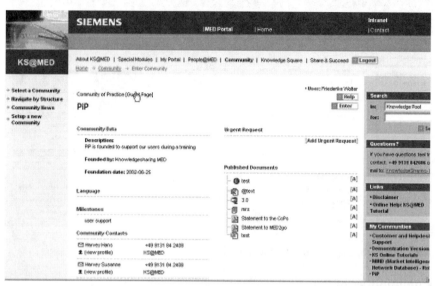

Abb. 7.24 Oberfläche der Communities of Practice

Die Zusammenarbeit in den Communities of Practice war so effizient, dass schon bald weitere Tools gefordert wurden. Eine Marktforschungs-CoP hat angeregt, das Thema Mitbewerber/Wettbewerbsbeobachtung durch KS@MED organisationsübergreifend aufzusetzen. Große Firmen haben normalerweise mehrere Marktforschungsspezialisten, die parallel an gleichen oder ähnlichen Themen arbeiten. Wenn sich diese Spezialisten nicht untereinander täglich austauschen, dann vervielfacht sich der Aufwand in den einzelnen Organisationen erheblich und Strategien des Wettbewerbers können kaum erkannt werden. KS@MED entwickelte deswegen zusammen mit Marktforschungsexperten eine Lösung für Mitarbeiter, die über Markt- oder Mitbewerberinformationen verfügen oder diese benötigen. Marketingexperten können ihr Wissen einstellen. Mitarbeiter aus Vertrieb, strategischer Planung, Performance Controlling, Produktmanagement und weiteren Bereichen verwenden dieses Wissen als Grundlage für ihre Arbeit.

med2go – die mobile Lösung

Die hohe Mobilität der Vertriebsleute erschwert den Wissensaustausch zwischen Vertriebsmitarbeitern und Stammhaus erheblich. Dennoch ist es wichtig, die neuesten Produkt- und Mitbewerberinformationen beim Kunden vor Ort zur Verfügung zu haben. Mit med2go werden diese Daten auf einem Handheld-Computer zur Verfügung gestellt. Der Vertriebsmitarbeiter kann so jederzeit Informationen, wie z.B. Verkaufsargumente unserer Produkte oder Liefertermine, abrufen und so schnell auf Kundenfragen antworten.

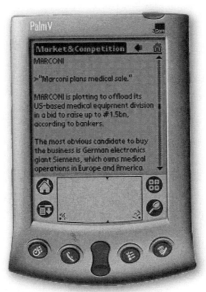

Abb. 7.25 med2go

Zusammenfassung

Wissensmanagement ist mehr als nur die Einführung neuer Tools in einer Organisation. Die Mitarbeiter stehen dem Thema eher skeptisch gegenüber und sie sind oft nicht bereit, ihr Wissen anderen zur Verfügung zu stellen. Daher ist es wichtig, den Nutzen für den einzelnen Mitarbeiter zu verdeutlichen und Anreize zu schaffen. Außerdem sind die Mitarbeiter eher bereit, ihr Wissen an ihnen bekannte Personen weiterzugeben. Regelmäßige Treffen, z.B. zwischen den Mitgliedern einer Community of Practice, fördern deshalb den Wissensaustausch erheblich. Des Weiteren muss für den Mitarbeiter eine Hotline zur Verfügung stehen, um Fragen sofort zu beantworten. Um einen langfristigen Erfolg zu erzielen, sollten die Lösungen in die täglichen Arbeitsprozesse integriert werden.

8 Sonderthemen der Competitive Intelligence

8.1 Dynamische Wettbewerbsstrategien

> Es sind nämlich die Mittel und Formen, derer sich die Strategie bedient,
> so höchst einfach, durch ihre beständige Wiederkehr so sehr bekannt,
> dass es dem gesunden Menschenverstand nur lächerlich vorkommen kann,
> wenn er so häufig die Kritik mit einer geschraubten Emphase
> davon sprechen hört. Eine tausendmal vorgekommene Umgehung
> wird hier wie der Zug der glänzendsten Genialität, dort der tiefsten Einsicht,
> ja selbst des umfassendsten Wissens gepriesen.
> Kann es abgeschmacktere Auswüchse in der Bücherwelt geben?
>
> Carl von Clausewitz (aus: „Vom Krieg")
> Preußischer General und Militärschriftsteller (1780-1831)

Literatur:

- Brown SL, Eisenhardt KM (1998) Competing on the Edge - Strategy as Structured Chaos. Harvard Business School Press, Boston, MA
- D'Aveni RA (2001) Strategic Supremacy. The Free Press, New York
- D'Aveni RA, Robert G (1994) Hypercompetition: Managing the Dynamics of Strategic Maneuvering. The Free Press, New York
- Day G, Reibstein D (1998) Wharton zur Dynamischen Wettbewerbsstrategie. Econ Verlag, Düsseldorf
- Dudik E (2000) Strategic Renaissance. AMACOM, New York
- Porter M (1985) Competitive Advantage. The Free Press, New York
- Porter M (1998) Competitive Strategy. The Free Press, New York

8.1.1 Einführung

Durch das Zusammenwirken von Dynamik, Komplexität und evolutionären Veränderungen (Hyperwettbewerb) ist die Zukunft nur bedingt vorhersehbar. In den Abschnitten 6.1.1 bis 6.1.4 werden Planungskonzepte erläutert, die dieser Tatsache Rechnung tragen. Sicherlich versagen bei diesen Randbedingungen die klassischen Methoden der stationären Unternehmensausrichtung gemäß einer generischen Wettbewerbsstrategie[1] wie z.B. der 5-Kräfte-Industriestrukturanalyse (Porter 1980; 1998).

Wie kann sich ein Unternehmen aber in dynamischen Märkten behaupten und sogar Wettbewerbsvorteile aus diesem Umfeld ziehen? Die Kunst der erfolgreichen Strategieentwicklung liegt in einem kontinuierlichen Wissensaufbau sowie im „richtigen Timing" (Geschwindigkeit und Sequenz) bei der Umsetzung dieser Strategie.

Eine Unternehmensstrategie muss sicherstellen, dass zum einen das aktuelle Marktpotenzial ausgeschöpft wird, zum anderen aber auch frühzeitig neue Produkte und Dienstleistungen entwickelt werden (vgl. z.B. Ghemawat 1991; Brown u. Eisenhardt 1998; Day u. Reibstein 1998), d.h. die Manövrierfähigkeit eines Unternehmens muss gewährleistet sein.

Zu den Parametern, welche die Manövrierfähigkeit beschreiben, gehören organisatorische Parameter (z.B. Infrastruktur, Personal, Veränderungsbereitschaft der Mitarbeiter) und Ressourcen (z.B. Patente, Kooperationsvereinbarungen, Expertenwissen, Distributionsnetzwerke, Liquidität). Das Manövrierpotenzial ist dabei permanent vorzuhalten, da im Hyperwettbewerb nicht erst im Bedarfsfall mit dem Aufbau begonnen werden kann.

Kurzfristige Wettbewerbspositionierungen können unter Berücksichtigung der Eigenschaften schnelllebiger Industrien auf einem „dynamisierten" Ansatz für Erfolgsfaktoren nach M. Porter (vgl. Porter 1985) basieren. Ebenso können Porter'sche Wertschöpfungsmodelle (vgl. Abschnitt 5.3.5) im Simulator modelliert werden, um eine permanente Neuausrichtung des Unternehmens an sich ändernde Wettbewerbskonstellationen, Kundenbedürfnisse, Kooperationen und Distributionswege zu erreichen.

Welche strategischen Schwerpunkte ein Unternehmen letztlich zu welchem Zeitpunkt bevorzugen sollte, ist auch abhängig von der Risikopräferenz des Unternehmens[2]. So könnten z.B. Unternehmensstrategien entwickelt werden, die möglichst lange verschiedene Handlungsoptionen offen halten, um zu einem späteren Zeitpunkt immer noch einen Wechsel auf die dann „optimale" Strategie zu erlauben[3].

---

[1]   Traditionelle Ansätze beschreiben generische Positionierungsstrategien (Kostenführerschaft, Differenzierung, Fokussierung).

[2]   Ein früher Markteintritt birgt z.B. die Gefahr, dass die Bekanntheit und Akzeptanz eines neuartigen Produktes durch hohe Marketingaufwendungen geschaffen werden müssen. Demgegenüber steht die Chance, Markteintrittsbarrieren zu schaffen und damit hohe Margen zu erzielen. Ein später Markteintritt in einem entwickelten Markt verspricht ein kleineres Risiko, dafür, abhängig von bestehenden Markteintrittsbarrieren, geringere Margen.

[3]   Vgl. hierzu das Beispiel in Abbildung 6.12 und die dazugehörigen Erläuterungen.

Zwei Simulatorkonzepte helfen, dynamische Wettbewerbsstrategien zu entwickeln:

- „Dynamische Szenarios" (vgl. Abschnitt 6.1.1)
- „War Gaming" (vgl. Abschnitt 6.1.4).

Die in Abbildung 8.1 skizzierte Roadmap zeigt die notwendige Vorgehensweise bei einer (dynamischen) Strategieentwicklung. Bei der Szenarioplanung liegt der Fokus meist auf längerfristigen, globalen Aufgabenstellungen, War Gaming hingegen dient der kurz- bis mittelfristigen Optimierung eigener Handlungsalternativen. Daher wird der Genauigkeitsgrad eines Simulators für dynamische Szenarios deutlich niedriger als bei „War Gaming"-Simulatoren gewählt.

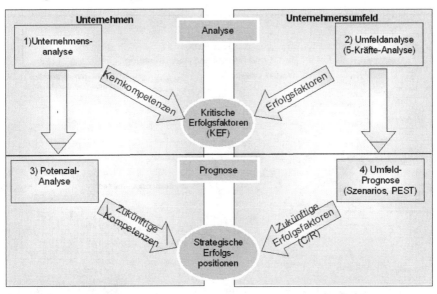

Abb. 8.1 Roadmap einer Strategieentwicklung (nach Gausemeier, Fink u. Schlake 1996)

Der wesentliche Vorteil eines simulatorgestüzten Ansatzes liegt darin, dass Anwender sich bewusst werden, dass ihr eigenes Tun und Handeln die Zukunft ganz entscheidend mit beeinflusst. Optimale Strategien bauen oft zur richtigen Zeit Ressourcen auf und bewegen sich knapp an Kapazitätsgrenzen. Dennoch behalten sie die Flexibilität, auf wesentliche Risiken schnell genug zu reagieren. Das Ergebnis lässt sich klar anhand der festgesetzten Zielkriterien ablesen. Folglich werden z.B. Strategiediskussionen sehr viel zielorientierter geführt, als dies ohne Simulatorunterstützung möglich wäre. Zwangsläufig werden so Strategien entwickelt, deren Umsetzbarkeit verifizierbar ist („evidence based") – ein nicht zu vernachlässigender Vorteil dieses PC-gestützten Ansatzes.

Ebenso kann unmittelbar aus dem Simulatormodell abgeleitet werden, welche kritischen Erfolgsfaktoren zu beachten sind und welche Indikatoren verwendet werden können, um den Zielerreichungsgrad der gewählten Strategie zu verifizieren. Diese Informationen können wiederum z.B. direkt in einer Balanced Scorecard verwendet werden. Treten während der operativen Umsetzung einer Strategie Probleme auf, so kann der Simulator unmittelbar zur Ursachenanalyse herangezogen werden. Sollten falsche Annahmen bei der Modellierung verwendet worden sein, so ist eine Korrektur in der Regel schnell möglich. Das Weltbild des Strategieteams wird somit verbessert und zugleich dokumentiert.

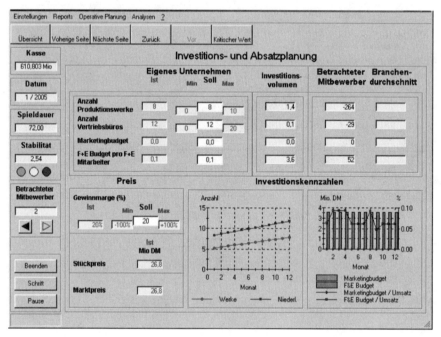

Abb. 8.2 Unter „Visual Basic" erstellte Simulator-Maske für einen „War Gaming"-Simulator

In den Abschnitten 8.1.3 und 6.1.8 sind Beiträge aufgeführt, die sich mit der simulatorgestützen Strategieentwicklung befassen.

8.1.2 Exkurs: Hyperwettbewerb

„Wettbewerb" ist für zahlreiche Unternehmen zum Überlebenswettlauf geworden. Immer schneller verändern sich Märkte und Wettbewerbsrahmenbedingungen. Traditionelle Strategieansätze (vgl. M. Porter 1998; 1985) beschreiben generische Positionierungsstrategien (Kostenführerschaft, Differenzierung, Fokussierung), die bestenfalls für Branchen ohne Innovation und Diskontinuität geeignet sind, um grundsätzliche Aussagen über Marktattraktivität und allgemeine Wettbewerbsvorteile zu treffen. Die größte Unzulänglichkeit dieser Ansätze liegt in der schwierigen Quantifizierbarkeit des Unternehmensumfeldes und der statischen, allgemeingültigen Betrachtungsweise von Märkten und Wettbewerbern.

Insbesondere in Branchen, die z.B. stark von Änderungen in Konsumertrends, Konsolidierungen oder technologischen Innovationen beeinflusst werden, gelten jedoch andere Regeln für erfolgreiche Unternehmensstrategien. Beispielbranchen sind die Telekommunikation oder Branchen, die durch die Verbreitung des Internets als Handelsmedium geprägt werden.

D'Aveni führte für diese Art von Wettbewerb den Begriff Hyperwettbewerb (s.u.; vgl. D'Aveni 1994) ein. Hier ist nicht das umfassende Detailwissen entscheidend, sondern die Fähigkeit, auch auf unvollständiger Informationsbasis entscheidungs- und somit handlungsfähig zu sein bzw. zu bleiben.

Die folgenden Merkmale kennzeichnen einen Hyperwettbewerb:

- Dynamik
Als „Dynamik" wird das Zeitverhalten eines Systems (z.B. Angebot-Nachfrage-Verhalten) bezeichnet. Dynamische Systeme besitzen ein „Gedächtnis", d.h. die Änderung eines Zustandes hängt nicht nur von den aktuellen Systemparametern ab, sondern auch von der historischen Entwicklung dieser Parameter. Die Dynamik eines Systems wird u.a. durch zeitliche Verzögerungen zwischen Aktion und Reaktion und durch den zeitlichen Verlauf einer Parameteränderung (Einschwingverhalten, stationäre Endwerte) beschrieben.

- Komplexität
Die Komplexität eines Planungsumfeldes spiegelt sich in der Anzahl und den gegenseitigen Verflechtungen einzelner Komponenten wider. Meist neigen Entscheider dazu, „mentale" Modelle zu verwenden (vgl. Dörner 1995). Diese mentalen Modelle basieren jedoch auf simplifizierten und linearisierten Kausalbeziehungen – Fehlentscheidungen sind somit vorprogrammiert (vgl. Kapitel 2).

Treten Komplexität und Dynamik gleichzeitig auf, neigen Systeme zu chaotischem Verhalten. So können z.B. trotz gleicher Startbedingungen schon kleine Änderungen, etwa in der Anbieterstruktur, zu einem vollständig anderen Verlauf einer Marktentwicklung führen. Eine diesem Trend entgegenwirkende Selbstorganisation ist insbesondere in Märkten mit Hyperwettbewerb extrem gering.

- Evolution

Evolutionäre Märkte entwickeln sich im Laufe der Zeit mitunter nur in schwer rational nachvollziehbaren Richtungen. Wie die biologische Evolution werden auch wirtschaftliche Evolutionen von einer Reihe externer Faktoren, wie technischen Innovationen oder Umfeldänderungen, bestimmt. Beispiele für evolutionäre Entwicklungen sind die Verbreitung des Internets als Vertriebskanal (E-Commerce) und die veränderten Handelsbeziehungen nach Wegfall des Eisernen Vorhangs in Europa. Evolutionäre Märkte sind nur schwer zu prognostizieren, da weder Zeitpunkt noch Auswirkung eines Ereignisses deterministisch zu bestimmen sind.

Mit Hilfe von Business-Simulatoren ist es möglich, dieses Umfeld abzubilden, sodass dynamische Wettbewerbsstrategien entwickelt und verifiziert werden können.

8.1.3 Detecon International GmbH: Die Zukunft im Griff – Strategien für komplexe Märkte

von Dr. Silvester Schmidt und Christian Aichinger

Einleitung

Seit gut 40 Jahren beschäftigen sich Wissenschaftler, Berater und Praktiker mit der Entwicklung leistungsfähiger Unternehmensstrategien. Trotzdem erleben wir nach wie vor, wie vormals kerngesunde Unternehmen binnen kürzester Zeit an den Rande des Ruins gelangen, weil sie keine geeignete Strategie wählen oder weil sie alte Strategien trotz völlig veränderter Rahmenbedingungen beibehalten.

Mit dem Einsatz simulationsgestützter Verfahren, die uns einen objektiven, ganzheitlichen Blick auf das Unternehmen und seinen Markt erlauben, und mithilfe der Szenariotechnik, die es uns ermöglicht, die unsichere Zukunft besser zu beherrschen, haben es die Verantwortlichen heute in der Hand, ihr Unternehmen vor dieser Gefahr zu bewahren.

Gerade in Zeiten, in denen die Wirtschaft scheinbar stagniert, laufen Entwicklungen im Hintergrund ab, deren Auswirkungen Jahre später deutlich sichtbar und die für den Erfolg eines Unternehmens in den nächsten Jahren entscheidend sind. Diese Entwicklungen und deren Konsequenzen frühzeitig zu erkennen und sich darauf einzustellen, um "auf der nächsten Welle zu reiten", ist das vornehmliche Ziel heutiger Strategiearbeit.

Die Grenzen klassischer Strategieentwicklung

Klassische Methoden zur Strategieentwicklung, zu denen wir beispielsweise SWOT-Analysen, Benchmarking oder klassische Portfolioanalysen zählen, sind allein den heutigen Anforderungen nicht mehr gewachsen. Denn sie beruhen im Wesentlichen auf der Projektion von Entwicklungen der Vergangenheit in die Zukunft. Dabei finden die zunehmend raschen und tief greifenden Veränderungen des Markt- und Wettbewerbsumfelds nicht genügend Beachtung. Auch können die Konsequenzen der Veränderungen nicht überblickt werden, da die Komplexität der dynamischen Wechselwirkungen des eigenen Unternehmens mit dem Markt nicht erfasst werden kann.

Im günstigsten Fall ergeben sich daraus sog. Change-Nothing-Strategien und die schleichende Angleichung an die Wettbewerber, was aber nicht zur Ausbildung von Wettbewerbsvorteilen führen kann.

Weitaus negativere Folgen für Unternehmen ergeben sich dann, wenn hierdurch Trendbrüche, d.h. die "schlagartige" Ablösung eines Trends durch einen anderen, nicht rechtzeitig erkannt werden. Dann entstehen leicht existenzbedrohende Situationen, wenn der Wettbewerber frühzeitig reagiert und die sich ergebenden wirtschaftlichen Chancen nutzt, während der angestammte Markt des eigenen Unternehmens wegbricht. Hierfür gibt es eine Reihe klassischer Beispiele:

- Ken Olson, Chef der damaligen Digital Equipment Corporation (DEC), Marktführer im Bereich von Workstations, vertrat 1977 die Meinung, dass es "...keinen Grund gibt, warum irgendjemand in Zukunft einen Computer bei sich zu Hause haben sollte". Er übersah dabei, dass der Digitalrechner sich in Form des PC zu einer Universalmaschine für zu Hause und in der Wirtschaft entwickelte. DEC durchlitt in der Folge schwere Krisen und wurde schließlich aufgekauft.
- AKG war Marktführer im Bereich von qualitativ hochwertigen Kopfhörern. Der „common sense" im Unternehmen war, dass gute Klangqualität nur durch drahtgebundene, analoge Signalübertragung realisiert werden kann. Dazu kam die anfängliche mangelnde Akzeptanz digitaler Technologien unter den Audiofreaks. Die Entwicklungen auf dem Gebiet der digitalen (Funk-)Übertragungstechnik wurden vor diesem Hintergrund nicht beachtet. Die Markteinführung von schnurlosen Kopfhörern durch die Konkurrenz und der breite Akzeptanzgewinn der Digitaltechnik haben AKG massive Marktanteilsverluste eingebracht.
- Große integrierte amerikanische Stahlerzeuger wie Bethlehem Steel oder National Steel ignorierten Anfang der 60er Jahre die Bedrohung durch die so genannten Minimills. Diese produzieren aus billigem Schrott mittels Elektroöfen Stahl. Anfänglich ging man davon aus, dass die Minimills nicht die geforderten Qualitäten liefern können bzw. dass man wegen der geringeren Produktionsmengen solcher Anlagen nicht wirtschaftlich arbeiten kann. Heute liegt der Marktanteil der Minimills bei ca. 30% der amerikanischen Stahlproduktion und die beiden oben genannten integrierten Stahlproduzenten mussten Gläubigerschutz nach Chapter 11 beantragen.

Methoden zur Entwicklung robuster Strategien

In einer aktuellen Studie der European Business School[4] haben 122 Unternehmen aus der Top-500-Gruppe sowie dem Mittelstand in Deutschland

---

[4]   Studie „Evaluierung des Strategieprozesses", European Business School (EBS) 12/2002

ihre Strategiezufriedenheit ausführlich bewertet. Strategiezufriedenheit stellt hierbei eine Kombination aus Strategieeffektivität (Wie erfolgreich ist eine Strategie?) und Strategieeffizienz (Wie aufwendig ist die Strategieentwicklung?) dar.

Besonders interessant ist, dass die Unternehmen mit der höchsten Strategiezufriedenheit auf Methoden und Tools setzen, die besonders auf den Umgang mit Komplexität und Unsicherheit spezialisiert sind. Die sechs in der Studie identifizierten Erfolgsfaktoren für eine hohe Strategiezufriedenheit sind:

- Einsatz sog. IT-Simulationen
- Einbindung von Mitarbeitern aus verschiedenen Bereichen in die Strategiearbeit
- Entwicklung und Bewertung von Alternativstrategien und Einsatz der Szenariotechnik
- Einbeziehung von Wettbewerberreaktionen in die Ausarbeitung von Strategien
- Integrierter Einsatz verschiedener Methoden zur Strategieentwicklung
- Häufige Aktualisierung der Strategie.

Diese Ergebnisse bestätigen auf eindrucksvolle Weise die Leistungsfähigkeit eines Methoden-Mix, den die Detecon für die Entwicklung von robusten Strategien für komplexe Märkte einsetzt (siehe Abbildung 8.3). Aufbauend auf in den Unternehmen meist vorliegenden Ergebnissen klassischer Methoden der Strategieentwicklung, werden im Wesentlichen drei sich ergänzende Techniken eingesetzt, um den derzeitigen Ansprüchen an die Strategieentwicklung gerecht zu werden. Mit Hilfe des „Vernetzten Denkens" (Systems Thinking) werden zunächst alle Faktoren, die einen Einfluss auf das Unternehmen und seinen Markt haben, und deren gegenseitigen kausalen Abhängigkeiten und Rückkopplungseffekte bestimmt. Das sich daraus ergebende Einflussdiagramm (Causal Loop Diagram) bildet die Komplexität von Unternehmen und ihrer Märkte vollständig ab. Es zeigt deutlich, wo sich wirkungsvolle strategische Hebel befinden und welche Konsequenzen es hat, diese einzusetzen.

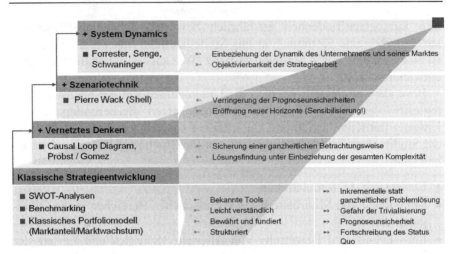

Abb. 8.3: Die Überwindung der Defizite klassischer Methoden der Strategieentwicklung

Bei der Szenariotechnik werden verschiedene Zukunftsszenarios als Grundlage für die Bewertung der Leistungsfähigkeit von Strategiealternativen erarbeitet. Damit wird das Problem der Prognoseunsicherheit praktisch beseitigt, da Strategien nicht mehr für eine wahrscheinliche Zukunft entwickelt werden (was immer auch die Möglichkeit einschließt, dass die Zukunft auch ganz anders aussehen kann), sondern für die ganze Bandbreite möglicher zukünftiger Entwicklungen.

Schließlich erlaubt System Dynamics die Objektivierbarkeit der Strategiearbeit und damit eine Professionalisierung dieser zentralen Aufgabe. Hierbei werden die qualitativen Zusammenhänge des Einflussdiagramms in mathematische Beziehungen übersetzt und innerhalb einer Simulationsumgebung abgebildet. Damit ist es möglich, die Analysen des Vernetzten Denkens und der Szenariotechnik zu quantifizieren. Auf diese Weise können eine Vielzahl von Was-wäre-wenn-Analysen schnell und einfach durchgeführt werden.

Durch die Verbindung der vorgestellten Methoden kann letztlich die Strategie ermittelt werden, die in jedem Zukunftsszenario zu zufrieden stellenden Unternehmensergebnissen führt (siehe Abbildung 8.4). Das geschilderte Vorgehen ist sowohl für die Entwicklung kompletter Unternehmensstrategien als auch für Teilstrategien geeignet (marktseitig z.B. für die Erarbeitung von Markteintrittsstrategien oder die Erreichung einer neuen Qualität des Market Forecast). Stehen Kosteneinsparungen und Effizienzerhöhung im Unternehmen im Vordergrund, kann ein strategieorientiertes Prozessdesign realisiert werden. Und zur Entwicklung von Einkaufs-, Innovations- oder Wettbewerbsstrategien werden Teilaspekte der internen und externen Sichten einbezogen.

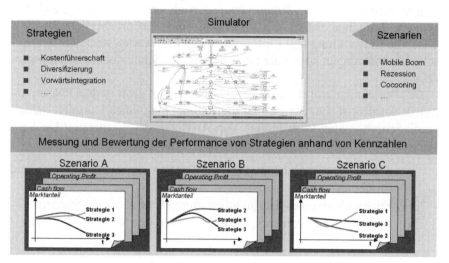

Abb. 8.4 Methodenkombination zum Test und zur objektiven Bewertung von Strategiealternativen

Fallbeispiel: Ein Unternehmen auf Erfolgskurs

Die UTA Telekom AG ist der führende alternative Telekommunikations- und e-Business-Dienstleister in Österreich. Als Anbieter einer breiten Palette von Services für Privat- und Geschäftskunden verbindet die UTA Angebote für Festnetzkommunikation, Internet, IT-Netzwerke sowie für mobile Kommunikation und e-Business zu einer neuen Qualität der Kommunikation.

Im heiß umkämpften österreichischen Telekommunikationsmarkt hat sich die UTA unter den alternativen Carriern im Festnetz- und Internet-Segment eine führende Stellung erarbeitet. Nach einer signifikanten Veränderung in der Eigentümerstruktur war das Topmanagement der UTA gefordert, die Positionierung des Unternehmens so vorzunehmen, dass die weitere Gewinnung von Marktanteilen nicht auf Kosten der Profitabilität erfolgt, sondern der eingeschlagene Kurs zur Erreichung der Gewinnzone beibehalten wird. In der Strategieplanung des Unternehmens ging man von unterschiedlichen Marktszenarios aus, die alle mit hohen Unsicherheiten behaftet waren. Diese Rahmenbedingungen erschwerten die Entwicklung einer nachhaltig erfolgreichen Unternehmensstrategie.

Die UTA beauftragte Detecon im Jahre 2002 mit der Erarbeitung einer soliden, leistungsfähigen Unternehmensstrategie, d.h. einer Strategie, die sich in möglichst vielen Zukunftsszenarios als erfolgreich erweisen wird. Weitere Aufgaben waren die Erstellung eines entsprechenden Business Case, die Entwicklung und Einführung eines Frühwarnsystems für strategische Veränderungen sowie die Optimierung des Strategieentwicklungsprozesses.

Das Projekt dauerte etwa vier Monate und kann grob in drei Phasen unterteilt werden, wobei am Beginn die Entwicklung eines kausalen Schleifendiagramms unter Verwendung von Ansätzen des Vernetzten Denkens stand:

- Schulung des Kundenteams im Bereich Systems Thinking und Modeling
- Entwicklung eines Einflussdiagramms (Causal Loop Diagram)
- Bewertung der Abhängigkeiten zwischen den Systemparametern.

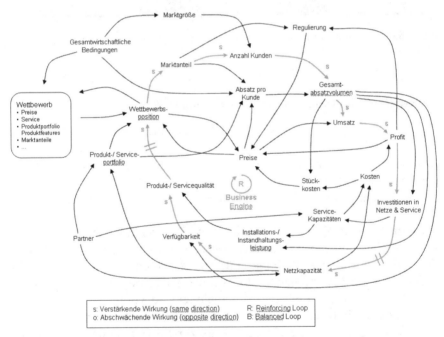

Abb. 8.5 Das Einflussdiagramm eines Telekommunikationsunternehmens

In Abbildung 8.5 ist beispielhaft ein Teil eines Einflussdiagramms dargestellt, wie es ähnlich in dem Projekt erarbeitet wurde. Wir erkennen interne und externe Einflussfaktoren und die gegenseitigen Wirkungen aufeinander. Im Zentrum ist eine zentrale Wachstumsschleife (Business Engine) eines Telekommunikationsunternehmens zu erkennen.

Die Faktoren können gemäß ihres strategischen Potenzials in eine Einflussmatrix eingeordnet werden (siehe Abbildung 8.6). Der linke obere Quadrant enthält die Größen, die das System stark beeinflussen, selbst aber kaum beeinflusst werden. Diese Größen sind die idealen strategischen Hebel. Viele Parameter sind aber kritischer Natur, d.h. sie beeinflussen das System stark, werden aber auch selbst von ihm beeinflusst. Sie führen zu der bekannten und nur schwer beherrschbaren Eigendynamik eines Unternehmens.

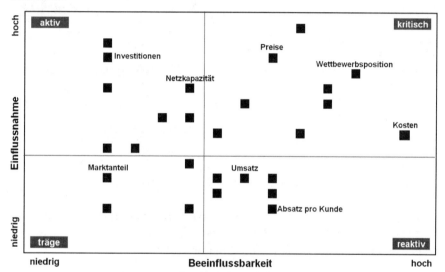

Abb. 8.6 Die Einflussmatrix des Modells

Der nächste Schritt war die Entwicklung der "UTA StrategyLab", einem Simulationsmodell, mit dem das Unternehmen, basierend auf dem kausalen Schleifendiagramm der vorhergehenden Phase, abgebildet wurde:

- Umsetzung der Abhängigkeiten in mathematische Funktionen
- Gestaltung und Programmierung eines systemdynamischen Simulators
- Modelltest (Verifizierung, Validierung).

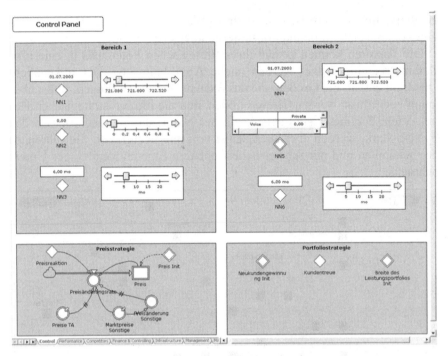

Abb. 8.7 Ein Screenshot eines Steuerbereichs des Simulators

In der dritten Phase wurden alternative Strategien formuliert und anschließend hinsichtlich ihrer Performance und Robustheit in unterschiedlichen Zukunftsszenarios mit dem Simulator getestet:

- Gemeinsame Entwicklung von alternativen Strategien
- Entwicklung von Zukunftsszenarios durch Detecon unter Berücksichtigung von wirtschaftlichen, gesellschaftlichen und technologischen Entwicklungen mithilfe von Trendscouting und bewährten Szenarioanalysemethoden
- Simulation jeder einzelnen Strategie in jedem Szenario und anschließende Bewertung anhand von Performance-Indikatoren.

Die Strategiealternativen umfassten Wachstums- und Konzentrationsstrategien ebenso wie Diversifikations- und Fokussierungsstrategien. Aus Gründen der Vertraulichkeit kann dieser Aspekt des Projektes allerdings nicht näher erläutert werden.

Als mögliche zukünftige Entwicklungen wurden folgende Szenarios betrachtet, wobei auch das Verhalten der Wettbewerber im Detail modelliert wurde:

- Basisszenario: Konjunktur springt 2003 an, Stagnation im Festnetz-Voice-Geschäft
- Double Dipp: Schlechte Geschäftsentwicklung in allen Geschäftsfeldern, späteres und schwächeres Wachstum als im Basisszenario
- Cocooning: Mobilität der Menschen geht zurück, starker Wettbewerb im Festnetzgeschäft, geringe Regulierung
- Mobilisierung: UMTS gewinnt auf breiter Basis – W-LAN scheitert, Preise im Festnetzumfeld kommen durch Mobile unter Druck
- Virtualisierung: Neue Märkte wachsen stark, starkes Wachstum führt zu zusätzlichem Wettbewerb.

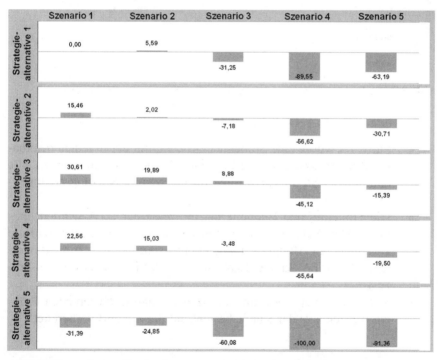

Abb. 8.8 Der relative Unternehmenswert für jedes Strategie-/Szenario-Paar

Für jedes Strategie-/Szenario-Paar wurde ein Simulationslauf durchgeführt und die Unternehmensperformance anhand geeigneter Kennzahlen ermittelt. In Abbildung 8.8 ist z.B. der Unternehmenswert als Summe der abgezinsten Netto-Cashflows für jede Strategie in jedem Szenario dargestellt. Die Darstellung erfolgte relativ zur Performance der Basisstrategie im Basisszenario.

Durch die gründliche Gewichtung und Bewertung der zeitlichen Entwicklung aller Performance-Indikatoren ist eine unternehmensspezifische Gesamtbewertung für jede Strategie möglich, wie in Abbildung 8.9 in einer Übersicht dargestellt. Die Strategien 4 und 5 kamen dem Ideal einer robusten Strategie am nächsten.

	Szenarien				
	Szenario 1	Szenario 2	Szenario 3	Szenario 4	Szenario 5
Strategie 1	0	0	--	--	--
Strategie 2	+	+	-	--	-
Strategie 3	++	++	+	0	--
Strategie 4	++	++	0	-	0
Strategie 5	--	-	-	0	--

Abb. 8.9 Die Performance jeder Strategie in den verschiedenen Szenarios

Der Nutzen für die UTA lässt sich in drei Bereiche unterteilen:

- Für UTA wurde eine Strategie erarbeitet, mit der in jedem denkbaren Zukunftsszenario gute Ergebnisse erzielt werden können. Alle alternativen Strategien wurden für die weitere Nutzung dokumentiert.
- Die Strategie- und Budgetierungsprozesse der UTA wurden optimiert. Der Aufwand für die Entwicklung von Strategien und die anschließende Budgetplanung konnte signifikant verringert werden. Die "UTA StrategyLab" ist integraler Bestandteil dieses Prozesses.
- Mit dem Einsatz des auf der Szenarioanalyse basierenden Frühwarnsystems ist der Kunde bestens auf die Zukunft vorbereitet.

8.2 Technologische Intelligence

> Get your facts first, and then you can
> distort them as much as you please.
>
> Mark Twain
> Amerikanischer Schriftsteller (1835-1910)

Literatur:

- Ashton B, Klavans RA (eds.) (1997) Keeping Abreast of Science and Technology: Technical Intelligence for Business. Battelle Press, Columbus
- Castells PE, Salvador MR, Bosch RM, Technology Mapping, Business Strategy and Market Opportunities, Competitive Intelligence Review, Vol. 11(1) 46 – 57 (2000)
- Lange V (1994) Technologische Konkurrenzanalyse. Deutscher Universitäts Verlag, Wiesbaden

8.2.1 Einführung

In diesem Kapitel erfolgt eine Einführung in die Spezifika der technologischen Intelligence (auch als CTI – Competitive Technical Intelligence bezeichnet). Sie finden sich vor allem bei den Analyseverfahren (wie Patentanalysen, Technologieszenarios, Technologiepotenzialanalysen und S-Kurven-Analysen) sowie in der Verwendung wissenschaftlicher bzw. technischer Quellen.

Unternehmen, die ihre Wettbewerbsvorteile durch technologischen Vorsprung (implementiert in Produkten oder Fertigungsprozessen) erzielen, sind zwangsläufig stark darauf angewiesen, herauszufinden, welche Technologien zukünftig über den Markterfolg entscheiden. Folglich müssen Technologien bezüglich ihrer weiteren Verwendbarkeit analysiert, aufkommende (substituierende) Technologien rechtzeitig identifiziert und bezüglich ihres Kommerzialisierungs- und Bedrohungspotenzials bewertet werden. Grundlagenforschung, die später in neue Technologien münden könnte, muss beobachtet werden, um rechtzeitig technologische Applikationen (Märkte und/oder Produkte) ausfindig machen zu können. Diese CI-Aktivitäten werden auch als Technologiescouting bezeichnet.

Gerade mit Blick auf zukünftiges (langfristiges) Kommerzialisierungs- und Subsitutionspotenzial hat sich die Arbeit mit Technologieszenarios (vgl. Abschnitt 6.1.1) bewährt, da unmittelbar vorhandenes Wissen (Technologiebewertungen sowie Wettbewerberpotenziale und -intentionen) im

Kontext der eigenen Unternehmung analysiert werden kann (Auswirkungsanalyse, Unternehmensentwicklung, Strategieentwicklung). Risikoanaly-
sen (vgl. Abschnitt 6.1.7) und Langfristprognosen (vgl. Abschnitt 5.2.6)
sind wiederum unterstützende Analysetechniken für die Erstellung und Bewertung dieser Technologieszenarios.

8.2.2 Ziele der CTI

1. Kontinuierliches Technologiemonitoring der Grundlagenforschung, um
   frühzeitig innovative Basistechnologien identifizieren zu können, die
   u.U. ein hohes Kommerzialisierungspotenzial haben
2. Frühwarnung bzw. Früherkennung von Marktchancen und -bedrohun-
   gen durch kontinuierliche Bewertung von Informationen über aufkommende (Schlüssel-)Technologien (entsprechend können eigene Ressourcen (F&E, Produktion, Lizenzen, Distribution etc.) ausgerichtet und Unternehmensstrategien optimiert werden.)

8.2.3 CTI-Analyseverfahren

Zur Bewertung von Technologien stehen die folgenden Verfahren zur Verfügung:

S-Kurven-Analyse (vgl. Abschnitt 5.3.1)

• Prognose der Verbreitung von Technologien in Märkten bzw. Unternehmen (Identifikation von Wachstums- und Sättigungsniveaus)
• Rechtzeitige Identifikation von technologischen Sprüngen (Leistungsparameter) zwischen mehreren Technologieentwicklungen (Diskontinuitä-
  ten)

Technologieportfolioanalysen (insbesondere Markt und Produktabdeckungsmatrizen; vgl. Abschnitt 5.3.1)

• Technologielebenszyklusanalyse (Aufzeigen der Technologieentwick-
  lung von Forschungsgegenstand über Basis- zu Schlüsseltechnologien
  und schließlich reifen, u.U. von Substitution bedrohten Technologien)
• SWOT-Analyse der vom eigenen Unternehmen verwendeten Technologien
• Portfolioanalyse der eigenen Technologien (adaptierte BCG- bzw. Tech-
  nologieattraktivitäts-Portfolios; vgl. Abschnitt 5.3.1)

Patentanalysen (vgl. Abschnitt 5.2.2)

- Häufigkeit und Verbreitung einer Technologie oder eines Prozesses in Unternehmenspatenten
- Analyse der Trends in Forschungsaktivitäten eines Wettbewerbers

Spezifische Datenquellen für CTI

- Patentdatenbanken
- Universitäten mit relevanten Forschungsprojekten
- Staatlich geförderte Grundlagenforschungsprojekte (national, europäisch, international)
- Technologietransferinstitutionen (privat und staatlich)
- Think Tanks
- Darstellungen der Wettbewerber bzgl. Technologien in der Pipeline
- Technische Kongresse, Workshops, Seminare
- Technische Publikationen
- Messen
- F&E-Aktivitäten von Wettbewerbern
- Experten

Beispiele

Beispiele für CTI-Anwendungen sind in den Beiträgen der BMW AG (Abschnitt 8.2.5) und der Jenoptik (Abschnitt 8.2.4) zu finden.

Anmerkungen

- Bei Competitive Technical Intelligence/Technologiescouting und -monitoring handelt es sich um die schwierigsten Disziplinen der CI. Eine besondere Herausforderung liegt in der Abschätzung, welche von mehreren konkurrierenden Technologien überlebt, wenn zahlreiche, komplexe Faktoren in die Analyse eingehen (z.B. VHS versus Betamax als Standard für Videokassetten; Windows versus OS/2 als Betriebssystem für PCs). Häufig sind es nicht nur technologische Attribute, die letztlich über den Erfolg konkurrierender Technologien entscheiden, sondern politische Stimmungen, Unternehmensallianzen oder kurzfristige Konsumerpräferenzen (Modeerscheinungen).
- Bei der Datenerhebung für CTI können oft nur Experten nach ihrer Meinung zu den weiteren Entwicklungen befragt werden (Delphi-Umfragen). Die Besonderheiten der Elicitation-Techniken (vgl. Abschnitt 4.2.2) sind zu beachten.

- Unabhängig von dem kommerziellen Potenzial einer Technologie ist für eine Bewertung ihrer tatsächlichen Marktverbreitung die Akzeptanz und die Intention der Wettbewerber entscheidend, sich dieser Technologie anzunehmen. Entsprechend ist neben der rein technischen Bewertung auch die diesbezügliche Intention der Wettbewerber zu berücksichtigen.

8.2.4 JENOPTIK Laser, Optik, Systeme GmbH: Competitive Intelligence im High-Tech-Umfeld

von Heiko Richter

Allgemeine Merkmale

Auch im Segment der im Hochtechnologie-Bereich tätigen Unternehmen hat die Untersuchung der Markt-, Wettbewerbs- und Umfeldposition, also das Erzeugen von „Competitive Intelligence" (CI), ebenso wie in anderen Branchen, eine wichtige Bedeutung für Unternehmensplanung und -steuerung. Untersuchungen bei *europäischen/deutschen* Unternehmen zeigen jedoch, dass das Gewinnen von CI in der Unternehmenspraxis noch eine untergeordnete Rolle spielt bzw. häufig nicht explizit betrieben wird. Nachdem in der Vergangenheit auch in der JENOPTIK Laser, Optik, Systeme GmbH aufgrund unzureichender Markt- und Wettbewerbskenntnis Fehlinvestitionen getätigt wurden, wird seit mittlerweile mehr als fünf Jahren CI explizit betrieben, um das Risiko der Fehlbewertung verschiedener Vorhaben zu minimieren.

Die Fragestellungen, die CI beantworten soll, sind in den meisten Branchen ähnlich. Die zur CI-Problemlösung angewandten Verfahren unterscheiden sich daher im High-Tech-Umfeld auch nicht grundsätzlich von denen in anderen Branchen, lediglich die Schwerpunktsetzung differiert. Diese ist vor allem darin zu finden, dass im Hochtechnologiesektor gegenüber der reinen Produktbetrachtung vor allem den darauf basierenden Technologien (Produkt- und Verfahrenstechnologien) eine wesentliche, wettbewerbsbestimmende Rolle zukommt.

Darüber hinaus ist auch die konkrete Position des High-Tech-Unternehmens in seinem Umfeld von besonderer Bedeutung, wonach die spezielle Herangehensweise an die Erzeugung von CI definiert wird.

Eigene praktische Erfahrungen zeigen, dass als grundsätzliche, sich gegenseitig beeinflussende Faktoren, in deren Abhängigkeit CI situationsspezifisch gewonnen wird, folgende Kriterien im High-Tech-Umfeld besonders betrachtet werden müssen:

- Neuheit der Produkt- bzw. Technologie-Markt-Kombination (Ansoff-Schema)
- Zeitliche Orientierung der Betrachtungen (Gegenwart, Zukunft)
- die Branchensituation bestimmenden Kräfte (Porter's Five Forces (Porter 1996, 1997))

- Position des Unternehmens zum Endabnehmer
- Technologieposition.

Anhand dieser Faktoren ließe sich nun eine mehrdimensionale Matrix aufspannen, die als Modell für die situationsspezifische Herangehensweise zur Erzeugung von CI im High-Tech-Umfeld dienen könnte. Darauf soll jedoch an dieser Stelle aus Gründen der Verständlichkeit bewusst verzichtet werden. Vielmehr sollen nun die Besonderheiten betrachtet werden, die bei den einzelnen Faktoren im Hinblick auf eine Betrachtung im High-Tech-Umfeld entstehen.

Einflussfaktor „Neuheit der Produkt- bzw. Technologie-Markt-Kombination"

Die aus der Literatur bekannte Ansoff-Matrix ist ein wesentlicher Eckpunkt, von dem die Konzeption von CI-Aufgaben abhängt.

Tabelle 8.1 Produkt-/Technologie-Markt-Matrix in Anlehnung an *Ansoff* (Ansoff 1966)

Märkte Produkte/Technologien	Bestehend	Neu
Vorhanden		
Neu		

Wird nun ein bestehendes Produkt/eine bestehende Technologie auf einem bestehenden Markt untersucht, so werden die klassischen Verfahren zur Gewinnung von Markt- und Wettbewerbswissen angewandt. Soll jedoch ein bestehendes Produkt bzw. eine bestehende Technologie auf einen grundsätzlich neuen, attraktiven Markt eingeführt werden, so wird höchste Priorität darauf gelegt, ob das Produkt bzw. dessen Produkttechnologie überhaupt für die neue Anwendung (den neuen Markt) geeignet sind. Dies ist nur dann möglich, wenn unsere Funktionseinheiten Produktmanagement, Vertrieb und F&E zusammen mit Pilotkunden entsprechende Tests durchführen. Aufgrund der häufig sehr spezifischen Produktanforderungen einzelner Kunden müssen diese Tests am Markt auf, wenn möglich, breiter Basis erfolgen, um für Anwender und Hersteller sehr aufwendige – und häufig nicht wettbewerbsfähige! – Einzellösungen zu vermeiden.

Ähnlich ist die Situation, wenn neue Produkte bzw. Technologien auf bestehenden Märkten eingeführt werden sollen. Die in Hochtechnologie-Unternehmen häufig verbreitete Technologieverliebtheit darf dann den Blick nicht dafür trüben, ob neue Produkte bzw. Technologien überhaupt in der Lage sind, bestehende Produkte bzw. Verfahren durch entsprechenden Kundenmehrwert zu substituieren, zumal häufig bei Abnehmern – vor allem im produzierenden Gewerbe – gewisse Vorbehalte gegenüber neuen Produkten/Technologien aufgrund von anfänglich nicht absehbaren Unwägbarkeiten und Risiken bestehen.

Noch komplexer wird die Situation, wenn eine neue Technologie in gänzlich neuen Märkten angewandt werden soll. Meist ist hier ursprünglich gar nicht bekannt, für welche Märkte die neue Technologie genutzt werden kann bzw. ob die neue Technologie überhaupt Anwendungspotenzial besitzt. Mittels CI werden hier zunächst kommerziell interessante Anwendungen gesucht, für die grundsätzlich die neue Technologie in Frage kommen könnte. Darüber hinaus wird eruiert, welche Produkt- bzw. Verfahrenseigenschaften die Anwendungen fordern. In Zusammenarbeit mit Produktmanagement und F&E ist nun anhand von Machbarkeitsstudien zu klären, ob die gewünschten Eigenschaften überhaupt mit vertretbarem zeitlichen, personellen und finanziellen Aufwand realisierbar sind.

In der Praxis sind entgegen dieser kurzen Formulierung solche Bewertungen in der Regel sehr aufwendig und vor allem bei visionären Technologien sehr stark risikobehaftet. Gerade bei solchen visionären Technologien kommt zur unternehmerischen Risikominimierung der staatlichen F&E-Förderung einige Bedeutung zu.

Einflussfaktor „Zeitliche Orientierung"

Ein grundlegendes Ausrichtungsmerkmal für spezielle CI-Analysen ist deren zeitliche Orientierung. Bei gegenwartsbezogenen Analysen sollen meist die externen und internen (Miss-)Erfolgsfaktoren für derzeit am Markt befindliche Produkte oder Technologien ermittelt werden. Dazu werden klassische Markt- und Wettbewerbsforschungsansätze gewählt.

Für einen weiteren Ausbau der Geschäftsaktivitäten wird meist versucht, durch Abänderungen an bestehenden Produkten/Technologien relativ risiko- und aufwandsarm bisher noch nicht erschlossene Anwendungen bzw. gänzlich neue Märkte zu erobern. Das Hauptaugenmerk der CI-Analysen liegt hierbei auf der Suche nach am Markt noch nicht befriedigten Kundenbedürfnissen und auf dem Substitutionspotenzial der eigenen Technologie gegenüber in anderen Märkten etablierten Technologien.

Darüber hinaus ist es jedoch in Bezug auf eine langfristige Sicherung des High-Tech-Unternehmens unabdingbar, zukünftige Technologien zu identifizieren, deren langfristig beginnender Lebenszyklus entweder a) umfangreiches Wachstum für das Unternehmen verspricht oder b) eine Substitutionsgefahr für die derzeit benutzten Produkt- und Verfahrenstechnologien bedeutet.

Abb. 8.10 Zeitliche Orientierung von CI

Um langfristig erfolgsversprechende Technologien zu identifizieren, ist die Anwendung verschiedener Methoden, wie das Monitoring von an Universitäten und Instituten entwickelten Technologien, die Analyse von Megatrends, die Befragung von Expertenrunden/Delphi-Verfahren sowie die Anwendung von Szenariotechniken usw., ratsam. In der unternehmerischen Praxis werden diese Verfahren jedoch häufig nicht mit der notwendigen Konsequenz angewandt bzw. erstrecken sich meist nur auf hausinterne „Expertenrunden".

Einflussfaktor „Die Branchensituation bestimmenden Kräfte"

Da Hochtechnologie-Unternehmen mit verschiedenen Produktlinien häufig auch verschiedene Märkte adressieren, müssen sie auch Kenntnisse über die wettbewerbsentscheidenden Faktoren in diesen unterschiedlichen Branchen besitzen. Wichtiger Anspruch von Unternehmen im High-Tech-Umfeld ist es, eine technologische Spitzenposition zu besitzen, auf deren Basis Produkte entwickelt werden, die von Wettbewerbern nicht ohne weiteres nachzuempfinden sind. Dieser Fakt allein hat häufig wesentlichen Einfluss auf die Rivalität innerhalb einer solchen Branche. Das Know-how des Wettbewerbs zu kennen ist daher wichtige Basis für die Beurteilung der eigenen derzeitigen und zukünftigen Position. Dieses Wettbewerber-Know-how und -Potenzial zu beurteilen erfolgt mittels verschiedener Verfahren, von denen hier die am häufigsten angewandten kurz genannt sind:

- Beobachtung und Bewertung der Aktivitäten auf Messen und Konferenzen
- Bewertung der Wettbewerber-Publikationen (Presse, Internet, wissenschaftliches Schrifttum)
- Gespräche mit gemeinsamen Kunden, Mitarbeitern wissenschaftlicher Institute und Lieferanten
- Gespräche mit ehemaligen Mitarbeitern des Wettbewerbers
- Expertenbefragungen
- Patentrecherche und -überwachung
- direktes Benchmarking.

Potenzielle neue Wettbewerber dagegen können auf zwei Wegen entstehen und damit identifiziert werden: a) Unternehmen, die mit ähnlichen Verfahrenstechnologien agieren und die gezwungen sind, mit diesen Technologien alternative Marktsegmente zu erschließen. Oder b) junge Unternehmen, die häufig aus Förderprojekten heraus neue, mit hoher Erfolgsunsicherheit behaftete Technologien entwickeln. Beide Unternehmensgruppen sollten grundsätzlich auch bereits im Rahmen der klassischen Markt- und Wettbewerbsbewertung jederzeit mit beobachtet werden.

Bei der Bewertung der Branchensituation im Hinblick auf die Lieferanten können die bekannten Verfahren der Markt- und Wettbewerbsanalyse angewandt werden. Abweichend zu beachten ist jedoch, dass meist auch die Zulieferleistungen dem High-Tech-Anspruch gerecht werden müssen, d.h. eine Beurteilung der Lieferantensituation in Bezug auf Leistungsvermögen und Lieferqualität unabdingbar ist. Dass viele Hochtechnologieunternehmen dazu übergehen, Zulieferleistungen, die sich an der Grenze des technisch Machbaren bewegen, vermehrt selbst zu erbringen, zeigt, dass die Qualifikation entsprechend leistungsfähiger Zulieferpartner nicht unproblematisch und vor allem auch deutlich wettbewerbsbestimmend ist.

Auf die beiden weiteren Kräfte der Branchensituation „Kunden" und „Substitutionsgefahr" wird noch in nachfolgenden Abschnitten näher eingegangen.

Einflussfaktor „Position des Unternehmens zum Endabnehmer"

Die in der Marketingstrategie definierte Position des Hochtechnologie-Unternehmens gegenüber dem Endkunden bestimmt häufig, in welchem Umfang das Unternehmen leicht direkte Informationen über die Bedürfnisentwicklung am Markt erlangen kann.

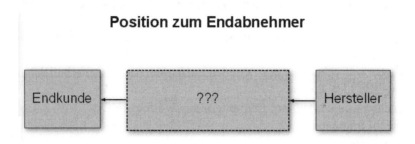

Abb. 8.11 Position des Unternehmens zum Endabnehmer

CI-Aktivitäten helfen uns hier, über die enge Einzelkundenbindung hinaus die Markt- und Wettbewerbsbedingungen zu ermitteln, um das Abhängigkeitsrisiko vom großen Einzelkunden zu mindern und auch weiteren potenziellen Kunden wettbewerbsfähige Produkte anbieten zu können. Hilfreich ist hier neben eigenen Aktivitäten die Zusammenarbeit mit externen und exakt gebrieften Partnern mit Branchenkenntnis.

Besitzt das Unternehmen über Absatzmittler einen indirekten Zugang zum Endkunden, so sind organisatorisch Wege zu etablieren, die mit und ohne Einbeziehung der Absatzmittler die Marktbedürfnisse dem Hersteller verdeutlichen. Neben motivierten, direkten Absatzpartnerbefragungen ist hier die Zusammenarbeit mit externen Partnern unter Berücksichtigung von Expertenmeinungen ein geeignetes Mittel zur Ermittlung der Marktbedürfnisse.

Unternehmen im High-Tech-Umfeld, die direkten Kontakt zum Endkunden besitzen, stehen die bekannten klassischen Instrumente der Markt- und Wettbewerbsforschung zur Verfügung.

Einflussfaktor „Technologieposition"

Dass dem Thema „Produkt- und Verfahrenstechnologien" im Hochtechnologie-Bereich eine wesentliche Rolle zukommt, wurde bereits erwähnt. Besonders hervorzuheben ist jedoch an dieser Stelle noch einmal das Verhältnis von Technologie zu Anwendung und vice versa, da besonders im High-Tech-Feld beide direkten Einfluss aufeinander ausüben.

Häufig entstehen bei Forschungseinrichtungen neue Technologien, die von Hochtechnologie-Unternehmen wie unserem als interessant bewertet werden, für die jedoch noch nicht absehbar ist, ob sie a) unter akzeptablem Aufwand mittel- bis langfristig das Laborstadium verlassen können und b) dafür kommerziell attraktive Anwendungen finden werden, in denen die neuen Technologien wesentlichen Kundenmehrwert erzeugen. Der Suche nach kommerziell attraktiven Anwendungen kommt daher in unserer Branche wesentliche Bedeutung zu.

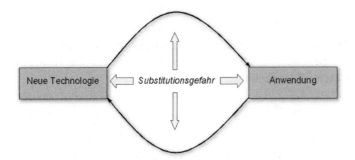

Abb. 8.12 Beeinflussung von Technologie und Anwendung

Diese Suche kann in zwei Richtungen erfolgen:

- Suche nach Anwendungen, bei denen das bisherige Verfahren durch die neue Technologie substituiert wird
- Suche nach gänzlich neuen Anwendungen, die erst mit Hilfe der neuen Technologien ermöglicht werden („Killer Application" durch „Enabling Technology").

Je nach gewähltem Weg differieren die möglichen Ertrags- und Risikopotenziale oft erheblich. Damit wird aber auch gleichzeitig deutlich, dass der häufig kurzfristig risikoärmere Weg der Suche nach Substitutionsmöglichkeiten als wesentliches Kriterium für die Rivalität innerhalb von Hochtechnologie-Branchen fungiert. High-Tech-Unternehmen sind daher auch nur so lange „High Tech", wie ihre Technologien letztendlich den Kunden wesentlichen Mehrwert bieten und dabei vom breiten Wettbewerb nicht adaptiert werden können. Sie unterliegen in den Anwendungen permanent dem Substitutionsrisiko durch alternative Technologien!

Betrachtet man jedoch nun die Beziehung zwischen Technologie und Anwendung von Kundenseite her, so befindet sich auch der Anwender permanent auf der Suche nach neuen Möglichkeiten zur Verbesserung seiner Verfahren. Auch hier findet ein ähnlicher Suchprozess wie bei dem Hochtechnologie-Unternehmen statt – nur mit dem Unterschied, dass der Anwender nicht speziell nach einer ausgewählten (Hoch-)Technologie, sondern nach einer Problemlösung sucht. Ziel muss es daher letztendlich sein, dass sich die Suchaktivitäten beider – des Hochtechnologie-Unternehmens und des Anwenders – treffen. Den technologieorientierten High-Tech-Unternehmen kommt daher die häufig nicht einfach zu lösende Aufgabe zu, unabhängig vom eigenen Ist-Potenzial ein umfangreiches und vor allem nutzbares Know-how zu unterschiedlichsten Märkten und deren Problemstellungen aufzubauen. In der Unternehmenspraxis zeigt sich immer wieder, dass dieses Know-how z.T. bereits bruchstückhaft in den Köpfen unterschiedlichster Mitarbeiter vorhanden ist – es breit nutzbar zu machen, stellt jedoch eine sehr komplexe Schwierigkeit dar!

Zusammengefasst lässt sich das Zusammenwirken der für den Hochtechnologie-Sektor besonders zu betrachtenden Faktoren für die Konzeption von CI-Projekten folgendermaßen darstellen:

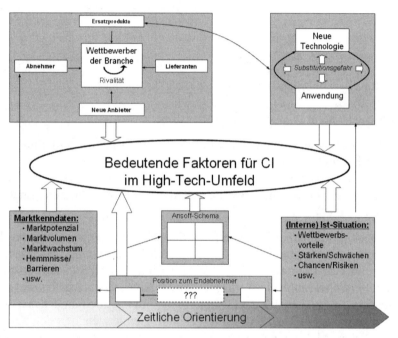

Abb. 8.13 Besonders zu betrachtende Faktoren für CI im High-Tech-Umfeld

Die Fülle der zu liefernden Informationen und die strikte situationsspezifische Analyse machen deutlich, dass der Prozess zur Gewinnung von CI – insbesondere auch aufgrund der Verteilung der knappen Ressourcen Personal, Zeit und Finanzmittel – auf projektbezogener Basis erfolgen sollte. Praktische Erfahrungen haben dabei bisher gezeigt, dass sich für die organisatorische Einbindung von CI eine Mischform von zentraler und dezentraler Einbindung als sehr positiv erweist.

8.2.5 BMW AG: Fallbeispiel für CI „Technologiesondierung für Anwendungen im automobilen Interieur"

von Franz Linner und Dr.-Ing. Klaus-Peter Sigl

Einleitung

Der ausschlaggebende Faktor zum Verkaufserfolg im Automobilbereich ist die Erfüllung der Kundenbedürfnisse. Diese im jeweiligen Produkt einer Marke (Brand) umgesetzten Attribute sprechen unterschiedliche, d.h. sowohl logische als auch emotionale Ebenen in der Kundenwahrnehmung an. Neben diesen Faktoren spielt besonders im Premiumsegment die Assoziation und Wahrnehmung eines markenprägenden Images, wie z.B. die eines design- als auch technologieorientierten Branchenvorreiters, eine nicht zu unterschätzende Rolle. Eine zunehmende Emotionalisierung von Automobilen induziert eine stärkere Kundensensibilisierung hinsichtlich der Produkt- und Markenwahrnehmung und spiegelt sich im Kaufverhalten wider.

Ableitung von Zielsetzungen für CI

In der „Frühen Phase" der Fahrzeugentwicklung entsteht mit der Generierung und Umsetzung einer modell- oder baureihenindividuellen Formen- und Werkstoffsprache die Vermittlung von Wertigkeit, Funktionalität, Emotionalität sowie eines stimmigen Gesamteindrucks. Unverzichtbar sind hierfür Kenntnisse über Designtrends, Werkstoffe sowie deren Herstell- und Verarbeitungstechnologien. Informationen zum Marktgeschehen und den Wettbewerbern runden dies ab. So stellen z.B. OEMs und Zulieferer ihre Innovationen und Aktivitäten während Messen, Fachtagungen oder mittels Veröffentlichungen vor. Die Wechselwirkung zwischen Prozesstechnik und Designintentionen führt vielfach zu Technologie-Neu- und Weiterentwicklungen sowie im umgekehrten Fall zu Designenablern.

Besonders im automobilen Interieur ist das fachbereichsübergreifende Wissen über Werkstoffe, Verfahrenstechniken, Bauweisen oder technologische Features von grundlegender Wichtigkeit, da dieser Bereich vom Zusammenspiel vielfältigster Fakultäten geprägt wird. Neben dem Trendsetting ist die frühzeitige Trenderkennung ein wichtiger Baustein, zielgerichtet Innovationen zu identifizieren und deren Entwicklung voranzutreiben und somit zum Aufbau von Technologieführerschaften beizutragen. Aus diesen Gründen kommt der CI im Bereich der Automobilentwicklung eine wesentliche Aufgabe zu.

Produktbenchmarking

Durch das Instrumentarium der „Produktkliniken" werden durch gezielte Auswahl von Personengruppen zukünftige Trends erfasst. Es werden drei Kategorien von Kunden angesprochen:

- derzeitige Produktnutzer der Marke und des Segmentes
- derzeitige Produktnutzer der Marke in einem anderen Segment
- mögliche Interessenten von anderen Marken und Segmenten.

Durch dezidierte Fragen werden unter anderem so die Ansprüche an das Interieur der Zukunft ermittelt und unter Hinzuziehung von Experten eine Roadmap für folgende Fahrzeuggenerationen entwickelt.

Durch Wettbewerbsbeobachtung (z. B. Fahrzeugzerlegungen von Wettbewerbsprodukten) wird der aktuelle Stand der Technik analysiert und mittels Detailbenchmarking die gewonnenen Erkenntnisse auf eigene Produkte abgeleitet. Diese Vorgehensweise erlaubt es jedoch nicht, ein primäres Bild von zukünftigen, technologisch herausragenden Innovationen zu entwickeln.

Fallstudie: Wertigkeit und Wirkung der Interieuroberflächen – aktives CI

Im nachfolgend skizzierten Fallbeispiel wird detaillierter auf CI-Untersuchungen am Beispiel von Interieuroberflächen eingegangen. Dieser Prozess der situativen CI dringt unter Hinzuziehung von Experten erheblich tiefer in Sachverhalte ein, als dies über den Prozess einer global angelegten CI möglich ist. Im Rahmen des Fallbeispiels spielen Know-how- und Stärkenanalysen, Identifikation von relevanten Marktsegmenten sowie die Konzeptentwicklung und -verifikation inkl. der Planung von Komponenten- und Produktionsstrategien eine herausragende Rolle.

Ein Wertigkeitsgefühl in Verbindung mit einer Qualitätsanmutung wird im Interieur durch die Anordnung und das Wechselspiel von Oberflächenmaterialien (feinstes Leder, hochwertige Kunststoffe, strukturierte Metalle, Echtholzdekore und technische Textilien) vermittelt, welche sich durch die nachfolgenden Attribute auszeichnen:

- Optik
- Haptik
- Olfaktorik.

Speziell bei Kunststoffoberflächen im Interieurbereich ist eine signifikante Abstufung von Wertigkeiten erzeugbar. In den vergangenen 20 Jahren wurden unterschiedliche Technologien zur Herstellung dreidimensional geformter Kunststoffoberflächen für den Interieureinsatz entwickelt. Ausgehend von Thermoformen genarbter Kunststofffolien, die auf Trägersysteme kaschiert wurden, vollzog sich die Weiterentwicklung zu Schaumfolien, die trotz des identischen Kaschierprozesses eine Verbesserung in Bezug auf die Druckhaptik erbrachten. Darüber hinaus erlaubten neue Werkstoffsysteme Optimierungen der Berührhaptik. Ein signifikanter Fortschritt hinsichtlich des Wertigkeitseindrucks von Interieurbauteilen resultierte aus der Einführung der Rotationssintertechnolgie (Slush-Prozess) für thermoplastische Werkstoffe (PVC und TPU). Ein weiteres etabliertes Verfahren ist das Sprühen von reaktiven Polyurethan-Systemen (PUR) in offene, genarbte Negativformen (Galvanos). Die Spitze der Entwicklung hinsichtlich Haptik repräsentieren derzeit dünnwandige Formhäute, welche mittels PUR-Gießen in geschlossenen Kavitäten erzeugt werden.

Zusätzlich zum Wandel in der Oberflächenherstelltechnologie haben die Interieurbauteile eine deutliche funktionelle Aufwertung erfahren. Ausgehend von einer reinen Dekorfläche, übernehmen diese Bauteile zunehmend Strukturfunktionen für Anbauteile (Cupholder, Bedienteile und Displays), passive (Energiedissipation beim Kopfaufprall), aber auch aktive (verdeckte Airbagöffnung mit gezielt eingebrachten Materialschwächungen) Schutzfunktionen.

Die Auswahl von relevanten Werkstoffen und Herstellverfahren wird u.a. von designtechnischen, technologischen und betriebswirtschaftlichen Erwägungen geleitet. Im Rahmen der Entwicklung von Produktions- und Komponentenstrategien besteht der konkrete Auftrag, hierfür realisierbare Szenarios zu entwickeln. Diese umfassen die vollständige Abbildung aller notwendigen Teilprozesse und Technologien, die zur Herstellung von Interieurkomponenten für das Premiumsegment notwendig sind. Im Hintergrund dieses speziellen Sondierungsprozesses wurden Antworten zu folgenden drei Bereichen gesucht, die zueinander in Wechselwirkung stehen:

- Wie wird das Interieur der Zukunft gestaltet sein?
- Welche Technologien werden dominieren?
- Wie wird sich künftig der Markt für Interieurkomponenten entwickeln?

Eine grundsätzliche Annäherung zu den Recherchefeldern bietet sich über eine Ist-/Bestandsanalyse an. Diese kann mittels fachlich fokussierter Literaturauswertungen, Patentrecherchen und Datenbankabfragen erfolgen. Informationen, die sich hierbei sammeln lassen, sind u.a. Informationen über Bauweisen von Interieurkomponenten, verwendete Materialien, [1st] und [2nd] Tier-Lieferanten und deren Netzwerke, Rohstofflieferanten, Anlagen- und Werkzeugbauer, aber auch Produktlebenszyklen. Von besonderem Vorteil zeigen sich Newsletters und Geschäftsberichte. Eine Auswertung von ehemaligen Fachtagungen bzw. Flyern zu künftigen Veranstaltungen spiegelt das Engagement und das Netzwerk der unterschiedlichen Akteure wider. Übergeordnete Expertisen zu Markt- und Technologieentwicklungen lassen sich über Unternehmensberatungen, Analysten oder Fachverbände recherchieren.

Mit Hilfe dieser Einzelinformationen entstehen Bilder und Szenarios über Marktentwicklungen, mögliche Geschäftskooperationen, werkstoffliche und technologische Trends (z.B. Multimaterial-/Modul-Bauweisen). Diese Einschätzungen können unter Hinzuziehung von hausinternen Experten fachlich, d.h. nach einer zeitlichen und technologischen Eintrittswahrscheinlichkeit, verifiziert werden und erfahren somit eine Konsolidierung. Auf dieser Basis lassen sich mögliche Marktszenarios sowie Strategien für das eigene Handeln ableiten.

Im Zusammenspiel mit potenziell involvierten, internen als auch externen Prozesspartnern – d.h. Technologie (F&E), Einkauf und Geschäftsleitung – durchlaufen die Strategieoptionen eine Bewertung, die letztendlich in einer Empfehlung hinsichtlich eines zielführenden Geschäftsprozesses resultieren. Besonders der Erfolg der letzten Stufe des CI-Prozesses ist von der Existenz eines weitmaschigen, vertrauensvollen Netzwerks geprägt, in dem persönliche Beziehungen eine nicht zu vernachlässigende Rolle spielen.

Zusammenfassung

Zur Sicherung von Technologieführerschaft ist es zwingend erforderlich, sich systematisch Wissen zu erschließen und dieses umzusetzen. Dies erfordert ein vernetztes und global mobiles Technolgie- und Trendscouting. Diesen Vorgang des kontinuierlichen Informationensammelns kann man in einen weitgehend systematisierbaren Prozess der globalen CI und einen Vorgang der situativen CI unterteilen. Beiden gemeinsam ist ein ständig zu pflegendes System der Wissensarchivierung und -bereitstellung. Die Competitive Intelligence bildet einen essentiellen Baustein zur strategischen Innovationsplanung aktiv agierender Unternehmen.

Die globale CI trägt entsprechend des gestellten Untersuchungsumfangs als mittel- bis langfristiger Prozess kontinuierlich relevant erscheinende Daten auf einer breiten Basis zusammen. Hierunter fallen Besuchs- und Reiseberichte, frei auf dem Markt verfügbare Expertisen, Unternehmens- und Hochschulprofile sowie Veröffentlichungen über Unternehmen und Technologien. Zusätzlich besteht der Bedarf nach einer aktiven Wissensgenerierung durch die Beauftragung von externen Studien oder Forschungsprojekten, Wissenskonsolidierungen und Expertengutachten.

Die situative CI besitzt – entsprechend der Aufgabenstellung – einen mehr kurz- bis mittelfristigen Charakter in der Ergebnisbereitstellung. Sie baut auf Wissen der globalen CI oder latenten Erkenntnissen von Experten auf.

In beiden Fällen ist die zeitliche Prägnanz und die Eintrittswahrscheinlichkeit von Ereignissen – besonders von Langzeittrendaussagen – kritisch zu hinterfragen. Dies bedingt den Aufbau und die ständige Pflege eines weitmaschigen Netzwerks von Experten, welche durch ihre Beurteilungs- und Bewertungskompetenz zur objektiven Einschätzung von Sachverhalten beitragen.

8.3 Counter Intelligence

> Faust: Das Spionieren scheint's ist deine Lust.
> Mephistopheles: Allwissend bin ich nicht; doch viel ist mir bewusst.
>
> aus: „Faust I" von Johann Wolfgang von Goethe
> Deutscher Dichter (1749-1832)

Literatur:

- Bamford J (2001) NSA. Die Anatomie des mächtigsten Geheimdienstes der Welt. Bertelsmann, München
- Mitnick K (2003) Die Kunst der Täuschung. mitp-Verlag, Bonn
- Ostrovsky V (1990) By Way of Deception. St. Martin's Press, New York
- Plenenberg AL, Barry M (2000) Spooked. Perseus Publishing, Cambridge, MS
- Ulfkotte U (1999) Marktplatz der Diebe. Bertelsmann, Aalen

8.3.1 Einführung

In diesem Kapitel werden Notwendigkeit und Voraussetzungen für die Abwehr legaler sowie illegaler Aktivitäten gegen Unternehmen aufgezeigt. Hierzu werden die Bedrohungsformen durch Wirtschaftsspionage, Wirtschaftskriminalität und nationale Nachrichtendienste betrachtet, um letztlich präventive Vorkehrungen für das eigene Unternehmen treffen zu können.

Der Besitz und Betrieb technischer Geräte zum Ausspähen und Aushorchen ist in Deutschland illegal[5]. Bei Fragen bezüglich der legalen Grenzen der Observation sei auf die Publikationen des Bundesministeriums für Sicherheit in der Informationstechnik (BSI) verwiesen (www.bsi.bund.de).

8.3.2 Kriminelle Aktivitäten

Während Competitive Intelligence per se absolut legal und ethisch korrekt betrieben wird (Verbände wie SCIP (vgl. Abschnitt 9.3) haben klare Regeln für Markt- und Wettbewerbsbeobachtung für Mitglieder aufgestellt), gibt es natürlich auch „schwarze Schafe", d.h. Dienstleister, die entweder in ethischen „Grauzonen" operieren (z.B. Vorspiegelung falscher Tatsachen über den Grund eines Anrufs) oder regelrecht kriminelle Ausspähak-

---

[5]   In einigen Nachbarländern gibt es zahlreiche dubiose Anbieter, die offen mit dem Vertrieb entsprechender semi-professioneller Hardware werben.

tivitäten durchführen (Plenenberg 2000, Ulfkotte 1999). Insgesamt ermittelte das Bundeskriminalamt (BKA) 2003 durch Wirtschaftskriminalität einen geschätzten Schaden für die deutsche Wirtschaft von über 6,8 Milliarden Euro. Tendenz: stark ansteigend.

Die Palette der kriminellen Ausspähung reicht vom Verwanzen von Räumlichkeiten über das Abfangen von Computersignalen oder Telefonaten bis hin zum Eindringen in das PC-Netzwerk eines Unternehmens. Besonders kritisch, da kaum bemerkbar, ist das Platzieren von Software (so genannter „Trojanischer Pferde") auf PCs, um vertrauliche Dokumente (z.B. Angebote) oder Passwörter abzuziehen (Fuhrberg 1998).

Unbedarfte Mitarbeiter – der Schwachpunkt jedes Unternehmens

Häufigster Angriffspunkt sind die eigenen Mitarbeiter eines Unternehmens, die durch so genanntes „social engineering" (direkte Ansprache) ausgehorcht werden (Mitnick 2003). Durch „softe" Kontakte werden Informationen über einen „interessanten" Wissensträger gesammelt (z.B. über dessen Alkohol- oder Eheprobleme). In einem zweiten Schritt wird ein direkter Kontakt zu dem Mitarbeiter hergestellt und unter Ausnutzung der erkannten Schwachstellen nach und nach sein „Know-how" angezapft – meist unbemerkt vom Mitarbeiter selbst, dem der Wert seines Know-hows für Dritte nicht bewusst ist.

Ebenso können Mitarbeiter als „Maulwürfe" gezielt in Unternehmen eingeschleust werden (vgl. z.B. Plenenberg u. Barry 2000, Foerster 2002)[6]. Mitunter dauert es mehrere Jahre, bis eine Zielposition erreicht ist und dem Auftraggeber vertrauliche Informationen übermittelt werden können.

Staatliche Industriespionage

Die Geheimniskrämerei um „Echelon", dem globalen Abhörsystem der amerikanischen National Security Agency (NSA), endete erst mit dem in 1996 veröffentlichten Buch „Secret Power" des Neuseeländers Nicky Hager (Hager 1996). In jahrelanger Arbeit entdeckte er ein weltumspannendes elektronisches Abhörsystem, das schon seit dem Ende der 60er Jahre aufgebaut worden war. Ursprünglich war das System gegen staatliche und militärische Institutionen des Warschauer Pakts eingesetzt worden. Nach Wegfall der Militärblöcke gibt es ernst zu nehmende Hinweise, dass Echelon auch für die Ausspähung europäischer Unternehmen eingesetzt wird (Bamford 2001).

---

[6]   Vgl. Hinweis auf Seiten der BSI (www.bsi.bund.de).

Mit diesem Abhörsystem werden zahlreiche Kommunikationssatelliten rund um die Uhr abgehört und die Informationen an Bodenstationen u.a. in USA, UK, Deutschland und Neuseeland übermittelt. Betreiber sind pro forma die USA, Kanada, Australien, Neuseeland und Großbritannien, Hauptnutzer ist jedoch die amerikanische NSA (Schmidt 2001).

Im Prinzip kann jede Funkstrecke abgehört werden (auch Mobiltelefone, Richtfunkstrecken und Nachrichtensatelliten). Jede Nachricht im Internet und Telefonfestnetz, insbesondere auch im Faxverkehr, ist gefährdet. Gewiss wird nicht weltweit jede Nachricht erfasst, doch potenziell ist niemand vor diesem Netzwerk sicher.

Automatisch werden die abgehörten Signale nach „kritischen" Begriffen durchsucht (vgl. Abschnitt 5.2.9) und, bei relevanten Funden, die zugehörige Kommunikation ausgewertet. Schon 1999 wurden in einem Bericht, der im Auftrag der Europäischen Kommission erstellt wurde, Beispiele dafür aufgeführt, wie über dieses System die europäische Wirtschaft zugunsten ihrer amerikanischen Konkurrenz ausgetrickst wurde.

Wendet man die in Abschnitt 5.3.6 getroffenen Überlegungen zu Intention[7] und Potenzial[8] eines möglichen Angreifers an, so scheint die Notwendigkeit der Abwehr potenzieller staatlicher Wirtschaftsspionage für Unternehmen, die direkte Wettbewerber in staatlichen Industrien der Echelon-Betreiber-Staaten haben, gegeben.

8.3.3 Abwehr durch „Counter Intelligence"

Die Abwehr von kriminellen Aktivitäten („Counter Intelligence") ist Aufgabe einer CI-Abteilung. Prävention und Maßnahmenpläne für den Ernstfall (Risikomanagement) sind hierbei die Hauptziele. Um einen Maßnahmenkatalog erstellen zu können, ist eine Bedrohungsinventarisierung des eigenen Unternehmens notwendig. Diese kann z.B. im Rahmen eines Risikomanagementhandbuchs analog zu KontraG (vgl. Michaeli 2001) aufgesetzt werden.

---

[7] Bamford (Bamford 2001) beschreibt in seinem Buch das Selbstverständnis der NSA, US-amerikanische Unternehmen vor unfairen Aktivitäten ihrer Wettbewerber zu schützen. Durchdenkt man diese Logik, so ist die Intention der NSA wenigstens zum präventiven Ausspähen von direkten Wettbewerbsunternehmen gegeben.

[8] Abschnitt 5.2.9 und Bamfords Ausführungen zu den semantischen Analysemöglichkeiten der NSA (Bamford 2001) bestätigen das technologische Potenzial der NSA zur Ausspähung von Wirtschaftsunternehmen durch Echelon.

Während sich die technische Prävention z.B. mit der Einrichtung von abhörsicheren Rechnernetzen[9] beschäftigt, muss auf Mitarbeiterseite präventiv insbesondere eine Unterweisung zum vertraulichen Umgang mit sensiblen Informationen erfolgen. Das Bundesamt für Sicherheit in der Informationstechnik stellt etliche Informationen zu diesem Thema abrufbereit auf seiner Webseite (www.bsi.bund.de) zur Verfügung.

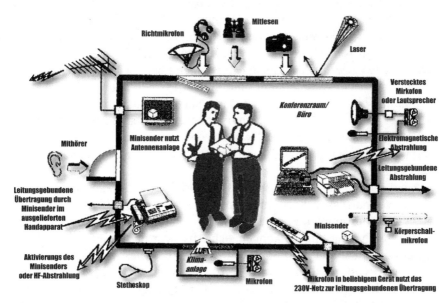

Abb. 8.14 Möglichkeiten für illegales Abhören (BSI-Faltblatt 2003)

Verschlüsselung elektronischer Nachrichten[10]

Im täglichen Geschäftsverkehr bei der E-Mail-Korrespondenz mit externen Mitarbeitern, Beratern, Kunden, Zulieferern oder auch mit der ausländischen Niederlassung werden Daten über das Internet übertragen. Die wenigsten Nutzer sind sich hierbei darüber im Klaren, dass E-Mails heute immer noch in Klarschrift übertragen werden. Eine E-Mail entspricht also nicht einem Brief, sondern eher einer Postkarte. Der Weg, den eine E-Mail durch das Internet nimmt, ist ebenfalls nicht eindeutig bestimmt. Die Postkarte (E-Mail) wird sozusagen von Postamt zu Postamt weitergeschickt. Jedes Postamt liegt ein bisschen näher am Empfänger, bis die Karte schließlich dessen Postfach erreicht. Zumindest die Administratoren der

---

9   z.B. kein Internetzugang, regelmäßige Veränderung der Passworte
10   Beitrag von Thorsten Bill, DIE DENKFABRIK GmbH

Postämter auf diesem Weg haben prinzipiell problemlos die Möglichkeit, einen Blick auf die Postkarte zu werfen. Auch die Absenderadresse kann problemlos gefälscht werden.

Angesichts dieser Problematik ist es völlig unverständlich, warum so viele vertrauliche Daten per E-Mail über das Internet ausgetauscht werden. Dabei ist eine Verschlüsselung der Daten einfach und problemlos durchführbar. Praktisch alle E-Mail-Clients haben seit Jahren Verschlüsselungskomponenten integriert, deren Handhabung denkbar einfach ist.

Zum sicheren E-Mail-Austausch werden heute asymmetrische Public-Key-Verschlüsselungsverfahren benutzt. Bei diesen Verfahren besteht der Schlüssel aus zwei Teilen: einem öffentlichen Schlüssel, der jedem frei zugänglich gemacht werden kann, und einem privaten Schlüssel, der einem bestimmten Nutzer zugeordnet ist. Eine Nachricht, die mit einem privaten Schlüssel „versiegelt" wurde, kann nur wieder mit dem entsprechenden öffentlichen Schlüssel „geöffnet" werden und umgekehrt. Zur Verschlüsselung braucht daher sowohl der Absender als auch der Empfänger ein solches Schlüsselpaar.

Damit die Identität des Absenders überprüft werden kann, muss zusätzlich ein vertrauenswürdiger Dritter versichern, dass der öffentliche Schlüssel zu einer bestimmten Person gehört. Dies kann im Prinzip jeder vertrauenswürdige Nutzer tun. So können sich Absender und Empfänger z.B. gegenseitig die Identität ihrer Schlüssel garantieren. Diese Art des Schlüsselaustauschs wird bei dem Produkt PGP (pretty good privacy) genutzt und dürfte in den meisten Fällen sicher genug, also „pretty good", sein. Die Zeitschrift C'T führt seit April 1997 eine Krypto-Kampagne durch, in der sie auf diese Möglichkeiten hinweist und selbst auf Messen nach Vorlage eines Personalausweises PGP-Zertifikate ausgibt (www.heise.de/security/dienste/pgp/).

Für Dokumente, die der Schriftform bedürfen, genügt dies jedoch nicht. Hierzu ist es nötig, dass ein Trustcenter wie etwa der T-Telesec (www.telesec.de/) die Identität des Schlüsselinhabers zertifiziert. Darüber hinaus stellen sich weitere Anforderungen an die Sicherheitsinfrastruktur (z.B. Speicherung der Schlüssel auf einer Chip-Karte, Prüfung und Akkreditierung des Trustcenters durch die Regulierungsbehörde für Telekommunikation etc.). Damit sind zwar höhere Kosten verbunden, der Gesetzgeber stellt aber eine solche „Digitale Signatur" einer handschriftlichen Unterschrift gleich (SigG 2001).

Obwohl die E-Mail-Verschlüsselung über PGP und die Digitale Signatur seit vielen Jahren bekannt und verfügbar ist, konnten sich die Verfahren bisher in der Breite nicht durchsetzen. Trotz der relativ einfachen Handhabung sind sie doch erklärungsbedürftig. Solange nicht jeder Nutzer ein fortschrittliches Schlüssel-Zertifikat besitzt, ist der Nutzen begrenzt, da das Verfahren nur dann funktioniert, wenn beide Kommunikationspartner (Absender und Empfänger) es nutzen.

Ein unkomplizierter Weg, vertrauliche Daten über das Internet auszutauschen, ist die Nutzung von einfachen Verschlüsselungs-Programmen wie WinZip (www.winzip.com) oder SafeGuard® PrivateCrypto (www.utimaco.de). Diese schützen die Daten durch ein Passwort, welches am besten persönlich, schriftlich oder telefonisch mitgeteilt wird. Schickt man das Passwort mit derselben E-Mail wie die verschlüsselten Daten, ist der Aufwand natürlich nutzlos.

Allerdings muss darauf hingewiesen werden, dass derartige Programme anfällig gegen so genannte Brute-Force-Attacken sind. Viele Nutzer verwenden ganze Worte, Namen, Geburtstage etc. als Passworte. Es gibt Programme, die z.B. einfach alle Wörter eines Wörterbuchs bzw. einfache Kombinationen aus Wörtern, Daten etc. durchprobieren, um solche Passworte zu knacken. SafeGuard® PrivateCrypto versucht, dies durch eine steigende zeitliche Verzögerung zu verhindern. Die gewonnene Sicherheit ist bei solchen Produkten niedriger als bei den oben beschriebenen Public-Key-Verfahren, ihr Vorteil liegt eher in der einfacheren Anwendbarkeit.

Zuletzt bieten viele Programme (z.B. Microsoft Office) auch die Möglichkeit, Daten zu verschlüsseln. Allerdings kann das nur als absoluter Notbehelf angesehen werden. Zum Ersten weiß man nicht bei jedem Produkt, welche Verschlüsselungsverfahren verwendet werden und ob diese sicher sind. Zum Zweiten birgt die steigende Flut von Passworten das Risiko, diese zu vergessen bzw. zur Sicherheit irgendwo zu notieren oder einfach überall dasselbe Passwort zu benutzen.

Zusammenfassend lässt sich sagen, dass zum jetzigen Zeitpunkt in vielen, insbesondere kleinen und mittleren Unternehmen ein starker Handlungsbedarf besteht, die E-Mail-Sicherheit zu erhöhen. Das Bundesamt für Wirtschaft und Arbeit hat aus diesem Grund im Jahr 2003, unter Mitwirkung des BSI, ein Portal eingerichtet, das über aktuelle Sicherheitsthemen informiert (http://www.mittelstand-sicher-im-internet.de/).

Welche Art der Verschlüsselung für welchen Anwendungsfall interessant ist, muss im Einzelfall geprüft werden. Sobald ein Unternehmen vertrauliche Informationen per E-Mail austauscht, kann ein Ignorieren der potenziellen Gefahr erhebliche Schäden nach sich ziehen. Am Beispiel des E-Mail-Verkehrs wird auch klar, dass eine IT-Infrastruktur alleine nicht die Sicherheit von vertraulichen Daten gewährleisten kann. Ohne die Aufklärung und das Problembewusstsein der Mitarbeiter ist die Infrastruktur nutzlos.

Abwehr des social engineerings

In speziellen Schulungen müssen Mitarbeiter über die Techniken des social engineerings durch Dritte aufgeklärt werden und z.B. klare Regeln für die Weitergabe von Informationen über das Telefon erhalten. Schließlich muss eine „Hotline" für den vermeintlichen Ernstfall eingerichtet werden: Sollten z.B. die illegalen Aktivitäten eines „Maulwurfs" rechtzeitig von aufmerksamen Kollegen erkannt werden, so kann der Schaden u.U. noch begrenzt werden.

Die Überprüfung der Wirksamkeit der Counter-Intelligence-Maßnahmen erfolgt idealerweise durch einen simulierten Angriff: Ein externes CI-Unternehmen erhält den Auftrag, auch unter Verwendung illegaler Maßnahmen, unternehmensvertrauliche Sachverhalte auszuspähen. Spätestens dann schlägt die Stunde der Bewährung für den CI-Manager.

8.3.4 Phoenix Consulting Group: Schutz der eigenen Intelligence-Operationen vor Ausspähung durch Wettbewerber[11]

von John Nolan III

Die meisten Unternehmen sind sich darüber im Klaren, dass proprietäre, unternehmensinterne Informationen vor ungewollter oder unbefugter Verbreitung geschützt werden müssen. Die wenigsten wissen jedoch, dass auch die eigenen Intelligence-Prozesse zu schützen sind. In der Mehrzahl der Unternehmen sind Intelligence-Ausübende zwar davon überzeugt, dass ihre Aktivitäten dem eigenen Betrieb bedeutende Wettbewerbsvorteile bringen und achten auf den Schutz von Informationen und Prozessen anderer, gleichzeitig vernachlässigen sie jedoch die Sicherung ihrer eigenen Prozesse und Aktivitäten.

Der vorliegende Beitrag behandelt dieses Phänomen, das nicht nur in zahlreichen US-amerikanischen Unternehmen, sondern in Betrieben rund um den Globus, von Europa bis nach Asien, von Australien bis zum Mittleren Osten, verbreitet ist.

Unternehmen, die über einen etablierten Competitive Intelligence (CI)-Prozess verfügen, sind sich gewöhnlich darüber im Klaren, dass nicht nur sie selbst wertvolle Informationen über Wettbewerber generieren können, sondern auch umgekehrt ihre Wettbewerber über sie. Solche Unternehmen werden von Managern geleitet, die sich ihres Rechts und ihrer treuhänderischen Verantwortlichkeit bewusst sind, bestimmte Informationen nicht öffentlich zu publizieren – unabhängig davon, ob diese Offenlegung gegenüber einer Regierungsbehörde, einem Wettbewerber oder sogar einem aggressiven Zulieferer erfolgen soll.

Diese Unternehmen schützen sich durch Prozesse wie dem Competitive-Assurance™-(CA)-Modell,[12] welches bereits in der publizierten CI-Literatur beschrieben wurde (Nolan 1996; 1997). Selbst in einem Unternehmen, das genau weiß, wie stark die eigenen Informationen geschützt werden

---

[11] Übersetzung eines englischen Beitrags

[12] Das CA-Modell basiert auf einem fünfstufigen Prozess (analog zum CI-Zyklus): (1) Ein Unternehmen definiert, was schützenswert ist, (2) bewertet die Fähigkeiten eines Wettbewerbers, diese Informationen zu erheben, (3) beurteilt die eigene Verwundbarkeit gegenüber dieser Angriffe, (4) entwickelt und implementiert entsprechende Gegenmaßnahmen und (5) analysiert kontinuierlich den eigenen Schutzprozess, da aggressive Wettbewerber immer neue Wege der Datenerhebung finden werden.

sollten, müssen für etliche Aspekte der eigenen CI-Aktivitäten Kompromisslösungen gefunden werden, die dem Unternehmen jedoch genauso schaden können wie das Bekanntwerden jeder anderen wesentlichen Information oder jedes anderen Prozesses. Die meisten Leser sind mit dem traditionellen CI-Zyklus (vgl. Abschnitt 3.2) vertraut: Planung, Datenerhebung, Aufbereitung, Analyse und Reporting sowie Kommunikation der Erkenntnisse. Während der Durchführung des CI-Zyklus birgt jeder Prozessschritt weitere schutzbedürftige Aspekte. Ein besonders offensichtliches und nahe liegendes Beispiel ist der Schutz von Quellen und Methoden in der Erhebungsphase.

Obwohl Schutzmaßnahmen auf allen Ebenen wichtig sind, werden wir uns ausschließlich mit den Aktivitäten in der ersten Phase beschäftigen: der CI-Bedarfsdefinition.

Einige Leser sind sicherlich mit diesen Aktivitäten durch die wegweisenden Publikationen von Jan Herring vertraut, der die Begriffe Key Intelligence Topics (KITs) und – davon abgeleitet – Key Intelligence Questions (KIQs) geprägt hat (Herring 1999). Obwohl wir uns im Folgenden auf diesen ersten Schritt im CI-Zyklus beschränken, hoffen wir, auch für die anderen CI-Schritte entsprechende Schutzüberlegungen zu initiieren.

Intelligence-Anforderungen

In der heutigen Intelligence Community wird recht sauber zwischen zwei verschiedenen Ansätzen unterschieden: dem nachrichtendienstlichen und dem unternehmensbezogenen (Business Intelligence) Ansatz. Obwohl es bereits zahlreiche Methoden der nachrichtendienstlichen Vorgehensweise gibt, die verändert und an Business-Intelligence-Anwendungen angepasst wurden, bestehen nach wie vor Unterschiede, wobei ein wesentlicher Unterschied in den Intelligence-Anforderungen liegt.

Nachrichtendienstliche Intelligence: Im nachrichtendienstlichen Umfeld gehören die Aktivitäten, die sich mit der Formulierung der Intelligence-Anforderungen und deren Übermittlung an die eigentlichen Informationsrechercheure befassen, zu den brisantesten Prozessschritten. Die Definition der Intelligence-Anforderungen und der nachfolgenden Erhebungsaktivitäten wird typischerweise nur von hochqualifizierten, vertrauenswürdigen Beamten (Regierungsangestellten) durchgeführt. Diese Beamten sind bezüglich ihrer Loyalität und Zuverlässigkeit „auf Herz und Nieren" geprüft – soweit dies möglich ist. Staaten können sich das "Outsourcen" dieser Intelligence-Funktionen an Unternehmen oder gar an Nachrichtendienste anderer Staaten schlichtweg nicht erlauben – unabhängig davon, wie fest Länder miteinander verbunden sein mögen; denn hier kommt eines der ältesten Prinzipien der Intelligence zum Tragen: *Fragen sind per se wertvolle Intelligence*. Werden internationale Operationen ausgeführt, hat die Penetration eines gegnerischen Nachrichtendienstes höchste Priorität. Der Grund hierfür ist einfach: Abgesehen von anderen Aspekten erlaubt die Penetration den Zugriff auf die Erhebungsziele des Dienstes. Erhält ein gegnerischer Nachrichtendienst erst einmal Zugang zu den Erhebungszielen, können aus diesen folgende Sachverhalte abgeleitet werden:

- Die aktuellen Intelligence-Wissensdefizite bezüglich der Gegenseite
- Einblicke in die Denkweise der gegnerischen Führung
- Erste Einblicke in Pläne und Intentionen des gegnerischen Landes
- Kompetenzen des informationserhebenden Nachrichtendienstes, insbesondere der Professionalität, Anzahl der Mitarbeiter, Lokationen, Aufträge, Vorgehensweisen
- Was, wie und wie viel an Information in der Vergangenheit bereits erhoben wurde.

Bei der nachrichtendienstlichen Intelligence sind jedoch kaum noch Ähnlichkeiten zwischen Nachrichtendiensten und kommerziellen Diensten gegeben.

Business Intelligence: Im Unterschied zu den Nachrichtendiensten greifen Unternehmen sowohl auf interne als auch externe Ressourcen zurück. Zum einen ist es in Unternehmen üblich, eigene Mitarbeiter mit der Definition der Intelligence-Anforderungen zu beauftragen, zum anderen gibt es Unternehmen, die CI-Dienstleister um aktive Teilnahme bei der Erstellung dieser Angaben bitten. Tatsächlich ist die Mitarbeit der für die Datenerhebung Verantwortlichen ein wesentlicher Erfolgsfaktor für das Gelingen der Operationen (Herring 2002).

Seit 1988 haben wir kaum ein Unternehmen kennen gelernt, das dieses Prinzip beachtet hat. Unternehmen, die dieses Konzept zu würdigen wissen, gebärden sich häufig selbst als aggressive Angreifer der Competitive-Intelligence-Abteilungen ihrer Wettbewerber, indem sie ganz im Sinne der oben beschriebenen geheimdienstlichen Erhebung vorgehen. Nimmt man den strategischen und taktischen Einfluss auf die eigene Unternehmensleitung als Maßstab, so sind sie die erfolgreichsten CI-Abteilungen.

Ähnlich wie bei staatlichen Entscheidern kann man aus den Fragen, auf die ein Topmanager für das erfolgreiche Führen seines Unternehmens Antworten benötigt, Rückschlüsse auf den Zustand seines Unternehmens ziehen: Intentionen, Denkweisen und anstehende Entscheidungen. Dennoch werden diese Informationen nur in den seltensten Fällen geschützt.

Probleme des Schutzes

Schutz bzw. Mangel an Schutz bei Business-Intelligence-Operationen tritt auf zwei Ebenen auf: Auswahl und Verfeinerung.

Auswahl: Viele CI-Abteilungen senden vollständige Auflistungen ihrer Erhebungsziele an potenzielle CI-Dienstleister, die sie bei der Datenerhebung unterstützen sollen. Durch diese Auflistungen könnten Wettbewerber interessante Informationen erhalten. Typischerweise hat die CI-Abteilung mehrere Beratungsunternehmen ausgewählt, die eine Liste mit KITs und KIQs für die Angebotserstellung erhalten. In diesen Fällen, die nicht nur bei CI-Neulingen auftreten, fehlt das Verständnis für die Natur von Beziehungen, was zu Verwirrung, Kompromittierungen und manchmal auch zu Bestechungen führt.

Im Allgemeinen schließen Unternehmen zwar Vertraulichkeitserklärungen mit ihren Intelligence-Zulieferern ab, entscheidend ist jedoch das Timing eines solchen Abkommens. Viele CI-Manager glauben fälschlicherweise, dass sie keine Möglichkeit haben, schon vor Vertragsabschluss von einem Berater eine Vertraulichkeitserklärung zu verlangen, sodass solche Erklärungen immer wieder erst beim eigentlichen Auftrag unterzeichnet werden. Nach unserer Erfahrung ist die Wahrscheinlichkeit, dass ein Angebot ohne vorab unterzeichnete Vertraulichkeitserklärung erbeten wird, umso höher, je unerfahrener ein CI-Manager ist.

Betrachten wir das fiktive Unternehmen „Blau". Blau möchte ein Rechercheprojekt mit dem Berater Jones durchführen – genau wie fünf oder sechs andere Anbieter. Blau hat keine Vertraulichkeitserklärung an den Angebotsprozess geknüpft. Erhält Jones den Auftrag, ist das Problem einer Kompromittierung gering, wenn auch nicht ausgeschlossen. Sollte Jones den Zuschlag jedoch nicht erhalten und ein anderer Berater wird beauftragt, sieht die Situation anders aus. Jones kann und wird nun das Rechercheprojekt des Unternehmens Blau z.B. gegenüber dem Unternehmen „Grün" erwähnen.

Obwohl dies klar unethisch ist, ist es nicht illegal. Jones hat nichts mehr zu verlieren, er kann nur noch gewinnen, indem er dem Unternehmen Grün von den Plänen des Unternehmens Blau in Kenntnis setzt, was besonders problematisch ist, wenn Unternehmen Grün Gegenstand der Recherchen von Blau ist. (Die Wahrscheinlichkeit, dass Jones bereits mit Wettbewerbern von Unternehmen Blau in Kontakt war, ist recht hoch, da er in der Industrie bereits einschlägige Kenntnisse hat, die irgendwoher stammen müssen.)

In einer Situation wie dieser kann Unternehmen Grün die Intelligence-Defizite von Unternehmen Blau erkennen. Es kann aus den Fragen extrapolieren, in welche Richtung sich Unternehmen Blau taktisch oder strategisch entwickelt, kann Maßnahmen ergreifen, um Unternehmen Blau in die Irre zu führen, und es kann eine Frühwarnung vor den Intentionen seines Wettbewerbers erhalten.

Verfeinerung: Die meisten Business Intelligence Professionals sind mit dem bereits erwähnten KIT(Key Intelligence Topic)-Entwicklungsprozess vertraut. Dieser Prozess beinhaltet die Umsetzungsplanung – eine Aktivität, die enge Kooperation mit den Rechercheuren voraussetzt, so sie erfolgreich durchgeführt werden soll (Herring 1998).

Genau an diesem Punkt wird die eigentliche Vorgehensweise zur Erreichung der Erhebungsziele entwickelt. Ebenso sind genau hier die KITs und die KIQs besonders wertvoll und damit schutzbedürftig. Während diese Planung in vielen Fällen erst erfolgt, wenn ein externer Berater tatsächlich engagiert wurde (und somit die Vertraulichkeitserklärung unterzeichnet ist), führt die Mehrheit der Unternehmen sie noch während der Angebotsphase durch, wodurch keinerlei Zusicherung von Vertraulichkeit gewährleistet ist. Jeder, der einmal an einem solchen Prozess beteiligt war, weiß, dass Vielfalt und Natur der Informationen ein klares Bild der Denkprozesse der Unternehmensführung zeichnen. Diese Gedankengänge und gesetzten Prioritäten bieten signifikante Einblicke in ein Unternehmen, welche besser verborgen bleiben sollten.

Dabei zeigt sich, dass das Schadenspotenzial umso größer ist, je zukunftsorientierter die Informationsanforderungen der Unternehmensführung sind. Langfristige Anforderungen sind die gefährlichsten. Während traditionelle Erhebungsprojekte entweder taktisch (Produktentwicklung, Einführungen, Preise etc.) oder strategisch (wie M&A, langfristige Investitionen etc.) orientiert sind, dienen die vermutlich sensibelsten Projekte der Frühwarnung oder der rechtzeitigen Entschärfung von Überraschungen (Gilad 2003).

Vorschläge für den schutzorientierten Praktiker

Wettbewerbersicht: Sobald die potenziellen KITs und KIQs aufgestellt sind, sollten sie nochmals aus einem alternativen Blickwinkel betrachtet werden. Überlegen Sie, was Ihr Hauptwettbewerber aus dieser Liste lernen könnte. Sobald Sie dies getan haben, werden Sie nie wieder KITs und KIQs unvorsichtig handhaben.

Vorqualifikation der Anbieter: Entscheiden Sie bereits beim ersten Kontakt, ob sich für den Anbieter ein Interessenkonflikt ergeben könnte. Stellen Sie sicher, dass der Anbieter nicht in einem ähnlichen Projekt beschäftigt ist, insbesondere nicht für einen der Wettbewerber, die Gegenstand der Recherche sein werden. Fügen Sie diese Auflagen in die Vertraulichkeitserklärung explizit ein. Des Weiteren können Sie auch verlangen, dass der potenzielle Anbieter eine spezielle Wettbewerbsklausel in seine publizierte Unternehmenspolicy aufnimmt (Verbot von gleichzeitiger Tätigkeit für konkurrierende Unternehmen[13]).

Bestehen Sie auf einer Vertraulichkeitserklärung - vorab: Sobald Sie einen potenziellen Anbieter kontaktieren, sollten Sie auf einer Vertraulichkeits-erklärung vor Aussendung der Angebotsaufforderung bestehen. Diese Anforderung sollte unter dem Aspekt der „Wettbewerbersicherheit" bereits signifikant reduziert sein. Das Projekt wird so keineswegs eingeschränkt, sensible Themen können später, während der Maßnahmenplanung, angesprochen werden.

Qualifizierende KIT-Maßnahmenplanung: Verlangen Sie von Ihren Anbietern oder Beratern einen generischen Maßnahmenplan zur Erstellung der KITs und KIQs. Dabei soll der Anbieter ohne Rücksprache mit Ihnen arbeiten, Anpassungen an Ihre Vorstellungen sind ebenfalls nicht erwünscht. Zahlreiche Anbieter werden versuchen, Sie in diesen Angebotserstellungsprozess zu involvieren. Sehen Sie davon so lange ab, bis ein Anbieter gewählt wurde.

Anbieterstandards und Prozesse: Einige Anbieter haben sich selbst interne Standards auferlegt, diese haben jedoch keine Gültigkeit für die gesamte CI-Branche. So legen sich die ethischen und professionellen Anbieter bereits vom ersten Kundenkontakt an verbindlich auf ihre internen Vertraulichkeitsstandards fest. Allerdings gibt es nur wenige Kundenunternehmen, die dies erwarten, und sogar noch weniger Anbieter, die diese Beschränkungen etabliert haben.

Operative Vorgehensweisen: Als letzter Aspekt zur Weitergabe proprietärer Informationen, insbesondere Key Intelligence Topics und Questions, sollte Folgendes beachtet werden: Es ist keineswegs ausgeschlossen, dass Intelligence-Erhebungsziele durch wenig professionelles Vorgehen der externen Anbieter preisgegeben werden. So kann zum Beispiel eine amateurhafte Aggressivität dazu führen, dass ein Wettbewerber oder ein anderes

---

[13] Für die Phoenix Consulting Group bedeuten diese Anforderungen, dass die Identität von Kunden, Erhebungsziele und Verwendung der Informationen niemals publiziert werden. Sobald eine Projektdurchführung vereinbart wurde, wird zusätzlich zu den Standard-Vertraulichkeitsklauseln bestätigt, dass wir (1) nicht für eine spezifische Liste von Wettbewerbern für ähnliche Projekte während der Projektdauer arbeiten und (2) je nach Industriesektor nicht für eine spezifische Liste von Industrieanbietern für einen Zeitraum von 24 bis 60 Monaten nach Projektabschluss tätig sein dürfen.

Unternehmen unnötig auf seine Rolle als Erhebungsziel aufmerksam gemacht wird. In einer beständig härter werdenden Wettbewerbsarena haben viele Unternehmen Gegenmaßnahmen entwickelt, um erfolgreiche Erhebungen gegen sich selbst zu verhindern. Diese Gegenmaßnahmen werden beispielsweise durch zu viele direkte Fragen ausgelöst, die von zu vielen Akteuren mit zu hoher Intensität gestellt werden.

Und hier schließt sich nun der Kreis, und wir erkennen die Bedeutung preisgegebener Fragen...

Schlussfolgerungen

Im zunehmend stärkeren Wettbewerb des neuen Jahrhunderts steigt die Bedeutung der Competitive-Intelligence-Mitarbeiter durch eine Erweiterung ihrer Funktionen und Verantwortlichkeiten. Dies gilt insbesondere für den Schutz der Unternehmensinformationen vor Erhebung durch zahlreiche Wettbewerber.

Nur wenige Mitarbeiter in einem Unternehmen sind sich des Wertes der Informationen bewusst, über die eine CI-Abteilung verfügt, und nur wenige Mitarbeiter sind in der Lage, diese Informationen zu schützen.

Dieser Beitrag hat nur den Schutz des Intelligence-Prozesses betrachtet. Es gibt noch zahlreiche weitere Bereiche, an deren Schutz ein CI-Professional mitwirken kann.

9 Anhang

9.1 Checklisten für Wettbewerberinformationen

Everything is vague to a degree you do not realize
until you have tried to make it precise.

Bertrand Russell
Britischer Philosoph und Schriftsteller (1872-1970)

Es ist nahezu unmöglich, eine vollständige, allgemeingültige Liste der Stichworte anzulegen, zu denen Wettbewerbsinformationen erhoben werden sollten. Zu zahlreich sind die Besonderheiten bzgl. Branche (Dienstleistung, Handel, Produktion, Finanzdienstleister etc.), Auswirkungen von Produktlebenszyklen (Innovation, Sättigung etc.) und schließlich der individuellen Situation des eigenen Unternehmens (Wettbewerbsvorteile, Ressourcen, strategische Ziele). In diesem Anhang werden daher neun Hauptkategorien mit einigen Unterpunkten aufgeführt, die an die eigenen CI-Bedürfnisse und die angestrebte Analyse angepasst werden müssen.

Da CI-Checklisten kontinuierlich auf Aktualität und Relevanz zu überprüfen sind, ist eine elektronische Variante der Checklisten sinnvoll. Neben einfachen Excelarbeitsblättern sind spezielle Softwarelösungen (vgl. Abschnitt 9.4) ebenso verfügbar wie individuell programmierte Datenbankapplikationen. Liegt ein CIC (vgl. Kapitel 7) vor, so sollten Wettbewerberinformationen hierin integriert sein.

Im Zweifel gilt: Lieber weniger, gut recherchierte Informationen als zahlreiche, ungenaue Angaben! Es hat sich bewährt, mit „kleinen" Checklisten zu beginnen, den weiterführenden Bedarf zu spezifizieren und anschließend eine erweiterte Checkliste kontinuierlich abzuarbeiten.

In den Abbildungen 9.1-9.3 sind Beispiele für Wettbewerberprofile aufgeführt.

Tabelle 9.1 Checkliste Wettbewerberprofil

Wettbewerber:	❏ Nur Niederlassung ❏ Geschäftsbereich ❏ Wettbewerber ge- samt
Bearbeiter:	
Letzte Änderung:	
Bei Änderung zu benachrichti- gender Verteiler:	
	Weitere Nieder- lassungen siehe

❏ Angaben nur für Deutsch- land	❏ Angaben für weitere Regionen siehe	
Anschrift Wettbewerber		
Straße		
Ort		
PLZ/ZIP		
Land		
Gesellschaftsform		
❏ Einzelfirma ❏ OHG ❏ Sonstige	❏ GmbH ❏ GmbH & Co. KG	❏ KG ❏ AG

Eigentümer		
❏ Alleiniger Inhaber	❏ Einzelpersonen	❏ Mehrheitsaktionäre
❏ Streubesitz	❏ Weitere Besitzer	❏ Beherrschende(r) Gesellschafter

Beteiligungen des Wettbewerbers

Zeitpunkt	Beteiligungstyp	Umfang

Verfügbare Finanzberichte		Aufbewahrungsort:
❏ Bilanz ❏ Sonstige	❏ GuV	❏ Jahresbericht

Sonstige verfügbare Firmenmaterialien

Zeitpunkt Publikation	Lagerort/Verzeichnis	Ausgewertet?
1. 2 3.		

Produkt-/Dienstleistungsportfolio

	Umsatz in %	Verkaufte Einheiten im Jahr 200X
1. 2. 3.		

Finanzkennzahlen

Umsatzentwicklung [Mio. EURO]	2000 2001 2002 2003 2004 2005 (Prognose) 2006 (Prognose)
Gewinnentwicklung [Mio. EURO]	2000 2001 2002 2003 2004 2005 (Prognose) 2006 (Prognose)

Tabelle 9.2 Checkliste Wettbewerberprofil: Vertrieb

	Quelle
Anzahl der verkauften Einheiten pro Produkt/DL	
Absatz per Produktlinie/DL	
Verkaufstrends (steigend/fallend/stagnierend)	
Marktanteile	
Trend der Marktanteile (steigend/fallend/stagnierend)	

Tabelle 9.3 Checkliste Wettbewerberprofil: Kunden

	Quelle
Kundenprofile/-segmente	
Hauptmotivation für Kauf	
Anwendungsschemata	
Neue Großkunden/Käufer (chronologische Liste mit Gründen)	
Verlorene Großkunden/Käufer (chronologische Liste mit Gründen)	
Anteil des Wiederholungsgeschäfts in % von Gesamt	
Potenzial für Cross-Selling	
Kundenbindung basiert auf	
Image bei Kunden	
Grad der Zufriedenheit mit Produktdesign, -leistung und -verlässlichkeit	
Substitutionsgefahr des Wettbewerberproduktes	
Spezielle Kundenbeziehungen (Typ und Auswirkung auf Geschäft)	

Tabelle 9.4 Checkliste Wettbewerberprofil: Produkte

	Quelle
Breite und Tiefe des Produktangebotes	
Vergleich Produktperformance mit eigenem Angebot (technische Attribute)	
Innovative Produktentwicklungen	
Investitionen in F&E	
Einführung und Modifikationen von Produkten (Schemata und Planung)	
Größenarrangements	
Neue Verpackungen	

Bei Dienstleistern werden diese Punkte analog bearbeitet.

Tabelle 9.5 Checkliste Wettbewerberprofil: Werbung und Promotion

	Quelle
Ausgabenhöhe und -schemata	
Bevorzugte Medien	
Effektivität der Maßnahmen	
Produktliteratur	
Verkaufspromotion (chronologische Liste von Kampagnen)	
Vorlieben des Käufers für Marken	
Image und Grad der Wiedererkennung	
Ausgabenhöhe und Schema	

Tabelle 9.6 Checkliste Wettbewerberprofil: Distribution und Vertrieb

	Quelle
Typ der benutzten Distributionsnetzwerke	
Beziehungen und Machtverteilung	
Kostenstrukturen	
Flexibilität	
Sonderbedingungen und Vertragsgestaltung	
Händlervorgaben	
Leistungsniveau der Distributoren	
Größe, Kompetenz und Erfahrung des Vertriebsteams	
Abdeckung der Kunden durch den Vertrieb	
Grad des verfügbaren technischen Supports	
Supportlevel und Ausstattung der Händler	
Lagerbestände/Servicegrad	
Verkaufsregalpositionierung	
After-Sales-Service-Potenzial	
Philosophie des Kundenservice	
Lokation der Läger	
Grad der Kundenzufriedenheit	

Tabelle 9.7 Checkliste Wettbewerberprofil: Preise

	Quelle
Kostenniveaus der Produkte	
Kostenstruktur	
Listenpreise und Rabatte per Kundentyp	
Sonderkonditionen	

Tabelle 9.8 Checkliste Wettbewerberprofil: Finanzen

	Quelle
Performance-Kennzahlen	
Deckungsbeiträge	
Finanzkraft	
Eigentumsverhältnisse und finanzielle Spielräume	
Sonderbedingungen und Vertragsgestaltung	

Tabelle 9.9 Checkliste Wettbewerberprofil: Management

	Quelle
Unternehmensziele (kurz- und mittelfristig)	
Philosophie und Kultur	
Erwartungen für die weitere Unternehmensentwicklung	
Risikobereitschaft	
Topmanagement-Profile	
Ursprung der Strategien und Willen zur Realisierung	
Organisationsstrukturen	
Investitionsvorhaben	
Kritische Erfolgsfaktoren für das Management	

Tabelle 9.10 Checkliste Wettbewerberprofil: Sonstige Angaben

	Quelle
Pro-Kopf-Umsatz	
Fertigungsauslastung	
Art der benutzten Fertigungsmaschinen	
Tarife und Verhältnis zu Gewerkschaften	
Policy des Rohmaterialeinkaufs	
Hauptzulieferer	
Grad der vertikalen und horizontalen Integration	
Commitment zu Marktsegmenten	

Chemisch-Technische Trennanlagen   *VERTRAULICH*

Firmierung	**ALPHA AG**		**Germany**
Address	Kaiserstraße 13-15		
	Frankfurt 6000		Phone: 069 85 0
Home Page	www.alpha_AG.com		Fax: 069 85 359
Geschäftsfelder	Herstellung, Handel und Vertrieb von Ingenieurdienstleistungen, Apparate, Anlagen und Ausruestungen der thermischen Trenntechnik fuer die Chemische-, Pharmazeutische- und Lebensmittelindustrie sowie Aufbereitung und Umweltschutz		
Mission	Das Ziel der Alpha GmbH Verfahrenstechnik ist, stets ökonomische Lösungen für die verfahrenstechnischen Fragestellungen zu finden. Wir bieten unseren Kunden kontinuierliche Verfahrenstechnologien zum Verdampfen, Trocknen, Reagieren.		
Kunden	Prozesstechnik		
Monitoring?	ja		
Analysiert?	ja		
Bedrohungspot.	hoch		
Mitarbeiter	1,550		Fiskaljahr 31.12.
Struktur			Stock Exchange keine
Besitzer	Management		Trading Symbol

Financial History & Projections

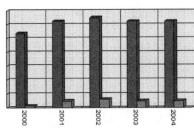

Year		Umsatz (M)	Gewinn (M)
2004	*Est.*	250.0	20.0
2003	*Est.*	250.0	20.0
2002	*Est.*	260.0	25.0
2001	*Est.*	249.6	20.0
2000	*Est.*	215.0	6.0

Industrie Code	3556 Maschinen fuer die Lebensmittelindustrie; 8711 Technische Dienste; 5084 Industriemaschinen u. Ausruestung, Pumpen, Gabelstapler, Farbspritzanlagen, Aufzuege usw.; 3559 Sonstige Industrie-Spezialmaschinen
Niederlassung(en)	Niederlassung in Entenhausen (Versuchsanlagen) mit 250 Mitarbeitern
Aktuelle Nachrichten	20.02.2003 Großauftrag für Produkt A aus Thailand (Bien Dot Inc.) 01.06.2003 Mergergespräche mit BETA AG erfolglos abgebrochen 15.09.2003 Produktlaunch der neuen Filterreihe "Turbo" 01.04.2004 Ernennung von Hr. Maier zum Vorstandsvorsitzenden
Key Issues	Wird die ALPHA AG einen Management-Buy-out durchführen?
	Wie leistungsstark sind die neuen Trockenfilter (ACHEMA 03-Ausstellung)? Wie positionieren wir uns gegen diese?

Abb. 9.1 Beispiel für ein allgemeines Wettbewerberprofil (Ausschnitt; Software „Strategy!")

Owners:	Name	Ownership
	Investa Fond AG	80.00%
	UPPA Europe Holding GmbH, Butzbach	20.00%

Portfolio:

Key people:	Function	Name
	Marketing/Vertrieb	Hubert Brandt
	Einkaufsleitung	Michael Kahn
	Finanzen/Controlling/ Personal	Stephan Wergeles
	Konstruktionsleitung	Klaus-Maria Brehmer
	Leitung Konstruktion, Fertigung, Materialwirtschaft	Werner Fassbinder
	Vorstandsvorsitzender	Harald Maier

Key Relationships:	Organizations involved
Partner, Vertrieb NAFTA	TAE Inc., New Orleans, USA
Partner, NAFTA	LTI Corp., Charlotte, NC, USA
Partner - Asien	Kita Chemical Plants Co., Ltd. Hyogo, Japan
Komplementäre Angebotspalette	Beta AG, München, Deutschland

Information Resources:	Location:
Zielmärkte / Umsatz pro Region	www.ALPHA_AG.com/de/unternehmen/unternehmen.htm

Images On File:

📷	07-Mai-2003	Luftaufnahme Frankfurter Areal aus ALPHA-Imageflyer, gedruckt 12/2003
📷	06-Mai-2003	Versuchsgebäude Entenhausen - vor Erweiterung 12/2003
📷	05-Mai-2003	Frankfurt, HQ Kaiserstr.; Frontalansicht; weitere Bilder auf Webpage
📷	05-Mai-2003	HQ Frankfurt, Kaiserstraße

Abb. 9.2 Beispiel für ein allgemeines Wettbewerberprofil (Fortsetzung von Abb. 9.1; Software „Strategy!")

Chemisch-Technische Trennanlagen   VERTRAULICH

ALPHA AG

Kernfähigkeiten

01.03.2003	Individuelle Anlagenkonzepte nach Vorgabe eines Kunden	5
	Ausgereifte, bewährte Module in vorhandene Anlagen bringen (Upgrades, Retrofits)	5
01.04.2004	Neues Management ist sehr gut und erfahren in der Branche	3
	Erfolgreiche Technologien (bewährt, leistungsfähig, robust)	3

Verwundbare Stellen

	überalterter Mitarbeiterstamm	3
	starke Abhängigkeiten von Kernmärkten (D&CH) und Zielsegmenten (Energie- und Wasserwirtschaft)	3
	kaum in der Lage, größere Projekte (MBO) vorzufinanzieren	3

Standfestigkeit in Industrie

	hoch in Kernmärkten (D/CH), Lokationen nur in D/CH, wird nicht als "global" Player angesehen	3

Fähigkeit, sich an Änderungen anzupassen

	derzeit gering, da mangelnde finanzielle Reserven	3
03.05.2003	Blindspots in internationaler Arena (Kooperation mit Sugashi Inc., Japan)	3

Kapazität/Fähigkeiten in Reserve

	ausgereifte, bewährte Technologien; laut Messeankündigung steht Generationswechsel bei Trocknern bevor	3

Abb. 9.3 Beispiel für eine Fähigkeitsanalyse in einem Wettbewerberprofil (Software „Strategy!")

9.2 Autoreninformationen

Michaeli, Rainer

Rainer Michaeli ist Geschäftsführender Gesellschafter der Unternehmensberatung "DIE DENKFABRIK, Gesellschaft für Technologie- und Wirtschaftsberatung mbH" und Direktor des Instituts für Competitive Intelligence (ICI).

Nach Studium zum Dipl.-Ing. Luft- und Raumfahrttechnik (TU Braunschweig und University of York, GB) war er als Systemingenieur und Projektmanager bei der Diehl GmbH & Co KG tätig. Zu seinem Aufgabenbereich zählten Operations-Research-Studien, die Auslegung von High-Tech-Systemen sowie die Vermarktung innovativer Technologien.

Nach einem Aufbaustudium zum MBA an der führenden europäischen Universität INSEAD (Frankreich) war Rainer Michaeli bei der CompuNet AG als Key Account Manager für unternehmensweite IT-Lösungen tätig.

1993 gründete er DIE DENKFABRIK GmbH, eine Unternehmensberatung, die sich auf Competitive-Intelligence-Dienstleistungen und Strategie-Consulting spezialisiert hat. Er hat Lehraufträge an der FH Darmstadt und FH Anhalt zum Thema Competitive Intelligence und ist gewähltes Vorstandsmitglied und Regionalgruppenleiter Rhein/Main der SCIP (Society of Competitive Intelligence Professionals; www.scip.org), dem globalen Verband der Markt- und Wettbewerbsforscher. Im Jahre 2002 erhielt Rainer Michaeli den Catalyst Award der SCIP für seine besonderen Verdienste bei der Verbreitung von Competitive Intelligence in deutschsprachigen Ländern. Ebenso wurde er in das Professional Advisory Board der führenden Zeitschrift „Journal of Competitive Intelligence and Management" berufen.

In 2004 gründete er das Institut für Competitive Intelligence (ICI), das eine berufsbegleitende, zertifizierte Ausbildung zum CI-Professional ermöglicht (www.competitive-intelligence.com).

Rainer Michaeli ist häufig Sprecher an Universitäten und auf Konferenzen, u.a. ist er Referent bei den Schulungsveranstaltern Management Circle, SCIP, dem Institut für International Research (IIR), dem FAZ-Institut und marcus evans. Er hat zahlreiche Publikationen zu Themen wie „Competitive Intelligence", „Unternehmensstrategien" und „Balanced-Scorecard-Systeme" verfasst.

Rainer Michaeli ist verheiratet und hat 4 Kinder. Zu seinen Hobbys zählen Photographie, Windsurfen und Trekking.

Lebensläufe der Beitragsautoren

Aichinger, Christian

Christian Aichinger, studierte BWL an der Johannes-Kepler-Universität in Linz. Seine berufliche Laufbahn begann bei Diebold Österreich in Wien, wo er sich mit Markteintritts- und Internationalisierungsstrategien sowie der Entwicklung innovativer Ansätze in der Strategieberatung beschäftigte. Nach der Fusion von Diebold und Detecon war er für Detecon im Bereich Strategy und Innovation tätig. Derzeit leitet er die Corporate Functions und Strategic Projects der Service Line Systems Integration der T-Systems Austria.

Beitrag: Die Zukunft im Griff – Strategien für komplexe Märkte (Abschnitt 8.1.3)

Altensen, Astrid

Astrid Altensen, Diplom-Betriebswirtin (FH), führte die Studie „Stellenwert und Verbreitung von Competitive Intelligence in Deutschland" in Kooperation mit der Society of Competitive Intelligence Professionals (SCIP) durch. Die Untersuchung erfolgte im Rahmen ihrer empirischen Diplomarbeit von Dezember 2002 bis März 2003. Seit Dezember 2003 ist Astrid Altensen Mitarbeiterin der Bosch Buderus Thermotechnik GmbH. Im Rahmen der Marktforschung ist sie fortan auch für die Wettbewerbsbeobachtung verantwortlich.

Beitrag: Ergebnisse einer bundesweiten Studie zur Competitive Intelligence (Abschnitt 1.4.4)

Berthold, Dr. Jörg

Herr Dr. Jörg Berthold ist seit September 2000 im Unternehmensbereich Strategie der T-Mobile Deutschland GmbH als Projektmanager tätig. Er ist hier insbesondere für den Aufgabenbereich CI verantwortlich. Zuvor war er in der Funktion als Leiter „Methoden, Simulation Tools" im Research- und Analysecenter für die Weiterentwicklung des strategischen Planungstoolportfolios im Konzern Deutsche Telekom zuständig. Der Einstieg in den Konzern erfolgte 1997 in der Funktion des Assistant Director im Fachbereich CI der Konzernstrategie, mit der Aufgabe, simulationsgestützte Analysetools für die Wettbewerbsanalyse zu entwickeln und zu implementieren. Im Rahmen dieser Tätigkeit leitete er auch das Konzernprojekt „Strategische Frühaufklärung". Ein weiterer Aufgabenschwerpunkt lag im Aufbau einer Informations- und Wissensmanagementplattform für die strategische Wettbewerbsanalyse.

Beitrag: Systemdynamik für CI (Abschnitt 6.1.8)

Birk, Dagmar

Dagmar Birk studierte Physik and der Universität Erlangen-Nürnberg. Seit 1995 war sie in unterschiedlichen Positionen in der Software-Entwicklung, im Produktmanagement und im Marketing innerhalb von Siemens Medical Solutions tätig. 2001 wechselte sie innerhalb von Siemens Medical Solutions und ist nun für die Definition und Entwicklung neuer Wissensmanagement-Lösungen, die Beratung bei wissensrelevanten Projekten und für die globale Marketingstrategie von KnowledgeSharing-@MED verantwortlich.

Beitrag: KnowledgeSharing@MED – Wissensmanagement in der Praxis (Abschnitt 7.4.5)

Egan, Erin

Erfahrung in Unternehmensstrategie und strategischer Planung sammelte Erin Egan in der Flugzeugindustrie. Sie begann ihre Karriere in der Strategie-Planungs-Abteilung bei Rockwell-Collins in Cedar Rapids, USA. Ihr Aufgabenbereich umfasste Wettbewerbsanalysen, Bewertung neuer Geschäftsmöglichkeiten und Applikationen für fortschrittliche Technologien sowie die Konzeption von makroökonomischen Indikatoren für die Prognose von Industrieentwicklungen. Anschließend war sie für die MTU Aero Engines in München tätig, wo sie für Design und Aufbau einer CI-Strategie und zugehörige Ressourcen zuständig war. Derzeit arbeitet Erin Egan für Airbus in Toulouse, Frankreich, wo sie sich im Rahmen der Product-Policy-Abteilung mit Strategien für zukünftige Flugzeugentwicklungen befasst. Sie schloss ihr Studium zum Bachelor of Arts in „International Affairs" mit dem Schwerpunkt Wirtschaft des Lewis & Clark College in Portland Oregon mit Auszeichnung ab. Erin Egan ist Mitglied der studentischen Phi-Beta-Kappa-Verbindung.

Beitrag: Die Bedeutung kultureller Aspekte für CI (Abschnitt 2.6)

Finkler, Dr. Wolfgang

Dr. Wolfgang Finkler ist Diplominformatiker. Schwerpunkt seines Studiums an der Universität Saarbrücken, seiner Forschungen am Deutschen Forschungszentrum für Künstliche Intelligence (DFKI Saarbrücken) sowie seiner Dissertation war die automatische Verarbeitung natürlicher Sprache. In seiner neunjährigen Berufstätigkeit als Wissenschaftlicher Mitarbeiter am DFKI trug er zu anwendungsorientierter Forschung im Bereich intelligenter Benutzerschnittstellen, insbesondere zur Sprachgenerierung bei. Eines seiner Projekte war das internationale Forschungsvorhaben VERBMOBIL, in dem er als Modulkoordinator und Leiter der Generierungsgruppe wirkte. Seit 1998 arbeitet Dr. Finkler für die Deutsche Börse Systems AG, die IT-Tochter der Gruppe Deutsche Börse. Als Senior Expert ist er für die Bewertung neuer Technologien, Überprüfung ihrer Anwendbarkeit im Umfeld der Börsen-

systeme und für das Coaching von Projekten verantwortlich. Er konzipierte und implementierte das börseninterne
CI-System EXOTIC, das unter seiner Leitung betrieben
wird, außerdem begleitet er Wissensmanagementaktivitä-
ten. Dr. Finkler ist Mitglied der SCIP und der „Gesellschaft für Wissensmanagement".

Beitrag: Textmining im Dienste von Competitive Intelligence (Abschnitt
5.4.4)

Fleisher, Dr. Craig S.

Dr. Craig S. Fleisher ist als Professor für Business Strategy und Entrepreneurship an der Odette School of Business der University of Windsor in Ontario, Kanada, tätig.
Zwischen 1994 und 1999 war er als Präsident des Canadian Council for Public Affairs Advancement beschäftigt. Prof. Dr. Fleisher unterrichtet die Bereiche Business,
Wettbewerb, Planung und Unternehmensstrategie. Er hat
zahlreiche Artikel und Bücher verfasst und ist Co-Editor
des „Journal of Competitive Intelligence and Management". Dr. Fleisher ist Gründungs- und aktives Mitglied
verschiedener Gesellschaften, darunter der „International
Association for Business and Society", der „Canadian
Association of Security and Intelligence Studies" sowie
der „Society of Competitive Intelligence Professionals".

Beitrag: Management und Durchführung von Competitive-Intelligence-
Analysen (Abschnitt 5.4.1)

Goerlich, Kai

Kai Goerlich leitet die Competitive-Intelligence-Abtei-
lung bei SAP Systems Integration AG, einer IT-Consul-
ting-Tochter der SAP AG. Zuvor arbeitete er mehrere
Jahre im Marketing der SAP und für diverse internationale Public-Relations-Agenturen. Kai Goerlich hat Bio-
logie studiert (Universität Würzburg) und interessiert
sich für Evolution und Chaostheorie. Er ist verheiratet
und lebt mit seiner Familie in der Nähe von Heidelberg.
In seiner Freizeit spielt er Gitarre und läuft Langstrecken.

Beitrag: Das Evolutionskonzept für Wettbewerbsanalysen (Abschnitt
6.2.5)

Von Groote, Dr. Everhard

Dr. Everhard von Groote arbeitete acht Jahre als Diplompsychologe bei der nordrhein-westfälischen Polizei. Schwerpunkte seiner Tätigkeit waren die kriminalpolizeiliche Fortbildung, die Betreuung und Einsatzbegleitung von Spezialeinheiten sowie Projekte (u.a. zum Profiling). Seit mehreren Jahren ist Dr. von Groote bei verschiedenen internationalen Konzernen für den Bereich Sicherheitsmanagement und Krisenberatung im Team Psychologie & Sicherheit zuständig. Er hat eine Zusatzausbildung in NLP und CISM (Critical Incident Stress Management). Seit 2003 ist er SCIP-Mitglied.

Beitrag: Distant profiling (Abschnitt 5.4.3)

Grothe, Prof. Dr. Martin

Prof. Dr. Martin Grothe ist für das Institute of Electronic Business, einem An-Institut der Universität der Künste Berlin, tätig, dessen Forschungsschwerpunkt in der Untersuchung virtueller Gemeinschaften liegt. Er setzt sich in Wissenschaft und Praxis mit Lösungen zum zielgerichteten Management hoher Komplexität auseinander. Hierbei charakterisiert die strukturierte Verbindung interaktiver Medien und analytischer Methoden („Collaborative Intelligence") seine aktuellen Arbeiten. Prof. Dr. Grothe ist als Geschäftsführer der Complexium GmbH, Berlin, tätig, zuvor arbeitete er bei otelo communications GmbH, I-D Media AG und NetSkill AG.

Beitrag: Virtuelle Netzwerke aufbauen und pflegen: Community Building und Collaboration (Abschnitt 7.4.3)

Hannig, Prof. Dr. Uwe

Dr. Uwe Hannig ist Professor für BWL, insbesondere DV und Statistik, an der Hochschule für Wirtschaft Ludwigshafen. 1995 gründete er das Institut für Managementinformationssysteme e.V. (IMIS), das zur zentralen Clearingstelle der Branche wurde. Seit 2002 leitet er auch das unter anderem für die Ausbildung zum Business Intelligence Engineer zuständige Institut für Knowledge Management und Business Intelligence (IKB).

Beitrag: Competitive Intelligence als Teil des Business Performance Managements (Abschnitt 1.4.1)

Herring, Jan

Jan P. Herring ist ein renommierter Business-Intelligence-Experte. Er ist Gründungsmitglied, Fellow und Empfänger des Meritorious Awards (1993), der höchsten SCIP-Auszeichnung, die er für seinen Einsatz für SCIP und den Competitive-Intelligence-Berufstand verliehen bekam, und der erste Empfänger des Faye Brill Service Awards, der für viele Jahre der tatkräftigen, außergewöhnlichen Unterstützung der SCIP vergeben wird.

Aufbau und Leitung des als vorbildlich geltenden Intelligence-Programms bei Motorola zählen ebenso zu Jan Herrings beruflichen Erfolgen wie Entwurf und Implementierung der Intelligence-Strukturen von NutraSweets. Zu Beginn seiner Laufbahn war er u.a. verantwortlich für den Aufbau des ersten Business-Intelligence-Centers der US-Regierung.

Derzeit ist Jan Herring Geschäftsführender Gesellschafter von Herring & Associates, einer Unternehmensberatung, die Intelligence Professionals dabei unterstützt, sowohl eigene Business-Intelligence-Strukturen aufzubauen und zu managen als auch vorhandene Business-Intelligence-Aktivitäten zu optimieren.

Beitrag: Die Zukunft von CI-basiertem Wettbewerb (Abschnitt 1.4.2)

Hoffmann, Jens

Jens Hoffmann ist Diplom-Psychologe. Er ist einer der führenden Experten Deutschlands für psychologische Täterprofile. Im Auftrag des Bundeskriminalamtes (BKA) verfasste er gemeinsam mit einer Kollegin ein Fachbuch über Profiling, zahlreiche weitere Fachpublikationen folgten. Jens Hoffmann berät und schult Unternehmen und Behörden sowie Personen des öffentlichen Lebens und Führungspersonen aus der Wirtschaft in sicherheitspsychologischen Fragen. Lehraufträge erhielt er an Universitäten in Hamburg, Berlin und Darmstadt sowie an der Fachhochschule Gießen. Am Institut für Forensische Psychologie der TU Darmstadt ist er zurzeit einer der Leiter des ersten deutschen Forschungsprojektes über Stalking.

Im Juni 2002 wurde Jens Hoffmann von EUROPOL als Berater für europäische Polizeikräfte in die Experten-Datenbank des internationalen Knowledge Management Center aufgenommen. Gemeinsam mit Dr. von Groote und Dr. Wilmer gründete er das Team Psychologie & Sicherheit (T-P-S).

Beitrag: Distant profiling (Abschnitt 5.4.3)

Kunze, Dr. Christian

Dr. Kunze schloss nach einer kaufmännischen Ausbildung ein Wirtschaftsstudium erfolgreich ab. Als Wissenschaftlicher Mitarbeiter an der Bergischen Universität GH Wuppertal promovierte er über das Thema „CI – Ein ressourcenorientierter Ansatz strategischer Frühaufklärung". Anschließend baute er eine CI-Einheit für den Energiehandelsbereich der Preussen Elektra AG, Hannover, auf und leitete den Bereich Handelsunterstützung der Rechtsnachfolgerin E.ON Sales & Trading GmbH, München. Seit März 2001 ist er für Edison Trading S.p.A., Mailand, tätig, um den größten privaten italienischen Elektrizitätserzeuger beim Aufbau des Elektrizitätshandels zu unterstützen.

Parallel zu seiner Promotion erbrachte Herr Dr. Kunze Seminar- und Beratungsdienstleistungen für Unternehmen und Verbände. Seit Oktober 2000 ist er als Lehrbeauftragter für „Wissensmanagement" an die Universität Wuppertal berufen. Dr. Kunze ist regelmäßig als Referent für die Themenbereiche „Energiehandel" und „Competitive Intelligence" tätig.

Beitrag: Ressourcenorientierte Competitive Intelligence (Abschnitt 1.4.3)

Linner, Franz

Dipl.-Phys. (FH) Franz Linner studierte an der FH München Technische Physik und war anschließend bei der Siemens AG und der BMW AG als Versuchsingenieur tätig. Nach leitenden Funktionen in den Bereichen Qualität, Anlaufmanagement, Strategie übernahm Franz Linner im Bereich Technologie, Fahrzeugkomponenten und Systeme die Leitung der Hauptabteilung Interieur.

Beitrag: Fallbeispiel für CI „Technologiesondierung für Anwendungen im automobilen Interieur" (Abschnitt 8.2.5)

Lutz, Dr. Michael

Dr. Michael Lutz begann seine berufliche Laufbahn 1997 als Postdoktorand bei der Novartis Pharma AG nach seiner Promotion in Bio-organischer Chemie an der ETH Zürich. Nach einem Wechsel zur Wacker Chemie nach München, wo er als General Management Trainee vor allem an der Konzipierung und Umsetzung konzernübergreifender Projekte im Bereich Key Account Management und Cash Management mitwirkte, kehrte er Mitte 1999 zu Novartis Pharma in den Bereich Globales Marketing zurück. Nach Stationen im Strategischen Marketing und Early Commercial Development wurde Dr. Lutz Anfang 2002 zum Leiter der neu geschaffenen Abteilung Global Competitive Intelligence im Bereich Strategische Planung berufen. Die Schwerpunkte seiner divisionsübergreifenden Tätigkeit liegen in der Entwicklung und Implementierung einer CI-Strategie für Novartis Pharma, der Integration von taktischer und strategischer CI sowie der Einführung neuer CI-bezogener Prozesse und Tools.

Beitrag: Competitive Intelligence in der Pharmaindustrie (Abschnitt 3.3.2)

Neubold, Marco

Marco Neubold studierte Betriebswirtschaftslehre mit dem Schwerpunkt „Planung und Organisation" an der Eberhard-Karls-Universität Tübingen. Schon in seiner Diplomarbeit beschäftigte er sich mit der Sammlung und Teilung von firmenintern verfügbarem Wissen (Knowledge Management) bei einem namhaften Ingenieurdienstleister im Automotive-Sektor. Im Jahr 2000 wechselte er zur damaligen Sachs Handel GmbH (dem Vorläufer der heutigen ZF Trading GmbH), die als Handelstochter der ZF Friedrichshafen AG den weltweiten Ersatzteilevertrieb im Independent Aftermarket organisierte. Marco Neubold begann als Referent im Bereich Marktforschung, den er seit September 2002 leitet. Derzeit beschäftigt er sich schwerpunktmäßig mit der Implementierung einheitlicher Marktforschungsstandards an allen Auslandsstandorten des Unternehmens für die Kernproduktgruppen und mit dem Aufbau eines globalen Intelligence-Netzwerks in allen relevanten Auslandsmärkten.

Beitrag: Die Implementierung eines internationalen CI-Netzwerkes oder warum der Faktor „Mensch" die entscheidende Rolle spielt (Abschnitt 4.2.9)

Nolan, John A.

John A. Nolan III. ist pensionierter Operational Intelligence Officer der CIA, der in Asien, Europa und den USA diente. Er studierte am Mount Saint Mary's College und machte seinen Abschluss an der Central Michigan University und der University of Southern California. Während seiner beruflichen Laufbahn befasste er sich mit der Erhebung von Intelligence, mit Counter Intelligence sowie Special-Operations-Projekten. Er ist Mitbegründer der Phoenix Consulting Group, die weltweit CI-Erhebung, -Analyse, Competitive Assurance™ und andere Services anbietet. John A. Nolan und sein Unternehmen haben bereits häufig Erwähnung in führenden Business Journals gefunden und er ist ein häufig geladener Sprecher sowohl in den USA als auch im Ausland. Darüber hinaus ist er als außerordentliches Fakultätsmitglied am Defense Intelligence College und an der University of Alabama tätig. John Nolan ist Autor von etwa hundert Artikeln und anderen Veröffentlichungen. Er ist aktives Mitglied der „Society of Competitive Intelligence Professionals" (SCIP), der „Association for Psychological Types", der „American Society for Industrial Security" sowie der „Association of Former Intelligence Officers".

Beitrag: Schutz der eigenen Intelligence-Operationen vor Ausspähung durch Wettbewerber (Abschnitt 8.3.4)

Pfaff, Dietmar

Dietmar Pfaff, Diplom-Kaufmann, ist Geschäftsführender Inhaber der Infomarketing Gesellschaft für Informationsanalyse und Marketingberatung in Frankfurt am Main. Zudem ist er Lehrbeauftragter für Marketing an der Fachhochschule Gießen-Friedberg im Fachbereich Wirtschaft mit dem Forschungsschwerpunkt Competitive Intelligence und hält Seminare für Marktforschung, Unternehmensführung und Marketing. Herr Pfaff trainiert und berät seit Jahren erfolgreich Konzerne und mittelständische Unternehmen.

Beitrag: Ergebnisse einer bundesweiten Studie zur Competitive Intelligence (Abschnitt 1.4.4)

Praetorius, Jörg

Jörg Praetorius ist seit 2002 als selbständiger Berater und Trainer für Competitive Intelligence tätig. Sein Studium der Wirtschaftsinformatik an der European Business School absolvierte er in Oestrich-Winkel, London, und der San Diego State University, San Diego. Berufliche Stationen von Jörg Praetorius waren eine Lehrbeauftragtentätigkeit in Reutlingen, die Mitarbeit im Bereich des Corporate Customer Logistics & Customer Service für Procter & Gamble sowie jeweils mehrjährige Tätigkeiten als Information Professional Consultant bei den Unternehmensberatungen Dr. Wieselhuber & Partner und Booz Allen Hamilton in München sowie die Mitarbeit in der Non-Profit-Organisation Horizont e.V. in München, für die er derzeit noch ehrenamtlich tätig ist. Jörg Praetorius ist Leiter der Münchner Regionalgruppe der „Society of

Competitive Intelligence Professionals" (SCIP) und Vor-
sitzender im „Deutschen Competitive Intelligence Forum".

Beitrag: Recherchemöglichkeiten mit Fotos und bewegten Bildern (Abschnitt 4.1.3)

Richter, Heiko

Nach der Berufsausbildung zum Industrieelektroniker sowie zum Techniker Elektrotechnik studierte Heiko Richter (Jahrgang 1973) an der Fachhochschule Jena Wirt-
schaftsingenieurwesen. Bereits als Student beschäftigte er
sich gemeinsam mit unterschiedlichen Unternehmen im
Rahmen verschiedener Hochschulprojekte mit Markt-
und Wettbewerbsforschung. Während seiner Abschluss-
arbeit zum Diplom-Wirtschaftsingenieur (FH) in den Ver-
tiefungsrichtungen Marketing, Technologie- und Innova-
tionsmanagement sowie Informations- und Kommunikati-
onstechnik begann Heiko Richter ab 1999 mit der Implementierung und Durchführung von Competitive Intelligence in der JENOPTIK Laser, Optik, Systeme GmbH in
Jena, wo er auch heute noch beschäftigt ist. Dieses zum
JENOPTIK-Konzern gehörende, international tätige Unternehmen mit ca. 600 Mitarbeitern, entwickelt, produziert und vertreibt hochpräzise optische Komponenten,
Module und Systeme sowie Laserstrahlquellen und auf
Lasersensoren und hochauflösenden Kameras basierende
Systeme und Lösungen.

Die Gewinnung von CI erfolgt projektbezogen und ist
als Mischform von dezentraler und zentraler Einbindung
in der Unternehmensstruktur verankert. Mehrere Mitarbeiter des Unternehmens beschäftigen sich geschäftsbe-
reichsintern oder -übergreifend explizit mit CI.

Beitrag: Competitive Intelligence im High-Tech-Umfeld (Abschnitt 8.2.4)

Sägesser, Hans Rudolf

Hans Rudolf Sägesser absolvierte ein Studium zum Bachelor of Business Administration an der GSBA Zürich sowie zum M.Sc. in Business Administration (Marketing) Dual Degree an der GSBA und der Universität Wales. Des Weiteren verfügt er über ein Handelsdiplom und ein Diplom für Verkaufsmanagement; Herr Sägesser war als Biologielaborant und Marketingplaner beschäftigt. Nach Tätigkeiten für Ciba-Geigy AG Basel, Mettler Instrumente (Schweiz) AG, E. MERCK (Schweiz) AG, MATHYS AG Bettlach, Neutromedics AG sowie Sulzer Orthopädie AG ist Hans Rudolf Sägesser seit 2001 bei der Centerpulse Orthopedics Ltd. (heute Zimmer GmbH) als Leiter Business Development beschäftigt.

Beitrag: Competitive Intelligence in der Praxis: Anwendung am Beispiel einer weltweit tätigen Firma in der Medizinaltechnik (Abschnitt 7.4.1)

Schmidt, Dr. Silvester

Dr. Silvester Schmidt studierte Physik an Hochschulen in Isny und Siegen. Nach seiner wissenschaftlichen Tätigkeit auf dem Gebiet der Elementarteilchenphysik stieg er als Unternehmer in die Branchen Softwareentwicklung und Computersimulation ein. Nach Ausübung einer Professur für Produktentwicklung an der Fachhochschule Bielefeld wechselte Dr. Schmidt zur Diebold Managementberatung nach Frankfurt am Main. Im unternehmenseigenen Think Tank (TIME*labs*) war er an der Schnittstelle zwischen Forschung, Anwendung und Beratung tätig. Hier untersuchte er die sozioökonomischen Auswirkungen von "Emerging Technologies" und andere Zukunftsthemen, die von strategischer Bedeutung für Kunden von Diebold waren. Nach dem Merger mit Detecon ist er heute als Leitender Berater im Bereich Strategy und Innovation der Detecon International GmbH (Bonn/ Frankfurt) beschäftigt. Der Schwerpunkt seiner Tätigkeit liegt in der Strategieberatung und im Innovation Support von Unternehmen jeder Größenordnung.

Beitrag: Die Zukunft im Griff – Strategien für komplexe Märkte (Abschnitt 8.1.3)

Seidenabel, Dr. Christian

Dr. Christian Seidenabel absolvierte ein Studium der Medien- und Kommunikationswissenschaft und promovierte im Bereich Kommunikationsmanagement. Nach seinem Studium war er als Communication Consultant bei debis, Stuttgart, als Community Manager und Corporate Issues Manager bei der Bertelsmann AG sowie als Pressesprecher der RTL-Group Luxemburg beschäftigt. Inzwischen ist Dr. Christian Seidenabel als Partner bei der Unternehmensberatung communication lab, Luxemburg/Deutschland tätig. Er ist Vorstandsmitglied des „Image (Issues Management) Deutschland e.V.".

Seidenabel, Isabel

Isabel Seidenabel studierte Germanistik und Anglistik in Deutschland und den USA. Als freie Mitarbeiterin oder Praktikantin arbeitete sie für verschiedene Fernsehsender, darunter CNN, ZDF und n-tv. Sie war als Researcherin beim ZDF-Morgenmagazin, als Volontärin Corporate Communications der Bertelsmann AG sowie als PR-Managerin der Bertelsmann Arvato beschäftigt. Derzeit ist Isabel Seidenabel als Partner bei der Unternehmensberatung communication lab, Luxemburg/Deutschland tätig.

Beitrag: Issues Management – Unternehmenskrisen systematisch vermeiden (Abschnitt 5.4.2)

Sigl, Dr.-Ing. Klaus-Peter

Dr.-Ing. Klaus-Peter Sigl studierte Produktionstechnik an der FH Regensburg sowie Maschinenbau an der TU Darmstadt. Anschließend war er als Wissenschaftlicher Mitarbeiter am Institut für Kunststofftechnologie (IKT) der Universität Stuttgart tätig. Nach seinem Eintritt in die BMW AG am Standort Landshut arbeitete er als Entwickler im Bereich „Verfahrensentwicklung Interieur". Gegenwärtig betreut Klaus-Peter Sigl im Rahmen der Technologiesteuerung und des Innovationsmanagements Vorentwicklungsprojekte der „Frühen Phase".

Beitrag: Fallbeispiel für CI „Technologiesondierung für Anwendungen im automobilen Interieur" (Abschnitt 8.2.5)

Weinstock-Aroldi, Katrin

Katrin Weinstock-Aroldi absolvierte ihr Studium der Volkswirtschaftslehre an der Johannes-Gutenberg-Universität Mainz und der Universität Trier. Im Rahmen ihres Studiums qualifizierte sie sich für ein Erasmusstipendium an der H.E.C. Liège in Belgien. Berufliche Stationen waren Referentinnenstellen im Verbindungsbüro des Landes Rheinland-Pfalz, in Brüssel sowie bei der Gesellschaft für Papierrecycling mbH, Bonn. Nach PR-Beratung bei der Agentur für Kommunikation Ursula Lucas-Bachert GmbH und der ABC GmbH, Bonn und Düsseldorf, ist Katrin Weinstock-Aroldi inzwischen im Competitive Intelligence/Analytical Support der E.ON Sales & Trading GmbH, München, tätig. Katrin Weinstock-Aroldi ist aktives Mitglied der „Society of Competitive Intelligence Professionals" (SCIP).

Beitrag: Aufbau einer CI-Unit – ein Praxisbeispiel aus dem Bereich Stromhandel (Abschnitt 7.4.2)

Wolf, Diana

Die Diplom-Betriebswirtin (BA) Diana Wolf ist Fachreferentin für Branchenanalysen und Wettbewerbsszenarios in der Unternehmensentwicklung der DaimlerChrysler Off-Highway (von MTU Friedrichshafen unternehmerisch geführt). In dieser Position befasst sie sich u.a. mit dem Markt- und Wettbewerbsmonitoring sowie der Analyse von Branchenentwicklungen. In diesem Zusammenhang leitete sie ein Pilotprojekt zur Zukunftsanalyse unter Anwendung der Szenariotechnik. Sie konzipierte und implementierte das auf dem Intranet basierende CI-System MarCo (Market & Competitor), das nun unter ihrer Koordination unternehmensweit betrieben wird. Diana Wolf ist aktives Mitglied der „Society of Competitive Intelligence Professionals" (SCIP). Als Lehrbeauftragte an der BA Ravensburg und der FH Weingarten hält sie Vorlesungen zur Allgemeinen Betriebswirtschaftslehre und Competitive Intelligence.

Im Rahmen ihrer Diplomarbeit beschäftigte sie sich mit der „Wettbewerbsanalyse als Instrument der strategischen Planung". Nach ihrem Studienabschluss im September 1995 war sie fünf Jahre im kaufmännischen Bereich der MTU Friedrichshafen tätig. Ihre Aufgabengebiete umfassten die MTU-interne und -externe Berichterstattung an den DaimlerChrysler-Konzern. Darüber hinaus begleitete sie den strategischen Planungsprozess und unterstützte diverse Sonderprojekte, wie z.B. die Ermittlung von Wettbewerberrenditen für konzernübergreifende Performancevergleiche. Im September 2000 wechselte Diana Wolf in den Bereich Unternehmensstrategie.

Beitrag: Competitive Intelligence und Strategie (Abschnitt 7.4.4)

Zanasi, Prof. Dr. Alessandro

Alessandro Zanasi ist Mitbegründer und Vize-Präsident der TEMIS SA sowie Professor der Universitäten Modena und Reggio Emilia, Italien. In dieser Position berät und unterrichtet er weltweit als Intelligence- und Marketing-Spezialist, fungiert als Projektbegutachter der Europäischen Kommission und als Dozent in verschiedenen europäischen sowie südamerikanischen Business- und Militärschulen. Vor seiner Tätigkeit für TEMIS war Alessandro Zanasi beim Rome Carabinieri Scientific Investigations Center, bei IBM Paris, San José und Bologna sowie als Analyst für Business Intelligence bei META Group beschäftigt. Prof. Dr. Zanasi ist Autor und Verleger verschiedener Veröffentlichungen zu Wissensmanagement- und Intelligence-Themen.

Beitrag: Wettbewerbsvorteile durch auf CI angewendetes Textmining (Abschnitt 3.3.1)

9.3 SCIP

SCIP ist eine globale Vereinigung von Markt- und Wettbewerbsbeobachtern mit etwa 3.500 Mitgliedern (Stand 2005). Der Hauptsitz ist in Alexandria, USA. Das Hauptanliegen der SCIP ist die Weiterentwicklung des CI-Gedankens in Unternehmen und Institutionen. Auf Jahres- und Lokalkonferenzen findet ein reger Erfahrungs- und Interessenaustausch statt. Mitglieder der SCIP sind Einzelpersonen, Unternehmen und Anbieter, die sich einem „ethischen Code" bei der Ausführung von CI verpflichtet haben.

9.3.1 SCIP-Richtlinien für CI-Professionals (Code of Ethics for CI-Professionals)

SCIP-Mitglieder verpflichten sich,

1) beständig bemüht zu sein, die Anerkennung für und die Achtung vor den CI-Ausübenden zu mehren
(to continually strive to increase the recognition and respect of the profession),
2) alle zuständigen Gesetze, national wie international, zu achten
(to comply with all applicable laws, domestic and international),
3) alle relevanten Informationen, auch die eigene Identität und das eigene Unternehmen, akkurat anzugeben, bevor ein Interview durchgeführt wird
(to accurately disclose all relevant information, including one's identity and organization, prior to all interviews),
4) allen Auflagen für die vertrauliche Behandlung von Informationen nachzukommen
(to fully respect all requests for confidentiality of information),
5) alle Interessenskonflikte zu vermeiden, die während der Tätigkeitsausübung auftreten
(to avoid conflicts of interest in fulfilling one's duties),
6) aufrichtige und realistische Empfehlungen und Schlussfolgerungen zu treffen, die bei der Tätigkeitsausübung anfallen
(to provide honest and realistic recommendations and conclusions in the execution of one's duties),
7) diese ethischen Richtlinien im eigenen Unternehmen, bei Unterauftragnehmern und innerhalb des gesamten Berufstandes zu fördern
(to promote this code of ethics within one's company, with third-party contractors and within the entire profession),

8) sich gewissenhaft an die Grundsätze, Vorgaben und Richtlinien der eigenen Unternehmung zu halten
(to faithfully adhere to and abide by one's company policies, objectives, and guidelines).

Zitiert und übersetzt nach www.scip.org/Library/8(1)ethics.pdf.

9.3.2 SCIP in Deutschland und Europa

Während die Mitgliederzahlen der SCIP Ende der 90er Jahre weltweit bereits die 7.000-Marke deutlich überschritten hatten, gibt es in Deutschland derzeit (Stand Mitte 2005) nur ca. 75 Mitglieder. (Bei Gründung einer lokalen „SCIP Deutschland e.V." (1995) waren bereits ca. 50 deutsche SCIP-Mitglieder zu verzeichnen.)

Deutschland ist hierbei in Europa kein Ausnahmefall: Insgesamt verlief in Europa die CI-Entwicklung keineswegs so stürmisch wie in den USA. Relativ zur Einwohnerzahl hat die Schweiz in Europa die meisten Mitglieder, gefolgt von Großbritannien und Italien. In der Schweiz waren über Jahre hinweg lokale SCIP Chapter („Regionalgruppen") aktiv. Die in der Schweiz stark vertretene Pharmabranche ist traditionell CI-geprägt, da hier wenige, kapitalintensive Produktentwicklungen über Jahre hinweg die Wettbewerbsposition bestimmen (vgl. Abschnitt 3.3.2). CI ist deshalb in dieser Branche eine etablierte und professionell praktizierte Selbstverständlichkeit.

Die Ursachen für die schleppende Entwicklung der SCIP-Mitgliedszahlen in Europa (insbesondere Deutschland) sind vielfältig:

1) Verwöhnt von der stürmischen Entwicklung der Mitgliedszahlen in Nordamerika, vernachlässigte SCIP anfänglich eine gezielte Internationalisierung. In zahlreichen Regionen kam es zu Irrwegen, wie der Gründung einer inzwischen nicht mehr existierenden, quasi in Konkurrenz zu „SCIP USA" stehenden „SCIP Europe". In zahlreichen Ländern wurden autarke Landesgesellschaften gegründet (z.B. in Frankreich, Italien und Deutschland). Etliche Mitglieder verließen SCIP nach kurzer Zeit, da die Qualität der Mitgliederbetreuung und die Gestaltung der Aktivitäten stark von Stil und Ressourcen der ehrenamtlich tätigen lokalen SCIP-Vertreter abhingen.

2) Bedingt durch den US-amerikanischen Ursprung sind zahlreiche SCIP-Inhalte auf US-Belange ausgerichtet gewesen. Viele Angehörige der nationalen US Intelligence Community waren bei SCIP aktiv. Vor allem weil die Tools und Techniken der „Intelligence Community" nicht geeignet (und nicht gerechtfertigt) für den Einsatz bei kommerzieller CI sind,

war es für die SCIP-Mitglieder von Anfang an ein großes Anliegen, ein offenes Forum zu schaffen, um sich von in Grauzonen operierenden Intelligence-Anbietern zu distanzieren.

Die starke Position der „Gründungsväter" und „Vordenker" und die journalistische Vermarktbarkeit dieser „Ehemaligen" prägen noch heute das Bild der SCIP in der Öffentlichkeit (vgl. Stippl 2002).

3) In Deutschland hat „Competitive Intelligence" noch nicht einen so hohen Stellenwert erreicht wie z.B. in den USA. Zum einen mag dies an der „unverständlichen" Bezeichnung liegen, zum anderen an einer in deutschen Unternehmen nicht unüblichen Integration von CI-Funktionen in das „strategische Marketing" oder die „Unternehmensentwicklung". Mithin wird CI bereits unter einer anderen Bezeichnung durchgeführt, ohne als solche benannt zu werden (vgl. Abschnitt 1.4.4).

Ausblick

Erfreulicherweise gewinnt SCIP gerade in Deutschland als Interessenforum stetig an Bedeutung. SCIP wird immer stärker als Interessenverband wahrgenommen und die zahlreichen Angebote der Vereinigung werden stärker genutzt.

Nachdem knapp zwei Jahre lang in Deutschland keine Veranstaltungen durchgeführt worden sind, ist seit Oktober 2000 das Frankfurter Chapter aktiv. Seit 2002 gibt es das Münchner Chapter, weitere Chapter befinden sich in der Gründungsphase. Zur Koordination der deutschsprachigen SCIP-Aktivitäten wurde das „Deutsche Competitive Intelligence Forum (www.dcif.de)" ins Leben gerufen.

9.4 Software zur Unterstützung des CI-Zyklus

Es gibt zahllose Softwareprogramme zur Unterstützung der vielfältigen Aktivitäten im CI-Zyklus (vgl. Abschnitte 7.3.10 und 4.3.4). Aufgelistet sind in diesem Abschnitt einige Tools, die sich für den Einzelanwender bewährt haben. Selbstverständlich gibt es noch weitere vergleichbare Programme, die für die CI-Unterstützung in Betracht kommen, sodass dem interessierten Leser geraten wird, sich selbst kundig zu machen und die für den eigenen Bedarf optimalen Lösungen zu recherchieren.

Die im vorliegenden Buch verwendeten Programme sind dem Autor größtenteils seit Jahren aus der täglichen Beratungspraxis vertraut. Hinweise zu diesen und weiteren Programmen befinden sich unter www.competitive-intelligence.com.

In diesem Abschnitt befindet sich ein Verzeichnis der im Buch beschriebenen Software. Im Index wird auf mit dieser Software erstellte Reports bzw. Bildschirmoberflächen verwiesen.

9.4.1 Software für den CI-Zyklus (CIC-Systeme) und Datenbanken

- AskSam; www.asksam.com (volltextindizierbare, einfach handhabbare Datenbank)
- Chiper Systems, LLC: Knowledge Works; www.cipher-sys.com
- Comintell AB: Knowledge XChanger 2.2; www.comintell.com
- Novintel Oy: Viva Intelligence Portal; www.novintel.com
- Strategy Software Inc: Strategy!; www.strategy-software.com; Infos in Deutschland über www.denkfabrik.de
- Traction Software, Inc. TeamPage; www.tractionsoftware.com
- Wincite Systems, LLC: Wincite; www.wincite.com

9.4.2 Software für die Unterstützung der CI-Analyse

Mindmapping-Tool:
- MindManager, Mindjet GmbH; www.mindjet.de

Beziehungen aufzeigen:
- Brimstone Intelligence 2004, Brimstone; www.brimstone.net
- Anacubis Desktop 2.0 von Anacubis; www.anacubis.com

Strategien entwickeln und analysieren:

- Business Insight (Expertsystem für die Entwicklung von Unternehmens- und Marketingstrategien) von Business Ressource Software Inc.; Infos in Deutschland über www.denkfabrik.de
- MM4XL (Marketing Manager for Excel Software) von MarketingStat GmbH; www.marketingstat.com

Prognosen:

- Forecast PRO (Expertensystem für die Prognose von Zeitreihen) von Business Resource Software Inc.; Infos in Deutschland über www.denkfabrik.de

Entscheidungsanalyse/Bayes:

- DPL 6.0 (Decision Analysis Software); Entscheidungsbäume und Einflussdiagramme von Syncopation Software; Infos in Deutschland über www.denkfabrik.de

Szenariotechnik:

- Szenoplan von SINUS Software and Consulting GmbH; www.sinus-online.com
- Szenarioplus von Conplus GmbH; www.conplus.ch
- Heraklit, KHS Bildungssoftware GmbH; www.vernetzt-denken.de

Systemdynamik:

- Heraklit; www.vernetzt-denken.de
- Ithink, isee systems; www.iseesystems.com
- PowerSim, PowerSim Inc.; www.powersim.com
- Vensim, Ventana Systems; www.vensim.com

Textmining:

- TEMIS TMS, TEMIS S.A.; www.temis-group.com
- Xspider, Objective Software GmbH; www.objective.de
- CI-Wob, Cogisum Intermedia AG; www.Cogisum.com

Portfolioanalyse/Visualisierung von Matrizendarstellungen/Segmentierung:

- MM4XL (Marketing Manager for Excel Software) von MarketingStat GmbH; www.marketingstat.com

Texte zusammenfassen:

- Copernic Summarizer, Copernic Technologies Inc.; www.copernic.com

Prozessvisualisierung:
- QPR Process Guide, QPR Software Plc.; www.qpr.com
- Visio, Microsoft Corporation; office.microsoft.com
- iGrafx Flowcharter, Corel Cooperation; www.igrafx.de

Finanzanalyse:
- Bilanzcheck, Verlag Neue Wirtschaftsbriefe; www.nwb.de

Activity Based Costing:
- CostControl, QPR CostControl BV; www.qprcostcontrol.com
- SAS Activity Based Management, SAS Institute Inc.; www.sas.com

Software für die Internet-Recherche (vgl. Abschnitt 4.3.4)
- Copernic Agent Professional, Copernic Technologies Inc.; www.copernic.com
- SurfSaver, askSam Systems; www.surfsaver.com

C/R-Management (Archivierung, Dokumentation, Reporting)
- R2C, Schleupen AG; www.schleupen.de
- Corporate Planner, CP CORPORATE PLANNING AG; www.corporate-planning.com

Risikoanalyse und -management
- @RISK, Palisade Europe; www.palisade-europe.com
- Crystal Ball, Decisioneering Inc.; www.decisioneering.com
- DPL, Syncopation Software; www.syncopationsoftware.com
- R2C, Schleupen AG; www.schleupen.de

9.5 Glossar

Activity Based Costing
Geschäftsprozesskostenrechnung, bei der Gemeinkosten mittels Kosten-
treibern auf Produkte/Dienstleistungen umgelegt werden

Alert Service
Serviceanbieter benachrichtigen den Auftraggeber, sobald z.B. eine Pressemitteilung mit einem vorher vereinbarten Schlagwort veröffentlicht wird

A-posteriori-Informationen
Informationen, die einem Entscheider nach einem Ereignis rückblickend
zur Verfügung stehen

A-priori-Informationen
Informationen, die einem Entscheider vor dem eigentlichen Ereignis zur
Verfügung stehen

Balanced Scorecard (BSC)
Seit der Veröffentlichung des ersten Artikels im Harvard Business Review
1992 findet das Konzept der Balanced Scorecard in den USA starke Beachtung. Im Unterschied zu den klassischen Steuerungssystemen berücksichtigt die Balanced Scorecard nicht nur finanzielle Kennzahlen, sondern
auch operationale Zielgrößen, um eine Verknüpfung der Unternehmensstrategie mit messbaren Kennzahlen zu ermöglichen. Die Balanced Scorecard, richtig umgesetzt, trägt zur einheitlichen Zielausrichtung aller
Handlungsträger im Unternehmen und zu einer Verknüpfung der Ressourcenallokation mit der Unternehmensstrategie bei. Ein weiterer wichtiger
Punkt des Ansatzes ist der Prozess des "Strategischen Feedbacks". Durch
die Messbarkeit aller Zielgrößen kann der Erfolg der durchgeführten strategischen Initiativen ermittelt werden.

Best of class
Bester Anbieter eines Wettbewerbsegmentes, mit dem sich ein Unternehmen z.B. bei einem Benchmarking vergleichen kann

Best practice
Optimal ausgeführte Prozesse oder Vorgehensweisen, die z.B. von Mitbewerbern als ideale Vorgabe für das eigene Unternehmen verwendet werden

Blindspots
„Scheuklappen", die verhindern, dass die Umwelt so wahrgenommen wird, wie sie tatsächlich ist

Briefing (Einweisung)
Einweisung in eine bestimmte Aufgabenstellung oder Situation (Durch den offiziellen Charakter des Briefings wird die Benachrichtigung sichergestellt.)

Cashflow
Der Cashflow ist der Saldo der reinen Zahlungsströme eines Unternehmens oder Projektes. Der Cashflow im engeren Sinne ist eine Kennzahl zur Bestimmung des Innenfinanzierungsvolumens eines Unternehmens und wird zur Unternehmensbewertung verwendet.

CI, s. Competitive Intelligence

Clearinghouse (für Informationen)
Als Clearinghouse wird eine neutrale Stelle bezeichnet, die eingehende Informationen anonymisiert und strukturiert archiviert. Im Sinne der CI-Abteilungen wird eine zentrale Erhebung von Informationen fast zwangsläufig auch eine Clearingfunktion beinhalten: Nicht alle Netzwerkpartner und Quellen sollen allen Nutzern der Intelligence zur Verfügung stehen.

Clipping Services
„Ausschnittsdienste", die (kontinuierliches) Monitoring von Medien und Zusammenstellung der Ergebnisse in Form eines Berichtes anbieten

Code of Ethics (SCIP)
Ethische Grundsätze der SCIP (vgl. Abschnitt 9.3.2)

Communities, virtuelle
Als Community (Gemeinschaft) wird eine Gruppe von Gleichgesinnten bezeichnet. Virtuelle Communities, bei denen sich einzelne Interessenten (teils anonym) zu bestimmten Fachthemen austauschen (Foren), Webspiele spielen oder persönliche Kontakte suchen, sind im Internet zahlreich (z.B. www.freenet.de; www.wikipedia.org) vorhanden.

Competing-on-time
Wettbewerb durch Zeitvorsprung (Manövrieren von Unternehmen)

Competitive Intelligence (CI)
Als „Competitive Intelligence" (CI) wird einerseits der systematische Prozess der Informationserhebung und -analyse bezeichnet, durch den aus fragmentierten Informationen dem Entscheider ein plastisches Verständnis für sein Umfeld generiert wird. Andererseits ist „Intelligence" das Endre-

sultat des Prozesses: das gesuchte Wissen über Markt und Wettbewerb, insbesondere über die zu erwartenden Konsequenzen für das eigene Unternehmen.

Competitive-Intelligence-Center (CIC)
Wettbewerberinformationssystem (alle in einem Unternehmen vorhandenen Prozesse und Ressourcen, die der Erhebung, Verwaltung, Analyse und Kommunikation von Wettbewerberinformationen dienen)

Competitor Intelligence
Wettbewerber- oder Konkurrenzbeobachtung bzw. -analyse

Corporate Image
Unternehmensbild, welches nach außen kommuniziert werden soll

Corporate Intelligence
Fähigkeit eines Unternehmens sich kontinuierlich an ein sich änderndes (Wettbewerbs-)Umfeld anzupassen und Wettbewerbsvorteile zu erzielen.

Counter Intelligence
Abwehr von Informationsverlust und Schäden des eigenen Unternehmens durch legale oder illegale Aktivitäten Dritter

Debriefing (Abschlussgespräch)
Zusammenfassende Abschlussbesprechung im Anschluss an ein Vorhaben (z.B. nach einer Recherche)

Dekomposition
Zerlegung von Zeitreihen in ihre Komponenten (z.B. Konstante, Trend und Rauschen)

Due Diligence
Voruntersuchung bei Unternehmenskauf

Elicitation
In einem Gespräch werden dem Gesprächspartner Informationen „entlockt". Hierzu werden spezifische Gesprächstechniken angewandt, durch die ein optimaler Informationsaustausch erfolgen kann.

Gatekeeper
Experten innerhalb eines CI-Netzwerkes, die für bestimmte Recherchegegenstände (wie z.B. Produkte, Technologien, Länder, Wettbewerber) für Bewertungen und Analysen von diesbezüglichen Informationen zur Verfügung stehen

Human Intelligence (HUMINT)
Auf menschlichen Quellen basierende Intelligence

Hypercompetition (Hyperwettbewerb)
Die folgenden Merkmale charakterisieren einen Hyperwettbewerb:
- Dynamik
Als "Dynamik" wird das zeitliche Verhalten eines Systems (z.B. Angebot-Nachfrage-Verhalten) bezeichnet.
- Evolution
Evolutionäre Märkte entwickeln sich im Laufe der Zeit nach nur schwer vorhersehbaren Regeln (vgl. biologische Evolution).
- Komplexität
Die Komplexität eines Planungsumfeldes spiegelt sich in der Anzahl und der gegenseitigen Verflechtungen einzelner Komponenten wider.

Informationsbroker
Informationsvermittler

Invisible Web
Als „invisible" wird der Teil des Internets definiert, der nicht von Suchrobotern der Suchmaschinen-Provider erfasst wird, folglich auch nicht in den Trefferlisten der Suchmaschinenbetreiber auftaucht.

Knowledge Management
Wissensmanagement

Kollaterale Intelligence
Erkenntnisse, die neben den eigentlichen Rechercheobjekten gewonnen werden und von Interesse für den Empfänger sind

M&A (Mergers and Acquisitions)
Verschmelzung und Aufkauf von Unternehmen

Make-or-Buy
Selbst herstellen (bzw. ausführen) oder Zukauf (Bezug) von Dritten

Merger
Zusammenschluss von Unternehmen

Meyers-Briggs-Type-Indicator-Test (MBTI)
Test, der mittels Fragen das Entscheidungsverhalten eines Menschen ermitteln soll

Monitoring (CI-Recherchetyp)
Gezieltes, kontinuierliches Beobachten vorgegebener Recherchegegenstände (z.B. Websites oder Werksausfahrten eines Wettbewerbers)

Monte-Carlo-Simulation
Systematische Variation von Eingangswerten einer Berechnung, um Aufschluss über die Verteilung von Endgrößen (Zielwerten) zu erhalten

Need-to-know
Eine Einweisung auf Need-to-know-Basis entspricht einer Einweisung, bei der nur die unmittelbar für einen Auftrag notwendigen Informationen weitergereicht werden.

Outsourcing
Vergabe von Aufträgen an externe Anbieter

Overconfidence
Ungerechtfertigte Zuversicht

Patternanalyse
Analyse von Schemata (z.B. im Verhaltensmuster eines Wettbewerbers oder einer Führungskraft)

Primärrecherchen
Recherchen mit bzw. in „Original-Quellen" (Im CI-Kontext sind dies häufig Recherchen mit menschlichen Wissensträgern (HUMINT); es können aber auch Photographien oder andere Originaldokumente bei Primärrecherchen benutzt werden.)

Quellenmapping
Aufbereitete Darstellung von Recherchequellen, z.B. in Form einer Mindmap oder einer Matrix

Scanning (CI-Recherchetyp)
Kontinuierliches Beobachten des Unternehmensumfeldes mit dem Ziel, neue Themen (Bedrohungen, Chancen, Wettbewerber, Technologien etc.) zu identifizieren (verwandt mit dem Issues Management)

Schwache Signale (Weak Signals)
Ein von Ansoff (Ansoff 1996) eingeführter Begriff, der frühe, aber unsichere Indikatoren für eintretende Ereignisse beschreibt (im CI-Kontext sind dies sehr wertvolle Signale, die es auszuwerten gilt; vgl. Abbildung 1.8)

Sekundärrecherchen
Recherchen mit bzw. in Quellen, die nicht (mehr) im Ursprungszustand vorliegen, sondern bereits von z.B. Analysten oder Journalisten aufbereitet wurden (z.B. alle Zeitungsartikel oder Marktforschungsberichte)

Virtuelle Communities, s. Communities

Literatur

Monographien

Ansoff IH (1984) Implanting Strategic Management. Prentice Hall, Upper Saddle River, NJ

Ayyuh BM (2001) Elicitation of Expert Opinions for Uncertainty and Risks. CRC Press, Boca Raton London New York Washington D.C.

Bamford J (2001) NSA. Die Anatomie des mächtigsten Geheimdienstes der Welt. Bertelsmann, München

Barret DJ (1996) Bandits on the Information Highway. O'Reilly & Associates, Inc., Bonn Cambridge Paris Sebastopol Tokyo

von Bartalanffy L (1976) General System Theory. George Braziller, New York

Basieux P (1995) Die Welt als Roulette – Denken in Erwartungen. Rowohlt Taschenbuch Verlag, Reinbek bei Hamburg

Baßeler U et al. (1995) Grundlagen und Probleme der Volkswirtschaft. 14. Aufl., Wirtschaftsverlag Bachem, Köln

Beck-Bornholdt HP, Dubben HH (2001) Der Hund, der Eier legt. Rowohlt Taschenbuch Verlag, Reinbek bei Hamburg

Bernhardt D (1993) Perfectly Legal Competitor Intelligence. Pitman Publishing, London

Bieta V, Siebe W (1998) Spieltheorie für Führungskräfte: Was Manager vom Militär über Strategie lernen können. Ueberreuter, Wien

Brandt WD Jr (1994) User-Directed Competitive Intelligence: Closing the Gap between Supply and Demand. Quorum Books, Westport, CT

Brezski E (1993) Konkurrenzforschung im Marketing. Deutscher Universitäts Verlag, Wiesbaden

Brown SL, Eisenhardt KM (1998) Competing on the Edge – Strategy as Structured Chaos. Harvard Business School Press, Boston, MA

Bugman S (1999) The Basement Bugger's Bible. Paladin Press, Boulder, CO

Carter J (1983) Keeping Faith. Memoirs of a President. Bantam, New York

von Clausewitz C (2003) Vom Kriege. Ullstein, München

Clemen RT (1996) Making Hard Decisions; An Introduction to Decision Analysis. Brooks/Cole Publishing, Pacific Grove, CA

Cook M, Cook C (2000) Competitive Intelligence: Create an Intelligent Organisation and Compete to Win. Kogan Page, London

Copeland T (1990) Valuation: Measuring and Managing the Value of Companies. John Wiley & Sons, Inc., New York

Coenenberg AG (1999) Kostenrechnung und Kostenanalyse. 5. Aufl., Verlag Moderne Industrie, Landsberg am Lech

Cokins G (1996) Activity-Based Cost Management Making it Work. McGraw Hill, Boston MA

D'Aveni RA (2001) Strategic Supremacy. The Free Press, New York

D'Aveni RA, Robert G (1994) Hypercompetition: Managing the Dynamics of Strategic Maneuvering. The Free Press, New York

Dörner D (1995) Die Logik des Misslingens – Strategisches Denken in komplexen Situationen. Rowohlt Taschenbuch Verlag, Hamburg

Dörsmann P (2001) Grundlagen der Entscheidungstheorie. 3. Aufl., WB – Druck GmbH & CO. Buchproduktions KG, Rieden am Forggensee

Dreger W (1992) Konkurrenz-Analyse und Beobachtung: Mit System zum Erfolg im Wettbewerb. Expert-Verlag, Ehningen

Dudik E (2000) Strategic Renaissance. AMACOM, New York

Eisenführ F, Langer M, Weber M (Hrsg.) (2001) Fallstudien zu rationalem Entscheiden. Springer, Berlin Heidelberg New York

Eisenführ F, Weber M (2003) Rationales Entscheiden. 4. Aufl., Springer, Berlin Heidelberg New York

Fahey L (1999) Competitors. John Wiley & Sons, Inc., New York

Fahey L, Randall R (1998) Learning from the Future. John Wiley & Sons, Inc., New York

Fiedler P (2001) Persönlichkeitsstörungen. Beltz, Weinheim

Fink A et al. (2001) Erfolg durch Szenario-Management: Prinzip und Werkzeuge der strategischen Vorausschau. Campus, Frankfurt

Fischer J, Krueper B (2002) Auf der Spur des Erfolges – Lernen von erfolgreichen Unternehmen. Shaker Verlag, Aachen

Fisseni HJ (2003) Persönlichkeitspsychologie. 5. Aufl., Hogrefe, Göttingen Bern Toronto Seattle

Fleisher C (2004) Competitive Intelligence Analysis: Practices, Processes, and Systems. Praeger, Greenwich, CT

Fleisher C, Bensoussan BE (2002) Strategic and Competitive Analysis: Methods and Techniques for Analyzing Business Competition. Prentice Hall, Upper Saddle River, NJ

Foerster, A (2002) Maulwürfe in Nadelstreifen. Henschel Verlag

Fortuin L, Van Beek P, Wassenhove L (eds.) (1996) OR at Work – Practical Experiences of Operational Research. Taylor & Francis Ltd., Bristol London

Fuhrberg K (1998) Internet-Sicherheit. Carl Hanser Verlag, München Wien

Gausemeier J, Fink A, Schlake O (1996) Szenario-Management. Carl Hauser Verlag, München Wien

Gharajedaghi J (1999) Systems Thinking – Managing Chaos and Complexity. Butterworth Heinemann, Woburn, MA

Ghemawat P (1991) Commitment – The Dynamic of Strategy. The Free Press, New York

Giesecke W (1998) Die besten Tools zum Web-Surfen. Thomson Publishing, Bonn

von Ghyczy T, von Oetinger B, Bassford C (2001) Clausewitz on Strategy. John Wiley & Sons, Inc., New York

Gilad B (1996) Business Blindspots – Replacing Myths, Beliefs and Assumptions with Market Realities. 2nd edn., Infonortics Ltd., Calne

Gilad B (2003) Early Warning: Using Competitive Intelligence to Anticipate Market Shifts, Control Risk and Create Powerful Strategies. Amacom Press, American Management Association, New York

Gomez P, Probst G (1999) Die Praxis des ganzheitlichen Problemlösens. 3. Aufl., Verlag Paul Haupt, Bern Stuttgart Wien

Gräfer H (2001) Bilanzanalyse. Verlag Neue Wirtschafts-Briefe GmbH, Herne/ Berlin

Graumann J, Weissman A (1998) Konkurrenzanalyse und Marktforschung preiswert selbst gemacht. Mvg, Landsberg

von Groote E (2002) Prognose von Täterverhalten bei Geiselnahmen. Verlag für Polizeiwissenschaft, Frankfurt/Main

Grothe M, Gentsch P (2000) Business Intelligence – Aus Informationen Wettbewerbsvorteile gewinnen. Addison-Wesley, Bonn München Paris

Hager N (1996) Secret Power, New Zealands Role in the International Spy Network. Craig Potton, Nelso, NZ

Halliman C (2001) Business Intelligence – Using Smart Techniques. Information Undercover, Houston

Hammond JS, Keeney RL, Raiffa H (2002) Smart Choices. Broadway Books, New York

Hannig U (1993) Die Entwicklung wettbewerbsorientierter Marketingstrategien auf Basis des Konzepts der strategischen Gruppen. Lang, Frankfurt

Heuer JJr (1999) Psychology of Intelligence Analysis. Center for the Study of Intelligence, CIA, Washington

Hillier F, Lieberman G (1998) Operations Research. R. Oldenbourg Verlag, München Wien

Hoffmann J, Musolff C (2000) Fallanalyse und Täterprofil. BKA-Forschungsreihe, Wiesbaden

Horngren CT, Sundem GL (1990) Introduction to Management Accounting. 8. edn., Prentice Hall International, Englewood Cliffs, NJ

Hughes-Wilson J (1999) Military Intelligence Blunders. Carroll & Graf Publishers, Inc., New York

Joachims T (2002) Learning to Classify Texts Using Support Vector Machines: Methods, Theory and Algorithms. Kluwer Academic Publishers, Boston Dordrecht, London

Kairies P (2001) So analysieren Sie Ihre Konkurrenz. Bd. 519, 2. Aufl., Expert Verlag, Renningen-Malmsheim

Kastin K (1995) Marktforschung mit einfachen Mitteln. CH. Beck'sche Buchdruckerei, München

Kauffman S (1996) At Home in the Universe. Oxford University Press, Oxford

Kim AJ (2000) Community Building on the Web. Peachpit Press, Berkeley

Klopp M, Hartmann M (1999) Das Fledermaus-Prinzip: Strategische Früherkennung für Unternehmen. LOGIS, Stuttgart

Kotler P (1991) Marketing Management. Prentice Hall, Inc., Englewood Cliffs, NJ

Krause DG (1996) Die Kunst des Krieges für Führungskräfte. Ueberreuter, Wien

Kroeber-Riel W, Weinberg P (1999) Konsumentenverhalten. 7. Aufl., Verlag Vahlen, München

Kunze CW (2000) Competitive Intelligence – Ein ressourcenorientierter Ansatz strategischer Frühaufklärung. Shaker Verlag, Aachen

Lange V (1994) Technologische Konkurrenzanalyse. Deutscher Universitäts Verlag, Wiesbaden

Langner WC (1943) A Psychological Analysis of Adolph Hitler – His Life and Legend. Office of Strategic Services, Washington, D.C.

Law A, Kelton WD (1991) Simulation Modelling and Analysis. 2nd edn., McGraw-Hill, Inc., New York

Linville RL (1996) CI Boot Camp. SCIP, Alexandria

Ludwig J (2002) Investigativer Journalismus – Recherchestrategien – Quellen – Informanten. UVK, Konstanz

Lux C, Peske T (2002) Competitive Intelligence und Wirtschaftsspionage. Gabler Verlag, Wiesbaden

Madauss BJ (1990) Handbuch Projekt-Management. 3. Aufl., Verlag C.E. Poeschel, Stuttgart

Makridakis SG (1990) Forecasting, Planning, and Strategy for the 21st Century. The Free Press, New York

Makridakis SG, Wheelwright S, Hyndman R (1998) Forecasting – Methods and Applications. John Wiley & Sons, Inc., New York

Martinet B, Marti YM (1995) L'Intelligence Économique. Éditions d'Organisation, Paris

Mayr E (2001) What Evolution is. Basic Books, New York, NY

McGonagle JJ, Vella CM (2003) The Manager's Guide to Competitive Intelligence. Praeger, Westport, CT

Meier R, Newell WT, Pazer H (1969) Simulation in Business and Economics. Prentice Hall, Inc., New Jersey

Meier-Koll A (2002) Wie groß ist Platons Höhle? Über die Innenwelten unseres Bewusstseins. Rowohlt Taschenbuch Verlag, Reinbek bei Hamburg

Mérö L (2002) Die Grenzen der Vernunft – Kognition, Intuition und komplexes Denken. Rowohlt Taschenbuch Verlag, Reinbek bei Hamburg

Merritt MW (1998) Alternative Careers in Secret Operations: Your Guide to a New Identity. Impact Publications, Manassas Park, VA

Miller JP (2000) Millennium Intelligence. Information Today Inc., New Jersey

Millett SM, Honton EJ (1995) A Manager's Guide to Technology Forecasting and Strategy Analysis. Battelle Press, Ohio

Mitchell TM (1997) Machine Learning. McGraw-Hill Series in Computer Science, Boston, MA

Mitnick K (2003) Die Kunst der Täuschung. mitp-Verlag, Bonn

Montgomery C, Porter M (1985) Strategie. Ueberreuter, Wien

Morgan J (1995) The Thinker's Toolkit. Three Rivers Press, New York, NY

Musolff C, Hoffmann J (2001) Täterprofile bei Gewaltverbrechen. Springer, Berlin Heidelberg New York

Nolan J (1999) Confidential – Business Secrets, Getting Theirs – Keeping Yours. Yardley Chambers, Medford Lakes, NJ

Oakshot L (1997) Business Modelling and Simulation. Pitman Publishing, London

Ostrovsky V (1990) By Way of Deception. St. Martin's Press, New York

Parad B (1997) Commercial Espionage: 79 Ways Competitors Can Get any Business Secrets. Global Connection, Inc., Skokie, IL

Parker J (2000) Total Surveillance. Piatkus, London

Plenenberg AL, Barry M (2000) Espionage in Corporate America. Perseus Publishing, Cambridge, MS

Plenenberg AL, Barry M (2000) Spooked. Perseus Publishing, Cambridge, MS

Porter M (1985) Competitive Advantage. The Free Press, New York

Porter M (1998) Competitive Strategy. The Free Press, New York

von Randow G (1992) Das Ziegenproblem – Denken in Wahrscheinlichkeiten. Rowohlt Taschenbuch Verlag, Reinbek bei Hamburg

Reichholf JH (1994) Der schöpferische Impuls. Eine neue Sicht der Evolution. dtv, München

Ringland G (1988) Scenario Planning. Wiley, Chichester

Risse W (2000) So analysieren Sie ein Unternehmen selbst. VDE Verlag, Berlin Offenbach

Roberts E (ed.) (1978) Managerial Applications of System Dynamics. Productivity Press, Cambridge

Rothschild M (1992) Bionomics, Economy as Ecosystem. Henry Holt & Co, New York

Savidge J (1992) Marketing Intelligence. Business One Irwin, Homwood, IL

Schrage M (1999) Serious Play. HBS Press, Boston, MS

Schwartz P (1996) The Art of the Long View. Doubleday, New York

Senge PM (1999) Die fünfte Disziplin. 7. Aufl., Klett-Cotta, Stuttgart

Senge PM (2000) The Dance of Change. Signum Verlag, Wien

Shim J, Siegel J, Liew CJ (1994) Strategic Business Forecasting. Probus Publishing Company, Chicago

Simons R (2000) Performance Measurement & Control Systems for Implementing Strategy. Prentice Hall, New York

Smith T (1992) Accounting for Growth. Century Business, London

Stäudel T (1986) Der Kompetenzfragebogen, Memorandum No. 41. Lehrstuhl Psychologie II Universität Bamberg, Bamberg

Stickney CP, Weil RL, Davidson S (1991) Financial Accounting. 6. edn., Harcourt Brace Jovanovich, Inc., Orlando, FL

Toffler A (1993) War and Antiwar. Warner Books, New York

Ulfkotte U (1999) Marktplatz der Diebe. Bertelsmann, Aalen

Walker OC, Boyed HW, Larréché JC (1995) Marketing Strategy. Irwin, Chicago

Walle AH (2001) Qualitative Research in Intelligence and Marketing. Quorum Books, Westport, CO London

Weber J, Weißenberger BE, Liekweg A (1999) Risk Tracking and Reporting. Advanced Controlling, WHU-Koblenz, Vallendar

Weintraub W (1981) Verbal Behavior: Adaption and Psychopathology. Springer, Berlin Heidelberg New York

West C (2001) Competitive Intelligence. Palgrave, New York

Westerfield HB (1995) Inside CIA's Private World. Yale University press, New Haven London

Winkler I (1997) Corporate Espionage. Prima Publishing, Rocklin, CA

Winkler K (2003) Wettbewerbsinformationssysteme: Begriff, An- und Herausforderungen. HHL, Leipzig

Winston W (1996) Simulation Modelling Using @Risk. Duxbury Press, Belmont

Wöhe G (2000) Einführung in die Allgemeine Betriebswirtschaft, 20. Aufl., Verlag Vahlen, München

Wurman RS (1989) Information Anxiety. Doubleday, New York

Zanasi A et al. (1997) Discovering Data Mining. Prentice Hall, New York

Zanasi A (2001a) Text Mining: The New CI Frontier. VSST Press, Toulouse

Zanasi A (2003a) Text Mining and its Applications. WIT Press, Southampton

Beitragswerke

Ashton B, Klavans RA (eds.) (1997) Keeping Abreast of Science and Technology: Technical Intelligence for Business. Battelle Press, Columbus

Brockhoff K (1986) Decision Quality and Information. In: Witte E u. Zimmerman HJ (eds.) Empirical Research on Organizational Decision-Making. Elsevier Science Publishing B.V., North-Holland

Day G, Reibstein D (1998) Wharton zur Dynamischen Wettbewerbsstrategie. Econ Verlag, Düsseldorf

Dern H (1998) Objektive Hermeneutik, kriminalistisches Handlungsfeld und der Gang der Hypothesenbildung. In: Bundeskriminalamt (Hrsg.) Methoden der Fallanalyse. BKA Forschungsreihe, Wiesbaden

Fleisher C (2001) Analysis in CI: Process, Progress and Pitfalls. In Fleisher C, Blenkhorn D (eds.) Managing Frontiers in Competitive Intelligence. Quorum Books, Westport, CT, pp 77-89

Gilad B, Herring J (eds.) (1996) The Art and Science of Business Intelligence Analysis: Business Intelligence Theory, Principles, Practices, and Uses. Supplement 2, Part A. Jai Press Inc., Greenwich

Gilad B, Herring J (eds.) (1996) The Art and Science of Business Intelligence Analysis: Intelligence Analysis and its Applications. Supplement 2, Part B. Jai Press Inc., Greenwich

Grothe M, Gentsch P (2000) Business Intelligence. Addison-Wesley, München

Hannig U (Hrsg.) (1996) Data Warehouse und Managementinformationssysteme. Schäffer-Poeschel Verlag, Stuttgart

Hannig U (2002) Knowledge Management + Business Intelligence = Decision Intelligence. In: Hannig U (ed.) Knowledge Management und Business Intelligence. Springer, Berlin Heidelberg New York, S. 3-25

Hill H (1997) Wissensmanagement in Organisationen. In: Hill H (ed.) Wissensmanagement. Staatskommunikation Band 5, Köln Berlin Bonn München, S. 9–27

Pawlowsky P (1998) Integratives Wissensmanagement. In: Pawlowsky P (ed.) Wissensmanagement: Erfahrungen und Perspektiven. Gabler Verlag, Wiesbaden, S. 9–45

Pepels W (ed.) (2000) Marktsegmentierung – Marktnischen finden und besetzen. Sauer-Verlag, Heidelberg

Zanasi A (2000) Web Mining through the Online Analyst. In: Data Mining II. WIT Press, Southampton

Zanasi A (2001b) New Forms of War, New Forms of Intelligence: Text Mining. In: Intelligence in XXI Century. Centro Germani

Zanasi A (2003b) E-mail, Chatlines, Newsgroups: A Continuous Opinion Surveys Source Thanks to Text Mining. In: Excellence in Int'l Research. ESOMAR (Nl)

Zanasi A (2003c) Knowledge Advantage through Online Text Mining. In: Text Mining and its Applications. Springer Verlag, Berlin Heidelberg New York

Zlotnick J (1995) Bayes' Theorem for the Intelligence Analysis. In: Westerfield HB Inside CIA's Private World. Yale University press, New Haven London

Zeitschriften

Aaron RD (1996) Internet Search Engines: A False Sense of Security. SCIP Competitive Intelligence Review 7 (3): 83-85

Aaron RD (1997) Knowledge X: Finding Hidden Relationships for CI Analysis. SCIP Competitive Intelligence Review 8 (3): 92-94

Anderegg T, Travella R (1999) Warum braucht der Mittelstand Moskito-Marketing? Absatzwirtschaft 5

Ansoff H (1966) Managing Surprise by Response to Weak Signals. California Management Review 18(2): 21-33

Ashforth BE, Fried Y (1988) The Mindlessness of Organizational Behaviors. Human Relations 41(4): 305–329

Badr A, Wright S (2004) CI + Marketing Strategy Formulation. SCIP Magazine 7(3):35-38

Bager J (2004) Wettsuchen. c't 26: 156-163

Barlow JP (2002) If the Spooks Can't Analyze their Own Data, Why Call It Intelligence? Forbes 7

Behnke L, Slayton P (1998) Shaping a Corporate Competitive Intelligence Function at IBM. Competitive Intelligence Review 9(2): 4-9

Beinhocker ED (1999) On the Origin of Strategies. McKinsey Quarterly 4: 38-45

Bernhardt DC (1994) I Want it Fast, Factual, Actionable -Tailoring Competitive Intelligence to Executives' Needs. Long Range Planning 27(1): 12-24

Beswick R, Binner S (1999) Effective Competitive Intelligence Techniques. Marketing and Research Today 28: 109-120

Brockhoff K (1991) Competitor Technology in German Companies. Industrial Marketing Management 20(2): 91-98

Bryant PJ (1998) Starting a Competitive Technical Intelligence Function: A Roundtable Discussion. Competitive Intelligence Review 9(2): 26-33

Castells PE, Salvador MR, Bosch RM (2000) Technology Mapping, Business Strategy and Market Opportunities. Competitive Intelligence Review 11(1): 46-57

Change Management (2002) Unternehmen als Dirigenten des Wandels. Absatzwirtschaft 8: 26-30

Cohen WM, Levinthal DA (1990) Absorbtive Capacity: A New Perspective on Learning and Innovation. Administrative Science Quarterly 35: 128–152

Davison L (2001) Measuring Competitive Intelligence Effectiveness: Insights from the Advertising Industry. Competitive Intelligence Review 12(4): 25-38

DeJong TJ, Vijayaraghavan V (2003) Let's Hear it for B-Players. Harvard Business School Publishing

Drucker P (1995) The Information Executives Truly Need. Harvard Business Review 73(1): 54-62

Drucker P (2001) The Next Society. The Economist 3

Dugal M (1998) CI Product Line: A Tool for Enhancing User Acceptance of CI. Competitive Intelligence Review 9(2): 17-25

Fahey L (1999) Competitor Scenarios: Projecting a Rival's Marketplace Strategy. Competitive Intelligence Review 10(2): 65-85

Farber DJ (2002) Predicting the Unpredictable: Future Directions in Internet-Working and their Implications. IEEE Communications Magazine July: 67-71

Galvin RW (1997) Competitive Intelligence at Motorola. Competitive Intelligence Review 8: 3-6

Gersemann O, Wettach S (2004) Wir Waisenknaben – Management Wirtschaftskrieg. Wirtschaftswoche 21: 78-82

Gieskes H (2000) Competitive Intelligence at LEXIS-NEXIS. Competitive Intelligence Review 11(2): 4-11

Gilmore J (2003) Satellite Imagery as a Prime Source in CI Analysis. Competitive Intelligence Magazine 6(2): 18-24

Grothe M (2003) Collaborative Intelligence verbindet Business Intelligence und Wissensmanagement. Zeitschrift für Controlling & Management 47: 102-106

Grothe M (2003) Collaborative Intelligence – Absicherung von „Beyond Budgeting" durch Wissensnutzung in verteilten Geschäftsprozessen. Zeitschrift für Controlling & Management, Sonderheft 1: 94-100

Hall C (2001) The Intelligent Puzzle. Competitive Intelligence Review 12(4): 3-14

Hannig U, Hahn A (2003) Steuerungssysteme für die Entscheider – Von Business Intelligence zu Business Performance Management. Computerwoche 29: 42

Hanser P (1999) Wettbewerber, Wandel und Werte beherrschen: Das überlegene Führungssystem wählen. Absatzwirtschaft 6: 44-49; 52-55

Herring J (1998) What Is Intelligence Analysis? Competitive Intelligence Magazine 2:13-16

Herring J (1999) Key Intelligence Topics: A Process to Identify and Define Intelligence Needs. Competitive Intelligence Review 10(2): 4-14

Herring J (2002) The Word is Intelligence! Let's Not Shy Away from the „I" Word. Competitive Intelligence Magazine 5(2): 25-26

Hoffjan A (2003) Competitor Accounting – Controlling im Dienste der Konkurrenzanalyse. Controlling & Management 47: 379-390

Hovis JH (2000) CI at Avnet: A Bottom-Line Impact. Competitive Intelligence Review 11(3): 5-15

Karzauninkat S (2003) Google zugemüllt. c't 20: 88-91

Kauffman S (1995) Technology and Evolution: Escaping the Red Queen Effect. McKinsey Quarterly 1: 118-129

Kilmetz SD, Bridge RS (1999) Gauging the Returns on Investments in Competitive Intelligence: A Three-Step Analysis for Executive Decision Makers. Competitive Intelligence Review 10(1): 4-11

Lackman CL, Kenneth S, Lanasa JM (2000) Organizing the Competitive Intelligence Function: A Benchmarking Study. Competitive Intelligence Review 11(1): 17-27

Langabeer JR (1999) Exploring the CI Value Equation. Competitive Intelligence Review 10(3): 27-32

Marren P (1998) Competitor Cost Structure or, The Great White Whale. Competitive Intelligence Magazine 1(3): 13-16

Michaeli R (2000) Visionen und strategische Ziele sind messbare Größen des Erfolges. Industrieanzeiger 45: 22-25

Michaeli R (2001) Competitive Intelligence – Chance und Risiken. WIK – Zeitschrift für die Sicherheit der Wirtschaft, April 2001

Naylor E (2002) Increasing Sales through Win/Loss Analysis. Competitive Intelligence Magazine 5: 5-8

Nolan JA III (1996) Counterintelligence, On the Other Hand. 10th Anniversary Retrospective Edition – Fundamental Issues in Competitive Intelligence. Competitive Intelligence Review 10: 7-14

Nolan JA III (1997) Confusing Counterintelligence with Security Can Wreck Your Afternoon. Competitive Intelligence Review 8(3)

Palky M (2003) Prophet from Profits: The Evolution of Financial Competitive Analysis. Competitive Intelligence Magazine 6(3): 6-10

Pattakos AN (1998) Threat Analysis: Defining the Adversary. Competitive Intelligence Review 9(2): 53-62

Pepper JE (1999) Competitive Intelligence at Procter & Gamble. Competitive Intelligence Review 10(4): 4-9

Post JM (1979) Personality Profiles in Support of the Camp David Summit. Studies in Intelligence 2: 1–5

Pothe A (2004) Nachgezählt – wie groß ist das WWW? c't 26: 164-165

Prescott J, Herring J, Panfely P (1998) Leveraging Information for Action: A Look into the Competitive and Business Intelligence Consortium Benchmarking Study. Competitive Intelligence Review 9(1): 4-12

Richelson JT (2001) MASINT: The New Kid in Town. International Journal of Intelligence and Counter Intelligence 14(2): 149-192

Satellite Pictures: Private Eyes in the Sky. The Economist 6: 71-73

Sawka KA (1997) Competitive Intelligence Analysis: Filling the Corporate Analytic Void. Competitive Intelligence Review 8(1): 87-89

Sawka KA (1997) Alternative Outcome Analysis. Competitive Intelligence Review 8(2): 85-87

Sawka KA (1997) Linchpin Analysis – The Future Group. Competitive Intelligence Review 8(3): 85-86

Sawka K (1999) Finding Intelligence Analysts. Competitive Intelligence Magazine 2(1): 41-42

Schulz S (2002) Seven Steps to Build a Successful Win/Loss Program. Competitive Intelligence Magazine 5: 9-12

Scott MF (2000) Welche Verhaltensmuster den Wettbewerb prägen, in Mastering: Strategie – Teil 7. Financial Times Deutschland

Stippl P (2002) Competitive Intelligence – Fast wie beim CIA. Absatzwirtschaft 4: 12-20

Underwood J (2002) Corporate Counter-Terrorism, Intelligence and Strategy. Competitive Intelligence Magazine 5(6): 15-18

Vezmar JM (1996) Competitive Intelligence at Xerox. Competitive Intelligence Review 7(3): 1-6

Vigl M, Kuhn O (2003) In geheimer Mission. Playboy, Feb: 44-50

Winkler W (1995) Keine Innovation ohne Information. Wirtschaft in Mainfranken 2: 17–20

Zanasi A (1998) Competitive Intelligence through Data Mining Public Sources. Competitive Intelligence Review 9(1)

Sonstige

Altensen A (2003) Stellenwert und Verbreitung von Competitive Intelligence in Deutschland und im deutschsprachigen Raum. Diplomarbeit FH Gießen-Friedberg, Fachbereich Wirtschaft

Altensen A, Pfaff D (2003) Wettbewerbsanalysen im Internet (Competitive Intelligence). Gießen, unveröffentlichter Vortrag

Ashton B (2003) New Sources and Methods for Competitive Intelligence. Presentation SCIP Annual Conference, March 14, Anaheim, CA

BSI-Kurzinformationen zu aktuellen Themen der IT-Sicherheit "Schutzmaßnahmen gegen illegales Abhören" (2003); s.a. www.bsi.bund.de

Bundesamt für Sicherheit in der Informationstechnik Webseite (2000) www.bsi.bund.de

D'Aveni RA (2002) Strategic Supremacy: The Shifting Role of Competitive Intelligence. Keynote at SCIP Conference

Fahey L (2002) Doing Good Analysis: More Honored in the Breach than the Observance. Keynote at SCIP Conference

Fuld L (2003) Intelligence Software Report 2003: Leveraging the Web. Private Report by Fuld & Company, Boston, Massachusetts.

Fuld L (1995) The New Competitor Intelligence, o.S., erhältlich unter www.fuld.com/Tindex/CIbook/chap13.html

Glasbrenner C (2003) Die Bedeutung des Einsatzes von Comeptitive Intelligence für den Entwicklungsprozess von Strategien. Diplomarbeit FH Gießen-Friedberg, Fachbereich Wirtschaft

Goerlich K (2004) Nature's Lessons: Business Ecology for CI Practioners. SCIP Annual Meeting, Boston

Goerlich K (2002) Business Ecology: The System's View. SCIP.online, Vol. 1, Issue 5, 8, 13

von Groote E, Hoffmann J (2003) Psychological Profiling of Leaders: Concepts, Methods and Application. Session, präsentiert auf der SCIP European Conference, London, 23. - 24. Oktober

Halliman C (2003) A Look at How a Number of Business and Competitive Intelligence Professionals View or Define the Analysis Process. April, as posted at www.InformationUncover.com/new.htm.

Heimhard T (2002) Vaillant GmbH: Excellenz durch Competitive Intelligence. SCIP Frankfurt Chapter Meeting, November

Hofstadter DR: Metamagical Themas – Computer Tournaments of the Prisoner's Dilemma Suggest How Cooperation Evolves

Krizan L (1999). Intelligence Essentials for Everyone. Joint Military Intelligence College Washington, DC, Office of Applied Research

Langowski N (2004) Competitive Intelligence – Potential and Relevance in the German FMCG Industry. Bachelor's Thesis Cologne Business School

Lyncker K (2004) Der Stellenwert von Competitive Intelligence an deutschsprachigen und britischen Hochschulen. Diplomarbeit FH Gießen-Friedberg, Fachbereich Wirtschaft

Klar R et al. (2002) Visual Bayes (Software), Version 2.0. Universität Freiburg im Breisgau

McKenney P (2000) Millennium Technology for Competitive Intelligence. SCIP Chapter Presentation, Washington, D.C.

Michaeli R (1999) Business Simulation for Business Intelligence Analysis. Session, präsentiert auf der Konferenz „Les Meilleures Pratiques de la Veille", EAP June, Paris

Michaeli R (2002) Competitive Intelligence, Executive Training. Berlin, unveröffentlichter Workshop

Michaeli R (2002) Balanced Scorecard zum Controlling von „Business Intelligence". Session, präsentiert auf der Euroforum Konferenz "Business Intelligence", Düsseldorf, Januar

Michaeli R (2002) Wargaming: Strategy, Intelligence and Analysis in Action. Session, präsentiert auf der SCIP European Conference Brussels, Oktober

Michaeli R (2003) Scenario Analysis: How to Integrate Software and Design Early Warning Systems. Vortrag, präsentiert auf der SCIP European Conference, London, Oktober

Michaeli R, Praetorius J (Hrsg.) (2004) Von „Command and Control" zu „Sense and Response". SCIP-Jahrestagung 2004 mit Beiträgen von BASF AG, Altana Pharma, Lycos Europe GmbH, SIEMENS COM, Infineon AG; Bad Nauheim, November

Nicnerski N (2001) Ausgestaltung der strategischen Konkurrenzanalyse in deutschen Großunternehmen. Manuskript Nr. 3 aus dem Institut für betriebswirtschaftliches Management im Fachbereich Chemie und Pharmazie

Pfaff D (2003) Absatzpolitische Instrumente II: Produkt- und Preispolitik. Skript Sommersemester 2003, Gießen

The Pine Ridge Group, Inc., T.W. Powell Company (1999) Umfrage bei SCIP-Mitgliedern. Veröffentlicht auf SCIP-Webpage

SAP Info 112 Innovation (2003/04) Geschäftsprozesse neu erfinden. SAP Info 112: 20-29

Schäffer U (2003) Frühwarnung und CI. Session, präsentiert auf dem SCIP Frankfurt Chapter Meeting, Bensheim

Schmidt G (2001) Arbeitsdokument des Nichtbeständigen EU-Ausschusses ECHELON

Society for Competitive Intelligence Professionals (1997) Competencies for Intelligence Professionals. from the Education Modules Section of the Society for Competitive Intelligence Professionals (SCIP) website at www.scip.org

Spath D (Hrsg.) (2003) Marktstudie Corporate Performance Management. Studie des Fraunhofer-Instituts für Arbeitswirtschaft und Organisation, Stuttgart

Spektrum der Wissenschaft (2001) Dossier Kryptographie. Spektrum der Wissenschaft 4

Spiegel Special (1996) Geheim – Die Welt der Agenten. Spiegel Special 1

Tyson K & Associates (1986) Seminar Guide, The Competitor Intelligence Group

Abbildungsverzeichnis

Tabellenverzeichnis

Index

In diesem Schlagwortverzeichnis sind die wesentlichen Fachbegriffe in alphabetischer Reihenfolge erfasst. Unternehmen, Personen, Softwareprogramme und Checklisten sind in eigenen Unterregistern aufgelistet, um eine schnellere Suche zu ermöglichen. Die Definition bzw. Haupterläuterung eines Begriffs ist mit fetten Seitenzahlen angegeben.

Checklisten

Organisationen

Personen

Software

Unternehmen

Druck und Bindung: Strauss GmbH, Mörlenbach